존재의 대연쇄

탐구히스토리

존재의 대연쇄

아서 O. 러브조이 지음 | 차하순 옮김

The Great Chain of Being

Arthur O. Lovejoy

탐구당

윌리엄 제임스 강연 시리즈에 관하여

'윌리엄 제임스 철학 심리학 강연 시리즈'는 1929년 고故 에드가 피어스의 유증遺贈 기금으로 하버드 대학교에 설립되었다. 이 강연 시리즈의 목적은 윌리엄 제임스를 기리기 위한 것이며, 동시에 하버드 대학교와 항구적인 관련을 맺지 않은 저명학자의 공개 강좌와 비공식적 강의를 마련하기 위한 것이기도 하다. 러브조이 교수의 강연은 이 기금으로 열린 두 번째 강연으로 1932-33학년도 후반부에 행해진 것이다.

에드가 피어스(Edgar Pierce)

피어스는 1870년생으로 하버드 대학교를 졸업하고 1895년 박사학위를 받았다. 대표 저서로 「성격의 철학」(*The Philosophy of Character*, Havard University Press, 1924)이 있다. 그는 하버드 대학교에 유명한 '에드가 피어스 석좌교수직(Edgar Pierce Chair in Philosophy and Psychology)'을 설립했으며 동시에 그가 유증한 기금으로 하버드 대학교 철학·심리학과가 주최하는 '윌리엄 제임스 강연 시리즈'(William James Lectures)가 설립되었다.

이 강연 시리즈는 1930년에 시작하여 최소한 2년마다 실시되면서 현재까지 계속되는 세계적인 명성이 있는 강연이다. 강연자는 단일 제목에 관해 10번 전후의 공개 강연을 하고 그 결과는 하버드 대학교 출판부를 통해 출판된다.

이 강연 시리즈에는 20세기를 대표하는 가장 영향력 있는 사상가들이 초빙되었다. 어느 경우에는 강연자의 선별이 상당한 물의를 일으키기도 하였다. 강연진에는 미국뿐만 아니라 유럽을 비롯하여 전 세계적으로 명성이 있는 학자 또는 사상가를 초빙한 바 있다. 제1회 강연자는 존 듀이(John Dewey)이며 '경험으로서의 예술'(Art as Experience, 1930-31)을 주제로 강연하였다. 이밖에 질송(Étienne Gilson, 1936-37), 러셀(Bertrand Russel, 1940-41), 스키너(B. F. Skinner, 1947-48), 포퍼(Karl R. Popper, 1949-50), 오스틴(J. L. Austin, 1954-55), 마르셀(Gabriel Marcel, 1961-62) 등이 이 강연 시리즈에 참여하였다.

차 례

서문

이 책의 제목은 학식있는 독자에게조차 이상하고, 주제는 낯설게 느껴지리라고 생각된다. 그러나 내가 제목으로 정한 이 말은 오랫동안 서양의 철학·과학·사색적인 시에서 가장 유명한 어휘 중의 하나였다. 또한 현대에서는 이 말이나 이것과 유사한 말로 표현되는 개념은 서양사상의 가장 강력하고도 지속적인 대여섯 정도의 전제 중의 하나였다. 사실 이 개념은 1세기 전만 하더라도 사물의 일반적 틀, 우주의 구성형태에 관한 개념 중 가장 널리 알려진 것이었으며, 따라서 이 개념은 필연적으로 많은 기타 문제에 관한 당시의 사조를 예정해 놓았던 것이다.

그렇다면 이 개념이 낯선 참다운 이유는 이에 관한 역사가 이전에는 쓴 일이 없었고 그 의미와 함축하는 바를 분석한 적이 없었기 때문일 것이다. 이제 이러한 시도를 함에 있어서 나는 아직은 명백히 역사적으로 진부한 것임에도 불구하고 실지로는 그렇지 않은 것에 관해 서술하게 될 것이다. 비록 이 말이 역사적으로 상식적인 관념은 아니라 하더라도 나는 그렇게 되도록 하는 데 이 책이 도움이 되리라고 감히 바라는 바이다. 실로 이 관념의 역사는 개별적으로는 많은 부분이 이미 따로 논의되었으며 이에 따라 다소간 익숙한 것이 되었다고 생각된다. 그러나 여전히 서술될 필요가 있는 것은 이러한 부분이 단일·포괄적인 관념 복합체와의 관계, 그리고 때로는 그 상호간의 관계에 관한 문제들이다. 우주에 대한 기술記述적 명칭으로 "존재의 연쇄"라는 용어를 사용하는 일은 보통 우주 구성에 관해 세 가지의 특별한, 깊은 의미를 지닌, 매우 낯선 특성을 규정하는 하나의 방법이었다. 이러한 특성은 신의 본질에 관한 어떤 관념을 내포하고 있었다는 점, 이 관념이 수세기 동안 잠재적인 대립관계(궁극적으로는 표면화되는 잠재적인 대립관계)에 있는 다른 관념과 결부되어 있었다는 점, 따라서 대부분의 서양 종교사상이 심각한 자기모순에 빠져 있다는 점, 마찬가지로 우주 구성에 관한 동일한 가정과 연관되어 있는 것은 궁극적 가치에 관한 가정이며, 이것도 역시 비슷한 정도로 보편적인 선善의 개념과 상충한다는 점—이 궁극적 가치는 단지 로만주의 시대에만 그 완전한 중요성을 드러냈다—우주는 "존재의 연쇄"라는 말이 뜻하는 바의 의미 〈그대로〉라는 신념과 함께, 이러한 가치의 개념은 악惡의 문제를 해결하고 사물의 체계란 이해 가능한 합리적인 것임을 증명하려는 좀 더 진지한 시도의 주요 근거가 되었다는 점, 이와 같은 자연구조에 대한 신념은 대부분 근세 초의 과학의 근저에 깔려 있는 것이며 그리하여 여러 방면으로 과학적 가설의 형성에 영향을 끼쳤다는 점—이러한 논점들이 내가 상세히 예증하고 설명하려는 좀 더 일반적인 역사적 사실 중의 일부라 할 수 있다. 신중한 저자라면 그래야 하듯이, 나는 앞으로 전개될 이야기의 줄거리를 서문에서 지나치게 드러내지 않으려 하지만, 이러한 정도의 예비적 언급이 적어도 독자에게 이 책의 어떤 주제가 흥미를 줄 수 있을 것인가를 판단하도록 도와주고, 동시에 서평자의 노고를 덜 수 있도록 해 줄 것이다.

이러한 관념 복합체의 역사는 특정의 철학적 결론을 논증하지는 못한다 할지라도 시사해 줄 수는 있으리라고 생각된다. 나는 이것을 이 책의 마지막 강연에 덧붙인 "교훈"편에서 지적하고자 한다. 그러나 나는 그것이 알맞지 않게 제시된 결론임을 인식하지만 이것을 충분히 전개시키려면 책의 길이가 지나치게 길어질 것이다.

이 강연은 대체로 구술된 그대로 인쇄되었다. 그러나 하버드 대학 출판부는 너그럽게도 주로 예증적인 구절의 인용을 더 추가시킴으로써 이 강연은 상당히 길어졌다. 이러한 인용은 일부 독자에게는 지나치게 많다고 생각될 것으로 짐작한다. 그러나 내 자신이 이런 종류의 책을 읽을 때, 논의 대상의 사상을 제시하는 저자의 쓴 그대로의 언어가 바람직할 경우에 요약이나 부연 설명밖에 없기 때문에 몹시 화가 난 일이 종종 있었다. 그러므로 나는 관련있는 원문이 적당한 길이의 것이라면 될 수 있는 대로 온전하게 옮겨놓기로 하였다. 반면에 무엇이나 가능한 한 모든 인용문을 다 포함시키려는 것은 결코 아니었다. 이 책이 고찰 대상의 중심 사상 또는 관련 사상이 나타나는 모든 원문을 〈집대성〉 했다고는 결코 생각될 수 없다.

이러한 시도에는 성질상 어느 정도의 난관이 따르기 마련이므로 관대한 독자라면 그 점을 고려해 줄 것을 바라는 바이다. 이 강연은 어느 한 분야의 전문가들을 위한 것이 아니라 다양한 학구적인 청중을 위해 기획된 것이며 이 책이 대상으로 정한 관념들을 추구하여 사상사에서의 뚜렷이 다른 수많은 영역에까지 파고드는 것이 이 책의 본질적인 목적이다. 그 결과 어느 한 영역에 속하는 주제를 다룰 때 그 영역에 특히 정통한 사람에게는 설명의 필요조차 없겠으나 다른 분야의 전문가나 "일반 독자"에게는 그다지 알려져 있지 않은 사항들을 설명하는 것이 때로는 바람직한 것이다.

여기에 발표된 강연 VIII의 대부분과 강연 X의 일부 문장은 이미 「미국 현대어 학회지」(PMLA) 제42권(1927)에 발표된 바 있다.

관대하게도 이 책의 원고를 부분별로 읽고 자기 학문 분야에 따라 각별히 귀중한 비평과 조언을 아끼지 않은 여러 동료와 친구들에게 감사하는 바이다. 이러한 도움에 관해서는 특히 존스 홉킨스 대학의 조지 보어즈 박사, 해롤드 처니스 박사, 로버트 L. 패터슨 박사, 알렉산더 와인스틴 박사와 스미스 대학의 마조리 니콜슨 박사에게 폐를 끼쳤다. 나는 윌리엄 제임스의 이름이 붙여진 강연을 함에 있어서 수년 이래의 미미한 결실을 하버드 대학교에서 강연하는 명예와 특전이 주어진데 대해 하버드 대학교 철학과에 깊은 사의를 표하지 않을 수 없다. 왜냐하면 나는 철학 입문생 시절에 처음으로 제임스 특유의 방식으로 "개방 정신의 실용성"의 의미와 예로부터의 인간의 문제에 대한 새롭고 생동하는 듯한 해결 방법의 가능성을 예시하는 것에 접했기 때문이다.

1936년 3월 존스 홉킨스 대학에서

아서 O. 러브조이

개역판에 붙여

1984년에 이 책을 번역하고 40년 가까운 세월이 흘렀다. 그 긴 세월에도 절판의 운명을 맞지 않고 용케 견딘 것은 이 책이 갖는 고전적 가치 때문일 것이다. 탐구당 홍정수 사장이 이 책을 다시 세상에 내놓을 것을 결정하고 의논해 왔을 때 역자로서 나는 돌이켜 볼 기회를 얻게 되었다. 책의 앞부분만을 다시 읽어보고 나서도 1984년의 번역을 그대로 내놓을 수 없다는 생각이 들었다. 이곳저곳에 오자가 있고 적지 않게 잘못 번역된 부분도 눈에 띄었다. 그럼에도 적지 않은 나이와 기력의 한계를 고려할 때 개역을 할 엄두가 나지 않았다. 그러나 다른 한편으로는 바로 잡을 것은 바로 잡아야 한다는 의무감이 내 가슴에 다가왔다.

하버드 대학교의 '윌리엄 제임스 강연 시리즈'는 1930년 이래로 오늘에 이르기까지 세계적 석학이 참여한 강연이다. 존 듀이가 첫 번째 강연을 시작하면서 강연자는 대개 철학자나 사상가였다. 두 번째 강연자로 나선 러브조이는 새로운 분야인 관념사를 개척했을 뿐만 아니라 연구방법론을 제시했는데 그 대표작이 이 저술이다.

「존재의 대연쇄」는 사상사 연구자에게는 필독의 고전이다. 러브조이의 사상사의 특징은 일반적 의미의 사상사라기보다 관념의 역사, 특히 단위單位 관념의 역사적 전개 과정에 더 집중적 관심을 기울인 사상사이다. 그에 따르면 서양 사상사의 본질적 부분은 시대마다 다른 모습으로 나타나는 반복적인 '존재'라는 단위 관념의 역사 과정이라는 것이다. 그가 각별히 강조하고자 한 분야는 history of thought라기보다는 history of ideas 또는 intellectual history이며, 이를 한국에서는 지성사知性史로 번역 소개하고 있다.

러브조이는 철학 교수답게 문장 하나를 선택하는 데 깊이 생각하고 심지어 단어 하나, 문구 하나에도 세심한 주의를 기울인다. 빈틈없는 논리를 구사한 문장이 이 책의 주요 특징이다. 그는 일반에게 공개한 강연의 구술 내용을 그대로 책으로 엮었다고 말하고 있다. 차원 높은 강연을 듣는 청중의 이해 수준에 감탄할 따름이다.

논리의 정연한 전개와 적절한 표현을 구사한 철학자의 기질 때문에 그의 문장의 뜻을 한국어로 전달하는 데는 상당한 배려가 필요하였다. 더욱이 보통 기준으로 볼 때 그의 문장은 매우 긴 편이다. 당연한 결과로 1984년 번역은 독자에게는 쉽지 않은 글이 되고 말았다. 이번 개역에서는 원문에 충실하기보다는 차라리 독자의 이해를 돕기 위해 때로는 의역意譯을 택하였다. 독자의 기대가 어긋나지 않기를 바랄 뿐이다.

이 개역은 전적으로 탐구당 홍정수 사장의 뜻에 따라 시작되었다. 팔리는 책보다는 학문적 가치가 높은 출판을 선호하는 그의 결정에 깊은 존경을 표하는 바이다. 그리고 편집과 교정에 수고를 아끼지 않은 편집부 관계자에게도 감사드린다.

2021년 봄

차하순

역자서문

그 역사가 매우 짧은 관념사(the history of ideas)는 일반적인 의미로 사상사의 한 분야라 할 수 있겠으나 그 방법론은 오직 러브조이에 의해서 가다듬어지기 시작하였다. 그 방법론을 구체적으로 예증하는 것으로 여기에 번역한 「존재의 대연쇄」는 매우 중요하며 대표적인 본보기라고 할 수 있다.

번역에 사용된 텍스트는 Arthur O. Lovejoy의 *The Great Chain of Being: A Study of the History of an Idea*(1936)의 1960년에 나온 Harper Torchbooks 판이다. 일본어 번역(역자: 內藤健二)은 매우 충실한 역문이며 이 번역에 큰 참고가 되었다. 본문의 번역과 역주에 관해서는 조한옥, 박양식 양씨의 협조가 컸으므로 여기에 사의를 표한다.

이 책의 주제가 비교적 간단명료한 데 비해서 그 내용의 전개가 매우 까다로운 점이 없지 않으므로 독자에게 잘 전달될 수 있는 번역이 되었는지 걱정스럽다. 그리하여 독자의 이해를 돕고자 하는 노파심에서 러브조이의 관념사가 어떻게 성립되었으며 그 목적은 무엇인가 그리고 과연 존재의 대연쇄라는 관념의 내용은 무엇인가 등에 관해 역자 나름의 해설을 붙였다.

이 책의 번역은 탐구당 홍석무洪錫武 상무의 성의로 시작되었으며 그의 배려로 출판되었다. 끝으로 정서되지 않은 초교와 교정지 사이에서 고투를 벌인 편집부 여러분에게 감사를 드린다.

1984년 1월

차하순

I. 서론: 관념사의 연구

이 강연은 일차적으로는 관념사에 기여하고자 하는 하나의 시도이다. 흔히 관념사라는 용어 자체가 내가 생각하고 있는 뜻보다는 더 모호하게 사용되고 있기 때문에 본론에 들어가기 이전에 내가 그 명칭으로 부르고자 하는 일반적인 연구 영역, 목적 그리고 방법에 대해 간단한 설명이 필요할 것으로 생각된다. 내가 말하는 관념사는 철학사보다는 더 구체적이며 동시에 덜 한정적인 것이다. 그것은 주로 대상으로 삼는 단위의 성격에 따라 차별화된다. 물론 그것은 사상사의 다른 분야와 동일한 자료를 대부분 다루고 그 분야에서의 선행 업적에 크게 의존하고 있긴 하지만, 이것은 그 자료를 구체적인 방식으로 구분하며, 그 자료의 부분들을 새로이 분류하거나 관련성을 찾아 뚜렷한 목적을 지닌 관점에서 관찰하는 것이다. 그 시작의 과정은—위험스러운 비유이긴 하지만—분석화학의 과정과 어느 정도 비슷하다고 말할 수 있다. 예를 들면 철학적 학설의 역사를 다룰 때 관념사는 움직일 수 없는 하나하나의 체계로 나누어 자체의 목적을 위하여 이 체계들을 다시 구성 요소, 즉 단위 관념이라고 부를 수 있는 것으로 쪼갠다. 어떤 철학자나 학파가 가진 학설의 총체란 흔히 철학자 자신도 의심치 않는 방식으로 이루어지는 거의 항상 복합적이고 이질적인 것들의 집합체이다.

그것은 단지 복합물일 뿐 아니라 불안정한 복합물이며, 그런데도 불구하고 시대마다 새 철학자들은 보통 이 우울한 진실을 잊고 있다. 이러한 복합물에서의 단위 관념을 추구한 결과로 얻는 성과 중 하나는 대부분의 철학적 체계가 그 구성 요소보다는 오히려 그 구성의 짜임새에서 독창적이거나 독특하다는 사실을 더 생생하게 느낄 수 밖에 없다는 것이다. 관념사 연구자가 현행의 역사 교과서에 가득 써있는 논점이나 견해의 방대한 연속을 볼 때에 그는 제시된 문제의 중복성과 그럴 듯한 다양성에 난처해 할 것이다. 자료의 배열이 학파나 주의主義에 의한 철학자들의 관례적인—대체로 오도된—분류법을 빌어 약간 단순화된다고 할지라도 여전히 극도로 다양하고 복잡하다고 생각될 것이다. 각 시대마다 낡은 동일한 문제에 대한 새로운 추론과 결론을 전개하는 듯 보인다. 그러나 사실은 근본적으로 다른 철학적 관념이나 변증법적 주제의 수는—진짜 다른 농담의 수가 그러하듯이—매우 제한되어 있다. 물론 독창적 관념의 수는 독창적 농담의 수보다는 훨씬 더 많기는 하지만. 많은 체계에서 외견상의 새로움이란 전적으로 이 체계를 구성하는 낡은 요소들의 응용이나 배열의 새로움 때문이다. 이 점을 인식할 때 관념은 전체적으로 훨씬 더 다루기 쉬운 것으로 보일 것이다. 물론 시대에 따라 본질적으로 새로운 관념이나 새로운 문제 혹은 새로운 추론 방식이 사상사에 출현하지 않는다고 주장할 생각은 없다. 그러나 이러한 전혀 다른 새로움의 증가란 생각보다 매우 드물다고 여겨진다. 화학적 화합물의 성질이 그 구성 요소의 성질과 다르듯이, 철학적 학설의 요소는 상이한 논리로 결합할 때에는 항상 쉽게 인식될 수 있는 것이 아님은 사실이다. 더욱이 분석하기 전에는 똑같은 복합체조차도 다르게 표현하면 동일한 것이 아닌 것처럼 보일 것이다. 왜냐하면 철학자의 기질이 다양하기 때문이며, 또 이에 따른 여러 부분에 대한 강조점이 다를 수가 있기 때문이며, 또한 부분적으로 동일한 전제로부터 상이한 결론이 도출될 수도 있기 때문이다.

개별적 관념을 연구하는 역사가는 표면적인 상이성의 배후에 있는 공통적인 논리적 혹은 유사논리적 또는 감정적인 요소까지 파고 들어가려 할 것이다.

이러한 요소들은 인류사의 큰 개념을 지칭할 때 우리가 익히 사용하는 용어와 반드시 일치하는 것은 아니다. 신神이란 관념에 대한 역사를 쓰려고 한 사람들이 있었으며 그 역사를 써야 한다는 것은 당연하다. 그러나 신이란 관념은 단위 관념이 아니다. 이렇게 말하는 것은 내가 서로 다른 사람들이 매우 다양하고 전혀 일치하지 않는 종류의 초인간적 존재를 의미하는 하나의 명칭을 사용해 왔다는 자명한 사실을 말하려는 것만이 아니다. 나는 또한 이러한 신념의 〈어느 한 가지〉에서라도 그 배후에, 설사 그 자체보다는 중요하지 않다 하더라도, 좀 더 기본적이면서도 설명을 돕는 하나의 사항이나 여러 사항을 발견할 수 있을 것이라고 말하려는 것이다. 그리스도교의 철학적 신학은 서양사의 매우 이상하면서도 지극히 중대한 역설 중의 하나에 의해서 아리스토텔레스의 신과 산상 수훈의 신을 동일시하였다. 양자의 모방을 인간의 근본 목표라고 정의하긴 했지만, 양자간에 공통점이 거의 없다는 것이 사실이다. 그러나 또한 자신이 아는 한 가장 영예로운 명칭을 부여한 존재에 대한 아리스토텔레스의 개념은 좀 더 일반적인 방식에 의한 사고의 결과였다. 즉, 그에게만 있는 특성이 아니라 그리스인의 뚜렷한 특성이었으며, 동시에 고대 유대 정신에는 거의 전적으로 낯선 변증법(이에 관해서는 후술함)의 일종이었다—그것은 역사적으로 신학뿐 아니라 윤리학과 미학 때로는 천문학에까지 영향을 미친 사고방식이었다. 이러한 경우에 관념사를 연구하는 역사가는 더 근본적이고 다양하게 작용하는 선행 관념에 대해 자신의 방법을 적용할 것이다. 그가 특별히 관심을 가지는 것은 지속적인 동적 요인, 즉 사상사에 영향을 끼친 관념들이다. 그런데 공식화된 이론이란 때로는 비교적 무기력한 것이다. 사고의 과정을 거쳐 도달된 결론 역시 단지 사고 과정의 종결일 경우가 허다하다. 더 중요한 문제 요인은—그 의미가 단일한 것이든, 복합적인 것이든 간에—일부에서 주장하는 독단이 아니라 그 사람들을 거기까지 이르도록 한 동기거나 이유일지도 모른다. 그리고 부분적으로는 동일한 동기나 이유도 매우 다양한 결론을 얻는 데 기여할지도 모르며, 동일한 내용의 결론 역시 다른 시기에서나 다른 인물에게는 전혀 다른 논리적 혹은 기타의 동기에 의해 생길지도 모른다.

〈~주의〉나 〈~성〉으로 끝나는, 자주 눈에 띄는 명칭으로 지칭되는 원리나 경향 역시, 경우에 따라 그럴지도 모르겠으나 보통은 관념사가가 구분하려고 하는 단위가 아님을 지적하는 것은 쓸데없는 일이 아닐 것이다. 차라리 그것은 보통은 관념사가의 분석 방법이 적용되어야 할 복합물이다. 이상주의·로만주의·합리주의·초월주의·실용주의와 같은 문제를 내포하고 있는, 보통은 생각을 흐리게 하는, 철학자나 역사가가 쓰는 어휘에서 지워버리고 싶도록 만드는 용어들이란 단순물이 아닌 복합물의 명칭인데, 그것은 두 가지 의미에서 그러하다. 이 용어들은 원칙적으로 하나의 원리가 아닌, 여러 개인과 집단이 주장한 여러 다른 그리고 종종 상충하는 원리들을 가리킨다. 그리고 그 원리들은 그 개인이나 집단의 사고방식에 대해 역사가 개인에 의해서거나 혹은 역사가의 전통적인 명명법에 따라 적용되었다. 더욱이 이러한 원리들은 결국 더 단순한 요인으로 분해 가능하고, 종종 매우 이상하게 결합되며, 상이한 동기와 다양한 역사적 영향으로부터 파생되기 쉽다. 예를 들면, '그리스도교'라는 말은 특정한 관념을 연구하는 역사가가 추구하는 형태의 단일한 단위에 대한 명칭이 아니다. 나는 이 예를 가지고 그리스도교인이라고 자칭하는 사람들이 역사적 과정에서 모든 종류의 대립적인 신념을 하나의 명칭으로 견지했다는 유명한 사실뿐만 아니라, 이러한 인물이나 종파 중 누구라도 원칙적으로 매우 잡다한 관념의 집합물을 그 명칭으로 주장했다는 사실도 말하고자 한다. 그런데 이 잡다한 관념의 집합물은 통상적으로는 고도로 복잡하고 기묘한 역사적 과정의 결과로서 참다운 통일체를 이룬 것으로 간주되었으며 단일 명칭을 갖게 되었다. 물론 교회사가들이 그리스도교에 관한 역사서를 저술하는 것은 정당하고 필요하다. 그러나 그 과정에서 그들은 전체적으로 볼 때 명칭 이외에는 거의 공통성이 없는 사실들을 적고 있다. 즉, 이런 사건이 발생한 세계의 일부 또는 그 성격이나 가르침이 너무도 다양하게 생각되는 인물에 대한 숭배 등과 같은 사실들을 적고 있다. 더욱이 일부 역사적 전례의 참된 성격 혹은 기타 원인과 다양하게 결합되어 현존의 여러 신념 체계를 이루는 어떤 원인이나 영향력의 참된 성격 등을 적고 있는 것이다. 하나의 명칭으로 묶을 수 있는 모든 신조나 운동, 혹은 이들을 개별적으로 볼 때에는 특정한 경우에 존재하는 진정한 단위나 효과적으로 작용하는 관념을 우리가 이해하려면 표면적인 단일성이나 동일성의 배후에 들어가 전체를 싸고 있는 총체의 껍질을 깰 필요가 있다.

그렇다면 이러한 커다란 운동이나 경향, 즉 관례적으로 〈~주의〉라는 딱지를 붙이는 것들은 원칙적으로 관념사가의 궁극적인 관심 대상이 아니다. 이들은 단순히 일차적 재료일 뿐이다. 그렇다면 그가 추구하고 있는 사상사의 요인들, 즉 일차적이고 지속적인 혹은 반복해 나타나는 역동적인 단위란 어떤 종류의 것인가? 그것은 차라리 잡다한 요소들이므로 나는 형식적인 정의를 내리지 않고 단지 몇 가지 주요 형태만을 언급하려고 하는 바이다.

(1) 첫째로, 한 개인 혹은 한 세대의 사상에서 작용하는 암시적인 혹은 불완전하게 명시된 〈가정〉 또는 다소간 〈무의식적인 정신적 습관〉이 있다. 흔히 철학자의 학설의 성격을 결정하는 것, 더욱더 흔히 한 시대의 지배적인 지적知的 경향을 결정하는 것은 너무도 당연하게 생각되기 때문에 공식적으로 표현되거나 논의된다기보다는 오히려 암묵적으로 생각되며, 너무나

자연스럽고 불가피하다고 생각되기 때문에 논리적 자각이란 안목에 따라 깊이 검토되지 않은 사고방식이다. 이러한 암묵적 요인은 여러 종류가 있을 것이다. 한 가지 종류는, 특정 범주에 따르거나 혹은 특수형의 이미지라는 관점에서 생각하는 성향이다. 예를 들면 단순 정신(*esprits simplistes*: 여기에 해당하는 영어가 없다)—즉, 다루고 있는 문제에 대해 단순한 해답을 찾을 수 있다고 습관적으로 가정하는 경향이 있는 마음가짐을 가진 사람—그리고 사물의 일반적인 복잡성을 습관적으로 예민하게 느끼는 사람, 혹은 극단적인 경우로서는, 당면한 상황에 알맞은 복잡한 고려 사항과 있음직한 상호 관계에 의해 압박감을 느끼고 공포를 느끼는 햄릿적 성격을 가진 사람 사이에는 사실상 매우 중요한 차이가 있다. 예컨대 17·18세기의 대표적인 계몽사상가들은 이상할 정도로 단순성을 가정하는 특성을 보였다. 많은 예외가 있긴 하지만, 또 반대 방향으로 작용한 강력한 관념이 유행하기도 했지만, 대체로 이 시기는 단순 정신의 시대였다. 또한 단순성을 가정하는 것이 일부 사람에게는 우주의 복합성에 대한 특정 감각 및 거기에 수반된 인간의 이해력의 비하(이 둘은 일견 단순성의 가정과는 결코 앞뒤가 맞지 않은 것으로 보이나 실제로는 그렇지 않다)와 결부되었던 것은 사실이다. 전형적인 18세기 초기의 저술가들은 전체로서의 우주가 물리적으로는 극히 광대하고 복잡한 것임을 십분 알고 있었다. 이 시기의 교훈적인 시로 유명한 문구 중의 하나는 지적 오만에 대한 포우프의 경고이다.

광대한 무한 공간을 꿰뚫어 보고
한 세계를 넘어 또 다른 세계가 함께 하나의 우주를 이루고
하나의 체계 속에 또 다른 체계가 어떻게 움직이며
어떤 다른 행성이 다른 태양을 주행하며
어떤 색다른 존재들이 별마다 살고 있는지를 지켜보는 자만이

신이 우리를 지금처럼 만들었는지 말할 수 있으리라.
그러나 이러한 체계에 대한 관련과 연결을,
단단한 연결과 미묘한 의존 관계, 그리고 올바른 단계를
당신의 편재遍在적인 영혼은 꿰뚫어 보았던가?
아니면 부분이 전체를 포함할 수 있는가?*

이와 같은 일은 당시의 통속철학에서 많이 발견할 수 있을 것이다. 이런 지적 겸손의 자세는 실로 당시에 거의 보편적으로 퍼져 있는 특성으로서, 아마 그 누구보다도 로크가 유행시켰다고 할 것이다. 인간은 자신의 정신적 능력의 한계에 대하여 습관적으로 유념해야만 했으며, 자신이 소유하고 있는 유일한 지식의 수단인 "상대적이고 실제적인 이해력"에 만족해야만 하였다. 잘 알려진 구절에서** 로크가 언급하고 있듯이, "인간은 모든 것을 잡을 수 있을 정도로 손이 크지 않다고 해서 자기 자신의 체격에 대해 노골적으로 불평을 털어놓으면서 자기 수중에 들어있는 축복을 던져 버리려 하지 않는다면, 두뇌를 바삐 움직이게 하고 지성을 다양하게 또 즐겁고 만족스럽게 사용할 문제를 익히 찾을 수 있을 것이다." 우리는 "존재의 광활한 바다에서 마치 무한 공간이 우리 지성의 마땅한, 의심할 바 없는 소유물인 것처럼 우리의 사고를 마냥 자유롭게 풀어 놓아서는 안 된다. 거기서는 지성에 의해 결정되지 않은 것이 없고 파악되지 않는 것이 없다. 그러나 만일 우리가 지성을 우리에게 소용이 되는 것에 관하여서만 사용하고자 한다면 우리는 지성이, 이점에 대해서는 능력이 있기 때문에, 지성의 협소함에 대해 불평할 이유란 많지 않다.……자신에게 대낮 햇볕이 들지 않는다고 호소하는 것은 촛불 아래에서는 작업하려 하지 않는 게으르고 고집 센 하인에게는 변명이

* Alexander Pope, *An Essay on Man*, 서간 1, 23~32.

** John Locke, *An Essay Concerning Human Understanding*, Bk, 1, Ch. 1, sect. 5.

될 수 없다. 우리 내부에 켜져 있는 촛불은 우리의 모든 목적을 밝히기에 충분한 빛을 내고 있다. 이 촛불로 이룰 수 있는 발견은 우리를 만족시키는 것이어야만 하며, 그런 후에 모든 대상을 우리 능력에 적합한 방식으로 받아들일 때 우리는 이해력을 올바르게 사용하게 될 것이다."

그러나 이러한 자기 비하의 어조랄까, 또는 인간의 지력과 우주 사이의 불균형을 인식하는 데 있어서 남의 이목을 끄는 겸손은 18세기 내내 가장 만연한 지적 유행이긴 했지만 자주 인간에게 필요하고 또 도달 가능한 진리가 단순하다는 극단적인 전제가 수반되었으며 또한 이신론자理神論者에 대해서뿐만 아니라 인류의 당연한 관심사의 거의 대부분에 대해서 〈간편하고 쉬운〉 방법이 있으리라는 가능성을 자신하게 되었다. 존 톨랜드*가 〈단순성, 그것이 진리의 가장 숭고한 장식물〉이라고 쓴 것은 그다운 일이었다. 그리고 그에게뿐만 아니라 그와 시대 및 기질을 같이하는 많은 사람에게 단순성은 사실상 단지 외적 장식이 아니라 기꺼이 진리로 받아들이거나 허심탄회하게 검토해 보려는 개념이나 원리의, 거의 없어서는 안 될 속성이었다. 포우프가 그의 가장 유명한 시구에서 그의 동시대인에게,

> 그대 스스로를 알지어다! 신을 알 수 있다고 자신하지 말지어다.
> 인류의 합당한 연구 대상은 인간일 뿐이리니.**

라고 설득하였을 때 그는 신학과 사변적 형이상학의 문제는 인간의 사고에 관해선 지나치게 방대하다고 시사하였다. 그러나 그의 말은 또한 동시대인에게는 인간이란 상당히 단순한 종류의 존재이며 인간의 본성을 헤아린다는 것이 인간에게 갖추어진, 결정적으로 제한된 단순한 지적 능력이 미치는

* John Toland(1670~1722): 아일랜드 출신 사상가이며, 무신론을 주장함.

** Alexander Pope, *An Essay on Man*, 서간 II, 1~2.

범위 내에 있다는 말로 들렸다. 인간성을 단순한 것이라고 가정함으로써 계몽사상은 대체로 사회적·정치적 문제도 역시 단순하고 따라서 해결이 쉬우리라고 가정하였다. 몇몇 예전부터의 잘못을 인간 정신에서 제거시키고 형이상학적 '체계'와 신학적 독단이라는 인위적인 복잡성을 인간의 신념에서 없애 정화시키고 자연 상태가 가지는 단순성과 같은 것을 인간의 사회적 관계에 회복시킨다면, 인간의 자연적인 우수성이 실현되고 인류는 그 이후로 내내 행복하게 살 수 있으리라고 가정하였다. 요컨대 내가 줄곧 언급한 두 경향은 아마도 공통의 뿌리를 가지는 것으로 거슬러 올라갈 수 있을지도 모른다. 인간의 관심을 모으는 행동 범위와 더욱이 그의 상상력의 범위가 갖는 한계는 그 자체로서 단순한 관념체계를 선호한다는 것을 나타내고 있다. 지적 겸손이라는 기질은 어느 정도는 불가해한 것, 뒤얽힌 것, 신비로운 것에 대한 혐오의 표현이다. 반면 로만주의 시대에 이르면 단순한 것이 의혹, 나아가서는 혐오의 대상으로까지 되고, 더욱이 프리드리히 슐레겔*이 〈로만주의적 혼란〉이라고 부른 특성이 기질에서나 시에서나 우주에서 가장 가치 있는 성질로 평가되었다.

(2) 이러한 주기적으로 유행하는 가정假定과 지적 습관은 흔히 너무도 일반적이고 모호한 종류의 것으로 거의 모든 주제에 관한 인간의 성찰 과정에 영향을 미칠 수 있다. 유사한 형태의 관념들은 변증법적 동인動因이라고 말할 수 있을 것이다. 즉, 한 개인, 한 학파 또는 한 세대의 사고까지도 한두 가지의 추론의 경향, 논리의 술수, 방법론적 가정에 의해 지배되거나 결정되는 것을 알 수 있으며, 그것은 명시되기만 한다면 논리학이나 형이상학에서 크고 중요한 아마도 대단한 논쟁을 불러일으킬 만한 명제로 간주될 수

* Friedrich Schlegel(1772~1829)은 독일 로만주의의 주도적인 비평가. 형인 August Wilhelm von Schlegel(1767~1845)과 함께 독일 로만주의파의 기관지인 「아태나에움」(*Athenaeum*)을 창간. 파리 대학에서 동양어 연구. 그의 저작에는 「역사철학」(*Philosophie der Geschichte*) 2 vols.(1829) 등이 있다.

있다. 예를 들면 항구적으로 반복하여 나타나는 것은 유명론적唯名論的 동인이다—즉, 어떤 사람들에게는 거의 본능적으로 나타나는 경향으로서 모든 일반적 관념의 의미를 이 관념에 포괄될 수 있는 구체적이고 감각으로 느껴질 수 있는 개체들을 열거하는 것으로 환원시키는 경향이다. 이것은 전문적인 철학과는 상당히 동떨어진 분야에서 나타나며, 철학에서는 관습적으로 유명론이라 이름 붙인 이론 외에 기타 많은 이론에서 하나의 결정 요인으로 나타난다. 윌리엄 제임스*의 실용주의는 이런 사고방식의 영향을 많이 받았음을 증언하고 있다. 반면 듀이**의 실용주의에서는 이 사고방식의 작용이 훨씬 적다고 생각된다. 다시 말하거니와 유기체적인 동인이거나 전체적인 동인, 즉 어떤 복합체가 있는 경우 그 복합체의 어떤 요소도 그것이 속한 체계의 다른 모든 구성 요소와의 관계를 떠나서는 이해될 수 없다거나 또는 그 자체만으로 존재할 수도 없다고 가정하는 습관이 있다. 이것 역시 비철학적 문제에 관해서도 일부 사람들의 특징적 사고방식에서 작용하고 있음을 알 수 있다. 반면에 그것은 또한 여러 관계의 본질성 원리를 하나의 독단으로 만드는 철학 체계 이외의 다른 철학 체계에서 나타난다.

(3) 관념사에서 또 다른 형태의 요인은 다양한 종류의 형이상학적 파토스에 대한 감수성이라고 말할 수 있다. 이러한 철학적 유행과 사변적 경향을 결정하는 지배적인 원인은 지금껏 고찰된 일이 거의 없었기 때문에 이에 대한 공인된 명칭이 없으며, 따라서 아마도 전혀 자명하지 않은 명칭을 새로 만들지 않을 수밖에 없다. '형이상학적 파토스'란 시어詩語와 마찬가지로 연상이나 또는 언어가 일으키는 감정이입을 통하여 철학자나 그의 독자에게 좋은 기분이나 감정이라는 점에서 사물의 본질에 관한 설명이나 자기가

* William James(1842~1910): 「심리학 원리」(*The Principles of Psychology*, 1890), 「종교적 경험의 다양성」(*The Varieties of Religious Experience*, 1912) 등 저술이 있다.

** John Dewey(1859~1952): 컬럼비아 대학 철학교수. 저술에는 「우리는 어떻게 사고하는가?」(*How We Think*, 1909), 「철학의 재건」(*Reconstruction in Philosophy*, 1920) 등이 있다.

속한 세계에 대한 성격 규정에서 예증되고 있다. 많은 사람에게는—생각건대 대부분의 문외한에게는—철학책을 읽는 것은 외견상의 미적 매력을 결여한 저술의 경우에도 보통 심미적 경험의 한 형태에 불과하며, 명확한 이미지가 개재하지 않아도 어느 정도 큰 감동이 독자에게 일어나는 것이다. 그런데 이러한 형이상학적 파토스에는 매우 많은 종류가 있다. 그리고 어떤 한 종류에 대한 감수성의 정도는 사람에 따라 차이가 있다. 첫째로, 단순한 불가해에 관한 파토스, 즉 이해불능한 것에 대한 매력을 느끼는 일인데, 그것은 이러한 효과를 의도하지 않는다 해도 많은 철학자에게는 대중과의 관계를 좋게 만들 것이라고 생각한다. 〈알려지지 않은 것은 모두 칭찬하여 마땅하다〉(omne ignotum pro mirifico)라는 구절은 간결하게 현대에서 큰 대중적 명성을 얻은 철학을 비롯한 많은 철학의 유행을 간결하게 설명한다. 독자는 이러한 철학이 정확히 무엇을 의미하는지를 모르고 있으나, 바로 이러한 이유 때문에 더욱더 숭고한 느낌을 갖게 된다. 경외감과 황홀함과 같은 기분 좋은 느낌은 측량할 수도 없을 만큼 심오한 사상을 성찰함에 따라 독자를 감싼다—그 심오함은 자신이 그 바닥을 볼 수 없다는 사실 때문이다. 이와 비슷한 것이 비교祕敎의 파토스이다. 숨겨진 신비에 동참한다는 느낌은 얼마나 흥분된 일이며 반길 만한 것인가? 어떤 철학자들—특히 1세기 전의 셸링*과 헤겔** 그리고 현대의 베르그송***과 같은 철학자들—은 그들의 철학 중심에 있는 통찰을 누구나 구사하는 평범한 논리에 따라 계속적인 사고 과정을 진행시킴으로써가 아니라, 단순한 이해의 수준과는 원리상 전혀 다른 직관의 차원으로 급작스럽게 비약함으로써 도달될 수 있다고 표

* Friedrich Wilhelm Joseph von Schelling(1775~1854): 독일 철학자. 예나, 뮌헨, 베를린 대학 등에서 강의.

** Georg Wilhelm Friedrich Hegel(1770~1831): 독일의 관념론 철학자.

*** Henri Bergson(1859~1941): 프랑스 철학자이며 파리 대학 교수(1906~21). 저술에는 「웃음의 철학」(*Le Rire*, 1900), 「창조적 진화」(*L'Évolution Créatrice*, 1906) 등이 있다.

현했으며, 이를 통하여 이러한 경험을 추구하는 인간의 갈망을 얼마나 효과적으로 충족시켰던 것인가! 비교의 파토스가 이러한 철학에서 혹은 최소한 이에 대한 반응에서 차지하는 위치를 훌륭히 설명한 표현은 베르그송의 일부 제자에게서 찾아볼 수 있다. 예를 들면 라제요*는 만일 사람이 어떤 의미로든 다시 태어나지 않는다면 이러한 새로운 가르침의 비밀인 〈철학적 직관〉을 얻을 수 없다고 공언하였다. 그리고 르루아**는 다음과 같이 기술하고 있다. "현실과 우리의 사이에는 장막이 드리워져 있다. 그것은 마치 마법이 퍼지듯 갑작스럽게 생기며, 우리 정신에게는 이제껏 상상조차 못 한 깊이까지 빛을 던져 준 것이며, 그 빛을 받고 우리의 눈앞에 처음으로 현실 그 자체가 나타났다. 이러한 것이 베르그송을 읽는 독자가 매 페이지마다 특별히 강하게 경험하는 감정이다."

그러나 이러한 두 가지 형태의 파토스는 특정 철학이 우주에 귀속시킨 속성에 내재해 있는 것이 아니라 그 철학이 그 자체에 귀속시킨—혹은 그 철학의 숭배자가 그 철학에 귀속시킨—속성에 내재해 있는 것이다. 그러므로 좀 더 엄격한 의미의 형이상학적 파토스의 사례들이 제시되어야 한다. 하나의 효과적인 예는 영원불변에 관한 파토스이다—즉, 그것은 불변성이라는 순수하게 추상적인 관념이 우리에게 주는 미적 쾌감이다. 위대한 철학적 시인들은 이것을 어떻게 불러내는지를 잘 알고 있다. 그것은 영시에서는 셸리***의 「아도니스」 중의 유명한 몇몇 시구에서 예증되는데, 우리 모두가 그 마술적 매력을 한때 느낀 바 있다.

---

* Gaston Rageot(1873~1942): 프랑스 문학비평가.

** Édouard Le Roy(1870~1954): 프랑스의 철학자 · 수학자. College de France의 베르그송의 후계자로서 Académie française 회원(1945). 「새로운 철학—앙리 베르그송」(1927), *Les Origines Humaines et l'Évolution de l'Intelligence*(1928), *Le Problème de Dieu*(1929) 등 저술이 있다.

*** Percy Bysshe Shelley(1792~1822): 영국 시인. 시인 Keats에 대한 추도시 「아도니스」(1821)를 지었다. 이 인용은 이 시의 52절.

유일자唯一者는 그대로 남아있으나 다수는 변화하고 소멸하며
하늘의 빛은 영원히 밝지만 지구의 그림자는 덧없이 사라진다…

영원히 불변한 채로 남아 있어야 우수한 것이라고 간주되어야 하는가는 자명하지 않다. 그러나 단순히 불변성이라는 관념이 일으키는 연상이나 윤곽이 막연한 이미지를 통해—그 하나의 예로서는 그것을 〈내심 모방하는 것〉(innere Nachahmung)이 피곤한 상태일 경우 우리에게 휴식의 느낌을 일으키지만—사물의 핵심에는 가변성이 전혀 없다거나 혹은 돌아서면 생기는 그림자 없는 실재가 있다고 말하는 철학은 어쨌든 개인적 혹은 집단적 경험의 특정 단계에서 우리의 감정적 반응을 불러일으킴에 틀림없다. 셸리의 시구는 때로는 일원론적 혹은 범신론적 파토스와 관련된 또 다른 종류의 형이상학적 파토스를 예시하고 있다. 윌리엄 제임스가 언급한 바와 같이 "〈만물〉은 〈하나〉다"라고 말할 때 많은 사람에게 이상한 만족감을 준다면 이는 차라리 설명하기 어려운 일이다. 〈하나〉라는 숫자가 다른 어느 숫자보다도 아름답고 존경스러워야 할 이유가 무엇인가? 그러나 심리적으로 일원론적 파토스의 영향력은 일원성一元性에 관한 논의에 함축된 반응의 본질을 고려할 때 어느 정도 이해되는 것이다. 예를 들면 일원성은 사물의 분열이나 분리라는 부담을 극복하거나 면제받는데 기인하는, 일종의 반겨야 할 해방감을 준다. 이제껏 우리의 마음속에 따로 분리해 지녀온 사물이 어쨌든 동일한 사물에 불과하다고 인식한다는 것은 그것만으로도 인간에게 정상적이며 또 기분 좋은 경험이다("제임스의 논문 일부의 헤겔 철학에 관하여"와 B.P. 블루드*의 책 「무감각의 계시」를 상기할 수 있을 것이다). 그래서 다시 말하거니와 일원론적 철학이 하나란 그 자체로서 〈보편적 하

* Benjamin P. Blood(1832~1919): 미국 시인 · 철학자.

나〉(universal Oneness)의 일부라고 공언하거나 시사한다고 할 때, 모호한 감정적 반응이 하나의 복합체로서 온통 발산되는 것이다. 예를 들면 (소위 군중 심리에서처럼) 여러 방식으로 나타나는 독립된 인격이라는 느낌—흔히 피곤을 느끼게 하는 느낌—의 해소가 흥분을 일으킬 수 있으며, 이 해소도 역시 단순한 형이상학적 정리定理에 의해서 실로 강력한 흥분을 일으킬 수 있다. 산타야나*는 "나는 내가 나임을 잊을 수 있기를 바라네"라고 시작하는 소네트에서, 의식이 있는 개성은 그 자체가 부담이라는 기분을 거의 완벽하게 표현하고 있다. 일원론적 철학은 때로는 우리에게 바로 이러한 한정된 각별한 자아라는 느낌으로부터 도피하려는 우리 상상력의 피난처를 제공한다. 피히테 및 기타의 사람들은 양자를 통일하려 했지만, 일원론적 파토스는 주의主意주의적 파토스와 뚜렷이 다르다. 이 파토스란 우리의 활동적이며 의욕적인 성질 혹은 더 나아가서는 이른바 투쟁 본능의 반응이며, 이 반응은 우리가 자신이 우주와 동질적이라고 느끼고 전 우주가 그와 같은 성질을 가진다고 생각함으로써 생기는 것이다. 그런데 이러한 모든 것은 지식으로서의 철학과는 아무런 관련이 없다. 그러나 그것은 역사의 요인으로서의 철학과는 깊은 관련이 있다. 왜냐하면 철학이 역사의 요인이 되어온 것은 주로 지식으로서가 아니기 때문이다. 여러 다른 종류의 형이상학적 파토스의 작용을 쉽사리 느끼는 감수성은, 많은 철학자의 논리를 미묘하게 구사하면서 철학적 체계의 형성에 큰 역할을 하며, 동시에 이 체계의 영향을 받은 집단이나 세대에 대한 다양한 철학의 유행과 영향을 수반하는 일부 원인을 제공하는데 큰 역할을 한다고 확신하는 바이다. 그리고 이러한 다양한 감수성을 발견하고 이것이 하나의 체계를 형성하거나 또는 하나의 관념을 그럴 듯하게 보이게 하고 유행하도록 하는 데 어떠한 기여를 하였는

* George Santayana(1863~1952): 미국 철학자·시인. 스페인 출신으로 하버드 대학 교수 역임. 「美의 감각」(*the Sense of Beauty*, 1896), 「플라톤 철학과 정신생활」(*Plantonism and the spiritual Life*, 1927) 등 저서 다수.

가를 보여주는 섬세한 작업이 관념사가의 작업의 일부이다.

(4) 만일 관념사가가 좀 더 광범위한 사상운동에서 진정코 작용하는 요소를 인식하고자 한다면, 그의 작업의 또 다른 부분은 철학적 의미론이라고 부를 수 있는 탐구일 것이다—즉, 한 시대 혹은 한 운동에서 신성시되는 단어나 말을 연구하는 것으로서, 그 단어나 말의 모호함을 제거하는 일, 그 의미의 다양한 차이를 열거하는 일, 이러한 모호에서 생기는 혼동된 관념의 관성이 이론의 발전사에 영향을 끼쳤는가, 또는 한 형태의 사상에서 다른 형태의 사상으로, 혹은 정반대의 형태의 사상으로 모르는 사이에 변화를 가속시켰는가 등을 검토하는 일이다. 일개 낱말들이 역사의 힘으로 독자적 작용을 하게 된 것은 대체로 이러한 모호함 때문이다. 그것이 갖는 의미 중 하나, 또는 시사하는 몇몇 사상 중의 하나가 어떤 한 시대의 지배적인 신념이나 가치 기준 및 취향과 일치하기 때문에 통용되고 수용되는 용어나 구절 또는 공식이 신념이나 가치 기준 혹은 취향을 바꾸는 데 기여할는지도 모른다. 왜냐하면 사용하는 사람들이 뚜렷하게 구분하지 않는다 할지라도, 상이한 의미나 함축된 의미가 점차 그 의미의 지배적 요소가 되어 버리기 때문이다. '자연'이라는 말은 이것의 가장 특이한 예이며 철학적 의미론의 탐구를 위한 가장 의미 심장한 주제임은 말할 필요조차 없다.

(5) 그러나 우리의 관심 대상이 될 유형의 '관념'은 내가 지금껏 논한 관념보다 더 확실하고 명백하며, 따라서 자신 있게 분리하여 규정짓기가 더 쉽다. 그것은 가장 단일한 개별적인 명제, 즉 영향력이 있는 유럽의 초기 철학자들에 의해 분명하게 제시된 '원리'로서, 그 계系라고 생각되는 몇몇 부수적인 명제와 함께 제시된 '원리'이다. 이러한 명제는, 곧 살펴 볼 것이지만, 인간이라면 의문을 푸는 것이 당연하고, 사색적 인간이라면 언젠가는 의문을 갖지 않을 수 없는 철학적 문제에 대해 시도된 해답이었다. 그것은 원래 아주 다른 문제에 대한 성찰 과정에서 제기되었으나 결과적으로 이 명제에

연결된 특정의 다른 원리들과 자연스러운 논리적 근접성을 지니는 것으로 판명되었다. 이런 유형의 관념적 성격과 그 관념의 역사적 과정의 성격은 더 이상 일반적인 말로 서술할 필요가 없을 것이다. 왜냐하면 후속되는 서술이 그것을 설명할 것이기 때문이다.

〈둘째로〉 관념사가는 이런 식으로 분리한 단위 관념을 중요한 하나 이상의 역사적 영역에서—궁극적으로는 모든 역사적 영역에서—즉, 철학·과학·문학·예술·종교·정치 등에 상관없이 추구하는 것이다. 이러한 연구의 전제는 다음과 같다. 특정한 관념의 작용, 명시적이든 암시적이든 어떤 전제의 작용, 정신적 습관의 작용, 혹은 어떤 특정한 명제나 논리의 작용은, 그 본질이나 역사적 역할을 충분히 이해하려면, 이러한 작용이 표출되는 인간의 사고 생활의 모든 면이나 역사가의 능력이 허용하는 한, 많은 면에서 연관성 있게 추구되어야 할 필요가 있다. 이러한 연구는 이들 영역 중 몇몇에 공통된 것이 보통 인식되고 있는 이상으로 훨씬 더 많이 〈있다〉는 신념, 그리고 그와 같은 관념이 극히 다양한 지적 영역에서, 때로는 상당히 위장된 채 빈번히 나타난다는 신념에 의해 영감을 얻는 것이다. 예를 들면 조원술造園術은 철학과는 꽤 동떨어진 주제인 것으로 보이지만 적어도 어느 한 점에서는 조원술의 역사가 근대 사상의 진정한 철학적 역사의 일부가 되고 있다. 소위 "영국식 정원"의 유행은 1730년 이후 프랑스와 독일에 급속히 퍼졌는데, 모르네*와 그 밖의 사람들이 증명하듯이 로만주의의 시작이거나 또는 로만주의의 일종이었다. 이 유행은—의심할 바 없이 어느 의미에서는 17세기의 형식적 조원술 취향 과잉에 대한 당연한 반발의 표현인데—또 어느 의미에서는 일찍이 볼테르, 프레보**, 디드로 및 네덜란드의 위그노계 〈잡

---

* Daniel Mornet: 「프랑스 혁명의 지적 기원」(*Les Origines intellectueles de la Rèvolution française, 1715~1787*, 1967) 등의 저서가 있는 프랑스 사상사가.

** Abbé Prévost: 정식으로는 Antoine François Prévost d'Exiles(1697~1763). 「한 귀족의 수기」 20권(*Mémoires et aventures d'un homme de qualite*) 제7권에 *Manon Lescaut*가 포함됨.

지 기자들〉이 도입한 바 있는 모든 종류의 영국적 유행에 대한 일반적인 열광을 표현한 하나의 예였다. 그러나 이러한 조원술에서의 취향 변화는 모든 예술에서의 취향 변화, 실로 세계에 대한 취향 변화의 시작이다. 나는 이 조원술의 변화가 〈그〉 원인이라고 확실하게 말하려는 것은 아니지만 전조나 공통 원인들 중의 하나라고 말하려는 것이다. 한 가지 측면에서 보면, 로만주의라는 다면체는 세계를 거대한 규모의 〈영국식 정원〉으로 보는 신념이라고 표현해도 틀리지 않을 것이다. 17세기의 신은 정원사처럼 언제나 기하학화하였다. 그런데 로만주의라는 신의 세계에서는 사물이 야생野生하여 가지 침 없이 자연적 형태대로의 풍요한 다양성 속에서 성장하였다. 불규칙성에 대한 선호, 전적으로 지식화한 것에 대한 반발, 안개 덮인 먼 곳으로 〈달아나 버린 것〉에 대한 갈망—궁극적으로 모든 점에서 유럽의 지적 생활 속에 침입한 이러한 것들은 오락용 정원이라는 새로운 유행 형태로서 18세기 초에 대규모로 그 첫 번째의 근대적 모습을 드러냈다. 그런데 그것들이 발달하고 전파되는 각각의 단계를 추적한다는 것은 불가능한 일이 아니다.[1)]

관념사라는 것은—현재 시제와 직설법으로 말한다면—역사적 종합을 목적으로 하는 시도이긴 하지만 그 밖의 역사적 학문 분야의 단순한 집합체라는 뜻이 아니며 여러 기타 분야의 포괄적 통일을 목표한다는 것은 더욱더 아니다. 그것은 단지 역사적 요인의 특정 집단을 다루며, 이것도 보통 지적 세계의 독립적인 분야라고 간주될 수 있는 영역에서 작용한다고 생각될 때에만 다룬다. 특히 하나의 영역으로부터 다른 영역으로 영향력이 옮겨가는 과정을 다룬다. 이러한 과제가 부분적으로나마 실현된다고 하면 현재 관련성이 없이 흩어져 있는 사실들, 그 결과 제대로 이해되지 못한 사실들

1. 필자의 논문 「로만주의의 중국적 기원」("The Chinese Origin of a Romanticism," *Journal of English and Germanic Philology*, 1933, pp.1~20)과 「제1차 고딕 부흥운동과 자연으로의 복귀」("The First Gothic Revival and the Return to Nature," *Modern Language Notes*, 1932, pp.419~446) 참조.

에 대해 필요한 통합적 배경을 제공하는 데 크게 기여할 것이라고 생각하지 않을 수 없다. 그것은 전문화와 분업이라는 기특한 노력이 행해지는 과정에서, 연구를 항상 협조적으로 하지 않으면 안 되는 대학의 각 학과 사이에 생기는 장벽을 극복하는 데 기여할 것이다. 나는 특히 철학과와 현대 문학과를 염두에 두고 있다. 아마도 문학을 가르치는 대부분의 교사들은 문학이 주로 그 사상 내용 때문에 〈연구되어야〉 한다는 것을 쉽사리 인정할 것이다—나는 결코 취미의 대상밖에 되지 않는다고 말하려는 것이 아니다. 또한 문학사의 관심이 대체로 인간의 상상력과 감정과 행동에 영향을 끼친 여러 사상 운동의 기록이라는 점도 쉽사리 인정할 것이다. 물론 본격적인 사색적 문학에 나오는 관념들이란 크게 희석된 철학적 관념들이며, 비유를 바꾸어 말하면 아마 더 이상 그 자체로서는 존재하지 않게 된 위대한 철학적 체계가 뿌린 씨앗에서 자란 성장물이다. 그러나 철학에 대한 적절한 훈련의 부족 때문에 문학 연구자들은 물론, 식견이 있는 문학사가들까지도 흔히 그러한 관념에 직면해서 인식하지 못한다고 생각된다—적어도 그 역사적 계보나 논리적 내포나 의미, 그것이 인간 사상에 나타난 다른 모습 등을 인식하지 못한다고 생각된다. 다행히도 이러한 사태는 신속히 개선되고 있다. 다른 한편으로 철학사를 연구하거나 가르치는 사람들은 철학적인 정장正裝—또는 출전성장出戰盛裝—을 하지 않은 관념에 대해서는 이따금 거의 관심을 보이지 않고 있으며 그러한 관념이 비철학적인 일반인의 마음속 깊은 곳에서 작용하는 것을 무시하는 경향이 있다. 그러나 관념사가라면 철학 체계, 종교 체계 또는 과학 이론 속에서 하나의 개념이나 전제가 처음으로 출현함을 찾는 일이 가장 흔한 경우이긴 하지만, 예술이나 특히 문학에서 그 개념의 가장 의미 깊은 표현을 탐구하려고 할 것이다. 왜냐하면 화이트헤드가 말했듯이 "문학에서 구체적인 인간관이 표현되기 때문이다. 따라서 한 세대의 내적 사상을 발견하려고 한다면 우리가 기대해야 할 것은 문학이요, 특히 가장 구체적인 형태의 문학이다."[2] 더욱이 내 생각으로는—이 견해를 옹호할 시간이 나에게는 없긴 하지만—문학의 철학적 배경이 가장 잘 부각될 수 있는 것은 몇 번이고 반복적으로 나타나는 주요 관념을 먼저 가려내고 분석함으로써 그리고 하나 하나의 관념을 수많은 맥락 속에서 반복되는 단위로 관찰함으로써 가능하다.

〈셋째로〉 이른바 비교 문학의 연구와 마찬가지로, 관념사는 문학적 연구나 다른 역사적 연구를 국적이나 언어에 따라 하는 관습적 구분 때문에 생기는 결과에 대해 반대하는 바이다. 정치 제도나 정치 운동의 역사는 어떤 식으로든 좀 더 작은 단위로 분할되지 않을 수 없기 때문에 그 역사가 국가라는 선에 따라 구분되는 데는 당연하고 명백한 이유가 있다. 그러나 이런 역사 연구의 분야조차도 근래에는 한 나라의 많은 사건·경향·정책의 참다운 원인을 이해하기 위하여 다른 나라의 사건·경향 혹은 정책을 연구해야 할 필요성을 점차 더 인식하게 됨으로써 더욱더 정확해지고 더욱더 큰 결실을 보고 있다. 그리고 일반적으로 이러한 습관이 행해지지 않는 철학 연구는 고사하고, 문학사의 연구에서도 언어에 의한 분야 구분이 전문화의 필요성을 인식하는 최선의 방법이라는 것은 결코 자명한 일이 아니다. 현행의 구분법은 어느 모로는 하나의 역사적 우연인데, 대부분의 외국 문학 전공 교수들이 일차적으로 언어를 가르쳤던 시절의 유물이다. 문학의 역사적 연구가 어떠한 인과 관계—예컨대, 이야기의 전래와 같은 비교적 사소한 인과 관계라 해도—의 철저한 연구라고 인식하는 즉시 그 연구는 불가피하게 국경이나 언어학적 경계선을 무시하지 않을 수 없다. 왜냐하면 조사 대상인 인과 관계의 대부분이 그러한 경계선을 무시하고 있기 때문이다. 그리고 만일 교사의 임무 혹은 상급반 학생의 훈련이 어떤 주제나 특정 사상 형태에 대한 특정인들의 선호도에 따라 결정되는 것이라면 영문학이나 프랑스 문

2. 「과학과 현대세계」(*Science and the Modern World*, 1926), p.106.

학 혹은 독일 문학의 전공 교수들 대신에 르네상스, 중세 후기, 계몽사상 시대, 로만주의 시대의 전공 교수들이라 부른다면 안 된다고 해야 할지가 애매하다고 하지 않을 수 없다. 왜냐하면 대체로 16세기 후반의 전형적인 교육을 받은 영국인과 프랑스인 혹는 이탈리아인에게는 기본적인 관념이나 취미 및 도덕적 기질에 관해서 당시의 영국인과 1730년대나 1830년대 혹은 1930년대의 영국인보다 더 많은 공통점이 있다는 것에 의심할 여지가 없기 때문이다. 그것은 1930년대의 평범한 영국인과 뉴잉글랜드 주민에게는 1630년의 뉴잉글랜드 주민과 현재의 후손보다 훨씬 더 큰 공통점이 있음과 마찬가지이다. 그렇다면 만일 역사 전문가에게는 그가 다루고 있는 것에 대한 공감적 이해를 위한 특별한 능력이 바람직한 것이라면, 국가·인종·언어에 의한 구분보다는 시기 혹은 같은 시기의 한 집단에 의한 구분이 더 타당하다고 주장할 수 있을지도 모른다. 나는 이러한 대학의 인문학계 학과의 개편을 강하게 촉구할 생각은 없다. 그 과정에는 명백한 실제적 난관이 있기 때문이다. 그러나 이러한 난관은 연구 대상이 사실의 분리와는 별 관계가 없다—그 사실이 지배적 범주의 역사, 신념이나 취향 혹은 지적 유행의 역사와 관계가 있을 때는 더욱더 그렇다. 프리드리히 슐레겔이 오래 전에 말했듯이, "현대시의 지역적 부분이 문맥으로부터 떨어져서 개별 그 자체로서 존재하는 전체로 고찰된다면 설명이 불가능해질 것이다. 그것은 무엇보다도 상호 관계를 통해서 입장과 의미를 얻는다."[3]

〈넷째로〉 내가 규정하고자 하는 또 다른 관념사 연구의 특성은 관념사가 몇몇 심오한 사상가나 저명한 저술가의 이론이나 견해뿐 아니라 대집단의 사람들의 집단 사고에 나타난 특정한 단위 관념의 표현과 특히 관계가 있다는 점이다. 관념사는 한 세대 혹은 여러 세대를 통하여 교육 받은 계급

3 「그리스 시의 연구에 관하여」(*Über das Studium der griechischen Poesie*), Minor 편 *Friedrich Schlegel*, 1792~1804, I, p.95.

에서 통용되는 신념·편견·신앙심·취향·갈망에서—세균학자가 사용하는 의미로—분리해 낸 요인들의 효과를 연구하려는 것이다. 간단히 말해서 널리 퍼져 많은 사람들의 정신적 자산의 일부가 된 사상을 대상으로 한다. 이러한 특성 때문에 현재 대학의 문학 전공 학과의 학생들을—심지어 상급반 학생들까지도—문학 속에 있는 관념의 역사를 연구하는 경우 흔히 당혹스러워 한다. 적어도 몇몇 문학 전공 학과에 있는 나의 동료 교수들에 의하면 문학〈으로서〉 현재에는 죽어 있는—현재의 미적·지적 기준으로 볼 때 기껏해야 미미한 가치밖에 없는—작가의 작품을 연구해 보라고 하면 일부 학생들은 반발한다는 것이다. 이러한 학생들의 주장은 왜 걸작—혹은 이에 〈더하여〉 2류의 고전—을 지금도 즐겁게 읽힐 수 있고 현대인에게 표현하는 사상이나 감정에 의의가 있다고 느끼게 하는 것들에 한정하지 않느냐는 것이다. 만일 문학사의 연구가 그 영역 안에, 과거의 사람들에게 감동을 준 사상이나 감정과 소위 문학적·철학적 여론이 형성되는 과정에 관한 연구를 포함시키지 않는다면 그것은 지극히 당연한 마음가짐이라 할 것이다. 그러나 만일 문학사가는 이러한 문제에 관심을 두어야 한다고 〈굳이〉 생각한다면 2류 작가들도 현재 걸작으로 간주되는 작품의 작가들만큼이나 마찬가지의 중요성을 가질 것이며, 이 관점에서 볼 때에는 더 중요할지도 모른다. 파머* 교수는 실로 적절하게 이와 같이 말하고 있다. "한 시대의 경향이란 지배적인 천재 작가보다는 열등한 작가들에게서 더 확실히 나타난다. 천재 작가들은 자신의 시대만큼이나 과거와 미래에 대해 잘 말하고 있다. 그들은 모든 시대를 위해 있는 것이다. 그러나 그보다 열등한 창조력을 가지고 있으되 감수성이 예민하고 잘 반응하는 사람들에 대해서는 당시대의 이상

* George Herbert Palmer(1842~1933): 미국의 철학자·교육자. 그리스 문학에 관한 번역과 저술이 있다. 그 밖에 「선의 본질」(*The Nature of Goodness*, 1903), 「자유의 문제」(*The Problem of Freedom*), 「박애의 본질과 종류」(*Altruism; Its Nature and Varieties*, 1919) 등이 있다.

이 뚜렷하게 새겨지는 법이다."[4] 그리고 두말할 나위 없이 한 시대의 소수의 위대한 작가들에 대해 역사적으로 이해하는 일도 당시대의 지적 생활 및 공통적인 도덕적·미적 가치관의 배경을 알지 못하고는 불가능하다는 것, 그리고 이러한 배경의 특성이 당시에 일반적으로 유포되어 있던 사상의 본질과 상호 관계를 실제 역사적 탐구를 통해 확인되어야 함은 어느 경우이든 사실이다.

마지막으로, 어떻게 〈새로운〉 신념과 지적 유행이 도입되고 확산되었는지를 이해하고 관념의 유행과 영향력의 변화가 초래되는 과정의 심리적 성격을 밝히기 위하여 특유의 분석적 방법을 적용하는 것은 관념사의 최종적인 과제 중 하나이다. 또한 가능하다면 한 세대에 지배적인 혹은 광범하게 퍼져 있는 관념이 어떻게 사람들의 마음을 사로잡는 힘을 잃고 다른 관념으로 대체되는가를 밝히는 것도 관념사의 과제이다. 내가 지금 말하는 연구 방법은 이러한 방대하고 어렵고도 중요한 역사적 해석의 분야에 대한 많은 기여 중 하나에 불과하지만, 이것은 필수적인 기여라고 생각하지 않을 수 없다. 왜냐하면 그 과정은 거기에 요인으로 개입하는 개별적 관념의 본질이 식별되고 그 관념의 일반적 역사 작용 속에서 따로따로 관찰된 후에야 비로소 파악될 수 있기 때문이다.

결론적으로 말하자면 이 강연은 다소간 내가 이제껏 일반적인 목적과 방법을 단순히 약술해 온 데 불과한 일종의 철학적·역사적 탐구를 예시하기 위하여 의도되었다. 우리는 단일하고 단순한 하나의 관념을 먼저 식별하려는 것이 아니라 세 가지 관념을 식별하려는 것이다. 즉, 서양사의 대부분을 통해 긴밀하게 그리고 부단히 연관되어 왔으므로 그 결과 흔히 하나의 단위로 작용해 왔으며, 합쳐서 다루면 하나의 개념—서양 사상의 주요 개념 중 하나의 개념—즉, "존재의 대연쇄"라는 하나의 명칭으로 표현되기에 이

4. *The English Works of George Herbert* (1905)의 서문, xii.

른 개념을 다루게 될 것이다. 더욱이 우리는 이 세 가지 관념의 작용을 개별적으로, 그리고 함께 고찰할 것이다. 그 예는 특별히 선정된 논제를 다룬 것으로서는 시간의 제한 때문만이 아니라 나의 지식의 부족으로 제약을 받기 때문에 불가피하게 불충분한 것이 될 수밖에 없다. 그럼에도 불구하고 이러한 제약 내에서 가능한 한 이 관념을 특정 철학자들의 마음속의 역사적 뿌리까지 추적하고 이러한 관념의 융합을 고찰하며 많은 시기와 다양한 분야, 즉 형이상학과 종교 그리고 근대 과학사의 특정한 양상, 예술의 목적에 관한 이론과 예술에서의 우열의 기준과 평가 그리고 심지어 비교적 미미한 정도에 그칠 것이긴 하지만 정치적 경향에서 나타난 도덕적 가치 판단에 주목하기로 한다. 또한 어떻게 후세대가 그 관념들의 제창자들이 바라지도 않고 꿈을 꾸어 본 일조차 없는 결론을 도출했는가를 살필 것이며, 이 관념들이 인간의 감정과 시적 상상력에 영향을 미친 결과를 고려하며, 마지막으로는 아마도 그 이야기로부터 철학적 교훈을 끄집어내려고 할 것이다.

그러나 나는 다음의 세 가지를 경고하면서 이 서론을 마치려고 생각한다. 첫 번째는 내가 개괄적으로 살펴본 연구 계획 자체와 관계되는 것이다. 관념사의 연구는 위험과 함정으로 가득 차 있다. 이 연구에는 특유의 지나침이 있다. 해석과 종합을 목표로 하고 흔히 표면상 관련이 없는 것들을 연결시키려 하기 때문에, 바로 이 점에서 이 연구는 단순히 상상력에 의한 역사적 일반론으로 쉽사리 타락할 우려가 있다. 그리고 하나의 관념을 다루는 역사가는 연구의 성질상 여러 분야의 지식을 모아야만 하기 때문에 적어도 자신이 종합한 것의 어느 국면에서는 불가피하게 비전문가에게나 있을 수 있는 과오를 저지르게 될 것이다. 나는 이러한 위험성을 유념하고 가능한 한 피하려고 최선을 다했다고 말할 수 있을 뿐이다. 내가 모든 경우에 그런 위험을 피하는 데 성공했다고 생각한다면 낙관이 지나쳤다고 할 것이다. 그러나 부분적인 실패의 개연성이나 가능성에도 불구하고 이러한 작업은

할 만한 가치가 있는 것으로 생각된다.

두 번째 경고는 나의 강연을 듣는 청중에 대한 것이다. 이 강연의 진행 방식 때문에 우리는 어느 한 철학자나 한 시대의 사상 중 일부만을 다루지 않을 수 없다. 그러므로 부분이 전체인 것으로 결코 오해되어서는 안 된다. 실로 우리는 이 강연의 주제인 상호 관련된 세 가지 관념에 전적으로 국한하지는 않을 것이다. 왜냐하면 이 관념들의 철학적 의의와 역사적 작용은 비교를 통해서만 이해될 수 있기 때문이다. 앞으로 논할 이야기는 대부분 처음에는 잠재적인 것이지만 궁극적으로는 겉으로 드러나게 되는 이러한 관념들과 이에 대립되는 일련의 관념들과의 상충에 관한 이야기이며, 대립 관념의 일부는 바로 이러한 관념들이 낳은 것이라 할 수 있다. 그러면 우리는 시종 그것들을 대립이란 관점에 비추어서 고찰해야만 한다. 그러나 앞으로 논할 이야기 중 원리의 체계에 대해서나 한 시대의 경향에 대한 포괄적 설명으로 해석되어야 할 것은 아무것도 없다.

마지막으로 이런 식으로 심지어 단 하나의 관념의 전기傳記를 논하려 할 때에도 청중의 보편적인 지적 관심이 크게 요구된다는 것은 명백하다. 이 강연의 주제를 이루는 관념의 영향을 추적함에 있어서, 이미 암시했듯이, 보통 우리는 서로 거의 관계가 없는 듯이 생각되고 또한 보통 따로따로 비교 연구되는 많은 학문 분야의 역사 속의 사건들을 고찰하지 않으면 안 될 것이다. 그러므로 관념사는 지나치게 분야별 연구를 지향하는 사람들에게 알맞은 주제가 결코 될 수 없다. 그리고 그러한 분야별 연구를 지향하는 사람들이 있는 시대에서 관념사 연구는 약간 힘든 탐구가 될 것이다. 또한 관념사는 과거 시대의 인간 사상운동이 지금 세대의 많은 사람에게 오도되거나, 혼동되고 있거나 혹은 불합리한 것으로 보일 때에도 과거의 인간 사상운동에 대한 관심을 전제로 한다. 철학사나 모든 시대의 인간 사고의 역사란 대체로 여러 관념이 혼동되어 있는 역사〈이다〉. 우리가 다루고 있는 이 역사도 역시 예외일 수는 없다. 그렇다고 해서 그것이 일부 우리에게도 흥미가 덜하다거나 비교육적일 수는 없는 일이다. 인간이란 좋건 나쁘건 본성상 그리고 본성의 가장 뚜렷한 충동에 의하여 사고하고 해석하는 동물로서 언제나 사물의 원인을 인식하려고 하며(*rerum cognoscere causas*), 경험이란 생생한 자료 속에서 눈으로 보이는 것 이상의 것을 알아내려고 하기 때문에 자신의 감각적 실존이라는 적나라한 사실에 대한 지력知力의 반응을 기록한다는 것은, 너무나 듣기 좋은 〈인식하는 인간〉(*homo sapiens*)이라고 이름 붙인 종種 또는 아종亞種에 관한 자연사의 본질적인 부분이 되었다. 그리고 나는—특히 그 종의 일원으로서—왜 그 종의 자연사적 특성이 〈짚신벌레〉나 흰쥐의 자연사보다 덜 존중할 만한 연구 주제인가를 결코 이해할 수가 없다. 의심할 바 없이 자연 및 인간 자신을 지적으로 이해한다든지, 이해했다고 느끼는 데서 생기는 일종의 정서적 만족감을 구하는 것은 우리 안에 갇힌 생쥐가 먹이를 찾듯이 잃어버린 미로를 방황하며 그 출구를 찾을 수 없는 경우와 같다. 그러나 설령 관념사가 시행착오의 역사이긴 하지만, 착오조차도 그것이 발생한 사유를 고찰함으로써 문제의 논리는 물론 착오를 저지른 인간 특유의 본성·욕구·재능·한계 등에 관해 가르쳐 준다. 그리고 이러한 과오는, 나아가 우리 중의 일부 사람이 명석하고 일관성 있으며 확실한 근거를 가지며 최종적인 것이라고 간주하기 쉬운 현대의 지배적 사상이 후세 사람의 눈에는 그러한 성질을 전혀 갖지 않는 것으로 나타날 수 있다는 것을 상기시켜 줄 것이다. 심지어 우리의 선조가 겪은 혼동을 적절하게 적은 기록은 그러한 혼동을 분명히 규명해 줄 뿐 아니라, 다르긴 하지만 비슷하게 큰 혼동을 우리는 완전히 면할 수 있는가의 여부에 관해 유익한 의문을 제기할 수 있도록 할 것이다. 왜냐하면 비록 우리의 수중에 마음대로 자유롭게 쓸 수 있는 더 많은 경험적 자료를 갖고 있지만 우리가 상이한 정신 혹은 더 우수한 정신을 가진 사람은 아니기 때문이다. 결국 철학과 과학—주로 '사실'을 형성하는 것—은 사실에 대한 정신의 작용이다. 그럼에도 불구하고 가장 개성적인 활동을 하는 인간의 자연사에 관심을 두지 않는 사람들, 즉 자신과 공유하지 않은 전제로부터 출발하여 이상한 혼동이라고 생각되고 또 흔히 실제로 그렇게 생각되는 것에 엉켜 있거나 절망적이라고 생각되는 사변적 작업을 하는 타인의 정신 작용을 쫓아갈 만한 호기심이나 인내심 없는 사람들에 대해서 내가 말하고자 하는 이야기는 대부분 흥미가 없을 것이라고 경고해야 공평할 것이다. 반면에 나는 이런 이유 때문에 여기 논하게 될 이야기에 무관심한 사람들에게는 이 이야기를 알지 못하고서는 서양의 사상운동, 특히 주요 영역에서의 사상운동에 대해 이해할 수 없으리라 경고하는 것이 또한 공평하다고 생각하는 바이다.

II. 그리스 철학에서의 존재의 연쇄 관념의 시작: 3대 원리

우리가 이제 역사적 고찰을 해야 할 관념 중에서 가장 기본적인 것은 플라톤에서 처음으로 나타난다. 그러므로 그 뒤에 오는 거의 모든 논의는 화이트헤드 교수의 유명한 말에서 설명될 것이다. 즉, 그는 "유럽의 철학적 전통의 특징을 가장 무난하게 일반적으로 규정짓는다면 이는 곧 플라톤에 대한 일련의 각주脚註로 되어 있다"라고 말하였다. 그러나 플라톤과 플라톤적 전통에는 두 가지 대립하는 주요 경향이 있다. 철학적 혹은 종교적 체계를 갈라놓는 가장 깊고 넓게 벌어진 분열에서 플라톤은 양쪽에 다 걸치고 있었다. 따라서 후세에 끼친 그의 영향은 두 가지 상반 되는 방향으로 작용하였다. 내가 말하는 분열이란 이른바 내세성과 현세성 사이의 분열이다. 내세성이라 해서 미래의 삶에 대한 믿음이나 미래의 삶에 대한 몰두를 말하려는 것이 아니다. 사후에 일어날 일에 대한 관심과 사후에 기다리고 있을 기쁨을 이리저리 생각하는 것은 분명히 극단적 형태의 현세성일 것이다. 또 만일 내세가 질적으로 현세와 전혀 다름이 없고 대체로 비슷한 점이 더 있는 것으로 생각된다면—즉, 변화와 감성과 복수성複數性과 사회적 친분으로 되어 있는 지상의 존재 양식의 연장에 불과하고, 단지 지상의 존재의 하잘것없고 고통스러운 면이 없어지고 좀 더 이 세상의 세련된 안락을 높이고 지상에서의 욕구불만을 보상하는 것으로 생각된다면—내세란 본질적으로 현세의 극단적 형태이다. 빅토리아 시대 시인들이 생존에 대한 개인의 희망을 표현한 유명한 시는 이를 완전히 설명해 준다. 현세의 삶에 대한 브라우닝*의 생생한 기쁨은 "이곳에서처럼 피안彼岸에서도 계속 싸우고 항상 성취하자"는 그의 희망에서 가장 명백히 나타나 있다. 그리하여 테니슨**의 〈죽음의 명상〉(*meditatio mortis*)이 단지 "살아남아 죽지 않는다는 응보"에 대한 기도로 끝났을 때 그도 역시 그다지 떠들썩한 말투는 아니지만, 공통적 경험을 통해 이미 우리에게 익숙한 생존의 일반적 조건의 충족된 가치를 선언하고 있다. 비록 현재의 역사 연구에서는 이전부터 있었음을 보여주긴 하지만, 사실 이 양자는 모두 로만주의 시대 이전에는 어느 정도 예외였으며 그들 자신의 큰 시대적 특징인 특별한 느낌을 표현한 것이었다. 이는 생존의 주요 가치를 시간의 진행 과정이나 시간과의 싸움과 동일시하는 것이며, 만족이나 종결에 대한 반감 및 파머 교수의 말을 사용하면, 일종의 "미완성의 영광"을 느끼는 감각이었다. 이는 내가 말하는 내세성의 완전한 부정否定이다. 왜냐하면 좀 약하게 나타나는 경우에서조차 다소 일반적인 〈현세에의 경멸〉(*contemptus mundi*)이 내세성의 본질이기 때문이다. 그것은 설사 서양사의 대부분의 시기에 개별적 인간의 불로장생에 대한 갈망과 실제 관계가 있긴 하지만, 필연적인 관계는 없었다. 그리하여 더 철저한 형태에서 이 성질은 모든 비참의 뿌리와 생존의 허무, 그리고 극복해야 할 최대의 적을 갈망하는 것에서 나타났다.

그렇다면 이 '내세성'이라는 말로 내가 뜻하고자 하는 것은—철학적 혹은 종교적 경향에 있는 일차적인 대립을 가려내는 데 꼭 필요한 것이라는 의미로 볼 때—참다운 '실재'와 참다운 선善이란 아무리 정상적이라 해도,

* Robert Browning(1812~1889): 영국 시인. *The Ring and the Book*(1864~1869) 12권 등 다수의 작품이 있다.

** Alfred Tennyson(1809~1892): 영국 시인. *In Memoriam*(1850) 등 다수의 작품이 있다.

아무리 지성적이라 해도, 또 아무리 운이 좋다고 해도 인간의 자연스러운 삶, 다시 말해 인간의 평범한 경험에서 발견될 수 있는 것과는 본질적 특성에서 근본적으로 대립 관계에 있다는 신념이다. 우리가 지금 여기서 알고 있는 세계—다양하고 변화무쌍하며 사물의 상태와 관계가 영원히 유동하는 세계, 혹은 탄생의 순간에 비실체[無]로 바뀌어 버리는 생각과 느낌이 부단히 변천하는 주마등과 같은 세계—는 내세적 정신의 소유자에게 아무런 실체가 내재內在하지 않는 듯이 생각된다. 감각의 대상, 심지어 경험적 과학 지식의 대상이라 해도 불안정하고 우발적인 것이며, 자세히 보면 마찬가지로 상대적이고 알기 어려운 기타 사물들과의 관계로 끊임없이 논리적으로는 분해될 뿐이다. 이런 대상에 관한 우리의 판단은 많은 인종과 시대에 속한 여러 철학자들에게는 우리를 불가피하게 혼란과 모순이라는 수렁 속으로 끌고 들어갈 뿐이라고 생각되었다. 그리고—아주 진부한 주제이긴 하지만—자연스러운 삶의 즐거움이란 젊은이가 아니라 노인이라면 발견하듯이 덧없는 것이며 믿을 수 없는 것이다. 그러나 내세 지향적인 철학자들이 생각한 바와 같이 인간의 의지는 어떤 최종적이며 부동불변한, 본질적이며 완전한 만족을 주는 선을 탐색할 뿐만 아니라 발견할 능력도 있다. 이는 마치 인간의 이성이 어떤 안정되고 결정적인, 일관성 있고 자족·자명한 대상이나 사색의 대상을 탐색하고 발견할 수 있는 것과 같다. 그러나 이러한 이성이나 의지는 이 세상에서 찾을 수 있는 것이 아니며, 그 정도나 세부에서뿐만 아니라 본질적 성질에서 저급이 아닌 '고급한' 영역에서만 발견될 수 있다. 이 고급한 영역은 설사 물질 속에 갇혀 있고 감각적인 것에 몰두하며 행동 계획으로 분주하고 개인적 감정에 빠져 있는 사람들에게는 차갑고 빈약하여 흥미나 즐거움도 없는 것으로 보일지는 모르나, 사색을 통해 또는 감정으로부터의 해탈을 통해 해방된 사람들에게는 철학 탐구의 궁극적 목표이며 인간의 지성 또는 정념情念이 심지어 그림자 쫓기를 그만두고 안식을 찾을 수 있는 유일한 영역이다.

이상은 내세적 철학의 일반적인 노선이다. 그것은 충분히 알려져 있는 노선이긴 하지만, 앞으로 논의해야 할 것과는 대조되는 배경으로 이를 명시적으로 문제 삼아야 할 필요가 있다. 이것이 지속적 형태라는 것, 그리고 어떤 모습으로든 대부분의 문명인의 역사를 통해 지배적인 공식적 철학으로 존재해 왔다는 것 등에 관해서는 독자에게 새삼 상기시킬 필요가 없다. 다수의 섬세한 사색적 정신의 소유자들이나 위대한 종교적 스승들은 그들 나름의 여러 방식으로, 또 정도의 차이는 있으나 엄격하고 철저하게 인간의 사고나 감정, 혹은 이 양자를 대자연과 분리시키는데 몰두해 왔다—실로 그중 다수는 인간이 진정코 어떤 세계에 다시 태어나야 한다고 설득하려 하였다. 그러한 세계의 선은 자연의 선이 아니며 그러한 세계의 실존은 자연 환경에 익숙해 있는, 자연의 천태만상에 적절한 법칙에 익숙해 있는 정신의 작용 과정을 통해서는 알 수 없다. 위에서 나는 이것을 "공식적 철학"이라고 말하였다. 내 생각에는, 대다수 사람이 받아들인다고 아무리 공언했다 해도, 또 그 해설자의 추론이나 수사修辭에 마음 맞는 감동적인 형이상학적 파토스—어느 모로는 말로 표현할 수 없는 파토스—를 발견했다 해도, 그들이 그 철학을 결코 믿지 않았다는 것은 너무나 명백하기 때문이다. 왜냐하면 그들은 감각으로 밝혀진 사물들에 대해서 거짓이 없는 진짜이고 당당하며 매우 중요한 진실성이 있음을 부정하지 못했기 때문이며, 또한 내세성이 제시한 목적을 스스로 진정 원치 않았기 때문이었다. 위대한 형이상학자들은 내세성의 진리를 증명하려고 할지도 모르며, 성자聖者들은 거기에 맞추어 어느 정도 자신들의 삶의 모양을 갖추려 할지 모르며, 신비주의자들은 무아경으로부터 깨어나 절대적 실체와의 접촉에 관해 직접 체험하고 이 체험이 밝힌 만족할 만한 선善에 관해 머뭇거리며 보고하려 할지 모른다. 그러나 대자연이란 대체로 내세성을 위하여 너무도 강력하였다. 평범한 인간은 형이상학자들의 증명을 인정하며 성자 앞에서 자신을 낮추고 신비주의자의 설명을 이해한다고 단정하지 않으면서 믿을는지는 모르나, 그 반면 자신의 육신이 깊이 뿌리 박고 있고 아주 밀접하게 엉켜 있는 이 세상에서 대단히 실질적이며 매력있는 무엇인가를 계속 찾았던 것이 분명하며, 비록 경험이 그의 희망을 꺾고 늙어서 삶의 향취가 다소 약해졌다 해도 모든 욕구가 충족될 것이며 사물에 대한 열망이 영원히 다시 활력을 찾게 되는 더 나은 '현세'가 오리라는 비젼 속에서 위안을 찾았던 것이다. 아울러 말하면, 이러한 사실들이 적어도 형식적으로는 내세 지향적 철학이 널리 인정되고 있고 공식적으로 지배하고 있는 사회의 일반적 성격과 기조基調가 그러한 상황의 영향을 거의 받지 않는다고 의미하는 것은 아니다. 중세 유럽의 놀라운 장면 혹은 그 이전과 그 이후까지 인도의 놀라운 장면, 즉 민족주의라는 유럽의 병에 인도가 감염된 것은 이에 대한 충분한 반증이다. 어떠한 형태의 내세성이 일반적으로 공인된 곳에서는 사회적으로 지배적인 가치관이 대체로 내세성에 의해 형성되며, 지적 노력의 주제와 목적은 그것에 의해 성격이 규정된다. 이러한 사회에서 '현세적' 인간은 속세적인 물질 추구로부터 다소 철저히, 또 진심으로 관심을 돌려서 그가 즐거이 몰두하는 세상의 소란으로부터 초연해 있는 소수를 다함께 존중하고—또 대개는 떠받쳐야 할 의무가 있다. 현대 인도에서와 마찬가지로 중세 유럽에서 자주 예증되는 낯익은 역설에 의하면, 현세의 일에서의 주된 권력은 이 속세에서 물러선 사람들의 수중에 들어가거나 억지로 떠맡기게 될 가능성이 없는 것도 아니다. 내세 지향적 철학자가 지배자가 되거나, 아니면 지배자를 조종하는 숨은 지배자 또는 신비론자나 성자야말로 가장 강력한 정치인, 때로는 가장 기민한 정치가가 되는 것이다. 정서적으로 고도로 초연한 태도만큼 이 세상에서 일의 성공에 유리한 것은 아마 없을 것이다.

그러나 내세성의 사회적·정치적 결과는 아무리 내용이 풍부하고 흥미있는 주제라 해도, 여기서는 우리의 관심사가 아니다. 다만 내세성도 실제로는 언제나 현세와 타협하지 않으면 안되며 흔히 그 자체의 원칙과는 인연이 먼 목적에 이르는 도구의 역할을 해왔다는 것을 상기해야 한다. 우리의 주제와 관련하여 더 고려해야 할 것은 인간의 사고와 감정의 양식으로서의 내세성의 본질이며, 특히 내세성의 근거나 '합리화'를 제공하는 철학적 동기이다. 내세성은 분명히 존재하고 있으며, 역사적으로도 다양하게 존재하였다. 그것은 어떤 사상 영역에서는 일부 적용될지 모르나, 다른 사고 영역에서는 적용되지 않을 수도 있다. 더욱이 내세성의 여러 경향은 이상하고 모순된 맥락에서 나타날지도 모른다. 때로는 선의 본질에 대응하는 이론과 완전히 분리되어, 그 결과 내세 지향의 도덕적·종교적 기질과도 완전히 분리된 순수한 형이상학적인 내세성이 있다. 아마 이의 가장 이상한 예는 해밀턴*과 맨슬**의 영향을 받은 스펜서***가 〈종합 철학〉의 서두에 덧붙여 쓴 〈불가해不可解〉에 관한 대여섯 개의 장章에서 볼 수 있다. 더욱이 내가 암시한 바와 같이, 그 '실재'나 그 가치 중 하나를 부정하게 될지도 모를 공통의 사상과 경험의 여러 특징적 양상이나 범주가 있다. 그것은 단지 시간적 성격과 영원한 불완전성 때문에 형이상학적으로 비난받을 수 있다. 그 이유가 아니라면, 그 모든 구성 요소의 외견상 상대성, 즉 각각의 구성 요소에서 사고가 그 명칭을 붙일 수 있을 만큼 그 자체가 명료하지 못하기 때문일 것이다. 혹은 그것은 모두 단편적이고 불완전하며 존재 이유를 분명히 또 필연적으로 갖지 않

* William Hamilton(1778~1856): 영국 철학자. 에딘버러 대학의 역사 및 철학 교수. 스코틀랜드 학파의 최후로서 Berkeley의 주관적 관념론이나 Hume의 회의론에 대해 인간의 공통적인 상식을 궁극의 원리로 삼았다.

** Henry Longueville Mansel(1820~1871): 영국 철학자. 옥스퍼드대학에서 교회사 강의. Hamilton의 영향을 받아, 이해력에 의해서는 실재 일반 및 신神의 인식이 불가능하다고 보고 신은 신앙에 의해서만 인식될 수 있다고 확신하였다.

*** Herbert Spencer(1820~1903): 영국 경험론의 집대성이라 할 10권의 「종합 철학 체계」(*A System of Synthetic Philosophy*, 1860~1896)을 출판하였다. 그는 모든 면에서 진화의 원리를 기본으로 하고 인식의 상대성과 절대자에 관한 불가지론不可知論을 주장하였다.

은 사소한 존재들이 제멋대로 모인 집합체에 불과하기 때문일 것이다. 혹은 그것에 대한 우리의 이해는 그 기만적인 기관器官, 즉 그 자체에서 또는 그것[감각]에 기초하고 그것이 제공하는 용어로 정의된 어떤 추론적 구성에서도 주관성이라는 의심에서 벗어날 수 없는 감각을 통해 이루어지기 때문일 것이다. 혹은 단순한 다양성, 즉 사변적 이성을 괴롭히는 통일에 대한 끝없는 갈망에 대한 저항 때문일 것이다. 혹은—어떤 덜 논리적인 마음의 경우—현실감—

우리로부터 떨어져 가는 것들, 사라져 가는 것들,
아직도 실현되지 않은 세상을 헤매어 다니는
피조물이 갖는 덧없는 불안—

을 잃는 간헐적 경험 때문일 것이다. 그 결과 그러한 마음에서 진정한 존재, 즉 영혼이 안주할 수 있는 세계는 〈어쨌든〉 '이 모든 것'과는 다소 다른 것임에 틀림없다는 확신이 압도적으로 들게 된다. 이상에 열거한 이유 중 어느 하나를 보아도 순수한 내세 지향적인 존재론을 야기하게 될 것이다. 왜냐하면 그 어느 것도 '이' 세상의 어떤 독특한 구성적 성격을 결정하기 때문이다. 그러나 이러한 이유 중 단 하나 또는 불과 몇 개만이라도 작용할 때에는 형이상학적 의미에서 완전한 내세성이라 부를 수 있는 것은 생기지 않는다. 자연적 경험으로 알려진 세계의 일부 다른 성질은 비난을 면할 수 있다. 다시 말하거니와 가치라는 면에서 볼 때 '이' 세상이란 내세 지향적 도덕가들이나 종교적 스승들의 책들에서 흔히 보는, 잘 알려진 불만의 일부 또는 모두를 이유로 사악하다거나 무가치한 것으로 간단히 처리될지도 모른다. 왜냐하면 세상을 하나의 전체로 생각하려고 시도할 경우 헤겔 철학적 세계의 전개 과정은 큰소리와 분노로 가득 차 있으나 아무 의미도 없는 단지 앞뒤가 맞지 않는 지루한 연극—즉, 똑같은 이야기의 초점 없는 반복이거나 어디선지 모르게 시작하고 끝도 없는 변화무상한 것으로서 진행되는 무한한 시간 속에서 진행되었으나 거기에 상응하는 어떠한 절정이나 이해 가능한 목표에도 도달하지 못한 이야기—으로 상상해야 하기 때문이다. 아니면, 시간 속에서 생기고 목표에 매어 있는 모든 욕구는 경험상 단지 끝없이 불만을 재생시키기만 하는 것으로 알려졌기 때문이며, 더욱이 이러한 욕구는 그 과정의 까닭 모를 무상함을 필연적으로 함께 갖고 있는 것으로 생각될 수 있기 때문이다. 혹은 적지 않은 사람들에게는, 심지어 진정한 신비적 무아경에 도달할 수 없는 사람들에게서도 사물이 공유하는 외관 및 그 자체의 존재가 제한적 분리성에 대한 반복적인 감정적 반발; 또한 부담스러운 자의식으로부터 도피하여 "내가 나임을 잊으려 하고" 모든 분열감과 모든 위화감을 초월할 수 있는 일체감으로 스스로를 잊으려 하는 갈망이 있기 때문이다. 완전한 내세성은 이러한 모든 동기를 합쳐 놓을 것이며 모든 점에서 이 세상을 고발할 것이다. 이것은 우파니샤드의 일부에 베단타파派*의 체계에서—아이러니하게도 쇼펜하우어**의 실생활이나 개인적 기질과는 거리가 먼 베단타파적·불교적 성향에서—「의지와 표상으로서의 세계」에서 가장 잘 예시되어 있다. 즉, 일종의 실용주의적 내세성을 주장하는 원시 불교는 단지 그 소극성 때문에 내세성에 이르지 못한다. 또한 이 세상의 비실체성과 무가치성을 주장하면서도, 거기에 대신할 것의 적극적인 실재와 적극적 가치를 명확히 주장하지 않기 때문에 완전하게 내세성에 이르지 못한다. 현대에서 내세성에 주목하고 있는 일부 사람들은 아마도 불교가 이 점에서 많은 위대한 철학자와 신학자들이 비실체를 숭상하도록 가르치는 데

* Vedânta는 힌두교의 대부분의 현대파의 기반을 이루는 인도 철학의 전통적 체계로서, 산스크리트어로 Vedânta는 인도 최초의 성전인 베다의 〈결론〉(veda+anta)이란 뜻이다.

** Arthur Schopenhauer(178S~1860): 독일 철학자. 「의지와 表象으로서의 세계」(*Die Welt als Wille und Vorstellung*, 1819) 등 저술 다수.

몰두했다는 이상한 사실을 폭로하지 않았는지에 관해 의문을 제기할 것이다. 물론 이 비실체란 우리가 생각할 수 있는 모든 구체적 대상을 특징 짓는 개별적인 결함과 한계—즉, 상대성, 내적인 논리적 모순, 사고와 욕구를 위한 궁극성의 결여—로부터 벗어나고 있음을 강조함으로써 더 '실재적인 것'으로 보이고 또 감정적으로 더 만족스러운 것으로 생각하도록 하였다. 여기에서 이 커다란 의문에 해답을 찾고자 하는 것은 우리의 목적을 위해 필요한 일이 아니다. 확실한 것은 이러한 철학자들이 항상 스스로는 이것과 정반대의 것을 행하고 있다고 믿었다는 사실이다.

그러나 완전한 것이든 제한된 것이든 어떠한 내세성도 도피해야 할 '이 세상'이 있다는 사실에는 어쩌지 못하는 것 같다. 더욱이 내세성은 그러한 세상의 존재를 정당화하거나 설명할 수 없으며, 또 내세성이 부정할 수 있는 경험적 존재의 개별적 특징이나 양상의 존재를 정당화하거나 설명할 수는 결코 없을 것이다. 그러므로 그것이 당연히 의존해야 할 방법은 베단타파에서와 같이 환상주의란 장치이다. 그러나 실제 경험의 성격을 '환상', 즉 텅 빈 비실체라고 부르는 것은 비록 환상이 매우 강력한 형이상학적 파토스를 지닌 일종의 시 같은 것이라 해도 철학적으로 고려할 때 가장 극단적 종류의 넌센스임이 명백하다. 그러한 성격은 그것을 경험하는 사람들의 의식 외부의 객관적인 질서에서 존재하지 않다거나 아무런 대응물이 없다는 의미에서 '비실재인 것'일지도 모른다. 그러나 자기 자신이 그러한 존재를 경험하거나 다른 사람에게 그것이 있다고 가정할 수 있고, 또한 초월해야 할 불완전성과 극복해야 할 악惡으로 이러한 성격을 분명하게 규정하고 있는 반면, 그것이 절대적으로 비실재적인 것이라고 말하는 것은 동일한 명제를 부정하는 동시에 긍정하는 모순임이 명백하다. 더욱이 자기모순은 숭고하게 보일지는 모르나 자기모순임에는 틀림없다. 따라서 이러한 환상주의라는 절망적인 구실에 의존하지 않는 내세 지향적 철학이라면, 어떠한 존재론적 결함이 있음에도 불구하고, 설명 불능의 신비, 즉 존재해서는 안 되는 것이긴 하지만 어쨌든 부정할 수 없을 만큼 존재하고 〈있는〉 불만족스럽고 불가해한 악한 것으로 이 세상을 다루고 있는 것같이 생각된다. 그리고 이러한 사람을 곤란하게 만드는 요소는 완전한 종류의 내세성에서는 물론 부분적인 형태의 내세성에서도 마찬가지로 분명히 있다. 비록 '실재하는'이라는 찬사를 우리가 알고 있는 경험의 일시성·계기성·유동성에 대해 붙이기를 거부한다 해도 우리가 경험하는 모든 존재는 계기繼起적이고 유동적이며 이러한 존재는 최초의 가설에 의하면 영원하며 항상 목표를 향한 것과의 대립은 여전히 사실로 남아있다.

이러한 내세성과 현세성의 근본적인 대립에 비추어 볼 때, 비로소 서양사상에 있어서 플라톤의 이중적 역할이 가장 잘 이해될 수 있다. 불행하게도 오늘날 플라톤 철학의 근본을 설명하려면 애초부터 두 가지 별개의 문제에 관해 전문 학자들 사이의 근본적인 견해 차이에 부딪치게 된다. 첫째로, 「대화편」의 대부분 혹은 심지어 그중 어느 하나에서 보이는 이론들이 플라톤에 의해 주장된 것인가 하는 문제이다. 둘째로, 누가 주장했든 간에 이 이론들이 실제로 어떤 것인가 하는 문제가 있다. 아무것도 '알려질' 것이 없다고 말한다면 여기에 관해서는 고명한 전문가들 사이에 의견의 불일치가 있는데, 철학의 심오한 문제에 대한 플라톤의 가르침에 관해 무엇인가를 알고 있다고 말할 수 없을 것이다. 저술가로서의 플라톤의 특징 때문에 「대화편」이 다른 철학자들의 저술보다도 훨씬 더 풍부하게 학술적 논쟁을 일으킬 수 있는 분야임은 당연하다. 논리가 전개되는 극적 형태, 논쟁의 결정적 순간이거나 절정의 순간에 '신화적'이라고 자인自認한 비유법을 도입하는 경향, 소크라테스적 대화에 널리 스며있는 아이러니, 제기된 문제에 내재하는 논리적 난해성, 대화에서의 사람들의 논리가 상호 간에 명백히 상충하는 점, 플라톤의 이론 중 일부에 대한 아리스토텔레스의 해석과 플라톤 자신의 저술부터 얻을 수 있는 해석 사이의 상이점 등—이러한 모든 것들이 해석을 다양하게 만들 여지를 많이 남기며, 현대의 해설자들에게는 그에게서 자신들의 성향에 어울리는 표현이나 적어도 암시를 찾기 쉽게 하고 있다. 나는 이 강연에서 될수록 해설의 진위 문제나 개별적인 저술가의 사상적 전기의 진위 문제에 개입하지 않으려 한다. 그러나 만일 플라톤주의를 논하면서도 생애의 대부분을 플라톤 저술 연구에 바친 학자들이 내리는 결론의 불일치에 대해 아무런 고려도 하지 않는다면 이것은 직접 관련이 있는 문제를 회피하는 것이라고 생각될 것이 틀림없다. 여기에서 간단히 언급되지 않으면 안 될 논쟁 문제는 저술 그 자체가 누구의 것인가가 아니라 그 저술에 포함된 이론이 (무엇이든) 누구의 것인가 하는 점이다. 〈이데아론論〉이 나오지 않는 초기의 일부 「대화편」은 예외로 한다 해도, 플라톤이 소크라테스의 가르침을 훨씬 넘어선 자기 자신의 형이상학적 이론을 제시하고 있다는 오랫동안 유지된 현행의 견해는 독일의 플라톤 연구가들 중 가장 저명한 리터에 의해 여전히 확인되고 있다. 실로 그는 저술에서 "어느 누구도 이 점을 의심하지 않는다"고[1] 독자들을 설득하고 있다. 그러나 사실상 최근 영국의 플라톤 연구가들 사이에서는 소크라테스나 다른 주요 대화자들의 입을 통해 전해진 개념들이나 논의들을 플라톤보다는 이러한 철학자들에게로 돌리려 하는 (보편적이지는 않지만) 주목할 만한 경향이 있었다. 만일 버네트* 의 주장이 옳다면 이데아론 전체는 소크라테스에게 귀속되어야 할 것이며,

1. Konstantin Ritter, 「플라톤 철학의 중심사상」(*Kerngedachten der Platonischen Philosophie*, 1931), p.8. "이미 *Cratylus*와 *Meno*에서 소크라테스의 결론보다 의심할 바 없이 더 나간 적극적 내용이 많이 눈에 띈다. 이것은 *Phaedrus*와 「국가론」에 있어서도 더욱 더 들어맞는다." 같은 저자의 *Platon* II (1923), p.293 (*Phaedo*에 관해서)의 "이 「대화편」의 철학적 내용은 역사적인 소크라테스에게는 이질적인 것이며 그러므로 본질적으로는 플라톤적이라는 것—이 점에 관해서는 거의 의견의 차이가 없다"고 말한 것을 참조할 것.

* John Burnet(1863~1928): 스코틀랜드 출신의 고전학자. 그는 「그리스 철학: 탈레스에서 플라톤까지」(*Greek Philosophy, Thales to Plato*, 1914)란 저서에서 여러 학자들이 플라톤의 이론이라고 믿었던 것 중 많은 것들이 소크라테스의 주장이라고 시사하였다.

소크라테스의 최종적인 철학 내용에 관해서는 일종의 위대한 보즈웰*이라 할 플라톤은 소크라테스가 주요 화자話者인 대화에서 단지 객관적이며 역사적으로 믿을 만한 보고를 하고 있는 데 불과하다. 버네트에 따르면, 플라톤이 그 설을 받아들였는가는 의문스럽다. 플라톤이 자신의 독특하고 독창적인 견해를 제시하기 시작했을 때는 이미 그는 이 설을 물리쳤으며, 이른바 플라톤의 가르침이란 이데아가 아니라 차라리 주로 "그의 초기 저술에서는 거의 아무런 역할도 하지 못했거나 적어도 신화적인 형태로서만 역할을 한 두 가지 사항, 즉 〈신과 영혼〉"과 관계가 있으며, 이 신과 영혼이 이제는 "전혀 단순하게 신화적 이미지를 건드림이 없이"[2] 취급되고 있음이 확실하다. 간단히 말하면, 선善의 이데아가 아니라 「티마이오스」와 「법률론」 속의 인간 모습을 한 신이 플라톤 자신의 철학에서는 최고 주제이다. 그리고 「티마이오스」에서의 창조 설화는 주로 문자 그대로 취급되어야 할 것이지 훨씬 섬세한 형이상학적 관념을 비유적이고 통속적인 언어로 표현된 신화로 취급되어서는 안 된다(고 시사하는 듯이 보인다). 더욱이 한 위대한 권위자는 소크라테스가 여전히 토론의 책임을 맡고 있는 플라톤의 중기 「대화편」에서는 가장 두드러져 보이는 이론을, 비非플라톤적이라고 간주할 것이지만 이에 반하여 또 다른 권위자인 테일러** 교수는 비슷한 방식으로 후기 「대화편」 중 가장 중요한 것을 다루고 있다. 예를 들면, "「파이돈」과 「국가론」의 이론을 플라톤이 자신의 이론이라고 가르쳤다라고 아무런 증거 없이 단정할 권리는 우리에게 없다"는 점에서는 테일러는 실질적으로 버네트에

---

* James Boswell(1740~1795): 스코틀랜드 변호사이며 Samuel Johnson의 전기 작가. 그는 전기 문학의 걸작이라는 「사무엘 존슨 전기」(*Life of Samuel Johnson*, 1791)를 출간하였다.

2. Burnet, *Platonism*, 1928, p.115.

** Alfred Edward Taylor(1869~1945): 영국의 철학자. McGill 대학, St. Adrew's 대학, Edinburgh 대학에서 교수 역임. 「행위의 문제」(*The Problem of Conduct*, 1901), 「형이상학의 요소」(*Elements of Metaphysics*, 1903), 「모랄리스트의 신념」(*Faith of Moralist*, 1930) 등 저서 다수.

동의하면서도 마찬가지로 "「티마이오스」에서 뚜렷하게 플라톤적인 이론이라는 규명을 찾으려는 것도 오류이다"[3]라고 첨언하고 있다. 「티마이오스」에서 설명되고 있는 이론은, 이 「대화편」에 그 이름이 나오는 화자話者, 즉 남부 이탈리아의 철학자이자 구세대의 의학자이며 엠페도클레스와 동시대인으로서 그의 생물학적 관념을 "피타고라스적 종교와 수학"[4]과 결합시키려 한 인물의 이론이거나, 적어도 플라톤에게는 그렇게 생각되었다. 이것이 테일러의 「티마이오스 주해注解」라는 박학다식한 저술의 "사실상의 주요 논제"이다.[5] 만일 우리가 이 양자의 결론을 받아들인다면 플라톤의 철학으로 보통 간주되어 온 대부분이 그의 것이 아니고 기타 초기 사상가들에게 귀속될 것이다. 더욱이 대부분의 「대화편」은 주로 플라톤 이전의 사상사에 공헌한 것으로 이해되어야 한다. 따라서 결과적으로 플라톤 자신도 (그의 현존하는 저술만 보면) 위대한 독창적인 철학자라기보다는 주로 다른 사람들의 철학에 관해 쓴 역사가로 간주되어야 한다.

이러한 견해는 훌륭한 학식과 강력한 논리로 옹호되고 있음에도 불구하고 나는 받아들이기 어렵다고 솔직히 말하지 않을 수 없다. 더욱이 〈이데아론〉의 여러 측면을 제시한 「대화편」에 관해 그 어려움은 특히 크다. 플라톤은 오로지 옛 스승에 대한 경애심 때문에 명백한 열의와 비할 데 없는 웅변으로(이는 소크라테스 자신의 웅변이 아님이 매우 확실하다) 자신이 가르치려 원하지 않았고 또 진실이라고 믿지도 않은 이론을 설명하는 일에 저술가로서 성숙한 자신의 삶 대부분을 바쳤다는 것은 내 생각에는 심리적으로 있음직해 보이지 않는다. 심리적 가능성 이상의 좋은 증거가 없지도 않다.

3. Taylor, *Commentary on the Timaeus of Plato*, p.11.
4. 같은 책, p.11.
5. 같은 책, p.10. 그러나 여기서의 주장은 Taylor에 의해 다른 구절에서 상당히 약화되고 있다. 결국 우리는 "「대화편」에서 배우는 것이나 플라톤의 가르침에 관해 아리스토텔레스가 말한 것들로 판단하여 플라톤이 말했다고 우리가 알고 있는 것들조차도 「티마이오스」의 설과 대체로 일치를 보고 있다고 기대"될 수 있다(같은 책, p.133).

버네트의 학설에 대해서는 비중이 큰 두 반증이 있다. 첫 번째는 아리스토텔레스의 증언이다. 그가 이 문제를 알지 못했다는 것은 결코 있을 수 없으며 또 이것을 잘못 전달할 만한 동기도 짐작할 수 없다. 그는 솔직하게 누차에 걸쳐 소크라테스는 "사물의 일반적 성질"에는 전혀 관심을 두지 않고 도덕철학의 문제에만 전념했으며 플라톤이 "이데아"라는 명칭과 개념을 도입했다고 말하고 있다—간단히 말하면, 플라톤이야말로 소크라테스적 윤리학과 논리학을 일종의 형이상학으로 변형시킨 장본인이라는 것이다.[6] 또 다른 하나의 증거는 특이하게도 여태껏 무시되어 온 플라톤의 한 저작 속에 있다. 그 진위는 때때로 논란의 대상이 되어온 것이 사실이지만, 최근의 플라톤 연구자 중 이에 의문을 품는 학자는 거의 없다. 아마도 생애의 막바지에 썼을 것으로 보이는 제7서간에서 플라톤은 자신의 정치 활동을 변명할 뿐 아니라 자신의 철학의 근본을 요약하고 있다.[7] 여기에는 설명된 이론의 출처를 모호하게 만드는 아무런 극적인 대화도, 장난스런 아이러니나 신화도 없다. 플라톤은 직접 자신의 입장에서 또 대단한 열정으로 이야기하고 있다. 그리고 그 이론은 본질적으로 「파이드로스」와 「국가론」의 제6권과 제7권의 이론과 같다. 그것은 기탄없는 신비주의의 절정에 달한 〈이데아론〉이다. 자신의 가장 심오하고 "진지한" 확신은 "언어에 내재하는 약점 때문"이라는 말로는 적절히 표현할 수 없다고 플라톤이 밝히고 있다. 따라서 그는 이 확신을 다른 사람들에게 단순한 글이나 말로 전달하려고 말해본 적

---

6. 「형이상학」 1권 987b 1 이하 및 13권 107b 27 이하.
7. 이 서간이 진품임을 받아들이는 이유를 길게 이야기하는 일은 더 이상 필요치 않을 것이다. 이 점은 Souilhé 저 「플라톤 전집」 8권 제1부(1926) xllviii와 Harward 저 「플라톤 서간」(1932), pp.59~78; pp.188~192; p.213에서 잘 논증되고 있다. Taylor 저 「플라톤—그 인간과 저작」 제2판(1927), pp.15~16 및 「철학적 연구」(1934), pp.192~223 참조. Friedlander 저 「플라톤」(1929) 전체를 참조. 최근의 플라톤 해석에 있어서 가장 기묘한 것 중의 하나는 제7서간을 부인하지 않은 학자들이 플라톤설에 관한 그것과는 전혀 상용相容할 수 없는 설명을 하는 경향이 있다는 것이다.

이 없었고 또 결코 그런 시도를 하려고 하지도 않을 것이다. 이 확신은 겸손한 삶과 지적 훈련을 통하여 이에 대한 준비가 된 사람에게 갑작스러운 계시에 의해서만 얻을 수 있을 뿐이다. 그럼에도 불구하고 확신을 향해 가는 "진정한 논리가 있다." 그리고 왜 이 확신이 그 자체로는 말로 표현이 불가능한가를 명백히 하는 "진정한 논리가 있다." 그러한 논리가 보여주는 것은 합리적 지식의 참된 대상, 즉 유일한 참다운 실재는 사물들—원, 모든 도형, 모든 물체, 모든 생물, 영혼 있는 사람의 모든 감정, 착함과 공정함과 정의로움 등—의 불변의 본질이다. 이러한 본질은 그 감각적 표현인 변화무상한 대상, 그리고 심지어 본질에 대한 우리의 생각과 결코 동일시될 수 없다. 또한, 그 성질도 역시 언어에 의한 정의로 표현될 수 없다. 따라서 플라톤의 철학적 유언은 가장 무조건적이고 신비한 형태의 〈이데아〉 이론의 재확인에 불과하다—말하자면 그가 이전의 저술에서 "여러 번에 걸쳐 설명해"[8] 둔

8. 제7서간 341c~344d. 이데아론은 최후의 「대화편」에서 지양되거나 축소되어있다는 논제에 대해서는 주요 반론이 Shorey에 의해 잘 표현되었다. "이데아를 「파르메니데스」 이후의 「대화편」 속에서 찾아보려면 그 요구를 충족시키기는 쉬운 일이다. 「티마이오스」보다 더 뚜렷한 것은 없다. 대안은 뚜렷이 표현되어 있다. 감각의 대상만이 유일한 실재이며 이데아의 상정想定이 단순한 말에 불과한가?(51c) 그리고 이데아의 실재성은 의견과 지식 간에 구별이 있는 것만큼 확실하다고 주장한다. 이데아는 순수한 존재에 대해서만 적응될 수 있는 말로 특징 지어지며, 잘 알려진 용어가 자유로이 사용되고 있다(52a, 27d, 29b, 30, 37b)"(「플라톤 사상의 단일성」 1904, p.37). 그리고 "플라톤의 후기에서는 영혼이 이데아를 대신한다."는 주장에 관해서 Shorey는(역시 옳다고 나는 생각하는데) "플라톤의 사상과 문제에 관해 전적인 오해가 있다. 플라톤이 참다운 절대적 존재의 속성을 이데아 이외의 것에도 사용한 것은 사실이다. 신은 물론 참다운 존재이며, 종교적 그리고 형이상학적인[「대화편」 속의] 구절에서는 집합적으로 해석되는 이데아와는 반드시 구별되지는 않는다." 그러나 "이데아가 영혼에 우선하는 것이 뚜렷이 나타나 있다."고 후기의 「대화편」의 다수에서, 예를 들면 「정치가론」, 「티마이오스」 그리고 「필레보스」에서 말하고 있다(같은 책, p.39). Ritter 저 「중심사상」(p.174) 참조. "본래의 이데아론은 서서히 변화하여 점차 배경 속으로 물러나는데, 어느 단 한 개의 명제가 정식으로 소거되거나 혹은 심지어 슬그머니 지양되는 일은 없다. 플라톤의 해석이 정확한 과학과 거리가 있다는 것은 다음의 사실에서 예증된다. 즉, J.G. Frazer는—최근에 재판된 초기의 저술에서—플라톤이 초기 저작 속에서 이데아론을 〈주장했으며〉, "선한" 사물에 대응하는 관념적인 것[이데아]만을 인정하고 있었으나 만년에는 이데아론을 그만두었는

것은 바로 이 점을 천명한 것이다.

이러한 이유와 기타 다른 이유 때문에 플라톤이 플라톤주의의 창시자가 아니라는 견해가 설득력이 없다고 나는 생각하지만, 그 반면에 현대의 해설자도 이 견해에 찬성하는 학자들의 의견이 상당히 중요하다는 점을 인정할 필요가 있다. 그렇다면 우리가 관심을 갖는 관념의 역사에서의 플라톤의 역할에 관해 내가 말하는 것은 플라톤에 대해서가 아니라 그에 앞서 존재한 다른 사람들에게 들어맞는 것이 될지도 모른다. 그러나 우리의 목적을 위해서는 그런 구별이 그다지 중요하지 않다. 여기에서 우리가 관심을 두고 있는 플라톤은 「대화편」의 저자이며, 그 말이 자신의 생각들을 표현했든 안 했든 상관없이 그 이후의 여러 세기를 통하여 서양 사상에 깊은 영향을 끼친 바로 그 플라톤이다. 신新플라톤주의자, 스콜라 철학자, 르네상스 및 계몽사상 시대 및 로만주의 시대의 철학자들과 시인들은 어쩌면 불행하게도 최근 고전학자들의 학설을 알지 못하였다. 그들에게 플라톤주의는 그들이 알고 있던 「대화편」 속에 포함된 개념과 논리의 전체였다. 더욱이 그것은 그들에게는—학식에서 조금도 밀리지 않은 당대의 일부 해설자들의 눈에 비친 것과 같이—단 하나의 그리고 무엇보다도 일관성 있는 사상 체계였다.

이제 〈이와 같은〉 플라톤은 수입한 동양적인 내세성과 구별되는 서양 철학과 종교에서의 토착적인 내세적 성향의 역사적인 주원천이라는 점은 말할 필요조차 없을 것이다. 잉* 수석사제首席司祭가 말했듯이, 플라톤을 통해

데, 아마도 그 이유는 플라톤이 모든 보통의 개념의, 그러므로 선한 것만이 아니라 악한 것의 이데아를 만들지 않으면 안 된다는 것을 논리적으로 알았기 때문이다."(「플라톤의 이데아론의 발전」, p.51).

* William Ralph Inge(1860~1954): 영국 국교회의 고위 성직자로서 학자이며 저술가, 옥스퍼드 대학의 평의원이며 강사. 케임브리지 대학 신학부 교수 역임. 런던의 성 바울 성당의 수석사제(1911~1934). 그는 흔히 〈우울한 사제司祭〉라고 불렸다. 「그리스도교의 신비주의」(*Christian Mysticism*, 1899), 「믿음과 지식」(*Faith and Knowledge*, 1904), 「사제의 속세적 생각」(1926), 「그리스도교의 윤리와 오늘날의 문제」(*Christian Ethics and Modern Problems*, 1930) 등 저서 다수.

서만 비로소 "눈에 보이는 세계가 단지 영원한 세계의 퇴색한 복사물일 뿐이라는, 보이지 않는 영원한 세계라는 관념은 서양에서 영구한 초석을 얻게 되었다.…그러한 외침이 일단 귀에 들어가자 유럽에서는 오랫동안 잊히지 않게 되었다.[9] 덧붙여 말하면, 인간에 대한 최고의 선善이 자신을 어떻게든 이런 세계 속에 옮겨놓는 것에 있다는 신념이 영속적으로 길러져 온 것은 오직 그의 저작물을 통해서이다. 확실히 플라톤의 후계자들이 플라톤〈으로부터〉 배운 내세성이 그에 〈의하여〉 가르쳐졌다는 것—혹은 「대화편」에서 발견될 수 있다는 것—은 실로 학자들의 의견이 각기 다를 수 있는 또 다른 하나의 문제이다. 리터는 〈이데아론〉 전체에 그의 이른바 "환상적인 실체관"이라 할 어떤 것도 없다고 열렬히 주장하였다. 이데아론의 근본적인 논점은 단지 사실과 가치 양자에 대한 우리의 판단이 합당한 성찰 과정을 거쳐 도달되었을 때에만 비로소 객관적 타당성을 지닌다는 것이다("플라톤의 〈이데아〉란 모든 정당하게 형성된 관념이 각기 객관적 실재에 확실한 근거를 갖고 있다는 간단한 사상의 표현이다[10]). 따라서 우리는 있는 그대로의 사물의 지식을 그 사물에 대한 우리의 지각知覺과는 별도로 얻을 수 있다. 물론 플라톤이 말하는 참다운 "표상表象"의 객관적 대응이 종류 명칭에 상응하는 보편적 특질임은 사실이다. 그러나 이는 이 세계에서 이데아를 나타내고 있는 사물들과는 관계없이 스스로 존재하는 "이데아의 초월적 영역에 관한 이론"[11]을 뜻하는 것이 아니다. '이데아'는 보편 개념인데, 그 이유는 〈낱말〉이란 언제나 보편 개념을 가리키고 있기 때문이다. 더욱이 참다운 지식은 이데아에 〈관한〉 것이다. 주로 "모든 표상 그 자체는 그 내용에서 개별

9. 「영국 종교 사상에 있어서의 플라톤의 전통」(1926), p.9.

10. 「플라톤 철학의 중심사상」 p.77.

11. 같은 책, p.91. "내세적인 이데아의 세계라는 설"은 플라톤에 의해서 적어도 "확고한 원리"로서 주장되고 있지 않다.

현상이 아닌 보편적 관계를 갖는다"[12]는 의미에서 그렇다. 일반 개념은 분류 행위의 결과이다. 그리고 분류란 "순수하게 주관적이 아니라 분류된 사물의 객관적 관계에 그 근거를 가지고 있는 경우" 자연 속에서 (단 하나의 명칭을 붙인 개별 사물의 집합체에서) 실지로 함께 생기는 복합적 속성을 동시에 나타내는 경우, 더욱이 "경험에 의해 따로따로 마련된 요소들을 실제의 결합과는 달리 단지 우리의 상상력에 의해 결합시켜 놓은"[13] 경우 옳다고 할 것이다. 의심할 바 없이 "「향연」, 「국가론」, 「파이드로스」 속의 플라톤적 신화와 유사한 시적詩的 비유"의 일부는 플라톤이 이데아를 가지고 이것 이상의 어떤 것을 뜻하려 〈했음〉을 시사하고 있다. 그러나 이러한 구절은 단지 〈환상에 의한 그림〉일 뿐이다. 그것은 플라톤이 진지하게 취급한 것도 아니었고 현대의 독자에게 플라톤이 "과학적 탐구를 통해" "엄밀히 도달한 결론과 동등한 의의가 있는 것으로 취급하는, 흔히 있는 큰 잘못을 저지르지 않도록 경고해도 지나치지 않을 것이다."[14]

그러나 플라톤의 가르침—또는 거기에서 제일 강조되고 제일 특징적인 것—에 대한 이런 종류의 해석은, 제시한 사람의 대단한 학식에도 불구하고 근본적으로 잘못이라고 생각된다. 그것은 어느 모로는 〈이데아론〉에 대한 아리스토텔레스의 설명이 단지 정도의 문제가 아니라 본질적으로 그리고 요점에서 잘못이라는, 매우 있음직하지 않은 가정에 입각하고 있다. 그런데 아리스토텔레스는 철학적으로 배우지 못한 인물이 아니었다. 그는 20년간 아카데메이아에서 플라톤의 제자이며 동료였다. 더욱이 그가 이 글을 쓸 때에는 자신의 지식에 비추어 스스로의 해석이 전반적으로 정확한가를 판별할 수 있는 사람들이 여전히 많이 생존해 있었다. 사실 그에게 자신의 철학과 스승의 철학의 차이점을 최대한 주장할 마음이 생겼으리라고 생각

12. 같은 책, p.82.
13. 같은 책, p.89
14. 같은 책, p.83

할 이유가 우리에게는 있다. 그것은 제자들에게는 드문 일이 아니다. 그러나 그가 플라톤의 핵심적 이론의 본질을 완전히 잘못 전했다는 것은 믿기 어렵다. 더욱이 플라톤의 이론을 비하한다든지 단순화한다는 것은 「대화편」의 일부를 왜곡하지 않고서는 가능하지 않으며, 또한 제7서간의 사료와 절대로 모순된다. 그것은 단지 현대의 특정 학파의 철학자에게는 "환상적"이라고 생각되는 것이 기원전 5세기의 그리스 철학자에게 도저히 진실일 수가 없다는 독단적인 가정 위에서만 주장될 수 있다. 더욱이 그것 때문에 「파이돈」에서의 소크라테스와 모든 화자가 의견 일치를 본 결론이 논리적으로 고도의 확실성[15]을 지닌 것으로 입증될 수 있다고 가정하는 일은 소크라테스와 플라톤 양자에게는 단순한 시적 공상의 비약일 뿐이었다고 믿지 않을 수 없다. 또한 플라톤에게는 거의 모든 신화와 비유를 무의미한 수사적 윤색에 불과한 것으로 치워 버리지 않을 수 없다. 사실 플라톤 자신은 이러한 것이 문자 그대로 해석되어서는 안 된다고 경고한다. 그렇다고 해서 그것은 진지하게 해석되면 안 된다든가, 이들이 진실하고 중요하지만 "구체적인 형태가 갖추어진 언어"로는 전달하기가 어렵다고 플라톤이 간주하는 논제의 비유적 암시가 아니라고 말하는 것은 아니다. 그가 우화로 이야기하기 시작하는 것은—특히 「국가론」에서—그의 논리 전개의 정점에 도달할 때 또는 그에게 명백히 가장 확실하고 가장 중요한 개념에 도달한 바로 그때이다. 그가 그렇게 하는 것은, 스스로 설명하고 있듯이, 자신의 사고의 이러한 궁극적 도달점에서는 보통의 언어가 소용 없기 때문이다. 진리는 거울 속에서 희미하게 비추는 것처럼 감각적인 유사물을 통해서만 그림자처럼 나타날 수 있다. 그러나 최고 지식인 철학은 변화하는 사물을 다루지 않으며 심지어 이런 것들과 그 변화를 지배하는 공존과 연속에 관한 일정 불변의 일반 법칙조차도 다루지 않으며 그리고 수학적 진리만을 다루지도 않지만, 플

15. 「파이돈」 76e, 92a–e.

라톤이 자연계가 그 어렴풋한 일그러진 그림자에 불과한 순수한 실체(누메나)의 초월적 영역을 다룬다고 주장하였다는 것—이것은 만일 우리가 플라톤의 가장 독특한, 가장 강조한 말 전체를 무시해도 좋다는 생각이 들 때만 비로소 부정될 수 있다. 그럼에도 리터와 같은 탁월한 전문가의 견해와 달리한 나의 반론은 경솔할 뿐더러 독단적이라 생각될 것이기 때문에 쇼리 교수*의 무게 있는 판단으로 다행히 나의 반론을 뒷받침할 수 있을 것이다. 즉, "실체라고 간주되는 이데아는 플라톤의 〈물物 자체〉이며, 상식의 입장에서는 그 이론은 명백히 불합리하다는 것을 충분히 인식한 후에 신중히 받아들일 수 있다."[16] "플라톤의 대담한 일관된 실재론은 '상식'과는 매우 상반된 것이어서 현대의 비평가들은 그의 사상이 유치하다고까지는 말하지 않는다 해도 순진하다는 증거로 간주하거나, 혹은 플라톤 자신이 진지하게 의미했을 리가 없기 때문에 좀 더 완숙한 그의 저작에서는 그 이론을 포기했거나 수정했을 것임이 틀림없다고 논함으로써 이 역설을 참작한다. 이러한 모든 해석은 플라톤이 이 해답을 파악하고 집착하도록 한 형이상학적 문제의 참다운 성격 및 역사적 상황을 파악하지 못했음에 기인하고 있다.[17]

그러나 플라톤의 형이상학이 사물의 모든 자연적 형태에 상응하는 여러 가지 영원한 〈이데아〉를 다루고 있는 한, 그 내세성은 명백히 특수하고 부분적인 종류의 것이다. 플라톤에게는 감각의 세계란 결코 단순한 환상이나 단순한 악惡은 아니었다. 더욱이 현세와 마찬가지로 내세도 많은 것들로 된 복수적인 것이었다. 그리고 그보다 더 높은 영역으로 옮겨졌을 때조차 서로

---

* Paul Shorey(1857~1934): 미국의 고전학자. 시카고 대학의 그리스어과 교수와 학과장 역임. 그의 가장 뛰어난 저작으르는 「플라톤의 국가론에 나타난 선의 관념」(*The Idea of Good in Plato's Republic*, 1895), 「플라톤 사상의 통일성」(*The Unity of Plato's Thought*, 1903), 「플라톤 어록」(*What Plato Said*, 1933) 등이 있다.

16. 리터 저 「플라톤 신연구」에 관한 쇼리의 서평(*Classical Philology*, 1970, p.391 게재)에서부터.

17. 「플라톤 사상의 단일성」, p.23.

간에 영원히 분리된, 이데아와는 구별되는 많은 개별적인 복수複數의 영혼이 있었다. 따라서 이 단계에서 체계란 아마 어떠한 다른 체계보다도 영원을 목표로 한 형이상학적 파토스에서는 비록 풍요롭긴 하지만 일원론적인 형이상학적 파토스와는 비교적 거리가 멀었다. 〈이데아의 세계〉란 현세를 전적으로 부정한 것이라기보다는 오히려 현세를 찬미한, 탈시간화한 복제물이었다. 감각의 대상물의 '이데아'는 비록 불변하고 육체적인 지각 기관을 통해서는 인식될 수 없다고 생각되긴 하지만 여전히 그 대상물의 굳어버린 효력 없는 반쪽에 불과하며 더욱이 이 경우 대상물의 특성 중 〈일부〉는 정해지지 않은 상태로 남겨 둔다. 자연의 풍부한 질적 다양성 중 어떠한 것도 제외되지 않으며, 또한 절대로 제외되어서도 안 된다. 단순한 감각적 성질, 자연계의 대상물 간에 존재하는 비시간적 관계들, 우리가 경험하는 것들의 '무엇'을 구성하는 그러한 성질과 관계의 복합적 배열, 그리고 이와 함께 모든 도덕적이며 심미적인 성질, 즉 정의·절제·미美—이 모든 것은 존재의 다른 영역으로 연장될 뿐이다. 그 다른 영역에서는 각 성질이 소멸과 변화로부터 제외된다고 생각되기 때문에, 또한 영원불변이라는 점에서 인간의 모든 계획·노력과는 무관하기 때문에 미학적으로 더 잘 향유될 수 있게 될 것이다. 그것은 도달되어야 할 어떠한 목적도 제시하지 않는다. 거기에 관해 〈해야 할〉 것은 아무것도 없다. 결국 제임스의 말대로 관조觀照한다는 것은 "도덕적 휴일"을 즐기는 것이다. 그러나 관조의 대상은 우리가 알고 있는 세계의 어떤 영원한 상相 아래에서(*sub quâdam specie aeternitatis*) 관찰된 성분들로 구성되어 있다—플라톤에게 때로는 그와 같이 관찰된다 해도 즐거운 관조의 대상이 아닌 본질들은 부당하게 제외되었다. 플라톤은 물론 자신의 〈이데아의 세계〉를 도덕적 휴일을 보낼 휴양지로 사용하지 않았다. 그는 이데아의 세계로부터 구체적인 도덕적·정치적 교훈을 유도해내면서 이데아의 세계를 지상의 목적을 위한 수단이 되도록 하는 일에 전념하였다. 더욱이 그는 이것 때문에 산타야나로부터 비난을 받았다. 산타야나는 플라톤이 "영적 생활"의 본질을 모른다고 생각한다. 왜냐하면 시간 속에서 활동하는 생물인 우리의 삶을 몰입하게 하는 감각적 가치관뿐만 아니라 도덕적 가치관으로부터 "깨어나게 하는", 본질에 대한 객관적인 관조가 영적 삶에 대해서는 충분한 것이었기 때문이다. "순수한 존재는 무한하며 그 본질은 모든 본질들을 포함한다. 그렇다면 어떻게 그것이 개별적인 명령을 할 수 있으며, 아니라면 신랄한 도덕군자가 될 수 있는가?" 나는 이러한 비판에서 산타야나가 플라톤의 진짜 모순을 지적했다고 생각한다. 그러나 동시에 나는 산타야나가 분명히 동의하지 않는 것 같지만 그것이 다행스러운 모순이라고 생각한다.

플라톤이 서양에서의 내세성을 창조한 아버지로 뚜렷이 나타난 것은—의심할 바 없이 파르메니데스*가 〈증조부〉이긴 하지만—「국가론」에서 플라톤이 이데아 중의 하나의 이데아란 관념을 도입하여 다른 이데아들은 무엇인가 명확하지 못한 방식으로나마 그로부터 파생된 것이라고 생각한 때부터임에 불과하다. 다른 경우에서와 마찬가지로 여기에서도 플라톤의 역사적 영향의 성격에 관해서는 의문의 여지가 없다. 완전한 〈타자他者〉이며 동시에 설명할 수 없는 〈일자一者〉(One), 즉 신플라톤파 철학자들이 말하는 절대자는 그러한 철학자들에게나 또한 중세·현대·유대교·마호메트교·그리스도교 등 그 이후의 많은 모방자들에게 플라톤의 〈선善의 이데아〉에 대한 하나의 해석이었음이 확실하다. 그러나 여기서도 이전과 마찬가지로 플라톤 연구의 현대 전문가들 사이에서는 플라톤의 이론으로부터 나온 것이 여기에 포함되어 있는가에 대한 의견의 일치는 없다. 리터는 〈이데아론〉을 "환상적이거나 매우 비자연적인 것"으로부터 해방시키려는 일반적인 열의

* Parmenides: 기원전 5세기의 그리스 철학자이며 Elea 학파의 지도자. 교훈시 「자연」이 있다. 그의 시에는 그의 교의教義의 본질적인 요소가 담겨져 있는 단편들만이 남아 있다. 플라톤의 대화 중 한 장章이 그의 이름으로 명명되어 있다.

에 알맞게 “선의 이데아”가 “선의 상태”와 동의어라고 생각하고, 이 두 표현은 단지 ‘선’이라는 단어와 관련되는 개념이 “단지 우리 자신의 사고의 공상적인 창조물이 아니라 독립된 객관적 실체를 갖고 있다”는 것을 의미한다고 주장하고 있다. 더욱이 그의 생각에 의하면, 이 명제는, 바꾸어 말해 “현실세계는 우리가 이것을 선이라고 부르고 그 속에서 선이 지배적이라고 보는 근거가 있는 것 같이 사실상 구성되어 있다”라는 말을 통해 표현될 수 있다. 간단히 말하면, 플라톤이 〈선의 이데아〉에 관한 말에서 단언하고 있는 것은 “이 세상에 존재하는 모든 것 그리고 일어나는 모든 것에서의 이성적인 신의 힘의 지배”[18]이다. 이는 〈선〉이란 〈이데아 중의 이데아〉라는 이론의 의미를 축소시켜, 자비로운 섭리가 현세의 시간적 과정을 지배하고 있다는 낙관적 신념이 되고 만다. 이러한 신념은 동시에 도덕적 판단의 객관적 타당성의 주장과 기묘하게 혼동되어 있거나 혹은 그러한 주장의 근거로 간주되고 있다. 플라톤이 이 양자의 신념을 다 주장했다는 것, 더욱이 후자가 그의 가장 지속적이고 근본적인 확신의 하나였다는 것은 부인할 수 없다. 그러나 이러한 단순한 신조가 플라톤이 〈선의 이데아〉에 관한 이상한 신탁神託적인 말로 전달하고자 한 모든 것이라고 생각한다면 이는 그의 말에서 가장 두드러지고 가장 특징적인 사실을 고려하지 않는 것이 된다. 플라톤의 가르침의 이 부분을 (현재 많이 유행되고 있는) 이른바 자연화하려는 이러한 모든 경향에 반하여 플라톤 자신의 말은 너무도 크게 울려퍼지고 있다.

왜냐하면 〈이데아〉에 관한 플라톤의 생각을 명백하게 보여주는 몇가지 문제가 「국가론」에 있기 때문이다. 첫째로 이 이데아는 플라톤에게는—혹은 플라톤이 묘사하는 소크라테스에게는—모든 실체 가운데서도 가장 의심의 여지가 없는 실체이다. 둘째로, 그것은 하나의 이데아, 즉 본질〈이

18. 「플라톤 철학의 중심사상」(*Die Kerngedanken der platonischen Philosophie*), pp.56~57. 원문은 "das Walten einer vernünfitigen göttlichen macht in allen Weltsein und Weltgeschehen."

다〉—즉, 정도의 차이는 있을지라도 그 성질을 나누어 가지는 특정한 개개의 변화하는 존재와는 구별되는 "선 자체"이다.[19] 그러므로 그것은 모든 〈이데아〉에 공통된 속성을 지니고 있으며 그 성질 중 가장 근본적인 것이 영원성과 불변성이다. 셋째로, 그것은 〈이〉 세상과 전혀 다른 반대물이다. 그것을 이해하기 위하여 인식 능력은,

> 온 영혼과 함께 생성하는 것으로부터 떠나 존재하는 것 및 그 가장 훌륭한 부분에 대한 관조에 맞도록 회전 방향이 바뀌어야 한다. 그리하여 우리는 이것이 〈선〉이라고 선언하는 바이다.[20]

넷째로, 그러므로 그 참다운 성질은 보통의 언어 형식으로는 표현될 수 없다. 그것은 "묘사될 수 없는 아름다움"이며, 다른 사고의 대상에 적용되는 범주 중 가장 보편적인 범주에도 문자 그대로 속할 수 없다. 또한 "실체"—즉, 기타 사물이 실체성을 갖는다는 의미에서의 실체—와 전혀 동일시될 수 없고, "그것은 실지로 존엄성과 힘에서 실재를 초월한다."[21] 다섯째로, 〈선의 형상形相〉은 보편적인 욕구의 대상으로서, 모든 영혼을 스스로에게로 끌어들인다. 그리고 이 세상에 있어서조차 인간을 위한 주된 선은 이러한 절대적이거나 본질적인 〈선〉에 대한 관조일 뿐이다. 물론 관조적 삶의 능력이 있는 사람들이 국가의 지배자가 되기 위해서는 그런 삶을 포기할 수밖에 없다는 것은 사실이다. 그러나 그렇게 포기할 수 있는 사람은 남을 위하여 자신의 최고의 행복을 일시적으로 희생할 수 있다. 〈선〉에 관해 약간이나마 비전을 가진 사람은 "기꺼이 인간사에 관하여 스스로 몰두하지 않을 것이

19. 「국가론」 507b.
20. 같은 책 518c.
21. 같은 책 509b.

며, 차라리 천상의 일에 더 집중해야 할 것이다."[22] 이 세상의 일에서 실로 그들은 처음에는 매우 서툴 것이다. 그것은 그들이 한때 향유한 신적神的인 것에 대한 관조와는 매우 다르다. 왜냐하면 선에 대한 참다운 지식은 플라톤에게는 자연법이란 단순히 익숙하다는 것이 아닐 뿐더러 최고 수준의 실용적 지혜가 아닌 것이 확실하기 때문이다. 이 참다운 지식은 단지 "변화하는 대상에 대해 더없이 날카로운 안목을 갖고, 또 그 대상에 선행하고, 따르고 동반한 모든 것들을 가장 잘 기억하며" 이로부터 "다음에 일어날 일을 가장 잘 예견할 수 있는"[23] 사람들이 소유한 지식도 아니다.

고대와 현대를 망라하여 플라톤의 해석자들은 이러한 절대적 〈선〉의 개념이 그에게는 신의 개념과 동일한 것인가 아닌가 하는 문제를 두고 끝없는 논쟁을 벌여 왔다. 이와 같이 단순하게 말해 버린다면 이 문제는 무의미하게 된다. 왜냐하면 신이라는 말은 궁극적으로 모호하기 때문이다. 그러나 만일 그것이 스콜라 철학자들의 이른바 〈완벽한 존재〉(*ensperfectissimum*), 즉 존재의 계층의 정점, 즉 궁극적이며 유일하게 완전한 만족을 줄 수 있는 관조와 숭배의 대상을 가리키는 것으로 생각된다면 〈선의 이데아〉가 플라톤의 신〈이었다〉는 것에는 거의 의심의 여지가 있을 수 없다. 더욱이 그것이 아리스토텔레스의 〈신〉이 되었고, 그리고 대부분의 중세의 철학적 신학과 거의 모든 현대의 플라톤적인 시인이나 철학자의 〈신〉의 요소나 '양상' 중의 하나가 되었다는 데는 전혀 의심의 여지가 있을 수 없다. 그리고 그의 추종자들에게와 마찬가지로 플라톤에게는, 의식 있는 삶과 지복至福의 느낌의 승화된 방식에 대한 어떤 막연한 관념이 이러한 내세적인 〈절대자〉의 관념에도 계속 존재해 있긴 했지만,[24] 이것을 넘어서면 그 이상은 이러한 신의 속

22. 같은 책 517d.

23. 같은 책 516d.

24. 예를 들면 「필레보스」 22에서 어떤 데서는 "신적 정신은 선과 동일하다."고 암시되어 있다. 그런데 이 「대화편」에서도 "모든 생명 있는 것 중 가장 신적인 것"은 "기쁨이거나

성이란 엄밀히 말해서 현세의 속성을 부정함으로써만 표현될 수 있다. 자연적인 경험에 제시된 대상의 성질이나 관계 혹은 종류를 하나씩 차례로 택하여, 예컨대 우파니샤드에서의 성자聖者처럼 "참다운 실재란 이것과 같지도 않고 저것과도 같지 않다"라고 말할 수 있다—단지 그것이 훨씬 더 나은 것이라고 덧붙여 말할 수 있을 뿐이다.

그럼에도 불구하고 플라톤이 철학적 설명에서 내세적 성향의 절정에 도달한 것은—예를 들면 베단타파의 일원론에서 예시되고 있는 것과는 전혀 다른—자기 자신의 특수한 논법에 의해서였다. 그의 절대자는 〈선〉의 〈이데아〉였다. 그리고 대부분의 그리스 사상에서처럼 그에게 '선'이라는 용어는, 무엇보다도 본질적으로는 여전히 부정적이긴 하지만, 어떤 명확한 특성이 있는 것을 의미하였다. 이것은 소크라테스로부터 시작되는 거의 모든 그리스의 도덕 철학의 학파에서 명백하게 나타나 있다—즉, 다른 사람이 그에게 줄 수 있는 것이라도 전혀 필요로 하지 않고 또 원하지도 않은, 이상적인 견유파犬儒派 디오게네스*의 기질에서, 에피쿠로스학파의 평온에서, 스토아학파의 무관심에서 분명히 나타나 있다. 평범한 인간 경험에 있어서조차 '선'의 본질이란 자기만족, 즉 외적인 모든 것에 대한 개인의 의존으로부터의 해방에 있었다. 더욱이 '선'이 실체화되어 최고 실체의 본질이 될 때에도 그 용어는 똑같은 의미를 지닌다. 다만 이번에는 절대적이고 무조건적인 의미로 해석된다는 차이가 있을 뿐이다. 플라톤은 「필레보스」에서 "선이란 그것을 소유하고 있는 존재는 언제나 모든 점에서 가장 완벽하게 충족되고 있으며 다른 어떤 것에도 부족함이 없다는 점에서 기타의 모든 것과 본질적으로 다르다"[25]고 말한다. 그 대화의 논의에서, "즐거움과 정신 모두 선善 자

슬픔이거나 간에 다 초월"하고 있다(같은 책 33).

* Diogenes(412?~323B.C.): 그리스 철학자. Antisthenes의 제자로서 견유犬儒파의 대표자. 그는 사회적 관습을 거부하였으며 통 속에서 살았다.

25. 「필레보스」 60c.

체라는 주장은 양자가 함께 〈자기 충족〉(*αὐτάρκεια*)과 합당성과 완전성이 결여되어 있다는 이유로, 〈똑같이 접어두기〉로 한다."[26] 이러한 것이 모든 특수한 개개의 '선'이 어느 정도 공유하고 있는 속성이며, 이런 것이 완벽하게 갖추어질 때 〈절대적 존재〉를 기타의 모든 것들과 구분하는 속성이다.

그런데 〈선의 이데아〉에 관한 이 논법에는 암묵적이긴 하지만 이상한 결론이 분명히 있다. 이는 3천 년 이상에 걸쳐 서양 종교 사상을 지배하게 되었으며, 비록 더 이상 이제는 지배적인 것이 아니라 해도 여전히 강력한 잠재력을 지니고 있다. 만일 '신'이라는 말이—많은 기타의, 표면상 양립할 수 없는 것들 중에서—최고선 자체이거나 혹은 영원히 최고선을 소유하는 존재를 의미한다면, 그리고 만일 "선"이 절대적인 자기 충족을 의미한다면, 또 모든 불완전하고 유한한 시간적 존재가 그 자체로서 신적 본질과 동일시될 수 없는 것이라면—〈그러한 것들〉의 존재—즉, 시간 속에서 감지될 수 있는 세계 전체나 어떤 의미로든 진정한 자기 충족이 되어 있지 않은 모든 의식 있는 존재—는 실재에 아무런 좋은 것을 덧붙일 수 없다는 명백한 결론이 나온다. 선의 완전성은 신에서 확실하게 달성되었으며, "피조물"은 더 이상 아무것도 덧붙일 수 없다. 피조물이란 신의 관점에서는 아무런 가치도 없다. 피조물이 존재하지 않는다 해도 우주의 가치는 덜 하지 않을 것이다. 플라톤 자신이 이러한 결론을 명시적으로 도출하지 않은 것은 사실이며, 도출하지 않았다는 이 사실은 의심할 바 없이 의미가 크다. 그러나 그럼에도 불구하고 그의 이론 중 이 부분이 명백히 함축하고 있는 것에서는 신이 세계를 필요도 하지 않으며 우주 및 우주에서 일어나는 모든 것에 무관심하다고 한, 무수히 반복된 철학적 신학자들의 정리에 일차적인 근원이 있음을 우리는 인식해야만 한다. 플라톤의 〈선의 이데아〉가 갖는 이러한 함축된 의

26. 같은 책 67a. "신적 정신"이 선〈이다〉라는 위의 암시에 의해 이것은 조건부이다. 정신은 절대적 의미에서 자기 충족적 속성을 가진다는 이야기로 귀결되는 것이 분명하다.

미는 아리스토텔레스의 신학에서 재빨리 명백하게 드러났다. 그는 「에우데모스 윤리학」에서 쓰기를 "자기 충족적인 자는 홀로 살 수 있기 때문에 남의 봉사나 사랑의 필요 혹은 사회생활의 필요를 느끼지 않는다. 이것은 특히 신의 경우에 분명하다. 명백히 신은 아무것도 필요로 하지 않기 때문에 친구가 필요하지 않으며, 또한 친구를 가지려 하지 않는다."[27]라고 하였다. 후세의 수천 개 예 중에서 단지 한둘 정도만 인용하면, 조나단 에드워즈*가 식민지 시대의 미국에서 환영받는 것은 이러한 플라톤적이면서도 동시에 아리스토텔레스적인 성향 덕분이다. 그는 다음과 같이 공언하였다. 즉, "신에게 어떠한 결핍이나 부족 혹은 가변성이 있음을 함축하거나 추정하는 일 혹은 창조주가 자신의 완전성이나 행복에 관해서 얼마큼이라도 자신의 피조물에 의존한다는 주장은 세계 창조에서의 신의 최종 목적에 관한 개념과 함께 이치에 맞지 않는다. 왜냐하면 신은 무한히, 영원히, 불변적으로 그리고 독립적으로 영광스럽고 완벽하기 때문이다. 그리고 신은 피조물로부터 아무것도 필요로 하지 않고 그로부터 이득을 얻은 것도 아니거니와 이로부터 받는 것도 없으며 다른 존재에 의해 상해를 받지 않거나 자신의 영광이나 지복을 손상 받거나 고통을 받는 것도 있을 수 없다는 것은 성서와 이성에 의해 명백하기 때문이다."[28] 이와 같은 영원히 평온하고 감정의 움직임이 없는 〈절대자〉란 명백히 "분노하는 신의 수중에 든 죄인"에 대한 설교에서 나오는 가학적인 신의 모습에서는 찾아보기 힘들다. 그러나 에드워즈가 많

27. 「유데모스 윤리학」 VII, 1244b~1245b. 이것과 모순되는 다른 글이 아리스토텔레스에게 있는 것은 사실이다. 예를 들면 「대윤리학大倫理學」 II, 1213a. 「유데모스 윤리학」의 진서 여부는 Muhls(1909), Kapp(1912) 및 특히 W. Jaeger(1923)의 연구에 의해 밝혀졌다고 지금은 생각하지 않을 수 없다. 아리스토텔레스의 위서 「세계론」(De Mundo) 399b 이하도 참조할 것.

* Jonathan Edwards(1703~1753): 미국의 식민지시대의 대표적인 신학자이며 철학자. 프린스턴 대학 총장.

28. *On the End in Creation*, I, p.1.

은 신들을 단지 하나의 이름으로 불렀다는 점에서는 대부분의 위대한 신학자들과 다를 바 없다. 의심할 바 없이 플라톤적 전통 속에 이 요소는 지속되었는데, 그 여러가지 종교적 경험 중 하나의 자연적 양상과 맞먹는다는 사실 때문이었다. 분명히 하나의 형식의 종교적 상상력과 느낌, 그리고 그에 수반된 일종의 종교적 변증법에서 관조의 최고 대상이 완전히 자연 세계로부터 분리되어 있음을 확신하고 또한 그 대상을 숭배하는 사람들에게도 전혀 무관심하다는 것을 확신하는 것과 다름없다. 이러한 사고방식의 지속적인 활력은 여러 면에서 극히 '현대적'인 저술가로서 도저히 그런 사고를 하리라고는 기대되지 않는 한 작가의 표현에서 볼 수 있다. 조어드*는 최근에 공언하기를 "예술적·지적 의식은 대상의 타자성他者性에 의해 높여지는 일은 있으나 격하되는 일은 없다"고 하였다. "이 점은 종교적 의식에 잘 들어맞는다. 영원하고 완벽한 것으로 생각되면서도 변화하고 불완전한 우주와 관계를 맺거나 여기에 살고 있는 변화하고 불완전한 인간 혹은 우주에 활력을 불어넣는 삶의 원리와 관계를 맺는 〈신〉은 숭상받는 성질을 점차 상실하고 있다. 선善이나 미美와 마찬가지로 만일 신이 존재한다면 이는 비인간적 가치임이 틀림없고 그 가치의 중요성은 신을 갈구하는 인간과 닮지 않다는 바로 그 점에 의미가 있다. 신은 인간에게 알려질 수도 있으며, 인간이 진화되고 발달함에 따라 점차 인간에게 알려질지도 모른다.……그러나 〈신〉 자신은 그러한 기대의 영향을 받지 않는다.……신은 자신을 향한 인간의 움직임을 알아차리지 못하고 있다.……신이란 우리의 숭배에 알맞는 대상이 되기 위해 그를 숭배하는 세계로부터 오점 없이 보존되어야 한다는 것은 명백하다."[29] 그것은—비록 아주 명확하게 표현된 것은 아니지만—〈선의 이데아〉에 관한 플라톤의 이론으로부터 발전한 내세성의 특징을 당 시대적으

* Cyril Edwin Mitchinson Joad(1891~1953): 영국의 철학자. 「종교의 현재와 미래」(*The Present and Future of Religion*, 1930), 「선과 악」(*Good and Evil*, 1943) 등 저서 다수.

29. *Philosophical Aspect of Modern Science*(1932), pp.331~332.

로 매우 정확하게 표현한 것이다.

그런데 만일 플라톤이 여기서 멈추었다면 그 이후의 서양 사상의 역사가 크게 달라졌으리라는 것은 의심의 여지가 없다. 그러나 그의 역사적 영향에 관하여 가장 주목할 만한—그러나 그다지 주목되지 않은—사실은 그가 유럽적 내세성에 특징적인 형식과 용어와 논법을 부여했을 뿐만 아니라 바로 그 정반대의 경향—즉, 특히 활력 넘치는 종류의 현세성—에도 특징적인 형식과 용어와 논법을 부여하였다는 것이다. 왜냐하면 그 자신의 철학은 우리가 말하는 이른바 내세적 방향의 정점에 이르자마자 그 방향을 바꾸었기 때문이다. 모든 평범한 사고思考의 범주와는 거리가 멀고 그 자체에 외부적인 어떤 것도 필요로 하지 않는 순수한 완전성인 〈이데아 중의 이데아〉라는 관념에 도달하자마자 그는 이 초월적이며 절대적인 〈존재〉에게서 이 세계의 존재를 필요로 하는 논리적 근거를 발견하였다. 더욱이 그는 모든 상상할 수 있는 종류의 유한하고 시간적인, 불완전하고 물질적인 존재의 실존적 필연성과 가치를 주장하는 데까지 이르렀다. 플라톤은 속세의 사물의 존재 및 그 불완전성의 수數와 다양한 존재 형태와 정도에 관한 근거나 설명 등이 제시되지 않은 철학에 불만을 가진 것이 분명하였다. 그런 철학에서는 변동성이란 〈영원한 것〉에 붙은, 전적으로 무의미한 여분에 불과하였다. 더욱이 감각적 세계의 존재에 대해 어떤 이유라도 발견될 수 있다면 플라톤에게는 반드시 〈지적 세계〉에서 그리고 오로지 〈자기 충족적 존재〉의 본질에서 발견되어야만 했다. 나쁜 것은 고사하고 좋지 않은 것은, 〈완전성〉의 본질에 포함되어 있는 것과 같이, 〈선善의 이데아〉의 파생물로 이해되어야 한다. 모든 욕구의 〈목표〉인 바로 그 동일한 〈신〉은 또한 이를 바라는 피조물의 〈근원〉이 되어야 한다.

플라톤의 이론에서의 이러한 중요한 전환은 〈선의 이데아〉의 '타자성他者

性'이 끈질기게 표명되고 있는 「국가론」의 동일한 구절에서 처음으로 명백히 나타나게 된다.[30] 〈선〉은 "〔우리에게〕 인식된 모든 사물에 대해 인식의 원인일 뿐만 아니라 사물의 존재와 실체의 원인이기도 하다."—즉, 사물이 가지는 실체로서, 우리가 살펴보았듯이, 플라톤이 양자에 대해 동일한 용어를 사용하기를 꺼려한 "선善"의 실체와는 매우 다른 실체이다. 여기서 이러한 전환은 의심할 바 없이 이해하기에는 너무나 당돌하고 애매한 것이었다. 그러나 플라톤의 심중에 있는 그 의미와 그 근거는 조에트*가 말하듯이 많은 현대 독자에게는 "가장 모호하고 불쾌한" 것이긴 하지만, 그럼에도 불구하고 2천 년 동안이나 플라톤의 저술 중에서 가장 영향력이 큰 후기 대화의 한 구절에서 더 온전히 지적되고 있는 것을 알 수 있다. 플라톤은 「티마이오스」에서 어떤 기분에 싸여 그의 생각이 떠오르거나 또는 아마도 초기에 그의 생각이 열심히 떠올라 "절대적 존재"라는 높은 영역에서 낮은 세계로 회귀하는 과정을 확실히 보이고 있다.[31] 물론 이 「대화편」의 대부분은 명백히 신화적이고, 따라서 그 진지한 철학적 내용을 시적 상상으로부터 분리시켜야 할 필요가 있다. 어디에 경계선이 그어져야 하는가는 반드시 결정하기

30. 「국가론」 509b.

* Benjamin Jowett(1817~1893): 영국의 그리스 학자·철학자·신학자. 옥스퍼드 대학 교수. Plasto 4권(1871), Thucydides 2권(1881), 아리스토텔레스의 「정치학」을 번역(1885).

31. 「티마이오스」의 평판과 영향은 Christ, *Griechische Literaturgeschichte*(1912) I, p.701 참조. 이 작품은 키케로에 의해 라틴어로 번역되었으나 중세에는 주로 4세기의 Chalicia-dius의 라틴어판에 의해 알려져 있었다. 이 작품에 관한 40개 이상에 달하는 고대 및 중세의 비판도 알려져 있다. 라파엘로가 그린 「아테네 학원」 속에서 플라톤이 손에 들고 있는 것이 이 책이다. 18세기에는 이 작품이 내포한 관념들이 플라톤이 쓴 것만이 아니라 「세계정신에 관하여」(*De anima mundi*)라는 논문의 유행에 의해서도 영향을 주었다. 그리고 이것은 피타고라스 학파의 티마이오스 자신에 의한 더 오래된 저작으로, 플라톤이 이용, 수식하여 내놓은 것이라고 믿어지고 있었다. 실제로는 「대화편」의 어떤 부분을 어설프게 축소한 것이며 훨씬 후의 연대의 것이다. 17세기에는 적어도 거기에 관한 세 판본이 있었으며, d'Argens(1763)와 Batteux(1768)의 프랑스 譯이 달린 판본들은 플라톤의 논의에 관한 이러한 지루한 재판에서 여전히 나타나고 있는 관심을 증명하고 있다.

쉬운 것이 아니다. 확실히 아카데미의 제2세대 이래로 오늘날까지 학자들 사이에는 어디에서 시가 끝나고 철학이 시작되는가 하는 문제에 대한 견해의 차이가 있어 왔다. 다행히도 우리가 이러한 복잡한 논쟁에 개입하는 것은 본질적인 문제가 아니다. 우리의 관심사는, 우리가 알고 있는 한, 「대화편」이 처음으로 서양 철학 사상의 일반적 체계에 도입한 밀접히 관련된 두 가지 관념과 전적으로 관계가 있다. 첫 번째는 〈왜〉 영원한 〈이데아의 세계〉, 나아가 하나의 최고 〈이데아〉에 더하여, 〈생성의 세계〉가 있는가 하는 문제에 대한 대답이다. 두 번째는 감각적·시간적 세계를 구성하는 존재의 종류의 수를 어떠한 원칙에 따라 결정하는가 하는 문제에 대한 대답이다. 두 번째의 문제에 대한 대답은 플라톤—어쨌든 「대화편」에서 주장을 펴고 있는 철학자—에게는 첫 번째 문제에 대한 대답에 내포되어 있다.

이 양자는 대체로 철학자들이 더 이상 제기하지 않는 종류의 문제이다—물론 현대의 가장 대담한 사색적 정신의 소유자인 일부 물리학자들은 두 번째 문제에 대한 일종의 해답을 추구해 보았을 것이다. 그린*은 반세기 이상도 전에 "이 세상 전체가 왜 지금의 상태와 같아야 하는가 하는 문제는 어떠한 형식으로든……해답을 찾을 수 없다"[32]고 논평하였다. 18세기 후기에 이르기까지 유럽 사상에서의 플라톤적 경향은 이보다 더 큰 의미가 있는 그 이후의 철학과 비교할 때 둘 사이에는 일반적인 대조점이 거의 없다. 왜냐하면 이러한 문제가 필연적으로 해결이 불가능하다거나 무의미하다고 인정하는 것은, 우리가 판단할 수 있는 한, 이 세상이란 궁극적으로 비합리적이며, 그 존재는 물론 현재의 범위 및 구성 요소가 나타내고 있는 다양성, 그리고 그 세계가 경험 과학이 발견하는 기본 법칙의 매우 기묘한 결합에 따르고 있다는 것—이상의 것들이 이해 가능한 이유로도 설명될 수 없고,

* Thomas Hill Green(1836~1832): 영국의 이상주의적 철학자. 독일 관념론의 영향을 강하게 받음. 옥스퍼드 대학 교수.

32. 「윤리학 프롤레고메나」(*Prolegomena to Ethics*), 82장.

또한 현 상태와는 전혀 달라도 괜찮은 단순한 맹목적인 사실을 의미하기 때문이다. 만일 그것이 사실이라면 이 세상의 구조란 단지 변덕의 소산이거나 우연의 결과일 뿐이다. 그러나 플라톤은 그리스 후기·중세·근세의 철학에 이 커다란 문제를 넘겨주었고—그 문제는 적어도 한 번 이상 반론을 받았다—플라톤으로서는 이러한 의문들이 제기될 수 있고 또 제기되어야 했다. 더욱이 그는 이 의문을 제기한 후세 사람들에게 오랫동안 수용된 해답을 제공하였다. 따라서 무엇보다도 우리가 이제부터 검토해야 할 역사란 자신이 살고 있는 이 세상을 자신의 지성에 비추어 합리적인 것으로 보이게 하려고 한 서양인들의 오랜 노력의 역사의 일부이다.

첫 번째 의문에 대한 해답은 간단하고 또 의문의 여지가 없는 비유적인 말로 개진開陳된 것이어서, 이 말은 무수한 후세의 철학자들과 시인들에 의해 반복되기에 이르렀다. 우주 창조의 이야기를 하기에 앞서서 티마이오스는 "이 세상을 만든 자가 생성生成 및 우주를 〈만든〉 이유를 논하도록 하자"고 말한다. 그 이유란 "그는 선했고, 선한 것에서는 다른 어떤 것에 대한 선망도 결코 일어나지 않는다"는 것이다. "선망이 없기 때문에 그는 모든 것이 가능한 한, 자신을 닮아야 한다고 원하였다. 그렇다면 이것이 특히 생성과 우주의 모든 최고의 근원적 원리라고 하는 현인들의 말을 받아들이는 것은 전적으로 옳다."[33] 이 문장이 무엇을 의미하는가—혹은 어쨌든 후기 플라톤주의자들이 이해한 의미는 무엇이었던가? 여기서 "선"의 속성을 갖는 존재란 명목상으로는 「대화편」이 전하고 있는 창조 신화의 주인공인, 이 세상의 의인화된 〈창조자〉이다. 그러나 만일 우리가 이러한 「대화편」의 이론이 「국가론」의 그것과 서로 일치하는 것이라 가정한다면— 「티마이오스」는 「국가론」을 보완한 것이라고 되어있는데—이 신화의 세부적인 이야기와 데미우르고스[조물주]에 부여된 특징이나 활동의 대부분은 문자 그대로 취

33. 「티마이오스」 29, 30.

할 수는 없으며 또 고금의 플라톤 추종자들에 의해서도 그렇게 취해진 일은 없었다. 「국가론」에서 모든 존재의 근거와 원천은, 우리가 고찰한 바와 같이, 〈선의 이데아〉 그 자체이다. 따라서 「티마이오스」에 등장하는 창조주는 단순히 그러한 〈이데아〉의 시적詩的 의인화에 불과하다거나—신플라톤주의자들이 해석했던 바와 같이—유출된 것, 즉 그것을 통하여 〈절대·완전한 유일자〉의 세계 창조 기능이 행사된 종속적 신이라고 주장되어 왔다. 양자 중 제일 있음직한 견해는 플라톤의 사상에서 근원이 다른 두 경향이 여기에서 결합되었으며 그 결과 형성된 관념이 대체로 비유적으로 표현되었다는 견해이다. 플라톤은 초감각적이며 영속적인 그러나 다른 측면에서 볼 때에는 그 개념이 역사적 근원을 달리하듯이 전혀 성질이 다른 두 종류의 존재—즉, 〈이데아〉와 〈영혼〉을 그의 철학 속에 지니고 있었다. 이데아는 순수 사고의 영원한 대상이며, 영혼은 항구적인 의식이며 사고하는 존재였다. 그리고 전자는 보편적인 것, 즉 본질이며 후자는 개별적인 것이기 때문에 양자는 쉽사리 통합체로 환원될 수 없다. 그러나 플라톤이 궁극적으로 이 양자의 계열 중 최고위의 구성 요소를 어느 정도 동일한 것으로 생각했다는 것은 적어도 있음직한 추측이며, 몇몇 개별적인 어구에 의해 뒷받침될 수 있다. 그렇다면 데미우르고스의 성격 규정의 대부분이 아무리 비유적인 것이라 할지라도, "최상의 영혼"으로서의 「티마이오스」 속의 데미우르고스는 "그 자체로 선한 것"의 속성을 충분히 소유하고 있다고 간주될 수 있다. 우리가 플라톤의 이론이 무엇이든 통일성이나 일관성을 지니는 것으로 가정한다면, 이 세 해석 중 어느 하나를 채택해야만 할 것이다.

어쨌든 그 구절은 실재란 이 세계의 존재를 설명하는 초속세적 존재가 "선"하다는 것을 우리에게 말하고 있다. 더욱이 우리는 어떤 플라톤주의자의 경우에도 자기 충족적인 것을 제외하고는 "선"이라는 단어로 표현된 성질이나 본질에 조금도 관여하고 있지 않다는 점을 유념해야 한다. 「티마이오스」 자체에서 창조된 세계의 우월성은 스스로의 방식을 따라 일종의 상대적·물리적인 자기 충족성으로 구성되어 있다. 물질세계란 "모든 활성적 과정이나 비활성적 과정이 그 자체 내에서 일어나고 그 자체의 원인에 의해 생기도록 만들어졌다. 왜냐하면 물질계를 만든 자는 그것이 다른 사물을 필요로 하는 것보다 차라리 자기 충족적인 편이 더 좋으리라고 생각했기 때문이다."[34] 〈이러한〉 플라톤적 원리에 따르면, "최상의 영혼"은 만일 물질계가 그 자체가 아닌 다른 무엇인가를 필요로 한다면 그 자체의 존재나 수월성 혹은 행복을 위하여 최상의 것이 될 수 없음이 분명하다. 그럼에도 플라톤이 이 세계의 존재 이유를 논하려 할 때 그는 "선"의 본질적 의미를 바로 뒤집어 놓았다. 의심할 바 없이 그는 부분적으로 그 단어가 현대적 용법에서와 마찬가지로 그리스어에서 쓰이는 이중적 의미를 활용하고 있다. 그러나 이러한 사고의 전환에서 그가 사용하고 있는 비유는 두 가지 의미를 조정하여 실로 하나의 의미에서 또 다른 의미를 유도해 내려는 그의 시도가 있었음을 시사하고 있다. 영원히 목표를 향해 있으며 그 완성도에서 증감의 여지가 없는 자기 충족적 존재는 그 자체 이외의 다른 것을 "선망"할 수 없〈었다〉. 그 실재는 각각의 존재, 종류 및 수월성에서 닮은 그 밖의 존재의 실재에 대해 어떠한 장애도 될 수 없다. 도리어 거꾸로 그것이 어느 정도 자기 이외의 다른 것을 생산해 내는 것이 아니라면 이것은 완전성의 적극적 요소를 잃게 될 것이며 따라서 그 정의定義 자체가 의미하는 바와 같이 완전해질 수 없을 것이다. 따라서 이와 같이 플라톤은 영원하지도 초감각적이지도 못하고 완전성과는 거리가 먼 다수 개체의 존재가 본연적으로 바람직하다라는 결정적인 단정을 암암리에 내세우면서 내세적 〈절대자〉에서, 또 〈선의 이데아〉 자체에서 왜 그러한 〈절대자〉가 홀로 존재하지 못하는가 하는 근거를 찾고자 하였다. 대담한 논리적 뒤집기에 의해 〈자기 충족적 완전성〉의 개념

34. 「티마이오스」 33d.

은—그 본래의 함축적 의미를 전혀 잃지 않으면서—〈자기 초월적인 풍요〉의 개념으로 바뀌었다. 초시간적·비물질적인 〈유일자〉는 시간적·물질적으로 그리고 극히 다양하고 변화무쌍한 우주의 역동적인 존재의 근원이며 동시에 논리적 근거가 되었다. 〈모든 선은 그 자신을 확산시킨다〉(*omne bonum est diffusivum sui*)—이 말이 중세에 표현되었던 대로—라는 명제는 여기에서 비로소 형이상학의 공리公理로서 그 모습을 드러낸다. 이러한 논리적 뒤집기와 함께 유럽의 철학과 신학에는, 수세기에 걸쳐 유럽사에 남는 가장 특징적인 내적 갈등과 논리적·정서적으로 많은 대립적인 긴장을 발생시킨 여러 관념의 결합이 도입되었다—즉, 자체로서는 완전하지 〈않은〉 신에 의해 완결되는, (적어도) 〈하나가 된 두 신〉이라는 관념이었다. 그 자체 이외의 다른 것 없이는 완전해질 수 없기 때문이다. 〈변화〉를 필요로 하고 변화 속에 나타난 〈불변성〉의 관념, 또한 적어도 미래에 대한 영향이나 인과 관계에 의해 그 성질이 〔절대자의〕 성질과 다르며 그 존재와 영속적인 변화가 [절대자의] 불변의 실체와 대립하는 것과 결부되기 때문에 진정코 절대적이라 할 수 없는 〈절대자〉의 관념이 도입되었다. 플라톤이 이러한 결부에 도달한 논법은 많은 현대인에게는 설득력이 부족한 것으로 들리며, 또한 근본적으로 말뿐인 것으로 들리는 데다 그 결론은 모순과 다르지 않은 것으로 들릴지 모른다. 그러나 만일 우리가 바로 이러한 이중적 논법이 고대에서보다는 중세나 근대에서 더 강력하게 많은 세대의 사고를 지배하였다는 사실을 무시한다면, 우리는 그 이후의 서양 사상의 크고 중요한 부분을 이해하지 못하게 될 것이다.

두 번째 문제—이 세상에는 〈얼마나 많은〉 종류의 시간과 함께 사라지는 불완전한 존재들이 있는가—에 대한 해답은 똑같은 논법을 따르면 〈모든〉 가능한 종류의 존재가 있다는 것이다. "최상의 영혼"은 생각건대 존재할 수 있는 어떤 것에 대해서도 결코 존재의 부여를 아끼지 않으며, "모든 사물은 가능한 한 [최상의 영혼]을 닮기를 원하였다." 여기서 "모든 사물"은 플라톤에게는 모든 〈이데아〉의 감각적 대용물 그 자체를 일관성 있게 의미하였다. 그리고 자신의 이름이 붙여진 「대화편」(130c, e)에서 파르메니데스가 젊은 소크라테스에게 상기시키고 있듯이 〈이데아의 세계〉에는 모든 사물, 심지어 하찮고 어리석고 혐오스런 것이라 할지라도 그것들을 포함한 모든 종류의 사물의 본질들이 있다. 「티마이오스」에서 플라톤이 주로 "살아있는 사물들"이나 "동물"에 대해 이야기하는 것은 사실이다. 그러나 적어도 여기에 관해서도 그는 필연적으로 완전하게 모든 관념적인 가능성을 현실로 바꾸는 것을 꾸준히 주장한다. 그는 "이 세상이 단지 부분적인 어느 〈이데아〉와 유사하게 만들어졌다고 생각하면 안 된다."고 말한다. 왜냐하면 불완전한 것은 어느 것도 아름답지 못하기 때문이다. 우리는 오히려 이 세상은—개체로서든 종으로서든—모든 동물이 그 부분을 이루고 있는 전체의 완벽한 모습이라고 생각해야 한다. 왜냐하면 우주의 모양은 그 자체 속에 마치 이 세상이 우리와 모든 기타의 눈에 보이는 피조물을 포함하고 있는 바와 같이 모든 존재의 이해 가능한 형상을 포함하고 있기 때문이다. 왜냐하면 〈신〉은 이 세상을 눈에 보이는 존재 중 가장 아름답고 가장 완전한 것과 비슷하게 만들기를 원하면서, 비슷한 성질을 갖는 모든 다른 살아있는 존재들, 즉 시간적·감각적인 존재들을 자신 안에 포함하고 있는, 눈에 보이는 하나의 살아있는 존재로 만들어 냈기 때문이다. 「티마이오스」 속에는 설사 비슷한 개체들이 그럴 수 있다 해도 차별되는 성질의 수數 때문에 가지可知 세계에는 개체의 〈이데아〉가 존재한다고 생각하게 하는 구절이 있다. 플라톤은 "다른 살아있는 존재[즉, 그들의 "형상"]는 개별적으로나 종으로서나" 완전·영원한 모델의 "부분이며 우주는 이 모델과 무엇보다도 유사하다"[35)]고 말한다. 플라톤이 단지 하나의 창조만이 있을 수 있다고 주장하는

35. 같은 책 30 c. καθ' ἕν καὶ κατα γένη μόρια. 앞의 해석은 Taylor가 지적하는 바와 같이

것은 창조된 우주가 〈이데아의 세계〉의 단 하나뿐인 복제물이기 때문이다. 우주에는 "모든 다른 이해 가능한 피조물"의 복제물이 있으며, 따라서 모델 속에는 그것을 모방해 제2의 세계가 형성될 수 있는 여지가 없다. 이렇듯이 신화의 형식으로 사물의 연속적 창조의 이야기는 전해지고 있다. 결국 모든 종류의 영생불멸한 존재들이 만들어진 후에 세계의 창조자인 데미우르고스는 사멸할 존재들이 아직도 창조되지 않고 있다는 것을 깨닫는다. 그래서는 안 된다. 만일 우주에 이러한 것들이 없다면 우주는 결함이 있는 것이 될 것이다. "왜냐하면 창조가 완성되기 위해서는 모든 종류의 살아 있는 피조물을 포함해야 하는데 그렇지 않기 때문이다." 그렇다면 "전체가 진정 완전한 것"이 되기 위해서는 창조주는 자신의 모습에 따라 생명체를 만드는 임무를 이미 창조되어 있는 하급 신들에게 위임하였다. 그리하여 "우주는 사멸하는 생명체와 사멸하지 않는 생명체들로 완전히 충만하게 되었으며" 이에 따라 "가지자可知者의 상像인—가장 위대하고 최고이며 가장 아름답고 가장 완벽한—현명한 〈신〉"이 되었다. 간단히 말하면 플라톤이 말하는 데미우르고스는 세상에는 모든 종류의 사람들이 필요하다는—보편적인 관용

"일부 신플라톤주의자들(Amelius, Thedorus of Asine)에 의해 명확히 채택된 것이었다." 이 해석에는 난점이 있음을 부정하지 못한다. 그리하여 이 말들에 대한 제2의 해석을 Taylor가 선호하는 바인데, 그것은 아마 옳을 것이다. 즉, 그것은 "*καθ' ἕν*은 말이나 사람과 같은 그 이하로 분류될 수 없고 종(*infimae species*)를 가리키며, *κατα γένη*은 포유동물, 네 발 짐승과 같은 큰 집단을 가리킨다"는 것이다(「플라톤의 「티마이오스」에 관한 주석」, p.82). 아리스토텔레스는 플라톤과 제자들이 이데아와 이데아에 대응하는 감각세계의 사물의 종류가 수적으로 같다고 주장했음을 제시하고 있다. "이데아가 원인임을 주장한 사람들은……이데아와 동수의 것으로 성립되는 구분을 하나 더 도입하였다"(「형이상학」 990 b). 이데아의 모든 것이 우주에서 현실화되지 않으면 안 된다는 주장을 또 달리 표현한 것들에 관해서는 「티마이오스」 39 e, 42 e, 51 a, 92 c 등을 참조할 것. 여기에서 플라톤의 추론에 있어서 기본적인 것이면서도 이 원리는 그의 후계자들에 의해서만이 충분히 발견되었다. 현실화된 이데아의 그릇으로서, 그리고 그것 때문에 "어머니"로서의 "장소"의 역할에 관해서 나는 언급하지 않았다. 왜냐하면 나는 플라톤의 우주론에 관한 전반적인 해설을 하려고 하는 것이 아니기 때문이다.

뿐만 아니라 종합적인 다양성을 용인하는 기질을 표현한 흔한 말이기도 한—문자 그대로의 원칙에 따라 충실히 행동하였다.

우주에는 얼마나 많은 존재의 양식이 있어야 하는가라는 의문에 대한 해답에 대해서 비록 플라톤이 신학적 형태를 부여하지 않았다고 해도 그는 기타 이유에 근거해 동일한 결론에 도달했음에 틀림없다. 왜냐하면 이 대안은 〈이데아〉의 전 범위에 걸쳐 단지 제한적으로 선택된 것만이 이치에 맞게 구현되었다는 것을 시인하기 때문이다. 그러나 이것은 그에게는 이례적으로 이상한 것이라고 생각되었음이 틀림없다. 만일 어떤 영원한 본질에 시간 속의 대응물이 있다면 이에 대한 전제는 모든 것의 본질이 그러하므로 〈이데아〉의 성질은 구체적인 존재 속에 스스로를 드러낸다는 것이다. 만일 그렇지 않다면 두 세계의 연결은 이해할 수 없는 것이며, 실로 우주의 구조 및 나아가서는 본질 자체의 영역 구조도 우연적이며 제멋대로의 것이라고 생각될 수 있다. 그리고 이렇게 생각하는 것은 플라톤의 사고방식과 전혀 반대되는 것이다.

관념적인 가능성이 현실로 화할 경우, '충만성'에 관한 이 기묘하고 의미심장한 명제는 보통 이 명제와 함께 연상되고 일반적으로 그에 내포되어 있다고 생각되는 두 다른 관념과 더불어 이 강연의 주요 주제가 되고 있다. 내가 알고 있는 한, 그것은 적절한 명칭으로 구별된 적이 없었다.[36] 그리고 그러한 명칭이 없기 때문에 여러 가지 다른 맥락으로나 상이한 용어로 표현되면서 그 동일성이 흔히 역사가들에 의해 인식되지 못했던 것 같다. 나는 이것을 충만(plenitude)의 원리라 부르겠지만, 이 명칭이 플라톤 자신의 전제

36. Bertrand Russell은 라이프니츠에 관한 초기의 저술(p.73)에서 라이프니츠 자신이 때때로 사용하는 용법에 따라 이것을 "완전의 원리"라고 부르고 있는데, 그 명칭은 적절한 선택이 아니다. 왜냐하면 "완전"과 "충만"은 동일한 용어라기보다는 차라리 주로 대립적인 용어이기 때문이다. 후자가 전자로부터 도출되는 것은 단지 논리적인 힘 때문일 뿐이다. 충만의 원리는 차라리 모든 단계의 불완전성이 필연적이라는 원리이다.

및 이것과 동일한 전제로부터 출발하면서도 그가 도출한 것보다 더 광범한 추론을 망라하는 용어로 사용할 것이다. 즉, 우주는 살아 있는 사물의 〈종류〉의 상상 가능한 다양성이 철저히 예시되는 〈종의 충만한 형태〉(*plenum formarum*)라는 논제, 그뿐만 아니라 존재의 진정한 잠재력도 실현되지 않고는 남아 있을 수 없다는 가정으로부터의 추론, 창조의 범위와 풍요함은 존재의 가능성만큼이나 커야 하며 〈완전하고〉 무궁무진한 〈원천〉의 생산력과 일치해야만 한다는 가정, 더 많은 사물을 포함할수록 이 세상은 그만큼 더 좋다는 등의 가정으로부터 나오는 기타 추론까지도 의미하는 것으로 그 용어를 사용할 것이다. 이 원리에 관한 후세의 지적知的 시도나 얽힌 이야기를 우리가 개관하기에 앞서 본래 플라톤이 이 원리를 설명할 때 거기에 함축되어 있는 두 가지 의미를 먼저 주목해야 할 것이다.

(1) 우리가 지금 플라톤주의의 특징이라고 생각한 형이상학적 경향의 이중성에는 여기에 상응하는 본래의 플라톤적 가치관의 전도가 내포되어 있었다. 물론 여기에 대해서도 역시 그 완전한 결과가 느지막이나마 나오기는 하였다. 〈지성의 세계〉는 감각의 세계가 없다면 불완전한 것이라고 단언하였다. 다양성이란 점에서 자연의 보완을 받지 못한 〈신〉이란 "선"이 아닐 것이기 때문에, 그 결과 그 신은 신성神性을 지닐 수 없게 된다는 결론이 나온다. 더욱이 플라톤 자신은 결코 이 점을 인식하지 못한 듯하지만 이와 같은 명제와 함께 「국가론」에서의 〈동굴〉의 비유는 묵시적으로 효력을 잃게 된다. 논리적 모순에 의하지 않는 한 감각의 세계란 선善과 진眞 양자로부터 두 단계 떨어진 비실체적인 그림자 모습이 깜빡거리는 것으로 기술된 것은 더는 적절하지 않을 수 있을 것이다. 태양 자체가 동굴과 불 그리고 움직이는 모습과 그림자 그리고 이들을 보는 자들을 만들어 냈을 뿐만 아니라 그렇게 함으로써 태양은 지상의 어떤 눈으로도 계속 응시할 수 없는 순수한 빛

못지 않게 본질적인—일견 더 우수한—그 자체의 근원을 드러냈다. 그림자는 〈태양〉이 그림자에 필요하듯이 지성의 하늘에 있는 〈태양〉에 필요했다. 더욱이 종류로서는 태양과 상반되고 존재로서는 독립된 것이긴 하지만, 그림자의 존재는 태양이 가진 완전성의 극치라 할 수 있었다. 그 함축된 의미에 의하면 본질의 전 영역은 구체화되지 않는 한, 의미와 가치에 필수 불가결한 요소가 결여되어 있었다. 더욱이 논리적으로는 이러한 생각에서부터 〈동굴〉의 비유가 정확히 전도된 그 후의 관념과의 거리는 결코 먼 것이 아니라—〈이데아의 세계〉는 이제 비실체적인 사물, 모든 형체와 마찬가지로 구체적으로 실현되었을 때만이 가치를 갖는 〈단순한〉 형체, 존재라는 혜택이 부여되기까지에는 일종의 세계 이전의 〈그림자 왕국〉 속에서 끈질기고 빈약한 존재만을 계속할 뿐인 "가능한 것들"의 상태에 불과하다. 그렇다면 왜 인간의 정신은 관조를 위해서든 기쁨을 위해서든 이러한 사물의 조야하고 추상적인 불변의 형상에 열중해야 하는가? 왜 인간 정신은 모든 진정한 개별적인 합리적 존재를 눈앞에 두고 또 그 자체가 더 풍요로운 그러한 존재방식에 참여하고 있음에도 그림자에 대해 숙고해야만 하는가?라고 물을 수 있을 것이다. 그러나 설사 플라톤적 근본질서의 전도가 이만큼 이루어지고 있지 못했다 하더라도 동굴 속에서 사는 사람이 다룬 것이 동굴 속의 그림자라는 확신이 「티마이오스」의 이 부분의 논리에서 뒷받침되고 있음은 결국 쉽사리 알 수 있게 되었다. 왜냐하면 만일 그가 자신에게 맡겨진 침침한 곳을 떠나 외부의 밝은 들판으로 돌아가려 한다면 그는 가능한 모든 공간은 채워져야 한다고 규정된 충만의 원리가 요구하는 대로 일반적 질서 속에 있는 공간을 비워둔 채로 둘 것이고, 그러한 점에서 〈보편적 원인〉에 대해 반작용하는 것이라고 논할 수 있고, 또 차후에 논하게 되었기 때문이다.

(2) 더욱이 플라톤이 명확히 의미하는 바와 같이, 이러한 〈선〉의 확장성

내지 풍요함은 신화 속의 인간미 있는 〈창조주〉가 자유롭게 혹은 임의로 선택한 행위의 결과가 아니다. 그것은 변증법적 필연성이다. 〈선의 이데아〉는 필연적 실재이다. 그것은 그 본질이 의미하는 것 외에 다른 것이 될 수 없다. 더욱이 그것은 그 스스로의 본질 때문에 필연적으로 유한한 존재를 만들어 내지 않을 수 없다. 그리고 이런 것들의 종류의 수는 마찬가지로 논리적으로는 예정되어 있다. 〈절대자〉란 만일 '모델', 즉 이데아적인 〈형상〉의 총체가 구체적인 존재로 전환되는 완전한 세계를 창출하지 못한다면 절대자일 수 없을 것이다. 따라서 이로부터 도출되는 결론에 따르면 지각할 수 있는 모든 사물은 그것이—혹은 어쨌든 그 종류가—존재할 수밖에 없으며, 바로 그 사물이 아니면 안 되는 이유 때문에 존재한다는 것이다. 물론 이러한 의미는 플라톤 자신이 완전히 끄집어낸 것이 아니다. 그러나 그것은 「티마이오스」 전체에 걸쳐 내포되어 있는 것이 분명하기 때문에 그는 후세의 형이상학과 신학에 가장 지속적이고 까다로운, 논쟁을 유발시키는 문제 중의 하나를 물려주었다. 충만의 원리는 스피노자의 「윤리학」에서 최종적으로 체계화되어 실제 적용된 일종의 절대적인 우주의 결정론을 잠재적으로 포함하고 있었다. 〈절대자〉의 완전성은 본질적인 속성, 즉 절대자의 〈이데아〉에 내재한 속성이어야 한다. 더욱이 논리적으로 그 존재와 속성이 이 완전성에 내재하고 있다는 이유로 모든 다른 사물의 존재와 속성이 이러한 완전성으로부터 파생될 수 있기 때문에 우주 속 어느 곳에도 우연의 소산이라는 여지가 없다. 〈신〉의 선善은—종교적 언어를 사용하면—강제성을 띤 선이다. 신은 밀턴의 말처럼 "창조를 하거나 하지 않을 자유"가 있는 것이 아니며, 어떤 존재에게는 특권을 부여하고 다른 존재에게는 그 특권을 거부할 자유가 있는 것도 아니다. 그리고 이들이 각기 소유하는 특성은 플라톤적 원리에 따르면 그것의 영원한 〈이데아〉에 내재해 있으며—즉, 그 실현된 존재일 가능성이 뚜렷하고—〈신〉이나 피조물 어느 것도 그들의 현재 있는 이외의 존재일 수 없으며 현재 행하는 일 외의 일을 행할 수 있다고 생각될 수 없다. 그러나 「티마이오스」의 근본 관념은 대부분의 중세와 근세 초의 철학에서는 공리公理가 되긴 했지만, 서양의 정신계에는 이러한 관념이 함축하는 의미에 대한 지속적인 저항이 있었다는 것도 유명한 이야기이다. 다만, 이러한 저항이 표출된 추론이나 그것을 촉진시킨 동기는 아직 이 강연의 관심사가 아니다.

플라톤주의에서 이러한 논리적 전도 과정은 아리스토텔레스의 체계에서는 찾을 수 없다. 물론 그가 플라톤만큼 내세성이란 일반적 기질을 훨씬 덜 갖고 있는 것은 사실이다. 아리스토텔레스의 〈신〉은 아무것도 산출하지 않는다. 단지 때때로 대중적인 말투를 쓰는 경우를 제외하면, 아리스토텔레스는 일관성 있게 신의 본질적 속성으로서의 자기 충족의 관념에 집착하고 있다. 더욱이 이 관념이 다른 사물들을 산출한다는 내적 필연성을 의미하는 그러한 의존성을 배제한다고 그는 생각한다. 물론 이와 같은 〈움직이지 않는 완전성〉이 아리스토텔레스에게는 모든 운동의 원인이며 또한 (비록 이러한 아리스토텔레스의 관념에 이중성이 있긴 하지만) 불완전한 존재의 모든 활동의 원인으로 생각될 것이다. 그러나 그것은 단지 궁극적인 원인에 불과하다.[37] 〈신〉이 영원한 자기 관조에서 향유하고 있는 행복은 모든 기타 사물들이 동경하고 각기 다른 척도와 방법에 따라 추구하려고 하는 〈선〉이다. 그러나 〈움직이지 않는 동인動因〉은 세계를 지탱하는 초월적 실재가 아니다. 이 동인의 본질과 존재는 왜 다른 사물들이 존재하는가, 왜 다른 사물들이 그렇게 많은가, 왜 그 사물들의 신성적 완전성으로부터 타락하는

37. 아리스토텔레스가 반드시 명확하다고 볼 수 없는 말을 할 경우가 때때로 있고, 그중에서 동인動因이 신에 있다고 생각하는 일이 적지 않게 있음이 사실이지만, 이것[부동의 완전자가 목적인目的因일 뿐이라는 것]은 실질적으로 Eisler의 연구서(1893)에서 논하고 있는 것이다. 또한 W.D. Ross, *Aristotle's Metaphysics*(1924), Introd. cli. 참조.

양식과 정도가 그렇게도 다양한가에 관해 설명하지 못한다. 그러므로 〈움직이지 않는 동인〉은 충만의 원리에 기반을 제공할 수 없다. 더욱이 사실상 이 원리는 아리스토텔레스가 「형이상학」에서 공식적으로 부인하였다. 즉, 그는 있을 수 있는 "가능한 만물이 실제로 존재해야 한다는 것은 필연적이 아니다"라든가, 또한 "생산력을 갖는 것이 생산력을 실현하지 못한다는 것은 있을 수 있는 일이다"[38]고 말하였다.

한편으로 우리는 또 다른 하나의 관념—연속의 관념—이 역시 아리스토텔레스에서 나타나는 것을 본다. 이 관념은 세계의 필연적 '충만성'이라는 플라톤적 원리와 결합되고 그 속에 논리적으로 함축된 것으로 간주되게끔 되어 있었다. 실제로 아리스토텔레스는 후세에서 말하는 바와 같은 정도의 일반성을 지닌 연속의 법칙을 세운 것은 아니었다. 그러나 그는 그의 후계자들, 특히 후기 중세에 나타난 그의 숭배자들에게 연속이란 무엇인가에 대한 정의定義를 제시하였다. 즉, "사물들은 그 내부에서 겹치고 동시에 공유하는 하나의 동일한 한계가 있는 경우라면 연속적인 것이라고 말할 수 있다."[39] 아리스토텔레스는 모든 수량—선·면·입체·운동 및 전체적인 시간

38. 「형이상학」 II, 1003 a., XI, 1071 b 13. 「형이상학」 IX, 1047 b 3 이하는 처음에는 이것과 모순되는 것같이 생각된다. 즉, "이 일은 가능하지만 존재하지는 않을 것이란 점이 사실일 수 없다"고 말하고 있다. 그러나 이 문맥은 두 구절 사이에 모순이 없음을 보여주고 있다. 아리스토텔레스는 단지 만일 어떤 것이 논리적으로는 존재할 수 없다는 것이 있을 수 없다면, 즉 모순을 내포하지 않는다면 그것이 사실상 결코 존재하지 않을 것이라고 〈주장〉할 권리가 우리에게는 없다고 논평하고 있음에 불과하다. 왜냐하면 가령 이 일을 주장하는 것이 가능하다고 한다면 존재하는 것이 가능한 것 및 존재하는 것이 가능하지 않은 것—이 양자 간의 구별이 사라질 것이다. 논리적으로 불가능하지 않다는 잠재적인 존재물이라는 것이다. 논리적으로 불가능한 것에 대해서만 그것이 현실로는 결코 존재하지 않으리라는 것을 우리는 알 수 있다. 그러나 이 구절은 논리적으로 가능한 것이 무엇이건 간에 언젠가는 현실적으로 존재하지 〈않을 수 없다〉고 말하는 것은 아니다. 그럼에도 이 구절은 중세 및 현대의 저술가의 일부에서는 충만의 원리의 표현이라고 해석되고 있다. 예를 들면 Wolfson, *Crescas' Critique of Aristotle*, p.249 및 p.551과 Monboddo, *Origin and Progress of Language*, 2nd, ed., I(1772), p.269 참조.

39. 「형이상학」 X, 1069 a 5. 연속의 무한 분할가능성에 관해서는 「자연학」 VI, 231 a 24.

과 공간 등—은 단절적인 것이 아니라 연속적인 것임이 틀림없다고 주장하였다.[40] 그는 사물의 질적 차이가 이와 비슷하게 직선적이거나 연속적인 계열을 구성한다고 마찬가지로 단언하지 않았으며, 사물이 단 하나의 연속적 계열을 구성하고 있다고 주장한 것은 더욱더 아니었다. 그럼에도 불구하고 그는 자연의 역사에 연속의 원리를 도입한 장본인이다. 실로 그는 모든 유기체가 형태상 하나의 우열에 따른 계열로 배열될 수 있다고 주장하지는 않았다. 그는—물론 이해하는데 대단한 통찰력이 필요한 것도 아니지만—살아 있는 사물들이 여러 가지 점에서, 즉 서식처에서, 외형적 형태에서, 해부학적 구조에서, 특수한 기관이나 기능의 발달 유무에서 혹은 그 정도에서, 감수성과 지력 등에서 서로 구별된다는 것을 명백히 알았다. 또한 그는 이러한 다양한 방식에는 규칙적인 상관관계가 없다는 것, 그리고 어떤 한 유형의 성질에서는 다른 피조물보다 '우월'하다고 생각될 수 있는 피조물이 다른 성질에서는 '열등'할지도 모른다는 것을 확실히 알았다. 그러므로 그는 동물에 대해서조차 단 하나의 절대적인 분류 체계를 만들려는 어떠한 시도도 하지 않은 것으로 보인다. 그럼에도 불구하고 어떤 하나의 결정적 속성에 비추어 본 피조물의 구분은 〈일련의〉 직선적 분류를 만드는 계기가 되었다. 더욱이 아리스토텔레스가 관찰한 바에 따르면 그러한 일련의 분류는 한 종류의 속성이 다른 종류의 속성과의 사이에서 명백한 경계를 지어 보이기보다는 차라리 그 다른 속성으로의 느린 이행을 보이는 경향이 있었다. 자연은 명확한 경계선에 대한 우리의 갈망에 따르기를 거부한다. 자연은 황혼 지대를 좋아한다. 이 지대에서는 만일 무리하게 분류하려고 한다면 한꺼번에 두 종류에 속하도록 되어 있는 형태가 존재한다. 더욱이 이러한 지각할 수 없을 정도의 미세한 단계적 변화는 보통 사람의 말로 하면 엄청나고 분명하게 대조된다고 하는 바로 그 지점에서 특히 명백해진다. 예를 들

40. 「카테고리아이」(*De Categoriis*) 4 b 20~5 a 5.

면 자연은,

무생물로부터 생물로 매우 점진적으로 이행하기 때문에 연속성이 양자 간의 경계를 구별할 수 없게 한다. 더욱이 양자에 다 속하는 중간종이 있다. 식물은 무생물의 직후에 나타나기 때문이다. 더욱이 식물은 생명에 참여하는 정도에 따라서는 서로 간에 다르다. 왜냐하면 종류 전체를 볼 때 이러한 식물이라는 부류는 다른 집단과 비교할 때 확실히 살아 있는 것 같아 보이지만, 동물과 비교할 때에는 살아 있지 않은 것 같아 보이기 때문이다. 더욱이 식물로부터 동물로 이행하는 과정은 연속적이다. 어떤 종의 해양 생물은 동물인지 식물인지 의문이 가기 때문이다. 왜냐하면 해양 생물의 다수는 바위에 붙어 있으며 바위에서 떨어지면 죽기 때문이다.[41]

'식충류植蟲類'의 존재는 수세기 동안 생물학에서는 연속 원리의 진실을 예증하기 위해 무수히 애용되어 왔다. 그러나 아리스토텔레스는 다른 기준에 기반한 분류법에 따라 연속에 관해 그 이상의 수많은 예를 발견하였다. 예를 들면—중세에서는 매우 중요한 구분이라 생각된—육지·하늘·물이라는 서식처에 의한 동물의 구분이 있었다. 그러나 모든 실제의 종류를 이 구

41. 「동물지」 VIII, 588 b; 「동물의 구성부분에 관하여」 IV, 5, 681 a 등 참조. 이 구절은 1230년경부터 Michael Scott의 아라비아어-라틴어판에서 저술가들이 읽을 수 있게 되었다. William of Moerbeke에 의해서 그리스어로부터 직접 번역된 판은 1260년에 완성된 것 같다. 「형이상학」 XI, 1075 a 10의 다음의 구절 참조. 즉, "어떻게 해서 우주의 본질이 선한 것 및 가장 우수한 것 등에 관계되고 있는가, 사물들이 각각 하나씩 떨어져 존재하는가, 아니면 질서 있는 구성을 이루고 있는가, 아니면 군대와 같이 양자의 특성을 가지는가 아닌가 등을 우리는 고려하지 않으면 안 된다.……만물에는 어떤 방법으로든 질서가 부여되어 있지만 그러나 모두 같은 방식으로써가 아니다—즉, 새와 짐승과 식물들과 같이, 만물은 서로 전혀 상호 관계가 없는 그런 방식으로 배열되어 있지는 않다." 또한 「동물의 발생에 관하여」 761 a 15 참조.

분 중 어느 하나의 범위에 들게 할 수는 없다. "물개는 어떤 의미에서는 육지의 동물과 물의 동물이 하나로 결합된 것"이며, 박쥐는 "뭍에 사는 동물과 나는 동물의 중간에 해당하므로 양자에 속한다거나 혹은 그중 어느 쪽에도 속하지 않는다고 말할 수 있을 것이다." 또한 포유류에 관해서도 모든 포유류가 사족동물四足動物이나 이족동물二足動物 중 어느 하나에 속한다고 말할 수는 없다. 이족동물은 단지 인간에 의해서만 대표될 뿐이다. 왜냐하면 "인간과 사족동물 모두의 성질을 지니고 있는 것은 원숭이며," 따라서 양자에 다 속하며 어느 하나에 속한 것이 아니기 때문이다.[42)]

아리스토텔레스가 후세의 사상에 끼친 영향, 특히 과학뿐 아니라 일상적인 사고의 논리적 방법에까지 끼친 영향과 같은 두 측면 간의 근본적인 대립에 관해서는 앞으로 설명될 예정이다. 정신적 습관에서는 비연속적인, 명확히 정의된 유개념類概念에 의해 사고하는 습관과 연속성이라든가, 미묘한 변조變調에 따라 어떤 사물이 다른 사물로 이행한다든가, 또는 본질이 중복한다든가에 관해 사고하는 습관 사이의 차이보다 더 중요한 차이는 많지 않으며, 그 결과 전체적인 종속種屬이라는 모든 관념은 현실 세계의 유동성, 말하자면 현실 세계가 어디서든지 다 중복되어 있다는 사고에는 진정으로 적용될 수 없는 사고의 조작이라고 생각되기에 이를 것이다. 그런데 마치 플라톤의 저술이 서양 철학에서 내세성과 그에 대립하는 것[현세성] 양자의 주요 근원이듯이, 아리스토텔레스의 영향은 정반대되는 두 종류의 의식적·무의식적 논리를 촉진시켰다. 그는 명백한 구분과 엄격한 분류의 가능성을 전제로 전개한 논리의 위대한 대표자로서 간주되는 경우가 매우 흔하다고 나는 생각한다. 로스*는 아리스토텔레스가 "고정된 종속과 불가분의

42. 「동물의 구성부분에 관하여」 IV, 13, 697 b; 「動物誌」 II, 8 및 9, 502 a 등 참조.

* Sir William David Ross(1877~1971): 스코틀랜드 출신의 도덕철학자이며 공리주의에 대한 비판자. "상황윤리" 또는 선의 본질에 관한 형이상학적 관념에 대해서보다도 직관적 인식에 입각한 "직관주의"를 주장. 「정과 선」(*The Right and the Good*, 1930), 「윤리학의 기

종 이론"이라고 칭한 것에 관해 언급하면서, 이것은 아리스토텔레스가 주로 "관찰된 사실에 깊이 몰두함"으로써 도달한 결론이라고 말하였다. 단지 생물학적 종에 있어서 뿐 아니라 기하학적 형태에 있어서 마찬가지로—"예를 들면 삼각형을 등각삼각형·이등변삼각형·부등변삼각형 등으로 구분하는 것처럼—그는 사물의 성질이 엄격히 분류되는 데 대한 증거를 갖고 있었다."[43] 그러나 이는 아리스토텔레스에 관해서는 절반만 이야기된 데 불과하다. 더욱이 이 절반이 다른 절반보다 더 중요한 이야기인지 어떤지는 의심스럽다. 왜냐하면 그가 먼저 분류의 한계와 위험을 말했고 그리고 또한 언어에 대해서는 불가결하고, 우리의 일상적·정신적 활동에 대해서는 대단히 편리한 그러한 날카로운 구분에 대한 자연의 불일치를 말했다는 것도 마찬가지로 사실이기 때문이다. 더욱이 로크나 라이프니츠 그리고 그 이후의 수백 명에 달하는 후세 작가들에 의해 사용된 용어나 예증 자체는 이러한 관념에 대한 아리스토텔레스의 표현을 반복한 데 불과하다.

플라톤의 충만의 원리로부터 직접 연속의 원리가 도출될 수 있었을 것이다. 만일 이미 정해진 두 가지 자연적 종 사이에 이론적으로 가능한 중간형이 있다면 그 형은 실제로 나타나야 하며—〈무한히〉 그렇게 계속하는 것이다. 그렇지 않다면 우주에는 텅 빈 틈이 생길 것이며 창조는 기대한 만큼 "꽉 찬" 것이 아니며, 이는 우주의 〈근원〉이나 〈조물주〉가 「티마이오스」에서 뜻하는 대로 "선"한 것이 아니라는, 받아들일 수 없는 결과를 의미할 것이다.

플라톤의 「대화편」에는 이데아 및 결과적으로 이데아의 합리적 대응물이 모두 동등한 형이상학적 지위나 수월성을 갖고 있지는 않다고 시사하는 글이 이따금 눈에 띈다. 그러나 존재뿐 아니라 본질까지도 계층적으로 배

초」(*Foundations of Ethics*, 1939) 등의 저서가 있음.

43. Aristotle: *Selections*; Introduction, X.

열되고 있다는 이러한 관념은 플라톤에게 확실하게 정립된 이론이 아닌 단지 모호한 경향으로만 남아 있었다. 아리스토텔레스가 자연의 분류에는 있을 수 있는 가능한 체계의 다양성이 있음을 인식했음에도 불구하고 후세의 박물학자들과 철학자들에게 (적어도) 모든 동물을 "완성"의 정도에 따라 단 하나의 등급이 나뉜 〈자연의 사다리〉(*scala naturae*)에 배열한다는 생각을 주로 제시한 인물은 아리스토텔레스였다. 그는 태어난 새끼가 도달한 발달의 정도를 이 사다리의 단계를 기준으로 이따금 생각하였다. 그 결과 그는 인간을 정점으로 하고 식충류를 최하위에 두는 11등급이란 전체 위계位階가 나온다고 생각하였다.[44] 「생명론」(*De Anima*)에서 유기체 전부를 대상으로 하는 또 다른 위계적 배열이 제시되고 있는데, 이는 후세의 철학과 박물학에 상대적으로 큰 영향을 미칠 운명이었다. 이러한 배열은 유기물이 소유하는 "정신의 힘"에 근거하는 것으로서, 그 힘은 식물에게만 제한된 영양을 주는 힘으로부터 시작하여 인간 및 "아마 인간보다 더 우수한 또 다른 종류의 존재"의 특성인 이성의 힘에까지 이르며, 높은 단계는 각기 그 사다리에서 하위 존재의 모든 능력을 소유하고 여기에 더하여 자신의 차등 등급이 갖는 또 다른 능력을 소유하는 것이다.[45] 두 계열은 다 같이 아리스토텔레스에 의해 제기되었는데, 즉 단지 소수의 큰 강목綱目으로 구성된 계열이 있으며 그 큰 강목을 더 작게 분류한 아종亞種은 반드시 유사한 계열을 지니는 것은 아니었다. 그러나 아리스토텔레스의 형이상학과 우주론에는 만물을 수월성 순으로 단 하나의 위계질서로 배열하도록 적용될 수 있는, 훨씬 더 구체성이 없는 개념이 있었다. 〈신〉을 제외한 만물은 그 내부에 어느 정도의 "결핍"이 있다. 무엇보다도 모든 종이 가지는 특유의 "성질", 즉 본질에는 존재의 일정한 상태에서는 실현되지 않는 "가능성"이 있다. 더욱이 그것으

44. 「동물의 발생에 관하여」 732 a 25~733 b 16; Ross, *Aristotle*, pp.116~117 및 Aubert and Wimmer, eds., *Historia animalium*, 서론 p.59 등 참조.

45. 「생명론」 414 a 29~415 a 13.

로부터 모든 것은 특유의 결핍 정도 때문에 체질적으로는 도달할 수 없는 우수한 수준의 존재가 있다. 그러므로 "모든 개체는 스스로에게 내재되어 있는 단순한 가능성의 정도에 따라 등급이 정해질 수 있을 것이다."[46] 이러한 존재론적 사다리의 모호한 관념은 아리스토텔레스가 이미 제기한 동물학적 및 심리학적 위계질서라는 좀 더 이해하기 쉬운 개념과 결합하게 되었다. 그리고 이런 식으로는 내가 말하는 단선적인 점차이행漸次移行의 원리는, 자연에 존재하는 여러 형태의 계열에 충만성 및 질적 연속성이 있다는 가정에 추가되었다.

그 결과는 중세를 통해 18세기 후반에 이르기까지 다수의 철학자들, 거의 모든 과학자들 그리고 실로 대부분의 교육 받은 사람들이 의문을 품지 않고 받아들인 우주의 체계와 구조에 대한 관념—즉, "존재의 대연쇄"로서의 우주관이었다. 그것은 방대한 수의 연쇄로 구성되거나 혹은—엄밀하기는 하지만 엄격하게 적용되는 경우가 드문 연속의 원리라는 논리에 의하여—무한한 수의 위계질서 속에서 배열되어 거의 비존재에 가까운 가장 작은 종류의 존재물로부터 "모든 가능한 있을 수 있는" 등급을 거쳐 〈완전한 존재〉(*ens perfectissimum*)—즉, 더 정통적인 해석에 의하면 그것과 〈절대자〉와의 차이가 무한이라고 생각되고 있는 것 같은, 최고도로 가능한 종류의 피조물까지—에 이르기까지 무한한 수의 연결 고리들로 구성되어 있어서, 각 고리가 바로 그 위의 것과 바로 그 밑의 것이 "가능한 최소한" 정도의 차이로 구분되어 있다는 우주관이다. 다시 말하거니와 앞으로 나올 설명을 미리 하는 것이긴 하지만, 이러한 개념을 나타내는 많은 현대의 시적 표현 중 둘이나 셋 정도를 인용하겠다. 17세기에 충만의 원리와 연속의 원리와

46. W.D. Ross, *Aristotle*, p.178. 〈결핍〉에 관해서는 「형이상학」 IV, 1022 b 22 및 VIII, 1046 a 21 참조. 순수한 결핍은 아리스토텔레스가 붙인 의미 중 하나에 의하면 〈物〉, 즉 *στέρησις* 또는 부정否定의 물物이다(「자연학」 I, 190 b 27 및 191 b 13). 그러므로 "그 자체로서 비존재非存在"가 존재의 사다리의 하한을 결정한다.

같은 원리는 나름대로 대담하고 다양한 허버트*의 비유에서 표현되고 있다.

당신의 모든 손님이 가까이 앉아 있고 부족함이 없는 곳에서
피조물은 뛰지 않고 즐거움을 나타낸다.
개구리는 생선과 물고기를, 박쥐는 새와 짐승을,
해면海綿은 감각 있는 것과 없는 것을, 광물은 흙과 식물을 결합시킨다.[47)]

다음 세기에 포우프는 중학생이라면 누구라도 알고 있으리라고 생각되는 두 개의 절묘한 이행연시二行連詩에서 충만과 연속의 원리를 요약함으로써 자신의 낙관론에 대한 통상적인 논리의 중요 전제를 밝히고 있다.

명백한 것이라면 무한한 지혜가 가능한 체계 중
최선의 것을 만들지 않으면 안 된다고 인정하는 이상

다음에는

……만물은 채워지지 않으면 안 되나니 그렇지 않으면 조리가 서지 않으며
상승하는 것은 모두 합당한 정도에 따라 상승하리라**

포우프는 여기서 나오는 사물 전체의 그림으로부터—18세기 정신에 의해 매우 귀중히 간직된—교훈을 이끌어 냈는데, 이에 대해서는 나중에 언급할

---

* George Herbert(1593~1633): 영국의 목사, 시인. Donne, Cowley, Crashaw와 함께 형이상학 시학파에 속함.

47. "섭리", 133행~136행. G.H. Palmer, ed., *The English Works of George Herbert* (1905), I, p.93. 마지막 행이 언급하고 있는 연속의 예는 애매하다. 아마도 광물이 성장한다는 통속적인 공상을 가리킬 것이다"(Palmer, 앞의 책, p.92).

** 포우프의 「인간론」 제1서간 42~43행 및 45~46행.

기회가 올 것이다.

존재의 거대한 연쇄여! 신으로부터 시작하여
영적인 성질과 인간적 성질, 천사와 사람,
짐승, 새, 물고기, 벌레, 눈에 보이지 않는 것,
어떤 안경으로도 보이지 않는 것, 무한으로부터 그대에게로,
그대로부터 무無에 이르도다.—더 센 힘의 방향으로
우리가 죄여든다면 열등한 힘은 우리를 죄여든다.
그렇지 않다면 꽉 찬 우주에 빈 곳이 생겨서
한 단계가 무너져 거대한 계단은 무너질 것이다.
자연의 사슬에서 그대가 빼낸 하나의 고리는,
열 번째건 만 번째건 사슬을 파괴할 것이다.*

포우프는 더 나아가 계열 속에서 단 하나의 고리를 제거하더라도 그 결과는 우주적 질서의 전반적인 붕괴일 것이라고 말한다. "충만"하기를 멈춘다면 이 세상은 어떤 의미로든 더 이상 "일관된" 것일 수 없다. 나는 여기에서 주로 포우프의 「인간론」 역시 부분적으로는 플라톤 이론에 대한 주석의 하나라는 점을 상기시키는 잘 알려진 구절을 인용하였다. 「사계절」에서 톰슨** 은 그 주제를 더 이상 확대하지 않는다. 즉, 그는 "누가 보았는가"라고 묻고 있는데, 이는 조금은 쓸데없는 질문이다. 왜냐하면 이 시대의 모든 교육을 받은 사람이라면 모두 잘 알고 있었으리라고 생각되기 때문이다.

---

* 같은 책간 237~246행.

** James Thomson(1700~1748): 스코틀랜드의 시인. 무운시無韻詩 *Winter*(1725), *Summer*(1727), *Spring*(1728), *Autumn*(1730)을 합쳐서 「4계절」(*The Seasons*)로 출판. 거기에서 종래의 영국시의 인공적 성질에 이의를 내세워 자연에 대한 감각으로 새시대를 개척. *Sophonisba*(1730), *Agamemnon*(1738), *Edward and Eleanora*(1739) 등의 희곡이 있음.

누가 보았는가,
크나 큰 존재의 연쇄가
〈무한한 완전성〉에서부터 떨어져
황량한 심연인 무無의 언저리로 내려가는 것을!
거기서 어떤 깜짝 놀란 생각이 떨면서 뒷걸음치는가?

그러나 물론 〈존재의 연쇄〉는 단지 이상과 같은 시적 허풍을 떠는 기회가 된 것만이 아니었다. 전문적인 형이상학뿐 아니라 과학에 있어서도 그것은—또는 거기서부터 그것이 만들어진 일단의 원리는—중대한 역사적 결과를 갖게 되었다. 따라서 예를 들면 분류학의 역사를 연구하는 전문 학자는 르네상스 생물학에서 점차이행의 원리와 연속의 원리가 한 결정적 역할을 다음과 같이 지적한 적이 있다.

이러한 [아리스토텔레스]의 주장에 의하여 박물학의 시작부터 오랫동안 권위를 갖게 되는 원리가 확립되었다. 즉, 여기에 의하면 살아 있는 존재들이 질서 있게 단계 지어진 유사성으로 서로 연결되어 있다는 것이다.……그러므로 아리스토텔레스의 과학으로부터는—매우 다르게 만들어졌고 실로 오히려 서로 간에 느슨하게 관련지어진—두 관념이 르네상스 시대의 박물학의 유산으로 받아들여졌다. 그 하나는 존재의 위계질서라는 관념이다. 그것은 신플라톤주의 이후에 그리스도교 신학이 때로는 근본적으로 우주에 관한 사색적 해석의 주제로 만든 철학적 독단이었다.……다른 하나는 자연적 사물에서의 이행이란 무감각하고 어느 정도 연속적이다라는 관념이었다. 후자는 비록 전자보다 형이상학적으로는 덜 중요한 관념으로 보이긴 하지만 박물학자들에게는 실제로 감각적 대상의 검토를 통해 적어도 외관상으로 손쉬운 입증을 허용하는 큰 장점을 지녔다. 더욱이 이것은 동시에 이 원리에 합리적 필연성을 부여한 듯이 보이는 공리를 스콜라학파의 가르침으로부터 이끌어 내는 것을 불가능하게 하지는 않았다. 즉, 그 공리란 이 세상의 질서 정연한 배열에서는 '형상' 간에 '틈'이나 '분산'이 있을 수 없다는 것이다.[48)]

비록 이러한 관념의 복합체를 이루는 요소가 플라톤과 아리스토텔레스로부터 나왔지만, 그것이 사물의 통일적인 전체 틀 속에 충분히 체계화되어 처음 나타나는 것은 신플라톤주의에서이다. 유출론流出論의 논법은 본질적으로 이미 인용된 「티마이오스」의 구절을 다듬어 확장한 것이다. 간단히 말하면, 그것은 확실히 계속성의 원리와 점차이행의 원리가 융합된 충만의 원리가 갖는 필연적 타당성을 추론해 내려는 시도이다. 플라톤에서보다는 플로티노스*에서 더 한층 명백하지만, 다양성과 불완전성에도 불구하고 이 세상의 존재 필연성이 추론되는 것은 엄밀히 내세적이며 충분히 자기 충족적인 〈절대자〉의 속성으로부터이다.

〈일자一者〉는 아무것도 추구하지 않으며, 아무것도 소유하지 않으며, 아무것도 필요로 하지 않기 때문에 완전하다. 더욱이 그것은 완전하기 때문에 넘쳐흐르며 따라서 그 넘치는 풍요함이 또 다른 일자를 생산한다.[49)]……어떤 사물도 자체의 완전성에 도달할 때면 언제나 그 자체로 머물러 있을 수 없고 무엇인가 다른 사물을 발생시키고 생산해낸다는 것

48. H. Daudin의 「린네로부터 쥐씨외까지」(*De Linné à Jussieu*, 1926), p.81, pp.91~93.
* Plotinus(205?~270 A.D.) 로마의 신플라톤주의 철학자. 이집트에서 태어나 알렉산드리아에서 Ammonius Saccas 밑에서 수학, 244년 이후 로마에서 철학을 강의하였다. 신플라톤주의 창시자로 평가된다.
49. *Enneads*, V, 2,1; Volkmann 판(1884), II, p.176.

> 을 우리는 알고 있다. 선택의 능력을 지닌 사물뿐 아니라 본래 선택이 불가능한 사물, 심지어 무생물까지도 가능한 한 많이 자기 자신을 방출한다. 따라서 불은 열을 내고 눈은 차가움을 방출하며 약은 다른 사물에 작용한다.……그렇다면 〈완성의 극에 있는 것〉과 〈최고의 선〉이 마치 질투심이 강하거나 무기력한 것처럼 그 자체가 만물의 힘의 근원이면서도 자기 속에 갇혀 고립될 수 있는가?……그러므로 무엇인가가 그로부터 생산되어야만 한다.[50]

더욱이 이러한 일자一者로부터의 다자多者의 발생은, 그 하강 계열 속에 실현되지 않은 채 머물러 있는 가능한 종류의 존재가 있는 한, 끝이 있을 수 없다. 각 실체는 "자체보다 낮은 무엇인가를 생산해 낼 것"이며, 우리는 "설명할 수 없는" 생산력에 "시샘 찬 질투에 의한 어떤 정지나 한계"가 있다고 둘러댈 수는 없다. 그것은 영원히 전진하고, 가능성의 궁극적 한계에 도달할 때까지 앞으로 나갈 것이다. 만물은 그 자체로부터 다른 모든 사물을 방출하고 그것들 중 어느 것도 내버리지 않는 그러한 무한한 힘 때문에 존재하게 되었다. 왜냐하면 이것들 중 어느 것이라도 스스로 할 수 있는 한, 〈선〉의 본질에 참여함을 방해하는 것은 아무것도 없기 때문이다.[51]

이러한 하강 과정의 첫 단계는 〈가지세계可知世界〉에 속하며, 시간이나 감각과는 아무런 관계가 없다. 그러나 영원한 위격位格[실체] 중 세 번째의 것인 〈우주혼〉은 자연의 직접적인 부모이다. 왜냐하면 그것 역시 "그 자체 속에 머물러" 있을 수 없지만 "그것이 발생되어 나온 근원을 돌이켜보면 그것에 의해 가득 채워지기 때문이다"—말하자면, 그것은 다음 단계에 오는 위

50. 같은 책 V, 4,1; Volkmann 판 II, p.203; 같은 책 V, 1,6, Volkmann 판 같은 책, pp.168~169 참조. 이러한 문장들에서 보이는 유출설의 특정적인 비유의 역사적 중요성에 관해서는 B.A.G. Fuller, *The Problem of Evil in Plotinus*(1912), p.69 ff. 참조.

51. *Enneads* IV, 8,6; Volkmann 판 II, p.150. 번역은 부분적으로는 S. Mackenna가 한 것임.

격의 본질, 곧 〈이성〉*을 이루는 모든 〈이데아〉를 잉태하고 있다—"그리고는 반대 방향으로 전진하여 스스로의 모습", 곧 "지각적 성질 혹은 성장적 성질이 있는 것들"(즉, 동물과 식물)을 산출한다. 따라서 "이 세상은 방대한 길이로 잡아당겨 늘려 놓은 일종의 〈생명체〉로서, 그 속에서 각 부분은 계열에서 스스로의 위치를 차지하며 각기 다르긴 하지만 전체적으로는 연속적이며 선행하는 것이 결코 후행하는 것에 전적으로 흡수되지 않는다.[52]

그렇다면 "선"의 확장성 및 자기 초월의 원리에 의해 의미되고 있는 바와 같은 〈존재의 사다리〉는 신플라톤적 우주론의 근본 개념이 된다. 예를 들면 5세기 초기에 마크로비우스**가 키케로의 저작 중 하나에 대한 주석이란 구실 아래 플로티노스 이론의 대부분을 라틴어로 요약하였을 때, 그는 이 개념이 아마도 중세의 저술가들에게 전달될 때 주요 수단 중 하나였다고 생각되는 간결한 문장에서 이 개념을 요약하고 있다. 그는—사슬과 일련의 거울이라는—두 가지 비유를 사용하고 있는데, 그것은 이 개념의 비유적 표현으로 수세기에 걸쳐 반복되기에 이르렀다.

> 〈최고신〉으로부터 〈정신〉이 생기고 〈정신〉으로부터 〈영혼〉이 생기며 이번에는 이 영혼이 모든 사물들을 연달아 만들어 내고 생명을 불어넣어 주었기 때문에 이 단 하나의 빛이 모든 것을 밝히고 이 얼굴 하나가 줄지어 있는 여러 거울에 비추어지듯이 사물 하나하나가 비추어지게 되므

* 그리스어의 noos는 영어에서는 이성(reason)이라고 번역되는데, Plotinus에서는 유일자, 선한 신의 한 단 하위에 있는 신적 정신이며, 동시에 이데아 전체로서 우주영혼을 산출하는 것을 가리킨다.

52. *Enneads*, VI, 2, 1~2; Volkmann 판 II, pp.176~178.

** Ambrosius Theodosius Macrobius: 4세기 말과 5세기 초의 라틴 문법학자이며 저술가. 키케로의 주석으로 유명. 현존하는 저작으로는 「스피키오의 꿈에 관한 주석」(*Commentarius ex Cicerone in Somnium Scipionis*)과 *Conviviorum Saturnaliorum Libri Sepiem* 등이 있다.

로, 그리고 모든 사물은 연이어 계속되고 그 연속의 밑바닥까지 이르게 된다. 그러므로 주의 깊은 관찰자는 〈최고신〉으로부터 사물의 마지막 찌꺼기에 이르기까지 상호간에 끊임없이 이어진 각 부분들의 연결을 발견할 것이다. 그리고 이것이야말로 호메로스의 황금의 사슬이며, 그의 말에 의하면 이 사슬은 천상에서 지상까지 늘어뜨리라고 〈신〉이 명하신 것이었다.[53]

낮은 등급의 존재의 발생, 혹은 그것들 중 있을 수 있는 가능한 모든 것의 발생은 직접적으로는 〈자연의 혼〉에 의한 것이고 궁극적으로는 〈절대자〉에 의한 것이라는 사실은 앞으로 알게 되는 바와 같이 신플라톤주의자들에게는 논리적 필연으로 간주되었다. 의심할 바 없이 플로티노스는 '필연성'이라는 용어나 다른 어떤 한정적 용어를 〈일자一者〉에 붙이기를 꺼려하였다. 필연의 정반대인 자유 혹은 우연과 마찬가지로 이도 역시 사고思考의 최고 대상에 관해서는 긍정됨과 동시에 부정되는 수는 없다. 그러나 이러한 특유의 핑계에도 불구하고 신플라톤적 논법의 전체 경향은 그리스도교 신학의 역사에서 큰 역할을 하게 될 변덕스러운 의지 및 〔신의〕 존재의 가능성 중에서 마음 내키는 대로 한정적 선택이라는 개념과는 반대되는 것이다. 〈절대자〉나 〈우주혼〉 어느 것도 우리의 생각으로는, 만일 그것들도 역시 제2의 위격[실체]인 〈보편적 이성〉이 영원히 관조하는 〈이데아〉의 체계의 논리적 성격에 의해서만 정한되는 정도로 생산적인 것이 아니라면, 신플라톤주의자들의 가장 근본적인 원리에 입각하여 존재하는, 즉 우리가 그 각각의 정도에 따라 "선하다"고 간주해야 하는 것이 될 수는 없다. 플로티노스는 질문하기를 "만물에 불평등이 존재한다는 것은 단순히 만물에 그 각각의 운

53. 「스키피오의 꿈에 관한 주석」 I, 14, p.15. 이것은 물론 "호메로스의 황금의 사슬"이 〈아니었다〉.

명을 할당한 존재의 단순한 의지에 의한 것인가?"라고 한다. 그는 여기에 대해 "결코 그렇지 않다"고 대답하고 있다. 그는 계속해서 "그것이 그러해야 하는 것은 만물의 본질에 따라 필연적이다"[54]라고 말한다.

최고로부터 최저에 이르기까지 생각할 수 있는 모든 형태의 존재의 현실화에 대한 형이상학적 필연성 및 근본적 가치를 이와 같이 가정하는 것에는 암암리에 신정설神政說의 근거가 있음이 분명하다. 더욱이 우리는 킹·라이프니츠·포우프를 비롯해 그 외에도 수많은 군소 저술가들이 18세기에 새로이 유행시킨 구호와 사고방식이 플로티노스와 프로클로스*의 저술에서 이미 충분히 표현되고 있음을 알 수 있다. 볼테르가 「깡디드」에서 자신의 아이러니의 주제를 찾게 되는 낙관주의의 공식 자체도 플로티노스적인 것이었다. 더욱이 플로티노스가 이 우주가 있을 수 있는 최선의 가능한 세계라고 주장하고 있는 이유는 이 우주가 "가득 차" 있다는 것이다—"지상 전체는 불사不死 또는 사멸하는 다양한 생물로 가득 차 있고 천상에 이르기까지 가득 차 있다." 이 세상이 좀 더 선하게 만들어질 수 있었으리라고 생각하는 사람들은 최상의 세계란 모든 가능한 악—즉, 플로티노스가 "악"이라는 용어에 붙일 수 있는 유일한 의미라고 가정한 모든 상정想定 가능의 유한한 등급의 선의 결핍—을 포함하지 않을 수 없음을 알지 못하기 때문에 그렇게 생각한다.

> 우주의 본질을 비난하는 자는 자기가 무엇을 하고 있는지, 또는 자신의 오만함이 자신을 어디로 이끌고 가는지도 모른다. 그 이유란 인간은

54. *Enneads*, Ⅲ, 3, 3; Volkmann 판 Ⅰ, p.253.

* Proclus(410?~485): 그리스의 신플라톤파 철학자. 이 학파의 최후의 위대한 교사로 간주되었다. 그는 이교異教를 옹호하고 그리스도교를 반대하였다. 그는 플라톤의 대화에 대한 주석, 플라톤 신학에 대한 저작, 신플라톤주의의 원리에 대해서 간단히 설명하였다. 여러 에세이, 아리스토텔레스 저작 일부에 대한 요약, 수학과 천문학 분야의 논문 등을 썼다.

제1·제2·제3 등 연이어 최후 등급에 도달하기까지 연속하는 계속적 단계를 알지 못하기 때문이다.……우리는 모든 것이 선해야 한다고 요구해서는 안 되며, 또는 이 일이 있을 수 없다고 성급하게 불평해서도 안 된다.[55]

종류의 차이는 필연적으로 우열의 차이, 즉 위계질서에서의 서열의 차이와 같은 것으로 취급되고 있다.

만일 형태의 다양성이 있어야 한다면, 어떤 하나의 사물이 상대적으로 더 좋지 않는 한, 다른 사물이 더 나쁠 수 있는가? 혹은 어떤 하나의 사물이 상대적으로 더 나쁘지 않는 한, 다른 사물이 더 좋을 수 있는가?……우주로부터 열등한 것을 제거하려는 자는 섭리 자체를 제거하려는 것이다.[56]……

합리성에 따라 소위 악惡이라는 사물을 만들어 내는 것은 〔우주〕〈이성〉이다. 왜냐하면 그것은 만물이 〔동등하게〕 선하기를 바라지 않았기 때문이다.……따라서 〈이성〉은 신만을 만든 것이 아니라 첫 번째로 신을, 다음으로 제2의 자연인 정신을, 다음으로 인간을, 다음으로 동물 등을 연속적으로 만들었다—이것은 시기심 때문이 아니라 이성의 합리적 성질이 지적知的 다양성을 포함하고 있기 때문이다. 그러나 우리는 그림에 대해 알지도 못하기 때문에 그림 속의 색채가 모두 아름답지 않다고 화가를—화가가 각 부분에 적합한 색채를 칠했다는 것을 알지 못하면서—비난하는 사람들과 같다. 더욱이 최선의 정치를 하는 국가란 모든 시민이 동등한 국가가 아니다. 혹은 우리는 비극 속의 등장인물 중에 영

55. *Enneads* II, 9, 13; Volkmann 판 I, p.202. 플로티노스적 변신론辨神論의 총괄적이며 시사하는 점이 많은 분석으로서는 특히 Fuller, 앞의 책 참조.

56. *Enneads* III, 3, 7; Volkmann 판 I, p.259.

웅만 있지 않고 틀리게 말하는 노예와 농부가 나온다고 불평하는 자와 같다. 그러나 이러한 저급한 인물들을 제외함은 전체의 아름다움을 손상시키는 것이며, 그들 덕분에 비극은 완전하게 〔문자 그대로는 "충만하게"〕 되는 것이다.[57]

그렇다면 이성적 세계—및 〈절대자〉의 본질이 의미하는 그런 더 많은 세계—는 분명하게 제한하면서 피조물 간의 차이점을 명시함으로써 생기는 모든 미완성의 등급을 나타낸 것이어야만 한다. 그러므로 인간이 자신에게 부여된 이상의 더 많은 성질을 요구한다는 것은 어리석고 불합리하다. 그것은 마치 일부 동물이 뿔을 갖고 있으니까 모든 동물이 뿔을 가져야만 한다고 주장하는 것과 같다.[58] 인간은 빈자리로 남겨놓을 수는 없는 것으로 생각되는 그런 자리, 즉 사다리 중의 특정한 자리를 우연히 점유하고 있는 피조물임에 불과하다.

플로티노스가 무이성無理性이며 (따라서 원죄를 짓지 않은) 동물의 고통에 관한 문제를 다룰 때 주로 동일한 원리를 원용하고 있다. 그는 "동물들 사이에서나 인간들 사이에서나 휴식도 휴전도 없이 영원한 전쟁"[59]이 일어나고 있음을 잘 알고 있지만, 그는 이것이 〈전체〉의 선을 위하여 "필수적"임을 깊이 인식하였다. 왜냐하면 전체의 선이란 주로 "부분의 다양성"으로 성립되고 있기 때문이다. "어떤 동물이 다른 짐승에 먹힌다는 것은 그 동물이 아예 생존하지 않았던 것보다는 나은 것이다. 그 동물이 그런 조건으로만 생명을 가질 수 있었으리라는 이 경우의 암묵적인 전제는 명백히 동물 일반에 해당되는 필연성이 아니라 그 "본성"상 먹혀야 한다는, 논리적으로 있을 수 있는 동물로 성립되는 특수한 종류에 해당된다. 그러한 동물은 전체

57. *Enneads* III, 2, 11; Volkmann 판 I, p.239.
58. *Enneads* III, 2, 14; Volkmann 판 I, p.242.
59. *Enneads* III, 2, 15; Volkmann 판 I, p.243.

를 성립시키기 위해 필요하다. 육식동물과 그 희생물의 존재는, 그 본질이 "모든 사물을 산출하고 그 존재 방식에서 만물을 다양화하는" 우주적 생명의 풍요로움을 위해 필수 불가결하다. 플로티노스는 일반적으로 투쟁이란 단지 특수한 경우이며 다양성이 내포하는 필연적인 것이라고 덧붙여 말하고 있다. 즉, "차이가 극대화된 것이 곧 대립〈이다〉." 더욱이 차이를 포함하고 있으며 또한 발생시키는 것, 즉 "타他를 산출하는 것"이 바로 창조적인 〈세계혼〉의 본질이기 때문에, "그것은 필연적으로 이것을 최대한으로 행할 것이며, 따라서 단지 대립에 이르지 않을 정도로 서로 다른 사물들뿐 아니라 서로 대립되는 사물을 산출할 것이다. 그렇게 함으로써만 비로소 세계혼의 완성이 실현될 것이다."[60]

그러나 플로티노스는 현세적인 존재의 수 혹은 가지세계可知世界에서의 현세적 존재의 수에 대응하는 수가 문자 그대로 무한하다고 말하려고 하지는 않았다. 대부분의 그리스 철학자들처럼 그는 무한이라는 관념에 미학적 혐오를 느꼈다. 그는 그것을 무한정無限定과 구별하지 못하였다. 사물의 총화에 관해 그것이 무한하다고 말한다는 것은, 그것이 명백한 산술적 성격을 전혀 지니고 있지 못하다고 말하는 것과 같다. 완전한 것, 즉 그 자신의 잠재적 존재를 충분히 획득한 것은 명확한 한계를 갖지 않을 수가 없다. 더욱이 무한수의 개념은 자기모순이다. 플로티노스는 이미 진부한 논리를 되풀이 하면서 "그것은 수의 본질 그 자체에 상반되는 것"이라고 말한다. 또 다른 한편으로 그는 감각적 세계의 수적數的 요소의 원형인 수의 이데아가 어떤 유한수를 부여할 수 있다고는 인정할 수 없었다. 왜냐하면 우리는 언제나 그런 수보다 더 큰 수를 생각할 수 있지만, 〈가지세계〉에서는 신의 〈지성〉에 의해 생각되고 〈있는〉 것보다 더 큰 수를 생각한다는 것"은 그 수가 이미 완전한 것이기 때문에 "불가능하다." "그 수가 증가될 수 있는 어떤 수

60. *Enneads* III, 2, 16; Volkmann 판 I, p.247.

도 부족하지 않고 또 부족할 수도 없다."[61] 그러므로 플로티노스의 입장은 근본적으로 모호하다. 존재의 수는 유한하면서도 동시에 어떠한 유한수보다도 더 크다는 것이다. 우리는 그 이외의 많은 사람이 바로 이것과 같은 핑계를 찾는 것을 이후에도 보게 될 것이다. 그러나 유한하든 그렇지 않든 간에 결국 플로티노스의 통상적인 가르침, 그러나 전혀 달라지지 않은 가르침에서는 이 세상이란 "가득 찬" 것이기 때문에, 어떤 가능한 종류의 존재도 우주에는 결여되어 있는 것은 아무것도 없다.

61. *Enneads* VI, 6, 17~18; Volkmann 판 II, pp.420~424.

III. 존재의 연쇄와 중세사상에서의 내적 대립

충만의 원리는 그 전제가 되든 또 그것으로부터 파생되든 일단의 관념들과 함께 신플라톤주의로부터 중세 그리스도교 세계의 신학과 우주론을 형성한 복합적 견해로 바뀌었다. 그 누구보다도 두 사람이 이러한 낡은 요소로 된 새로운 복합 관념의 공식을 결정하였다—즉, 아우구스티누스가 그 하나이며 성 바오로의 아테네인 제자 디오니시우스*의 저작으로 와전된 작품들 혹은 신앙심에서 우러나온 이상한 위작僞作을 지은 성명 미상의 5세기의 저자가 또 다른 한 사람이다. 이 두 사람의 신학에서 충만의 원리가 미치는 영향은 명백하다. 아우구스티누스는 "신이 만물을 만들었을 때 왜 평등하게 만들지 않았는가?" 하는 낡은 의문에 대한 해답을 거기서 찾으면서 이 의문에 대한 플로티노스의 논리를 〈만물이 평등하다면 만물은 존재하지 않을 것이다〉(*non essent omnia, si essent aequalia*)라는 여섯 단어로 된 경구로 바꾸어 말하였다. "왜냐하면 우주를 구성하고 있는 사물의 종류는 다양

* Dionysius the Areopagite는 성 바오로가 개종시킨 1세기의 아테네 출신 파리의 대주교 Denis와 동일 인물이라고 한다. 그가 쓴 일련의 저작(소위 Dionysius 위서)은 또 다른 Dionysius가 쓴 것이다. 이 5세기의 저자는 그리스 철학의 교양을 가진 이교도로서 그리스도교에 개종된 것은 작품 내용, 즉 신플라톤주의와 그리스도교를 종합하려고 한 시도에서 추측될 수 있다.

하게—제1, 제2 등의 등급에 따라 최저 등급의 피조물에 이르기까지—존재하는 것이 아니기 때문이다." 명백하게 여기에서 다시 한번 나타나는 묵시적 가정은 문자 그대로 모든—즉, 모든 있을 수 있는 가능한—사물은 존재〈해야만〉 한다는 것이다. 더욱더 두드러진 것은 그 디오니시우스 위서에 있는 충만의 원리이다. 이것은 "사랑" 혹은 "선"이라는 신神의 속성에 대한 그의 생각의 본질을 이루고 있다. 그것은 의인적擬人的 용어로서, 중세 신학에서 빈번히 의미하는 것과 같이 그에게는 연민이나 인간 고통의 경감을 통상적으로 뜻하는 것이 아니라 측량할 수 없는 무궁무진한 생산 에너지, 즉 인간의 감정과 비슷한 감정을 진실로 소유하고 있다고는 생각될 수 없는 〈절대자〉의 풍요함을 뜻하는 것으로 보인다. 바꾸어 말하면 중세 저술가들에게 신의 "사랑"은 신의 보속적補贖的 기능 혹은 섭리적 기능이라기보다는 차라리 주로 창조적 기능이거나 발생적 기능으로 성립되어 있다. 즉, 그것은 토마스 아퀴나스가 아레오파고스의 재판관*으로부터 빌려 온 완전히 신플라톤주의적 어구에 의하면 〈신이 자손 없이, 즉 피조물의 생산 없이 자기 자신 안에 남아 있다는 것을 허용하지 않는다〉[1]라는 속성이다. 그것은 말하자면 최초로 사랑을 받은 자가 이른바 실존하는 감각을 가진 피조물이나 이미 존재하는 도덕적 행위자는 아니고 현실적 존재를 은총으로 갈망하는 자와 같이 비유적으로 생각되는 플라톤적인 〈이데아〉의 사랑이었다.

> 선한 것 속에, 넘치도록 이전부터 존재하는 만물에 선善을 가져오는 사랑은 그것으로 인해 모든 사물이 발생하는 초풍요超豐饒에 적합하도록

* 디오니시우스를 가리킨다. 사도행전 17:34에 의하면 그는 아레오파고스의 재판관이다. 토마스 아퀴나스는 디오니시우스 위서에 주석註釋을 달았다.

1. 「신의 이름에 관하여의 주석」(*Comment. de div. nom*) 9: 이 글은 Busnelli의 「단테의 우주발생론과 인간발생론…및 그 원천」(*Cosmogonia e Antropogensi secondo Dante...e le sue fonte*, 1922), p.14에서 인용된 것이다. 이 논의는 「신의 이름에 관하여」 IV, 1 (Migne)의 「그리스 교부教父 문헌집」(*Patr. graeca* Ⅲ, col. 708)에서 취한 것이다.

그 자신을 창조 쪽으로 움직였다.…선한 것은 존재함으로써 그의 선성을 만물에 미친다. 왜냐하면 마치 태양이 선택하거나 사고를 함으로써가 아니라 단지 존재함으로써 만물을 밝히듯이 선한 것도 역시…단지 그 존재를 통해서 만물에게 그 선성의 빛을 보내는 것이다.[2)]

여기에서 자애로운 하늘의 아버지라는 원시 그리스도교적 관념은 발출론發出論의 논법으로 그 표현이 바뀌었다. 더욱이 이와 같이 〈절대자〉에게 귀착된 유한한 존재를 생기게 하는 내적 필연성은 또한 〈절대자〉 자신의 무한한 "초풍요"에 필연적으로 비례하는 것, 그리고 그 결과 모든 존재 가능한 사물에까지 필연적으로 적용되는 것이라고 암묵적으로 표현되고 있는 점에 주목해야 한다.

오랜 후에 마크로비우스는 물론 단테도 아레아파고스의 재판관[디오니시우스]의 구절을 비슷하게 반복하여 대부분의 신학자들처럼 「티마이오스」 속의 플라톤의 말을 되풀이하고 있다: 선은 "시샘"을 하는 일이 없으며, 그러므로 자신을 전파시킴에 틀림없다.:

모든 시샘을 스스로로부터 몰아낸 신의 선성善性은
마치 불처럼 자기 안에서 타올라 불꽃과 같이
영원한 아름다움을 외부에 퍼뜨린다.[3)]

〈영원의 가치〉가 갖는, 따라서 필연적으로 자기 발산적인 에너지라는 이 관념의 함축적인 의미를 단테가 주로 상론한 것은 천사의 위계질서가 존재함

2. 「신의 이름에 관하여」 IV, 1 (Migne의 같은 책 col. 695).
3. 「천국편」 Ⅶ, 64~66행, Longfellow 번역에서는 이렇게 되어 있다.
Goodness divine, which from itself doth spurn
All envy, burning in itself so sparkles
That the eternal beauties it unfolds.

을 설명할 때였다. 이러한 하나의 질서에 속한 존재에 대해서조차 창조된 것의 수는 무한하거나 어쨌든 유한 지성이 생각할 수 있는 그 어떤 수보다도 더 크다.

이러한 성질이 그 수를 크게 증가시키므로
인간의 언어나 사상도 도저히 거기에 이를 수 없다.
그리고 만일 그대가 다니엘*에 의해 계시된 것에 주목한다면
그대는 그의 수천의 말 속에
확실한 수가 숨겨져 있음을 알게 되리라.……
이제 영원한 힘의 높이와 넓이를 바라보라.
왜냐하면 그것은 많은 거울을 만들어 그 속에서 깨지지만
자체가 하나임을 잃지 않음은 그 전前과 같다.[4]

그러나 다른 곳에서 분명히 표현되고 있듯이, 신의 선성善性에 내재하는 이러한 생산의 필연성은 무한한 영적 존재의 창조에 국한되어 있지 않다. 그것은 영생불사의 존재뿐 아니라 사멸死滅하는 존재들에게도 적용되며, 그 원천으로부터의 존재가 발출되는 것은 단계적으로 아래로 내려가 모든 차원의 잠재력에까지 이른다.

죽는 것과 죽지 않는 것이란
사랑으로 우리 〈주主〉가 창조하신
바로 그 〈이데아〉의 빛남에 불과하다.

---

* Daniel은 성서에 나오는 히브리 예언자.

4. 「천국편」 XXIX, 130~145행. Longfellow의 〈힘power〉는 물론 〈용기valor〉의 역어로서는 부적당하다. 이 문맥에서 이 말은 〈우월〉 또는 〈최고의 가치가 있는 것〉이라는 관념도 또한 포함하고 있다.

…………그 살아 있는 빛은
스스로 영원히 〈유일자唯一者〉로 남아 있으면서
선善의 힘으로 스스로의 빛을
마치 거울 속에 비추듯이
새로운 존재 속으로 모았도다.
그로부터 가장 열등한 가능성까지 내려간 그 힘은
차차 약하게 짧은 생명밖에
갖지 않는 것을 만들었도다.[5)]

이것은 충만의 원리에 대한 꽤 명확한 표현이다. 왜냐하면 가장 〈열등한 가능성〉까지 존재의 특권을 부인할 수 없다면 그 사다리의 상위上位가 갖는 가능성은 더욱더 부인할 수 없기 때문이다. 더욱이 단테가 추종하고 또 여기에서 가정하고 있는 그런 류의 철학에 의하면 가능한 것들의 전 계열이 논리적으로는 창조에 선행한다. 창조는 "충만한" 우주를 위해 영원히 확정된 계획이었으며 그것은 신의 선성이 그 실현을 확실히 하는 것이었다.

그러나 이 구절에서는, 가령 그것이 아레오파고스의 재판관[디오니시우스] 및 그 밖의 (그다지 큰 권위를 지니지 않았다 해도) 많은 존경할 만한 철학자가 말한 것에 대한 시적 표현에 불과한 것이긴 하지만 단테는 이단에 접근해 있었다. 실제로 중세의 저술가들은 이단에 접근하지 않고는 충만의 원리를 원용하는 것이 불가능하였다. 왜냐하면 이 관념은 그리스도교로 편입되었을 때 다른 문건文件으로부터 도출되어 이 관념을 문자 그대로의 해석을 금한, 대단히 상이한 원리와 조화되지 않으면 안 되었기 때문이다. 또한 그 관념을 필연적 의미라고 생각되는 데까지 밀어붙인다는 것은 확실히

5. 같은 책 XIII, 56행, 58~63행. 그러나 59행의 〈nove(9개의)〉를 〈nuove(새로운)〉라고 바꿔 읽었다. 62행의 〈atto(행위)〉는 가능한 것의 실현을 의미한다.

무엇인가 신학적 함정에 빠지는 것이었다. 사실상 이러한 관념의 대립은 신의 임의적인, 헤아리기 어려운 의지가 모든 가치의 구분의 유일한 근거라고 주장한 중세 후기의 스코투스학파* 또는 오캄**이나 기타 사람들로 대표되는 극단적인 반反이성주의자들에게는 생기지 않았다. 한 사물이 선하게 〈만들어진〉 데는 신이 그것을 의도하였기 때문이며 악하거나 선하지 않게 만들어진 것은 의도하지 않았기 때문이라고 가정한다면, "선"의 속성의 함축적 의미에 관해 할 수 있는 모든 추론은 막히고 말 것이다. 이 세상은 〈조물주〉가 그 안에 넣으려 생각했더라면 어떤 것이라도 기꺼이 포함하였다. 그러나 어느 누구도 단지 경험이나 계시를 제외하고는 어떤 종류의 피조물들이 얼마나 많이 포함되어야 하는가를 판단할 아무런 수단도 갖지 못하였다. 그러나 신을 "선하다"고 말할 때 무엇인가를 의미할 필요를 느낀 자들과, 플라톤적 전통을 물려받아 사물의 궁극적인 비합리성에 대한 신념에 반감을 품은 자들은 불가피하게 충만의 원리에 직면해야 했다—물론 대립하는 문제 혹은 그 자체보다 더 강력한 필요에 직면하는 결과가 되긴 하였다. 신의 "선성"이란 창조성, 즉 존재 가능한 사물에 현실성이란 선물을 주는 것이라

* Dons Scotus의 설을 지지하는 사람들을 의미한다. 도미니코스 수도회가 토마스 아퀴나스의 설을 중심으로 함에 반하여 프란체스코 수도회는 돈스 스코투스(1265?~?1308)가 아우구스티누스주의를 기반으로 하고 아리스토텔레스까지도 취하여 세운 체계를 중심으로 하였다. 이 파는 도덕의 최종적 근거를 신의 의지에 두었는데, 일부 학자들은 신학적 결정론의 입장을 취하였다. 돈스 스코투스는 스코틀랜드 출신 신학자로서 프란체스코 수도회에 들어갔다. 페트루스 롬바르두스의 「명제집命題集 4권」에 관한 주석 등의 저술이 있다.

** William of Ockham(1285~?1349): 영국의 스콜라 철학자. 프란체스코 수도회에 들어갔다. *Opus nonaginta Dierum*(c. 1330)에서 교황 요한 22세에게 복음적 청빈을 호소하였다. 그는 「대화」(1343)에서 세속적 관례의 독립성에 대한 근대적 이론을 세웠다. 그는 명목론名目論의 입장에서 실재론實在論과 대립하였다. 실재는 항상 개별적이며 우주란 현실적으로 존재하는 것이 아닌 추상적인 용어일 뿐이라는 명목론을 주장하여 우주에 대한 스콜라 철학의 논쟁을 마무리 지었다. 〈실체는 불필요하게 증가하지 않음에 틀림없다〉는 오캄의 추론은 Francis Bacon의 철학을 암시하는 것이었다. 그는 스콜라 철학의 해체자라고까지 일컬어지며, 14세기 사상계에 커다란 영향을 주었다.

고 의미한 이상, 〈완전한 존재〉(*ens perfectissimum*)는 본질적으로 "선"이 아니라고 말하는 것은 비합리적이고 비종교적인 것 같이 생각된다. 그러나 이것을 인정하는 것은 스코투스 학파의 극단과 대립하는 다른 극단에 빠지는 것이 되며 모든 실재를 기본적 이데아의 필연적 본질로부터 필연적으로 연역된 것으로 간주하는 것이었다. 그러므로 그 결과 신의 선택의 자유는 단테가 매우 위험스럽게도 주장하려 했던 것, 즉 창조력의 실제 행사는 필연적으로 가능성의 전 영역에 적용한다는 것을 부인함으로써 주장되지 않으면 안 되었다.

아우구스티누스 이래로 이러한 두 가지의 변증법적 출발점의 대립에서 기인하는 내적 긴장은 중세 철학에서 명백히 나타나 있다. 12세기에 이 문제는 아벨라르*가 신의 "선성"설의 공인된 의미에 함축되어 있는 충분이유의 원리와 충만의 원리의 결론을 일관성 있게 추구하려고 했기 때문에 그것은 표면적이며 예민한 문제가 되었다. 아벨라르는 이러한 전제가 결정론적 낙관주의에 이르게 됨을 명백히 인식하였다. 이 세상이 "선"과 더불어 합리적인 실존 근거가 속세적으로 현시顯示된 것이라면 최선의 가능한 세상이어야 한다. 이것은 그 속에서 모든 진정한 가능성이 실현되어야 한다는 것을 의미한다. 그러므로 그 특징이나 구성 성분에서 우연인 것은 아무것도 없으며, 만물은 바로 현재의 그대로의 상태에 있지 않으면 안 된다. 아벨라르는 이 결론이 충격적으로 생각될 것임을 인식했으며 처음에는 그 결론을 채택하는 것을 주저하지만 결국 그는 자신의 입장에 관하여 독자에게 의심의 여지를 남기지 않도록 하고 있다.

> 우리는 신이 실제로 만들어 놓은 것보다 더 많은 것, 더 좋은 것을 만

* Pierre Abélard(1079~1142): 프랑스의 철학자이며 신학자. 그의 제자 Héloïse와의 연애사건은 유명하며, 학문상으로 교부들의 견해 대립을 들어 거기에서 정당한 해답을 얻으려고 하였다. 명목론과 실재론의 두 극단에 반대하였다.

들 수 있었는가에 관해 탐구하지 않으면 안 된다.……이것을 인정하든 부정하든 우리는 두 선택 중 하나가 도달하는 결론이 분명히 적합하지 않은 것으로 생각되기 때문에 많은 난점에 부딪치게 될 것이다. 왜냐하면 만일 우리가 신은 그가 사실 갖고 있는 것보다 더 많은 사물 혹은 더 적은 사물을 만들 수 있었다고 가정한다면……우리는 신의 최고 선을 극도로 훼손하는 말을 하게 될 것이다. 선성善性은 단지 선한 것만을 생산할 수 있다는 것이 명백하다. 그러나 만일 신이 할 수 있었음에도 생산해내지 못한 선한 사물이 있었다거나 생산되기에 적합한 사물의 생산을 삼가했다면, 그가 이것을 만듦에 각별히 어떤 노력도 들이지 않고 있는 바에야 신이 시기심이 있다거나 불공정하다고 말하지 않을 사람이 누가 있겠는가?……그러므로 신이 결코 그가 만든 세상보다 더 좋은 세상을 만들 수는 없었다는 것을 증명한 매우 진실한 플라톤의 논리가 있다(「티마이오스」 30 C 인용).……신은 우리에게 그 근거를 감추고 있다고 해도 무엇인가 합리적이고 최초로 선한 근거가 없는 한, 무엇이든 행하지 않거나 그 행위를 생략하거나 하지 않는다. 플라톤이 또 다른 문장에서 말하고 있듯이 〈만들어진 것은 무엇이든 어떤 필연적 원인에 의해 만들어진다. 왜냐하면 이에 선행先行하는 어떤 정당한 원인이나 이유가 없는 한 존재하지 않기 때문이다.〉 그러므로 또한 세상 만물은 신의 섭리로 만들어졌거나 폐기되었고 어느 것도 우연에 의해 예기치 않게 생긴 것은 없다고 밝히고 있는 아우구스티누스의 글도 있다(문問 LXXXIII, 26 인용). 이와 같이 신은 그가 행하고 있는 모든 것에서 선을 명심하고 있기 때문에 그는 자기 자신의 의지에 따른 선택에 의해서보다는 차라리 개별적 사물에 내재하는 선의 가치에 의하여 개별적 사물을 만들 생각이 났다고 전해진다.……이는 〈신은 스스로 그렇게 하려고 의도했기 때문에 이를 행한 것이 아니라 그것이 선하기 때문에 그렇게 하려고 의도한 것이다〉라는 제롬*의 말과 일치하고 있다.

그렇다면 〈내가 의도했기 때문에 내가 명하니 나의 의지가 그 이성에 대신되게 하라〉는 태도는 신이 아니라 단지 마음의 변덕스러운 욕망에 내맡겨진 인간에게 귀착되어야 한다고 아벨라르는 말한다. 이러한 모든 것—그리고 내가 생략한 더 많은 것들—을 볼 때 신이 어느 때 실제로 행하거나(혹은 만들거나) 행하지 않거나(혹은 만들지 않거나) 하는 것 이외에 다른 어떤 것을 하거나 하지 않고 놔두는 것, 혹은 그 일이 실제로 행해진 때가 아닌 다른 때와 방법으로 행한다는 것은 본질적으로 불가능한 것이라고 아벨라르는 결론짓고 있다.[6)]

이와 같이 아벨라르는 5세기 이전에 플라톤의 전제로부터 스피노자의 결론 중 가장 특징적인 것을 이끌어냈는데, 바꾸어 말하면 그러한 전제로부터 올바른 결론을 이끌어내었다.[7)] 아벨라르의 이론과 17세기 유대인 철학자[스피노자]의 이론과의 밀접한 관계는 아벨라르가 "최근에 이루어졌다"고 말한 반론에 대한 그의 대답의 성격을 보면 더욱 잘 이해될 수 있을 것이다. 이 반론이란 다음과 같다.

---

* Jerome(Eusebius Sophronius Hieronymus, c 342/347~420)은 중세에 인정받은 4명의 교회 박사 중 한 사람. 교황 다마소1세(Damascus I, c. 305~384)의 비서로 있다가 386년에 팔레스티나의 베들레헴으로 가서 수도원에서 연구와 저술에 몰두하였다. 표준판으로 알려진 라틴어 성서(editio Vulgata)를 출판하였으며, 매우 많은 양의 교회사 및 성서 주해서를 썼다.

6. 「신학입문」(*Introd. ad Theologiam*) III; Migne 편 「라틴 교부 문헌집」(*Patrologia Latina*)에서는 vol.178, cols. 1093~1101.

7. 아벨라르의 스피노자주의적인 점은 Fessler에 의해 지적된 것 같은데, 나는 그 저작을 아직 보지 못하였다. Erdmann의 「철학사」 I, p.322 참조. 라이프니츠는 「신정론神正論」(*Theodicée*), p.171에서 아벨라르의 논의에 관해 언급하고 있는데, 자기 자신의 "기울어지는 이성"의 설을 아벨라르의 "필연성"설과 구별하려고 열심히 노력하나 설득력이 결여되어 있다.

신이 한 것에 대해 감사할 필요는 없을 것이다. 왜냐하면 신은 그것을 하지 않을 수 없었고 의지라기보다는 필연성에 따라 행동하기 때문이다. 이러한 반론은 전적으로 경박하다. 왜냐하면 이 경우 그의 성질, 즉 선성으로부터 생기는 어떤 필연성이란 그의 의지와 별개의 것이 아니며, 우리는 마치 신이 자신의 의지에 반하는 어떤 것을 행하도록 강요되고 있는 것처럼 강제에 대하여 이야기할 수도 없기 때문이다.……신의 선성은 너무도 위대하고 의지는 너무도 완벽한 것이어서 그는 자신이 해야 할 일을 마음에 없이 하는 것이 아니라 자발적으로 하는 것이기 때문에, 바로 그러한 성질 때문에 한층 더 완벽하게 사랑을 받아야 마땅하고 이러한 그의 선성은 우연에 의해서가 아니라 본질적으로, 그리고 불변적으로 그에게 속하고 있으므로 한층 더 찬양되어야 마땅하다.

이상의 모든 것으로부터 17·18세기에 널리 퍼지게 될 종류의 낙관주의를 위한 통상적인 논리가 따라 나온다. 즉, 가능한 있을 수 있는 세계 중 최고인 이 세계의 선은 악이 없는 가운데서가 아니라 차라리 악이 존재하는 가운데에—아벨라르가 말하는 바의 악을 필요로 하는 〈합리적 다양성〉이 실현되는 가운데에 존재한다. 이미 우리가 알고 있는 바와 같이, 이러한 견해를 옹호하기 위하여 그는 대단히 권위 있는 자료를 인용할 수 있었다.

선하고 악한 모든 사물이 가장 완벽하게 질서있는 계획에 따라 진행된다는 것, 또한 더 이상 적합하게 발생할 수 없을 그런 방식으로 발생하고, 그럼으로써 서로 적합하게 된다는 것은 의심의 여지가 없다. 그러므로 아우구스티누스에 의하면 〈신〉은 선하기 때문에, 만일 악이 있다는 것이 선이 아니라면 악은 존재하지 않을 것이다. 왜냐하면 선한 사물이 존재해야 한다고 신이 의도하는 것과 똑같은 이유로, 즉 그 존재가 적합한 것이기 때문에 그는 또한 악한 사물들이 존재해야 한다고 의도하는 것이다.……그 모든 것은 전체적으로 신의 위대한 영광을 목표로 향해 가는 것이다. 왜냐하면 그림은 단조로운 단 하나의 색으로 칠했을 경우보다 그 자체로 보기 싫은 색채가 포함되어 있으면 흔히 더 아름답고 칭찬할 가치가 있듯이, 우주는 악을 혼합함으로써 더 아름답고 더 칭찬할 가치가 있기 때문이다.[8]

그러나 설령 이 논리의 전제가 가장 정통적인 신학자들에게는 거의 부인될 수 없는 것일지라도 그 결론은 거의 수용될 수 없었다. 아벨라르는 거의 모든 사람이 받아들인 원리가 갖는 결정론적이며 동시에 이율배반적인 의미를 경솔하게도 밝히고 말았다. 아벨라르가 "신은 자신의 선의로 생기는 모든 사물이 가능한 최선의 방법으로 생기는 것이기 때문에 악을 막지 말아야 마땅하다"[9]고 가르친 것은, 클레르보의 베르나르*가 아벨라르를 비난하는 이단설 중의 하나였다. 더욱이 수세기 동안 신학도들의 주요 교재인 유명한 개설서 「명제집」에서 페트루스 롬바르두스**는 이 점에 관한 아벨라

8. Migne의 「라틴 교부 문헌집」, vol. 178, col. 1726~1727의 「그리스도교 신학 강요」(*Epitome Theologiae Christianae*).

9. 「피에르 아벨라르의 이단론」(*Capitula haeresum Petri Abelardi*: Migne, vol. 182, col. 1052 중의 Bernard의 「저작집」(Opera).

* Bernard of Clairvaux(1091~1153): 프랑스의 성직자. Clairvaux에 있는 시토 수도원의 설립자이며 초대 원장. 신비주의자이며 아우구스티누스의 사상을 기초로 주지적 변신론主知的 辯神論을 물리치고 사랑에 의한 신과의 일체를 설교하였다. Abélard의 합리적 철학과 모든 이단에 대한 격렬한 반대자. *De Contemptu Dei, De Consideratione, De Diligendo Deo, Adversus Abaelardum* 등 서간과 설교 및 신학 논문 다수.

** Peterus Lombardus(1100?~1160 혹은 1164): 이탈리아 스콜라 철학자이며 파리의 주교(1156). 주요 저작으로 교부의 견해를 모아놓은 *Sententiae*로 알려진 「명제집 4권」(*Sententiarum libri quatuor*)이 있다. 이 책은 중세 신학부의 교과서로 널리 사용되었고 당시 신학자들이 여기에 대한 주석을 시도한 책으로, 교회의 성사聖事에 관한 교리를 구체화하는 데 중요한 영향을 끼쳤다.

르의 추론을 비난하며 이에 대한 이상한 반박을 내놓았다. 우주가 매우 선한 것이어서 더는 개선될 수 없는 것이라고 주장하는 것은 "피조물을 조물주와 동등하도록 하는" 일이며, 따라서 완전이란 조물주에게만 주장되어야 올바르다. 그러나 만일 이 세상이 불완전한 것이라고 시인한다면 그 결과 실현되지 않는 존재의 가능성과 선의 가능성이 있으며, "신은 그가 만든 것과는 별개의 다른 것들과 더 선한 것들을 만들 수 있었다"[10]는 이야기가 된다. 그 이후로는 문자 그대로의 낙관주의나 충만의 원리, 혹은 이 양자의 기반인 충분이유의 원리를 인정한다는 것은 용납할 수 없는 일로 인식되었다.

그러나 중세의 지배적 철학이 이러한 원리를 참고 견딜 수는 없었다 하나 그렇다고 해서 그것을 배제할 수는 없었다. 더욱이 아벨라르의 시대에 공개 논쟁의 형태를 취했던 이 철학의 특징적인 전제 상호 간의 대립은 개별적 사상가들의 정신적 경향의 내적 대립이라는 형태로 계속 나타났다. 가장 위대한 스콜라 철학자[토마스 아퀴나스]의 이 문제에 관한 강론 중 일부를 검토하면 이를 그 이상으로 더 잘 설명해 주는 것은 없다. 그것을 통해서 우리는 전통적 이론 속에 있는 이러한 내적 긴장 때문에 그가 겪은 난처함과 이것 때문에 부득이 그가 행한, 교묘하긴 하지만 헛된 논리적 발뺌을 다 같이 살펴볼 것이다.

토마스 아퀴나스는 무엇보다도 충만의 원리를 매우 명확하게 또 무조건으로 수긍하고 있는 듯하다.

> 모든 사람은 오직 그가 욕구하고 사랑하는 것의 완전성을 바란다. 즉, 우리는 그 자체만을 위하여 우리가 사랑하고 있는 사물이 가능한 한 증가하기를 바란다. 그러나 신은 자신의 본질만을 위하여 그 본질을 갈구

10. 「명제집 4권」(*Sententiarum libri quatuor*), I, dist. 44, 2. 합리주의적이며 낙관주의적 논의에 대한 윌리엄 오캄의 비판은 그의 주석인 「명제집 4권에 관하여」(*Super IV lib. sent.*) Lib. I, dist. 43 (Migne, *Patr. Lat.*, vol. 192, col. 640) 참조.

渴求하고 사랑한다. 그런데 본질이란 그 자체로서 증식하거나 증가될 수 있는 것이 아니라 단지 많은 것들에게 나뉘어 소유되고 있는 유사한 모습이 됨으로써 증가될 수 있다. 그러므로 신은 자신의 완전성을 갈구하고 사랑하는 만큼 사물들이 증가하기를 원하고 있다.……더욱이 신이 자기 자신을 갈구함에 있어서 자신 속에 있는 모든 사물을 원한다. 그러나 만물은 어떤 방법으로 그 〈원형〉에 따라 신에게 이미 존재한다. 그러므로 신은 스스로를 갈구함에 있어서 다른 사물을 원하는 것이다.…… 다시 말해 이해함으로써 욕구가 생긴다. 그러나 신은 근본적으로 자신을 이해하면서 다른 모든 사물을 이해한다. 그러므로 다시 한번 말하거니와 신은 일차적으로 자신을 원하면서 모든 다른 사물을 원하는 것이다.[11]

그런데 이것은 「대이교도대전對異敎徒大全」에 대한 최근의 로마 가톨릭계의 해설자가 말하고 있듯이 "그 자체만으로 보면 신은 그가 가능하다고 이해하는 만물의 존재를 원하며 또한 신은 필연적으로 자신의 외부에 있는 사물의 존재를 원하며 그것들을 필연적으로 창조한다고 논하는 듯이 생각된다."[12] 이 문구는 이러한 뜻을 가지고 있을지 모르며 뿐만 아니라 아퀴나스가 다른 곳에서 받아들인 전제와 일치시켜 보면 이것 아닌 다른 것을 의미한다고 할 수는 없다. 스피노자의 표현에 의하면 가능한 〈모든〉 것들은 "무한한 지성에 속하며" 실로 지성의 본질에 속한다. 그러므로 모든 참다운 가능한 것들의 합계에 못 미치는 것은 아무것도 신의 의지, 즉 창조 행위의 대상이 될 수 없었을 것이다. 그러나 토마스 아퀴나스는 물론 이것을 인정할 수 없었다. 그는 절대 의지의 자유를 긍정해야 할 필요가 있었다. "신의

11. 「대對이교도대전」(*Summa contra Gentiles*) I, 75.
12. Rickaby, *Of God and his Creatures*, p.57.

의지가 사물의 원인이며 신은 어떤 사람들이 판단하는 것 같이 자연의 필연에 의해서가 아니라 자신의 의지에 의해서 행동하는 것이라고 말할 필요가 있다."[13] 결과적으로 창조는 〈이데아〉 중에서 골라내는 선택에 한정되어야만 한다. "선성"을 신의 선택 행위로부터 배제하지 않고 필연성을 배제하기 위하여 토마스 아퀴나스는 먼저 절대적 필연성과 가정적 필연성을 구분하였다—이는 라이프니츠와 볼프*가 행한 유사한 구분의 원천임이 거의 확실하다. 즉, 신의 의지란 비록 항상 선을 택하긴 하지만 "그 선성에 없어서는 안 되는 것으로서가 아니라 그 자체의 선성에 적합한 것으로서" 선을 선택한다. 이것은 자세히 검토하지 않은 구분이다. 토마스 아퀴나스의 원리에 의하면, 더 큰 선 이외의 다른 것을 선택한다는 것은 신의 본질의 관념과 의지의 관념 양자와 모순된다. 그리하여 어쨌든 이 논리는 가능한 것의 최대 합계를 의미하는 더 큰 선이 사실상 선택된다는 것을 인정하고 있다. 그러므로 토마스 아퀴나스는 그 결과가 단지 그가 이전에 표명한 결론의 부정에 불과한 또 하나의 고도로 독특한 논리를 덧붙이고 있다.

> 이렇게 이해되는 선이란 의지의 적절한 대상이기 때문에 의지는 그 안에서 선의 관념이 충족되는 지성에 의하여 착상되는 대상에 고정될 수도 있다. 따라서 설사 어떤 사물의 존재가 선하고 그 비존재非存在는 악하다 해도 여전히 한 사물의 비존재도 필연성에 의해서가 아니라 그 사물에 속해 있는 선 때문에 의지의 대상이 될 수 있다. 왜냐하면 어떤 다른 사물의 비존재를 희생해서라도 한 사물이 존재한다는 것은 그것이 선하

13. 「신학대전」(*Summa Theol.*) I, q. 19, a. 4; 최후의 세 단어(*ut quidam existimaverunt*: 어떤 자들이 판단하는 바와 같이)는 아마도 주로 아벨라르를 가리킬 것이다.

* Christian von Wolff(1679~1754): 독일의 철학자이며 수학자. 그는 라이프니츠 철학을 발전시켜 대중화했으며, 연역적인 합리적 철학 체계의 거장이 되었다. 모든 분야의 철학과 수학 및 물리학에 관한 저서가 다수 있다.

기 때문이다. 그렇다면 그 성질상 의지가 존재하지 않기를 바랄 수 없는 유일한 선은 그 비존재가 선의 관념을 전적으로 파괴할 수 있는 선이다. 이러한 선이란 신 이외 다른 아무것도 아니다. 따라서 그 성질상 의지란 신 이외에 다른 것의 비존재를 원할 수 있다. 그러나 신에게는 의지력의 완전성에 부합되는 의지가 있다. 왜냐하면 신에게는 만물이 예외 없이 완전한 방식으로 존재하기 때문이다. 그러므로 신은 자신 이외에는 어떤 존재의 비존재를 원할 수 있으며 결과적으로는 자신 이외의 다른 사물을 필연적으로 원하지 않는다.[14]

따라서 신의 지성은 무한히 가능한 사물을 착상하고 있긴 하지만 신의 의지가 그것들을 모두 선택하지는 않는다. 그러므로 유한적인 사물의 존재는 우연한 것이며 그 종류의 수는 임의적이다.

그러나 이 위대한 스콜라 철학자[토마스 아퀴나스]가 다른 그리고 똑같이 명확하게 주장한 전제의 위험한 자신의 결론을 피하기 위하여 근거로 내세운 이 논리는, 그의 체계의 가장 기본 원리 중 일부와 마찬가지로 그 자체와도 일치를 이루지 못한 것이 명백하다. 이에 따르면 어떤 것이라도 가능한 한, 그 존재는 본연적으로 선한 것이라고 주장한다. 그리고 신의 의지는 언제나 선을 택하지만 그 완전성은 어떤 가능한, 따라서 선한 것의 비존재를 원하도록 허용한다(혹은 요구한다)고 주장한다. 그러므로 그 후의 구절에서 또다시 아퀴나스가 〈절대자〉란 선하든 합리적이든 자신의 권한에 합당할 정도로 다양성을 생기게 해야 한다는 논리로 돌아간다고 해서 결코 놀랄 일은 아니다—그것은 비록 어떤 사물이 논리적으로 불가능할 경우에 받는 제약 내에서라 하더라도 무한히 생기게 한다는 것을 의미하는 데 불과

14. 「대이교도대전」 I, 81; Rickaby 역.

하였다. 오리게네스*는 영혼이 선재先在한다는 자신의 이론과 관련하여 신의 선성은 최초의 창조에서 모든 피조물을 똑같이 영적·이성적으로 만듦으로써 명시되었다고 주장했으며, 또한 그것들 간에 현존하는 불평등은 선택의 자유를 서로 다르게 사용한 결과라고 주장하였다. 아퀴나스는 이 견해가 명백히 그릇된 것이라고 공언한다. "창조에서의 최선은 우주의 완전성이며 이는 사물의 질서 있는 다양성으로 성립된있다……그러므로 피조물의 다양성은 가치의 다양성으로부터 생기는 것이 아니라 일차적으로는 최고의 행위자[신]에 의해 의도된 것이었다." 이것을 위해 제시된 증명은 한층 더 두드러진 것이다. 왜냐하면 고도의 스콜라 철학적 방법은 거기에 내재하는 혁명적 의미와 뚜렷한 비교가 되기 때문이다.

> 모든 행위자는 누구나 결과가 이것을 받아들일 수 있는 한, 결과에서 자신과 유사한 것을 이끌어 내려고 하기 때문에 행위자 자신이 완전하면 완전할수록 이것을 더욱더 완전하게 행할 것이다. 그런데 신은 행위자 중 가장 완전한 행위자이다. 그러므로 창조에서 신 자신과 유사한 모습을 극히 완전하게 이끌어 낸다는 것은, 창조된 자연에 적합한 한, 신의 속성이다. 그러나 피조물이란, 이것이 어느 한 종의 피조물에 한정되어 있는 한, 신과 완전하고 또 유사한 모습에 도달할 수 없다. 왜냐하면 원인은 결과를 능가하므로 단지 원인 속에 있는 것과 하나의 사물로서 있는 것이 결과에서는 복합적이고 다양한 방식으로 존재하기 때문이다……그러므로 복수성復數性 및 다양성은 신의 완전하고 또 유사한 모

* Origen(Origenes Adamantius, 185?~?254): 이집트의 그리스도교 저술가이며 교사. 그리스 교부 중 한 사람. 알렉산드리아의 교리학교장이며 신플라톤주의적 입장에서 그리스도교의 교리를 확립하려고 했다. 후에 Caesarea에 학교를 설립. 구약성서 원문 연구. 기도에 관한 논문, 순교에 관한 훈계, 철학자 Celsus의 공격에 대한 그리스도교를 옹호한 켈수스 반론反論(*Contra Celsum*) 등 저서 다수.

습이 각기 정도에 따라 사물에서 발견될 수 있도록 하기 위해서 창조에는 필요한 것이었다.……〔다시 말하거니와〕 만일 자신의 권한이 여러 가지 결과에 미치는 행위자가 이러한 결과들 중 단지 하나만을 만들려고 한다면 그의 권능은 많은 것을 만들 때만큼은 완벽하게 실현되지 않을 것이다. 그러나 행위의 권능을 실현화함으로써 결과는 행위자와 유사한 모습이 된다. 그러므로 만일 한 등급의 결과만이 존재한다면 우주에 있어서 신의 유사한 모습은 완전하지 못할 것이다.……〔다시 말하면〕 종種의 선성善性이란 형상形相이 질료質料를 능가하듯이 개체의 선성을 능가한다. 그러므로 종의 증식은 단일 종에 속한 개체의 증식보다도 우주의 선을 더 크게 증가시키는 것이 된다. 그러므로 우주의 완전성을 위해서는 다수의 개체뿐 아니라 다양한 종류 및 다양한 등급의 사물까지도 필요로 한다.[15)]

이상의 글을 읽었다면 아무리 비판력이 없는 독자라도 여기서 다시 한번 이 천사 박사[아퀴나스]가 논리를 무시함으로써만 무조건적인 형태의 충만의 원리를 받아들이려고 하지 않은 것이 분명함을 알 것이다. 왜냐하면 그는 모든 정통적 신학자들과 마찬가지로 신의 권능이 단순히 "다양한" 결과에만 미치는 것이 아니라 무한의 결과에 미친다고 주장했기 때문에 "모든 가능한"이라고 하지 않고 "다수의"라고 한 것은 그 전제가 허용하고, 뿐만 아니라 필요로 했던 결론으로부터의 명백한 후퇴였다.

그렇다면 여기에, 혹은 토마스 아퀴나스의 다른 저술의 비슷한 구절에는 아마도 후에 킹[*]과 라이프니츠가 그들의 변신론辯神論에서 사용하게 된 논리의 근원이 있으며, 또 18세기 저술가들이 계승하여 매우 중요한 결과를 낳

15. 「대이교도대전」 II, 45; Rickaby 역.

* William King(1650~1729)은 Derry의 앙글리칸 주교이며 후에 Dublin 대주교가 되었다. 「악의 근원에 대하여」(*De origine mali*, 1702) 본서 Ⅶ장 p.333 이하 참조

게 된 일종의 가치 이론의 근원이 있다—그것은 존재의 다양성이 갖는 내재적인 최고 가치가 있다는 명제, 즉 척도의 등급에 관계없이 우주에 더 많은 본질이 실현될수록 우주는 더욱더 좋게 된다는 가정이다. 토마스 아퀴나스는 말하기를, 만일 세계가 선한 사물 및 (선이 결여되어 있다는 의미의) 악한 사물로 구성되어 있지 않다면,

> 모든 가능한 선성의 등급은 다 채워지지 않을 것이며 어떠한 피조물도 다른 것에 대한 우월성을 지님에 있어서 신과 유사할 수 없을 것이다. 따라서 만일 사물들이 그것 때문에 상이하고 불평등한 그러한 질서가 결여되어 있다면 〈최고의 아름다움〉은 창조에서 빠졌을 것이다.……만일 사물들 중에 전적인 평등이 있다면 단지 한 종류의 창조된 선만이 존재할 것이며, 이는 창조의 완전성으로부터의 명백한 타락일 것이다.……선에 미치지 않을 가능성을 사물로부터 완전히 배제한다는 것은 신의 섭리의 일부가 아니다. 그러나 이렇게 선에 미치지 않는 것이 〈있을 수〉 있다는 것은 때로는 선에 미치지 〈못할 것이다〉. 더욱이 그 선을 결여한 것은 악이다.

이리하여 이 위대한 스콜라 철학자[토마스 아퀴나스]는 "악이 존재하지 않는 우주는 실재의 우주보다 선하지 못한 것"이라는 명백히 위험스런 명제를 앞에 두고 조금도 주저하지 않는다. "하나의 천사는 돌 한 개보다 낫기 때문에 두 천사는 하나의 천사와 한 개의 돌보다 낫다"고 말하는 자들은 그릇되게 추론하는 것이라고 그는 공언하였다.……"비록 절대적으로 생각할 때는 하나의 천사가 돌 한 개보다 낫긴 하지만, 그럼에도 불구하고 두 자연은 단지 하나뿐인 자연보다 낫다. 그러므로 천사와 다른 사물을 포함하는 우주는 천사만을 포함하는 우주보다 나은 것이다. 왜냐하면 우주의 완전성이란

본질적으로 그 속의 자연의 다양성에 비례하여—그리고 그 다양성에 의해 선의 여러 단계가 충족되는 것이긴 하지만—달성되는 것이며, 단 하나의 자연의 개체가 증가함에 따라 달성되는 것은 아니기 때문이다."[16]

이상의 모든 것을 살펴볼 때, 아퀴나스의 체계에 대한 최근의 경탄할 만한 연구를 한 저자와 같이, 인간이 "신과의 동화라는 최고의 선"을 실현하는 것이 "우주의 〈유일한〉 존재 이유"[17]라고 토마스 아퀴나스가 주장한다고 말할 수 없으리라는 것은 명백하다. 우주가 그 자체의 존재 이유라는 것은 위대한 이 도미니코스파 철학자[아퀴나스]의 가르침에 담겨 있는 또 하나의 본질적인 부분이다. 그것은 말하자면 "사물의 질서 있는 다양성"은 그 자체로서 하나의 목적, 즉 단지 인간의 구원에 대한 수단만이 아닌 목적이며, 따라서 사물이 서로 같게 된다거나 심지어 그 근원도 같게 된다는 의미에서 피조물이 다른 것에 동화한다는 것은 본질적으로 양립할 수 없다.

아마도 사자와 당나귀—또는 사자의 조물주—라는 생각이 신플라톤주의적으로 합리화되어 18세기의 여러 저술가들에게 전달되는 중요 매체가 여기서도 역시 발견될 것이다. 즉, 〈사자의 생명은 만일 당나귀를 죽이지 않는다면 보존될 수 없다.〉 "피조물에게 각각의 여러 성질에 따라 행동하는 것이 허용되지 않는다면 그것은 신의 통치의 합리성과 모순될 것이다. 그러나 피조물들이 그렇게 행동한다는 사실 자체의 결과로 이 세상에는 파괴와 악이 뒤따르게 된다. 왜냐하면 사물은 상호 간의 반대와 대립을 통하며 서로 파괴하고 있기 때문이다." 그렇다면 도덕적 악을 저지를 수 없는 것들의 대립이라는 또는 고통이라는 악은 "신의 섭리가 지배하는 사물들로부터 전적으로 배제시키는 것이 섭리에 적합하지 않은" 악이기도 하다.

16. 「대이교도대전」 III, 71 및 Pavia 판 「전집」(*Opera Omnia* V, 1855, p.355)의 「제1명제집」(I. *Sent.*) dist. XLIV, q.1, a.2. 「신학대전」 I, q.47, a.1,2 및 q.65, a.2 참조.

17. Gilson, *Le Thomisme*, p.126. 물론 Gilson은 토마스 아퀴나스설의 다른 측면, 즉 발출설적 면에 관해서는 다른 데서 언급하고 있다.

악이 필연적이라고 설명하려는 이러한 모든 시도는 명백히 낙관주의를 은연 중에 의미하고 있다. 있을 수 있는 가능한 최선의 우주에서의 한 요소로서의 특정한 "악"의 논리적 불가피성을 증명하는 것은 만일 우주가 실제로 최선이며 또한 틀림없이 가능한 최선이어야 한다는 가정이 없다면 무의미하게 되어버릴 것이다. 그러나 여기에서도 의심할 바 없이 다시 한번 토마스 아퀴나스는 아벨라르의 운명을 상기하면서 자신의 입장을 바꾸고 있다. 더욱이 위대한 지성이 그럴 듯하거나, 맥락에 맞지 않는 구별을 함으로써 자기 자신의 원칙으로부터 나온 결론을 피하려고 몰두하면서 궁극적으로는 분명히 자기 모순에 빠지고 마는 고통스런 모습을 우리는 다시 한번 목격하게 된다. 토마스 아퀴나스가 아벨라르의 의문, 즉 〈신은 자신이 만든 것보다 더 선한 사물을 만들 수 있는 것인가?〉 하는 문제에 직면하게 될 때 토마스 아퀴나스는 (인정되고 있는 이론이나 전거를 근거로 하여) 자신이 후에 물리치게 될 견해를 위한 논거를 처음에는 솔직하고 기운차게 전개한다. 이 의문에 대한 긍정적인 대답이란, 명백히 신은 자신이 〈가장 강력하고 가장 현명하게〉 어떤 것이라도 행한다는 것을 부정하는 것과 거의 같다고 생각되었다. 물론 이를 부정한다는 것은 허용될 수 없었다. 그리하여 우리는 「티마이오스」가 그 논리를 수없이 반복한 것 중 일부를 또다시 듣게 된다. 즉, "만일 신이 자신이 만든 것보다 더 선한 사물을 만들 수 있었지만 만들지 않으려 했다면 그에게는 시기심이 있기 때문인데, 그럼에도 시기심이란 신에게는 완전히 낯선 것이다." 그러나 이러한 말에 대해 토마스 아퀴나스는 일련의 구별을 지음으로써 대답한다. 어떤 특정한 종에 속한 개체는 그 종의 "본질"보다 선할 수는 없다. 따라서 어떤 수의 제곱은 그 수보다 클 수 없다. 왜냐하면 만일 더 크다면 그것은 제곱이 아닌 다른 수일 것이기 때문이다. 이는 진짜 문제와 전혀 관련이 없음이 분명하다. 일견하여 이보다 타당한 것은 〈행위자의 행위 방식〉과 관련하여 사용되는 경우의 "더 좋은"이라는 말과, 행해진 혹은 〈만들어진 사물의 성질〉에 관련하여 사용되는 경우의 "더 좋은"이라는 말을 구별 짓는 것이다. 전자의 의미에서 "신은 어떤 것이든 그가 행한 것보다 더 좋은 방식으로 행할 수 없다"고 주장되어야만 한다. 후자의 의미에서는 그 반대, 즉 "신은 스스로 만든 것에 대해 부여해 온 것 이상의 좋은 〈존재 방식〉을 그 사물의 우연성에 관한 한 부여할 수 있었을 것"이라고 주장되어야만 한다. 그러나 이 구별은 스코투스파의 사람들로서는 가능하지만 토마스 아퀴나스가 가장 소중히 여기는 신념과는 일치하지 않았다. 이 구별은 결국 신의 경우 행위의 "선성"이란 행해진 일 혹은 의도된 일의 객관적 성격과는 전적으로 관련이 없다는 것을 암암리에 의미하였다. 마지막으로 이 절묘한 박사[아퀴나스]의 재능을 갖고서도 세 개의 문장으로 된 논리로부터 자신을 구원하기에는 충분하지 못하였다. 그중 세 번째의 문장은 첫 번째의 문장에 대한 공식적인 부정이었다.

> 이러한 사물들이 있다고 상상할 경우 신이 사물들에 부여한 최고의 적합한 질서(우주의 선이 성립되어 있는 질서)로 인해 우주는 현 상태보다 더 좋아질 수 없다고 주장되어야 할 것이다. 만일 이러한 사물들 중 어느 하나라도 〔개별적으로〕 더 선하다면 전체의 질서를 구성하고 있는 조화는 손상될 것이다.……그럼에도 불구하고 신은 자신이 갖는 것보다 더 많은 다른 사물을 만들 수 있었다거나 혹은 그가 만든 사물에 다른 사물을 첨가할 수 있었다. 더욱이 이처럼 다른 우주는 더 선했을 것이다.[18]

18. 「신학대전」 I, q.25, a.26. 또한 「힘에 관해서」(*De Potentia*) I, 5 참조. 똑같은 모순은 후세 저술가들에게도 있다. 예를 들면 니콜라우스 쿠사누스의 「구球의 운동에 관하여」(*De ludo globi*) I, 참조: 〈신은 우주의 완성을 해낼 수 있었다. 그것은 가능한 한, 완전하게 해낼 수 있는 것이었다. 이 일은 가능하였고 또 실제로 행해졌다.〉

충만의 원리에 대해 조심성 있고 우유부단하지만, 틀릴 수 없는 접근을 한 토마스 아퀴나스는 그와 동시에 연속의 원리에 관한 아주 명확한 주장에도 동조하고 있다. 「동물에 관하여」를 집필하면서 알베르투스 마그누스*는 이미 다음과 같이 말한 바 있었다. "자연은 동물의 종류를 그 중간에 개재하는 것 없이 상호 분리된 것으로 만들지 않았다. 왜냐하면 자연은 〈매개를 통하지 않고는〉 극단에서 극단으로 이행하지 않기 때문이다."[19] 이에 따라 토마스 아퀴나스는 자연이 "우리에게 보여주는 훌륭한 〈존재의 연결〉"에 관하여 생각을 거듭하였다. "언제나 고급의 속屬 중 최저의 것은 저급의 속 중 최고의 것에 〈인접하고 있다〉고 알려져 있다." 아리스토텔레스로부터 빌려 온 식충류의 진부한 예가 인용되고 있으나 토마스 아퀴나스가 이 개념을 적용시키려 한 것은 정신과 육체의 관계에 관해서이다. 물질적인 것은 그 최상의 존재, 즉 인간에게서 정신적인 것으로 이행한다. 인간의 구조는 "두 종류의 성격을 동등하게 가지고 있다. 왜냐하면 인간은 물체보다 상위에 있는 종 가운데의 최저의 것, 말하자면 인간적인 혼을 얻기 때문이다. 인간적인 혼은 지적知的 존재의 연쇄에서 제일 밑바닥에 있으며—그러므로 인간은 물질적 사물과 비물질적 사물의 지평선이자 경계선이라는 말을 듣는다."[20] 그리하여 연속의 원리가 갖는 압박은 비록 육체와 정신의 날카로운 전통적인 이원론을 극복하지는 못했지만, 심지어 중세에서도 완화되는 경향이 있었다. 그러한 원리에 대한 강조는 최고의 명성을 떨친 후세의 신학 저술가

---

* Albertus Magnus(1206?~1280): 독일의 스콜라 철학자이며 과학자. 도미니코파 수도회 성직자로 파리, 쾰른 등에서 가르쳤다. 토마스 아퀴나스의 스승. 신앙의 진리는 초자연적이며 이성이 미치지 않는 것이며 이성은 자연의 영역을 이해할 뿐이라고 구별을 지었다. *Summa de Creaturis, Summa Theologiae* 등 저서 다수.

19. 「동물지」 II, K. Ufermann, *Untersuchungen über das Gesetz der Kontinuität bei Leibniz* (1927), p.8의 인용.

20. 「대이교도대전」 II, 68

들에게서 반복적으로 나타난다. 예를 들면 니콜라우스 쿠사누스*는 다음과 같이 말한다.

> 만물은 아무리 서로 다르다 할지라도 모두 연결되어 있다. 사물의 종속에는 고급의 것과 저급의 것 사이의 연결이 있어 공통점에서 서로 만나게 된다. 이러한 질서가 종 사이에서 통용되기 때문에 한 류類의 최고의 속은 다음으로 높은 류의 최저의 속과 일치하여 우주가 완전하고 연속적인 하나가 되도록 한다.[21]

천사의 존재에 대한 독단적인 논리와는 구별되는 통상적인 '철학 논리는 존재의 연쇄의 필연적인 충만과 연속이라는 가정에 입각한 것이었다. 인간으로 대표되는 등급보다 상위에 있는 유한한 존재의 가능성은 명백하며, 만일 그러한 존재가 실제로 실존하지 않는다면 그 연쇄에는 결과적으로 고리가 결여되어 있었을 것이다. 따라서 설사 초자연적 계시가 우리에게 확신을 주지 않았다고 해도 천상의 주인[천사]들의 실재는 천부적 이성으로 선험적으로 알 수 있었을 것이다.[22] 이것은—미리 이야기하지만—"영적 피조물"[천사]에 대한 믿음을 합리화하기 위해 제시된 주요한 이유로 수세기 동안 지속되어 왔다. 토마스 브라운** 경은 「의사醫師의 종교」에서 말하기를, "어떻게 그리도 많은 학식 있는 자들이 형이상학을 잊어버리고 피조물의 사다

* Nicolaus Cusanus(1401~1464): 독일의 가톨릭 성직자이며 신비주의 철학자. De *Concordantia Catholica*(1431~1436), *De Docta Ignorantia*와 신플라톤주의적 입장에서 철학 및 수학 논문 등 저술. 무한의 관념을 도입하여 당시의 지배적인 우주관에 도전하였다.

21. Nicolaus Cusanus의 「학식있는 무지」(*De docta ignorantia*) III, 1.

22. Gilson, *Le Thomisme*, p.128 참조.

** Sir Thomas Browne(1605~1682): 영국의 의사이며 저술가. *Religio Medici*(1643), *Pseudodoxia Epidemica*(1646), *Hydriotaphia: Urne-Buriall*(1658) 등 저술. *Religio Medici*는 신앙 고백의 글로서 회의론에 물들어 있으며 다양한 주제를 다루고 있다. 「그리스도교 도덕」은 사후 출판되었으며, 후에 Samuel Johnson에 의해 편집되었다.

리와 척도를 파괴하며 이제껏 혼령[천사]의 실재를 의심하게 되었는가 하는 것은……내게는 수수께끼이다"라고 하였다. 18세기 중기에 이르러서도 시인 영*은 연속의 원리에서 순수하거나 영원한 육체를 갖지 않는 피조물의 존재와 함께 인간 영혼의 불멸에 대한 증거를 찾았다.

자연을 잘 보라. 이것은 모두가 정연한 등급이니.
자연의 사다리는 얼마나 미세하게 한단 한단 뻗어 있는가!
중간적 자연마다 각각의 끝에서
그 위의 것과, 그 아래의 것은 합쳐진다.
……그러나 어떻게
위로 향해 끊기지 않은 그 사슬은
육체 없는 삶의 영역에 이르도록 보존되는가?
죽음의 지배 없는 그 행복의 영역에 이르도록 보존되는가?
반은 사멸하고 반은 불멸하는 것이 되도록 하라.
지상의 부분, 천상의 부분, 영원한 인간의 혼,
이것을 인정하지 않으면 연쇄는 인간에게서 그치리.
그 틈은 크게 벌어지고 이제 연결은 끝나리.
억제된 이성은 정지되고 이성의 다음 걸음은 버팀이 없으리.
올라서려 애쓰면 이성은
그 자연의 계획으로부터 굴러 떨어진다.[23)]

---

* Edward Young(1683~1765): 영국의 시인. 법을 공부했으나 정치가로서의 출세에 실패하자 성직자가 되어 연극과 풍자시를 썼다. 억제되지 않는 열정을 다룬 두 편의 비극 *Busiris*(1719), *Revenge*(1721)를 썼고, *The Universal Passion*(1725~28)이라는 제목으로 7개의 풍자시를 출판하였다. *The Complaint; or, Night Thoughts on Life, Death and Immorality*(1742~45)라는 시의 고전 시리즈로 명성을 얻었다.

23. 「야상夜想」(*Night Thoughts*) IV. 똑같은 논의에 관해서는 Locke, *Essay* III, ch.6, 12 및 Addison, *Spectator*, 519 참조.

그러나 영의 시대에 있어서 합리적 질서 속에 잃어버린 고리가 있을 수 없다는 가정은 주로 다른 방향으로 바뀌어 매우 다른 결과를 낳았다. 그러나 충만의 원리로부터 나온 이러한 추론은 대단히 끈기 있는 것이어서 우리는 1850년대에도 빅토르 위고가 여전히 미사여구로 이 추론을 갈고 닦고 있음을 알 수 있다.

놀라운 산의 비탈 위에 올라
착잡한 소리를 내는 대난전大亂戰과 같이
그대는 그늘의 밑바닥에서부터
어두운 창조물이 너에게로 다가 올라오는 것을 보도다.
바위는 더욱 멀리 있고 짐승은 더 가까이 있으니
그대는 우뚝 솟아 살아 있는 용마루 같도다.
그러나 말해 보라. 비논리적인 존재들이 우리를 속인다고 믿는가?
그대가 보는 사다리가 무너졌다고 믿는가?
감각이 저 높은 곳에서 조명되고 있는 그대여,
빛을 향해 서서히 한 단씩 올라가서
창조는 심연 가에서, 인간에게서 멈춘다고 그대는 믿는가?

존재의 비논리성을 암암리에 의미하는 이러한 가정은 받아들일 수 없다. 이 사다리는 인간보다 높은 무수한 단계를 통해 계속된다.

높은 사람이든 낮은 사람이든, 가장자리에 있든 한복판에 있든,
그 심연에 이르러서는 신에게로 사라지리라.[24]

---

24. 「명상」(*Les Contemplations*) II, Liv. IV, p.26.

「신학대전」의 저자[아퀴나스]로 되돌아가면 충만의 원리와 연속의 원리에 관한 그의 입장은 이제 다음과 같이 요약될 수 있을 것이다. 이미 살펴보았듯이 그는 이 양자를 자신의 목적에 소용될 때는 언제나 전제로서 자유로이 사용하고 있다. 그러나 그는 이 원리가 그 속에 함축된 우주 결정론과 함께 가능한 것의 영역과 현실적인 것의 영역 간의 완전한 일치를 인정하는 이단으로 그를 이끌어 간다고 생각될 때면 미묘하지만 그럴 듯하거나, 무의미한 구별을 지어 이러한 전제로부터 나오는 결론을 회피하고 있다. 더욱이 극단적인 반이성적 유형의 철학을 제의한다면 정통적 중세 철학은 모두 이와 같은 입장에 있었다. 단지 두 가지의, 있을 수 있는 일관된 견해가 있었는데—그 하나는 돈스 스코투스의 견해이며 다른 하나는 나중에 브루노*와 스피노자로 대표되는 견해였다. 이 딜레마의 한쪽 모순을 물리쳤던 철학자들—즉, 창조란 비합리적인 변덕임을 인정하는 것에 대한 유일한 대안으로서 신의 내재적 "선성"을 주장하고, 이에 함축된 충만의 원리를 받아들인 철학자들—은 자신들이 전제한 명백한 결과에 대해서는 현명한 무관심으로써 다른 한쪽의 모순을 피할 수 있었다.

내가 그리스도교에 속한 스콜라 철학자들을 예로 든 충만의 원리로부터의 추론은 물론 그들만의 전유물이 아니었다. 이슬람이나 유대교의 중세 철학자들의 저술 중에도 그와 유사한 것들이 있다. 예를 들면 아베로에스**는 다음과 같이 서술하고 있다.

* Giordano Bruno(1548?~1600): 이탈리아의 철학자. 비전통적이라는 이유로 도미니코파 수도원에서 추방당하여 널리 여행하면서 강의와 저술 활동을 하였다. 코페르니쿠스적 우주론을 주장하고 아리스토텔레스적 논리에 대한 반대자였다. Böhme, Leibniz, Spinoza, Schelling, Hegel 등에게 영향을 끼쳤다.

** Averroes(1126~1198. Ibn-Rushd): 스페인-아라비아계 철학자이며 의사. 법률학·천문학·문법·의학에 관한 논문을 썼으며, 그의 가장 훌륭한 저작으로는 아리스토텔레스에 관한 주해가 있으며 「주해자註解者」라 하면 스콜라 철학자들이 그를 가리킬 정도였다. 아라비아 사상보다는 중세와 근세의 유럽 사상에 큰 영향을 끼쳤다. 아베로에스주의로 발전한 그의 철학은 그리스도교의 스콜라 철학과 크게 다를 바가 없었다.

왜 신은 한 종류 이상의 식물 혼과 동물 혼을 창조하였는가? 그 이유는 대부분의 이런 종의 존재가 완전[혹은 완성]의 원리에 입각해 있다는 것이다. 어떤 동물이나 식물은 단지 인간을 위해 혹은 서로를 위해서만 존재하는 것으로 이해될 수 있다. 그러나 다른 종에서는 이것이 인정될 수 없다. 예를 들면 인간에 유해한 야생 동물에 관해서는 인정될 수 없다.[25]

그렇다고 해도 자주 겉으로 나타난 것은 아니나 중세 사상과 그 이전의 신플라톤주의에는 훨씬 더 중요한 내적 모순이 있었는데, 마찬가지로 그것은 인정된 일단의 기본적 가정 속에 있는 어떤 다른 요소와 충만의 원리와의 관련에 기인하였다. 그것은 서로 조화를 이룰 수 없는 선의 두 가지 개념의 대립이었다. 천 년 이상 동안 거의 모든 서양의 철학자들이 합의한 바와 같이 인간을 위한 궁극적 선이란 그 방식이 모방이나 관조 혹은 물입 그 어떤 것으로 정의되든 간에 신의 본질에 동화하는 것이거나 혹은 거의 같아지는 것이었다. 그리하여 역시 주목되어야 하는 것, 또는 더욱더 의의 있는 것은 신의 속성에 관한 이론이 궁극적 가치의 성질에 관한 설이었다는 것이며 신의 개념은 동시에 인간 생활의 목적을 규정한 것이었다. 〈절대 존재〉는 자연계의 어떠한 피조물과도 전혀 닮지 않았지만 여전히 〈모든 것 중 제1의 모방〉이었다. 그러나 지적된 바와 같이 인간이 이처럼 자신의 충족을 찾으려 한 신이란 하나의 신이 아니라 두 신이었다. 신은 〈선의 이데아〉이며 또한 〈선성의 이데아〉였다. 더욱이 비록 후자의 속성은 명목상 전자의 속성으로부터 논리적으로 연역演繹된 것이긴 하더라도 이만큼이나 대립적인 두 관념도 없었다. 전자가 통일과 자기 충족과 평온의 신격화神格化라면 후자는 다

25. *Metaphysics*, tr., Horten, p.200.

양성이나 자기 초월성과 풍요의 신격화였다. 라무스*의 말을 빌리면 전자는 〈모든 노동·행동·성취를 도피하는 것은 아니라 해도 혐오하고 경멸하는 신〉이었다. 후자는 「티마이오스」의 신이며 유출 이론의 신이었다. 전자의 신은 "위로 가는 길"의 목표이며 유한한 혼이 창조된 모든 사물로부터 뒤돌아서 그 자신만이 안식을 취할 수 있는 불변의 완전성으로 거슬러 올라가는 상향적 과정의 목표였다. 후자의 신은 존재가 가능성의 모든 단계를 거쳐 최저의 단계로 흘러내려가는 하향적 과정의 근원이며 또한 활성적인 에너지이다. 이 두 관념을 조화시키려고 할 때 따르는 단순한 논리적 어려움은 이미 시사된 바 있다. 그러나 사고의 궁극적 대상에 관한 논리적 어려움은 중세인의 정신을 크게 괴롭히지 않았다. 〈반대의 일치〉, 즉 〈절대자〉에게서 두 극단이 만난다는 관념은 신플라톤주의에서와 마찬가지로 거의 모든 중세 신학의 본질적인 부분이었다. 수석首席 사제 잉**이 "영적 세계에 있어서의 개념의 유동성과 상호 침투성"이라고 미묘한 명칭을 붙인 것, 또는 더 쉬운 말로 바꾸면 신에 관해 이야기할 때의 자기모순의 허용 가능성이나 필연성까지도, 비록 이 원리의 혜택이 보통 신학상의 반대자에게까지 미치지는 않았으나, 일반적으로 충분히 인식된 원리였다. 이러한 원리를 적용함으로써 마음속에 남겨진 사소한 불편은 얼핏 모순된 용어가 〈더 탁월한 의미〉로 사용된다는—말하자면 그 말이 보통의 의미를 지니는 것도 아니고 인간 정신이 이해할 수 있는 어떤 다른 의미도 지니지 않는다는—설명으로 경감될

* Peter Ramus(1515~1572): 프랑스어로 Pierre de la Ramée, 영어로 Peter Ramus. 16세기 아리스토텔레스 철학의 비평가로 가장 잘 알려진 프랑스의 철학자이며 수학자. 파리 대학 교수. 아리스토텔레스와 스콜라 철학에 반대하여 형성한 독자적인 그의 논리학은 라무스주의로 알려졌고 그의 추종자들은 라무스학파로 알려졌다.

** William Ralph Inge(1860~1954): 영국 교회의 성직자·학자·저술가. 케임브리지 대학 신학교수(1907~1911), 런던 성 바울 교회의 수석 사제. "우울한 사제"라는 별명을 얻었다. 저서로서는 「그리스도교 신비주의」(*Christian Mysticism*, 1899), 「신앙과 지식」(*Faith and Knowledge*, 1904), 「그리스도교 윤리와 현대의 문제」(*Christian Ethics and Modern Problems*, 1930) 등이 있다.

수 있었으며, 스콜라 신학자들에 의해서는 통상적으로 경감되었다. 그러나 여기에서 우리가 관심을 두는 중세 사상 속의 내적 긴장은 단순히 같은 정신을 가진 사람들이 주장하는 두 가지 사색적 관념 사이의 불일치가 아니었다. 그것은 또한 두 가지의 실천적 이상 사이의 불일치였다. 우리에게는 양립할 수 없는 형이상학적 속성임에 틀림없는 것을 신의 성질이라고 확인하는 것이 쉬운 일로 보일지도 모른다. 그러나 인간적 실천에서 우리에게 양립할 수 없는 가치관에 틀림없는 것을 절충한다는 일이 있을 수 없다. 〈다多〉로부터 〈일一〉로의 비약, 창조된 세계와의 대조라는 의미로 전적으로 정의된 완전성의 추구가 다양성을 즐거워하는 동시에 〈일〉로부터 〈다〉의 발출發出에서 나타나는 선성의 모방과 효과적으로 조화를 이룰 길은 없었다. 그러한 하나의 계획에는 "피조물에의 집착"으로부터 전적으로 떠날 것이 필요했으며, 그 계획은 쪼갤 수 없는 〈신의 본질〉을 황홀하게 관조함으로써 그 절정에 달하였다. 또 다른 하나의 계획은 만일 실시되었더라면 일정한 한계 내에서 신의 창조적 정열에 사람들을 참여케 하여 사물의 다양성 및 우주의 충만성이 달성되는 과정에 의도적으로 협력케 하려고 했을 것이었다. 그 계획에서 창조의 찬란함을 본다든가 혹은 그 무한한 변화의 세부를 호기심으로 더듬는 순수한 기쁨 속에서 지복至福의 비전을 발견했을 것이었다. 거기에서는 활동적 생활이 명상적 생활보다 상위에 놓여 있었을 것이었다. 더욱이 아마도 감각적 세계의 "질서 있는 변화"를 사랑하고 모방하고 증가시키는 창조적 예술가의 활동이 신의 생활과 가장 닮은 인간 생활의 방식으로 생각되었을 것이다.

그러나 중세 초기에 이러한 함축적 의미는, 아무리 공인된 이론의 한 면에 명백히 포함되어 있었다고 하지만, 대체로 실효를 얻지 못한 채로 있었다. 가치에 관한 두 가지 설은 구체적으로 조화를 이룰 수 없었기 때문에 중세 그리스도교 철학은 이전의 신플라톤주의와 마찬가지로 이 양자 중 하나를 선택하지 않을 수 없었는데, 물론 전자를 선택하였다. (적어도 완전함을 권고함에 있어서) 교회의 윤리적 가르침을 결정했으며, 르네상스에 이르기까지, 그리고 그 이후에도 프로테스탄트와 가톨릭을 막론하고 정통 신학에서 유럽 사상을 지배한 인간의 중요한 목적에 관한 억설을 형성한 것은 자기 초월적이며 생산적인 〈선성〉의 관념이 아닌 〈선의 이데아〉였다. 비록 인간 추구의 목적인 선을 영원한 과거로부터 완전하게 소유하고 있는 신이, 말하자면 〈그의〉 주요한 선을 '아래로 가는 길'에서 찾아냈다고 생각하더라도—아레오파고스 재판관의 기묘하고 의미 깊은 구절에 의하면 신은 "선성과 애정과 사랑에 속아 무엇보다도 높고 모두를 능가하는 자신의 수월성으로부터 만물의 존재로까지 끌려 내려왔다"고 하더라도—'위로 가는 길'만이 인간이 선을 탐구하는 방향이었다. 모든 유한한 사물이 동경하고 인간이 의식적으로 추구하는 완성이란 아직도 그 자체 안에 남아 있지 않은, 본질상 남아 있을 수 없는 〈단일성〉으로 되돌아와 거기에 남아 있는 것이었다.

여기 모든 사물에는 공통된 사랑이 있고
산물은 선의 종점으로 돌아가기를 바라도다.
자신이 태어난 근원으로
또다시 사랑에 의해 되돌아 가지 않는다면
영생을 얻지 못할 것이니.[26]

26. Boethius의 「철학의 위안」(*De Consolatione philosophiae*) IV, 6. H.R. James의 번역에서는 다음과 같다.

Towards the Good do all things tend,
Many paths, but one the end,
For naught lasts unless it turns
Backwards in its course, and yearns
To that source to flow again
Whence its being first was ta'en.

17세기의 시적 표현으로서는 John Norris의 시 "Beauty"(「작품집」 *A Collection of Pieces,*

물론 이러한 〈태양과 다른 별들을 움직이는 사랑〉은 천상과 지상의 많은 사물을 산출함에 있어서 스스로를 드러내 보이는 사랑을 부정하거나 혹은 뒤집는 행위였다. 토마스 브라운 경은 (최근의 한 저자가 언급했듯이) "사물은 단일성으로부터 멀어져 감에 따라 더욱더 불완전과 기형에 가까이 간다. 왜냐하면 사물은 그 단순성 속에서 완전성을 보며 그리고 완전성이란 신에 가장 근접한 것이라고 보기 때문이다"[27]라고 서술했을 때 단지 통상적인 스콜라학파적 억설을 반복한 것에 불과하였다.

그러나 비록 충만의 원리에 내재하는 가치 체계는 대체로 중세 철학과 종교에서 미발달의 것이긴 하지만 그것은 공인된 전통의 너무 본질적인 부분이기 때문에 전혀 표현되지 않은 채로 남아 있을 수가 없었다. 그것과 선의 반대 관념 사이의 대립은 때로는 가장 정통적인 신학자들의 저술에서도 명백하게 나타나 있다. 따라서 아우구스티누스는 「상像의 아름다움에 관하여」라는 기묘한 장章에서 "신의 최고 예술"은 무無로부터 창출해 낸 사물의 다양성에서 표현되고 있는 데 대하여 인간 예술의 저급함은 예컨대 인체와 같은 자연적 대상의 다양성 혹은 〈복수성〉을 재현하는 제한된 능력에서만 나타나 있다고 말하고 있다. 그렇다면 아우구스티누스는 충만의 원리로부터 일종의 미학 이론을 이끌어 내려는 것으로 보인다. 즉, 그는 예술의 기능이란 가능한 한 아주 포괄적으로 이러한 창조된 세계의 다양성을 모방하고 비유하는 것이라고 말하고 있다. 이 논리가 분명히 의미하고 있듯이, 이것은 실로 〈신의 모방〉이며 따라서 무엇보다도 종교적 행위이다. 그러나 여기에서 이 성자[아우구스티누스]는 자신을 억제하고 자신의 논리의 금욕적이고 내세적인 측면으로 억지로 다음과 같이 되돌아선다. "이러한 〈예술〉 작품을 만들어 낸 자들이나 작품에서 즐거움을 얻는 자들이 높이 평가받아

---

etc. 1706 중) 등을 볼 것.

27. Sencourt, *Outflying Philosophy*, p.303.

야 한다는 것은 아니다. 왜냐하면 영혼이 이와 같이 더 작은 사물—즉, 혼이 육체적 수단으로 만든, 모습을 갖춘 사물—에 몰두하고 있을 때 혼은 거기로부터 바로 이러한 능력을 이끌어 내는 최고의 〈지혜〉에 몰두하는 것이 그만큼 적어지기 때문이다."[28] 이와 같이 아우구스티누스는 창조주로서의 신을 모방해서는 〈안〉 된며, 또는 인간이 어느 정도 참여하는 신의 특정한 권능이 인간에 의해 행사되어서는 안 되고, "선성"이라는 신의 속성이 거기에서만 나타나는 창조를 향유해서는 안 된다는 등 모순된 결론에 빠졌다. 중세 후기 예술의 개화기에서는 이러한 태도가 비록 공식적으로는 포기될 수 없었지만 더욱더 맞지 않는 것이 된 것은 분명하였다. 그리고 14세기의 정통적·신비주의적인 시인이라면 반드시 그러했듯이, 단테가 오히려 예술가의 작업과 신의 창조라는 일 사이의 유사성에 관해 생각을 거듭하고 있었다는 것은 우리가 이미 알고 있는 바이다. 아리스토텔레스에 의하면 예술은 자연의 모방이고 자연은 신의 완전성의 표현이기 때문에 그 결과 〈소위 그대들의 예술이란 신의 손자이다〉라는 결론이 나온다. 르네상스 시대에서는 중세적 관념의 이러한 면이 완전히 스스로의 위치를 찾았다. 타소*는 자신있게 "신과 시인 이외의 사람에게는 아무도 창조자의 이름을 붙일 만한 가치가 없다"[29]라고 말하였다. 더욱이 브루노는 "신들은 다양한 형태의 사물을 다양한 형태로 표현하는 것과 모든 재능으로부터 얻는 다양한 형태의 결실 등을 기뻐한다. 왜냐하면 신들은 존재하는 모든 사물 및 그것들을 표현하는 모든 것을 존재하도록 배려하고, 만들어지도록 명하며 또 허가를

---

28. 「여러 가지 질문에 관하여」(*De diversis questionibus*) LXXXIII (Migne 편 「라틴 교부 문헌집」 vol. 40 중).

* Torquato Tasso(1544~1595): 아리오스토와 함께 유명한 이탈리아 르네상스 시대의 시인. 한때 Ferrara 대학에서 천문학과 수학을 가르쳤으나 그후 정신병원에 들어갔다. 저작으로서 「예루살렘의 해방」이라는 서사시가 있다.

29. 「지옥편」(*Inferno*) XI, 104.

내리는 것을 마음 쓰는 만큼이나 기뻐하기 때문"[30]이라고 기술하였다.

〈신의 모방〉에 관한 두 관념이 함축하는 의미 간의 모순은 그 윤리적인 입장에서 토마스 아퀴나스에게는 간단히 식별될 수 있을지 모른다. 신의 선성이란 "넘쳐흐르는 것"이기 때문에 "만일 피조물이 단지 선할 뿐 아니라 다른 사물의 선성을 위하여 작용할 수 있을 때 단순히 그 자체로서 신과의 유사성에 더 가까이 간다"라고 그는 흔히 공언하고 있다. "피조물에는 복수성과 불평등이 존재한다"는 것이 당연한데, 이는 무엇보다도 이런 이유에서이다. 만일 만물이 모든 면에서 동등하다면 어느 것도 "다른 것의 이익을 위해 작용할 수 없을 것"[31]이다. 그러나 물론 궁극적으로는 아우구스티누스에 있어서와 마찬가지로 토마스 아퀴나스에 있어서도 인간의 참다운 완성은 선을 전할 수 있는 피조물에 대한 관심에 있지 않다. 그것은 인간이 선을 전할 수 없는 상대라 할 신을 관조하는 가운데 개인의 모든 의식을 지복至福 속에 몰입시킴에 있다.

만일 우리가 전형적인 17세기 플라톤주의자에게 관심을 돌린다면 우리는 똑같이 플라톤적인 신에 관한 이러한 두 관념, 따라서 선에 관한 두 관념 사이에는 마찬가지의 모순이 여전히 끈질기게, 심지어 좀 더 날카로운 형태로 남아 있음을 볼 수 있을 것이다. 베머턴의 존 노리스*(1657~1711)는 거의 마찬가지의 애착을 갖고 〈절대·완전의 존재〉라는 생각에 내재하는 영원한 자기 충족과 영구히 계속되는 자기 확산의 사상을 논하고 있다. 한편으로는 신이란 "그 행복이 자신의 영역 안에서 달성되며 자기 자신의 완전 충족을 토대로 하여 스스로를 지탱하며 자신의 목적이자 중심인" 보편적인 풍요

30. Bruno의 「추방」(*Spaccio*) II.

31. 「대이교도대전」 II, 45.

* John Norris(1657~1711): 영국의 철학자이며 목사. 영국에서는 유일한 Malebranche 이론의 주창자. 성스러운 계몽에 대한 Malebranche 이론에 대하여 퀘이커교도와 논쟁을 벌였다. Ralph Cudworth, Henry More와 함께 케임브리지플라톤학파에 속하였다.

라 할 수 있다. 그러나 다른 한편으로는

신의 본질은 관념에 있어서나 개념에 있어서나 마찬가지로 진실과 현실에서도 절대적이고 무한한 완전성과 관련이 있다. 그러므로 여기에는 자애롭고 전파를 좋아하는 성질이 포함되고 있으며, 이는 곧 하나의 완전성이다. 신의 본질이 지고至高하게 뛰어남은 신이 단순히 전파를 좋아함을 입증할 뿐 아니라 모든 존재 중에서 가장 전파를 좋아하고 자기 확산적인 것임을 입증한다. 왜냐하면 모든 종류의, 그리고 마찬가지로 모든 정도의 탁월성은 필연적으로 절대적이며 무한히 완전한 존재 속에 포함되어야 하기 때문이다……이러한 〈신의 본질〉의 탁월한 전파성은 포르피리오스*의 〈존재의 사다리〉에 의하여 전형적으로 묘사되었고 신비롭게 예증되었다.

따라서 노리스는 「창조성가」에서 「티마이오스」의 주제를 즐겁게 또 경건하게 장식하고 있다.

사랑, 부드러운 사랑이 [신의] 열매 가득한 가슴을 열었고,
그리하여 이곳에 누워 잠자던 〈이데아들〉을 깨웠다.
　깨어나서는 스스로의 아름다움을 자랑하였다.
　전능자인 신은 미소 지으며
　자신의 영원한 모습의
　그 아름다운 조화의 형태를 보았다.
그는 그것을 선하고 아름답다고 보고 갓 태어난 계획을 축복하였다.

---

* Porphyrios(233~304): 신플라톤주의자. 시리아 출생으로 로마에서 플로티노스의 제자가 되었다. 「아리스토텔레스 범주론 입문」으로 유명하였다.

그대 존재의 씨앗들이여, 아름다운 가슴 속에
　　모든 가능한 사물의 형태를 담고 있는 것,
일어나서 그대의 풍요로운 힘을 보여라.[32)]

그러므로 〈이데아〉 세계의 복사물이며 실존에 의해 더욱 권위가 드높여진 우주, 즉 이와 같이 그 조물주의 "총아이며 귀중한 탁월성"을 나타내 보이며 조물주의 칭찬을 받을 만한 가치 있는 우주가 왜 인간에게 무가치한 기쁨의 대상인가를 이해하기 어렵다고 노리스는 알고 있다.

만일 피조물의 아름다움과 다양성이 그것을 만든 신의 인정을 받을 만큼 가치 있는 것이라면 피조물은 우리의 사랑과 만족을 구하지 않을 것인가? 신을 〈기쁘게 하는〉 것은 인간을 〈만족시킬 것〉으로 생각될 수 있으며, 창조주가 즐거워하는 것에서는 피조물이 충분히 안식을 취하고 승복해도 좋다고 생각할 수도 있을 것이다. 이와 같은 생각에 빠져 완전히 주의를 기울였을 때 만일 신의 창조물이 큰 집단을 이루어 충분히 향유한다면, 나의 사랑의 모든 활동을 점하고 나의 혼의 모든 무게를 걸 만큼 충분한 선이 창조물 속에 존재한다고 때때로 나는 생각하게 되는 일이 있었다.

그러나 여기에서도 결국 내세적인 분위기가 압도하고 있다. 즉, 어떠한 피조물도 인간을 만족시킬 수는 없다.

내가 경험을 고려하고 나의 성질의 욕구를 창조의 선성善性과 비교할

---

32. 「작품집」(1706), pp.257~259 및 p.69. 이러한 것은 모두 Norris의 「이상 세계론」(*The Theory of the Ideal World*, 1701), I, pp.255~263에서 산문으로 더 길게 논하고 있다.

때, 나는 비록 신의 피조물이……즐거움과 찬미의 대상을 제공하기에 충분하긴 하지만 피조물은 인간의 영혼을 붙잡아 매어 둘 수 없다고 결론짓지 않을 수 없다.……몇 번의 끼니는 피조물에서 찾을 수 있겠으나 완전한 만족과 욕구의 종말에 관해서는 〈그것은 나로서 할 수 없다고 대해大海가 말하며 그것은 나로서 할 수 없다고 심연深淵이 말한다〉. 신이 일찍이 만들었거나 이제부터 만들 수 있는 모든 것은 이 목적을 위해서는 불충분하다고 판명될 것이며, 저 현명한 〈설법사〉의 법어法語, 즉 허무 중의 허무, 〈모든 것은 허무〉라는 말 속에 포함될 것이다.

또한 노리스는 여기에서 멈추지 않는다. 그는 더 나아가 유한한 사물에서는 우리가 구하는 선의 일부분조차 발견되어서는 안 된다고 공언하고 있다. 천상의 미美란 인간의 사랑의 궁극적인 대상일 뿐 아니라 유일한 대상이 되어야 한다는 것이다.

이러한 경로를 흐르지 않는 우리 사랑의 어떠한 부분이라 해도 불균형하고 충족되지 않은 대상에 필연적으로 고정되지 않으면 안 되며, 그 결과 우리에게는 만족스럽지 않는 도구일 수 밖에 없다. 그러므로 우리의 행복을 완성하기 위해서는 우리의 정념情念을 충족시킬 수 있는 대상이 우리의 정념을 「끌어당길」 필요가 있다.……마치 눈이 다른 무엇보다도 빛을 사랑할 뿐 아니라 그 밖의 어떤 것에서도 즐거움을 찾을 수 없는 것과 [같다.]

의심할 바 없이 노리스는 이것이 현세에서 항상 실천 가능하지 않은 완전성을 권고하고 있는 것임을 인정하고 있다. "이것은 영원의 이해에 너무나 몰두하여 신의 아름다움의 영광에 매혹되어 있기 때문에 다른 대상으로 향할 힘이 없다고 확신하는 사람들의 특권이며 행복이다." 그러나 우리는 이 세상에서도 내세적 선에 몰입하는 일에 이처럼 가까이 갈 수 있을 것이다. 더욱이 우리가 거기에 가까이 접근할수록 "우리가 부딪치는 실망과 불만은 더 적어질 것이다."[33]

물론 이 인용문에서, 서로 전적으로 대립 상태에 있는 것으로 보이는 플라톤의 유산이 갖는 두 요소의 중간에서 어느 정도 중재하는, 흔히 쓰이는 방법이 있었다. 이 방법이란 플라톤 자신이 「향연」(210~212)에서 제기하였고 플로티노스도 제기한 방법으로서 이교도이든 그리스도교도이든 막론하고 내세성이 덜 신랄하고 덜 성급한 그러한 성자들과 신비주의자들에게는 언제나 소중한 것이었다. 비록 (전통적인 억설들의 한 면에서 볼 때) 어느 피조물에도 진정한 가치가 귀착될 수 없는 것이긴 하지만, 그럼에도 불구하고 최고선에의 길은 정상적으로나 필연적으로 점진적인 것이었다고 가정될 수 있었다. 더욱이 존재의 사다리라는 비유의 유행이 그와 같은 생각을 한층 더 자연스럽게 했을 것이다. 신의 생명이 넘쳐흘러 내려가는 피조물의 단계적 계열은 자족적인 완전한 상태에서 인간이 신의 생명으로 상승하는 여러 단계를 이루고 있다고 생각될 수도 있을 것이다. 따라서 "현명한 설법사의 법어"를 전적으로 받아들일 수 없었던 철학자들은 「실락원」에 있어서의 아담의 천사 스승처럼 "위로 가는 길"의 단계적인 것의 필연성을 논하였다. 그리고

> 중심으로부터 가장자리까지 그 위에 걸쳐
> 창조된 사물을 관조하면서
> 한단 한단씩 신에게로 우리가 올라갈 수 있는

33. 「작품집」, p.247.

자연의 사다리.*

라고 논하였다. 왜냐하면 설사 모든 진정한 선이 초감각적·초자연적 질서에 속해 있다고 주장된다고 해도, 이렇게 하면 적어도 잠정적이며 수단적인 가치는 자연적 사물에서 인식될 수 있기 때문이다. 인간은 존재의 광막한 언덕에서 상위의 존재에 이르는 수단으로 피조물의 각각을 사용하는 한, 스스로의 마음이 피조물에 신경을 쓰고, 그들에게서 기쁨을 찾는다고 해도 그릇된 일이 아닐 것이다. 저 현세적 일, 즉 자연과학 연구를 정당화하기 위해서는 보통 이러한 생각에 호소하는 것이었다. 「천구天球의 회전에 관하여」의 서두에 있는 천문학의 찬사에서도 과학자의 작업은 이 사다리를 올라가는 하나의 수단으로 표현되고 있다. 이러한 일에 종사하는 궁극적 이유란—비록 그런 고려가 언급되고 있긴 하지만 주목되어야 할 것은 이런 일이 조물주로서의 신의 〈작품〉에 관계되어 있기 때문이 아니라—"우리는 차량의 힘으로 이끌려 가는 것 같이 이러한 노력에 의하여 최고선의 관조로 이끌려가기 때문"[34]이라는 것이다.

그러나 명백히 인간의 올라감을 위한 사다리로서의 창조의 관념은 가치 이론으로서의 충만의 원리가 함축하는 의미와 플라톤주의적 철학 및 그리스도교 신학의 내세적 측면을 현실적으로 절충시키지는 않았다. 왜냐하면 애초에 내려가는 과정과 올라가는 과정의 대비란 단지 말뿐이기 때문이다. 인간이 지복至福에 오를 수 있는 사다리로 생각되고 있는 존재의 사다리란 자연적 형상의 계열로 생각되는 존재의 사다리와 동일한 단계로 진짜 구성되고 있지는 않았다. 내 생각으로는 인간이 지적 관조이든 미적 향수享受이

---

* 「실락원失樂園」 5권, 509~512행.

34. 이 관념에 관한 의미 있는 오히려 복잡한 예는 Raymond Sebond가 쓴 Montaigne 번역의 「자연 신학」(*Theologia Naturalis*) 또는 「피조물의 목록」(*Liber creaturarum*, 1480년?)에 보이는데 특히 이 번역의 1605년 판의 p.3 이하에 보인다.

든 마크로비우스의 이른바 "존재의 찌꺼기"에 자신의 사고를 고정시킴으로써 시작하여 이로부터 미세한 단계적 이행에 따라 더 복잡한 형태의 식물을 거쳐, 더욱이 이로부터 식충류에 이르고, 이로부터 조개류에 이르고, 또 다시 이로부터 어류에 이르고, 이로부터 고등 동물에 이르는 등등, 그리고 중세의 박물학이 생각했던 자연의 위계질서를 상세하게 거쳐 마지막으로 천사들의 단계를 연이어 하나씩 통과해야 한다는 것을 인간 구원의 진정한 방법으로서 어느 누구도 진지하게 제시한 일이 없었다. 우주론적 〈존재의 연쇄〉의 본질인 미세한 차이에 의한 단계화란 관념은 궁극적으로 인간을 가능한 한 신속하게 최종적인 초감각적 지복으로 접근하거나, 혹은 지상 생활의 조건이 허용하는 한 그것에 가장 가깝도록 고안된 계획에는 거의 적합하지 않았다. 만일 그러한 완성이 목적이었다고 하더라도 단계적인 접근이 최선이라 함은 사실상 분명하지 않았다. 기껏해야 그러한 단계성은 단지 인간의 나약함에 대한 양보—그다지 마음에 내키지 않으면서 이루어지는 양보, 가능하면 전적으로 피해야 할 위험한 양보—로서 일관성 있게 간주될 수 있었다. 그리고 마지막으로, "관조에 의해 피조물이 신으로 상승"하려는 계획은 충만의 원리가 암시하는 것처럼 모든 있을 수 있는 가능한 다양성 속에 불완전한 존재가 단지 존재한다는 것에 그러한 내재적 가치가 있다고는 인정하지 않았다. 완성에 이르는 계단의 한 단계라고 생각될 때 낮은 등급의 존재는 그 단계가 갖는 역할, 즉 제거되어서 다른 것이 건너뛰어 넘도록 하는 역할밖에 하지 못하였다. 더욱이 이러한 생각은 각 등급의 존재 그 자체가 대단히 선한 사물이어서 신 자신은 신성神性과 합리성에 의해 하나하나의 단계를 만들지 않으면 안 되는, 말하자면 압력을 받았다는 전제와는 거의 공통점을 갖지 않은 것이었다.

단지 하나의 예만으로도 이상의 고찰을 예증하기에는 충분할 것이다. 나는 그 시기가 중세는 아니지만, 그 철학이 중세적 성격을 지닌 한 저술로부터 그 예를 취하고자 한다—그것은 유명한 반反종교개혁에 관한 신앙서로서, 극히 공격적이고 가공할 만한 신학적 논객임에도 불구하고 이에 못지 않게 신비주의자였던 사람의 저작이다. 벨라르미노 추기경(1542~1621)*의 「피조물의 사다리를 통한 정신의 신으로의 상승」이라는 논문은 아마도 이 관념의 가장 유명한 근대적 표현이며, 그것은 신의 속성의 이론에 있어서 충만의 원리에 부여된 중요성과 인간의 주요선主要善의 이론으로부터 이러한 중요성을 배제하는 것과의 사이에 있는 통상적인 모순을 분명하게 설명하고 있다. 최초에 창조는, 그것을 통해서만 유한한 정신을 가진 자에게 신의 모습이 보이는 회절回折 렌즈로 표현된 것으로 생각된다. 절대적 단순함을 배제하지 않는 복수성複數性은 우리의 이해를 넘어서는 것이며, 그러므로 우리가 신의 본질 중 완전성을 이해하려 한다면 그 본질은 우리를 위해 명확한 부분으로 분해되지 않으면 안 된다.

> 신은 자신의 피조물을 통하여 인간이 어느 정도 신을 인식하기를 바랐으며, 더욱이 단 하나의 어떠한 피조물도 창조주의 무한한 완전성을 적절히 표현할 수 없기 때문에 신은 피조물을 증식시켜, 각 피조물에게 어느 정도의 선성善性과 완전성을 부여하였으며, 이들로부터 하나의 가장 단순하고 완전한 본질 속에서 무한한 완성을 포함하는 창조주의 성선과 완전성을 조금이라도 우리가 이해할 수 있게 하였다.

따라서 우리가 〈신의 이성〉의 본질인 무한한 (그러나 단순성을 그르치지 않는) 다양성을 인식하게 되는 것은 존재하는 사물의 다양성에 대한 고찰을 통해서라고 벨라르미노는 말한다.

* Roberto Francesco Romolo Bellarmino(1542~1621): 이탈리아의 성직자이며 논쟁가. 예수회에 입단(1560), Pius XI에 의해 교회 박사로 선언되었다. 그는 신학적 논쟁 때문에 알려졌다.

비록 단순히 많은 수의 피조물 그 자체는 훌륭하고, 또한 하나인 신의 다형태적多形態的 완전성에 대한 증거이긴 하지만, 더 훌륭한 것은 그러한 증식에서 나타나는 변화이며, 더욱이 그것이 우리가 더 쉽게 신을 인식하도록 한다. 왜냐하면 하나의 도장이 많은 각인刻印을 정확히 똑같이 찍어 내는 것은 어렵지 않지만 거의 무한하게 모양을 바꾸는 것은 신이 창조에서 행한 일인데, 이는 실로 신의 작업이며 아주 찬양되어 마땅하다. 나는 모든 사람이 동의하는 바와 같이 대단히 종류가 많은 다양한 종과 속屬을 일일이 볼 수는 없다.……나의 혼이여, 지금이야말로 만물의 〈이데아〉가 거기에 존재하며 거의 무한한 다양성이 그로부터 무궁무진한 샘물에서 솟아나는 것처럼 나오는 바로 그 신을 향해 내 마음의 눈을 돌려라. 왜냐하면 만일 신이 가장 탁월하고 고양된 방법으로 피조물의 〈이데아〉나 형태를 자신의 〈존재〉의 매우 깊은 곳에 두지 않았더라면 신은 그 무수한 모양을 피조물에게 각인하지 않았을 것이었거늘.

그러나 모든 것이 향한다고 생각되는 이러한 결론이 도출되지 않고 오히려 그 정반대의 것이 도출되었다. 즉, 인간이 바삐 지내게 된 것은 과학적 탐구를 통하여 자연이나 인간성의 상세한 복잡함과 풍요함을 계속 추적하는 데 있지 않으며, 또한 예술에서 무궁무진한 다양성을 표현함으로써 "가장 칭찬 받을 만한 가치가 있는 신의 작업"을 모방하는 데 있는 것도 아니다. 인간의 관심은 여전히 〈다多〉가 아닌 〈일一〉에 있다. 왜냐하면 "피조물 간에 분배된 모든 다양한 선이란 전적으로 고도의 방식으로 신에게서 하나로 합쳐진 것으로 인식되기 때문이다."[35] 실로 이 위대한 예수회의 논객[벨라르미노]은 클레르보의 베르나르류의 엄격한 금욕주의자가 아니다. 또한 "영적

35. 앞의 책, p.27.

인간은 완전한 초탈超脫과 망아忘我를 목표로 함으로써, 가능한 한 피조물의 지식이나 형태가—마치 실재하지 않은 것처럼—그의 기억 속에 남아있지 않도록" 명한 십자가의 성 요한*과 같은 반종교개혁의 신비주의자로 대표되는 극단으로 가지 않을 것이다. 벨라르미노가 인정한 바에 따르면 "우리는 지상에 있는 동안 피조물로부터 얻는 모든 위안을 우리에게서 치워버리라고 명령 받고 있지 않다." 그러나 피조물의 주요 기능이 그 자체의 무상無常함이나 부족함을 우리에게 상기시키지는 않는다. 또한, 신의 초감각적 속성의 감각적 상징으로 쓸모가 있으며, 그 결과 "신 이외의 모든 사물은 공허하고 영혼을 괴롭히는 것이며 더욱이 존재하지 않으나 단지 존재하는 것 같아 보이는 데 불과하며 위안이 아닌 단지 고뇌만을 제공함"을 입증하고 있다. "피조물의 사다리를 올라가는 일"은 결국 단계적으로 발전하는 〈이 세상의 경멸〉의 점진성에 대한 또 다른 명칭에 불과하다.

앞으로 알 수 있게 되겠지만, 방금 인용된 벨라르미노의 문장에서는 환상주의의 냄새가 풍기는데, 즉 복수성과 개별화는 모두 단순히 비실제의 허울에 불과할 뿐이라는 이론이 주장되고 있음을 볼 수 있다. 환상주의란 용어를 생각 없이 쓰게 될 유혹은 신플라톤적 형이상학이나 가톨릭적 형이상학으로부터 그다지 멀리 떨어진 것이 아니었다. 왜냐하면 어떤 면에서는 내세적 분위기나 신비주의적 분위기는 그것이 등진 이 세상을 단순한 비존재로 취급함으로써 자연스럽게 표현되고 있기 때문이며, 또한 다른 면에서는 그러한 생각이 내가 이제껏 이야기해 온 내적·논리적 모순을 외관상 경감시키기 때문이다. 만일 유한한 사물의 다양성이 있음을 부정하는 것과 같은 자기모순적인 동시에 안이한 편법을 취한다면 모든 문제는 단숨에 사라진다. 〈일一〉 이외에는 아무것도 실재하는 것이 없기 때문에 사실상

* Joannes a Cruce(1542~1591): 스페인 출신의 성자, Carmel 교단의 개혁에 노력하였다. 그의 신비주의 사상은 우수한 시를 통해 현대에까지도 영향을 미치고 있다.

설명되어야 할 것이 전혀 없는 셈이다. 그러나 이것은 그리스도교 신학이 채택할 수 있는 어려움을 회피하는 방법이 아니었다. 실제로 이것은 신플라톤 철학이나 가톨릭 철학의 내재성이 그 자체로 베단타파의 체계나 다른 인도 철학 체계보다 그 정도에 있어서 덜 극단적이라는 것은 아니다. 플로티노스의 정신이나 아우구스티누스의 정신이나 디오니시우스 위서의 정신이나 돈스 스코투스의 정신이나 심지어 토마스 아퀴나스의 정신조차도, 그의 이론에서 이러한 측면에만 집중시켜 본다면, 그는 진정한 실재와 유일한 참다운 선의 "내세성"—우리가 현재 경험하거나 혹은 우리의 논리적 사고가 어떤 관념을 형성할 수 있는 존재의 모든 성질을 절대적으로 제외하는 것[36]—을 주장함에 있어서 신비주의적인 우파니샤드에 나오는 현자들 및 샨카라* 못

* Shankara(788?~?820): 힌두 철학자. 인도의 신학자들 중 가장 유명한 사람 중의 하나. 그는 Vedanta 철학에 대한 주석을 썼는데, 이것은 아직도 인도에서 권위 있는 것으로 받아들여지고 있다. 그의 교리는 고대의 전통적인 일원론이다.

36 예를 들어 비교하면 *Enneads* V, 7, 41: 〈일一〉[The One]은 "그 자체에게는 무無이다. 그것은 그 자체에 대해서가 아니라 타他에 대해서 선이다. 그것은 자체를 보지 않는다. 왜냐하면 그와 같이 봄으로써 무엇인가가 그것을 위해 실재하고 존재하게 될 것이다. 그것은 모든 이러한 것들을 좀 더 열등한 것들에게 맡겼다. 그리고 그와 같은 것들 안에 존재하는 것은 아무것도, 심지어는 존재까지도 거기에 속하지 않는다."—아우구스티누스의 「삼위일체에 관하여」(*De Trinitate*) V. 1, 2: "(신은) 성질이 없어 선善이며, 양量이 없어 크고, 결핍이 없어 창조적이며, 지위가 없어 통치자이며, 외관이 없어 모든 것을 포함하고, 장소를 갖지 않아 어디든지 가며, 시간이 없어 영원하며, 자신의 움직임은 전혀 없는데 변하기 쉽고, 그리고 아무런 작용도 받지 않는다."—디오니시우스의 「신의 이름에 관하여」 IV, 3: "신을 생각하는 것이나 표현하는 것이나 이름으로 부를 수도 없다. 그는 존재하는 것들 중 어느 것도 아니며, 존재하는 것들 중 어느 것 안에 있다고 알려져 있지도 않다. 그는 모든 것들 중의 모든 것이며, 무無 중의 무이다. 그리고 신은 모든 것에 의해서 모든 것에 알려지며, 무에 의해서 무에게 알려진다."—존 스코투스 에리게나의 저서 3권 19에는 "무"로서의 신이라고 언급되어 있다.—또한 토마스 아퀴나스의 「신학대전」 I, q.13, a.12 참조. 물론 토마스 아퀴나스는 우리가 신에 관해 행한 긍정적인 주장도 참일 수 있다고 증명하려고 노력하지만 그러나 그것보다 〈탁월한 의미에서〉만 가능하다. 우리가 사용하는 술어는 우리에게는 피조물에 해당되는 의미밖에 갖지 않는다. 그러나 어떠한 술어도, 신 및 어떤 다른 논제에 대해서 동일한 의미로 적용될 수는 없다. 왜냐하면 "피조물에 있어서는, 상이하고 다양한 모든 완성물은 신에게서 불가분으로 단일하게 미리 존재하기 때문이다. 술어 간의 구별은 이와 같은 주제에 대해서는 실로

지 않게 철저하다. 그 차이란 단지 서양의 이론이 본질적으로 이중성을 갖고 있다는 것뿐이다. 서양의 이론은 이것을 주장할 뿐 아니라 또 그 정반대의 것도 주장하였다. 이 두 요소 중 후자는 유대교적 전거뿐 아니라 플라톤주의적 전거에 의해서도 내용면에서는 확고하게 구체화되었다. 주로 디오니시우스 위서를 통해 중개된 「티마이오스」와 신플라톤주의적 논법의 영향은 창세기의 권위와 결합되어 중세 신학자들에게 개별적 존재물로 이루어진 실제 우주의 실제 생성을 긍정하도록 하고 신성을 자기 확장적이며 창조적 에너지와 동일시하게 하였다. 그 결과 우주 부재론에 쓰이는 언어는, 이러한 전통에 상당한 근거를 갖는 벨라르미노와 같은 저술가에게서 나타나는 경우에, 결코 지나치게 문자 그대로 이해되어서는 안 된다. 그것은 단지 이러한 이중적 이론의 한 측면을 극단적으로 표현한 것에 불과하며, 아무리 모순적이라 할지라도 또 다른 한 측면에 의해 보완되는 것으로 이해되어야 한다.

여러 가정으로 성립된 전통적인 관념 복합체 속의 두 경향 사이에 있는, 오랫동안 억눌려 온 대립은 르네상스의 일부 작가에게서 두 가지 상호 대립되는 원리로 된 명백한 이원론으로 발전하였다. 하나는 선의 원리이며 다른 하나는 악의 원리인데, 양자는 신의 본질 그 자체에 필연적으로 내재하며, 따라서 인간성 속에도 존재한다. 더욱이 플라톤주의 원전·유대교 원전·그리스도교 원전에서 유래하는 관념들 중 근세 초에 재결합한 이러한 일부

적절하지 못하다. 물론 토마스 아퀴나스는 다른 곳에서 이것을 신의 속성이 전부와 같은 의미를 갖는 것이 아니라는 명제와 조화시키려고 노력한다. 언어가 무엇인가 뜻을 잃지 않고 〈좀 더 탁월한 의미〉로 사용될 수 있다는 생각과 상호 모순되는 속성이 신에게 있다고 일부러 주장하고, 그 모순이 그와 같은 생각으로 감추어지는 것 같은 추론법은 스피노자에게 있어서조차 (통상적으로 간과되는 것이긴 하지만) 아직도 살아남아 있다. 「윤리학」(*Ethica*) I, 17 참조: "지성과 의지는 신의 본질을 구성하지만 우리의 지성과 의지란 크게 상이할 것이기에 명칭을 제외하면 어떠한 점에서도 일치될 수 없다. 마치 하늘의 별인 견좌犬座와 짖는 동물의 개가 상호 일치하지 않는 것과 같다." 또한 「형이상학적 사고」 Cap. V 참조.

관념에 있어서 통상적인 중세적 선택이 뒤집어졌다는 것은 의미 깊은 일이다. 〈일一〉이 분열되지 않고 그 자체가 자기 충족을 통해 영원히 안식을 취한 상태인 부동의 동인動因이 아닌, 차라리 생성·운동·다양화 속에서 표출되는 쉴 새 없는 "활성화의 원리"에 더 높은 가치가 부여되었다. 그리하여 로버트 플러드*(1574~1637)는 명백히 부분적으로는 베르나르디노 텔레시오** 철학에서, 또한 부분적으로는 카발라***적 기원에 기인하는 이원론을 전개시키면서 다음과 같이 말하고 있다. 신의 본질에서는,

> 잠재적 원리 혹은 암흑의 원리가 그 본질적 속성에 있어서 빛의 실제 발출의 시작과 모순되거나 반대가 되듯이 그것들[빛의 원리와 암흑 원리]은 각각 두 결과, 즉 그 상태에서 상반되고 성질에서 서로 전적으로 적대적인 두 본질적인 속성을 현시顯示하거나 발생시킨다. 더욱이 이 두 가지의 성질은 〈냉冷〉과 〈열熱〉이다.……왜냐하면 어두운 무無 혹은 기형적인 심연의 속성은 당연히 안식을 취하며, 행동하거나 작용하지 않기 때문이다. 더욱이 그 이유란 그 욕구의 중심 너머에는 운동이나 행위가 없기에 중심과 익숙해지는 것이며 빛의 정신처럼, 혹은 의도하는 명확한 성질의 신神처럼 주변을 향해 확산하는 것이 아니기 때문이다. 이러한 이유로 암흑의 원리는 자연적 본능으로 휴식과 평온을 요구하며, 이러한 성질이 그 자신의 상태의 하나의 본질적인 힘, 즉 냉을 낳거나 생산하며 냉의 그

* Robert Fludd(1574~1637): 영국의 의사로 런던에서 개업. 신비 사상가이며 장미십자회원. 장미십자회원들을 옹호하는 논문을 썼다. Paracelsus의 사상에 힘입어 물질적 진리와 정신적 진리를 통일하는 철학을 수립하려고 하였다.

** Bernardino Telesio(1509~1588): 이탈리아의 자연철학자. 텔레시아 아카데미(Academia Telesiana)를 설립하고 그의 저서 *De Rerum Naura juxta Propria Principia*(1565; 2권)로 알려졌다. 그는 중세의 아리스토텔레스 철학에 반기를 들었고 경험적 방법을 주창하였다. 경험 세계를 물질과 비물질적인 힘(열과 차가움)에 의해 설명하고자 하였다.

*** 카발라(Kabbalah; Kabbalism)는 유대교에서 동지끼리 대대로 전해오는 성서의 밀교적 해석을 말한다. 9세기에 이탈리아에서 일어나고 독일·스페인·프랑스로 퍼져갔다.

성질은 운동과 활동인 열, 즉 적의 공격에 저항해야 할 대표자로서 선출되어 있기 때문이다.……그리하여 열의 공격에 의해 깨어나 일으켜지지 않는다면 냉은 움직이지 않으며 잠에서 덜 깬 어머니인 암흑과 결핍을 기다리는 듯 보인다. 암흑과 결핍의 아이들은 집착과 휴식으로, 늦잠을 자며 중심에서 단단히 매달려 있으므로 주변을 보기를 꺼려한다. 더욱이 사실상 냉은 신의 힘으로부터 나와 그 힘에 따르는 본질적인 행위이다. 그리고 이러한 성질에 의해 신의 힘은 그 빛을 주변에서부터 자기 자신 속으로 끌어 들인다.

그렇다면 "결여·죽음·진공·공허·기형의 어머니"인 "농축·축소·집착·부동성·육중함·안식 혹은 암흑·금욕·결핍·혼수상태 등등의 유일한 효과적인 동인(動因)"[37]은 감각적으로 냉(冷) 속에서 표출되고 있는 이러한 신의 본질의 속성이다. 의심할 바 없이 플러드가 인정하지 않을 수 없다고 느낀 바에 따르면, "본질과 성질에서 하나의 〈단일성〉으로부터, 그와 같이 대립적인 성질의 두 가지[枝], 즉 (실수·기형·다툼·결핍·죽음 등의 자리인) 〈암흑〉 및 (진리·아름다움·사랑·지위 등의 도구인) 〈빛〉을 발생시키고 싹트는 것은 놀랄 만한 일이며 모든 인간의 지혜를 넘어서는 것"임을 인정하지 않을 수 없다는 것이다. "마니교의 분파가 두 개의 상호 영원한 원리가 있다고 매우 확고하게 주장한 것도" 놀랄 만한 일이 아니란 것이다. 더욱이 플러드는 비록 그리스도교인으로서나 플라톤주의자로서 모든 존재가 단일·단순·완전한 본질로부터 유래한다는 이론을 포기할 수 없었지만, 그럼에도 불구하고 그가 생각하는 두 가지 신의 속성 혹은 우리가 신의 속성이라고 생각하지 않을 수 없게 한 것은 실제로 신과 악마는 같은 역할을 하고 있다는 것

37. 「모세의 의학」(*Mosaicall Philosophy*, 1659), pp.53~54. 이 두 원리를 Fludd는 아주 빈번히 신의 "의지"(volunty)와 "비의지"(nolunty)라 명명하고 있다.

을 의식하고 편안치 않았다는 것을 의미한다. 여기에서 우리의 관심은 신에 내재하는 악마의 역할이 자기 충족 혹은 자기 폐쇄라고 하는 속성, 즉 그 영향이 존재의 부동의 중심을 추구하는 사물 속에 있는 경향에서 명시되고 있는 속성에 의해 결정된다는 것이다. 이것은 "암흑과 기형이 빛과 생명의 아이들 및 그 모든 아름다운 자손에게 부여한, 조화되지 않는 결핍된, 증오에 찬 정념情念"[38]이다. 말하자면 신이 자신으로부터 나가서 "자애로운 발출물" 속에 살 때야말로 이른바 신의 선성이 표현된다.[39] 따라서 '충만'이란 플러드가 사용한 신성한 단어 가운데 하나이며, 그 반면에 플러드는 자연에 있는 〈진공의 공포〉를 열심히 설명하고 있다.

요브는 진공·공허·암흑이 동일한 것이라고 논한다. 즉, 충족이나 충만이 모두 신의 실제 속성으로부터 나오기 때문에 진공·공허·공백이다.……신의 정신의 계시 이전에는 공허하고 공백空白이던 대지가 이제 신의 빛과 은총으로 가득 차 있다. 거기서 대지는 더 이상 공허하지도, 비어 있지도 않으며, 즉 본질적인 것이 결여되어 있지 않은, 비옥하고 풍요로운 상태가 되었다. 그제서는 신의 불[火]과 신의 썩지 않는 정신으로 충만 되어 있었다. 솔로몬*에 의하면 〈성신聖神이 질서로써 지표地表를 채웠다〉. ……더욱이 사도 바울로에 의하면 〈그리스도는 만물을 채웠다〉는 것이다. 이에 따라 우리는 충만이 모든 신의 〈행위〉에서 유래하며 〈공

38. Fludd, 앞의 책, p.143.

39. 결국 플러드는, 물론 자신의 전제에 의해서, 이 두 속성은 신의 본질이 분할할 수 없으므로 동일한 것이며 양자가 함께 선하다고 주장하지 않을 수 없게 된다. 바꾸어 말해서 그는 이 일반적인 종류의 철학의 모든 것에 내재하는 선에서 아직도 벗어나지 못하고 있다.

* Solomon(c.973~933 B.C.): 이스라엘의 왕. 다윗 왕과 바세바의 아들. 그의 통치하에 이스라엘은 강대해졌고 그의 부와 지혜가 널리 알려졌다. 또한 그는 예루살렘의 성전과 공공 건물을 건축하였다. Tyre의 Hiram과 동맹을 맺었다. 「잠언」, 「솔로몬의 노래」, 「전도서」, 「솔로몬의 지혜」의 저자라고 일컬어진다.

허는〉 그와 반대로 형상을 부여하는 생명이 바닷물이 없을 때 나온다는 것을 알 수 있을 것이다. 이는 〈진공〉이나 〈공허〉가 자연에서 그와 같이 무서운 사물인가 하는 이유이다. 영원한 발출이 전적으로 결여된 피조물에게는 참을 수 없는 것이다. 왜냐하면 만물은 자연적 욕구 또는 정념에 의해 생명을 부지하기를 열망하기 때문이다. 그러므로 존재가 아주 없어진다는 것은 어느 자연물에게도 가공스러운 일이다.[40]

그리하여 플러드에 있어서는, "악의 원리"는 전통적 철학이 모든 욕구가 성취되는 완전성의 본질을 항상 표현하려 한, 바로 그와 같은 말로 정의되고 있다.

여기에서 모든 그대의 전환과 회전은 멈추고
　　여기에 모든 평온과 평화가 있도다.
그대는 휴식의 본래 자리인 중심으로 왔도다.
이제 이곳에는 더 이상의 변화도 더 이상의 필요도 없다.
　　〈일一〉이 〈다양한 변화〉로 바뀔 때에는[41]

플러드에게 "휴식의 본래 자리"는 암흑과 죽음의 거주지였으며 "중심 및 중심 주변을 잘 알고 있는" 존재는 모든 선을 부정하는 것이다. 그러나 그는 단지 플라톤주의와 그리스도교의 전통 속에 무리하게 합쳐져 있던 두 경향 중 하나만을 그 논리적 결론까지 몰고 갔을 뿐이다.

이러한 대립의 또 다른 한 형태가 주목될 수 있다. 역시 BC 5세기의 그리스 철학의 유산으로 인정된 원리에 의하면 어떤 존재에게도 선은 그 특유

40. 「모세의 의학」, p.52.
41. John Norris "The Prospect," in *A Collection, etc.*(1706), p.97.

의 "성질"을 실현하는 것에 있다. 따라서 가장 극단적인 내세성을 위한 논리조차 이런 의미의 "성질과의 조화"라는 말로 공식화하는 것이 관례였다. 그러나 여기에 부여된 구체적 의미는 선을 자기 충족과 동일시하는 논법으로부터 전적으로 유래되었다. 이성적인 존재로서의 인간은 절대적이고 최종적이며 무한한 선을 소유한다는 것, 말하자면 신의 완전과 지복을 완전히 통합하는 것 혹은 신의 완전성과 지복에 〈사변적 지성을 동화시키는 것〉[42]에 있어서만 자신의 성질을 실현할 수 있다고 주장되었다. 그러나 만일 충만의 원리의 논리가 후세에서 그러했듯이 이 점에 적용되었더라면 이러한 특유의 인간적인 선의 관념을 변질시킨다는 것은 불가능했을 것이다.

우리는 이제껏 오랫동안 지속된 근본적으로 양립될 수 없는 사상의 결합에 관해 세 측면을 검토해 왔는데 그 중요성을 우리는 이제 더 일반적인 말로 표현할 수 있다. 서양의 종교·도덕·철학의 역사에서 가장 중요하고 특징적인 상황은 후기 플라톤주의와 가톨릭교회의 공인된 철학 등 양자가 설령 문자 그대로 무조건은 아니라 해도 실질적인 낙관주의와 내세성을 결합시켰다는 사실이다. 이 양자는 마찬가지로 두 가지 모순적인 명제와 관련되었는데, 그 모순적인 명제란 첫째 '이' 세상은 도피해야 할 본질적으로 악한 것이라는 명제, 둘째 바로 그러한 속성을 갖는 이 세상의 존재는 매우 큰 선이기 때문에 그 창조에 있어서 신의 모든 속성 중 가장 신적인 것이 현시되었다는 명제이다. 일관성 있게 내세 지향적인 철학은 인간의 사고와 감정을

---

42. 「신학대전」 II, 1, q.2, a.8 "인간의 지복至福이 무엇인가 만들어진 선한 것 중에 있음은 불가능하다.……인간의 욕구인 의지의 대상은 지성의 대상이 보편적인 진실인 것과 같이 보편적인 선이다. 그러므로 어떠한 피조물 가운데에서도 알려지지 않고 단지 신 가운데 있어서만이 알려진 보편적 선이 아니면 인간의 의지를 진정시키는 것이 되지 않음은 명백하다." 신플라톤주의에 관한 한, 관념들의 동일한 대립은 B.A.G. Fuller의 *The Problem of Evil in Plotinus*, pp.89~102에서 찬탄할 만한 통찰력과 명석함으로써 논의되고 있다. Fuller는 더 이상 논할 여지를 남겨놓고 있지 않기 때문에 나는 여기서 간단히 다루었다.

외면하기 위하여 순간적이며, 감각적인 분열된 세상에 관해 세 가지 설명 중 어느 하나를 제시할 수 있다. 우리가 살펴보았듯이 그와 같은 세상이 존재한다는 신념은 순수한 환상일 뿐이라고 말할 수 있을지 모른다. 이 세상의 실재를 부인하지 않는 반면 이 세상은 결코 존재하지 〈않았어야 했다〉고 주장하거나, 〈영원하고 완전한 일→〉이 아닌 그 어떤 다른 것의 창조도 설명할 수 없는 전적인 재앙이었다고 주장할 수도 있다. 혹은 그것은 원시불교처럼 세상의 기원이나 존재 이유, 혹은 형이상학적 지위 등과 같은 단지 사변적 문제 또는 더 나아가 추구되어야 할 목표의 긍정적 성격도 논하기를 거부하고 순간적이며 감각적인 존재란 타협할 수 없는 악이라고 인간을 설득하고 그것으로부터의 도피의 길을 제시함에 그 온 힘을 다할지도 모른다.[43] 그러나 그러한 철학은 이 세 가지 형태의 비관론 중 하나를 선택하지 않을 수 없다.[44] 서양 종교 사상에는—마니교와 그노시스주의적* 그리스도교 이단설에는—한때 이러한 두 입장 중 두 번째를 추구하는 경향이 뚜렷이 있었다. 만일 이러한 경향이 대세를 이루었더라면 우리가 관찰해 온 모순 중 어느 것도 생기지 않았을 것이다. 신의 생활의 교란되지 않은 평화로

43. 10 *Avyâkatâtni*, 즉 "거론되지 않은 점"이라는 불교의 공식을 참조.

44. 나는 염세주의란 말을 여기서는 역사적으로 적용되는 것이 매우 가능하다는 의미로만 사용한다. 절대적인 염세주의, 즉 이 세상이 전적인 악惡이며 거기에 대신하는 것은 하나도 없다는 가르침은 드문 현상이다. 실제의 염세주의는 전혀 "다른"—단지 우연적인 관점에서 볼 때 하나의 미래인—세계를 하나의 대신하는 것으로 제공하는 종교체계의 소극적 면에 불과한 것이 통례이다.

* 그노시스는 지식을 의미하는 그리스어. 동양의 종교사상과 그리스 철학사상이 혼합된 것. 인간과 세계, 세계와 신의 이원적 단절을 인정하면서도 절대적 시원始源으로서의 신으로부터 하위의 신을 발출시켜 이것을 세계의 창조자라고 한다. 한편 인간구원은 신의 자기 구원이라고 생각되었다. 이 구원이 그노시스이며, 그리스도는 이 그노시스를 지상에 가져온 것으로 믿어졌다. 이 설은 예수의 인격을 무시하는 경향이 있다고 하여 이단으로 규정되었다. 그노시스파는 초기 그리스도교 시대(기원 1세기~2세기)에 로마에서부터 중동 일대에 유행한 이단 운동의 하나로서 철학적 사변이나 신학적 변증에 의한 이해 대신 신비적 영감으로 신의 계시에 접하여 신과의 합일을 중요시하는 이단적인 종파였다.

부터, 신음하고 진통을 겪는 피조물, 즉 분열되고 또 임시적인 육체를 갖는 존재로 이루어진 우주가 출현하였다는 것은 근원적이고 본질적인 〈타락〉으로 간주되었을 것이며, 조물주[데미우르구스]가 그 일에 관련되었다고 생각되는 것은 무엇이든 근원적이고 본질적인 〈악마〉라고 간주되었을 것이다. 기원후 최초의 4세기 동안 이교도적인 플라톤주의자들과 그리스도교 신학자들에게 모두 인정된 가설에서 이러한 유형의 결론이 불가피했을지도 모르는 일이 얼마나 많았던가는 명백하다. 플로티노스가 그노시스주의의 성향과 원리를 부인한 것과, 더 극단적으로는 아우구스티누스가 마니교로부터 개종한 것에서 구체적으로 나타나고 있는—성과가 큰 모순을 받아들이기로 한 결정의 의의는 근대에 이르기까지 명백하게 드러나지 않았으며 실로 18세기에 이르기까지도 완전히 드러난 것은 아니었다. 그러나 공식적 설이 압도적으로 내세적인 시대인 중세를 통해 본질적으로 '현세 지향적인' 철학의 뿌리는 적어도 명맥을 유지하고 있었다. 즉, 신의 본질인 〈이데아〉의 세계에는 진정한 내재적 다양성이 있다는 가정, 더 나아가 "존재는 선하다"는 것, 즉 보편적인 것에 구체적 현실성을 덧붙이는 것이나 초감각적 가능성을 감각적 현실성으로 변화시키는 것은 가치의 상실을 뜻하지 않고 그 반대로 증가를 뜻한다는 것, 또한 실로 선善의 본질 자체는 다양성을 최대한 현실화하는 데 있다는 것이며, 따라서 시간적·감각적 경험의 세계는 선한 것이며 신적인 것의 최고 표현이라는 것 등과 같은 가정은 명맥을 유지해 오고 있었다.

Ⅳ. 충만의 원리와 새로운 우주관

공간에서의 물리적 세계의 크기와 일반적인 배열에 관한 개념이 중세에서 근대에 걸쳐 변화하게 된 것에 대해 가장 중요하고 결정적인 역할을 한 것은 코페르니쿠스의 가설도 아니고 그 이후 2세기 동안 과학적으로 발달한 천문학의 훌륭한 업적도 아니었다. 18세기 초에 이르러 교육받은 사람들 사이에서 공통적으로 지지받게 된 우주관에서 낡은 세계관과 새로운 세계관을 가장 크게 갈라놓은 특징, 즉 상상력에 가장 큰 영향을 끼치고 또한 우주에서의 인간의 위치에 대해 널리 퍼진 관념이나 전통적인 종교 신조나 종교 감정을 바꾼 특색은 대체로 일반에게 받아들여졌으나, 천문학자의 실제 발견이나 기술적 추론 때문이 아니라 앞에서 제시된 바와 같이 중세 사상에서 지속적이긴 하지만 항상 억압되고 유산되어 버린 원래 플라톤적인 형이상학적 선입관의 영향 때문이었다. 이것을 명백히 하기 위해서는 우선 중세인에게 종교적·도덕적 의미를 지녔던 혹은 지닌 것으로 생각된 낡은 우주관의 관점이 어떤 것이었는가를 고려하는 것이 필요하다. 이는 인간이 자신의 세계에서 얼마만큼이나 감정적으로 편안하게 느낄 수 있었는가, 그 세계 속에서 자신의 지위와 역할을 어떤 방식에 따라 생각해야 하는가를 결정하는 데 도움이 되었다.

중세 세계가 작아서 그 안에서 지구는 상대적으로 큰 것으로 보였다고 생각하는 것은 잘못이다. 비록 오늘날의 천문학자가 계산하는 수억 광년과 비교할 때 프톨레마이오스*의 체계에서의 거리가 아무리 사소한 것이라 할지라도 그것은 상상력에 척도를 제공하는 지상적地上的인 넓이에 비례해 볼 때 결코 사소한 것이 아니었다. 프톨레마이오스 자신은 하늘과 비교하면 지구를 단지 한 점에 불과하다고 말한 바 있었다. 12세기 말에 마이모니데스** 는 「의문을 가진 사람들의 안내서」에서 다음과 같이 서술하였다.

> 우리 자신에 대한 정확한 평가를 하기 위하여 우리는 천구天球***와 별들의 차원과 거리에 관해 이루어진 조사결과를 고려해야 한다. 지구의 중심과 토성土星의 정점 사이의 거리는, 만일 사람이 하루에 40리그[약 3마

---

* Ptolemy(Claudius Ptolemaeus)는 2세기 알렉산드리아의 천문학자·수학자·지리학자. 일반적으로 *Almagest*(최대의 책)로 알려진 그의 「위대한 수학적 체계」(*Megalē Syntaxis tēs Astronomias*)는 천문학과 지리학에 관한 체계를 기술하고 있는데, 이것은 태양과 행성 및 기타 별들이 지구 주위를 선회한다는 이론에 근거한 것이었다. 이 책의 내용이 어디까지가 본인의 독창인지 아니면 단지 견해의 집대성인지 분명하지 않다. 프톨레마이오스 체계는 코페르니쿠스 체계로 대체될 때까지 일반적으로 받아들여졌었다. 그의 「지리학」은 지구 크기의 추정, 그 표면에 대한 묘사, 폭과 길이가 측정된 장소 등의 일람표를 그 내용으로 하고 있다.

** Moses Maimonides(1135~1204): 유대인 철학자. 스페인 코르도바에서 출생하여 아라비아 학자들에게서 수학하였고 카이로에서 신학자·의사로서 존경받았다. 그의 철학체계는 유대주의적 해석으로 추정이 가해진 아리스토텔레스 철학을 조화시키려고 시도하였다. 그는 의지의 자유를 믿고 금욕주의를 비난하였으며 영혼은 물론 육체를 돌보아야 한다는 것을 가르쳤다. 만년에는 아베로에스의 영향을 받았으며 아리스토텔레스의 설과 유대교의 신학을 각각 지식과 신앙으로 구분하려 하였다. 그의 주요 저작 가운데는 「계몽」(*Siray*)이라는 제목이 붙은 미슈나(*Mishnah*)에 대한 아랍어로 된 주석을 비롯해 히브리어 저작 「제2의 법」(*Mishnah Torah*) 등이 있다. 이외에도 논리학·수학·의학·법률·신학에 관한 다수의 저서가 있다.

*** 천구는 고대인의 우주론에서 별들을 그 표면에 갖고 있다고 생각한 우주 구성 단위였다. 항성이나 행성은 모두 이 천구 위에 고정되어 있어 천구가 회전하기 때문에 함께 운동한다고 생각되었다. 그리고 회전 속도가 다르기 때문에 천구운동에서 생기는 음악이 있으며, 이 음악은 천구의 음악이라고 칭해졌다.

일]를 걷는다고 가정해도 365일을 1년으로 하여 8,700년 가량 [즉, 개략 환산한 거리로 약 1억 2천 5백만 마일] 걸린다는 것이 증명되었다.……이 광막하고 무서운 거리를 상상해 보라. 성서가 「신이 하늘의 높은 곳에 있지 않은가? 별의 높이를 보라. 얼마나 높은가!」라고 천명한 것은 이에 관한 것이다.……그러나 이렇게 보이는 커다란 거리란 최소의 것에 불과하다. 왜냐하면 지구 중심으로부터 항성의 요면凹面까지의 거리는 그 이하일 수 없으며 아마 몇 배가 될지도 모른다.……항성의 천구天球면에 관해 말하면, 그 두께는 최소한 그 천구에 포함된 별들의 부피와 같고 그 별들은 각각 지구의 90배를 넘는 부피를 갖고 있다. 천구면 자체가 지구보다 훨씬 더 두꺼울지 모른다. 모든 다른 천구에 그 일주 운동을 부여하는 제9의 천구의 크기는 알려져 있지 않다. 왜냐하면 거기에는 어떤 별도 포함되어 있지 않으므로 우리에게는 그 크기를 판단할 수단이 없기 때문이다. 그러므로 이러한 천체의 크기가 얼마나 방대하고 그 수가 얼마나 많은가를 생각해 보라. 그리고 만일 지구를 항성에 비교해 볼 때, 점 하나보다도 크지 않다면 창조된 우주 전체에 대한 인류의 비율이 어떻게 될 것인가? 그렇다면 우리는 이러한 사물이 우리를 위하여 존재하며 우리의 용도에 기여하도록 되어 있다고 생각할 수 있겠는가?[1)]

로저 베이컨*은 지치지 않는 열정을 지니고 〈사물의 크기〉에 관해 부연 설명하였다. "눈에 보이는 별 중 가장 작은 것도 지구보다 크지만 하늘과 비교할 때 가장 작은 별은 사실상 크기가 없는 셈이다.……프톨레마이오스에 의하

1. 앞의 책 3권 14장.

* Roger Bacon(1214?~1294): 영국의 스콜라 철학자이며 과학자. 옥스퍼드와 파리에서 공부한 프란체스코 수도 성직자로서 옥스퍼드에 거주하였다. 연금술과 광학실험을 하였고 화약을 다룰 줄 알았다. 그의 저작에는 이단적 성질이 있다고 의심 받아 그는 프란체스코 수도회에 의해 감금당하기도 하였다. 백과전서적인 *Opus Majus*(1268), *Compendium Studii Theologiae*(1292) 이외에도 *Opus Secundum, Opus Tertium* 등 저작이 있다.

면 하늘의 크기 때문에 항성은 비록 믿을 수 없는 속도로 움직인다 하더라도 3만 6천 년이 걸려도 그 주기를 끝낼 수 없다. 그러나 지구는 걸어서 3년 이내에 일주할 수 있다."[2] 이 주제는 16세기에 반코페르니쿠스파의 사람들에게 계속 애용되었다. 예를 들어 듀 바르타스*는 다음과 같이 공들여 설명하였다(나는 1592년에 출간된 실베스터 역 「일주간」에서 인용하겠다).

> 수정 같은 하늘에 흩어져 있어 머리 위 우리가
> 그 빛을 보는 가장 작은 별도(적어도 별을 연구하는 학자를 믿을 수 있다면)
> 지구 전체보다 18배가 된다……
> 비록 한 왕이 책략과 전쟁으로
> 지구 전체를 지배하게 된다 하더라도
> 보라, 여기에 그의 영광스런 노고의 대가를
> 바늘 끝, 티끌, 작은 것을 얻을 뿐
> (모두를 소유한다 해도) 서캐 같은 무無일 뿐.[3]

그러나 비록 중세 세계가 인간과 지구를 비교할 때 그렇듯 거대하긴 했지만 그럼에도 불구하고 명확하게 또 철저히 한정되어 있었다. 따라서 그것은 본질적으로 마음속에 그려 볼 수 있었다. 또 중세 세계가 제시하는 시계視界는 아무리 넓은 것이라 할지라도 전적으로 상상력을 가로막는 것은 아니었다. 15세기의 사람들은 성벽을 두른 도시에 살고 있었을 뿐만 아니라 여전히 성벽을 두른 우주 속에 살고 있었다. 그리고—중세의 도시나 기타 중세적인

---

2. Bridges 편 「대표저작집」 I, 18: Dryer, *Planetary Systems*, p.234 또한 참조.

* Guillaume Saluste Du Bartas(1544~1590): 프랑스의 군인이며 시인. 영국의 스펜서·던 등에게 영향을 끼쳤다. 창조에 관한 서사시인 「일주간」(*La Sepmaine*, 1578), 미완성인 「둘째주」(*La Seconde Semaine*) 등이 있다.

3. Sylvester 저 「첫 주」(*The First Week*, 1605년 판) "제3일".

사물과는 달리—이러한 우주 체계는 고전 예술 작품의 본질을 이루는 성질을 가지고 있었다. 실로 중세에서 가장 고전적인 것은 우주라고 말할 수 있을 것이다. 사람들은 고딕 양식의 교회에서 예배하기를 바랐으나 하늘의 구조는 고딕 양식의 작품이 아니었다—그것은 사실상 그리스식 건조물이었기 때문에 놀랄 만한 일이 아니다. 왜냐하면 세계는 명백한, 이해하기 쉬운 단일 구조를 가졌으며, 명확한 형태일 뿐 아니라 세계를 구성하는 모든 물체가 갖는 가장 단순하고 가장 완벽한 형태라고 생각된 구조를 갖고 있었다. 세계에는 산만한 부분이 전혀 없었고 울퉁불퉁한 유곽도 없었다. 실로 그 내적 구조의 단순함도 관찰된 천문학적 사실 때문에 바랄 수 있는 것만큼 완전한 것이 못 된다는 점은 한층 더 똑똑히 인식되었다. 그러나 시적인 우주 〈안내인〉의 우두머리는 이러한 세부의 까다로운 복잡함에 거의 주의를 기울이지 않았으며 이러한 복잡함은 확실히 비非천문학적 정신의 소유자를 그다지 괴롭히지 않았다.

공간에 관한 낡은 세계상世界像은 특히 인간에게 자신의 중요함과 위엄에 대한 고도의 감각을 부여함에 적합하다고 흔히 말해 왔다. 그리고 일부 근대 저술가는 이러한 코페르니쿠스 이전의 천문학의 의미를 중시하였다.[4] 인간이 우주의 중심적 위치를 점하고 있으며 그가 살고 있는 행성의 주위를 광대한, 사람이 살지 않는 모든 천구가 순조롭게 회전하고 있다는 말을 우리는 듣고 있다.[5] 그러나 중세인에게 지구 중심적 체계의 실제 경향은 바로 그 정반대였다. 왜냐하면 세계의 중심이라는 것은 명예스런 위치가 아니었기 때문이다. 그것은 오히려 〈최고천最高天〉으로부터 가장 멀리 떨어진 창조

4. E.A. Burtt, *The Metaphysical Foundations of Modern Physical Science*, pp.4~6 참조.

5. 문자 그대로 또는 물리적으로 점유되지 않은 동안 기타의 행성은 당연히 여러 계급에 속하는 행복한 삶[至福]을 얻은 자들의 상징적인, 말하자면, 공적인 주거지였으며, 비록 이러한 자들의 실제 거주지는 최고천임에도 불구하고, 여러 가지 천사의 영혼들에 의해 지배되고 있었다. 그리하여 이러한 천체들은 때때로 들리는 것처럼 "오직 인간의 즐거움과 교육이나 효용 때문에 존재하는 것"이 아니었다.

물의 밑바닥이며 거기에 찌꺼기와 상대적으로 비천한 원소가 가라앉은 곳이었다. 사실 실제 중심은 지옥이었다. 공간적 의미에서 중세 세계는 문자 그대로 악마 중심이었다. 그리고 달의 궤도 아래의 전 지역은 당연히 달 위의 찬란하고 부패를 모르는 하늘보다 비교할 수 없을 만큼 열등한 것이었다. 따라서 몽테뉴*는 여전히 구식 천문학에 집착하며 인간의 주거지를 "세계의 더러움과 수렁, 우주에서의 최악·최저의 가장 생기 없는 부분, 집의 밑바닥층"으로 일관성 있게 묘사할 수 있었다. 그렇다면 어떻게 창조물이 이곳에 살고 있으며 "세 등급의 동물 중 가장 낮은 동물"(육상동물)과 동거하고 있는 인간이 상상 속에서 "감히 자신을 달의 궤도 위에 놓고 하늘을 자신의 발밑으로 끌어내릴 수 있는가?" 하고 그는 질문하였다. 몽테뉴는 "어떤 권위에 의해서" 인간은 "이러한 천공의 훌륭한 운행과 자신의 머리 위에서 그렇게도 당당하게 회전하고 있는 이 영원한 등불이 인간의 편의를 위해 세워졌으며 앞으로 여러 시대를 통해 지속될 것"[6]이라고 가정할 수 있는가라고 묻고 있다. 1640년에 존 윌킨즈**는 코페르니쿠스 체계에 반대하여

* Michel Eyquem de Montaigne(1533~1592): 프랑스의 수필가로서 저서 「수상록」(*Essais*, 1588)으로 유명. 그 문체와 사상은 프랑스 및 영국 문학에 커다란 영향을 끼쳤다.

6. 「수상록」 2권 12장의 「레몽 스봉의 변론」. 몽테뉴는 생명과 사고를 지구상에서만 볼 수 있다고 상정할 아무런 이유도 없다고 덧붙여 말하였다. 이렇게 말함으로써 그가 다른 별에도 인간과 같은 피조물이 거주하고 있다고 말한 뜻이 있는 것은 아니었다. 몽테뉴는 달이 단지 지구의 교외郊外로서 마찬가지의 거주자들이 살고 있다는 생각에는 반대하고 있다. 그러나 천구 자체는 "그러한 천구가 지구를 능가하는 것만큼 인간의 영혼보다 훨씬 더 고귀"한 이성적인 영혼에 의해 생명이 부여되고 있다고 믿어도 옳다고 보아야 할 것이다. "우주의 가장 중요한, 귀중한 부분"은 일부의 주장과 같이 중심이 아니라 차라리 "경계" 또는 변두리라는 아리스토텔레스의 논의에 관해서는 「천체론」 II, 293 a~b 참조. 또한 키케로의 「신의 본질에 관하여」 II, 6 참조.

** John Wilkins(1614~1672): 영국의 주교이며 과학자. 왕립학회 창시자 중의 한 사람. 그의 저서로는 「달 세계의 발견」(*The Discovery of a World in the Moone*, 1638), 「우리의 지구가 행성 중의 하나일 것이라는 논고」(*A Discourse Tending to Prove That 'Tis Probable Our Earth Is One of The Planets*, 1640), 「자연종교의 원리와 의무」(*On the Principles and Duties of Natural Religion*, 1678) 등이 있다.

현재도 제시되고 있는 논의의 하나로서,

> 우리의 지구는 세계의 어느 다른 부분보다도 가장 더럽고 비천한 물질로 만들어졌으며 따라서 그것은 최악의 장소인 중심에 위치하지 않으면 안 되고 더 순수하고 부패를 모르는 그러한 물체인 하늘로부터 가장 먼 거리에 위치하지 않으면 안 되기 때문에 가장 더러운 것이다.[7]

라고 언급하고 있다. 이상의 구절에서 볼 때 십분 명백한 것은 지구 중심적 우주관이 인간의 선양이 아닌 인간의 굴욕에 기여했던 것 그리고 코페르니쿠스설이 어느 모로는 인간 주거지에 지나치게 훌륭하고 고상한 지위를 부여했다는 이유로 반대에 부딪쳤다는 것 등이다.

물론 중세의 그리스도교적 체계에는 날개 없는 두 발 가진 동물 속에 자신의 우주적 중요함과 자신의 행위의 중대성에 관한 높은 의식을 낳기 〈쉬운〉 다른 요소들이 있었다. 그러나 이들은 천동설적 천문학과는 관련이 없었으며 천동설이 폐기되어도 쉽게 살아남을 수 있었고 실로 거의 천동설적 천문학이 폐기되어도 별 영향을 받지 않았다. 세상에서의 그 독특한 위치와 〈신〉의 각별한 관심을 지구에 부여한 것은 공간에서의 지구의 위치가 아니라 오히려 지구에만 그 최종적 운명이 아직 결정되어 있지 않은 이성적 존재를 토착민으로서 거주시켰다고 생각된 사실이었다. 만일 지구가 부패의 유일한 영역이라 해도 그것은 또한 생성의 유일한 영역이었다. 여기에서만이 새로운 영혼이 탄생하고 영생불사의 인간의 운명은 아직 결정되어 있지 않으며 어떤 의미로는 〈조물주〉 자신의 계획을 성취시키는 것도 문제가 되었다. 그렇다면 만일 이 침침하고 더러운 우주의 지하실이 (한 가지만을 예외로 하고) 어떤 존재들의 주거로 삼기에는 제일 존경 받지 못할 장소라

7. 「철학 및 수학 저작집」(1802) I, p.120의 「새 행성의 발견」.

할지라도 그것은 실로 극적이고 자극적인 모든 일이 진행되고 있는 장소이기도 하였다. 따라서 신의 자족에 관한 설과 비정非情에 관한 설이 서로 크게 모순된다 할지라도 인간사란 〈신〉 자신에게는 헤아릴 수 없는 염려의 대상으로 생각되었다. 그러므로 메소포타미아의 한 소박한 부부의 단 한 번의 자연스러운 우행愚行 때문에 3위位 중의 하나가 인간의 육체로 바뀌어, 태어나 살면서 인간의 구원을 위해 이 지구 상에서 죽지 않을 수 없었다. 역사를 통하여 천사들은 끊임없이 인간에게 봉사했던 반면 반역적인 영혼들은 이에 못지않게 열심히 인간을 파괴하는 작업에 몰두했었다. 장월*의 소설 중 한 등장인물은 "내가 시뇨렐리** 작作의 「지옥으로의 전락」을 보고 있을 때 나는 천국과 지옥의 대大 부대가 그 영혼을 위해 싸우는 것을 보고 우리의 조상이 얼마나 생생하게 삶을 즐겼고 각 개인의 영혼이 얼마나 중요했던가를 생각하였다. 생의 〈의미〉에 관한 얼마나 강렬한 의식意識인가!"라고 말하고 있다. 이러한 관념이 중세의 신자들에게 실제로 즐거움을 줄 수 있었는가 하는 것은 의심의 여지가 있을 것이다. 매우 강하고 각각 나름대로 대단히 치열한 두 세력의 분쟁의 씨앗이 된다는 것은 자기 자신의 경우 충돌이 최종적으로 어떻게 종결되는가에 관한 당연한 걱정은 제쳐 두고라도 평범한 감성적 인간에게는 기분 좋은 입장이 아니었다. 그러나 그것이 어떤 인종적인 〈자존심〉을 조장하고 정당화하려는 것 같은 입장이었음은 부정할 수 없다. 그러나 이것은 단지 이 지구만이 반半물질적·반半영적으로 자유로운 피조물—〈존재의 연쇄〉의 중간 고리—로 성립하는 종속種屬을 포함하고 있고 그들의 충성심을 위해 천국의 군대와 지옥의 군대가 상쟁하고 있다

* Israel Zangwill(1864~1926): 영국의 유태인 희곡작가·소설가. 「빈민가의 아이들」(*The Children of the Ghetto*, 1892, 희곡화는 1899), 「도가니」(*Melting Pot*, 1908), 「전쟁의 신」 (*The War God*, 1911) 등 저작 다수.

** Luca Signorelli (1441~1523): 이탈리아의 화가. 해부학의 지식을 회화에 적용한 최초의 화가.

는 것을 의미하는 한에서만 당시 통용된 우주관과 관련된 것이었다.

그러므로 기존의 우주관에서 시적·종교적으로 의미 있는 것은 코페르니쿠스설의 영향을 거의 받지 않았다. 코페르니쿠스에게는 태양계와 우주가 늘 동일한 것이었다. 그의 세계는 설사 지구 중심적 세계가 아니라 할지라도 여전히 중심에 위치해 있었고 그 형태는 여전히 구체였으며 〈자신과 모두를 포함하여〉 가장 바깥쪽 천구면으로 여전히 단단히 둘러싸여 있었다.[8] 지각될 수 있는 우주 전체가 이와 같이 한정되고 갇혀 있는 한, 인간이 사는 행성이 그 공간적 위치가 어떻든, 여전히 독특한 생물학적·도덕적·종교적 지위가 부여되고 있는 한, 중세의 우주 체계의 미적·실제적 특성은 그대로 있었다. 더욱이 지구 중심적 체계의 포기가 의미하는 이런 종류의 변화 중의 하나는 이미 언급된 것에서 명백히 나타나 있듯이 흔히 새로운 천문학에 귀착되고 있는 것과는 정반대의 것이었다. 사물들의 중심으로부터 인간을 옮긴다는 것은 낮은 지위로부터 상승시키는 것이었다. 그것은 또한 중심의 위치란 특히 타락한 위치라는 아리스토텔레스의 관념을 부정하는 것이며 생성이 일어나는 월하계月下界와 불멸·불변의 하늘 사이에 있는 대립의 모두를 부정하는 것을 뜻하였다. 그러나 이는 이미 여러 중세 저술가로부터 공격받은 바 있었다. 예를 들면 코페르니쿠스보다 한 세기 이상 전에 쿠사누스는 지구가 우주의 가장 비천한 부분이라는 가설을 부인하였다. 우리는 죽음과 부패가 지구에만 있는 특이한 것임을 알 수 없다고 그는 말하고, 또한 천계天界를 두 부분으로 구분하고 각각 본질적으로 서로 다른 종류의 물체에 의해 점유되어 있다는 것은 입증할 수 없다고 그는 언명하였다.[9] 그렇다면 이와 같이 코페르니쿠스설에 따른 의미가 16세기의 일부 사람들에게는 여전히 놀랍고 혁명적으로 보이긴 하였지만 새삼스러운 것은

8. 「천구의 회전에 관하여」(1873년판) I, p. 28. 그러나 코페르니쿠스는 분명히 세계의 무한성에 반대하지 않았으며 그것을 "철학자들의 토론"에 맡겼다 (같은 책, pp.21~22).

9. Ockham과 Buridan도 역시 이 설을 반대하였다.

아니었다. 더욱이 전통적 개념에 대한 가장 심각한 타격은 코페르니쿠스의 논리에 의해서가 아니라 1572년의 티코 브라헤*가 카시오페아 자리의 새 별을 발견함으로써 가해진 것이다—그 별은

창조 이래로 세상이 믿고 있듯
불변하는 천계에의
낯선 새로운 방문자

였다. 이 당시에 코페르니쿠스설은 별 진전이 없었으며 물론 티코 자신에 의해서도 받아들여지지 않았다. 그러므로 이는 우주계를 속성과 권위에서 전적으로 상이한 두 영역으로 나눈 구분을 타파하는 데 공헌했다고는 생각될 수 없다.

실로 하늘의 비非지구 중심적 배열은 프톨레마이오스적 체계보다는 그리스도교 신학과 더 조화를 이룬다고 간주되는 것이 그럴 듯하게 생각되었다. 더욱이 이러한 사고가 적어도 새로운 가설—이라기보다는 차라리 그 가설의 수정—에 대한 케플러의 강력한 지지를 얻기 위해서 천문학적 이유 못지않게 공헌하였다. 왜냐하면 비록 코페르니쿠스설은 "외관상의 현상"의 원인이 되는 운동을 태양·행성·항성의 천구보다는 차라리 지구에 귀착시키긴 했지만, 이 설은 물론 태양 중심설이 아니었기 때문이다. 세계의 중심은 지구 궤도의 중심이었다. 태양은 비록 그 지점에 가장 가깝지만 그 지점을 점유하지는 않으며 행성의 궤도면은 태양을 통과하지 않았다. 따라서 드

* Tycho Brahe(1546~1601): 덴마크의 천문학자로서 코페르니쿠스 체계를 거부하고 프톨레마이오스 체계에 집착하였다. 5개의 행성이 태양 주위를 회전하고 그 태양이 부동의 지구 주위를 돌고 있다고 주장하였다. 그는 카시오페아 자리의 새로운 별과 달의 변차變差를 발견했으며 많은 천문학적 수치를 바로 잡았다. 그의 관찰 결과는 케플러에 의해 출판되었다.

라이어*가 지적했듯이 코페르니쿠스는 여전히 "자신의 새로운 체계에서 매우 예외적인 지위를 지구에 부여하지 않을 수 없다"고 느꼈으며—그리하여 드라이어가 어느 정도 오해 살 만한 말을 덧붙인 바와 같이 "지구는 구체계에서와 마찬가지로 신체계에서도 거의 동등한 중요성을 지닌 물체였다"(실상은 지금껏 우리가 살펴보았듯이 구체계에서 지구의 〈위치〉는 중요성을 지닌 것이 아니〈었다〉). 정확히 말하면 태양 중심설이란 케플러에 기인하는 것이지 코페르니쿠스에 기인하는 것이 아니었다. 아리스토텔레스의 설에도 불구하고 중세 형이상학에서 신의 관념이 차지한 중심적 위치 및 중세 우주론에서 최고천이 차지하는 주변적 위치 사이에는, 상상해 본다면, 언제나 어떤 모순이 있었던 것은 의심의 여지가 없으며 더욱이 케플러의 눈에 비친 이 새로운 체계의 중요 장점은 그것이 이 모순을 제거했다는 것이었다. 지각할 수 있는 세계의 중심부에 신 혹은 더 정확하게는 〈삼위일체의 제1위〉인 〔성부〕의 물질적 상징이나 신의 대응물로서 가장 자연스럽게 생각될 수 있는 천체—"만물 중 가장 탁월한 것"이라고 인정되는 천체, 모든 빛과 색과 열의 근원, 즉 "만일 〈지고至高의 신〉이 물질적인 거주지에 만족하여 축복받은 천사와 함께 살 장소를 선택한다면 그곳만이 지고至高의 신에게 합당한 곳이라고 우리가 판단해야 할 것"[10]을 배치하였던 것이다. 특히 여기에서 케플러가 아리스토텔레스의 방식으로 신을 다른 존재들의 운동과 시도의 자족적이고 부동不動의 궁극 원인으로서가 아니라 주로 발생적이며 자기 확산적인 에너지로서 생각하고 있기 때문에 이러한 태양 중심설의 신학적 논의가 케플러에게 호소력을 가지게 됨은 우리가 관심을 두고 있는 일반

---

* Johan Ludwig Emil Dreyer(1852~1926): 덴마크 천문학자. 성운이나 별의 운동 및 천문학사에 관한 업적이 알려져 있다.

10. 이 구절은 전부 Burtt의 앞의 책 pp.47~49에 인용되고 있으며 케플러의 "태양 숭배"의 예가 더 열거되고 있다.

적 주제와 무관하지 않다.[11] 더욱이 케플러의 우주관조차도 얼마만큼 본질적으로 중세적이었던가는 그가 자신의 천문학적·신학적 비유를 더 끌고 나간 방법에서 잘 이해될 수 있을 것이다. 또한 바로 태양 중심설에 의하여 세계가 프톨레마이오스 체계에서와 마찬가지로 명확히 한정되고 또 〔천구들로〕 둘러싸여 있다고 생각할 새로운 이유를 찾을 수 있었다는 사실로 미루어 보아 이해될 수 있을 것이다. 케플러에 의하면 만일 태양이 성부聖父와 유사한 경우 항성의 천구면은 명백히 성자聖子의 대응물이며 여러 행성 사이의 중간 지역은 성신聖神에 해당될 수 있으리라는 것이다.[12] 더 바깥쪽의 천구의 기능은 "불투명한 빛이 비추어진 벽처럼 태양의 빛을 반사해 증폭시키는 것"이다. 그것은 또한 "우주의 피부나 속옷"이라고 묘사될 수도 있으며 태양에 의해 발생된 내부열이 무한한 확산으로 소멸되는 것을 못하게 하는 것이다. 여기에서 신학적 비유는 다소간 왜곡된 것 같다. 천체 간 거리에 관해 말한다면 케플러는 (태양 중심설의 덕분으로) 그 이전의 천문학자들이 탐구하긴 했으나 발견하지는 못했던 조화된 체계를 이 설이 입증했다고 공언하였다. 우주는 미적美的 요건을 충족해야 한다고 확신하고 전형적인 중세 정신의 소유자처럼 우주에 대해 본질적으로 고전적인 취향을 지녔으므로 그는 그때까지 알려진 6개 행성의 궤도 간 거리가 어떤 정확한 비례 법칙

11. 한편 케플러는 여전히 우주 전체가 구체球体임에 틀림없다고 주장함으로써 플라톤과 아리스토텔레스의 원리를 고집하였다. 이 견해를 주장하기 위하여 엄밀한 "천문학적" 이유는 전혀 없다고 그는 인정하였으나 두 개의 훌륭한 "형이상학적인" 이유는 있다. 첫째, 구체는 모든 형체 중에서 가장 포용력이 큰 것으로서 지각되는 사물 전체에 대해 가장 알맞은 모양을 하고 있다는 것이다. 둘째, 자연계의 원형은 신이며 만일 이러한 비교가 될 수만 있다면 신에게는 구체의 표면—즉, 전통적인 "완전한" 모양, 자기 충족의 상징, Ronsard의 말로

둥근 모양 속에 전혀 그 자체로서
풍요한 완전함이 깃들고 있다.

고는 하지만—만큼 닮은 것이 전혀 없다는 것이다 (「전집」 6권, p.140의 「코페르니쿠스의 천문학의 요점」 1권 2).

12. 「코페르니쿠스의 천문학의 요점」 즉, 전집 IV, pp.110, 122, 143, 310.

에 대응하지 않는다는 것을 믿을 수 없었다. 단순한 산술비算術比도 전혀 적용될 수 없는 것으로 판명되고 있었으나 그 반면에 마침내 그는 자신이 생각했던 대로 성공적인 발견에 도달하였다. 즉, "신은 우주를 창조하고 하늘을 배열함에 있어서 피타고라스와 플라톤 시대 이래로 유명한 다섯 개의 기하학적 정육면체를 염두에 두고 있었으며 그리고 또한 신이 천체의 수, 그 비례 관계 및 그 운동비를 천체의 속성에 일치시켜 확정했던 것이다."[13] 케플러 역시 나름대로 충분이유의 원리*에 의존하고 있었다는 것이 여기에서 관찰될 수 있을 것이다. 그는 창조주가 이러한 비율을 부여하고 행성의 수를 여섯으로 결정하고, 따라서 그 간격을 다섯으로 정함에 있어서 무엇인가 임의적이 아닌 공식에 의해 인도되었음에 틀림없다는 것을 의심할 수 없었다. 단지 다섯 개의 정육면체만이 있을 〈수 있었다〉. 더욱이 만일 〈이데아〉의 세계에서 이러한 필연성이 천체의 수를 제한함으로써 적용될 수 있다면 사물의 일반적 체계란 미적美的 질서뿐 아니라 어떤 합리적 근거까지도 갖고 있다고 간주될 수 있을 것이다. 전적으로 공상적인 이러한 가설을 실증하려는 탐구를 함으로써 비로소 케플러는 행성 운동의 제3법칙을 발견하였다.

물론 코페르니쿠스설 때문에 평범한 사람은 고질적인 지성의 생래적 습관을 어렵게나마 수정하지 않을 수 없었다—이는 태양계의 운동을 일상적으로 마음속에 그려 보는 상태에서 보통 사람이 오늘날까지도 십분 성공하지 못한 수정이다. 새로운 가설은 오관五官의 증언과 상치되는 것으로 보였을 뿐만 아니라 적어도 상대성—즉, 위치와 운동의 개념이 갖는 순수한 상대적 의미—이라는 받아들이기 어려운 관념을 약간은 포함하고 있었다. 그러나 철학적으로 계몽된 사람들에게는 이것이 본질적으로 새롭거나 이단적인 점이 아무것도 없었다. 오관의 겉과 속이 다른 기만성은 교훈적 이야

13. 「우주지宇宙誌의 신비」(1596) 즉, 「전집」 I, p.106, p.123 참조.

* 충분이유의 원리에 관해서는 이 책의 V장에서 설명되어 있다.

기의 너무나 낡아빠진 주제였다. 더욱이 새로운 천문학은 이 주제에 대해 신선하고도 환영할 만한 예증을 제공했으며 이 주제의 17세기 주창자들은 그러한 예증을 잘 이용하였다. 외관상의 운동과 관찰자 사이의 상대성에 관한 일반적 개념에 관해 말한다면 그것은 결국 모든 천문학자에게 진부한 것임에 틀림없었다. 더욱이 코페르니쿠스설은 이 이상의 것을 의미하지 않았다. 위치와 운동의 상대성—달리 말해 심지어 측정할 수 있는 위치와 운동의 상대성—의 좀 더 철저한 설이 함축하고 있는 의미는 현재 움직이지 않는 항성의 천구가 절대적인 좌표로서—코페르니쿠스 자신의 말을 빌리면 〈모든 다른 사물의 위치와 운동이 귀착되는 우주 속의 위치〉[14]로서—이 바지하는 한 피할 수 있었다.

코페르니쿠스설이 정통 신학에 가한 주된 모욕은 전통적인 우주 체계에서 좀 더 철학적인 요소와 그것과의 사이에서 기본적인 모순을 생기게 했다는 데 있지 않고, 그리스도교가 다른 종교에서도 볼 수 없을 정도로 교리 속에 편입시킨 순전히 역사적인 명제들의 일부 세부 사실과 코페르니쿠스설이 명백히 조화되지 않았다는 데 있었다. 예를 들면 승천의 이야기는 코페르니쿠스적 세계가 제시하는 우주의 위상에 들어맞기가 어렵다는 것이 명백하였다. 더욱이 새로운 가설에 대한 교회의 반대자들이 아마도 영감을 받은 무오류無誤謬의 〔성서〕 저작자들은 당연하게도 태양이 지구 주위를 회전하는 운동이나 다른 소박한 상식적인 천문학의 정리定理를 가정했음을 명백히 가리키는 성서의 많은 구절을 지적하는 것은 쉬운 일이었다. 그러나

14. 「천구의 회전에 관하여」 1권. 케플러는 마찬가지로 다른 사물들의 운동이 생각될 수 있으려면 움직이지 않는 외피부外皮部가 반드시 있어야 한다고 주장하였다. 「고정된 것의 영역이 움직이기 쉬운 것에 장소 및 이른바 기초를 제시하고 있다. 그리고 움직이는 것은 이른바 그것에 의존하고 또 그 자체가 부동한 그 기초와의 상대적 위치에 의해서 운동이 행해진다는 것을 알 수 있다」 (「요점」 p.311). 항성의 천구는 코페르니구스파의 천문학에서는 아인슈타인 이전의 물리학에서의 에테르가 한 역할 중의 하나를 하고 있었다.

약간의 재간과 약간의 자유재량 덕분에 이러한 문제점은 어느 정도 그럴듯하게 해결될 수 있었을 것이며 또한 조만간 해결되었다. 어쨌든 그리스도교적 교리의 역사적 내용에 비추어 보아도 더 일반적이고 더 깊은 문제점을 제기한 것은 단순히 코페르니쿠스의 새 학설이 아니었다.

16세기에 확립되고 17세기 말 이전에 꽤 일반적으로 받아들여지게 된 우주관에서 진정 혁명적인 명제의 수는 다섯이며 이 중 어느 것도 코페르니쿠스나 케플러의 순수 천문학적인 체계의 결과로 생긴 것은 아니었다. 근대적인 우주 개념에 관한 역사 연구에서나 또는 어떤 개별적인 저술가들의 입장을 설명하는 데서는 항상 이러한 쟁점이 서로 구별된다는 점을 반드시 염두에 두어야 한다. 다섯 가지의 비교적 중요한 새 사실이란 (1) 인간이 사는 태양계 내의 다른 행성에도 감각을 가진 살아있는 이성적인 피조물이 살고 있다는 가설 (2) 중세 우주의 바깥쪽 벽이 제일 바깥쪽의 수정구水晶球이든 혹은 항성의 유한한 "영역"이든 간에 부서져 깨지는 것, 또한 광막하고 불규칙적인 거리로 이 별들이 확산하는 것 (3) 항성은 우리의 태양과 마찬가지이며 그 전부 또는 거의가 그 자체의 행성계에 의해 둘러싸여 있다는 개념 (4) 이러한 기타 태양계의 행성에도 역시 의식 있는 거주자가 있다는 가설 (5) 공간에서는 물리적 우주가 실제로 무한하며 여기에 포함된 태양계의 수도 무한하다는 주장 등이다.

이 중 첫 번째는—물론 네 번째는 더욱더 그렇지만—중세의 관념 체계가 부여하고 코페르니쿠스설이 그 체계에 전승했던 독자적인 중요성과 의의를 인간 생활과 지구의 역사에서 박탈하였다. 사람이 사는 세계가 많다는 이론은 그리스도교 신앙 속에 포함되어 있는 역사의 세부 사실에 관해서 뿐만 아니라 그 중심적 교리에 관해서도 어려운 문제를 야기하는 경향이 있었다. 신의 성육신成肉身과 구원이라는 감동적인 드라마 전체는 명백히 사람이 사는 세계가 하나라는 것을 전제로 하는 것처럼 생각되었다. 만일 이 전제가 포기되어야 한다면 실로 이러한 교리가 설사 유지된다 해도 어떻게 해석되어야 할 것인가? 나중에 토마스 페인*이 묻고 있듯이 "우리는 무한한 창조 속에 있는 모든 세계에 제각기 한 사람의 이브와 한 개의 사과와 한 마리의 뱀과 하나의 구원자가 있었다고 가정해야 하는가?"[15] 삼위일체의 제2위(성자聖子)는 무수히 많은 행성 위에 순번에 따라 사람의 모습으로 강림한 것인가, 아니면 우주 속의 우리의 세계에만 구원을 필요로 한 도덕적 행위자들이 있었는가? 이러한 어려운 문제들은 적어도 17세기 초에 인식되긴 했으나 당시의 신학자들에게는 그다지 심각하게 간주되지는 않았던 것 같다. 캄파넬라**는 「갈릴레오를 위한 변명, 1622」에서 이러한 난점에 대해 언급했으며 이 주제에 관한 그의 견해는 1638년 윌킨스가 영어로 요약하였다. 즉, 만일 다른 지구의 거주자가 인간이라면,

> 그는 그들이 아담의 죄로 더럽혀질 수 없었을 것이라고 생각하고 있다. 그러나 아마 그들은 스스로의 죄를 무엇인가 가졌을 것이며 그 때문에 그들도 우리와 마찬가지로 비참 속에 빠지게 될지도 모르며 거기로부터 그들은 우리와 마찬가지의 수단, 즉 그리스도의 죽음을 통하여 구원될

* Thomas Paine(1737~1809)은 영국 출신의 철학자·저술가로서 여러 직업을 전전하다가 1774년 미국으로 이주. 1776년 1월 미국의 독립을 즉각적으로 선언하여 알리는 팸플릿 「상식론」(*Common Sense*, 1776)을 저술하였다.

15. 「이성의 시대」 제13장.

** Thommaso Campanella(1568~1639): 이탈리아의 철학자. 도미니쿠스 수도회 성직자인 그는 스콜라 철학과 아리스토텔레스의 논리를 반대하였다. 스페인 통치의 반대 운동에 가담했으며 체포·투옥되었다. 1634년 프랑스로 망명하여 거기서 루이 13세 및 Richelieu의 보호를 받았다. 저서로는 「태양의 도시」 외에 *Philosophia Sensibus Demonstrata*(1591), *De Sensu Rerum et Magia*(1620), *Philosophia Epilogistica Realis*(1623), *Atheismus Triumphatus*(1636) 등이 있다.

수 있을지도 모를 일이다.[16)]

두 번째와 세 번째의 명제—이 명제의 잠재적 중요성은 과대평가하려 해도 상상하기 어려울 정도인데—에 의하면 물리적 우주는 〈어떠한〉 중심도 갖지 않게 되었다. 그것은 (적어도) 합리적이라 생각되는 계획에 전혀 따르지 않고 분산되어 있는, 고립된 체계를 이루는 방대한 수많은 체계로 분할되고 말았다. 그것은 더 이상 하나의 형체일 수 없으며, 상상도 못할 먼 우주 공간의 이곳저곳에 불규칙적으로 퍼져 있는 세계들의 형체 없는 집합체가 되었다. 지구 중심설로부터 태양 중심설에의 변화는 태양 중심설로부터 무중심설無中心說에의 변화에 비하면 그 중요성이 훨씬 덜한 것이었다. 베이컨*이 말하기를 "천체에 관한 첫 번째 의문은 〈하나의 체계가 있는가, 아닌가〉, 즉 세계 또는 우주가 전체적으로 하나의 중심을 가진 구를 형성하는가, 혹은 지구라는 특정 행성과 별들이라는 개개의 천체는 어떤 체계나 공통 중심이 없이 각각 자체의 뿌리를 갖고 이곳저곳에 퍼져있는가? 하는 것이었다."[17)] 한 걸음 더 나아가 이러한 세계의 수와 길이가 무한대라고 가정할 때 우주는 상상력에 대해서 뿐만 아니라 이성 자체에 대해서도 이해 불가능한 것으로 보이는 경향이 있었다. 왜냐하면 수나 양의 무한대에 대한 관념을 현실에 적용함으로써 생기는 수학적 이율배반은 이제 새로운 관계와 중요성을 가지기 때문이었다.

코페르니쿠스와 케플러의 우주 체계가 이러한 다섯 가지의 두드러지고 광범위한 영향을 가진 새 학설을 필연적으로 의미하는 것은 아니며, 또한

---

16. 「신세계의 발견」(1638) I, p. 102.

* Francis Bacon(1561~1626): 영국 르네상스 시대의 최대의 사상가. 스콜라 철학을 비판하였으며, 특히 경험적이며 귀납적인 과학적 방법을 확립하려고 하였다. 「신아틀란티스」에서 과학적 유토피아를 논하고 「신논리」(*Novum Organum*)에서 과학 철학을 역설하였다.

17. 「지적知的 구체론球體論」(Ellis 및 Spedding 편 「철학 저작집」(1905)에 수록), p.683.

전자는 후자를 받아들이지 않은 16·17세기의 일부 천문학자와 기타 저술가들에 의해 주장되었다고—또 그 역逆도 진眞이라고—나는 말한 바 있다. 그럼에도 지구 중심 체계의 포기가 일부 사람에게 이러한 상대적으로 더 철저한 가설이 더 있음직하다고 생각하도록 하지 못했다는 것은 역사적으로 사실이 아니다. 따라서 반코페르니쿠스주의자인 베이컨은, 비록 조금도 서슴없이 그렇게 한 것은 아니지만, "만일 지구가 움직인다고 인정한다고 해도 태양 중심 체계를 구성하느니보다는 전혀 체계 없이 흩어져 있는 천체밖에 없다고 가정하는 것이 더 자연스러울 것"[18]이라고 논평하였다. 그러나 베이컨은 이것을 "코페르니쿠스 체계에서 발견되는 많은 큰 불편" 중의 하나라고 주장한 것으로 보인다. 그러나 그것은 하나의 추론이며 더욱이 코페르니쿠스 이론의 반대자들이 만들어낸 명백한 억지 추론이었다.

또한 우리가 살고 있는 체계가 갖는 태양 중심적인 상像이 그 체계 속의 다른 행성에도 생명체가 살고 있다는 가정을 어느 정도 그럴듯하게 믿게 하는 것이라고 간주될 수 있었던 점도 역시 사실이다. 어느 면에서는 지구를 다른 천체와 동일한 기반 위에 놓음으로써 태양 중심적인 견해는 가령 의식을 갖는 생명체의 존재와 같은 다른 개체에까지 유사성이 적용될 가능성이 있음을 시사하였다. 버턴*의 저술(1621)에서 통상적으로 거론되는 예시를 다음과 같이 찾을 수 있을 것이다.

> 지구의 운동이라는 그들의 설을 인정하는 것에 관하여, 만일 지구가 움직인다면 그것은 행성이며, 달이나 행성이 우리를 비추듯이 달 속의 거주자들 및 다른 행성의 거주자들을 비출 것이다. 그러나 갈릴레오와 케플러 그리고 기타 사람들이 증명하듯이, 지구가 빛을 내며 〈그 결과〉

18. 같은 책 p.685.

* Robert Burton(1577~1640): 영국의 저술가. 저서로는 라틴어 희극 「철학자」(*Philosophaser*, 1615), 「우울의 해부」(*The Anatomy of Melancholy*, 1621) 등이 있다.

달과 마찬가지로 나머지 행성들에도 거주자가 있을 것이다.……그러므로 지구 및 그것들[화성, 금성 및 기타]은 마찬가지로 행성이며 마찬가지로 생명체가 있고, 마찬가지로 우주 중심인 태양의 주위를 돌고 있으며, 한 때 누브리겐시스가 하늘에서 떨어졌다고 말한 초록색의 두 어린 아이도 거기로부터 왔을지도 모른다고 (나는 말한다).[19]

그러나 이러한 추론은 분명히 유추에 의한 막연한 논리이며, 그 자체로서 아직 더 강력한 다른 근거에 입각한 결론에 기울어져 있지 않은 사람을 거의 납득시킬 수 없었다. 더욱이 사실상 그 결론은 이미 코페르니쿠스 이전에 도달된 것이며 태양 중심설로부터 도출된 것은 아니었다.

좀 더 깊은 의미가 있는, 놀랄 만한 새 학설은 코페르니쿠스 이론에 의존하지 않았을 뿐만이 아니라 그중 어느 것도 19세기 이전에는 우리가 과학적이라고 부를 수 있는 증거에 의해 뒷받침되지 않았다. 그리고 적어도 그중 셋은 아직도 불확실한 채 그대로 있다. 실로 두 번째 이론과 세 번째 이론의 일부는 천문학적 실증이 불가능하지는 않았으나 코페르니쿠스 이후의 3세기간 채택된 방법에 의해서는 입증이 불가능하였다. 항성은 태양으로부터 거의 동일한 거리에서 태양에 중심을 둔, 명확히 구획된 곳에 집단을 이루고 있는가, 아니면 공간 속에 광막하게 간격을 두고 산재되어 있는가는 그 항성과 지구와의 거리가 측정될 수 있게 되기 전까지는 결정될 수 없었다. 그러나 1838년에 이르러 비로소 별의 시차視差를 측정하는 데 성공했으며[20] 측광학적測光學的 거리 측정법은 알려지지 않고 있었다. 실로 태양 중심 체계의 수용은 모든 별의 거리가 프톨레마이오스 계열 천문학자들이 상상했던 것보다도 훨씬 더 크다는 것을 의미하였다. 왜냐하면 시차視差가 탐지될

19. 「우울의 해부」(1859) II, p.147.

20. Newcomb, *The Stars*(1902), p.140 이하 참조. 「과학진보」(1925), p.604의 D.L. Edwards의 논의를 참조할 것.

수 있으리라 생각된 기선基線을 긋는 것은 지구의 궤도 운동을 인식했기 때문이었다. 그 당시 고도로 세련된 방법이라고 생각된 것에 의해서는 아무런 시차도 발견할 수 없었기 때문에 가장 가까운 별의 거리 및 크기는 아마도 측량할 수 없을 만큼 큰 것임에 틀림없으리라는 것이 그 결론이었다. 그러나 다른 한편으로 시차를 확정하려는 노력이 몇 번이고 반복적으로 실패한 것은 1세기 이상 동안이나 태양 중심 체계 그 자체에 반대하는 그럴듯한 논의를 일으키는 결과를 가져왔다.

그런데 상대적으로 더 중요한 새로운 우주관의 특징이 우리가 오늘날 '과학적'이라고 부르는 것과 같은 관찰적 근거에 입각한 어떤 새로운 가설에서 유래한 바는 거의 없었다. 그것은 주로 철학적·신학적 전제에서 유래된 것이었다. 간단히 말하면 그것은 충만의 원리가 생명체의 종류의 수에 관한 생물학적 문제에 대해서가 아니라 별들로 구성된 우주의 크기와 공간 속에 확산되어 있는 생명과 감성의 범위에 관한 천문학적 문제에 적용되었을 때 그러한 충만의 원리에서 나온 명백한 추론이었다. 신이 논리적으로 가능한 존재에게 실존 가능한 곳 어디에서도 실존의 특권을 거부했다면—적어도, 모순이라면, 때로는 편리하게 덧붙여, 그들의 실존이 다른 존재에게 손상을 끼친다는 부정적인 이유가 없었다면—신은, 「티마이오스」의 말을 빌리자면, "시기하는" 것처럼 보였다. 가설에 의하면 창조력은 무한하며 그 표출도 역시 무한하다. 더욱이 물질이 있는 곳이라면 어디든지 생명이 없어야 하는 이유가 전혀 없다고 생각되었다. 그런데 우리가 살펴본 바와 같이 이러한 전제들은 중세 전체를 통해 이 전제로부터 함축된 의미를 도출하기를 주저한 정통 신학자들의 저술에서도 흔히 볼 수 있었다. 그리고 무한한 수의 세계 및 생명체가 있는 체계가 무한히 있다는 것이 이러한 의미 중 하나라는 주장은 마찬가지로 잘 알려져 있었으나 물론 정통파에 의해 대개 부인되긴 하였다. 신의 전능으로 인해 신은 작업을 〈그만두지〉 말아야 하기 때문에 우주는 무한히 큰 것이어야 한다는 논리는, 비록 그가 반대하는 바이지만, 아우구스티누스의 「신국론神國論」(10장 5절)에서 논의되고 있다. 중세 그리스도교 철학자들이 아우구스티누스의 저술에 매우 정통해 있었다는 점에 비추어 볼 때 이 논제論題는 그들 모두에게 잘 알려져 있었음에 틀림없다. 15세기에 이르러 이를 받아들이려는 경향은 이미 괄목할 만한 것이었다. 유대인 철학자 크레스카스*의 「주主의 빛」(1410) 속에는 아리스토텔레스가 「천체론」에서 "세계는 단 하나밖에 있지 않다"는 것—중심을 같이하는 몇 개의 천구로 구성되고 그 속에 지구가 있는 하나의 체계만이 있다는 것—을 증명하려고 한 논리에 대한 반론反論이 제시되어 있다. 즉, "많은 우주의 존재 가능성을 부정하기 위해 말한 것 모두가 '헛되이 바람을 잡으려 하는 것'이다." 크레스카스의 저작 일부의 훌륭한 편저에서 월프슨 교수[21]는 이에 관해 논하면서 언급하기를, 크레스카스는 "세계가 몇 개나 존재할 수 있는가를 명확히 말하고 있지 않다. 그는 단지 '많은 수의 세계'가 존재한다는 것을 주장하고 있을 뿐이다. 그러나 아리스토텔레스가 무한한 종류의 크기를 가진 존재를 부정한 것을 그가 받아들이지 않았다는 것, 그리고 무한 공간의 실존에 관해 주장했다는 것 등을 알고 있기 때문에 크레스카스의 많은 세계의 수가 무한에 이를 것이라고 우리가 추론해도 이치에 닿는 일일 것이다." 15세기 후기에 똑같은 논제가 위대한 그리스도교 형이상학자 한 사람에 의해 제시되었다. 니콜라우스 쿠사누스 추기경은 비록 중세 후기의 가장 명석한 철학 정신의 소유자라고 할 수는 없으나 가장 섬세한 철학 정신의 소유자로서 그는 신학자들이 신의 '무량無量함'에 관한 설을 표현하기 위하여 때때로 사용한 역설적 비유를 물리적 우주에 적용하였다. 쿠사누스는

* Hasdai Crescas(c.1340~1412): 스페인의 유대인 철학자. 그의 아리스토텔레스 비판은 Pico della Mirandolla, Bruno 등에 영향을 주었다.

21. 「크레스카스의 아리스토텔레스 비판: 유대 및 아라비아 철학에서의 아리스토텔레스의 자연학의 문제」(1929)의 서론, p.217; p.117.

「박학한 무지無知에 관하여」(1440)에서 세계는 그 "중심이 원주圓周와 일치하는" 구球라고 하였다. 이 말만큼 역설적은 아니지만 그는 다음과 같이 말하였다.

> 우주에는 원주가 없다. 왜냐하면 만일 그것이 중심과 원주를 가졌다면 우주의 외부에 어떤 공간과 어떤 사물이 있을 것인데, 그러나 그것은 전적으로 진리가 아닌 가설이다. 그러므로 우주가 물체적物體的 중심과 물체적 경계선 안에 갇혀 있다는 것은 불가능하기 때문에 그 중심과 원주가 신이라 할 수 있는 우주를 이해한다는 것은 우리의 능력 밖의 일이다. 더욱이 비록 이 우주가 무한일 수 없긴 하지만 그럼에도 불구하고 그것이 유한한 것으로 생각될 수 없다. 왜냐하면 그 안에 우주를 가두어 놓을 수 있는 한계가 없기 때문이다. 그러므로 중심이 될 수 없는 지구가 전혀 운동을 하지 않고 있을 수는 없다.……그리고 우주에 중심이 없는 것과 같이 항성의 천구면이나 다른 어떤 것의 천구면도 우주의 원주일 수는 없다.

정지하고 있고 또한 중심에 있다는 지구에 대한 믿음은 단지 눈에 보이는 운동의 상대성을 인식하지 못한 것에 기인하고 있다.

> 지구가 비록 움직이지 않는 것으로 보일지라도 실제로 움직이고 있음은 명백하다. 그 이유는 어떤 고정된 점과의 비교를 통해서만 우리는 운동을 지각하기 때문이다. 만일 물의 흐름 속에서 배를 탄 사람이 강둑을 볼 수 없어서 강물이 흐르는 것을 알지 못한다면 그는 어떻게 배가 움직이고 있는지를 알 수 있겠는가? 따라서 인간이 지구 위에 있든, 태양 위에 있든, 혹은 다른 별 위에 있든 그가 점유하고 있는 위치는 부동의 중

심이며 모든 다른 사물들이 움직이고 있다는 생각이 언제나 들 것이다.[22]

이러한 구절은 17세기 저술가들이 후세의 저술가들의 논제를 미리 앞지른 것으로서 자주 인용되었는데, 따라서 이 명제는 한 사람의 추기경[쿠사누스]이 예언자 격으로 뒷받침한 것이라고 생각되었다. 더욱이 이 구절은 그 자체로 볼 때 그렇게 예측하는 것이었다. 그러나 쿠사누스의 마음은 천문학적 문제보다는 일종의 신비주의적 신학에 더욱 큰 관심을 두고 있었다. 그가 중심인 지구의 자리에 갖다놓은 것은 태양이 아니라 신이었다. 신만이 "세계와 천구와 지구의 중심이며 동시에 만물의 무한한 원주이다." 그리고 항성의 천구면으로 경계가 둘러진 유한 우주의 관념을 부인했다 해도, 쿠사누스는 그와 같은 상상적인 경계선 바깥쪽에 기타 태양들과 행성들로 된 무한한 물리적 세계가 있다는 것을 전적으로 명확히 주장한 것이 아니라 물리적이며 양적인 세계라는 관념 전체가 이해하기 어렵다는 것, 그리고 그것으로부터 신의 개념으로 옮겨 가는 필연성 등을 확신하였을 뿐이다. 이 구절이 일종의 부산물로서 새로운 천문학적 논제를 설명하였으나 그 반면에 본질적인 목적은 쿠사누스가 좋아하는 철학적 주장을 예증하는 것, 즉 우리가 알지 못한다는 것을 안다는 〈박학한 무지〉임을 입증하려는 것이었다. 숙고하면 알게 될 것 같은 이율배반도 무엇이든 그에게는 도움이 되었다. 그것은 반대의 식별에 대한, 환영할 만한 또 다른 예였다. 더욱이 쿠사누스가 손에 닿는 대로 논리를 구사하여, 중심과 원주의 개념이 우주에 적용될 때 명확하고 뚜렷한 의미를 갖고 있지 않음을 증명하려 하였던 것은 바로 이러한 반대의 식별을 예증하기 위한 목적에서였다. 따라서 비록 지오르다노 브루노와 같이 쿠사누스가 "차라리 소리를 낮추어" 자신의 논제를 설

22. 「박학한 무지에 관하여」 2권 11장; 12장.

명했다고 할 수는 없지만, 그 이유는 그의 발언이 매우 대담한 것이었기 때문이었다. 즉, 그의 발언은 결국 너무 모호하게 해석되었으며 매우 다른 형태의 논제에 종속되었기 때문에 아리스토텔레스적·프톨레마이오스적 관념의 포기를 위해서는 명백히 아무런 큰 영향도 미치지 못하였다—실로 쿠사누스는 후기 저술에서도 그 관념을 계속 사용하고 있다. 그의 말에 의하면 신의 지혜로 인해 "지구는 중심에 놓였고 지구를 무겁게 만들어 우주의 중심에서 움직이도록 하였다"는 것이다.[23] 그러나 이것은 아마도 우리 자신의 태양계를 가리키고 있는 데 불과하다고 생각할 수 있을 것이다.

더 구체적이며 명확한 것은 그 밖의 다른 천체상의 거주자의 존재에 대한 쿠사누스의 주장이다. 그는 다른 경우에도 우리가 보아 왔던 것, 즉 일반적 의미의 충만의 원리와 충분이유의 원리를 거부하면서도 개별적인 경우에는 이러한 것을 전제로 주저함이 없이 논하려 한 중세 저술가들의 경향을 잘 설명하고 있다. 그는 〈신神의 작업에는 어떤 이유도 없다〉고 완곡하게 말하고 있다. 즉, 왜 지구가 지구이며 인간이 인간인가 하는 이유는 그것을 만든 자가 그렇게 의도했다는 것 외에는 아무런 이유도 없다.[24] 물론 이것은 논리적으로는 존재에 관한 선험적인 지식이 전적으로 있을 수 없음을 의미하였다. 그러나 통상적 견해가 의미하듯이 "하늘과 별들의 많은 공간은 비어 있어야 한다"는 것은 상상도 할 수 없다고 쿠사누스는 자신 있게 논하고 있다. 태양과 달에 관해서 뿐만 아니라 〈별들의 다른 영역〉에 관해서도,

> 그중 어느 것에도 거주자가 없는 것은 없으며 만물을 창조한 자에게는 무수한 것이 아니겠지만 이러한 하나의 우주를 형성하는 개개의 〈부분적 세계들〉의 수는 별이 무수히 있는 것과 마찬가지로 무수히 있다고 우

23. 「지혜의 탐구에 관하여」(1463) 28장.
24. 「연주석緣柱石에 관하여」(1458), 29장.

리는 추측하는 바이다.[25)]

〈존재의 연쇄〉는 모든 등급에 걸쳐 어디에선가 존재한다는 가정으로부터 동일한 결론이 나온다. 그는 "신으로부터 여러 상이한 정도의 고귀성이 발생하기 때문에 천체의 모든 영역에는 거주자가 있다"고 쓰고 있다. 비록 지구와 그 지역에서 발견되는 지적知的 성질보다 더 고귀하고 더 완전한 어떤 것도 존재할 것 같이 생각되지는 않지만, "지구에는 아마도" 다른 천체에 사는 생물보다 "더 등급이 낮은 존재가 살고 있을 것"이다. 그렇다면 "비록 다른 하나의 종이긴 하겠으나 다른 별들의 거주자"는 동일 속屬으로서의 성질을 가질 것이다. 비록 쿠사누스는 그 성질에 관해서 거주자가 있는 천체의 특성으로부터 도출한 억측을 하고 있긴 하지만—그 이외에는 "우리에게 전적으로 알려지지 않고 있다"는 것이다.

이리하여 새로운 천문학의 논리적 근거는 중세 사상에 용해되어 있는 근대적인 우주관의 여러 요소에 있었다. 더욱이 이러한 요소는 중세 말에 이르러 이미 응축의 징조를 보이기 시작하고 있었다. 16세기 초에 이르러 태양계가 다수 있다는 설, 거주자가 있는 행성이 있다는 설, 별의 수가 무한하고 우주의 공간적 넓이가 무한하다는 설 등은 이미 흔한 화젯거리였다. 따라서 (코페르니쿠스의) 「천구의 회전에 관하여」가 출판되기 10여 년 전에 팔린게니우스*는 많은 학교에서 교과서로 사용된 대단히 인기 있는 시를 썼는데, 그 속에서

어떤 사람들은 각각의 별이

25. 「박학한 무지에 관하여」 2권 12장.

* Marcellus Palingenius Stellatus(c.1500-1551): 나폴리 출신 시인, 본명은 Marcello Stellato로서 「*Zodiacus Vitae*」란 시를 쓸 때에는 Pier Angelo Manzolli란 이름을 사용하였다. 이 라틴어 시는 12권으로 나뉘어졌으며 1536년 베니스에서 처음 출판되었다.

천구라고 불릴 수 있다고 믿는다

라고 기록했으며 "신의 무한한 힘"이 별로 중요하지 않은 하찮은 존재를 만드는 데 다 소진되었다는 것은 생각할 수 없기 때문에 하늘의 다른 곳에 인간보다 훨씬 더 우수한 피조물이 있음에 틀림없다고 그 자신도 논하였다. 이 시인은 "하늘이 사막이며 전혀 거주자가 없음을 기뻐하며 또한 신이 단지 우리 인간과 동물, 즉

대단히 빈곤하고, 대단히 비참하고
대단히 어리석은

동물만을 지배한다고 말하는 것은 불경스러운 것이 아닌가?" 하고 의문을 제기하고 있다. "전지전능한 창조주가 우리보다 더 나은 사물을 창조할 지식과 능력과 의지를 갖고 있었음은 확실하다.……더욱이 그가 더 많은 것을 만들수록, 더 고귀한 것을 만들수록 우주의 아름다움과 신의 힘은 더욱 찬연히 빛난다."[26] 별의 숫자가 문자 그대로 무한한가의 여부에 관해서 팔린게니우스는 플로티노스가 〈존재의 연쇄〉 속의 등급 수를 다룬 이래로 흔히 있는 구실을 대고 있다.

---

26. 「생명의 황도대黃道帶」(*Zodiacus Vitae*, 1531년 경 저술) 7권; 1557년 판(Basle), p.160. 또한 같은 책, pp.156~157 참조.

왜냐하면 인간보다 선하고 고귀한 종족을
만들지 않았더라면, 저 가장 커다란 창조주는,
커다란 영예의 값어치가 없는 것으로 간주되고,
불완전하고 비천한 통치를 행하는 것이 되리라.

숫자는 대단히 많아서 어느 누구도 이해할 수 없다.[27)]

여기에서 또 다시 논의 전체는 〈제1원인〉의 생산력이 무한하다고 가정한 추론으로부터 실제 결과가 필연적으로 무수하다는 논리를 도출하는 것이 되고 있다. 최근의 흥미 있는 발견이 증명한 바와 같이 영국 천문학자 토머스 디그즈*는 16세기 후기에 코페르니쿠스에 대한 해설(거의 뜻만을 전하는 의역意譯)에서 "무수한 빛[천체]들로 장식되어 있고 그 〈고도高度〉가 끝없는 무한에 이르는"[28)] 항성의 천구가 무한하다는 주장을 덧붙였다. 디그즈는 태양계에 관한 코페르니쿠스 체계로부터 각별히 이러한 결론을 도출하려고 시도하지 않았다. 이 결론의 유일한 이유로서 그가 말한 것은 이것이야말로

27. 같은 책 11권, p.294. 우주의 다른 부분(최고천 이하)의 생물은 육체를 갖지 않는가, 혹은 우리와 마찬가지로 지체肢體를 갖는가에 관해서 팔린게니우스는 확실하지 않다. 그러나 후자의 견해에 기울어져서 찬성론을 펴는 것이다.

* Thomas Digges(1545-1595) : 영국의 수학자. 네덜란드 주둔군의 함선 검열관. 응용수학 및 공병학에 관한 다수의 저작이 있다.

28. 그의 아버지 Leonard Digges(c.1515-1559)의 「영원한 예언」(*A Prognostication Everlasting, 1556*)을 직접 엮은 「천구의 완전한 기술」(1576)의 부록으로 덧붙였다. 이것은 아마 16세기 영국의 가장 중요한 코페르니쿠스설의 변호이며 "엘리자베스 시대의 과학사 저술가들에게 거의 완전히 무시된 바" 있었는데, 그것은 최근 Francis R. Johnson 및 Sanford V. Larkey에 의해서 헌팅턴 도서관에서 재발견되었으며 *The Huntington Library Bulletin*, No.5(April, 1934)에 그 배경과 영향에 관한 연구와 함께 발표되었다. 내가 이 강연을 구두 발표할 당시에는 그것을 모르고 있었다. Digges가 무한 우주론 및 무한 공간 속에 별들이 산재해 있다는 이론을 브루노가 (이탈리아어와 라틴어로) 제창하기 전에 영어로 발표했다는 것을 Johnson과 Larkey는 결정적으로 증명하였지만 우리가 이미 본 바와 같이 이것은 코페르니쿠스 이전에도 선례가 없는 것은 아니었다. 그러나 코페르니쿠스설과 결부되었다는 점에서 참신함이 있었다. Digges의 발견자는, 16세기의 일반적인 천문학자들과는 달리, Digges가 "이 문제에 접근함에 있어서 일관성 있게 과학적 관점을 지켰다"고 말하고 있으나 Digges의 본문 속에는 이 점을 증명할 만한 증거가 없다. 태양중심설을 변호했다는 점에서는 십분 "과학적"이었지만 그가 실제로 시사한 우주가 수적으로나 공간적으로 무한이라고 말하기 위한 근거는—앞에서 인용하였지만—통상적인 연역적(*a priori*)인 것이었다. "우주가 무한이라는 것은 중세 및 르네상스를 통해 형이상학의 토론에서 항상 나오는 주제였다"는 것은 Johnson과 Larkey에 의해 주목되고 더욱이 예증까지 곁들여진 것이다(pp.104~105).

"신의 위대한 영광의 긍정"에 관해 생각할 수 있는 적절한 방법이며 "눈에 보이지 않는, 탐색할 수 없는 신의 업적을 일부라도 눈에 보이게 하는 이러한 것들로 추측하고 신의 무한한 힘과 위용에 대해서는 질과 양에 있어서 모든 것을 능가하는 그러한 무한한 장소가 바람직할 뿐이다"는 것이다.[29]

그렇다면 비록 새로운 우주관의 요소들은 이전에도 여러 곳에서 표현되었긴 하지만, 지오르다노 브루노야말로 무중심적無中心的·무한하며 무수한 거주자가 있는 우주에 관한 이론의 주요 대표자로 간주되어야 한다. 왜냐하면 그는 이 이론을 서유럽 도처에서 복음 전도자의 열정을 지니고 설파했을 뿐 아니라 이 이론이 일반 대중에게 받아들여지게 하기 위한 근거에 대해서도 처음으로 충분히 설명하였기 때문이다. 더욱이 그가 이 문제에 대해 관심을 갖게 된 것은 코페르니쿠스의 새 학설 탓이었는지도 모르며 그 반면에 그가 독특한 확신을 갖게 된 것은 코페르니쿠스 이론의 의미에 관해서 사색하거나 천문학적 관찰을 했기 때문이 아니었다. 그에게 이러한 확신은 일차적으로 그리고 거의 전적으로 충만의 원리 혹은 이 원리가 의존하는 가설, 즉 충분이유의 원리로부터 연역된 것이었다. 「티마이오스」, (브루노에게는 "철학자 중의 왕"인) 플로티노스와 스콜라 철학자들이 그의 이론의 중요한 근원이었으며 「천구의 회전에 관하여」가 아니었다. 그는 아벨라르의 철학을 이어받아 똑같은 논리를 천문학 분야에 확대 적용시켰다고 간주될 수 있을 것이다. 그가 내세운 전제는 단테가 천상의 위계질서가 실제로 무한히 있다는 것, 또한 모든 존재의 가능성이 실현되었다고 논했던 그러한 전제와 근본적으로 동일하다. 그러나 그 전제란 〈영원한 힘[신]〉이 실제로 존재를 나누어 주었음에 틀림없다고 생각되는 잠재적인 별의 체계 수의 문제와 관련되기에 이르렀다. 간단히 말하면 브루노는 바로 그가 근대

29. 같은 책.

적 우주관의 선구자·주창자라 생각되는 그의 가르침의 특징에서는 가장 완벽하게 플라톤적 형이상학과 중세 신학의 특정 요소의 계승자인 것이다. "우주의 무한성"이 데모크리토스*와 에피쿠로스학파의 논제였다는 것은 물론 잘 알려져 있었긴 하지만, 이 이론을 위해서는 도움보다 오히려 방해가 되었다. 17세기에 이 이론이 승리를 확보한 것은 데모크리토스적인 전제보다는 훨씬 더 정통적인 전제로부터 그 이론이 연역될 수 있기 때문이었다.

브루노 논리의 본질적인 특성은 1586년경 저술된 「거대함에 관하여」의 한 산문 구절에서 아마 가장 명확·간결하게 제시되고 있다. 여기에서 우주 공간에는 별의 세계가 무한하다는 것은 모든 사람이 인정하는 전제로부터 직접·명백하게 도출할 수 있다고 그는 주장한다. 왜냐하면 "신의 본질이 무한하다"는 것은 자명한 공리이기 때문이다. 또한 그 가능성의 정도(*modus possendi*)가 그 존재의 정도(*modus essendi*)에 대응한다는 것, 반대로 그 행위의 정도(*modus operandi*)가 그 가능성의 정도에 대응한다는 것, 이와 같이 〈우주의 근거〉가 소유하고 있다고 증명되는 무한한 가능성은 만일 이것이 〈무한히 가능하지 않다면〉 존재할 수 없다는 것 등은 자명한 공리이기 때문이다. 절대적 존재란 매우 단순한 것이며 "그 자체에 있어서는 존재·능력·행위·의지……등이 동일하다"는 것은 마찬가지로 이론의 여기가 없다. 간단히 말해서 가능성과 실현성은 신에게는 동일한 것이며 시간적 순서에서는 동일한 외연을 가진다. 따라서 존재의 무한함과 우주의 무한함은 모든 가능한 양식으로 존재할 수밖에 없다. "우리는 무한한 원인이 유한한 결과의 원인일지 모른다고 말할 때 무한한 원인을 모욕하는 것이 되며, 유한한 결과에 대해서는 능동인能動因이란 명칭도 관계도 가질 수 없다." 따라서 더 구체적으로 말하면 물질의 양이 유한하다든가, 전통적인 하늘의 경계를

* Democritus는 B.C. 5세기 말과 4세기 초의 그리스 철학자. 그는 그리스 자연 철학자 중 가장 위대한 철학자로 간주되는데 Leucippus의 천문학 이론을 받아들여 확장시켰다.

넘어선 저쪽에는 단지 텅 빈 공간—즉, 실현화되지 않은 가능한 존재의 벌어진 심연—만이 있어야 한다든가 하는 것은 있을 수 없다. 브루노는 다른 데서 덧붙여 말하기를, 존재가 살고 있는 것으로 입증된 무수히 많은 우주에서 어떤 것은 우리 우주보다 더 장대하고 지구인보다 더 우수한 거주자가 있음에 틀림이 없다고 한다.[30)]

본질적으로는 동일한 추론이 덜 형식적으로 제시되고 있는 구절에서 그 추론의 근원은 이미 이전의 저술가들에게서 눈에 띄는 진부한 표현과 비유를 브루노가 반복함으로써 한층 더 명백해졌다.

> 우리는 왜 신의 권능이 무위無爲한 것이라고 생각해야 하며 어떻게 생각할 수 있는가? 자신을 무수한 사물에 전파할 수 있고 제한 없이 스스로를 분출시킬 수 있는 신의 선성善性이 인색하다고 우리는 왜 말해야 하는가?……왜 무한 공간 속으로 스스로를 확장시킬 수 있는 (이런 표현이 가능하다면) 신의 중심이 마치 질투를 하는 것처럼 불임不妊으로 있어야 하는가? 왜 무한 능력이 꺾여야 하며 무한 세계의 존재 가능성이 빼앗겨야 하며 신의 모습—자신과 마찬가지로 헤아릴 수 없을 만큼의 큰 거울에 비추어져야 할 그 모습—의 완전성이 손상되어야 하는가?……왜 우리는 그렇게 불합리성이 가득 찬 것들을 주장해야 하는가? 그런가 하면 종교·신앙·도덕 혹은 법을 전혀 촉진시키지 못하면서도 그렇게도 많은 철학의 원리를 파괴하는 것을 주장해야 하는가?[31)]

다른 곳에서는 그 증명이 더 직접적으로 명확하게 충분이유의 원리에 입각해 이루어졌다. 우리가 상정해야 하듯이 만일 우리의 지구가 차지하고 있

30. 「무한대에 관하여」(I, p.9 [라틴어 전집 I, i, p.242 f.]) 및 「무한한 우주와 세계에 관하여」(III [이탈리아어 전집 Lagarde 판, p.360]).

31. 「무한한 우주와 세계에 관하여」 Lagarde 판 I, p.314.

는 장소가 가득 차야만 하는 이유가 있다면, 마찬가지로 〔다른 천체들이〕 차지할 수 있는 다른 장소도 모두 가득 차야만 한다는 이유는 더욱더 많이 있다. 그리고 이러한 장소의 숫자를 한정하는 것은 공간의 성질에는 아무것도 없다. 일반적으로 "유한한 선과 한정된 완전성이 존재해야 하는 이유가 있는 한, 무한 선이 존재해야 할 더 큰 이유도 있다. 왜냐하면 유한한 선은 그 존재가 적합하고 합리적이므로 존재하는 반면, 무한 선이란 절대적 필연성을 갖고 존재하기 때문이다." 실로 "무한 선"의 관념은 엄밀하게 무형체無形體의 완성에만 적용될 수 있다. 그러나 "절대적으로 단순한 불가분의 〈제1원리〉에 내재하는 무한성이 무수한 세계를 포함할 수 있는 무한하고 끝없는 유사성을 분명히 나타나지 못하게 방해하는 것은 무엇인가?" 여기에서 브루노는 덧붙여 말하기를, 단순한 공간적 외연이나 물리적 크기가 그 자체로서 〈제1원인〉의 완전성이 표현되어야 할 어떤 "존엄성"을 지니고 있기 때문은 아니라고 한다. 이러한 가능한 모든 것의 배열을 위한 공간을 확보하기 위하여 무수한 세계가 있어야 한다는 것은 존재의 모든 연쇄가 실현되어야 할 필연성을 갖기 때문이다. "자연물과 유형체 종의 탁월함"은 다른 방식으로는 충분히 표현될 수 없다. 왜냐하면 〈무한한 탁월성〉은 어떤 유한한 수의 개체 중에서보다도 무수한 개체 중에서 표현되어야 비교가 안 될 만큼 더 좋기 때문이다.……무형체인 신의 〈탁월성〉은 필연적으로 형체를 갖춘 방식으로 표현되어야 할 필요가 있는 완성의 단계가 무수하기 때문에, 예컨대 우리 신의 어머니인 대지大地가 그중 하나인, 위대한 살아 있는 존재와 같은 개체가 무수히 있지 않으면 안 된다."[32]

여기에서 우리는 다시 한번 낙관주의의 통상적인 논리에 접하게 된다. "일정한 서열로 배열되며 긴밀하게 연결되어 있는 많은 부분으로 이루어지는 것은 완전하다." 그러므로 "자연에는 최선이 아닌 것이 있기 때문이라거

32 같은 책, p.312.

나 괴물이 하나 이상의 종에서 발견된다고 해서 위대한 건축가인 신의 거대한 건조물을 나무라는 것은 허용될 수 없다. 왜냐하면 작은 것, 보잘 것 없는 것, 천한 것은 어떤 것일지라도 전체의 아름다움을 완성시키는 데 기여하기 때문이다." "계열 속에 있는 각자 자신의 자리에서는 전체와의 관련에서 보아 좋지 않은 존재의 등급"은 있을 수 없다.[33]

이상의 모든 것이 내포하는 결정론적 의미는 분명하게 인식되고 있으며 4세기 이상 전에 아벨라르에 의해 이루어졌던 것과 마찬가지의 형태로 도출되고 있다. 신은 불변이며 신에게는 잠재 능력과 행위는 하나이기 때문에,

> 신의 행위에 우연은 없다. 결정적이고 확실한 결과는 반드시 결정적이고 확실한 원인으로부터 나온다. 그러므로 신은 현재 있는 것 이외의 것이 될 수 없고, 현재 의도하는 것 이외의 것을 의도할 수도 없으며, 또한 그가 행하는 것 이외의 것은 아무것도 행하지 않는다. 왜냐하면 잠재적인 것과 현재 있는 것과의 구별은 변화하는 대상인 존재에 대해서만 해당되기 때문이다.[34]

우리는 여기서 브루노 철학의 다른 면에는 관심이 없다. 그러나 그의 이론에 나타나 있는 것이 중세 사상 중에서 충만의 원리와 충분이유의 원리 혹은 신의 "선성善性"에 관한 관념과 연결된 경향뿐만이 아니었음을 지적함으로써 있음직한 오해를 피해야 옳다. 전통적인 사상 복합체 속에 있는 이 요소는 자유롭고 일관성 있게 발전한 반면, 다른 한편으로는 그것과 전혀 모순되는 다른 요소들도 마찬가지로 계속 주장되고 또 똑같이 강조되었다.

33. 「무한대에 관하여」 2권 13장.
34. 「무한한 우주...」 Lagarde 판 1권 p.316. 그러나 브루노는 완전히 "엄격한 결정론자"는 아니었다. 그는 이 보편적인 필연성이 개인의 자유와 전적으로 양립한다고 주장하지만 어떻게 또는 어떠한 의미인가에 관해서는 설명하려고 하지 않는다.

그리하여 예를 들면 브루노의 절대자란, 비록 한편으로는 본질적으로 생성적이며 창조의 지대한 풍요에서 표출되고 있기는 하지만 또한 초월적·자기충족적·불가분·초시간적·표현 불능이며 불가해한 것으로, 그 모든 속성은 우리가 알고 있는 세계의 모든 것에 대한 완전한 부정이며 또한 우리가 이해하는 바로는 자기모순적이기도 하다. 신에 관한 일반적인 중세적 관념이 갖는 본질적으로 모순된 성질은 토마스 아퀴나스와 같은 저술가에 의해 현명하게도 모호해져서 최소한으로 다루고 있으나 브루노에서는 여기 보라는 듯이 나열되고 있다. 그에게는, 그다운 성향으로 보아서는 매우 특징적인 논식論式에서, 역설의 정도가 크면 클수록 그 설은 더 좋은 것이었다.

> 유일의 〈완전한 최선의 존재〉는……그 자신을 포함하지 않는다. 왜냐하면 그것은 자신보다 더 크지 않기 때문이다.……그 존재는 그 자신에 의해서도 포함되지 않는다. 왜냐하면 그 자신보다 더 작지 않기 때문이다.……언어가 아니게 언어이며, 형상이 아니게 형상이다. 질료가 아니게 질료이다.……그 무한한 연속에 있어서 [단위로서의] 시간은 날[日]과 다르지 않고, 날은 해[年]와 다르지 않으며 해는 세기와 다르지 않고, 세기는 순간과 다르지 않다.……당신은 개미가 아닌 인간으로 존재한다고 해서 무한에 비슷하게 더 가까이 갈 수 없다. 또한 인간이 아닌 별로 존재한다고 하여 무한에 더 가까이 갈 수도 없다.……왜냐하면 무한 속에서는 이러한 차이가 대수롭지 않은 것이기 때문이다. 그리고 내가 말하려는 이러한 차이는 사물이 하나하나의 개체로 존재하게 되는 모든 차이를 의미한다.……무한 속에서 중심은 원주와 구분되지 않기 때문에 우리는 우주가 모든 중심이라거나 혹은 원주가 중심과 구분되는 한, 우주의 중심은 도처에 있고 원주는 아무 데도 없다고 안심하고 단언할 수 있다. 혹은 반대로 원주는 어디에나 있고 중심은 어디에도 없다고 할 수도

있다.[35)]

간단히 말하면 플로티노스나 다른 스콜라 철학자와 마찬가지로 브루노도 최소한 두 신을 모시고 있었는데, 속성과 기능은 어떠한 정신의 소유자도 화해할 수 없다고 생각되는 것이었다. 그리고 때때로 이러한 모순이 주는 압력이 브루노 자신에게조차 너무도 큰 것으로 되면 그는 거의 무우주론無宇宙論의 유혹에 넘어가려고 하였다. 이는 이미 언급된 바와 같이 플라톤주의적 전통에 속한 철학자 중 누구에게도 결코 동떨어진 것은 아니었다. "다양성을 구성하는 모든 것, 생성·부패·변개變改·변화로 이루어진 모든 것은 실체가 아니며 또 〈존재〉도 아니며 일一인 〈존재〉의 조건이나 상태이다.…… 사물을 다양하게 만드는 것은 무엇이든 현재 존재하고 있는 것이 아니며, 또한 〈물物 자체〉가 아니며, 단지 감각에 비추어진 외관에 불과하다.……상이성과 수를 구성하는 것은 모두 〈순전한 우주의 우유성偶有性이며 순수한 모양이며 순수한 구성〉이다."[36)] 물론 이러한 모든 것은 브루노의 이론 중 우리가 여기서 관심을 갖는 측면—즉, 절대적 본질 속에는 가능한 사물 전부가 가능한 최대한의 다양성을 갖고 진짜로 존재하는 필연성이 있다는 설—에는 완전히 반하는 것이다. 예를 들면, 「영웅의 분노」에서 예증되고 있듯이 브루노의 윤리학에서도 마찬가지로 내세적 혹은 반자연주의적 경향이 대부분 지속되고 있다. 간단히 말하면 그는 중세 철학에 있는 복합적인 편견의 거의 모든 측면을 대변하고 있다. 그러나 그는 모든 복합체의 부조화와 더불어 이러한 편견의 각각의 의미를 그 이전의 어느 때보다도 훨씬 더 분

35. 「원인에 관하여」 5권, 즉 Lagarde 판 1권 pp.277~279. 이전에 나는 이것을 「브루노와 스피노자의 변증법」이라는 논문(*University of Californias Publication in Philosophy*, 1, 1904, p.141 ff.)에서 인용하였는데, 거기에서는 브루노의 체계의 부분으로서 각별히 본 연구서에서 언급되지 않는 부분이 더 충분히 분석되고 있다.

36. 「원인에 관하여」 5권 전부.

명하게 하였다. 그 각각의 것은 그 자체 범위 내에서 대담하고 엄격한 논리로써 전개되며, 그것과 다른 것과의 조화가 결여되고 있는 데 대해 무관심하게 전개되고 있기 때문이다. 더욱이 그 결과 중 하나는 물리적 우주의 중세적 상像의 파괴—그것과 함께 그 상과 불가분으로 연결되고 있는 많은 다른 것의 파괴—를 의미하는 결론에 대한 엄밀히 전통적이며 중세적인 전제로부터 나오는 증거라고 생각되는 것이었다.

브루노 자신의 세대 및 그 다음 세대의 위대한 세 천문학자—티코 브라헤·케플러·갈릴레오—는 모두가 적어도 외면적으로는 우주의 무한성 이론과 "복수성複數性" 이론 둘 다 거부하였다. 그러나 그들은 모두 다섯 가지 새로운 논제 중 첫 번째—즉, 태양계 내에서는 생물이 있는 행성이 여럿 있다는 논제—를 거의 확실하게 받아들였다.[37] 갈릴레오가 자신의 실제 신념에서는 브루노적인 견해에 기울어진 것은 꽤 확실하다. 그는 「두 주요 우주체계에 관한 대화」에서 "어느 누구도 우주가 유한하고 또 확정된 형태를 갖고 있다고 입증하지 못했다"[38]고 강조하여 논평하고 있다. 그럼에도 불구하고 이 대화 속에서 그의 대변자는 정식으로 아리스토텔레스적인 대화자에게 인정하기를, 실상 우주는 "형태에 있어 유한하고 구체이며 따라서 중심이 있다"[39]고 하였다. 그러나 달에 거주자가 있음을 가정하여 그들이 지구의 거주자와 유사한가 혹은 상당히 다른가 하는 문제가 제기되었을 때 갈릴레오는 그의 정신에 끼친 충만의 원리의 영향을 뚜렷이 나타내고 있다. 우리에게 그 문제를 결정할 아무런 "확실한 관찰 자료"가 없다고 그는 지적한다.

---

37. 이 견해는 적어도 1585년에 이미 천문학자 G.B. Benedetti에 의해서 「수학과 물리학의 제논고」에서 명백히 변호된 것같이 생각되는데, 이 책은 내가 아직 본 바 없다. Dreyer, *Planetary Systems*, p.350 참조.

38. 「전집」 1권 p.399. 갈릴레오는 1624년, Ingoli에게 낸 서간에서 더 강조하여 쓰고 있다. 「천공의 형태가 어떠한가, 또는 천공에 무슨 형태가 있는가에 관해서는 아무도 모르며 사람으로서는 알 수 없는 일이다」(2권 p.73).

39. 「천문대화」 3권.

더욱이 천문학자로서 그는 사물이 〈단지 논리적으로 가능하기 때문에〉 존재한다고 단언할 수는 없다고 하였다. 그러나 갈릴레오는 다음과 같이 덧붙여 말하였다. 만일 "이곳에서 우리가 알고 있는 사물과 비슷하거나 혹은 상이한 사물이 달 위에 생성되고 있다는 문제에 대해 그의 일차적 직관과 순전히 자연적인 이성이 그에게 무엇을 말해주는가"를 질문 받는다면 "그들은 전혀 상이하며 우리는 전적으로 상상할 수 없다"고 답변할 수밖에 없다. 왜냐하면 이것은 "자연의 풍요와 그 〈창조주와 지배자〉의 전능에 의해 요구되는 것"[40]으로 그에게 생각되기 때문이다. 그러므로 브루노가 동일한 전제로부터 도출했던 더 큰 문제를 갈릴레오가 공개적으로 옹호하지 못한 것은 그가 이런 종류의 고려에 입각한 모든 결론을 원칙적으로 거부하였기 때문이 아니었다.

그러나 바로 이러한 심오한 새로운 우주론적 사상이 전통적 종교에 있는 특유의 경향을 강화시키기에 매우 적합했다는 점을 주목해야 한다. 예를 들면 그리스도교적 도덕군자의 주제 중 하나는 언제나 겸양의 덕성이었다. 최초의 죄이며 우리의 모든 슬픔의 제일 근원인 자만은 거기에 대한 비난이 결코 충분할 수가 없을 정도였다. 이 주제를 논할 경우 중세 말-근세 초의 한 저술가는 자신이 말하고자 하는 교훈을 적시하기 위하여 (몽테뉴가 그러했듯이) 우주론적 사실이라고 생각된 것을 원용하였다. 즉, 모든 창조물 중에서 인간이 거의 중심적인 위치, 그 결과 가장 낮은 위치를 차지하고 있다는 것이었다. 이미 언급했듯이 새로운 천문학은 겸양에 대한 이러한 천문학적 이유를 묵살하였다. 그러나 우주가 헤아릴 수 없을 만큼 광막하

40. 「전집」 1권 p.114. 달에 생물이 없다는 케플러의 신념은 그의 저술의 네 구절에서 표현되고 있는데 (「전집」 2권 p.497 참조), 특히 그의 「공상 또는 달의 천문학에 관한 유고」(1634) (같은 책 8권 1부 p.33 이하)에서 표현되고 있다. 아마 그는 그 생각을 그다지 진지하게 주장하지 않았을 것이다. 왜냐하면 그는 이러한 저술에서는 "이것에 관해서 피타고라스와 플루타르코스의 뒤에서 조롱하는 것이 좋을 것 같이 생각된다"고 쓰고 있기 때문이다 (같은 책 8권, p.497).

다는 이론, 또는 더욱이 우주가 무한하다는 이론은 다른 이론을 그 대신에 내놓았다. 만일 우주에서 인간의 위치가 각별히 더 이상 격하된 것이 아니라면 어쨌든 인간의 왜소함은 어느 때보다도 더 분명해 보였다. 인간이 단지 자연의 일부로서 간주되는 한, 인간 스스로의 대수롭지 않은 무가치함을 이렇듯이 깨닫게 만든다는 것은 그가 자신의 신과 더불어 겸허하게 걷는 마음가짐을 가지게 할지 모른다. 더욱이 곧 살펴보게 되는 바와 같이 더 극단적인 새로운 우주론의 논제가 이와 같이 교화敎化에 사용되기에 이른 것은 17세기의 비교적 정통적인 집단이 그 논제를 받아들이기 쉬운 것으로 만드는 데 분명히 기여하였다. 의심할 바 없이 주로 다른 근거에 따라 그 논제를 주장한 자들도 종교적 교화를 위한 자신들의 가치를 반드시 지적하였다.

17세기가 50년이 지난 후, 코페르니쿠스의 설뿐만 아니라 브루노의 설은 당시대의 가장 영향력 있는 철학자들의 지지를 받는 이점을 갖고 있었다. 순교하기를 싫어한 데카르트는 갈릴레오의 유죄 판결을 염두에 두면서 코페르니쿠스의 체계를 옹호할 때에는 그 체계가 이미 알려진 사실과는 어느 체계보다 더 잘 맞지만 그렇다고 해서 진실이라고 생각되기에는 못 미친 "우화" 혹은 단순한 "가설"이라 부르도록 늘 조심스러워 하였다. 하지만 데카르트의 글을 읽은 누구든지 이 철학자[데카르트]의 논의의 논리적 귀결이나 그의 실제 의견에 관해서는 의심을 품지 않고 있다.[41] 그러나 데카르트는 더 큰 이단이라고 생각될 수도 있는 문제에 관해서는 이처럼 조심스러운 유보적 태도를 보이지 않았으며 그가 조심스럽게 언급하듯이 실제로 "쿠사의

41. 「세계 또는 빛의 논고」의 1664년의 서문 참조. "저자는 만일 어디선가 코페르니쿠스 체계에 관해 진리로서 이야기하는 것 혹은 가설로서 이야기하는 것 등이 금지되고 있다고 하더라도 우화로서 이야기되는 것은 금지되지 않는다는 것을 알고 있었다. 그러나 이것은 다른 종교적인 또는 비종교적인 우화와 마찬가지로 결과로서 존재하는 것을 거절하지 않는 우화이다"(Adam과 Tannery 편 「전집」 11권; 「철학원리」 3부, 15~17 참조).

추기경[쿠사누스]과 기타의 여러 박사들"이 〈이 주제에 관해서 교회의 비난을 받지 않고〉 받아들인 것[42]—즉, 〔우주를〕 둘러싸고 있는 천구층을 거부하고 거주자가 있는 우주의 무한성을 주장하는 것—에 관해서는 이러한 유보적 태도를 보이지 않았다. 여러 항성이 태양으로부터 다양한 거리를 두고 떨어져 있으며 가장 가까운 항성과 토성의 궤도 사이의 거리는 지구 궤도의 직경보다 계산할 수 없을 정도로 더 크다는 결론에 대해서 데카르트는 일견 천문학적 이유를 제시하지만, 이러한 이유조차도 그의 심중에서는 충만의 원리와 일치함으로써 크게 강화된 것이 분명하다. 더욱이 우리에게는 보이지 않는 무수한 다른 별과 태양계의 존재에 관한 그의 한층 더 강한 확신도 주로 이러한 전제에 입각한 것이었다. 이를 "믿는다는 것은 창조주의 힘이 불완전해서 그러한 별이 존재할 리 없다고 생각하는 것보다는 훨씬 더 합당하다"는 것이다.[43] 간단히 말하면 다른 증거가 없는 경우 우리의 추론의 출발점이 되는 전제는, 우리가 판단할 수 있는 한, 존재할 수 있는 것이라면 존재한다는 것이다. 무한수無限數의 우주를 만드는 것은 창조주에게는 가능한 일이었다. 더욱이 우리가 이러한 문제에 관해서 언제나 받아들이지 않을 수 없는 원리는, 가능성이란 항상 실현되어 왔다는 것—바로 그것이다.

> 우리는 언제나 신의 힘과 선善의 무한함을 직시해야 하며, 신의 작업이 너무나 위대하다거나 너무나 정당하다거나 너무나 완벽하다고 상상함으로써 잘못에 빠지지나 않을까 걱정하지 말아야 한다. 그와 반대로 도리어 우리는 (우리가 확실한 지식을 전혀 갖고 있지 않은) 한계가 〔신의 작업에〕 존재한다고 생각함으로써 창조주의 위대함과 힘에 관해서 불충분하게 느끼고 있는 것으로 보이지 않도록 조심해야 한다.[44]

42. Chanut에 보낸 서간의 「서간」 I, 36(Cousin 편 「전집」 10권 p.46).
43. 「철학원리」 3부 29.
44. 「철학원리」 3부 1.

데카르트는 새로운 우주관에 관한 이러한 이론에서 충분히 교육적이며, 또한 결코 신기하다고 할 수 없는 도덕적·종교적 교훈을 이끌어 냈다. 이전의 이론이 몽테뉴에게 그러했듯이, 이 새로운 이론은 데카르트에게 많은 신학자가 순진하게도 인간의 자만심을 부추겼던 인간중심적 목적론을 거부할 근거를 제공하였다. "신이 만물을 창조할 때 다른 목적은 고려하지 않았다는 식으로 만물이 인간을 위해 만들어졌다고 하는 것은 전혀 있음직한 일이 아니다……현재 세계 속에 존재하는 무수한 사물이 있으며 또는 이전에 존재했으나 지금은 존재하지 않게 된 무수한 사물이 있으며, 전혀 인간의 눈에 띄지도 않았거나 소용에도 닿지 않은 무수한 사물이 있다는 것을 우리는 의심할 수 없다."[45] 몽테뉴가 "자만심"을 비난했을 때 그것은 전혀 내세적 동기에서가 아니었다. 과장되고 허세적이고 부자연스런 모든 것에 대한 깊은 기질적 반감을 갖고 또한 인간 존재의 희극에 대한 투철한 감각을 지녔기 때문에 몽테뉴는 인간의 허영이라는 풍선에 구멍을 뚫어 터뜨리고 또한 특출하지는 않으나 부적절하지 않거나 혹은 적응하기만 한다면 즐겁지 않은 것도 아닌 자연 속의 위치에 인간을 놓는 것을 즐거워하였다. 그럼에도 데카르트는 우리의 자존심을 바로 잡는 수단으로 자신의 천문학적 개념을 꽤 다른 정신에서 사용하였다. 이미 지적하였듯이 그는 특히 극단적인 브루노적 형태의 새로운 우주관과 궁극적으로는 전통적인 종교적 감정 속의 기본적인 것, 즉 내세성 사이에는 비슷한 점이 깔려 있음을 설명하고 있다. 1645년 엘리자베스 공주*에게 편지를 쓰면서 그는 인생을 살아감에 있어서 우리를 인도할 지식의 네 가지 원칙을 열거하고 있는데 이 가운데 세 번째가 우주는 무한하다는 것이다. 이에 대해 깊이 생각한다면 그것은 우리

45. 「철학원리」 3부 3.

* Elisabeth de Bohême(1618~1680): 보헤미아의 왕 프리드리히 5세의 딸. 어머니와 함께 헤이그 체류 중 데카르트와 알게 되었다. 후에 수도원 학교를 설립하였는데 그것이 최초의 데카르트 학파의 학교가 되었다.

에게 겸손을 가르쳐 주며 "우리의 애착심을 현세적 사물로부터 떨어뜨려 놓는 일"에 도움이 될 것이다. "왜냐하면 만일 하늘 저쪽 너머에는 단지 상상의 공간만이 존재한다고 생각한다면, 또한 하늘의 모든 것은 지구를 위하여 만들어졌고 지구는 인간을 위해 만들어진 것이라고 생각한다면, 그 결과는 이 지구가 우리의 주된 거주지이며 현세 생활이 우리가 얻을 수 있는 최선의 것이라고 생각하게 된다. 또한 인간은 우리가 진정 소유하고 있는 완전한 것을 인식하는 대신에 자신을 다른 피조물보다 격상시키기 위하여 실제로 그 피조물에 속하지 않는 불완전한 점이 다른 피조물에게도 있다고 말하는 것이 된다."[46]

17세기 후반에 우주가 복수이며 무한하다는 이론이 급속히 수용되기에 이른 것은 아마도 브루노 저술의 직접적 영향이라기보다는 차라리 데카르트주의의 유행에 기인하였을 것이다. 학식 있는 저자들까지도 새로운 우주관의 선구자를 잊어버리고 데카르트에게 이에 대한 모든 공을 돌리는 일이 얼마나 완벽하게 가능했는가 하는 것은 1693년 옥스퍼드대학에서 행한 새로운 천문학에 대한 애디슨*의 라틴어 연설에서 찾아볼 수 있다. 애디슨은 데카르트야말로 "고대인의 변덕으로 위에 고정된 바 있는 유리로 된 천구층을 부정하고 아리스토텔레스적 우주의 좁은 장소와 수정벽 안에 한정되어 있음을 조소한 사람"[47]이라고 말하였다.

영국에서 헨리 모어**는 한때 우주의 무한성을 가장 열렬히 옹호한 인물

46. 「전집」 4권, p.292.

* Joseph Addison(1672~1719): 영국의 고전학자. Swift 등과 교유하였으며 후에 *Spectator* 지誌의 공동 발행인이 되었다. 시·극·평론 등이 많고 정치적으로도 활동하였다.

47. Fontenelle의 영역英譯 「우주의 복수성에 관한 일주일의 대화」의 1728년판 부록 연설의 영역으로부터 인용됨(여기에 관해서는 이하 참조). 우주를 확대한 공적을 데카르트에게 돌리는 데 관한 것으로 영국에서의 그 이전의 예에 대해서는 H. Power, *Experimental Philosophy*…(1664) 서문 참조.

** Henry More(1614~1687): 케임브리지플라톤학파에 속한 지도적 철학자. 저서로는 *Psychodoia Platonica*(1642), 「*Philosophical Poems*」(1647), 「*Divine Dialogues*」(1668) 등이 있다.

이었다. 비록 플로티노스와 스콜라 철학자 양자에게 다 같이 깊이 쏠렸던 모어가 자신의 논리적 근거를 위해서 이들 이외의 다른 전거를 필요로 한 것은 아니었지만, 그가 그런 이론을 채택한 것은 어느 정도 데카르트가 보인 선례 때문이었을 것으로 생각된다. 물리계에 대한 새로운 관념이 잘 알려진 정통 중세의 전제로부터 단순하고 직접적으로 도출되었는가 하는 것은 브루노의 추론에 있어서와 마찬가지로 모어의 시적 표현 속에서 분명히 예증되고 있다.

만일 신이 전능하고
이 전능한 신이 도처에 있다면
신은 어디에서든 쉽게
자신의 모든 힘 있는 미덕을
만물에 불어넣을 수 있으리라……
우리가 전능한 힘을 손상시키지 않고
그의 작용을 텅 빈 공간이 가로막는다고 말하지 않는다면……
이 소중하고, 감미로운 영靈적인 이슬은
신이 모든 곳에서 증류하며,
그리고 텅 빈 공간의 모든 곳에 떨어뜨리며
넓게 벌린 메마른 곳을 그것으로 채웠도다.
무한히 넘치는 신의 선성善性은
모든 곳에 가득 차도다.
즉시로 신은 무한한 우주에 될 수 있는 대로
그의 최선의 재간을 부려 피조물에게
받아들여지는 한 이 일을 행하였도다.
무한한 사물은 무한 우주에게

부여될 필요가 있기 때문이다.
각 우주의 중심은 태양이며
빛나는 햇살과 따사로운 열을 지니고
태양의 빛나는 왕관의 주위를 행성은 돌고 있다.
촛불 주위를 도는 나방과 같이,
이 모두는 하나의 우주라 나는 생각하네.
그리고 이러한 우주가 무한히 있다는 것,
신이란 이름의 무궁무진한 선善은
단지 선을 최고신으로 하는 나에게 있어서는
전적으로 충분한 이유인 것이다.[48)]

모어의 제자 글랜빌*은 이 논리를 산문으로—아마도 운문보다 덜 적합한 수단이겠지만—다시 언급하며 이를 문장 하나로 줄였다. "선善이 행하고 또 행하려고 의도한 것이 유한할 경우에 선성이 무한하다고 주장하는 것은 모순일 뿐이다." 그러나 동일한 결론이 다른 근거에서 정당화될 수도 있다.

> 그렇다. 성서는 바로 나의 논리의 힘이 된다는 것, 즉 신이 만물을 최선으로 만들었다는 것을 확인한다.……신은 우주를 자기 자신의 광대함에 알맞도록 만들었고 또한 그가 어느 곳에서든 즉, 무한의 공간에서든 시

48. 「플라톤적인 데모크리토스」(*Democritus Platonissans*, 1647), 47, 50, 51. 후의 저술에서 모어는 "만일 우리가 우주를 그와 같이 전능의 원인의 결과라고 생각하면, 신의 성스러운 속성인 힘과 선에 더 잘 조화되는 우주의 그러한 거대함"을 데카르트주의의 명백한 공격이라고 말하고 있다(「악의 신비에 관한 사소한 탐구에 관한 헨리 모어 박사의 변명」(1664), p.486). 그렇지만 무한성이 있을 수 있다는 가능성의 문제에 대한 모어의 의견은 흔들렸지만 여기서는 그것을 따라갈 여유가 없다.

* Joseph Glanvill(1636~1680): 영국의 성직자이며 철학자. 「독단화의 허망」(1661)에서 스콜라 철학을 공격하였고, *Lux Orientalis*에서 영혼의 전생을 옹호하고, 「마녀와 마법」(1666)에서 마법에 대한 믿음을 옹호하였다.

간에서든 자기의 힘과 위대함의 결과를 생산해 냈다는 것은 자신의 전능을 한정하여 단지 무한히 공허한 넓이 속의 한 작은 지점에서 일을 하며 그리고 단지 전날 행위를 시작했다고 하는 것보다 훨씬 더 찬란하고 영광스럽고 위대한 것이었다. 그리하여 우주의 때 늦은 창조와 유한함은 의심할 수 없는 진리의 신탁神託과 모순되는 듯하다.[49)]

파스칼에게는 코페르니쿠스의 가설을 받아들이기 거부하는 것과 브루노의 가설을 명확히 주장하는 것이 묘한 결합을 이루고 있음을 우리는 보게 된다. 태양계에 관한 프톨레마이오스적 구조, 코페르니쿠스적 구조 및 티코 브라헤적 구조의 어느 것에도 파스칼은 어떤 결정을 할 수 없었다. 세 사람 모두는 의도하려는 외관상의 설명에 동의하고 있다. "그렇다면 과연 누가 과오를 범할 위험이 없이 이들 설 중 하나를 지지하여 다른 설을 받아들이지 않을 수 있겠는가?"[50)] 그러나 어느 누구도 우주의 무한한 광대함이라는 생각에 파스칼만큼이나 몰두해 본 적도 없었고, 이 점을 더 웅변적으로 설명한 사람도 없었다. 그는 이 점에 대해 브루노 이상이면서도 여전히 (대부분은) 바로 반대된 동기와 기질을 갖고 있다. 브루노에게는 사물의 넓이·수·다양성이 무한하다는 관념은 강한 미적美的 찬탄과 즐거움을 불러일으킨다. 그는 자신이 부연 설명하는 대상의 광대함과 함께 정서적으로 확장되어 가는 듯 보인다. 이는 종교적 찬미의 기분으로 넘어가지만, 그러나 보통은 본질적으로 우주에 대한 신앙심이라 할 것으로서 지각될 수 있는 우주에 나타나 있는 창조적 에너지 속에서 그 대상을 찾는 그러한 신앙심이다. 이것은 대체로 헨리 모어의 경우에도 맞는 말이다. 그러나 파스칼의 상상력에 대해서는 〈창조된 무한〉에 대한 비전은 사람의 마음을 기쁘게 하는

49. 「동방의 빛」(*Lux Orientalis*, 1682), p.72.
50. Brunschvicg가 자편한 「팡세」 2권 p.131에서 인용한 Noel 신부에게 보낸 서간.

것이 아니라 억누르는 것이다. 그는 데카르트보다 훨씬 더 무한에 관해 숙고했는데, 그 이유는 그것이 인간을 왜소화시키고 비하시키며 인간의 이해력을 흐리게 하기 때문이었다. 자연에 관한 그의 지식에서—자연은 「팡세」에서 보이는 우울한 웅변의 낯익은 구절의 취지였다—인간은 자기비하의 이유밖에 발견하지 못한다. 왜냐하면 지식이 그에게 주로 보여주는 것은 "존재하는 것과 인간 사이의 불균형"이기 때문이다.

> 우주를 밝히려는 영원한 등불처럼 빛나는 발광체를 인간으로 하여금 보도록 하라. 지구는 이 별이 그리는 넓은 궤도에 비할 때 단지 하나의 점에 지나지 않음을 인간으로 하여금 기억하도록 하라. 더욱이 이러한 궤도 자체가 천공에서 회전하는 별들의 궤도에 비하여 바늘 끝에 불과함을 생각하고 놀라워하도록 하라. 그러나 비록 우리의 시계가 여기서 멈춘다 해도 상상력은 멀리 나아가도록 하라. 지혜는 자연이 사고의 대상을 제공하기도 전이라도 사고하는 데 지치고 말 것이다. 이러한 눈에 보이는 우주 전체는 자연의 넓은 품 속에서 알아볼 수조차 없는 하나의 점에 불과하다. 우리의 어떤 관념도 자연에 미치지 못한다. 우리는 모든 상상할 수 있는 거리를 넘어서까지 생각의 날개를 펴 보아도 헛된 일이다. 우리의 마음은 사물의 실재와 비교할 때 단지 원자原子를 생산하는 데 불과하다. 자연은 중심이 도처에 있으면서도, 원주가 아무데도 없는 무한한 구체球体이다. 마지막으로 그것은 신의 전능에 관해 알아볼 수 있는 핵심적인 표현이다. 그러므로 우리의 상상력으로 하여금 그것을 사고하는 일에 몰입하도록 하라.……인간으로 하여금 자신을 자연의 외딴 구석에서 방황하는 자로서 생각하도록 하고 그가 갇혀 있는 이 협소한 감옥—즉, 우주—으로부터 지구·왕국·도시 그리고 그 자신을 올바르게 평가하도록 배우게 하라. 무한대의 한복판에서 인간이란 무엇인

가?[51)]

이렇듯이 인간에게 자신의 비하는 사실상 파스칼의 목적의 한 부분에 불과하다. 파스칼의 말에 의하면, 자기평가가 언제나 한 극단에서 다른 극단으로 향하는 인류를 다루는 데 있어서의 그의 단순한 진행 방식은 "만일 인간이 자만하면 나는 그의 자만심을 깎아내리고 그가 자신을 비하하면 나는 그를 부추긴다. 그리고 나는 항상 그에게 반대하여 끝에 가서는 자신이 알기 어려운 괴물임을 이해하도록 한다"는 것이다.[52)] 그리하여 물리적 세계의 무한대에 대한 고찰은 표면상으로는 인간 본성의 이율배반, 즉 "인간의 비참함과 장대함"을 이루는 대립적 논제 중 단지 한 가지만을 뒷받침하는 것이다. 그것을 보상하는 고려란 아무리 광대하고 아무리 힘 있다고 해도 이성이 없는 물질보다는—가장 변화가 심한 힘없는 사상도—"사상"이 더 우월한 권위를 갖고 있다는 데 대한 고려이다. "존재하는 모든 물체·천공天空·별·지구 및 지상의 왕국 등 모든 것은 정신의 소유자 중 가장 적은 정신의 소유자보다도 가치가 없다. 왜냐하면 정신은 그 물체와 자기 자신을 의식하고 있는 반면 그것들은 아무것도 의식하지 못하기 때문이다." "공간의 덕분으로 나는 우주 속에서 단지 한 점으로 이해되고 잠겨 버리게 되지만 나는 사고의 덕분으로 우주를 이해한다.[53)] 그러나 결국 여기서 멈춘다는 것은 이율배반의 좀 더 밝은 면에 최종의 승리를 안겨 주는 셈인데, 파스칼에게는 그럴 마음이 없었다. "인간의 모든 존엄성은 사고思考에 있고" 또 "사고란 그 본질에 있어 찬미할 만하고 비할 데 없는" 것이긴 하지만 인간에게

51. 「팡세」, p.72(Brunschvicg판 1권 p.70). "이 별이 그리는 거대한 회전"이라는 구절 속의 "이 별"은 지구가 아니라 태양을 의미한는 것 같이 보인다. 즉, 파스칼은 프톨레마이오스 체계를 전제로 하고 있다. 파스칼은 항성의 천구층도 또한 회전하고 있다고 생각하는데, 그 반면 코페르니쿠스와 케플러에게는 그것이 정지하고 있는 것이었다.

52. 「팡세」, p.420.

53. 같은 책, p.793 및 p.388.

그 실제 작용에서는 어리석은 것이다. 즉, "사고는 비하할 것이라 하기에는 이상한 결점을 지닐 수밖에 없으나 너무나 결점을 갖고 있기 때문에 이것만큼 어리석은 것은 없다."[54] 더욱이 우주가 무한하다는 가정은 인간에게 자신의 가장 고귀한 능력의 무용함을 보임으로써 또 한 번 인간을 비하하는 수단을 제공한다. 사고의 자연스러운 기능과 바람은 이해한다는 것에 있지만, 무한한 존재는 필연적으로 이해하기 어렵다. "이러한 무한성을 숙고해 본 적이 없기 때문에 인간은 마치 자신과 자연과의 사이에 어떤 균형이 있는 것처럼 자연 탐구에 성급히 착수하였다." 그러나 참으로 일단 자연계의 거대함에 직면한 후에 인간은 불가피하게 "사물의 시작과 종말을 아는 것에 대한 영원한 절망"에 빠지게 될 것이다. 그들은 자신의 자연적 지력知力을 사용함으로써 〈확실하고 견고한 지식〉에 도달할 수 없음을 확신하게 될 뿐이다. "인간이 이 점을 깨닫는다면 인간은 자연이 각자에게 부여한 지위에 안주할 수 있으리라고 나는 생각한다. 우리의 운명에 주어진 이러한 중간적 지위는 두 극단[무한성과 무존재]에서 똑같이 떨어져 있으므로 인간이 사물을 약간 더 이해한다 해서 무슨 상관이 있겠는가?" 파스칼에게는 단지 무한 우주란 우리가 포괄적으로 탐구하기에는 너무도 크다는 것뿐만이 아니다. 물론 그는 분명히 말하기를, 무한 우주 그 자체는 그중 어느 한 부분을 끄집어내서는 참말로 이해될 수 없다는 것을 의미한다고 하였다. 왜냐하면 "그 부분은 서로 간에 관련되고 또 결합되어 있기 때문에 전체를 모르고 부분을 안다거나 부분을 모르고 전체를 안다는 것이 불가능하기 때문이다."[55] 더욱더 어려운 점은, 우리가 알기에는 참말로 예측 가능한 실체인 무한대의 수나 크기에 대한 관념 자체가 동시에 우리의 사고를 해결 불능의 이율배반 속으로 끌어들인다는 것이다. "우리는 무한이 있다는 것을 알지

54. 같은 책, p.365.
55. 같은 책, p.72.

만 그 본질에 대해서는 모른다." 따라서 "수가 유한하다는 것은 그릇된 것이고 그러므로 수적 무한이 존재한다는 것이 옳다고 우리는 알고 있다. 그러나 우리는 수적 무한이 무엇인지 모른다. 수적 무한이 홀수라 해도 틀리며 짝수라 해도 틀린다. 그럼에도 불구하고 그것은 수이며 모든 수는 홀수가 아니면 짝수이다." 이렇듯이 순수한 자연을 숙고함에 있어서 신비 혹은 불가해不可解 속으로 빠져들기 때문에 성찰적 정신을 가진 사람은 종교에서 신비나 불가해 등을 발견한다 해도 놀라거나 반발하지도 않을 것이다. 신이란 자연계의 무한성을 닮고 있는데, 즉 "그에 대한 실제적인 지식을 얻는 초자연적 수단이 우리에게 부여되지 않는 한, 그가 존재한다는 것을 알 수는 있지만 그가 무엇인지는 알 수 없는" 그러한 존재이다.[56)]

그럼에도 파스칼은 우주가 무한하다는 가설을 적용함에 있어서, 악의적이었다고까지 말할 수는 없으나 자의적이었다. 그는 이것이 자신의 기분에 맞고 인간의 자만심을 나무라는 자신의 목적에 맞는 한, 그것을 사용하였다. 그러나 그는 이러한 무한 우주에도 거주자가 살고 있다는—그 당시에 보편적이었고, 정상적으로는 전자의 가정假定의 계系로 간주된—가정은 그답게 무시하고 있다. 브루노와 같은 사람이나 심지어 벽이 둘러쳐진 우주를

56. 이 점에서 모두 파스칼과 쿠사누스는 매우 유사하고 「팡세」의 회의적인 면의 직접적 또는 간접적인 원천일지도 모를 것이 「박학한 무지」에서 보인다고 나는 생각한다. 인용한 한 구절에서 파스칼은 쿠사누스의 유명한 글을 실질적으로 인용하고 자연계의 무한성에 쿠사누스가 한 것과 같이 적용시키고 있다. 이 15세기 철학자는 "유한한 것과 무한한 것 사이에는 비례가 없다"는 논리를, 우리의 지식이 모두 우리의 무지에 관한 깊은 확신에 귀착시킨다는 것, 즉 "우리는 이 무지에 관해 좀 더 깊이 아는 사람이 되면 될수록 바로 그 진실을 받아들일 것이다"라는 주장 속에서 중요시하고 있다. 쿠사누스는 또한 (Long이 말하는 바와 같이) "칸트가 정립하게 된 유한수의 모순뿐 아니라 존재하는 사물들과 동수의 모순"을 찾아냈던 것이다. 우주 각 부분의 성질이 다른 모든 부분의 성질과 유기적으로 관계하고 있기—무엇인가가 무엇인가의 속에 있기—때문에 모든 것이 알려지지 않는 한, 무엇이나 참말로 알려질 수 없다는 생각은 이 쿠사 출신자의 철학의 특징이었다. 마찬가지의 경건한 불가지론不可知論 때문에 이 생각을 썼다는 것은 파스칼이 기술한 바 있다.

생각한 케플러와 같은 사람에게조차 이 행성[지구]을 차지한 인류는 비록 불행히도 다른 행성에 사는 이웃들과 교신 수단을 갖지 않으나, 인류에게 친구가 없는 것은 아니라는 것이었다. 따라서 이 저술가들과 당시의 많은 저술가들은 의식을 가진 생명이 도처에 있다는 기쁨으로 즐겁게 우주 공간의 끝까지 지켜볼 수 있었다. 그러나 파스칼은 사고나 이해력도 없이 불모不毛의 궤도를 무한히 움직이는, 인간과 유사한 것이 전혀 없는 무한한 양의 무기물 속에 있는 외톨박이가 곧 인간이라고 생각한 것 같다. "이와 같은 무한 공간의 영원한 침묵은 나를 두렵게 한다." 그러나 만일 파스칼이 다르게 생각하여 우주의 복수성 이론의 의미를 진지하게 고려했다면, 그는 자연계에 외로이 있다는 고독감보다 더 난처한 문제에 직면하게 되었을 것이다. 왜냐하면 순수한 자연의 광경을 보고 생긴 비관론이나 회의론으로부터 피하여 그가 피신처를 찾은 종교적 신념의 지적 기반이란 (도박에 관한 논의는 차치하고) 유대교와 그리스도교의 역사를 통한 초자연적인 계시의 진실성 및 역사 기록 자료의 진실성에 대한 신념에 거의 전적으로 입각한 것이었기 때문이다. 이미 제시된 이유 때문에 그러한 신념은 이성적이고 아마도 죄 많은 존재의 무수한 기타 종속種屬이 무한 공간 도처에 존재한다는 가정에 맞추기는 약간 힘들었을 것이다.

파스칼은 다른 저술가보다도 충만의 원리의 역사가 갖는 역설적 측면을 명백히 밝히고 있다. 우리가 이미 살펴 본 바와 같이 그러한 원리가 일차적으로 이른바 나의 현세 지향형의 종교적 감정과 도덕적 기질에 소용되며 또한 적합하기도 한 것이다. 왜냐하면 이 원리는 지각될 수 있는 우주의 진정한 실재와 형이상학적 필연성을 의미했으며, 이러한 우주 창조에서 신의 완전성을 현실적으로 드높이는 것을 발견했기 때문이다. 더욱이 그것은 수세기 동안 낙관론의 주요 논리적 근거로 이바지했지 때문이었다. 그러나 그것은 우주를 문자 그대로 무한한 것으로 만든다고 생각했기 때문에 그 결과는 이미 지적된 바와 같이 쉽사리 내세성에 기여할 수 있게 되었다. 그리고 파스칼이 파악한 것은 바로 이 관념을 천문학에 적용시킬 수 있으리라는 이러한 가능성이었다. 다시 말하거니와 이 원리는 그 근저에서 이미 여러 경우에 나타났듯이 일종의 합리주의의 표현이었다. 그것은 실재의 성질 중에는 본질적으로 합리성이 있고 구체적으로 존재하는 모든 것의 충분한 근거가 이해 가능한 우주 속에 있다는 확신을 표현하였다. 그러나 그것이 양적 무한대 혹은 수적 무한대의 실존을 뜻하는 것으로 해석되었을 때 그것은 실재를 역설이나 모순으로 가득 찬 인간 이성에는 본질적으로 낯선 것으로 만드는 것처럼 생각되었다. 그리하여 충분이유의 원리를 그 궁극적 결과로 보이는 것까지 따라간 사람은 누구나 파스칼의 결론이 그 전제가 되는 가설을 파괴하는 것임을 알게 되었다. 따라서 그러한 사람은 파스칼이 볼 때에는 〈유순한 그리스도교인〉이 될 가장 희망적인 대상 즉, 〈완전한 회의주의자〉로 쉽게 개종될 수 있었을 것이다.

17세기의 마지막 25년간 새로운 우주관의 승리는 신속하게 이루어졌다. 더욱이 18세기 최초의 10년 또는 20년이 지나면서 코페르니쿠스의 태양계 이론뿐만 아니라 거주자가 있는 기타의 행성과 우주의 복수설에 대한 신념도 대단히 정통적인 완고한 집단에게까지 보편적으로 받아들여졌던 것으로 생각된다. 퐁트넬*의 「우주의 복수성에 관한 대화」(1686)는 의심할 바 없이 다른 어떤 단일 저작물보다도 이 관념을 지식계급 일반에게 전파시키는 데 기여하였다. 다른 어느 책의 경우보다도 이 책의 경박스러운 방식은 주제의 심각성과 매우 어울리지 않았다. 의심할 바 없이 〈대중화를 목적으로 한 저술〉로서의 이 책의 성공도 각별히 이러한 사실 때문이었다. 영국에서 이

* Bernard Le Bovier de Fontenelle(1657~1757)는 프랑스의 문학자. 사상가로서 데카르트의 물리학을 소개하였다. 18세기 계몽사상의 선구자로서 당시 가장 진보된 학문적 성과에 체계를 부여하려고 하였다. 저서로는 *Entretiens sur la Pluralité des Mondes*(1686)를 비롯해 「사자死者의 대화」(*Dialogues des Morts*, 1693) 등이 있다.

책의 유행은 프랑스에 못지않았다.[57] 최초의 영역판은 2년 내에 출판되었고 다음 세기에 이르러 이것까지 포함한 열두 가지 정도의 다른 판이 나타났다. 태양계의 다른 천체에 "거주자"(이 말은 지각을 가진 존재를 보통은 뜻하는 것 같은데)가 존재한다는 것, 또한 모든 항성은 거주자가 있는 행성계의 중심이라는 가설에 관한 퐁트넬의 논거는 주로 넷이다. 부분적으로는 그는 유추에 의한 단순 논증에 의존하고 있는데 그 타당성은 아마도 그것이 동일 원인(이라고 가정되는 것)에서 출발하여 동일 결과에 이르는 추론의 방식을 취하고 있는데서 시작한 것이었다. 그는 이 논증을 이렇게 요약하고 있다. "당신에게 보이는 모든 사물 중 두 사물이 비슷할 때 달리 믿을 만한 좋은 이유가 없다면 그 두 사물은 보이지 않는 것에 관해서도 서로 비슷할 수 있으리라고 당신은 인정할 것이다." 퐁트넬은 계속해서 이러한 "있으리라"부터 "있음직하다"로 어느 정도 쉽게 말을 바꾸어 가면서 그것이 "내가 사용한 추론 방법"이라고 말한다. "달은 지구를 닮았기 때문에 거주자가 있으며, 다른 행성은 달을 닮았기 때문에 거주자가 있다"고 계속 말하고 있다.[58] 달의 거주자에 관하여 퐁트넬은 사실상 정색하고 말하는 것만은 아니다. 달에 대기가 없기 때문에 거기에 거주자가 있다는 사실이 의심스럽다고 그도 인정했지만 최종적으로는 오직 후작 부인*을 즐겁게 하기 위하여 이 이론을 채택하였다. 그러나 태양계의 다른 행성에 관해서는 그의 주장

57. 최초의 번역은 Aphra Behn 부인(1688년, 다른 판은 1700년, 1715년)에 의한 것이며 다음의 것은 플라톤주의자 Glanvill의 판이었다(1688년, 1695년, 3판은 1702년까지에는 나왔음). W. Gardiner의 이름으로 나온 것(1715년, 1728년, 1757년 및 기타 다수의 판)은 Glanvill 판의 분명한 표절이다. 원작은 "전례가 없을 만큼 탐독되었으며 유럽의 모든 지역에 급속히 전파되었다. 유럽 대륙의 모든 언어로 번역되어 유명한 천문학자 Lalande와 이 작품의 독일어판 편집자의 한 사람인 Gottsched가 쓴 주註가 추가되는 영광을 얻었다"(Sir D. Brewster, *More Worlds than One,* p.3). Fontenelle의 논리나 유사한 논리의 영향의 예에 관해서는 W. Molyneux의 *Diopritica Nova*(1692), pp.278~279 참조.

58. 「대화」 5권.

* 후작부인은 이 작품 속의 대화의 주인공.

은 진지하게 제시되었으며, 더욱이 동일한 근거에서 다른 태양도 아마 그 주위에 행성이 있을 것이며 거기에도 생명체가 있다고 주장하였다. 물론 이것은 최저 수준의 유추에서 출발한 논리이며, 진실을 증명할 설득력은 없다. 때때로 퐁트넬은 자신이 추론한 이 부분이 단지 "왜 그렇지 않은가?"라고 질문하면서 입증의 부담을 상대편에게 전가시키는 것과 거의 다름없음을 인정한다. 두 번째의 논증법은 지구의 자연을 보고는 그것과 다른 곳에 있음직한 상태를 유추하는 것이다. 우리 자신의 관찰에 비추어 볼 때, 그리고 현미경으로 최근에 드러난 사실에 비추어 볼 때, 자연에는 생명을 모든 물질에 가득 채우는 경향이 있어서 "모래 한 알"도 살아 있는 수백만의 생명체를 유지하고 있음을 우리는 알고 있다. "그렇다면 여기에서도 결실을 남아돌게 하는 자연이 왜 다른 행성에서는 그렇게도 불모不毛여야 하는가?" 그러나 이것은 동일한 모델을 단순히 복제하는 것이라 가정되어서는 안 된다. "자연은 반복을 혐오"하며 또한 그 산물을 각 거주자가 있는 세계에서 다양화시킨다. 이러한 상이성은 거리에 따라 더 심해지는데 "왜냐하면 달의 거주자와 지구의 거주자를 본다면 누구든지 곧 그들이 지구의 거주자와 토성의 거주자보다 더 가까운 이웃임을 인식할 것이기 때문이다."[59]

그러나 이 논리는 기타의 두 고찰에 훨씬 더 크게 의존하고 있는데, 이러한 고찰 둘 다는 이미 전통적인 것이며, 더욱이 본질적으로는 충분이유의 원리를 적용한 것이었다. 그중 첫 번째 것은 만일 우리가 우주의 넓이에 관한 천문학적 결론을 받아들이고 더욱이 이 넓이의 미소한 부분에만 생명체가 살고 있다고 생각할 경우 〈자연의 창조주〉의 탓으로 돌리지 않을 수 없

59. Addison은 이것을 설득력 있는 논리라고 생각하였다. 「우주의 복수성」의 저자는 이러한 고려에서 어떠한 행성도 모두 거주자가 있다는 매우 좋은 논리를 끌어내고 있다. 만일 우리가 알고 있는 사물의 어떠한 부분도 폐물이며 무용한 것이 아니라면 우리로부터 멀리 떨어져 있는 그러한 커다란 물체가 폐물이며 무용한 것이 아니고 차라리 그 장소에 알맞은 존재물을 갖추고 있다는 것은 이성의 유추로 매우 있음직한 것으로 생각된다."(*Spectator* 지 519호).

는, 비합리적인 허비와 무분별한 기회의 낭비에 관한 논리이다. 그리고 마지막으로 만물의 발생 원인인 〈절대자〉의 무한성과 (풍요라는 의미의) 선성善性에 관한 신학적 원리로부터 도출된 거의 결정적인 가정이 있다. 간단히 말하면 퐁트넬은 그의 서문에서 "자연이 그 작품 속에 놓아두었음에 틀림없는 무한한 다양성이라는 관념은 이 책의 전편을 지배하고 있다"고 말하고 있는데, 이는 확실히 "어느 철학자에 의해서도 논박될 수 없는" 관념이라는 것이다. 퐁트넬은 끄집어 낸 결론이 다만 있음직한 것일 뿐이라고 인정하고 있지만, 이 결론은 알렉산드로스 대왕이 예전에 존재했다는 사실과 거의 같은 정도의 개연성을 지니고 있다. 둘 중 어느 것도 입증할 만한 증거를 내놓을 수는 없다. 그러나 우리가 아는 모든 것은 그 추정에 유리하며 따라서 불리한 것은 아무것도 없다

> 당신은 그와 비슷한 문제에서 바랄 수 있는 모든 증거를 갖고 있다. 즉, 거주자가 있는 지구와 행성은 완전히 서로 비슷하다는 것, 행성이 창조된 목적 이외의 용도를 생각하는 것은 불가능하다는 것, 자연의 풍요함과 장대함, 태양으로부터 멀리 떨어진 행성에게 위성을 붙여 놓은 것처럼, 행성에 거주자가 있어야 할 필요성에 관해 자연이 베푼 것같은 특정한 배려 등이 그것이다.

퐁트넬은 우주의 복수성에 대한 신념이 상상력에 미친 영향에 관해 장난기 있게 다루고 있다. 후작 부인은 철학자[퐁트넬]가 그녀에게 보인 세계의 경관이 "무섭다"고 항의한다. 그러나 이 철학자는 기죽지 않고 이렇게 말한다.

> 부인, 무섭다고요?라고 나는 말하였다. 하지만 나는 매우 즐겁다고 생

각합니다. 하늘은 별들이 박힌 조그마한 푸른 아취였을 때에는 우주가 너무도 비좁고 답답하다고 생각되었습니다. 공기가 부족해서 거의 숨이 막힐 뻔했지요. 그러나 이제 우주는 높이와 깊이가 확대되고 수천의 소용돌이를 포함하고 있습니다. 나는 이전보다 더 자유롭게 숨을 쉬기 시작하고 우주가 이전보다 비교가 안 될 정도로 훨씬 더 장려壯麗하다고 생각하고 있습니다.[60]

그러나 이것은 물론 오로지 심미적인 위안에 불과하다. 더욱이 그것도 형태의 단순성·가해성可解性·완전성보다는 크기와 다양성을 더 높이 평가하는 취미를 갖는 사람들만을 위한 위안이다. 퐁트넬은 우주의 확대가 인간의 활동적 성질에 대해 끼친 영향이 실망적인 것임을 인정하고 있다. 그것은 모든 인간의 성취를 아주 적은 중요성밖에 지니지 않는 것으로 보이게 하기 때문에 무위도식을 정당화하는 근거를 부여한다. 후작부인은 이렇게 결론을 내린다. "우리는 그렇게도 많은 우주의 한복판에서 어디에 있는지를 거의 알지 못하고 있다고 고백하지 않을 수 없습니다. 나로 말하면 지구가 그렇게 무섭도록 작은 것으로 생각되기 시작했기 때문에 이제부터는 아무것에도 관심을 두지 않으리라고 믿습니다. 우리가 그렇게도 우리 자신을 위대하게 만들려고 바란다든가, 우리가 언제나 계획하고 항상 자신을 고민하게 하고 괴롭힌다는 것은 확실히 우리가 이런 소용돌이가 무엇인지를 모르고 있기 때문입니다. 그러나 이제 나는 나의 새 지식의 등불이 일부나마 내가 게으른 이유가 되리라고 희망하며, 더욱이 누가 나를 경솔하게 책망한다면 나는 대답할 것입니다. 아! 당신은 항성이 무엇인지 알기나 했습니까? 라고."

18세기 다수의 영국인과 아마 거의 대부분의 영국 성직자는 대체로 윌리엄 더함의 「천문신학天文神學—천체 관측에 의한 신의 존재와 속성의 논

60. 「대화」 6권.

증」(1715)으로부터 일반적인 천문학적 개념을 얻었다. 이 책은 왕실의 후원하에 출판되었으며 그 저자는 윈저의 교회 참사회參事會 위원이며 보일* 기념강좌의 발표자이며 왕립 학회 회원이었다. 따라서 이 책은 과학과 신학에 관한 당시의 정통 사상에 의해 공식적으로 인정된 입장을 대표했을 것이다. 더함은 무한설을 주장한 우주관을 명확히 옹호했으며 "새 체계"라는 이름 아래 이것을 조심스럽게 코페르니쿠스설과 구분하였다. 새 체계는

> 태양과 그 행성들의 체계에 관한 한, 코페르니쿠스의 가설과 동일하다.……그러나 코페르니쿠스의 가설은 항성이 있는 천공이 우주의 경계이며 그 중심인 태양으로부터의 거리가 똑같은 곳에 위치하고 있다고 상정하고 있는 반면, 「새 체계」는 우리가 살고 있는 행성 외에도 많은 다른 태양과 행성이 있음을 상정하고 있다. 즉, 모든 항성은 일종의 태양이며 우리의 태양처럼 제1, 제2의 행성 체계로 둘러싸여 있다.……항성의 수만큼이나 무수히 많은 우주의 체계가 존재한다는 것은 매우 있음직한 일이다.

더욱이 더함은 (달을 포함한) 우리의 태양계 내의 모든 행성과 무수한 다른 태양계 내의 모든 행성은 "주거에 적합하여 적절한 거주자로 꽉 차있는 장소"라고 주장하고 있다. 그는 이 "새 체계"를 "무엇보다도 가장 합리적이고 있음직한 것"이라고 생각한다. 이러한 견해를 위한 그의 일차적이고 주된 이유는 흔히 있는 신학적인 것이다.

> 〔이 체계는〕 어느 무엇보다도 가장 장려하며 무한한 창조주에 합당하다. 창조주의 힘과 예지는 한계와 척도가 없듯이 하나의 태양계뿐만 아

* Robert Boyle(1627~1691): 영국의 화학자로서 〈보일 법칙〉의 수립자.

> 니라 많은 태양계를 창조하기 위해 아마도 진력했을 것이다. 더욱이 수만 개의 태양계는 하나의 태양계보다 신의 영광을 더하며 신의 속성을 더 증명하기 때문에 우리가 거기에 사는 특권을 가진 이 태양계 이외에 많은 태양계가 있을지도 모른다는 것은 가능하고 또한 있음직도 하다.[61)]

더욱이 "새 체계"로부터 도출되는 교훈은 중세 저술가들과 초기의 반코페르니쿠스주의자들이 프톨레마이오스적 체계로부터 도출한 것과 정확히 똑같은 것이다.

> 천체의 터무니없는 크기와 부피 그리고 이 가운데의 어떤 것은 우리보다 훨씬 고상한 가구와 시종을 거느리고 있다는 것을 고려할 때 우리는 이 세상을 과대평가하거나 이 세상에 너무 마음을 빼앗기지 않도록 하거나 이 세상의 부·영예·쾌락에 너무 마음을 빼앗기지 않도록 배울 것이다. 왜냐하면 우주에 비하면 지구는 한 점에 불과하고 보잘것없는 것이기 때문이다! 천체의 가장 큰 부분, 즉 항성 사이에서 보일까 말까한 구球에 불과하다. 더욱이 만일 크기나 위성이 하나의 행성에 위엄을 더하는 것이라면 〈토성〉이나 〈목성〉이 그러한 특혜를 주장할 수 있을 것이다. 또는 만일 전 체계 중 가장 장려한 구에 접근해 있다는 것, 빛과 열의 근원에 접근해 있다는 것, 중심에 접근해 있다는 것 등이 하나의 행성에 명예와 자랑을 부여하는 것이라면 〈수성〉과 〈금성〉이 그 자격을 주장할 수 있을 것이다. 그러므로 우리의 지구가 전 체계 중 열등한 부분의 하나라면 왜 우리는 이것을 덮어놓고 추구하고 바라야 하는가?[62)]

---

61. 앞의 책, 서론 xxxviii-xlii.
62. 같은 책, p.237.

그럼에도 더함은 "천상天上의 상태"의 주요 이점 중에는 천문학적 관측—혹은 탐험—을 위한 좀 더 나은 이점이 있을 것이라는 유쾌한 제언을 덧붙이고 있다.

> 우리는 태어날 때부터 새로운 사물을 좋아하며 다른 여러 나라를 구경하기 위하여 큰 고생을 하면서 위험한 항해를 한다. 우리는 천체에 관한 새로운 발견을 듣고 대단히 기뻐하며 망원경을 통해 이러한 영광스런 천체를 바라보고 큰 기쁨을 느낀다. 그렇다면 사후의 행복한 영혼은 우주의 가장 먼 지역을 답사하고 그곳의 훌륭한 천구와 그 고귀한 부속물을 더 가까이서 바라보고 얼마나 큰 기쁨을 느낄 것인가?[63]

18세기 초에 이르러 가장 덕망 있고 정통적인 집단의 사람들 사이에 똑같은 가설이 유포되어 있었다는 데 대한 또 다른 증거는 리처드 블랙모어*경의 「천지창조」(1712)에서 찾을 수 있다. 블랙모어는 18세기 시인 중 가장 조롱받은 사람이었다. 그는 저질의 풍자 작가들 외에 불행히도 데니스**와 포우프의 반감을 자초하였다. 그러나 「천지창조」는, 비록 오늘날 대부분의 독자들에게는 지루한 설교조의 시가 크게 유행한 시대가 낳은 교훈시 중에서도 가장 지루한 것으로 보이지만, 많은 그의 동시대인과 18세기의 후세인에게는 대단한 칭찬을 들었다. 애디슨은 그것에 대해 다음과 같이 말하고 있다

63. 같은 책, p.246.

* Sir Richard Blackmore(1650?~1729): 영국의 의사. 엉터리 시인으로 몇 편의 장시가 있음. 앤 여왕의 시의도 지냈다.

** John Dennis(1657~1734): 영국의 비평가이며 극작가. 「구성과 비구성」(*A Plot and No Plot*, 1697), 「주장된 자유」(*Liberty Asserted*, 1704), 「아피우스와 버지니아」(*Appius and Virginia*, 1709)를 포함한 9개의 희곡 작품으로 조금씩 알려지게 되었다. 그의 호언장담에 대하여 Pope가 「비평론」에서 풍자하자, 「비평적 성찰과 풍자적 성찰」(*Reflections, Critical and Satirical*, 1711)로 답하였다. 가장 잘 알려진 저서로는 「근대시의 진보와 혁신」과 「셰익스피어의 천재와 작품」 등 몇 개의 비평이 있다.

(*Spectator*지, 339호). “그것은 대단히 선한 의도에서 착수되어 매우 숙달된 솜씨로 쓰인 것이어서 영국시 중에서 가장 유용하고 고귀한 작품 중 하나라고 간주될 만하다. 독자는 모든 시적 매력으로 생기에 찬 철학적 깊이를 발견하고 이렇게 아름답고 풍부한 상상력 속에서 추론의 견실함과 강한 힘을 보고 즐거워하지 않을 수 없을 것이다. 데니스 자신도 「천지창조」를 “그 운율법의 아름다움에 있어서 루크레티우스*에 필적하고 그 추론의 견고함과 강력함에 있어서 그를 무한히 능가하는 철학시”라고 묘사하였다. 또한 존슨 박사**도 그것을 포우프의 철학시에 비교하여 후자가 열등하다고 하였다. 그렇다면 「천지창조」는 유행성과 시대적 명성이란 점으로 볼 때 그 세기의 가장 중요한 철학시 중 하나라 할 수 있다.

블랙모어는 다소 동요하는 듯이 보이긴 하지만 대체로 코페르니쿠스 이론을 받아들이고 있다. 그러나 우주의 복수성에 관하여 그는 전혀 의심하지 않는다.

그러나 그렇게도 많은 우주와
광막한 하늘 평원을 포함하는
이 막강한 체계는
전체를 이루는 천분의 일일 뿐
아마도 그 전체는 마찬가지로 훌륭하고

---

* Titus Lucretius Carus(96?~55 B.C.): 고대 로마의 철학적 시인. 에피쿠로스의 제자. 그의 훌륭한 작품 「사물의 본성에 관하여」(*De Rerum Natura*, 6권)는 에피쿠로스 원리에 따른 원자론을 논하고 물리학·심리학·윤리학을 다룬 변증법적이고 철학적인 시이다.

** Samuel Johnson(1709~1784): 영국의 시인·사전 편찬자·비평가·전기 작가로서 작가활동이 광범하다. 보통 ‘존슨 박사’라 알려져 있고 문단의 원로로 불린다. 「존슨의 사전」은 그 정의가 독특하여 유명하며 셰익스피어를 편집하고 시인의 전기를 썼다. 그가 만든 문예 클럽은 당대의 일급 명사들의 집합소가 되었다. *The Vanity of Human Wishes*(1749), *Irene*(1749) 등 작품 다수가 있다.

많은 우주를 포함하고 있을 것이다.

……………………………………

이 모든 훌륭한 우주를 비롯해 천문학자들이
관管을 통해 탐구하는 그 이상의 많은 우주.
드넓은 황야와 같은 천공天空 속에서 길을 잃고
세상 사람이 결코 볼 수 없는 수백만의 것들은
태양이며 중심이며, 그 우월한 지배에
여러 가지 크기의 행성들이 복종하도다.[64)]

그리고 그는—대체로 밀턴이 40년 전에 부인했던 근거에 따르면서—이러한 다른 천체에 거주자가 있음을 의심할 수는 없다고 생각하였다.

충실한 자연의 마음씨를 생각하고
그 무궁무진한 에너지를 존경할 때……
우리는 각 천구天球가 그에 적당한 생물의 종속을
지탱한다고 말할 수 있으리……
모든 별, 그 빛의 영역은
밤에만 비추도록 멀리 떨어져 있어
그 반짝이는 빛으로 우리의 눈을 즐겁게 하는가?……
그 모든 영광의 제국은 헛되이 만들어졌는가?[65)]

"지구"란 전체 중의 "천한 부분"에 불과하며 일부 다른 곳에 사는 거주자는

---

64. 앞의 책 2권.
65. 같은 책 3권.

이 천한 세계의 거주자를 능가할 것이 틀림없다.
그리고 그들은 여러 가지 행성에 적합한 이상
서로 간에 차이가 있을 것이 틀림없으며,
각각 정도가 다른 완성을 이룸에 틀림없도다.

우주가 무한하다는 것, 거주자가 있는 행성이 많이 있다는 가설이 18세기의 평범한 정통정신의 소유자들에게 아마 주로 일으켜 놓았을 것인 종교사상이나 종교적 감정의 형태는 영의 「야상夜想」(1745)의 마지막 장인 「아홉째 밤」에서 가장 잘 표현되어 있다. 당시의 유행과 영향력을 그 이후와 비교해 볼 때 이 시에 비견될 만한 것은 거의 없다. 〈아홉째 밤〉은 그 이전의 여덟 밤을 벌충하고 있다. 그 여덟 밤은 '대립'이라는 제목이 붙어 있고 〈아홉째 밤〉은 '위안'이라는 제목이 붙어 있다. 「야상」의 아홉 번째 장은 다른 장과는 다른 의미를 지닌다. 주로 밤은 영의 시신詩神에게는 알맞은 시간이다. 왜냐하면 밤은 음침하고 죽음·묘지·내세 등의 상념에 적합하며 슬픈 기억을 환기시키기 때문이다. 그러나 이제 밤은 별이 반짝이는 천공天空이 우리에게 그 모습을 보이고 천문학자의 작업이 시작되는 시간이다. 밤은 바로,

수많은 세계를
보여준다. 한낮에는 거만하고 샘 많은 정오의 별 뒤에
세계가 숨어 있는 것.

그러므로 이 시는 대체로 천문학에 관한 일련의 종교적 명상으로 구성되고 있다.

의심할 바 없이 영은 당시의 대부분 사람들이 받아들였기 때문에 무한우주설을 받아들였다. 그러나 또한 명백히 시인으로서, 종교적 교훈의 저

작을 쓴 저자로서 영에게 그 설은 특별한 매력을 느끼게 하였다. 무한 우주설은 영과 그의 독자가 좋아한 종류의, 산만하게 소리 지르는 듯한 수사修辭에 적합한 것이었다. 즉, 그것은 세인츠베리*가 "초인적인 폐활량을 가진 연기자가 훨씬 더 초인적인 인내심을 가진 청중에게 「야상夜想」에 관해 이야기하는 터무니없는 독백"이라고 말했을 때 지적하는 취향에 알맞은 것이었다. 더욱이 그것은 창조의 물리적 크기에 관해 이야기하는 가운데서 경외·존경·헌신의 근원을 찾고자 하는 종교심의 형태에 적합하였다. 그것은 신이 나이아가라 폭포보다도 더 크다는 명제를 자세히 이야기하는 데 설교를 집중한 미국 설교가와 일맥상통하는 것이다. 영은 신을 천둥이나 돌풍이 아닌 고요하고 작은 목소리[양심]에서 찾을 것을 기대한 사람이 아니었다. 그는 항상 자신이 불러내는 젊은 로렌조**—작가의 암시에 의하면 그가 하는 밤일은 천체 관측도 아니고 무덤 사이에서의 명상도 아니지만—를 도덕적으로 개심改心시킬 수 있으리라고 믿었던 것 같다. 그러한 개심은 우주의 광대한 장관을 통해서 그의 상상력을 압도함으로써, 그리하여 때로는 인간의 왜소함을, 때로는 그와 같은 광막한 생각에 몰두할 수 있는 존재로서의 인간에게 열려 있는 가능성을 그에게 인식케 함으로써 이루어질 수 있는 것이었다. 그는 또한 공간적·물리적 무한을 생각하는 가운데 인간의 이해력을 비하하고, 이에 따라 그리스도교 신학의 "신비함"을 좀 더 잘 받아들일 수단을 찾고 있다. 또한 영에게는—로만주의라는 모호한 용어가 갖는 한 가지 의미에서이긴 하지만—우주에 대한 뚜렷한 로만주의적인 취향의 표현이 있다. 즉,

---

* George Edward Beteman Saintsbury(1845~1933): 영국의 비평가·저널리스트·에딘버러대학 교수. 「프랑스 문학 및 서정시의 역사」(*Short History of French Literature, and French Lyrics*, 1882), 「19세기 문학」 (*Nineteenth Certury Literature*, 1896), 「비평사」(*A History of Criticism*, 3 vols,, 1900~04) 등 저서 다수가 있다.

** Lorenzo는 「야상」의 주인공.

혼란스러운 것 이외에는 아무것도 만족할 수 없으며
경악스러운 것 이외에는 아무것도 진리가 아니다.

이상은 영으로 하여금 무한주의적 우주론을 받아들이도록 촉구한 동기의 일부이지만 반면에 그는 또한 훨씬 이전에 브루노에 의해 제기되었고 이제는 그 이론의 진부한 논거가 되어 버린 마찬가지 논거에 의해 무한 우주설을 따져 가면서 정당화한 바 있었다.

이 막강한 건물은 어디서 끝나는가? 피조물이 사는 교외郊外는
어디에서 시작하는가? 그 협간狹間과 흉벽胸壁은 비존재의 골짜기,
〈무無〉의 기묘한 주거住居를 들여다보는 성벽은 어디에?
그러면 여호아는 공간의 어느 지점에서
자신의 헐거운 줄자를 떨어뜨리고
자신의 저울을 내려 두고
더 이상 세계의 무게를 달지 못하고
무한의 길이를 재지 못하게 된 것인가?

이 문제가 어려운 것임을 영은 인정하고 있다. 그러나 창조가 공간 속에서는 유한하다고 인정하는 것은 "더욱더 어려운 것"이다. 창조가 무한하다는 것을 믿는다는 것이 더 "합당한 추론"이다.

만일 그것이 잘못이라면 그것은 고귀한 근원을 가진
지고至高의 사고思考로부터 나온 잘못이다.
그러나 어떠한 잘못이란 말인가? 누가 그것이 잘못임을

증명할 수 있는가?—
〈전지전능〉에 한계를 설정할 수 있는 자가 할 뿐.
신이 할 수 있는 이상의 것을 인간은 생각할 수 있는가?……
천 개의 우주? 수백만을 더 포용할 수 있는 여지가 있다.
더욱이 어느 공간에서 그의 위대한 명령이 실행되지 않을 수 있겠는가!

여기에서 영은 유한설에 관한 밀턴의 시적 표현에 대해 직접 시적 반격을 가하고 있는 것이라고 스스로 생각한 내적 증거가 있다.

다른 천체상에도 지능을 가진 주거자가 무수히 존재한다는 것은 영에게는 더 의심의 여지가 없는 것으로 생각되었다. 이 논리는 대체로 피조물이 충만해 있다는 통상적인 가정과 〈자연의 조물주〉가 물질의 어느 부분에도 인간이 살 수 없게 그대로 둠으로써 물질을 낭비했으리라는 것은 상상하기 어렵다는 점에서 유래하였다(여기에서도 「실락원」 Ⅷ, 100~106에 대해 꽤 명백히 반박한 증거가 있다).

광대한 동혈洞穴이여! 넓은 원개圓蓋여! 그대는
신에게 알맞은 주거로 설계된 것인가?
그렇지 않다. 그런 생각만이 당신의 모습을 손상시키고
당신의 높이를 가라앉히고 당신의 깊이를 낮게 하며
당신의 넓이를 좁히며 전체를 왜소케 하고
우주를 태양계의太陽系儀로 만들어 버린다……
……왜냐하면 누가
이러한 물질의 장관을 바라볼 수 있으며, 또 정신을—
그 정신만을 위해 무생물이 만들어졌는데—
물질보다 더 아껴서 분배된다고 상상할 수 있는가?……

……그리하여 천공天空은 크기에 의해서
천구天球가 지구보다 더 나은 것과 같이
인류보다 훨씬 더 나은
무수한 자들이 있음을
우리에게 말해 주고 있다.

이리하여 명백히 문학적 영향이 일으킨 기묘한 혼란의 결과 및 그 결과로서의 사상적 혼란에 관한 하나의 공상적인 관념의 암시가 나왔는데, 그것을 10년 후에 칸트가 중심으로부터—혹은 어쨌든, 지구로부터—거리에 비례하는 존재의 종류에 등급이 있다고 상술하게 되었다. 이 시인[밀턴]은 공간을 통해 가상의 항해를 하며 동시에 이것이 〈존재의 사다리〉 위로 올라가는 것이라고 생각한다.

나는 잠을 깬다. 잠에서 깨면서 밤의 빛나는
계단을 천구에서 천구로 올라간다.
인간이 올라갈 수 있도록 자연이 설치한 계단을,
동시에 유혹하고 도우며,
그의 눈을 유혹하고 장대한 사상을 도와서,
그것에 만물의 위대한 목적지에 도달할 때까지.

18세기 중기와 말기에서도 이러한 우주론적 설들이 당시 가장 저명한 인사들에 의해 옹호된 것은 관찰적 근거에 의한 것이 아니라 흔히 알려진 플라톤적 전제나 브루노적 전제에 입각한 것임이 주목되어야 한다. 예컨대 람버트*는 광도 측정법에 의한 별의 크기나 거리의 결정에 관한 선구자로서

* Johann Heinrich Lambert(1728~1777): 독일의 물리학자 · 수학자 · 천문학자 · 철학자. 열이

과학적 천문학사에서 높은 지위를 차지하고 있다. 그러나 그가 1761년에 다른 우주에도 거주자가 있음이 틀림없다고 자신 있게 결론지은 것은 전적으로 충만의 원리에 의한 것이었다.

> 만일 우주의 모든 부분에서 생명과 활동, 사고와 욕망이 피조물에게서 발견되지 않는다면 우주는 무한히 활동적인 창조주의 결과일 수 있는가? 나는 우주의 완전함이 유사물의 연속적이고 무궁무진한 다양성에 존재한다고 생각하면서도 다른 한편으로는 무한히 완전한 전체의 어떠한 부분도 전혀 있을 수 없는 텅 빈 장소를 우주 속에 남겨둘 수 있는가? 나는 이러한 간극을 인정할 수 없다. 더욱이 나는 그 운행에 부여된 찬탄할 만한 질서가 허용하는 한, 주거 가능한 지구로 모든 태양계를 각기 채워 놓을 수 있다는 데 대해서는 조금도 주저하지 않았다.……이것을 의심하거나 전적으로 부인하는 자들은 그 이해력이 매우 제한된 자들이다. 왜냐하면 그들은 자신의 눈 이외의 입증 수단을 인정하지 않으며 따라서 일반 원리나 도덕적 확신에 의한 증명을 들으려고도 하지 않을 것이기 때문이다.[66]

그러나 람버트는 이러한 제한된 지성을 가진 자들의 존재조차도 우주의 일반적 체계와 마찬가지로 조화된 것이라고 시사하고 있다. 세계를 완성하기 위해서는 우둔한 자들까지 포함한 모든 종류의 사람이 필요하다. 그러나 람버트는 우주의 공간적 무한성을 인정할 수 없었다. 시간적으로 그것은 무한히 계속되는 것으로 간주되어야만 했으나 그러나 우주의 공간적 무한성

나 빛 또는 색에 관한 연구를 하였으며 빛의 강도와 빛의 흡수도의 측정 방법을 알아냈다. 그는 자신의 이름을 딴 빛의 단위인 람버트를 발견하고 항성의 운동과 관련되는 정리를 공식화하는 등의 업적을 세웠다.

66. 「우주론 서간」(1761), p.63; p.106.

은 그에게는 실제로 존재하는 무한수라는 받아들일 수 없는 관념에 관계되는 것 같이 생각되었다.

거의 같은 시기에 칸트는 통상적인 플라톤적 근거 위에서 물리적 우주의 무한한 넓이와 무한한 복수성複數性을 논하고 있었다. 우리는 "창조 행위를 〈무한 존재〉의 능력에 비례하는 것으로 생각해야" 하기 때문에……거기에는 한계가 전혀 없다.……신이 자신의 창조력의 극소 부분만을 활성화한다고 표현하는 것—정말로 광막한 자연과 세계의 보고寶庫가 영원히 이용되지 않고 비활성적으로 폐쇄되어 있다고 생각한다는 것—은 불합리할 것이다. 계측計測을 초월한 그러한 힘[신]을 증언하기 위해서는 창조 행위 전체를 제시하는 것이 훨씬 더 합리적이지 않는가, 혹은 더 나은 표현을 빌려 말해서 더 필연적이지 않는가?"[67] 더욱이 그 이전의 다른 사람들이 한 것처럼, 공간적·시간적 무한함과 연속성이라는 이율배반 속에서 형이상학적 관념론에서 확실하다고 생각되는 증명을 나중에 찾게 된 이 철학자[칸트]는 이제 어느 정도 경멸조로 간결하게 충만의 원리에 대한 그러한 반론을 다루고 있다. 칸트는 "수와 한계가 없는 무한한 집합체는 있을 수 없다고 생각하기 때문에 이 관념에 대해 곤란을 느끼는 사람들에게" 그가 결정적이라고 간주한 것으로 보이는 질문을 제시하고 있다. 미래는 확실히 변화의 무한한 연속이다. 그것에 관한 관념은 전체적으로 신의 이해력으로서는 즉각 존재함에 틀림없다. 그러므로 이러한 개념이 논리적으로 불가능하다는 것, 즉 자기 모순이라는 것은 있을 수 없다. 그러나 계기적繼起的 무한성을 동시에 표상하는 것은—충분히 포괄적인 지성을 가진 자에 대해서—본질적으로 불가능하지 않다면 동시적인 무한—즉, 공간에 있어서의 우주의 무한—이라는 관념에는 논리적 불가능이 있을 수 있는가? 그렇다면 우주의 무한은

67. 「천체의 일반 자연사 및 이론」(1755) 즉, P. Mesiger 편 (칸트의) 「통속 저작집」(1911), p.7에서 인용.

가능하기 때문에 이는 동시에 필연적이다.

칸트는 자신이 「순수이성비판」에서 이율배반을 설정하게 되었을 때 잊고 있었던 것으로 생각한 논리적 딜레마를 여기서는 유념하고 있다. 비록 모든 다른 사건과 마찬가지로 미래의 사전이 관념 철학에 의해 순전히 정신적인 것이라고 주장된다 할지라도 그 수가 유한하든 무한하든 둘 중의 하나임에는 틀림없다. 만일 그것이 무한하다면 그리고 개별의 무한한 총계가 단순히 인간의 상상력으로서는 불가능한 것일 뿐 아니라 어떤 인간에 의해서도 본질적으로 사고될 수 없는 "표현 불가능의" 것이라면 그 결과 우주의 모든 역사를 이루는 모든 사실을 알고 있는 우주적 지성은 있을 수 없다는 것이다. 소위 신의 마음도 미래를 전체적으로 파악할 수는 없을 것이다. 시간은 이것에 비해 너무도 크다. 수의 무한은 사고 불가능하며 부조리라는 칸트의 후기의 설에서 이러한 결과를 대신할 것은 "시간이 더 이상 존재하지 않는" 때가 미래에 도래할 것이라는 관념, 일정한 기간 후의 모든 변화·과정·계속이 정지하고 사물들이 생기하는 우주가 끝장난다는 관념일 것이다. 이것은 만물이 궁극적으로 완전한 비실재非實在로 변화한다는 것을 뜻하거나 그렇지 않으면—대단히 기묘하고 곤란한 관념이지만—그날이 지난 후에는 날짜가 없고 경험된 길이도 없는 존재가 계속한다는 것, 영원히 불변하는 사고 대상이 하나 또는 다수의 영원한 정신의 소요자에 의해서 관조됨을 의미할 것이다. 만년에 칸트는 둘 중 하나를 선택한다는 이러한 난처한 선택이 그의 당면 문제임을 인식해야만 하였다. 왜냐하면 그는 한때 그것을 사실상 지적한 일이 있었기 때문이다. 그러나 그 자신의 이러한 이율배반의 "문제 해결"에서 그는 이 사실을 전적으로 잊고 있었던 것으로 보인다.

그러나—이야기를 1750년대의 그의 우주론적 사고로 되돌려 볼 때—칸트는 이 점에서 많은 선구자와 동시대인과는 달리 충만의 원리에 의해

"모든 행성에는 거주자가 있음에 틀림없다고 주장하도록" 강요되고 있다는 느낌을 갖지 않았다. 물론 모든 행성 혹은 "이 중 실제로 대부분의 행성에 관해 이를 부인한다는 것은 어리석은 일이다"라고 그는 성급하게 덧붙이긴 하였다.

> 대자연의 풍요 속에서는, 그리고 그 대자연 속에서 우주와 태양계는 전체에 비교해 볼 때 단순한 티끌에 불과하지만, 그래도 거주자가 없는 텅 빈 영역이 당연히 있을 것이다. 이 영역이란 엄밀히 말하면 대자연의 목적, 즉 합리적 존재의 관조에 소용되도록 만들어진 것은 아니다. 〔이를 의문시한다는 것은〕 마치 신의 지혜를 근거로 하여 모래사막이 넓은 지구 표면의 넓은 지역을 점유하고 있다는 사실, 그리고 바다에는 무인도가 있다는 사실 등을 의심하는 것과 같을 것이다. 왜냐하면 행성은 피조물 전체에 비하면 지구 표면에 비할 경우와 같이 사막이나 섬보다도 훨씬 더 작은 것이기 때문이다.……만일 대자연이 공간의 모든 지점에서 자체의 부를 전부 내보일 만큼 사려가 깊다면 그것은 대자연의 초풍요超豊饒라기보다는 오히려 빈곤의 증후가 아니겠는가?[68]

더욱이 자연법칙이란 생명이 단지 특정의 물리적 조건에서만 존재할 수 있다는 것임이 명백하다고 칸트는 말한다. 이러한 조건이 아직 발전하지 못한 천체에는 당연히 거주자가 있지 않을 것이다. "창조의 탁월함은 이 때문에 손상되지는 않는다. 왜냐하면 무한이란 어떤 유한한 부분을 줄인다고 하여 감소될 수는 없는 크기이기 때문이다." 여기에서는 양적 무한의 개념이 갖는 모순은 2세기에 걸쳐 충만의 원리에 근거하였던 논리에 대한 것이라고

68. 같은 책 p.28. 그렇지만 칸트는 "아직도 거주자가 있지 않은 천체에는 그 발전(Bildung)이 후의 단계에 달했을 때 거주자가 있게 될 것"을 확신을 갖고 억측할 수 있다고 생각하였다.

생각될 수 있다. 칸트도 역시 우주는 무한함에 틀림없다고 주장하면서 동시에 거주자가 있는 세계의 〈수〉가 역시 무한하지 않으면 안 된다고 암시하고 있는데, 이상의 주장에서 모든 행성 또는 모든 태양계가 생물의 주거지가 되지 않으면 안 된다는 결론이 나오는 것은 아니다. 왜냐하면 무한의 집합은 그것으로부터 유한의 부분을 빼내도 여전히 무한이기 때문이다.

서양 사상에서 우주관과 도덕적·종교적 감정 사이의 관계의 역사에는 상당히 기묘한 모순이 존재해 왔다. 유한한 지구 중심적 우주에 당연히 알맞은 정신적 습관은 우주가 사실상 그러한 것이라고 생각되었던 시대에는 그다지 드러나지 않았지만 과학과 철학에서 이러한 생각이 폐물이 되어 버리고 난 오랜 후에야 비로소 최대한으로 나타났다. 이러한 모순에는 두 가지 주요한 측면이 있다. (1) 이해력과 상상력을 난처하게 만들고 파스칼과 같은 특정 유형의 인물에게는 인간의 자연적인 희망과 야망과 노력을 사소하고 공연한 것으로 보이게 하는 공간적·시간적 무한성은 그 자체로서 내세성을 생기게 하는 경향이 있다. 사고와 의식이란 스스로가 의존해야 할 어떤 궁극성을 추구하면서, 또한 이 세상에서 이것을 찾지 못하면 다른 곳에서 찾는다. 대부분의 인도 종교 철학에서 심오한 내세성은 이 인종의 상상력의 어떤 수학적 장대함, 또한 그 상상력이 직면하는 모든 지평선—이 중에서도 특히 시간이란 지평선—이 지루할 정도로 한없다는 것 등과 관계가 없지 않을 것이다. 그러나 유럽 사상에서는 형이상학적 내세성과 실제적 내세성이 수세기에 걸쳐 우주론적 유한론과 공존해 왔으며, 더욱이 한편으로 우주론적 유한론이 이론적으로 포기되기 시작했을 때 초감각적·초시간적 실재에 대한 인간의 정신적 선입견도 역시 점차 감소되었고 종교 자체는 더욱더 현세적인 것으로 바뀌는 변칙성을 우리는 발견한다. (2) 중세적 우주관과 근세적 우주관 사이의 이러한 일반적 척도의 차이를 제쳐놓는다면,

중세적 우주관은 그 재생되지 않는 상태의 인간에게 아무리 낮은 지위를 할당했다 하지만 궁극적으로는 현세의 역사에 독특한 의의를 부여하였다. 비슷한 드라마 혹은 더 중요한 드라마가 각각 독립적으로 다른 천체의 진로에 영향을 미치지 않고 연출되는 천체는 달리 없었다. 우주란 적어도 공연무대가 많은 서커스가 아니었다. 그러나 또다시 이러한 선입관에서 생길 것으로 예기될지도 모를 기질에는 중세 사상의 특징이 비교적 거의 없었다. 지구의 거주자가 지상의 사건의 일반적 움직임에 대해 최대 관심을 갖기 시작하고 이윽고 인간 자신의 실제적·잠재적 업적에 관해서—이들의 전체라고는 할 수 없으나 시간의 무한한 영고성쇠 속에서는 실로 순간적인 에피소드에 불과하며 헤아릴 수 없는, 이해를 초월한 우주 속의 작은 섬에 불과한 것을 무대 위에 상연시키고 있긴 하지만—우주의 운명 전부가 자기들에게 달려 있고 거기에서 완성되는 것처럼 이야기되기 시작한 것은 지구가 그 독점을 상실한 〈후〉부터였다. 호모 사피엔스가 우주라는 무대의 극히 작은 한 구석에서 자신을 가장 중요시하며 또 자기만족에 빠져 법석댄 것은 13세기가 아니라 19세기였다. 물론 이러한 모순이 생긴 이유는 19세기에서도 13세기에서와 마찬가지로 특정 관념 연합이 당시 수용된 우주론적 전제가 갖는 특징적 경향에 크게 거슬러 작용하였다는 사실에서 찾을 수 있다. 우리가 여기에서 더 이상 이러한 반작용적 요인들의 성질을 구명할 필요는 없을 것이다. 새로운 시공時空의 척도와 사물의 체계를 도입함으로써 당연히 생겼는지도 모르는 어떤 결과는 실제로는 우리가 살펴보았듯이 비록 약간의 변동은 있지만 천천히 부분적으로 드러났으며 그 충격의 전부는 아마도 아직 미래에 속하리라는 것에 주목하는 정도로 충분할 것이다.

V. 라이프니츠와 스피노자에 있어서의 충만과 충분이유

17세기의 위대한 철학 체계 중에서도 〈존재의 연쇄〉의 관념이 가장 현저하고 가장 결정적이고 가장 확산적으로 나타나는 것은 라이프니츠의 철학에 있어서이다. 그에게는 우주의 근본적 성격이란 충만·연속 그리고 직선적 등급이라 할 수 있다. 이 연쇄는 단자單子[모나드]의 총체로 이루어지는데, 단자는 위계 서열에서 신으로부터 시작하여 가장 낮은 등급의 감각을 가진 생명체에 이르고 있으며, 어느 둘도 똑같지 않지만, 그 서열에서는 바로 위의 것과 바로 아래의 것이 최소한 가능한 차이만을 드러낼 뿐이다. 라이프니츠의 형이상학은 관념론의 한 형태, 더 정확히는 범심론汎心論의 한 형태이기 때문에, 등급은 형태론적 관점에서라기보다는 오히려 심리학적 관점에서 규정된다. 단자를 서로 구별하는 것은 그 각각을 특징짓는 의식 수준, 우주를 "반영" 혹은 "표상"하는 경우의 적합성과 명확성의 정도에 의한 것이다. 그럼에도 불구하고 물질세계도 또한 〈잘 확립된 현상〉, 즉 이러한 비물질적인 실재가 필연적으로 서로에게 스스로를 표출하는 양식으로서, 라이프니츠의 체계에서는 파생적인 그리고 어느 정도 모호하긴 하지만 본질적인 위상을 차지하고 있다. 더욱이 그는 습관적으로 주저함이 없이 물질적 실재론의 평범한 언어를 사용하며 물상 과학적 문제를 허구가 아닌 실제의 문제로서 논하고 있다. 물질계에서도 역시 같은 세 가지 법칙이 유효하다. 그리고 이 법칙은 경험적 연구의 지도 원리로서 자연의 탐구자에 의해 채택되어야 한다. 이 점에 관한 최선의 표현은 보통 그의 전집에서는 빠진 한 서간에서 나타나며, 그 각별한 중요성에 대해서는 최근의 몇몇 연구자의 주목을 받고 있는 바이다.[1] 라이프니츠는 다음과 같이 기술하고 있다.

> 전체를 한 덩어리로 우주를 구성하는 모든 상이한 종류의 존재는 그 본질적인 등급을 구별해 알고 있는 신이 갖는 관념에서는 대단히 밀접하게 연결되어 있어서, 그 좌표 중 어느 둘을 취해 보아도 그 사이에 다른 좌표를 놓는 것은 무질서와 미완성을 뜻하기 때문에 될 수 없는, 그러한 단일한 곡선상의 많은 좌표에 불과하다. 그리하여 인간은 동물과 연결되어 있으며 동물은 식물과 연결되어 있고 식물은 화석과 연결되어 있으며 화석은 우리가 감각과 상상력으로서는 완전히 무생물이라고 알고 있는 물체와 연결된다. 더욱이 연속의 법칙은 하나의 존재가 갖는 본질적 속성이 다른 존재의 본질적 속성에 가까워질 때 전자의 모든 성질은 마찬가지로 점차 후자의 성질에 접근해야 할 필요가 있기 때문에 자연적 존재의 종류 전체는 단일한 연쇄를 필연적으로 형성하며, 그중에서는 다양한 종류가 서로 너무 밀접하게 연관되어 있기 때문에 감각이나 상상력으로서는 어디서 하나가 끝나고 어디서 다른 하나가 시작하는가를 정

1. 이것은 1753년 Koenig가 발표한 것으로 볼테르가 참가하여 가장 두드러진 역할을 한 Maupertuis와의 유명한 논쟁에 즈음하여 발표되었다. 이 서간이 진짜인가는 Maupertuis 및 그가 원장으로 있는 베를린 학술원에 의해 부정되었으나 그것이 진짜라는 것은 외적 증거와 내적 증거에 의해 충분히 확증되었으며 현대의 라이프니츠 학자들에 의해 의문시되고 있지 않다. 이 서간은 「퀴비에 저작의 이론적 분석」(1841) 속에서 저자 Flourens에 의해 길게 인용되었다. 서간은 Buchenau와 Cassirer 공저의 「라이프니츠: 철학의 기초 정립을 위한 주요 저작」 II. pp.556~559.

확히 결정할 수가 없다—말하자면 경계선에 또는 그 가까이에 있는 모든 종種은 모호하며 인접하는 종의 어느 것에 귀속시켜도 좋은 그런 성질을 지니고 있다는 것이다. 따라서 식충植蟲, 혹은 부다에우스*가 명명한 바와 같은 동식물이 실재한다 해도 전혀 이상스러울 것이 없다. 그 반대로 식충이 존재한다는 것이 자연의 질서와 전적으로 일치한다. 더욱이 내 생각으로는 연속의 원리의 힘이란 대단히 강한 것이어서 이러한 존재가 발견되었다는 말을 들어도 놀랄 것이 없을 뿐 아니라—이러한 피조물이란 영양 섭취라든지 번식 같은 어떤 성질에 있어서 동물이나 식물 어느 것으로도 마찬가지로 통할 수 있고 따라서 우주를 채우고 있는 공존하는 각기 다른 존재의 질서가 완벽하고 절대적인 분리라는 가정에 입각한 현행의 법칙을 뒤집는 피조물—이런 것이 발견된다고 해도 나는 놀라지 않을 뿐 아니라 실제로 그러한 피조물이 틀림없이 있으며 박물학은 그 작은 크기 때문에 통상적으로는 관찰될 수 없었거나 지구의 내부와 바다의 심연에 숨어 있는 무수한 생명체를 계속 연구해 나간다면 언젠가는 그러한 것을 잘 알게 될 것임을 나는 확신하는 바이다.[2)]

그러나 이상은 라이프니츠의 체계 중에서 잘 알려진 측면이다. 그의 이론을 연구하는 사람들 사이에서도 해석의 차이가 생기고 있는 특별하고 좀 더 상호 관계가 있는 어려운 문제에 대해 우리는 이 강연에서 관심을 갖게 될 것이다. 이러한 문제란 다음과 같다. 첫째, 그가 자신의 철학에서 충분이

---

* Guillaume Budé(라틴명 Budaeus, 1468~1540): 프랑스의 학자로서 그리스 어문 연구 및 부활에 기여하였다. 에라스무스의 친구로서 프랑소아 1세에 의해 왕립도서관원으로 임명되었으며 Fontainebleau 도서관과 파리 대학을 설립하는 데 큰 역할을 하였다. 그의 저서는 그리스어와 문학에 대한 관심을 불러일으키는 데 영향을 끼쳤다.

2. 연속의 원리를 충만의 원리로부터 도출하는 것에 관해서는 「자연과 은총의 원리」(1718), p.3 참조: "자연에서는 모든 것이 충만 되어 있으며……우주의 충만 때문에 모든 것은 연속되어 있다."

유의 원리라고 부르고 있는 정리定理와 충만의 원리 사이의 관계; 둘째, 그가 결과적으로 충만의 원리에 부여한 범위; 셋째, 이 양자에 포함된 문제인데, 그는 스피노자 철학의 특징인 절대적인 논리적 결정론을 정말로 회피하고 있는가 하는 문제이다.

충분이유의 원리를 공식화하여 설명함에 있어서, 라이프니츠는 자신이 자연과학과 형이상학에서 그러한 막중한 중요성을 부여한 명제를 다룰 때 철학자로서 마땅히 그래야 하는 것보다는 덜 정확하고 더 일관성이 없다. 설령 자연적 원인이 획일하다는 정상적인 과학적 명제로 환원되지는 않는다 할지라도 때때로 그 원리는 이 명제를 포함하고 있는 듯이 보인다. 그것은 작용인作用因이라기보다는 목적인目的因에 관계되어 있는 것 같다는 말로 표현되는 경우가 더 빈번하다. 더욱이 그것은 목적론적 자연관의 극단적인 주장으로서 보통 해석되어 왔다—즉, 사물의 존재와 성질과 행태는 궁극적으로 실현시키고자 하는 그 가치에 따라 설명될 수 있다는 논제, 그리고 우리는 우주가 표현하고 있는 근본적 가치 체계의 의미를 추적함으로써 과학적 사실에 관한 진리를 발견할 수 있다는 논제와 맞먹는 것으로 이 원리가 해석되어 왔다는 것이다. 그러므로 러셀*은 라이프니츠에 관한 저서에서 "실제의 존재물에 적용된 충분이유의 법칙은 목적인을 주장하는 것으로 귀착된다"고 기술하고 있다. 따라서 다른 존재물로부터이든 단순한 관념으로부터이든, "실존을 추론하기 위해서 선의 관념은 언제나 채택되지 않으면 안 된다"—러셀이 덧붙여 말하듯이 이것은 다른 어떤 개념을 갖지 않은 실존과의 관계를 "선"의 개념에 부여하는 이론이다.[3] 라이프니츠가 뜻한 의미

* Bertrand Arthur William Russell(1872~1970)은 영국의 수학자·철학자. 사회평론가로서 평화주의적 신념을 가진 그는 제1차 세계대전을 반대하였다. 1950년 노벨문학상 수상. 저서로는 「기하학 기초론」(1897), 「수학의 원리」(1903). 「마음 분석」(1921), 「산업 문명의 전망」(1923), 「교육과 사회 질서」(1932) 등 다수가 있다.

3. 「라이프니츠의 철학」, p.34.

에 대한 이러한 요약은 상당히 많은 원전 인용으로 뒷받침될 수 있는 반면, 그럼에도 불구하고 그것은 이 문제에 관한 더 근본적이고 특징적인 그의 견해를 표현하지 못한 것이며, 그의 철학에서 '선'과 '실존'의 개념 간의 관계에 전도된 인식을 심어주는 경향이 있다. 우주론적 일반화로서의 충분이유의 원리에 대한 그의 신념이 생기게 된 동기는 주로 자연 속의 목적론이 의미하는 것—즉, 인간이나 다른 의식을 갖는 존재의 안락·편안·행복 혹은 교화와 같은 목적에 잘 부합되는 것—을 찾으려고 하는 욕구가 아니었다. 라이프니츠는 사물이 궁극적으로 〈어떤〉 이유를 갖고 있다는 것, 그것이 논리적으로 궁극적인 다른 어떤 것에 〈논리적〉 근거를 갖고 있다는 것 등을 주장하는 데 더 관심을 가졌으며, 한 사물의 존재 이유가 신이나 인간 혹은 동물의 주관적 만족에 도움이 된다는 보통의 의미에서 '선'을 주장하는 것에는 (전혀 주장할 마음이 없는 것은 아니고) 그다지 관심을 두지 않았다.

왜냐하면 당시의 다른 사람들과 마찬가지로 라이프니츠에게는 세계의 존재 자체와 실제로 존재하는 세계의 일반적인 구조가 터무니없이 큰 우발적 사건에 불과한 것인가 아닌가, 우주는 일찍이 존재한 적이 없었던가, 혹은 전혀 다른 종류의 것이었는지도 모르며, 혹은 행인지 불행인지 단지 우연히 현재의 성질을 갖게 되었는지를 아는 것은 대단히 중요하며 또한 반드시 불가능한 것도 아니었다. 그 외관이야 어떻든 우주는 그다지 중요하지 않은 세부에 있어서 뿐만 아니라 더 일반적인 성질에 있어서까지도 전혀 설명될 수 없는 특성으로 꽉 차 있다. 이것은 우리가 우주의 순전한 수적·양적 속성을 고려할 때 각별히 명백해진다. 수열數列 속의 어떤 수는 다른 수보다 신성하지 않거나 더 명백히 존재에 알맞은 것도 아니다. 그럼에도 불구하고 예컨대 제1원자·행성·태양·세균 세포·정신의 모든 가능한 수로부터 어느 한 수가 전혀 임의로 선택되어 우연히 존재하게 되었다는 것은 사실인가? 아니라면, 다시 묻거니와 우리가 자연법 그 자체라고 부르는 것은 단순히 물질의 변덕으로서, 논리적으로 생각할 때와 마찬가지로 가능한 100만 분의 1의 방식으로 (적어도 어느 정도의 시간 동안) 설명되지는 않지만 우연히 규칙성 같이 보이는 것에 따라 그 물질이 행동하는 것인가? 물론 라이프니츠와 그의 시대의 철학적 유산 가운데에는 이러한 난점을 더 심각하게 하거나 또 이 난점이 취하는 각별한 형태를 결정한 잘 알려진 요소가 있었다. 17·18세기의 비물질론적 철학자 대부분은 여전히 습관적으로 존재의 두 영역이라는 관점에서 사고하였다. 그들에게는 본질·'본성'·플라톤적 〈이데아〉의 세계가 물질적이든 정신적이든 하나하나의 시간적인 존재물의 세계만큼이나 명확하고 객관적으로 고려된 것이었다. 전자는 비록 '존재'하지 않는다 해도 실로 그 양자 중 더 근본적이고 더 구체적인 실재였다.[4] 사실 엄밀한 플라톤적 실재론보다는 차라리 개념론이 〈이데아〉의 지위에 관해 보편적 인정을 받은 이론이었다. 예를 들면, 라이프니츠 자신은 만일 본질의 영역이 신의 정신에 의해 영원히 관조되지 않는다면 결코 존재하지 않을 것이라고 주장하였다. "모든 〔형이상학적인〕 실재는 존재하는 무엇인가에 근거하지 않으면 안 된다. 그리하여 만일 신이 없다면 기하학의 대상도 없다.[5] 그러나 물론 이것은 인간의 정신을 위해서는 본질이 덜 독립적이고 덜 실체적이라는 뜻이 아니었다. 더욱이 신의 정신에 있어서조차 모든 본질(신 자신의 본질을 포함하여)은 보편적은 아니라 해도 당시에 유력한 견해에 의하면 본질에 대응하는 실존물에 대해 어떤 논리적 우선권을 갖는 것이었

4. 이것에 관한 전형적 표현에 대해서는 Fénelon의 *De l'existence de Dieu*(1718) 참조: "나의 관념은 나의 정신보다 우수하다. 왜냐하면 나의 관념은 정신을 바르게 하고 고쳐 놓기 때문이다. 나의 관념은 신성神性의 특징을 갖는다. 왜냐하면, 그것은 신과 같이 보편적이며 황구불변이기 때문이다.……만일 변화하거나 무상無常한 것이거나 겉만의 것이 참으로 존재한다면 할 수 없는 것이나 필연적인 것은 더욱더 존재한다."(pt. II. ch. iv)

5. 사물의 본질이 신의 정신 속에 포함되고 있다는 관념은 적어도 Philo에까지 소급하며 아우구스티누스의 영향에 의하여 거의 중세 사상에 이식되었다. 그러므로 "이데아"라는 말의 플라톤적 의미로부터 현대적 의미에의 전화轉化가 생겼다. Webb, *Studies in the History of Natural Theology*, p.247 참조.

다. 더욱이 이 영원한 질서 속에서만 완전한 합리성과 동일시될 수 있는 필연성이 있다는 것이었다. 그것은 모든 궁극적 이유가 있는 곳, 사실에 대한 유일하면서도 최종적으로 만족을 주는 유일한 설명이 탐구될 수 있는 영역이었다. 하나의 분명치 않은 사실을 또 다른 하나의 사실에 단순히 연결시키는 따위의 '설명'은—비록 후자가 시간적으로 선행하는 사건이나 존재물 또는 우리가 경험적 법칙이라고 부르는 일반화된 사실 중 하나라 해도—결코 근저에 닿는 것이 아니었다.[6] 더욱이 이것은 단지 우리의 제한된 지성이 흔히 직면하는 상황일 뿐만 아니라 객관적 세계의 상황이라는 주장은 모든 것의 근본적인 우유성偶有性을 주장하는 것과 같다고 생각되었다. 다른 한편으로 만일 한 실체의 존재, 속성 혹은 행위가 "사물의 본성"에 근거하고 있다—즉, 어떤 본질의 구조 속에 혹은 본질 상호 간에 통용되는 관계의 불변의 체계 속에 내포되어 있다—고 생각될 수 있다면 그 이유에 대한 더 이상의 추구는 불필요할 뿐만 아니라 불가능하게 될 것이다. 적나라한 사실은 필연성에까지 소급·추구되었으며, 더 이상 지성에 불분명한 것이 아니었다.[7] 우연적 존재의 우발성이라고 보이는 것이 그 영원한 상相에서—즉, 이

6. 그러므로 라이프니츠는 「하나의 사건보다 좀 더 이전에 좀 더 단순한 또 다른 사건(가령 하나의 사건이 우리의 눈에 띄었다고 해서 그것이 정말 또 다른 하나의 사건의 원인으로 될 수는 없는 것 같은)의 종점을 가지게 될 수 있고 이러한 이행」(*Opuscules et fragments*, ed. Couturat, 1903, p.19)에 관해 말하고 있다. 또한 *Philos. Schriften*, ed. Gerhardt. VII, p.303 ff.를 참조할 것. "우주의 근거는 그 집합이 우주가 될 만한 상태의 연쇄나 사물의 연속과는 다른 무엇인가 우주 외적인 것에 있다. 그러므로 우리는 우주의 후後상태를 전前상태로써 결정하는 물리적인 필연성 내지 가설적인 필연성으로부터 그 이유가 제시될 수 없는 것 같은 절대적 필요성 내지 형이상학적 필연성인 그 무엇인가로 이행하지 않으면 안 된다."

7. 나는 이 관념을 양자택일의 방식으로 표현하였다. 왜냐하면 필연적인 판단은 궁극적으로는 "분석적"이거나 "종합적"인가에 대한 문제에 관해서는 라이프니츠 및 그의 동시대인에게 상당한 동요가 있기 때문이다. 보통 라이프니츠 자신은 그러한 판단을 분석적이라고 불렀다. 그러나 그렇다고 해서 그것이 단순한 동어 반복이라는 뜻이 아니었던 것은 확실하다. 그가 어디에선가에서 말하고 있듯이 이러한 판단은 전혀 〈무용한 것〉이 아니다. 이 구별에 관련된 기본적인 논리 문제를 논하는 것은 현재의 역사적 고찰의 목적

데아에 내재하는 어떤 '영원한 진리'에 유래하는 것으로서, 그리고 그 진리의 반대는 논리적인 부조리이긴 하겠지만—이해되었다. 18세기의 어느 한 저술가의 전형적인 표현에 의하면 "사물 자체의 성질에 내재하는 절대적 필연성"이 예를 들면 기하학적 도형에서와 같이 "그것이 현재 존재하는 것의 이유이자 근거라고 생각될 때 우리는 필연적으로 이러한 이유와 근거에서 멈추지 않으면 안 된다. 그리고 사물의 성질에서 모든 이유 중 가장 최종적인 이러한 이유의 이유를 묻는다는 것은 부조리이다."[8)]

이렇듯이 항상 실재의 두 면을 앞에 두고 그중 하나에만 이유를 구하는 인간 지성이 의존할 수 있는 철학에 대해서는 '실존'할지도, 하지 않을지도 모를 속성 간의 필연적 연결뿐 아니라 구체적 존재 자체를 결정하는 근거를 〈이데아〉의 영역 내에서 어떻게든 또 어디서든 찾아야 할 필요성은 당연히 큰 것이었다. 존재라는 사실이 본질의 세계에 있는 필연성으로서 어딘가에 명시될 수 없다면 그 두 세계는 이상하게도 관계를 맺지 않은 상태에 있었으며 양자를 잇는 다리는 없었다. 더욱이 존재물의 전 영역은 공허한 비이성非理性에 굴복하는 것으로 보였다. 이러한 것이 17·18세기 철학의 쟁점이었으며 라이프니츠의 충분이유의 원리는 그 여러 해답 중의 하나였다. 더욱이 그 원리는 나중에 고찰하는 바와 같이 본질적으로 「티마이오스」에서 표현된 주제를 더 정밀하게 반전시켰다. 1715년의 어느 한 서간에서 라이프니츠 자신도 자기 철학이 어떤 면에서는 플라톤주의를 체계화하려는 시도였다고 설명하고 있다.

> 젊은 시절 이래로 나는 플라톤의 윤리학에 크게 만족해 왔으며 또한 어느 면에서는 그의 형이상학에 만족해 왔다. 더욱이 이 둘은 수학과 물

범위에 드는 것이 아니다. 여기에 대한 다른 논평에 관해서는 저자의 논문 "칸트에 있어서의 특단론과 비판주의의 대립"(*Mind*, N.S., 1906에 수록됨)을 참조할 것.

8. J. Jackson, *The Existence and Unity of God*(1734), p.39.

리학처럼 병행하는 것이다. 만일 어느 누가 플라톤을 하나의 체계로 축약한다면 인류에 큰 공헌을 하게 될 것이다. 그리고 내가 조금이나마 이에 보탬이 되었음을 알게 될 것이다.[9]

그럼에도 우리가 만일 그의 시대에 통용된 다른 해답의 성격을 돌이켜 본다면 이 문제에 대한 라이프니츠의 해답의 의미와 역사적 중요성을 더 잘 이해할 수 있을 것이다. 왜 무無가 아니라 〈무엇인가〉가 존재하는가—즉, 어디에선가 존재한다는 것은 본질의 논리적 체계에서 생기는 필연으로 설명될 수 있다는 것—라는 충분이유가 있음에 틀림없다는 것은 라이프니츠가 공식화한 원리를 거부한 많은 사람들에게까지도 공리적인 것으로 받아들여졌다. 그러므로 18세기 처음 30년 동안 당시 영국 철학자의 제1인자로 통한 사무엘 클라크*는 "똑같이 가능한 두 사실, 즉 영원한 과거로부터 〈무엇인가〉 존재해 왔는가, 혹은 〈무無〉가 존재해 왔는가 하는 두 가능성 중에서 그 어느 하나가 전혀 근거 없이 결정되었다"고 생각하는 것은 "명백한 모순"이라고 언명하였다. 요컨대 존재하는 것은 무엇이든 어떤 "원인"을 갖고 있음에 틀림없다는 것이다. 더욱이 "어떤 외적 원인으로 생겼다는 것은 모든 것에 대해 옳다고 할 수는 없기 때문에" "사물 자체의 성질 속에 본래 있는 절대적 필연성에 의해 실존하는" 존재가 어디엔가 있음에 틀림없다. 더욱이 존재에 대한 이러한 필연성이나 내적 이유란

9. *Philos. Schriften*, ed. Gerhardt, III, 637.

* Samuel Clarke(1675~1729)는 영국의 형이상학자. 케임브리지 대학에서 데카르트를 연구하였다. 뉴턴의 제자로서 그의 설도 연구했으며 신의 존재, 영혼불멸, 의지의 자유를 합리적으로 확립하려고 하였다. Jacques Rohalt의 「물리학」(1697)을 번역하였는데 그 주석에서 널리 퍼져 있던 데카르트의 견해를 반박하면서 우주에 대한 뉴턴의 견해를 설명하였다. Boyle 강연(1704~05)에서 행한 신의 존재와 속성에 관한 그의 유명한 논증으로 Hobbes, Spinoza 등에게 답변했고, 삼위일체설이 초기 교회에 의해 주장된 교리라는 것을 부인하는 Daniel Waterland와 삼위일체설에 관한 논쟁(1712)을 하였다. 뉴턴의 설을 지지하여, 그를 대신하여 라이프니츠와 여러 차례 서신을 교환하면서 논쟁하였다.

반드시 선행한다. 그러나 시간적으로는 그러한 존재 자체의 실존보다 선행하는 것은 아니다. 왜냐하면 존재 그 자체는 영원하기 때문이다. 그것은 우리의 관념의 자연적 질서에서 그 존재에 대한 우리의 생각보다 선행한다. 즉, 이러한 필연성은 그와 같은 존재가 실존한다는 데 대한 우리의 생각에서 〈유래〉하는 것이 아니라,……그것은 그러한 존재가 실존하지 않는다고 생각하려고 노력할 때조차 우리의 의사와는 상관없이 그것은 선행하는 것으로 우리에게 강요한다……(왜냐하면) 필연성이란……그 본질에서는 절대적으로 명백한 불가능일 뿐이며 그 반대를 상상하는 것은 모순을 뜻할 뿐이기 때문이다.[10)]

이렇듯이 그 성질이나 본질이 그 실존의 필수적 근거—결과적으로 우리의 사고에서의 설명적 근거—인 존재는 물론 신이다. "만일 누가 그 비존재非存在를 생각하는 것이 이렇듯 명백한 모순인 존재의 〈이데아〉는 어떤 종류의 〈이데아〉인가?"라고 묻는다면 나는 이렇게 대답할 것이다. "그것은 〈절대적으로 영원하고 무한하며 근원적이고 독립적인 가장 단순한 존재〉에 관한, 우리가 형성할 수 있는 또는 (우리가 사고를 전적으로 그만두지 않는 한) 근절하거나 정신으로부터 제거할 수 없는 제일의 가장 단순한 〈이데아〉이다." 만일 이 경우에 존재를 결정하는 이유가 없다면 모든 종류의 부조리가 가능해질 것이다. 〈제1원인〉은 무한으로서의 유한일 수 있다. 그것은 "자연현상에 따라 제1원인이 실존한다고 입증된 장소에서 다른 이유 없이 존재하는 것과 마찬가지로 다른 장소에서는 이유 없이 존재하지 않을 수도 있을

10. 클라크 저 「논증 기타」(*Demonstration, etc.* 1706), pp.22~26. 이 저술은 보통 1705년의 Boyle 강연과 함께 출판되어 1717년까지 8판이 나왔다. 같은 논증의 다른 표현에 관해서는 J. Clarke, *Defence, etc.*(1722) 및 Jackson의 앞의 책 참조.

것이다."[11] 뿐만 아니라 더 나쁜 것은—클라크의 한 제자가 논하듯이 신의 본질 속에 신의 실존에 대한 충분이유가 없다면 우리에게는 언젠가 신이 무로 되돌아가지 않으리라는 합리적 보장이 없다는 것이다.

> 존재의 실존이 본래 원인이나 이유도 없이 결정되었다거나 원인이나 이유도 없이 계속하여 실존한다고 생각될 수 있는 바와 같이 한 존재의 실존의 변화도 원인이나 이유 없이 일어나리라는 것은 분명히 확실하다. 그러므로 제1원인이 근원적으로 원인이나 이유도 없이 실존했다면 그것은 본질적으로 가변적이며 부패하기 쉬울지도 모르며 따라서 그 내부에 존재의 종말의 원인이나 근거 혹은 이유를 갖고 있을지도 모른다.[12]

이상은 존재가 어느 점에서도 필연성에 근거하고 있지 않은 우주의 지위—그러한 지위를 빅토르 위고는 오랜 후에 적절한 수사修辭로 "언제나 임박해 있는 종말, 존재와 비존재 간에는 아무런 변화가 없고 시련으로의 복귀, 언제나 미끄러질 가능성, 즉 우주란 이러한 절벽이다"라고 말했는데—는 극도로 불안정한 신학적인 말투라 하겠다.

그렇다면 하나의 존재에 관해 클라크와 당시의 많은 다른 철학자와 신학자는 스피노자나 라이프니츠만큼이나 실존에는 어떤 결정적 이유도 없음을 인정하기를 꺼려하였다. 결국 신의 존재는 우연이라고 생각될 수 없었다. 사실 이것을 주장한 많은 사람—클라크도 그중 한 사람이었는데—이 동시에 동일한 논법과 관련있는 안셀름*의 존재론적 논증에 대해 약간 발뺌하는

11. S. Clarke의 앞의 책, p.27.

12. J. Jackson의 앞의 책(1734), p.31.

* Anselm(1033~1109): 북이탈리아 출신의 교부철학자. 1093년 캔터베리 대주교로 임명되었다. *Monologion, Proslogion, Curr Deus Homo* 등의 논문이 있었다. 화해를 구하고 신앙이라는 입장에서 성서의 권위에 의해서뿐 아니라 이성적으로 신의 존재를 논증하려고 하였다.

듯한 항변을 제기한 것도 사실이다. 그러나 〈필연적 존재〉—즉, 만일 그것이 존재하지 않는다면 그 본질이 본질로서는 존재하는 것일 수가 없는 실체—가 있다는 것을 부인할 마음가짐이 되어 있는 사람은 단지 극소수인 것으로 보였다.[13]

그러나 〈이데아의 세계〉—혹은 동일 관념의 신학적 표현인 신의 이유—에서 아무런 뒷받침도 없이 그러한 한 가지 예만을 인정하는 것은, 그리고 여러 존재로 성립하는 우주의 나머지 전부를 방치하는 것은 충분했는가? 이러한 문제에 대하여 스피노자의 철학은(전의 아벨라르나 브루노의 철학처럼) 강한 부정의 대답을 하였다. 실존의 모든 사실의 〈하나하나는〉 그 뿌리가 영원한 질서 속에, 또 본질이나 본질의 관계가 갖는 필연성 속에 있다고 주장되어야 한다는 것이었다. 더욱이 마찬가지로 모든 본질은 존재물 속에 개화되지 않으면 안 된다. 있을 수 있는 모든 가능한 것의 필연적인 현존現存이 스피노자에 의해 확인되었다는 것도 역시 그의 해석자 모두에게 분명한 것은 아니었다. 그것은 그의 세계가 내포한 일부 논리적 의미 및 그의 명확한 진술의 일부와 상충하는 듯이 보인다. 그가 충만의 원리를 받아들였다고 상정하는 것은 모든 연속적인 실체와 사건이 동시에 존재해야만 한다는 모순을 수반하리라는 점에 관해서는 앞에서 언급한 바 있다. 왜냐하면 그것들의 존재의 필연성은 논리적 필연성이기 때문이며 그 결과 시간은 그것과 상관없게 되기 때문이다. 우리는—또는 스피노자 시대의 수학자들처럼—평면 삼각형이 있을 경우 그 내각의 합이 언젠가는 두 개의 직각과 같게 〈된다〉는 것이 필연적이라고 말하려는 것이 아니다. 마찬가지로 우주

13. 이 극단의 입장을 명확히 취한 사람들 중에는 E. Law(King, *Origin of Evil*, 1732 ed. I, pp.52~56에서 인용) 및 Thomas Knowles, *The Existence and Attributes of God*(1746) 등이 있었다. 그러나 「선험적 신학」에 대한 이러한 반대자까지도 다른 곳에서는 부정한 명제를 수시로 인정하는 것을 피할 수 없었다. 예를 들면 Knowles(앞의 책, pp.48~49)가 있었다. Law는 신의 필연적 존재에 관한 모든 "추론을 충분이유의 원리에 입각해 수립"된 것으로 보고 있음에 주목해야 할 것이다(앞의 책, p.77).

는 논리적 필연성에 의하여 존재 가능한 모든 사물을 포함한다고 주장하는 사람도 일부 개별적 사물이 순서대로 존재하게 된다고 인정할 수는 없었다. 그러나 사실 개별적 사물은 순서에 따라 실제로 존재한다. 더욱이 우리는 아무런 명백한 보증도 없이 이러한 진리와 상충하는 이론을 스피노자의 탓으로 전가하지 않아야 한다. 다시 말하거니와 우리는 "비존재 양식의 관념", 즉 인식하는 지성과는 분리된 존재를 갖고 있지 않은 개별 대상에 관한 관념을 가질 수도 있으리라고 그는 때로는 명확히 말한다.[14] 더욱이 "정의는 특정량 또는 일정수의 개체를 의미하거나 표현하지는 않는다"고 그는 단언한다. 예를 들면 삼각형의 정의는 삼각형의 "성질"만을 말해 줄 뿐이지 실존하는 삼각형의 수에 관해서는 아무런 의미도 갖지 못한다. 따라서 어느 때라도 우주를 구성하는 실제의 개체는 존재했었을 지도 모르는 훨씬 더 많은 사물 중에서 비필연적非必然的이며 따라서 임의적으로 선택된 것에 불과하다고 스피노자는 논하고 있다. 그러나 나는 이런 식으로 스피노자를 해석하는 것은 전적으로 있을 수 없다고 생각한다. 그가 주장하는 바에 의하면 충분이유의 원리란 존재뿐 아니라 비존재에도 적용된다. "무엇이든 모든 하나하나의 사물에 대하여 그 존재 혹은 비존재에 대해서와 마찬가지로 원인이나 이유가 부여되어야 한다."[15] 더욱이 "현실적으로 모든 사물의 원인은 신의 본질을 구성하는 것으로 생각되는 한, 신의 지성"이다.[16] 이러한 근본 원인의 본질 속에 왜 어떤 것은 존재가 가능하면서도 실제로 존재하지 않아야 할 이유가 있을 수 있겠는가? 분명히 그렇지 않다. 생각될 수 있는 것, 즉 자기모순이 아닌 것으로 "무한 지성의 대상에 들지 않은 것"은 아무것도 없다. 그렇다면 신은 모든 본질을 생각할 수 있다면 즉, 다른 본질에는 존재가 결여되어 있고 그 반면에 어떤 유한한 본질에는 존재가 임의적으로

14. 「윤리학」 I, 정리 8.
15. 같은 책 I, 정리 11.
16. 같은 책 I, 정리 17, 비고.

귀착된다면 신도 우주도 다 합리적일 수 없으며, 또한 "우리가 신의 능력의 범위 안에 있다고 생각하는 것은 무엇이든 필연적으로 존재하며,"[17] 이 힘은 (자기 모순적인 것을 생각한다든가 만든다는 것이 불가능하다는 점을 제외한다면) 무한한 것이기 때문에 이로써 다음의 결론이 나온다. 즉, "신의 본질이 갖는 필연성으로부터 무한수의 사물이 무한한 방식으로 나온다는 것—즉, 무한한 지성의 영역에 들어갈 수 있는 〈모든〉 사물이 나온다는 것이다."[18] 실로 스피노자는 몇몇 구절에서 원인으로서의 신의 존재로부터 끄집어 낸 논증에 의존하지 않고—사실상 신의 존재 자체도 같은 원리로부터 추론되지만—각 속성의 모든 가능한 유한한 양식의 필연적 존재를 충분이유의 원리로부터 직접 추론하고 있다. 따로 떼어 볼 때 "삼각형"이라는 본질은 그 자체로서 모든 삼각형의 존재를 뜻하지 않는 반면에 삼각형의 존재는 〈하나의 전체로서의 물질적 우주의 질서에서〉 나온다. "왜냐하면 이로부터 삼각형이 필연적으로 존재한다는 것, 그게 아니라 삼각형의 실존이 불가능하다는 것 중 하나가 결론이 되어야 하기 때문이다. 이는 자명하다. 이에 따라 나오는 결론은 사물이란 만일 그 존재를 방해하는 어떤 원인이나 이유가 제시될 수 없다면 필연적으로 존재한다는 것이다." 바꾸어 말하면 "삼각형"이라는 부류는(그 형태를 볼 때) 물체의 가능한 하나의 종류이며 '길이의 연장'의 한 양식이다. 더욱이 그 종류와 그 종류에 속한 어떤 개체도 모두 그 존재를 불가능하게 하는 "이유"가 없는 한, 실제로 존재할 것이다. 그리고 이러한 이유는 그 존재가 어떤 방식으로든 자기모순을 포함하고 있다는 사실과 전적으로 다름없다. 마찬가지로 신의 필연적 존재는 "그가 존재한다는 것을 방해하거나 배제하는 원인이나 이유가 있을 수 없다"는 사실로부터 간단히 증명될 수 있을 것이다. 왜냐하면 "절대적으로 무한·최고의

17. 같은 책 I, 정리 35.
18. 같은 책 I, 정리 16, 이 정리에 관한 Tschirhausen의 해설 참조(스피노자의 *Opera*, 1895, II, p.48).

완전한 존재에 대해 그 존재가 모순을 포함한다고 주장하는 것은 부조리일 것"이기 때문이다.[19] 따라서 스피노자에게는 신의 존재에 관한 구분되는 두 가지 논리가 있다. 첫 번째는 존재론적 논리인데, "그 본질이 존재를 포함하는 것"으로서의 〈자기 원인〉(*causa sui*)의 정의로부터 간단히 나온다. 그리고 그러한 본질은 단지 하나밖에 있을 수 없(다고 가정되)기 때문에 이러한 논리는 전적으로 신에게만 적용이 가능하다. 또 다른 논리는 그 존재가 어떤 논리적 불가능성에 의해 제외되지 않는 것은 〈무엇이나〉 필연적으로 존재한다는 것으로부터 나온다. 더욱이 비록 "신"이라는 본질이 이 점에 관해 한 가지 독특한 이점을 갖고 있긴 하지만(스피노자는 가정하건대) "절대적 무한"과 "완전"이라는 속성을 지닌 것으로 정의되는 본질은 어떤 내재적인 혹은 외연적인 논리적 장애에 의해서도 그 존재가 방해될 수 없다는 것이 분명한 만큼 그것은 모든 본질에 적용될 수 있다. 더욱이 이러한 두 가지 증명에 대해서는 충만의 원리를 추론한 다음 두 가지 방법이 상응된다. 첫째는 간접적인 것으로서, 그 존재가 존재론적 논리로써 독립적으로 이미 증명된 신의 관념에 입각하고 있다. 둘째는 직접적인 것으로서, 두 번의 증명에서 신 자신의 존재가 증명된 경우의 전제와 동일한 전제에 의하는 것이다.

그럼에도 스피노자가 상상할 수 있는 모든 사물은 이미 존재해 왔거나 혹은 장차 존재할 것이라는 의미에서만 단지 충만의 원리를 주장했다라고 적어도 한 사람의 박학한 해설자에 의해 시사된 바 있다. 그러나 이러한 해석은 논리적으로 보아 필연적인 것이란 어느 한때는 다른 때보다 더 필연적일 수는 없다는 자명의 진리와 모순될 뿐만 아니라 「소고小考」와 「윤리학」 모두에서 스피노자에 의해 분명히 반박되고 있다. "만일 신이 자신의 지적知的 능력 안에 있는 모든 것을 창조해 〈버려〉" 더 이상 창조할 것이 전혀 남아 있지 않다면 신이 이제 전능하다고 부를 수 없다고 주장하는 사람들은 과오

19. 같은 책 I, 정리 11.

를 범하고 있다고 그는 주장한다. 그와 반대로 스피노자가 말한 바에 의하면 우리는 "신의 전능은 영원한 과거로부터 표출되어 왔으며, 앞으로도 영원히 같은 활동 상태에 머물러 있을 것"이라고 생각해야 한다.[20] 신이 과거에 언젠가 만든 세계가 지금 만들고 있는 세계와 다른 것이라고 상상한다면 이는 부조리일 것이다. 왜냐하면 이는 신의 지적 능력과 의지가 그때에는 지금과 달랐을 것임을 의미하기 때문이다. 만일 신의 창조가 일찍이 한때 미비하고 불완전했다면 〈신〉은 다른 때에도 역시 미비하고 불완전했을 것인데—이는 말의 모순이다. 간단히 말하면 "신이 다른 어느 것보다도 차라리 하나의 사물을 창조하도록 움직이게 되는 동기"는 어느 때에나 있을 수 있는 것은 아니었다. 따라서 "아득한 옛날로부터 영원에 걸쳐 삼각형의 본질로부터 내각의 합은 두 직각과 같다고 귀결되는 바와 같이 신의 최고 권능이나 혹은 무한한 본질부터 무한한 양식의 무한한 사물—즉, 만물—이 필연적으로 흘러나오고 또 항상 같은 필연성에 의해 흘러나올 것이다."[21] 그러므로 모든 존재 가능한 사물이 존재한다는 것은 신의 본질 속에 포함되어 있다.

이와 같이 우리가 말하는 충만의 원리는—이른바 정적靜的 형태로—스피노자의 이론의 진수에 내재해 있다. 〈우주 원인〉의 영원한 불변성으로부터 그는 시간적 세계의 내용물의 필연적인 "충만성"이나 필연적인 불가변성을 직접 논하고 있다. 그러나 그러한 원리의 모순은 다른 철학보다도 그의 철학에서 더 명백하다. 더욱이 특정의 해석자들이 내가 지적한 오해에 빠지는 결과에 이른 것은 어느 모로는 바로 이러한 사실 때문이다. 본질에 속하는 영원한 논리적 필연성에 비추어 보아서는 시간 속의 존재에 관한 결론에 이르는 타당한 논리는 사실상 〈전혀〉 없다. 왜냐하면 시간 자체는 그러한

20. 같은 책 I, 정리 17 비고

21. 같은 책. 가장 엄밀한 의미에 있어서의 충만의 원리의 논증은 「소고」 I, 2장(pp. 14~16) 및 6장에서 더욱더 충분히 전개되고 있다.

필연성에 이질적이기 때문이다. 시간은 자연의 비논리적 성질이다. 본질에 대해 참인 것은 무엇이든 시간에 대해서도 참이지만 그러나 시간적 세계에 대해 참인 것은 동시에 시간에 대해 참일 수 없다. 생성과 변화는 그 자체로서는 영원한 합리적 질서에 적합하지 못할 뿐이다. 그러한 질서로부터 이 사물이 이때에는 존재하고 저 사물이 저때에는 존재하는 것과 같은 질서로 이행하는 시도는 〈비연속적〉이며 더 나쁜 일이다. 그러나 이는 충만의 원리에 필요한 조건이며—그 원리가 충분이유의 원리에 함축되어 있다고 간주되었을 때 가장 명백히 필요한 조건이었다. 만일 모든 진정한 가능성이 문자 그대로 실현되는 것이 합리적 세계에 본질적인 것이라면 영원한 과거로부터 만물과 만인이 〈다 같이 동시에〉 존재해 왔을 것이며 모든 사건이 일어났어야 했던 것이다. 그러나 자연은 〈다 같이 동시에〉가 아니다. 이러한 모순이 스피노자에게서 더 명백히 드러난 것은 그의 체계에서는 종의 개념이 충만의 원리를 신봉하는 많은 기타 사람에게 그런 것처럼 일반적으로 이러한 역할을 하지 않는다는 사실이다. 흔히 해석되고 있듯이 만일 모든 〈종류〉의 존재가 언제나 시간적 질서 속에서 예증된다면 우주의 "충만성"이란 충분히 실현되었을 것이다. 자연이 걱정하는 단위는 개체가 아닌 종이다. 그러나 스피노자는 보통 신의 속성이나 "무한 양식"으로부터 비약하여 어느 때에는 존재하고 다른 때에는 존재하지 않으며 각 상이한 때마다 그 수가 상이한 개체로 대뜸 비약한다. 이러한 의미에서 대자연은 일정하지 〈않으며〉 항상 "충만"하지도 않다는 것이 명백하다. 따라서 스피노자는 충만의 원리를 주장하는 반면에 그 적용에서는 불가피하고 두드러진 모순 속으로 밀려들어갔다. 우리는 이러한 난점을 더욱더 깨닫게 되면서 다음 세기의 저술가들이 이 원리에 대한 과격한 재해석을 제기하게 됨을 알게 될 것이다.

이렇듯이 스피노자는 충만의 원리를 가장 타협의 여지가 없는 형식으로 표현하고 엄격한 논리적 의미에서 필연적이라고 제시하였다. 모든 사물은 대부분의 철학자가 신의 소유라고 생각하는 존재에 대해 전적으로 동일한 충분이유를 갖고 있다. 그러나 (브루노와는 달리) 스피노자는 18세기에 가장 풍요한 성과를 얻은 충만의 원리의 그러한 측면을 그다지 중요시 하지 않았다. 그가 자기 자신의 이론에 매우 큰 관심을 기울이게 된 것은 논리적으로 있을 수 있는 것은 모두 존재하지 않으면 안 되고 또 존재할 것이라는 고찰이 아니라, 존재하는 모든 것은 사물의 영원한 논리적 본질에 의해 존재하지 않으면 안 되었으며 현재 있는 바와 같이 바로 그대로 존재해 왔음이 틀림없다는 고찰이었다. 그 자신의 도덕적 기질에 가장 잘 부합되고 또 인간을 정념의 고통으로부터 해방시키기에 가장 적합한 것이라고 그가 생각한 것은 이러한 그 자신의 논증법의 결과이며, (궁극적으로는 그 반대를 상상조차 할 수 없게 만드는 정도의) 인간 생활의 모든 특성과 모든 영고성쇠가 전적으로 불가피하다는 느낌이었다. 이와 같이 필연성을 보편화하는 것은 사물을 목적론적으로 생각할 여지를 없애 버렸다. 어느 사물도 다른 방식으로는 존재했다고 생각할 수 없기 때문에, 목적이나 선택을 나타낸다고 말할 수 있는 것이 아무것도 없었다. 즉, 악이나 차선次善이 순전히 가능했을지 모르는데도 선의 선택을 말할 수 있는 것은 아무것도 없었다. 따라서 이러한 구분 자체는 그 의미를 잃게 되었다.

존재 이유가 본질의 영역에서 발견될 수 있는 점이 단 하나만 있다는 또 다른 대안적 견해는 스피노자 이전과 이후의 많은 철학적·신학적 의견에 의해 크게 대변되었다. 이러한 견해에 의하면 실로 〈필연적 존재〉가 있는 반면 필연적으로 존재하는 것은 그 자체로서 순수 〈의지〉, 즉 단지 외적 원인뿐만 아니라 합리적 동기와도 무관하게 선택하는 능력이다. 신의 의지를 심지어 이성의 강제에 종속시키는 것은 모든 저급의 사물에 대한 신의 자유와 지배를 부정하는 것이다. 따라서 신의 존재는 유한한 사물로 이루어진 우주가 존재해야 한다는 필연성과 아무런 관련이 없다는 것이다. 이러한 이론의 더 극단적이고 일관성 있는 형태에 의하면 〈무엇인가〉를 창조하려는 존재의 특권을 다른 존재물과 나누어 갖는 일반적인 경향조차도 신의 본질에 속하지 않는다고 주장되었다. 실로 이러한 논제는 이중적인 역사적 기원을 갖고 있었다. 그것은 주로 그리스도교 세계의 정통 신학의 일면—비록 일면뿐이긴 하지만—을 이룬 무책임한 의지에 대한 비정상적인 표현이었다. 그것은 또한 소위 그리스도교 신학의 유산, 즉 두 가지 상충되는 플라톤적 신의 개념 중의 하나로부터 추론될 수 있었다. 만일 신의 본질이 〈선의 이데아〉와 같고 〈절대 실존〉의 차별적 속성이 자기 충족이라면 신은 비록 자신이 세계를 창조〈했다〉 할지라도 그렇게 할 아무런 이유가 있을 수 없었다. 그의 본질적 성질 중에는 그가 불완전한 존재물로 된 우주를 실존케 한다는 것이 필연적이라거나 또는 바람직하게 하는 것은 아무것도 없었다. 그러므로 창조 행위는 그 자체로서 전혀 근거가 없고 자의적이며 그러므로 그것이 포함시키거나 제외시키거나 하는데 있어서도 전혀 근거가 없고 자의적이라고 생각되지 않으면 안 된다. 돈스 스코투스*나 그의 한 추종자가 언명했듯이 "직선에 한 점이 보태진다 해서 직선의 길이가 늘어나지 않는 것과 같이 피조물로부터는 신의 선성에 아무것도 덧붙여질 것이 없기 때문에 모든 피조물은 신의 선성과 단지 우연한 관계만을 가질 뿐이다."[22]

그리하여 고대 그리스 철학은 물론 중세 철학 이래로 신의 존재에 무엇인가가 신과 다르다고 생각된 것의 존재나 행위에 좌우된다거나, 혹은 좋든

* Dons Scotus(1265?~?1308): 스코틀랜드의 스콜라 철학자. 프란시스코 수도회에 들어갔고 Oxford, Paris, Cologne에서 수학하고 강의도 하였다. 롬바르두스(p.113의 역주 참조)의 *Sententiae*(12 vols, 1639)에 관한 철학적 문법과 주석의 저자. 스코투스주의라 불리는 스콜라 철학 체계의 창시자로서 토마스 아퀴나스, Henry of Ghent, Godfrey of Fontaine의 스콜라 철학 체계에 대하여 비판하였다.

22. 「사물의 원리에 관하여」 q.4. 또한 *Opus Oxoniense*, I, d.I, q.2, n.10 참조. Cusanus도 역시 가령 천지창조를 신에게 덧붙였다 해도 아무것도 덧붙인 것이 없다고 썼다. "피조물은 부대성付帶性(우유성)이 갖는 만큼의 존재도 갖지 않고 전혀 무無이다."(「박학한 무지에 관하여」 I)

나쁘든 조금이라도 영향을 받는다고 인정하는 만큼 신이라는 관념과 모순되는 것이 있을 수 없었다는 것이 공리公理로 전해내려 왔다. 인간 사상의 역사에 내재하는 이러한 수많은 자기모순의 승리에서도 가장 비상한 승리는 아마도 자기 몰두적이고 자족적인 〈완성〉이라는 관념—즉, 아리스토텔레스가 말한 신인 저 〈영원한 내향자內向者〉의 관념—이 시간의 창조자이며 또한 역사의 혼란 속에서도 정의를 촉진하고 분주히 개입하는 힘이라는 유대교적 관념 및 그 본질이 적극적 사랑이며 피조물의 비탄을 모두 함께 나누는 신이라는 원시 그리스도교적 신의 관념과 융합된 일이었을 것이다.[23] 창조의 관념에 적용되는 경우에—여기에서 우리의 관심은 여러 설이 혼융되었다는 점인데—신의 자기 충족에 관한 설은 이미 우리가 본 바와 같이 신의—즉, 궁극적·절대적—관점에서 볼 때 창조된 우주는 〈이유 없이〉 남아도는 잉여물임을 의미하였다. 아우구스티누스가 말했듯이 피조물의 존재란 "결코 신을 이롭게 할 수 없는 선"이다. 더욱이 그가 덧붙여 말한 바와 같이 왜 신이 창조를 선택했는가 하는 질문은 불경不敬일 뿐 아니라 자기모순적인 질문이라고 하였다. 왜냐하면 그 질문은—순수 의지에 의한 특정의 다른 행위가 피조물 중 특정한 것을 생기게 한 것을 예외로 한다면—모든 기타 사물의 원인인 순수 의지의 그러한 일차적 행위의 원인을 조사하는 것이기 때문이다.[24] 아우구스티누스와 그의 다수 후계자에게는 신의 자기 충족성이라는 플라톤·아리스토텔레스적 관념은 보편적 필연성 이론에 대한 매우 중요한 방어 수단이 되었다. 만일 우주 창조의 행위가 어떤 동기에 의해 결정되었거나 신의 본질에서도 어떤 이유를 갖고 있었더라면 그 행위는

---

23. 물론 이 융합은 플라톤주의 속에서 처음부터 이러한 관념의 전자前者만이 아니라 후자도 존재하고 있었으므로 용이하게 되었다.

24. 「신국론」 XII, 14~17; 「창조에 관한 마니교도들에 대한 반론」 I,2. 이 설이 갖는 모순과 앞의 구절에서 아우구스티누스는 크게 애쓰면서도 결과는 형태상의 모순이라는 놀라운 미로에 빠져 버리고 말았다.

자유롭지 못했을 것이다. 그러나 이미 자기 충족적인 존재의 어떠한 행위도 절대로 동기를 갖지 않음이 틀림없기 때문에 그 자유는 의심될 수 없었다. 두 관념이 갖는 관계는 아우구스티누스에 의하여 수세기 동안 유럽 사상에 큰 역할을 한, 깔끔한 연쇄 논법에 요약되고 있다. 〈부족함이 없는 곳에는 필요도 없다. 아무것도 없는 곳에는 부족함도 없다. 그런데 신에게는 아무것도 없는 것이 없다. 따라서 필요도 없다.〉[25]

그렇다면 철학적 전통 속의 두 강력한 요소—자족自足에 대한 플라톤과 아리스토텔레스의 신성시神聖視와 실존 구성에서의 의지의 지고성至高性에 관한 아우구스티누스의 주장—은 양자가 다같이 필연적으로 존재하는 존재물이 비록 실제로 다른 존재물을 산출했다 할지라도 본질적으로 무無동기적인, 설명 불가능한, 그러므로 우연적인—그리고 실로 부적당한—자신의 자유를 행사함으로써 그렇게 되었다고 의미하는 것으로 추정될 수 있었을 것이다. 이 정리는 17·18세기의 철학자와 신학자에 의해서 간단없이 바뀌었다. 특히 데카르트는 이렇게 주장하고 있다. 즉, 신은 〈자신이 창조했던 사물을 창조함에 즈음하여 전적으로 무관심했음〉에 틀림없다는 것이다.

> 왜냐하면 만일 신이 사물을 예정하기 이전에 선에 대한 어떤 이유 또는 외관상 어떤 선善처럼 보이는 것이 선행했다면 그것은 의심할 바 없이 그로 하여금 최선의 것을 창조하도록 강제했을 것이다. 그러나 그 반대로 신은 현재 이 우주에 존재하는 것을 만들기로 결심했기 때문에 이런 이유로 그 사물은 창세기에 쓰인 바와 같이 '매우 선한' 것이다. 즉, 그 선성善性에 대한 이유는 신이 그 사물을 만들려고 뜻했다는 사실에 달려 있다.[26]

25. 「여러 가지 질문에 관하여」 LXXXIII, 22.
26. 「제6의 이의에 대한 답」 12절, 마찬가지의 관념 결합의 또 다른 하나의 예에 관해서는 Malebranche의 *Entretiens* VI, 5 참조할 것. 즉 "물체를 창조하려는 의지는 무한히 완

데카르트에게는 사물이 〈절대 의지〉에 이와 같이 의존하고 있는 것은 단지 사물의 존재에 대해서 뿐만 아니라 그 본질 혹은 '본성'에까지 적용되었다. 삼각형의 내각의 합이 두 직각과 같아야 한다는 것을 본질적으로 필연으로 만들게 하는 것은 '삼각형'이라는 본질에는 없으며 둘에 둘을 더하면 넷이 되어야 한다는 것을 요구하는 것은 수의 본성에는 없다. 우리에게 "영원한 진리"로 보이는 것은 실제로는 "최고의 입법자로서 영겁永劫으로부터 이 진리를 정한 신의 의지에 의해서만 결정"27)된다.

적어도 존재에 관한 한, 이와 동일한 결론은 영국 국교의 정통 신학의 주요 고전에 있는 플라톤적 전제로부터 추론되고 있다. 피어슨 주교*는 「신조의 해설」(1659)에서 다음과 같이 말하고 있다.

> 신은 모든 외적 행위에 관해 최소한의 필연성도 수반하지 않고 절대로 자유롭다……이해력이 갖추어져 있고 따라서 의지가 부여된 피조물은 행위에 있어서 더 큰 힘이 요구되고 있을 〈뿐만 아니라 또한 무한 선善이 가리키는 대로 필연적으로 결정될 것이다〉. 그 반면에 이러한 필연성 중의 〈어느 것〉도 〈전지전능〉 이외에 또는 그 이상의 힘을 상정하거나 완전한 〈자기 충족〉 이외에 그 이상의 진정한 행복을 상정하지 않는 한, 신의 행위 속에 있다고 인정될 수 없다. 실로 만일 신이 창조 작업에서의 필연적인 행위자라면 피조물도 신과 마찬가지로 필연적인 존재일 것이다. 그

전한 존재, 즉 충분히 자족하고 있는 존재라는 관념 속에 필연적으로 포함되어 있지 않다. 그것과는 달리 오히려 이러한 생각은 신으로부터 그와 같은 의지를 제외시키는 것같이 생각된다."

27. 데카르트, 같은 곳.

* John Pearson(1613~1686): 영국의 성직자·신학자. 케임브리지 대학의 학료장學寮長, Chester의 주교(1673). 로만주의자와 청교도의 공격에 대하여 교회를 옹호하였고 Ignatius 서간의 신빙성을 옹호하였다. 저서로는 런던에서의 설교를 모은 「신앙개조의 설명」(1659)이 있다.

반면에 존재의 필연성은 의심할 바 없이 〈제1원인〉의 특권이다.[28)]

이상의 말은 스피노자의 철학—당시 아직 발표되지 않았지만—과 같은 철학으로부터 탈출하는 유일한 길이 신 자신의 창조 행위에서 아무런 이유도 없었으며 그로부터 만족감도 전혀 얻을 수 없었다고 말하는 것과 마찬가지였다.

철학적 시에서나 종교적 시에서의 이러한 주제의 표현은 때때로 "걱정 없는 신"이라는 에피쿠로스파의 개념에서 제시된 고전적 구절의 반복처럼 들린다. 예컨대 롱사르*가 이교적 이미지와 그리스도교적 이미지를 이상하게 혼합하여 "영원의 여신"을 찬양할 때 우리는 아리스토텔레스는 물론 루크레티우스를 상기할 것이다.

신 가운데 제일의 신이여! 근심도 없이 여기서
우리를 괴롭히는 인간적 노력에서 멀리 떨어져
혼자 만족하고 혼자 행복해서
당신은 모든 것에서 풍요하고 불사신으로 지배하도다.[29)]

그러나 호손던의 드러먼드**가 롱사르의 찬가讚歌를 영어로 다시 써서 이를

28. 앞의 책(1659년 판), p.110, 〈이탤릭체〉는 저자의 것.

* Pierre de Ronsard(1524~1585): 프랑스의 시인으로 프랑스 왕 프랑소아 1세의 셋째 아들. 1542년경에 귀머거리가 되어 관리가 되려던 희망을 버리고 연구와 저작에 몰두하였다. 프랑스어를 부활시켜 문학적으로 사용하는 데 공헌한 Pléiade로 알려진 유명한 시인 그룹의 주요 멤버이다. 그는 프랑스의 서정시의 아버지로 간주된다. 작품으로는 *Odes*(c. 1550), *Amours de Cassandre*(1552), *Hymnes*(1555~56). *Élégies, Mascardes, et Bergseries*(1565) 그리고 미완성인 *La Franciade* 등이 있다.

29. 「영원의 찬가」, Marty-Laveaux 편 「작품집」(1891), IV, 159~163에서 인용. "영원의 여신"을 Ronsard가 언급함에는 충분한 신학적인 근거를 갖는다는 데 관해서는 Nicolaus Cusanus의 「구球의 운동에 관하여」 I의 "신은 우주의 영원한 창시자이다"를 참조할 것.

** William Drummund of Hawthornden(1585~1649): 에딘버러 출생의 스코틀랜드의 시

좀 더 정교하고 일관성 있는 그리스도교적 플라톤주의 작품으로 개작해 놓았을 때 그는 이 구절을 그대로 두긴 했지만 자족의 관념을 창조의 관념과 병립시킴으로써 정성스럽게 이것을 퇴고하여 새로운 의미를 부여하였다.

이 우주의 위대한 틀을 고안해 냄으로써
어떤 기쁨도 어떤 완전함도 당신에게 생기지 않았다.
해와 달과 별들이 쉴 새 없는 경주를 시작하기 전에
하늘의 둥근 얼굴이 자줏빛 구름으로 채색되기 전에
대기에는 구름이 있고, 구름이 비를 눈물처럼 흘려 내리기 전에
바다가 지구를 껴안기 전에
땅이 꽃을 낳기 전에
당신은 행복하게 살았다. 우주는 당신에게 아무것도 주지 않았다.
모든 것은 당신 자신 안에 있으며 당신은 당신 자신을 충족케 하였다.[30]

아우구스티누스가 부인하긴 하였지만 그럼에도 불구하고 이런 관념이 해마다 끝없이 일으키는 의문[31]은 17세기 후기의 플라톤주의자였던 존 노리스에 의해 날카롭게 표현되었다. 신은

인. 에딘버러대학에서 MA 취득 후 파리에서 법학을 공부하였다. 그러나 문학에 대한 재능이 있어 수필이나 시 작품을 발표하였다. 시와 정치적 산문을 썼으며 「스코틀랜드의 역사」, *Cypresse Grove* 등 저작이 있다.

30. Kastner 편 「시집」 II, p.40의 「가장 아름다운 것에 대한 찬가」, 현대식 철자법에 의한 것임. 이 구절은 Du Bartas의 「제1주」(*Première Sepmaine*) 속의 같은 부분에 의해서도 역시 영향을 받았을지 모른다. Sylvester 역(1598년판) p.3 참조.

31. 예를 들면 단테는 베아트리체에게서 이 신비에 관한 설명을 찾지 않을 수 없었다. 그 대답은 전통과 일치한 것이긴 하였지만 거의 해명에 도움이 되지 않았거나 그 자체와 조화된 것이라고 보기 어려운 것이었다.

> ……자신의 복지를 늘리기(그런 일은 있을 수 없는 것인데) 위한 것이 아니라 다만 빛을 내면서 〈나는 여기에 있다〉라고 말할 수 있기 때문이다(「천국」편 제29가 13~15행).

……자기 자신 안에 간명하게 축복을 받아

…………………………………………………………

……부동의 자기중심적 정지점인 이상
결코 싫증이 날 수 없는 축복으로 가득 차 있다면
왜 그는 단지 즐기기만 하지 않는가?
왜 자기 만족의 상태에 푹 빠지지 않는가?
자유롭고 평온하며 안전하게 스스로를 위해
　현명하고 영원한 쾌락주의자로서 살지 않을까?
　그에게 행복은 여전히 마찬가지인데
　왜 창조의 여섯 날을
　칭송과 명성의 기념비를 세우려고 일했는가?
풍부한 부가 무엇을 필요로 하는가, 혹은 축복받은 자가 무엇을 만들 것인가?[32]

다른 문제에서와 마찬가지로 이 문제에서도 밀턴은 엇갈린 흐름에 둘러싸인 마음을 갖는 사람의 흥미 있는 사례이다. 그러나 주로 이 시인-신학자가 지향한 것은 신의 행위가 자의적임을 주장하는 데 있었다. 그는 때때로 데카르트의 극단적인 유명론적 이론을 부인한다. 사물의 본질을 비롯해 본질의 내재적 관계에 관한 진리는 어떠한 의지보다도 논리적으로는 선행하는 것이어서 신이라 해도 이를 변경할 수 없다. 그러므로 그는 「그리스도교 교리론」에서 "어떠한 외적 영향과도 무관하게 올바르게 행동하는 불변의 내적 필연성도 가장 완전한 자유와 함께 신에서 공존할지도 모르며, 이 두 원리는 다 같이 신의 본질 속에서 동일한 지점을 향할지도 모른다"고 말하

32. John Norris, *A Divine Hymn on the Creation*(1706).

였다. 그러나 이 점에 관해 밀턴은 지나치게 결정론으로 기울어졌다고 분명히 느꼈다. 왜냐하면 얼마 후 그는 사실상 이에 대한 반대를 주장했기 때문이다. 즉, "신의 행위는 그 자체로서 필연적이라고 인정"될 수 없고 "단지 신은 필연적 존재만을 소유할 뿐이라고 인정될 수 있다. 왜냐하면 신의 명령이며, 따라서 그의 행위는 무슨 종류이건 간에 완전히 자유롭다는 것을 성서 그 자체가 증언하기 때문이다."[33] 그리고 신의 자기 충족에 대해 고려함으로써 결과적으로 밀턴은 신의 창조력 행사에 동기가 없다고 특별히 강조하게 되었다. 선성이 다른 사물에 존재를 부여함에 있다는 신학적 의미에서 본질적으로 신은 '선'하지 않다. 신의 "선성은 행위를 하거나 하지 않거나 할 자유가 있다"는 것이다.[34] 그는 「그리스도교 교리론」에서 다음과 같은 것은 "의문의 여지가 없다"고 말하고 있다.

아이를 낳는 것은 번식의 필요를 느끼지 않는 신의 본질에 속하지 않으므로 마찬가지로 〈아들〉을 낳지 않는 것도 신의 본질의 완전함과 모순되지 않는 신의 힘에 속한 일이었다.[35]

—「실락원」에서도 반복하여 다음과 같이 말하였다.

하나이지만 이미
무한이며,
모든 수를 통해 절대적인
당신은 번식해야 할 필요가 없다.

---

33. 「그리스도교 교리론」 Sumner 역, 3장, p.35.
34. 「실락원」 VII, 171~172행.
35. 「그리스도교 교리론」 5장, p.85, 아리우스파派인 밀턴에게는 [삼위일체]의 성자는 다만 피조물 중에서 가장 위대한 존재에 불과하였다.

이 시의 의미, 즉 사물의 본질에는 불완전한 피조물의 세계가 존재해야 할 이유가 전혀 없을 뿐 아니라 존재하지 않아야 할 충분한 이유가 있는 것처럼 생각된다는 의미를 아담은 자신의 조물주에게 몇몇 신학적 관점을 설명할 때 거의 명백히 밝히고 있다.

> 당신은 당신 자신으로서 완전하며 당신에게서는
> 아무런 결함도 찾을 수 없다……
> 당신은 비록 홀로이지만, 비밀스럽게 비로소
> 당신 자신과 가장 좋은 벗이 되며
> 사교적社交的 교제를 구하지 않도다.[36]

비록 이것은 아담이 처한 상황 하에서 말한 것으로서는 어느 정도 이상한 일로 보일지 모르겠으나 이 시에서는 그것이 어떤 극적 동기를 지니고 있다고 판명되고 있다. 왜냐하면 이러한 아리스토텔레스로부터의 예변법적豫辯法的인 인용문[37]은 아담 자신이 자족적이 아니며, 그러므로 에덴에서의 동반자를 필요로 한다는 것을 상기시키기 위한 정중한 도입부로서 인간 대화자에게 도움이 되고 있기 때문이다. 그러나 이 구절에 관해 가장 명백한 것은 신학자 밀턴이 그의 시의 이 대목에서 자기 생각에 골똘하여, 아무것도 생산하지 않는 신이란 신성神性이 더 적은 것이 아니라 가능하다면 신성이 더 많고, 더욱이 어떠한 피조물의 존재에도 필연성이나 이유가 전혀 없다는 것을 다시 한번 단언할 기회를 찾았다는 것이다. 이 논제에 대한 밀턴의 열의는 그의 신학이 여기서 자신의 윤리적 신조와 도덕적 기질과 조화를 잃은

36. 「실락원」 Ⅷ, 415행 이하. Ⅳ, 417~419행 참조.
37. 이 구절은 본서 Ⅱ장(p68)에서 이미 인용한 「에우데모스 윤리학」의 장章(6권 p.12)의 요약으로 생각될 수 있을 것이다.

듯 하기 때문에 더 이상하다.[38] 최근의 저술가들이 지적하는 바와 같이 밀턴은 청교도의 엄격주의자가 아니었으며 많은 면에서 감각적 세계의 광채와 다양성을 즐기는 휴머니즘적 르네상스의 전형적 정신의 소유자였다. 더

---

38. 밀턴이 종교적 위안을, "나의 시력이 쇠진해 버린 것을 고려할 때"라는 소네트에서 군데군데가 약하긴 하지만 유명한 시행詩行의 주제를 찾아낸 것은—그 의미가 약간 약하게 되어 있거나 다행히도 혼동된 논리를 갖고 있는—신의 자족自足이란 생각 속에서이다. 모든 봉사가 동등인 것은 "신이 인간의 작업을 필요로 하지도 않으며 그 자신의 재능도 필요하지 않기 때문"이다. 더욱이 "오직 일어서서 기다리는 자만이 봉사하는 것이다." 올바르게는 신의 완전한 무감동과 무관심을 의미한 자족의 관념은 본질적으로 상이한, 종교적으로는 훨씬 더 만족스러운 신의 활동의 무사 공평함의 관념으로 당연히 바뀌어져 가는 경향이 있었다. 그러므로 (1) 헨리 모어는 신이란 인간이 행하거나 괴로워하거나 하는 어떠한 것에 의해서도 덕을 본다고 생각될 수 없기 때문에 신은 인간의 행복만을 목적으로 한다고 생각되지 않을 수 없다고 주장한다. 이것은 물론 자신의 피조물로부터 복속과 칭송을 고집하는 시기 많은 천상의 독재자라고 하는 통속종교에서는 아직도 강한 관념을 깨버리려는 경향이 있었다.

 신이 행하는 것은 모두 피조물을 위해서이며,
 스스로의 만족을 위해서는 아무것도
 우리로부터 구하려 하지 않는다.
 대양大洋에 대해 물 한 방울이란 무엇인가? (「영혼불멸」 III, 5편, 22절)

이것은 신학적 근거에 입각한 일종의 윤리적 공리주의를 위해 한 것이다. 마찬가지의 논의가 브루노의 「추방」(*Spaccio*) II에서도 나타난다. (2) 같은 이유에 따라, 또 다른 하나의 플라톤주의자인 Bemerton의 Norris는 종교적 수련이란 인간에게 혜택을 가져 오는 것이며 예배의 대상을 만족시키는 것이 아님을 지적하고 있다(「잡집雜集」, p.211.) (3) 헨리 모어는 자족한 신이란 관념 속에서 영생불멸에 대한 기묘한 논증을 찾아낸다. 만일 인간 생활의 영원한 관찰자가 그러한 감동적인 장면을 봄으로써 무엇인가 만족을 끄집어낸다고 생각될 수 있다면 (현대의 철학자의 말을 빌리면) 각 생명의 가치의 특정한 보존이 있을 것이며, 개체의 소멸은 절대적 손실이 되지 않을 것이다.

"그러나 슬프도다! 동일한 생명 또는 신의 모습을 갖는 것[인간]을 모든 시대를 통해 영원히 반복하는 것은 무한히 자기 자신, 즉 선하고 행복한 존재[신]에 대해 무슨 소용이 있는가? 그러므로, 만일 이성을 갖춘 피조물[인간]이 죽어 버릴 존재라 해도 천지창조에 있어서 고려될 만한 것은 아무것도 없다. 왜냐하면 그것에 의해서 얻는 것은 신에게는 아무것도 없으며 인간에게도 그다지 두드러진 것이 아니기 때문이다"(Grosart 편 「시전집」 p.165). 모어와 Norris는 천지창조가 동기 없이 이루어졌다고 주장하고, 반면, 그것이 자의적이었다는 것을(어느 정도의 모순이 없지 않으나) 부인하고 있음은 명심되어야 할 것이다.

욱이 인간의 우월성이 그에게는 신의 속성 중에서도 가장 특징적인 것에 관해 신을 모방하는 데 있지 〈않았다〉. 인간이 자신의 선을 달성하는 것은 금욕적 극기, 〈현세에의 경멸심〉을 함양하는 것 혹은

> 아버지, 아들 및 형제의
> 친한 관계와 모든 애정

으로부터 움츠리는 것 등을 통해서 신의 자족에 접근하거나 또는 그 속에 몰두하려고 노력하는 것은 아니다. 실로 "번식"이란, 단지 완만하게 비본질적으로, 그리고 (자신의 가능성과 비교해서) 빈약하게 번식하는 것으로 표현되는, 신이 인간에게 부과한 일차적 의무였다.

> 우리의 조물주는 증식을 명한다. 신과 인간의 적인
> 우리의 파괴자가 아니라면, 누가 절제를 명하는가?
> ……인간은 수數로써 한 사람만의 불완전을
> 표출하는 것이며 자신과 유사한 것을 낳고
> 그의 모습은 증가되지만 단일성에는 결함이 있으므로
> 그것은 상호 간의 사랑과 깊은 우정을 요하는 것이다.[39)]

그리하여 밀턴의 사상에는 단지 그 자신뿐만 아니라 그가 살았던 역사적 특정 시기의 특징을 나타내는 중요하고 교훈적인 내적 긴장이 있다. 그러나 우리의 현재 관심사는 이러한 상호 간의 반작용하는 관념 복합체 중의 한 요소일 뿐이다.

---

39. 「실락원」 Ⅳ. 748~749행; Ⅷ, 422~426행.

한 세대 후에 페늘롱*은꼭 같은 열정으로 예로부터의 동일 주제를 상론했는데—이제 그는 공격받아야 할 오류의 대표자로서 스피노자를 분명히 염두에 두고 있었다. 의심할 바 없이 이 캉브레의 대주교[페늘롱]가 인정하는 것은 "어떤 존재에 대해서는 생식력이 있는 것이 없는 것보다 더 완전하다"고 말할 수 있다는 것이다. 그러나 이로부터 신의 완전성이 "현실에서의 생산"을 요한다는 결론이 나오지는 않는다. 힘의 소유는 그 힘을 행사하지 않아도 그것만으로 충분하다—이것은 이상한 명제이긴 하지만 전능한 존재는 필연적으로 모든 것을 행하는 존재라는 스피노자의 논리로부터 페늘롱을 몰아넣은 유일한 도피처로서의 명제였다. 이러한 신학적 모순은 페늘롱에게는 비록 언어라는 천부의 재능이 인간 존재를 아마 좀 더 완전하게 만들지도 모르나 인간의 완성이란 반드시 그 재능의 사용에 비례하는 것이 아니라는 부인할 수 없는 진리에 의해 좀 더 그럴 듯한 것이 되었다. 즉, "말을 하는 것보다 침묵을 지키는 것이 더 완전함에 이르는 경우가 흔히 있다." 그렇다면 신의 본질에는 필연적으로 모든 사물을 산출하는 것, 혹은 무엇인가 어떤 사물을 산출하는 것은 아무것도 없다. "신은 바로 자신이 그러한 질서에 따라 자신에게 가능한 가장 완벽한 것을 산출할 의무가 있다고 말하는 것보다 그릇된 것은 없다." 마찬가지로 유한한 본질에는 그 존재이유를 이루는 무엇인가가 있다고는 말할 수 없을 것이다.

> 만일 신이 사물의 본질을 생각한다면 그는 그 속에서 존재를 결정하는 것을 아무것도 발견하지 못할 것이다. 그는 단지 신의 힘에 비추어 그 사물이 존재 불가능하지 않다는 것만을 알 뿐이다.……따라서 신은 자

* François de Salignac de la Mothe Fénelon(1651~1715): 프랑스의 성직자·저술가. 루이 14세의 손자의 가정 교사(1689). 1695년 성자 위에 오른 Cambrai의 대주교. 그는 학생을 가르치기 위한 교재로 「우화」(*Fables*), *Dialogues des Morts, Abrégé des Vies des Anciens Philosophes, Télémaque, Maximes des Saints*를 저술하였다.

신의 적극적 의지로써 그 사물의 존재를 찾아낸다. 왜냐하면 그 사물의 본질에 관해서 그것은 그 자체로서는 존재의 이유나 원인을 갖고 있지 않기 때문이다. 반면 그것은 그 자체 내에 비존재를 필연적으로 포함하고 있다.[40]

이 이외의 어떤 다른 관점도 "피조물을 창조주에 대해 본질적인 것", 즉 신의 존재의 불가결한 부분이나 측면으로 볼 것이다. 신은 "영원히 필연적으로 생산할 것"이며 따라서 자유를—그리고 우주 창조 이전의 긴 안식일을—갖지 않게 될 것이다. 더욱이 〈가장 완전한 존재〉는 영원히 또 절대적으로 자족하는 우주를 초월해 있는 신이 아닐 것이며 단지 이러한 기본적인 생성의 필연성의 표현이라고 생각되는 유한 존재의 전全 집합체일 것이다.[41]

이러한 선험先驗 신학의 추론은 의심할 바 없이 17세기와 18세기 초에 있어서도 많은 사람에게 파악되기 힘든 것이었다. 그러나 똑같은 결론이 좀 더 경험적인 근거에 입각해 변호될 수 있었다. 신의 본질 가운데에 내재적 창조 성향이 있든 없든 간에 궁극적으로 창조된 우주의 현실적인 범위와 개별적 내용은 〈조물주〉가 선택의 자의성을 갖고 있다는 증거를 제시한다고 논할 수 있었다. 예컨대 사무엘 클라크는 우주가 스피노자의 이론과는 타협될 수 없는—즉, 요구된다는 의미에서의 '필연적'이 아닌—사실로 가득 차 있다는 주장을 꽤 상세하게 전개하고 있다.

분명히 우주 만물은 상상도 할 수 없을 정도로 가장 자의적인 것이라고 생각된다.……중력의 법칙과 함께 운동 그 자체와 그 양과 방향 등 모든 것은 완전히 자의적이며 전체적으로는 현재 있는 상태와 다르게 존재

40 「신의 존재에 관한 논고」 II, v.

41. 같은 책. King, *Origin of Evil*(1732 ed.), p.295 참조. "만일 신이 사물에 의해 우주를 창조하도록 움직여졌다면 신은 필연적 행위자일 것이다."

할 수도 있었을지도 모른다. 천체의 수와 운동은 그 사물 자체의 본질에서는 어떤 방식으로든지 필연성을 지니지 않는다.……지구상의 모든 것은 그 하나하나가 더욱더 명백히 자의적이며, 따라서 필연성의 산물이 아닌 의지의 산물일 뿐이다. 그렇게 많은 종류의 동물과 식물에 대해 절대적 필연성이란 무엇인가?[42]

이러한 이론에서 분명한 것은 충만의 원리는 (비록 때로는 킹 대주교가 한 바와 같이 이 두 원리가 모순된 채로 결합되고 있긴 하지만) 합당한 자리를 갖지 못한다는 것이다. 비록 충만의 원리는 경험적 확증이 가능하다고 생각되고 있긴 하지만 그 원리는 표면상 존재물 세계의 구조에 관해 어떤 중요한 선험적 지식을 부여하는 것이었다. 그러나 신의 명령의 자의성을 주장하는 반이성주의적 신학은 차라리 과학적 경험론과 가까운 점이 있었다. 종의 수, 종의 상이성의 연속 혹은 불연속, 물질의 양과 본래의 시원적 분포, 진공의 존재나 비존재와 같은 문제는 순전히 자의적이므로 그에 관한 사실은 경험을 통해 확인되어야 하거나 미지인 채로 있어야 한다.

그러므로 신의 절대성 및 심지어 이성적 강제로부터의 자유를 즐겨 논한 철학 시인들이 충만의 원리와 그 함축된 의미를 거부한 것은 당연하였다. 예컨대 호손던의 드러먼드는 신이 선택하지 않았기 때문에 전혀 실현되지 않은 무한수의 〈이데아〉가 있다고 명백히 말하려고 애쓰고 있다. 「가장 아름다운 미美에 대한 찬가」에서 〈진리〉가 〈하늘〉의 왕좌 앞에서 거울을 들고

42. 클라크 저 「논증 기타」(1706) 7판, p.65 이하. 사실상 클라크는 "적합의 필연성"이란 것을 말한다. 그것은 "사물이란 전체의 미美, 질서, 행복을 감소시키지 않고 현재 있는 상황과는 다른 식으로 있을 수는 없었을 것이다—그리고 그러한 식으로 있다는 것은 불가능했을 것이다. 왜냐하면 현명한 존재가 어리석은 행동을 하도록 결심하는 것은 불가능하기 때문이다"라는 것을 의미한다. 클라크는 여기에서 라이프니츠의 입장에 가까이 가는 것같이 보인다. 그러나 후에 그들 간의 논쟁에 있어서는 그는 그 입장으로부터 멀리 떨어진다.

서 있는 것으로 묘사되고 있는데, 이 거울 속에는

일찍이 존재했던 것,
현재 존재하는 것, 장차 존재할 것—모두가 빛난다.
여기에서 무엇인가가 만들어지기 이전에
당신의 힘이 시간과 협력해 만들어 낸 모든 것을 당신은 알고 있었다.
더욱이 결코 존재하지 않을 것이지만 당신이 만들려고 하면
만들 수 있는 무수한 사물도 당신은 알고 있었다.

마찬가지로 밀턴도 충분이유의 원리에 대해서와 같이 충만의 원리에 대해서도 반감을 가졌던 것으로 보이며, 더욱이 「실락원」에서나 「그리스도교 교리론」에서도 충만의 원리를 자신의 신정론神正論을 위해 이용하지 않았다. 실로 자연의 계층적 사다리의 관념이 결여되어 있지 않으며 더욱이 연속의 법칙은 분명히 표현되고 있다. 만물은 다음과 같은 것으로 구성되어 있다.

다양한 형태와 다양한 정도의 실체와
살아 있는 사물에 있어서는 생명까지를 갖춘 하나의 시원적 물질.
그러나 인간에게 더 가까이 놓여 있어
더 가까이 향해 갈수록
더 정제되고 더 영적이며 더 순수하게 되어
각각 배치된 여러 활동권에서
각각의 종류에 응한
한계 속에서 육체는 영혼에 이르도록 작용한다.……[43]

43. 「실락원」 V, 472~479행.

……꽃과 그 열매
인간의 영양 섭취는 점진적 단계에 따라 승하되어
생명의 기氣를 바란다.
동물에는 생명과 감각을 부여하고
지성에는 상상력과 이해력을 부여하며
거기로부터 영혼은 이성을 받아들인다.[44)]

감각에 비추는 세계의 장대함과 다양성을 이 시인[밀턴]이 설명하는 구절이 있다. 더욱이 산문체의 논문에서는 "존재물은 선하고 비존재물이 선하지 않다"는 함축적인 스콜라 철학의 공리를 그는 무조건 반복하고 있다.[45)] 그러나 그가 취한 일반적 관점 때문에 그는 모든 가능한 형태가 필연적으로 존재한다거나 존재하는 경향이 있다고까지 생각하지 못하였다. 그 반대로 원초적인 창조행위는 단순히 지연된 것뿐만 아니라 극히 제한된 것이었다. 충만의 관념에 대한 논법이 밀턴의 우주관을 결정하는 데 거의 관련이 없다는 것은—토마스 아퀴나스와 단테가 분명히 거부한[46)]—제롬과 오리게네스*의 이론을 그가 채택한 데서 매우 명백하게 나타나 있다. 제롬과 오리게스의 이론에 의하면 창조는 맨 처음 "천상의 본질"에 정신적 내지 영적 성질에

44. 「실락원」 V, 482~487행.
45. 「그리스도교 교리론」 p.184.
46. 「신학대전」 1부, 질문 61 항목 3; 「천국편」 29가歌, 37가. 만일 이 이론을 채택하지 않으면 물론 밀턴은 신정론神正論으로부터 서사시를 만들어낼 수 없었을 것이다. 또 천상의 싸움에 관한 흥미진진한 이야기도 없었을 것이다. 그러나 존 밀턴이 자신의 문학적 야심의 요구에 적합한 것 같은 신학적 신조를 꾸며 냈다고는 믿기 어렵다.
* Origen of Alexandria(라틴명 Origenes Adamantius, 185?~?254): 초기 그리스도교 학자이며 금욕주의자. 고대 그리스도교 최대의 신학자로서 알렉산드리아학파를 대표하는 교부였다. 매우 독창적인 신학 체계를 세웠기 때문에 이단과 논쟁하였고 교회와도 마찰을 일으켰다. 「여러 원리에 관해(De Principiis)」 등을 비롯해 방대한 저작을 기술했으나 사후에는 이단으로 취급되었다. 그리스도교의 교리학을 처음으로 확립하고 그 후의 서양 사상사에 큰 영향을 끼쳤다고 평가된다.

국한되어 있었다는 것이다. 이 가장 높은 등급의 가능한 피조물 중 많은 것들이 실망스러운 행동을 한 후에야 비로소 〈최고 존재〉는 (여기에서 최고 존재의 자기 충족은 완전히 잊혀진 듯 보인다) 두 번째 의도를 가지고 지구와 인간 및 기타 생물을 포함하는 "또 다른 하나의 세계"를 창조함으로써—바꾸어 말하면, 낮은 등급의 가능한 피조물 중 일정수를 존재케 함으로써—"그 결점을 보완할 수 있다는 것"을 스스로 생각해냈다.[47]

다음 세대에 충만의 원리는 블랙모어에 의해 그의 「천지창조」(1712)에서 지루한 운문으로 더 분명하게 공격을 받았다.

상이한 모습과 상이한 크기의
다른 동물이 발생하지 않을까?
가능성이란 넓은 자궁 속에는
결코 실현되지 않을 많은 사물이 있다.
더욱이 다양한 종류의 많은 것을 만들어 내도
정신에는 어떤 모순도 생기지 않을 것이니.……
이러한 변천하는 광경과 이러한 재빠른 전환은
사물이 결코 필연성으로부터 유래하지 않고
그 불안정한 존재를 정신과 선택의 탓으로 돌려야 함을 보여준다.[48]

그렇다면 라이프니츠의 충분이유의 원리가 역사적으로 이해되기 위해서는 주로 그의 선구자나 동시대인의 이러한 선입견과 연결되고, 유한한 존재물의 세계와 신의 지성의 일차적 대상을 구성하는 본질의 논리적 질서와

47. 그러나 다른 곳에서 그가 우주관의 어떤 문제를 취급하는 경우, 밀턴에 대한 충만의 원리에 의한 영향의 흔적에 우리는 주목한 바 있다.
48. 「천지창조」 V, 이 시행詩行은 전에 부분적으로 인용한 사무엘 클라크의 것을 운문韻文으로 한 것 같이 생각된다.

의 관련성에 관한 대립적인 이론들과 연결되어야 한다. 그 원리는 무엇보다도 먼저 스피노자 및 모든 다른 면에서 그와 완전한 이견異見을 보인 사람 거의 모두에게 공통적인 근본 명제—즉, 그 본질이 필연적으로 또 직접적으로 실존을 의미하는 존재란 적어도 하나가 있다는 명제—를 확인한 것이었다. 간단히 말하면 존재론적 논리는 라이프니츠에게는 충분이유의 법칙의 일부이며 이는 18세기에는 잘 인식된 사실이었다. 우리가 (물리과학과는 구분되는) 형이상학의 일차적 문제로서 "왜 무無가 아니라 무엇인가가 존재하는가? 무無는 유有보다 더 단순하고 더 쉬운 것인데" 하고 의문을 던질 자격이 우리에게 있는 것은 그 법칙이 타당하고 유효하기 때문이다.

> 이제 우주의 존재에 대한 이러한 충분이유는 우발적 진실의 연쇄에서는 찾을 수 없다.……어떤 다른 이유도 필요로 하지 않는 충분이유란 우발적 사물의 인과적 연쇄의 외부에 있는 것이 틀림없으며 필연적인 존재임에 틀림없다. 그렇지 않다면 우리는 거기서 멈출 수 있는 충분이유를 갖지 않게 될 것이다.[49]

49. 「자연과 은총의 원리」(1714) 7~8절; 「철학저작집」 VI, 599~602행, Wolff의 저서(1731)에 있어서 마찬가지의 관념의 결합. 이 점에 있어서 충분이유의 원리와 라이프니츠의 다른 「위대한 원리」, 모순율 등은 같은 결과에 이를 것이 이해될 수 있을 것이다. 필연적인 존재는 실재함에 틀림없다. 왜냐하면 그렇지 않다면 어떠한 존재에 대해서도 〈충분한〉 이유가 있지 않을 것이기 때문이다. 그러나 또 필연적인 존재는 그 본질이 실재를 포함하기 때문에 실재함이 틀림없다. 그 결과 그것을 비실재非實在로 생각하는 것은 자기모순일 것이다. 그리고 또 그 반대는, 이와 같이 자기모순이 아니라면 그것은 충분이유의 원리의 요건을 충족시키지 않을 것이다. 제2의 명제는 단지 존재론적인 논의이다. 라이프니츠에 대한 저술가들의 일부는 그 논의에 대한 그의 비판을 지나치게 중시하였다. 그는 그것을 절대적으로 받아들이고 있지만 그러나 보통 말하는 바와 같이 이 논의에는 필요한 논리상의 주의가 결핍되어 있다고 덧붙여 말한다. 신의 관념의 "가능성"—즉, 이 관념에 모순이 없는 것—은 그 관념으로부터 존재의 필연성이 모순율에 의해 결론되기 이전에 증명되어야 할 것이다. 그러나 라이프니츠는 신의 관념의 "가능성"에 관해서는 실제로 아무런 의심도 갖지 않았다. 그러므로 이 구별은, 그의 결론에는 아무런 영향을 주지 않았으며 Anselm적 추론을 논리적으로 개선함에 불과하다.

그렇다면 여기서 "충분이유"란 본질에 내재하는 것으로 믿는 논리적 필연성에 불과하다. 라이프니츠가 신을 〈사물의 최종적 이유〉라고 말한 것은 특히 이런 의미에서이다.

그러나 라이프니츠에게 이 원리는 더 나아가 〈유한〉 만물의 존재도 또한 어느 점에서는 〈이데아〉의 합리적 질서와 그 내포된 의미에—즉, 보통의 말투와 같이 "천지창조" 이전에 신이 소유하고 있던 가능한 사물의 세계—에 근거해야만 하는 것을 의미한다. 여기서 라이프니츠는 여전히 스피노자와 일치하고 있으며 라이프니츠에 의하면 스피노자가 "신은 무관심하며 절대 의지의 행위에 의해 사물을 선포宣布한다[50]고 주장하는" 그러한 철학자들을 반박한 것은 전적으로 옳은 일이었다는 것이다. 만일 자연 속에 반드시 합리적 근거에 의해 전적으로 결정되지 않는 명령에 유래하는 사실이 단 하나라도 있다면 우주는 그 때문에 '맹목적인 우연'에 의한 것이 되어버릴 것이다.[51] 더욱이 우연이란 실재의 궁극적 구조를 기술하기 위한 범주로서는 경건히 신이라 부른다 해도 더 이상 이 철학자에게는 만족스러운 것이 되지 못한다. 라이프니츠의 동시대인 중 다수에게서 보이는 가설, 즉 일반적으로 존재의 수 혹은 그중 어느 한 부류에 속하는 것의 수—원자거나 단자 혹은 (같은 문제의 순전히 신학적인 형태인) 선택된 것의 수—는 가능한 사물 중에서 선택된 소수일 뿐이라는 가설은 만일 특정의 수에 대한 선택자의 선호가 그 자체로 자의적이며 〈전지전능〉의 이유 없는 기행奇行이라고 가정된다면 〈선택자〉를 가정해도 라이프니츠에게는 그리 불쾌한 일은 아니었다.

> 만일 신의 의지가 규칙을 위해 최선의 원리를 갖지 않는다면 이는 최악의 경우 악으로 기울어지거나, 아니면 선과 악에 무관심하게 되며 우연

「철학 저작집」 IV, p.294; p.296; p.359; p.424 참조.

50. 「미간행 스피노자 반박론」(1854)., p.50.

51. 「철학 저작집」 Ⅶ, p.390.

에 의해 인도될 것이다. 그러나 언제나 스스로가 우연으로 작용하는 의지란 우주의 지배에 관해서는 전혀 신이 없는 원자의 우연적인 집합보다 더 큰 가치를 가질 수 없을 것이다. 더욱이 신이 어떤 경우에 어떤 점에서만 자신을 우연에 맡긴다고 하더라도……신은 자신의 선택 대상과 마찬가지로 불완전해질 것이며 온전히 신뢰를 받을 만한 가치가 없을 것이다. 그런 경우에 그는 이유 없이 행동하는 것이 되며, 우주의 지배는 절반은 우연의 문제이며 절반은 이유의 문제인 어떤 종류의 게임과 같을 것이다.[52]

이러한 모든 점에서 볼 때 라이프니츠는 이전의 반세기 동안 케임브리지플라톤학파에 의해 가장 잘 표현된 바 있는 신학상의 플라톤주의적 합리주의의 전통을 계속하고 있는 셈이며 그 자신의 이론은 여러 다른 점에서도 이 학파의 이론과 유사하다. 예컨대 헨리 모어는 1647년에 다음과 같이 적은 적이 있었다.

만일 신이 만물이 선하기 때문이 아니라
자신이 욕구한다고 해서 만물을 단순히 마음 내키는 대로 행하고
그의 행위에 일정한 척도가 없다면
무엇을 그가 의도하는가를
이해할 도리가 있을까?……
우리의 가엾은 혼이 여기서 떠나갈 때
그 복리나 그 생존에 관해 누구든 확신할 수 없으리라.
만일 우리가 신의 법칙을 이와 같이 왜곡하고
의지가 신을 지배하지만, 선이 신의 의지를 지배하지 않는다고

52. 「신정론神正論」(「철학 저작집」 VI, p.386에 수록됨).

경솔하게 주장하는 이상한 사상에 자유를 부여한다면……[53)]

결정의 이유도 없이 행위를 한다거나 심지어 행위가 가능하다는 것이 왜 신이나 인간의 존엄성을 드높인다고 생각하는 사람이 있는가는 라이프니츠에게 그의 플라톤주의적인 선구자에 있어서와 마찬가지로 전혀 이해되기 어려웠다. "전 우주 내에서 제일 이성적이며 그 강점이 이성에 반反한다는 데서 특권을 갖는 것을 완전하다고 표현하는 것은 모순이다." 클라크 및 킹이 〈제1원인〉에 귀착시킨 것과 같은 성격은 아마도 어떤 시인에 의해 가상적 돈 후안*적 인물에 있다고 할 수도 있을 것이며, 또는 어떤 〈공상적인 인간〉은 그러한 성격이 외관상 있는체하거나 심지어 자신이 실제로 그런 성격을 소유한다고 스스로 믿고 있다고 생각할지도 모른다. 그러나 성향에 의해서든 이유에 의해서든, 선악에 관해 미리 앞서 상상하거나 하는 것으로 달성되지 않는 어떠한 선택도 자연에는 결코 있을 수 없을 것이다.[54)] 간단히 말하면 무관심과 같은 자유는 "불가능하며 만일 그런 것이 있다면 해로울 것이다."

라이프니츠에게는 충분이유의 원리의 이러한 측면이 어떤 의미를 갖는가의 문제를 잠시 떠나 이 원리에 대한 그의 신념의 근거를 고찰한다면 앞에서 인용한 구절에 있어서와 마찬가지로 그 근거는 대체로 둘인 것 같다. 부분적으로는 그가 이 원리를 심리학에서 일종의 공리적 명제로서 제시하고 있다는 것이다. 즉, 마치 모든 물리적 사건이 동인動因을 가져야 하듯이 모든 의식적 선택은 동기가 되는 이유를 가져야 한다. 더욱이 이러한 이유는 선택된 대상에 내재한다고 생각되는 가치에 있지 않으면 안 된다. 그렇다면 이러한 명제는 라이프니츠에게는 "영원한 진리"이다. "결정에 대한 원인

53. Gronart 편 「철학시」(1876): 「영혼불멸」 III, 4편, 19~21절, p.85.

* Don Juan은 방탕 생활을 한 스페인의 전설적인 귀족.

54. 「철학 저작집」 VI, p.401.

이나 근거 없이 스스로를 결정하는 힘은 모순을 내포하고 있다.……이러한 원인이 있다는 것은 형이상학적으로 필연적이다."[55] 그러나 근본적으로 라이프니츠는 보어와 마찬가지로 매우 애매한 말의 의미에서는 실용적이라고 말할 수 있을지도 모를 이유로 이 원리를 받아들이고 있음이 확실하다. 이 원리를 거부함으로써 생기는 우주관은 라이프니츠 자신과 같은 정신의 소유자에게는 참을 수 없는 일이었다. 그것은 〈변덕〉을 우주의 왕좌에—아무리 존경할 만한 칭호라 할지라도—앉히는 것을 의미하였다. 이는 〈대자연〉이란 아무런 결정하는 이유도 갖고 있지 않으므로, 인간에게 있는 이성을 모욕하고 난처하게 함을 의미하였다. 우연한 일이 단단한 발판을 갖게 된 세상에는 어떤 안정이나 신뢰도 없을 것이다. 불확정성은 전체를 감염시킬 것이다. 무엇이든(아마 자기모순적인 것을 제외하고라도) 존재할는지도 모르며, 또 무엇이든 발생할는지도 모르며 더욱이 어느 하나도 그 자체로서 기타의 것보다 더 개연성이 크다고 할 수는 없을 것이다. 그러한 가설은 라이프니츠에게는 어떠한 대안이 있다면 받아들일 수 있는 것이 아니었다. 더욱이 충분이유의 원리는 그가 논리적으로 필연적인 진리라고 믿지 않았다 할지라도 의심할 바 없이 그에게는 실제적으로 불가결한 선결 조건이라고 생각되었을 것이다.[56]

그럼에도 신은 이성 없이는 아무것도 할 수 없다는 명제가 가져오는 하나의 어색한 결과가 있다는 것이 부수적으로 지적될 수 있을 것이다. 이러

55. 「철학 저작집」 II, p.420. 라이프니츠가 실질적으로 지적한 바에 의하면, 이러한 심리적 일반론으로서 충분이유의 원리는 모든 의지가 〈선한 상相 아래에 있다〉(*sub specie boni*) 즉, 선善인가 아니면 선택자에 의해 선이라고 믿어지고 있는 것의 선택인가 둘 중 하나라는 명제, 섬세한 구석구석까지를 지나치게 천착하는 학자들을 제외한 모든 사람들에 의해 받아들여진 그리고 최대의 스콜라 철학자에 의해 승인된 명제와 동일한 것이다(「철학 저작집」 VII, pp.412~413).

56. 라이프니츠는 모순율의 논거까지도—그러한 근거 이외의 아무것도 받아들이지 않는 사람들을 위해서는—실용적인 근거에 입각시키고 있다(「철학 저작집」 I, p.382).

한 난점을 사무엘 클라크는 라이프니츠와의 논쟁에서 효과적으로 강조하였다. 유명한 뷰리당*의 당나귀는 가정에 의한 완전히 이성적인 당나귀였으므로 자기 코에서 똑같은 거리에 있는, 같은 정도의 식욕을 돋우는, 같은 크기의 두 개의 건초 더미 중에서 어느 하나를 고를 수 없었다. 어느 하나를 선택할 충분한 이유가 없었기 때문에 이 현명한 짐승은 잔치가 벌어진 복판에서 굶어 죽었다. 실질적으로 클라크가 지적한 것은 라이프니츠가 조물주에게 바로 그러한 합리성의 비합리적 과잉의 책임을 돌리고 있다는 것이었다. 클라크는 아마 전지전능자까지도, 비록 왜 어느 하나가 다른 하나보다 선택되어야 하는가 하는 이유를 갖지 않는다 할지라도, 둘 중 하나를 고르는 것이 바람직한 상황에 부딪치게 될 것이라고 시사하였다. 그렇다면 이러한 상황에서는 라이프니츠가 설정한 신은 결코 어떠한 행동도 할 수 없을 것이다. 그러한 상황이 있다면 라이프니츠는 이런 결과가 자신의 전제에서부터 나오지 않을 수 없다는 것을 부인할 수 없었다.

> 아주 흡사한 똑같은 세 물체를 어떠한 서열로든지 배열한다는 것은 어찌되어도 무관한 일이다. 결과적으로 세 물체는 예지가 깃들여 있지 않은 일을 아무것도 행하지 않는 신에 의해서는 〈결코 어떤 서열로서도 배열되지 못할 것이다.〉

그러나 라이프니츠는 어떤 가능한 우주에서도 어느 두 개의 선택 중에는 완전한 가치의 균형이 있을 수 없다고 덧붙여 말하고 있다.[57] 이러한 주장은 확실히 입증하기 어려우며 언뜻 보건대 매우 있음직하지 않다. 라이프니츠

* Jean Buridan(1358년 이후 사망): 프랑스의 스콜라 철학자. 똑같이 강력한 두 개의 동기 사이에서 행동을 취하지 못하는 의지의 무능을 증명하는 데 이용된 "Buridan의 당나귀"로 알려지게 된 유명한 문제를 제기한 인물이다. 그러나 그의 저서에는 이 말이 없다.

57. 「철학 저작집」 VII, p.372.

가 이러한 궁지에 빠지게 된 것은, 우리가 살펴보았듯이, 충분이유의 원리가 그에게 주는 의미 중의 하나인 의지에 관한 지나치게 단순하고 거의 기계적인 관념 때문이었다. 하나의 고려 대상이 다른 대상보다 더 탁월한 가치가 없을 경우 현명한 행위자는 힘의 균형 속에 놓인 물질처럼 무력해질 것이다. 그러나 이것은 그 원리의 중요한 본질이 아니었다. 라이프니츠는 이 원리를 여러 가능한 것 상호 간에 실제 차이가 〈있는〉 경우에 현실적으로 존재해야 할 더 큰 이유를 본질상 갖는 것이 필연적으로 신에 의해 창조됨에 틀림없다는 명제로 한정했더라면 자신에게 더 유리했을지도 모른다.

지금까지 라이프니츠의 논리에 의하면 그는 이 철학자[스피노자]의 비판자들에 반대하여 스피노자의 편을 든 것같이 생각된다. 일차적 존재는 논리적 필연성에 의해 존재한다. 또한 이로부터 파생되는 모든 사물은 일차적 존재와 그 자체의 성질 속에 존재 "이유"가 있어야 한다는 것도 역시 필연적이다. 더욱이 이는 모든 사물이 〈신의 필연적 본질에서〉 나온다는 것 및 현존의 우주란 스피노자가 제시한 체계—그 최소의 세부에까지 논리적으로 필연이며 어떤 대안도 무한 지성에 의해 결코 상상되어 본 일도 없는 체계—를 뜻하는 것 같이 생각된다. 그럼에도 라이프니츠는 이러한 결론으로부터 도피할 길을 찾았다고 공언하였다. 많은 다른 철학자와 같이 기질상 자신의 케이크를 먹었으나 또 케이크를 갖고자 원했기 때문에 그는 자신의 입장이 스피노자의 우주적 결정론으로부터 효과적으로 구분될 뿐 아니라 우연의 우주라는 이론—신학적이든, 자연주의적이든 혹은 에피쿠로스파의 형태이든 어느 것에 있어서도—과도 효과적으로 구분되는 것이라고 생각하였다. 더욱이 그가 충분이유의 원리를 공식화함에 있어서 독창적이고 특징적인 것은 이러한 양극단과 반대되는 제3의 가능한 관점을 적시한 바로 그 점에 있다고 그에게는 생각되었다.

자신의 입장을 스피노자의 입장과 구별하려는 라이프니츠의 시도는 두

가지 점에 근거하고 있었다. (a) 스피노자에 있어서, 신의 이성은 신의 의지에 대해 어떤 선택도 허용치 않았으며 실지로 이 양자의 구별은 없었다. 부분적으로는 이미 다른 작가로부터 인용한 구절에서 지적되고 있는 것과 비슷한 이유로 이러한 견해는 라이프니츠에게는 반론의 여지가 있었다. 그 역시 적어도 때로는 단지 자동적으로 자기실현을 이루는 무한한 본질로 구성되는 지성뿐 아니라 의지까지도 소유한다고 말할 수 있는 신을 바랐던 것이다. 또한 그에게 있어서도 스피노자의 형이상학은 어떤 도덕 철학의 가능성을 배제하는 듯이 보였다. 그러나 그는 스피노자주의의 이런 특질을 물리칠 그 나름의 특별한 이유—그가 생각하는 바로서는 동시에 이 문제의 해결책을 제시하는 이유—를 갖고 있었다. 라이프니츠에 의하면 스피노자는 존재가 논리적 의미에서 가능한 것일 뿐 아니라 공가능共可能한 것에까지 한정되지 않으면 안 된다는 것, 즉 현실에 존재하는 어떠한 우주도 단지 스스로와 모순되지 않을 뿐 아니라 다른 것과도 서로 양립할 수 있는 실체로 성립되지 않으면 안 된다는 것을 이해하지 못하였다. 더욱이 비록 본질의 세계에서는 모든 단순하고 명확한 〈성질〉이 모순 없이 자리를 차지하고 있지만 구체적 존재물의 세계를 고려할 때 모든 결합이 가능한 것은 아니다. 그러므로 실존으로 전화轉化되어야 할 재료로 생각되는 본질은 세트로 되어 있어서, 각 세트는 어떤 본질을 배제하고 있긴 하지만 하나의 공가능한 집단을 형성하는 모든 형상形相을 포함하고 있다. 라이프니츠가 논하는 바에 의하면 이를 염두에 둘 때 어떠한 구체적 존재물의 세계가 발생하기 이전에 선택, 즉 이러한 세트 중 하나를 선택하는 것, 그리고 그와 함께 이 세트에 속하지 않는 모든 것을 제외하는 것, 신학상으로 보면 신의 〈이성〉은 천지창조 이전에 우주의 모델의 다수—실제로는 라이프니츠가 말하듯 무한한 수—에 직면하게 되는 것이며, 그중 어느 하나, 단지 하나만을 창조할 수 있었음이 가능했을지 모를 뿐 아니라 창조할 수 있었음에 틀림없는 것이 명백하다는 것이다. 그리하여 이러한 선택 행위는 존재하는 우주라는 관념 그 자체에 논리적이며 필연적으로 포함되어 있는 것으로 보인다. 그 결과 충만의 원리는 스피노자에 대해서와 마찬가지의 절대적 의미에서는 라이프니츠에 대해서도 타당하지 않게 되는 것 같다. 즉, "종의 텅 빈 결핍은 인정되는가 안 되는가 하는 의문, 즉 있을 수 있음에도 불구하고 실제로 존재하지 않는 종이 있는가 없는가" 하는 의문은 긍정적으로(현재 주목될 수 있는 큰 제한을 받겠지만) 풀려야 한다. 즉, "신이 선택한 일련의 피조물과 양립할 수 없기 때문에 존재한 적이 없으며 또 장차 존재하지 않을 것 같은 그런 종이 필연적으로 있다."[58]

라이프니츠는 이러한 공가능성의 개념을 발견한 것을 크게 자랑했지만, 그 발견은 공가능성의 기준이 무엇이어야 하는가를 우리가 알기 전에는 어떤 명확한 의미도 갖지 못할 것이다. 더욱이 이 점에 관해서 그는 조금 말했을 뿐이며 그 조금조차 명료하지 않다. 적어도 한 번은 이 기준에 관해서 말할 수 없다고 그가 인정하고 있을 뿐이다.

> 서로 다른 사물의 비공가능성非共可能性이 어디서 생기며 상이한 본질이 서로 대립하는 것이 어떻게 일어나는가는 아직도 인간에게 알려져 있지 않다. 왜냐하면 순전히 모든 긍정적인 용어는 상호 간에 양립하는 것같이 생각되기 때문이다.[59]

그럼에도 설명에 대한 약간의 시사는 다른 데서 발견될 수 있다. 더욱이 라이프니츠에게 공가능성의 기준이 어떤 가능한 우주라도 획일적인 법칙에 따른다고 가정된 필연성에 있다는 러셀의 의견은 설령 결론적인 것은 아니

58. 「철학 저작집」 V, p.286.

59. Couturat 편 「소논문 기타」(1903), p.522.

라 할지라도 얼마간의 원리[라이프니츠의 저서]상으로 합리화될 수 있다. 예를 들면 한 우주가 운동을 포함하고 있다면 거기에는 불변의 운동 법칙이 있음에 틀림없다. 어떤 가능한 우주에서는 제곱 반비례의 법칙이 이런 법칙 중의 하나일 것이다. 그리하여 비록 다른 우주에서는 그렇지 않다 해도 그러한 우주에 있어서는, 뉴턴의 공식에 맞지 않는 물질의 배열과 운동은 공존이 불가능할 것이다. 그리하여 러셀의 표현에 의하면 "소위 '법칙의 지배'만 라이프니츠의 철학에서는 형이상학적으로 필연적이다."[60] 그러나 만일 이것이 라이프니츠가 의미하는 바라 할지라도 그는 이것을 명확하게 말하지도 않았고 또 자세하게 적용하거나 설명하지도 않았다. 그러나 공가능성이란 전통적인 철학적 의미에서의 가능성과 원칙적으로 다르지 않다는 것은 명백하다. 그것은 단지 가능성의 특수한 경우에 불과하였다. 공가능성에 관한 어떤 진리도 우연적인 것이 아니며, 모든 것은 관련 본질의 논리적 성질에 내재한다. 간단히 말하면 각 우주의 구성, 그리고 그 속에 있는 〈어느〉 하나의 우주에서만 현실화의 가능성이 국한되어 있다는 제한은 양자 모두가 〈이데아〉의 영역에 영원히 존재하는 필연적인 사항이며 그것은 여러 우주 중 어느 특수한 우주 하나가 존재의 특권을 받도록 선택되는 것에 선행한다.

(b) 결과적으로 공가능성의 개념을 라이프니츠가 도입한 것은 그가 때때로 그렇게 생각한 것처럼 보이지만 그 자체로서는 그의 충분이유의 원리를 스피노자의 보편적 필연성과 구별한 것이 〈아니〉었다. 그것은 스피노자가 모순 없이 받아들일 수 있었던 "가능성"이라는 낯익은 개념을 세련 또는 정제한 것에 불과하였다.[61] 어떻게 시작되었는가 하는 문제, 즉 굳이 말해 무

60. Russel, *Philosophy of Leibniz*(1901), p.66; 이 해석은 주로 「철학 저작집」 II p.51에 근거하고 있다.

61. 스피노자는 자기모순의 개념 또는 "키마에라(chimaeras)"[앞부분은 사자이며 중간부분은 산양이고 뒷부분은 용의 모양을 한, 불을 품는 괴수]라 불리는 것을 본질 속에 포

엇인가가 있다고 하면, 어떤 이유에서 존재 가능한 우주들 중에서 실제로 존재하는 우주를 선택하는 결과를 필연적으로 가져왔는지 여부의 문제는 여전히 남아 있었다. 그러나 여기에서 라이프니츠는 자신이 스피노자주의의 치명적인 난점으로부터 결정적으로 피한다고 공언한 또 다른 하나의 차이점을 설명하였다. 신의 의지는 가장 충분한 이유에 의해 필연적으로 결정되며 그러므로 많은 가능한 우주 중 하나를 최선의 것으로 오류 없이 선택해야 한다고 주장하면서, 그는 스피노자의 "냉혹한 형이상학적 필연성"이 아닌 "도덕적 필연성"을 주장하고 있다고 그는 설명하고 있다. 왜냐하면 그 반대의 것, 즉 다른 우주 중 하나를 선택하는 것은 형이상학적 의미에서는 불가능하기 때문이다. 그것은 모순을 의미하지 않을 것이기 때문이다. 충분이유의 원리에 의하면 의지는 "언제나 그것이 택한 대안에 더 기울어지고 있지만 그 선택을 할 필연성에 몰려 있는 것은 아니다. 그렇게 할 필요 없이 그것을 선택하리라는 것은 확실하다." 그리하여 우연성의 잔재가 우주 속에 남아 있다고 생각되며, 그와 함께 〈제1원인〉의 의지의 자유를 위한 여지는 있다.[62]

여기서 라이프니츠가 시도하려는 구별은 분명히 논리적 실체가 없다. 이 사실은 너무도 명백한 것이어서 라이프니츠만큼 권위 있는 사상가 스스로가 그것을 전혀 깨닫지 않았다고는 믿을 수 없다. 충분이유의 원리에 가장 본질적인 모든 것을 포기하지 않고서 그는 충분이유가 선택을 강요하지 않고 의지를 움직이게 한다"고 도저히 인정할 수는 없었으며 그리고 특히 무한 지성에 의해 계몽된다고 생각되는 의지의 경우 더욱더 인정할 수 없었던

함시키지 않았다. 둥근 사각은 단지 〈말에 지나지 않은 것〉(*ens verbale*)에 불과하다.— 즉, 그것은 상상조차 할 수 있는 것이 아니며 더욱이 〈이데아〉의 질서 속에 있는 것도 아니다. (스피노자의 「전집」 II, p.468 참조. 공가능이 될 수 없는 〈우주〉는 스피노자에게는 키마에라의 하나에 불과하였을 것이다.

62. 「철학 저작집」 VI, pp.218, 318, 413, 126; VII, p.389.

것이다. 라이프니츠가 번번이 그리고 솔직하게 말하는 명제에 의하면 최선의 우주가 아닌 다른 우주를 선택하는 것은 비존재와 마찬가지로 신의 본질에 어긋날 것이다. 예컨대 라이프니츠가 독자에게 자신이 말하는 우주에는 실제로 우연의 여지가 있다고 설득하는 구절 중 하나에서도 그는 "현인에게는 필연과 의무는 꼭 같은 것이다"[63]라고 인정하고 있다. "우주의 조물주"는 "만물을 뜻대로 행한다"는 것과 완전히 일치하고 있다는 의미에서만 "자유롭다." 라이프니츠가 이러한 자신의 원리에 입각하여 실제의 선택에 반대해도 자기모순을 포함하지 않을 것이라고 말할 때 그는 두 가지를 혼동하고 있다. 존재하지 않는 저급의 세계 중에 어느 한 세계가 존재한다는 단순한 〈개념〉은 그 가정에 따라 만일 충분이유의 원리로부터 분리시켜 그 자체만을 본다면 모순을 내포하고 있지 않다. 그러나 그러한 세계가 존재하도록 〈선택된다〉는 것은 절대로 불가능하다. 왜냐하면 이것은 신의 완전함과 의지에 의한 선택이란 바로 그 관념과 모순되기 때문이다. 그리고 충분이유의 원리는 의지에 의한 선택이라는 관념의 한 표현이다.

물론 비록 신의 의지가 최선의 우주를 선택하도록 강요되어 있다고는 해도 라이프니츠에게는 그 우주의 최선성最善性이란 선택자에 의한 자발적 선호, 즉 가치 평가의 자유로운 행위에 의해 부여되었다고 일관성 있게 주장할 수 없었다. 라이프니츠는 이러한 이론에 대해 무엇보다도 신랄하게 반대하였다. 그에게는 가치란 순순히 객관적이며 가치 판단이란 엄격히 논리적인 과정이었다. 본질 또는 본질의 집합체에 관해 예측할 수 있는 존재를 정당화하는 선성은 실로 신의 이성으로 알 수 있는 그 내재적 속성 중 하나이지만 이는 의지에 선행하며 의지를 규제하는 본질적 또는 형이상학적 영역에 속한다. 마치 한 정수整數가 다른 정수에 의해 나머지가 없이 나누어진다는 것이 특정 정수의 이데아에 포함되고 있는 것과 마찬가지의 방식으로 한

63. 「철학 저작집」 VI, p.386.

사물의 가치는 그 〈이데아〉에 포함되고 있다.[64] 그렇다면 만일 신이 어떤 다른 우주를 최선이라고 공언한 바 있다면 그는 마치 4가 2의 제곱이 아니라고 주장하는 것과 마찬가지로 절대로 자기 자신에 모순되는 것이다. 바꾸어 말하면 이 양자는 똑같이 신에게는 불가능하며 따라서 실제로 존재하는 것과는 다른 사물 세계가 존재한다는 것은 아득한 예부터 불가능하였다.

그렇다면 절대적인 논리 결정론은 스피노자의 형이상학의 경우와 마찬가지로 라이프니츠의 형이상학의 특징이다. 물론 왜 그런가 하는 이유가 라이프니츠의 경우에는 좀 더 복잡하긴 하다. 그리고 물론 또 라이프니츠는 통속적인 저술에서는 교훈적이긴 하나 오해를 살 만한 말투로써—특히 "필연적으로 하게" 하는 이유와 "틀림없이 움직이게 하는 이유"를 서로 구별했으나, 그의 다른 이론에 비추어 볼 때 전혀 무의미한 것에 불과한 말뿐인 구별로써—애매하게 하지 않고 자신의 추론의 확실한, 거의 명백한 결과를 표현하는 솔직함과 용기가 그에게 없었다. 따라서 그의 체계에서 충분이유의 원리의 참다운 의미는 존재하는 모든 것의 존재와 또한 그 속성·행위·관계는 필연적 진리 혹은 그러한 진리의 체계에 의해 결정된다는 명제로 귀결된다. 이 공식이 주장하는 우주의 합리성은 스피노자의 경우와 마찬가지로 기하학 체계—17세기적인 논리로 착상된 기하학적 체계—의 합리성과 동일한 유형의 것이다. 이것은 라이프니츠 자신에 의해 그의 좀 더 짧은 저술의 가장 중요한 것 중 하나인 「사물의 일차적 근원」(1697)에서 더 명백하게 또 힘 있게 주장되었다.

---

64. 「철학 저작집」 VI, p.423(킹 저 「악의 기원에 관하여」의 비평으로부터). 또한 VI, p.219 및 VII, p.311 참조. 〈사실의 원인은 사물의 형상 속에 잠재하고, 그 형상은 신의 본질에 포함되어 있다〉. 이런 이유로 〈사물의 선이 신의 의지에 의한다〉고 생각하는 것은 잘못이다. 이렇게 생각하는 것은 "신의 존재의 진실이 신의 의지에 의존한다"고 말하는 것과 비슷하다.

현실 속에서 우리는 우주 만물이 기하학적일 뿐만 아닌 형이상학적으로 영원한 진리의 법칙, 즉 물질적일 뿐만 아니라 형상적인 필연성에 따라 발생하는 것을 알게 된다. 더욱이 이것은 왜 우주가 비존재하지 않는 것이 아니라 차라리 존재하는 것인가, 왜 다른 방식으로가 아니라 이렇게 존재하는가에 대해 이미 설명된 이유에 관하여 일반적으로 진리일 뿐 아니라 세부적인 점에까지 소상히 살펴보아도 우리는 형이상학적 법칙이 전 우주에서 훌륭한 방식으로 통용됨을 알 것이다……따라서 본질과 존재 양자의 실재에 관한 궁극적 이유를 우주 그 자체보다 필연적으로 더 크고 더 우월하고 선행하는 하나의 존재에서 우리는 이해하고 있다.[65]

동일한 우주 결정론은 유일하게 과거 50년 내에 출판된 그의 일부 저술에서 가장 명백하게 표현된 라이프니츠의 논리학적 논제 속에서 분명하게 드러난다. 이 논제란 우연적 진리는 모두 궁극적으로는 선험적 혹은 필연적 진리로 귀착될 수 있다는 것이다. 의심할 바 없이 우리는 인간의 이해력의 한계 때문에 많은 경우 이러한 환원을 달성하지 못한다. 필연적인 것과 우연적인 것 사이의 구분은 어떤 특정의 개별적 진리가 우리의 정신에 표출되는 방식 상호 간에 있는 진정한 지속적인 차이를 나타낸다. 우리에게는 우발적인 것으로 생각되는 판단이라도 무한히 지속되는, 따라서 유한한 정신에게는 불가능한 그러한 관념의 분석을 통해서 그 자체로서 필연적인 것으로 나타날 수 있다.—즉, 그 판단에 포함된 개념의 본질적 의미 내지 "본성"의 표현에 불과하다고 보일 수 있다. 물론 이 경우 무한히 진행되는, 따라서 유한 정신의 소유자에게는 불가능한 그러한 개념을 분석할 때만 필연적이라 생각될 수 있다. 그러나 비록 우리는 개별적인 경우에는 그 필연성을 직관적

65. 「철학 저작집」 VII, p.305.

으로 파악할 수는 없다고 할지라도 필연성이 거기에 있다는 것 그리고 하나의 완전한 직관, 즉 〈보고 얻는 지식〉에 있어서 모든 본성과 그것들 간의 관계를 철저히 보는 신의 정신에 의해 그 필연성이 인식되고 있음을 확신할 수 있다. 라이프니츠에 의하면 궁극적으로 이와 같이 필연성으로 환원되지 않는다면 어떤 명제도 전혀 진리일 수 없다는 것이다. 왜냐하면 한 명제의 진리란 직접적이든 간접적이든 "그 술부述部가 주어 속에 포함되는 것"만을 의미할 수 있는 것이어서 그러므로 주어는 술부 없이는 그 자체일 수 없기 때문이다.[66] 바꾸어 말하면 어떠한 판단도 만일 그 역逆이—충분히 분석적이고 이해력이 있는 지성에 대해서—자기모순이 아니라면 진리일 수 없다. 그리고 이 명제가 충분이유의 원리와 같은 뜻이라고 명백히 설명되고 있다. 즉, 〈이유가 없는 것은 아무것도 있을 수 없다는 일차적 진리〉는 "비록 그것을 분석한다는 것이 우리의 힘에 벅찬 것이라 할지라도 모든 진리는 그 명제의 명사名辭로부터 끄집어내진 선험적인 증거를 가진다"는 명제와 동의同義라는 것이다.[67] 그렇다면 충분이유의 원리는 단지 그 분명한 함의뿐 아니라 그 형식상의 정의의 어떤 것에 의해서도 라이프니츠에게는 만물의 영원한 거의 기하학적 필연성을 말한 스피노자의 이론과 같은 뜻을 갖고 있다.[68]

---

66. 「철학 저작집」 II, p.56; 또한 VII, pp.200, 309, 311 참조. 그리고 Couturat 편 「소논문과 단편」(1603), p.518f. 및 pp.1~3 참조. 나는 다음과 같이 최종 부분을 인용하기로 한다. "주어에 술어가 내포되는 것은 진리이다. 이것은 양자에 공통된 관념을 나타내는 경계선의 분석을 통한 논거를 제시하는 것으로 증명될 수 있다. 이 분석은 유한이거나 무한이다……무한의 계열은 신에 의해서 완전히 인식된다. 그러나 이 구절에서 라이프니츠는, 결정론이라는 비판을 피하기 위해서이지만, "필연적"이란 말에 비상한 의미를 부여하고, "증명 가능한", 즉 직관되는 필연성에 〈우리에 의해서〉 환원될 수 있다는 의미와 같다고 한다. 그렇지만 그것은 완전한 지성[신]에 대해서 직관되는 필연성이라는 것을 이 구절은 명백히 나타내고 있다.
67. 같은 책 II, p. 62. (1686년의 Arnauld에게 간 서간으로부터).
68. 이것은 Couturat(「라이프니츠의 논리」 1901, p.214)에 의해 인식되었고 또 잘 표현되었다. 그 반면 Russell은 라이프니츠가 "필연적인 것과 우연적인 것과의 차이가 우리의 인간적 한계와 본질적인 관련을 가지며 신에 대해서는 존재하지 않는다"는 견해를 가지

라이프니츠가 자신의 "충분이유"와 스피노자의 "필연성"과의 사이의 본질적인 구별도 입증하지 못했다는 사실은 18세기에 전혀 인식되지 못한 것이 아니었다. 이 사실은 할레의 신학자 요하힘 랑게*에 의해 「겸허한 설명」(1723)에서, 그리고 라이프니츠의 이론을 체계화하고 대중화한 볼프**의 철학을 논박하는 수많은 기타 저술에서 완벽한 정론正論으로 상세하게 지적된 바 있었다. 랑게에 의하면 볼프나 라이프니츠는 모두 "빛이 태양으로부터 유래하듯이 천지창조를 신의 성질로부터 이끌어 냈으며 창조를 신과 신의 성질의 일부에 대해 엄밀히 본질적인 것, 즉 필연적인 것으로 만들었다"는 것이다. 라이프니츠의 원리에 의하면 어떤 사물이 모순 없이 현재 있는 것이 아닌 다른 것이 될 수 있는 유일한 방법은 현재 존재하지 않는 다른 우주에서의 가능성에 의해서일 뿐이다. 가설에 의하면 신이 의도할 수 있었다

고 있었던 것을 부정하였다. "라이프니츠의 특징은 모두 실재에 관한 명제와 필연에 관한 명제 간의 대립이 궁극적으로 환원될 수 없는 그러한 성질에 의존하고 있었다."(앞의 책, 1901, pp.61~62). 그러나 라이프니츠는 이제 우리가 살피게 되는 바와 같이 그가 주장할 리 없다고 러셀이 생각한 의견을 단정적으로 반복하여 설명하였다. 라이프니츠는 이 의견과 모순되는 듯이 들리는 것, 그리고 문자 그대로 모순되는 것 등을 자주 언급한 것이 사실이다. 더욱이 이런 것들은 어떤 의미에서 본다면, 즉 라이프니츠의 체계를 스피노자의 체계와 더 다르게 보이게 한다는 의미에서 본다면 더 "특징적"이다. 그러나 그가 그와 같은 표현을 사용한 데에는 분명한 비철학적 이유가 있었다. 그리고 이러한 표현은 위에서 언급한 논제와 조화하도록 무리하게 선의로 해석될 수 있을 것이다. 반대로 이 논제에 관해서는, 라이프니츠가 믿지 않는 한, 주장하게 될 동기는 전혀 생각될 수 없었다. 실제로 그가 그것이 참이며 또 근본적인 것이라고 생각한 것은 명백하다. 더욱이 이 논제를 그가 표현한 것에는 "실재에 관한 명제와 필연에 관한 명제간의 대립의 궁극적으로 환원될 수 없는 성질"을 인정하는 의미가 있다는 것은 도저히 불가능하다. 내 생각으로는 러셀도 역시 라이프니츠에 있어서의 필연적인 것과 선험적인 것 간의 극적인 구별이 있다고 주장한 것(앞의 책, p.231)은 잘못이다. 「소논문 등」(1903), p.518 참조.

* Joachim Lange(1670~1744): 독일의 프로테스탄트 신학자. Wolff에 반대하였다.

** Christian Wolff(1679~1754): 계몽 시대의 독일 철학자·수학자. 스승인 라이프니츠 철학을 스콜라 철학적으로 발전·대중화시켜 라이프니츠-볼프파派를 형성하였다. 칸트도 처음에는 이 파에 속하고 있었다. 그는 정신측정학(psycheometry)과 연역적·합리주의적인 철학체계의 권위자가 되었다. 독일어·라틴어로 된 다수의 저작이 있다.

고 생각된 유일한 우주, 즉 현실의 우주에서는 모든 것 하나하나가 이 유대인 철학자[스피노자]의 체계에서와 마찬가지로 "숙명적 필연성"에 의해 결정되고 있다.[69] 마찬가지의 의견이—아마도 이 경우에 정말로 비난을 뜻하는 것은 아닐 테지만—후에 「백과전서」의 덜 정통적인 부분에서 찾을 수 있다. 이 저술은 라이프니츠가 18세기의 중기에 누린 커다란 명성을 결정적으로 증언하고 있다. 「백과전서」에서는 "라이프니츠만이 플라톤·아리스토텔레스·아르키메데스가 모두 합쳐 그리스에 가져온, 같은 정도의 영광을 독일에 가져 왔다"[70]고 논평하고 있다. 그러나 「백과전서」에서는 다음과 같은 의문을 던지고 있다.

> 어떻게 라이프니츠와 볼프는 충분이유의 원리를 우주의 우연성과 조화시킬 수 있었는가? 우연성은 가능성과 가능성 간의 동등한 균형을 의미한다. 그러나 이러한 균형에 대해 충분이유의 원리만큼 더 반대되는 것은 무엇인가? 그렇다면 우주는 우연에 의해서가 아니라 충분이유에 의해서 존재한다고 말하지 않을 수 없다. 그리고 이것은 우리를 스피노자주의의 근처까지 인도해 갈지도 모른다. 확실히 이 두 철학자는 이를 회피하려고 한다.……그러나 충분이유가 우연성을 손상하지 않은 채로 두지 않으리라는 것은 사실로 남아 있다. 어느 한 계획이 그 실현을 요구할 이유가 있으면 있을수록 그 대안의 가능성은 더욱더 적어진다.—즉, 대안이 실현되어야 한다는 것을 더 요구할 수 없게 된다는 것이다.……신은 모든 창조된 단자의 근원이며 이 단자는 계속되는 광휘에 의하여 신

69. 「사소한 탐구」, pp. 27~67. 또한 라이프니츠와 볼프를 "우연의 위변호자僞辯護者"라고 비판하는 D. Straehler(1727)와 Chr. Langhansen(1727)의 라틴어 논문을 참조할 것. 충분이유의 원리 그 자체는 모든 참[眞]인 명제가 "근원적" 내지 "동일적"인 진리로 환원될 수 있으며 또 라이프니츠에게는 그렇게 환원될 수 있다고 이해됨을 의미한다고 Straehler는 주목하고 있다(p.37).

70. 항목 「라이프니츠주의」("*Leibnizianisme*").

으로부터 발산되어 나온 바 있다.……사물은 현재 있는 것이 아닌 다른 것일 수 없다.[71)]

이 구절은—보통 18세기에서 철학의 위대한 업적 중 하나라고 평가되었던—충분이유의 원리를 내세운 라이프니츠의 주장에서의 한 가지 중요한 경향은 보편적 필연성의 이론을 조성하고 그리고 아마도 라이프니츠 자신까지도 공포에 떨게 했던 도깨비라 할 스피노자의 형이상학에 대한 공포를 감소시키려는 것이었음을 명백히 보여준다.

그러나 비록 논리적 필연성이 스피노자의 우주에서와 마찬가지로 라이프니츠의 우주에서도 절대적이며 확산적인 것이긴 하지만, 라이프니츠에게는 필연적인 것이란 가치의 실현이라는 점에서 이 둘 사이에는 본질적인 차이가 있다. 바꾸어 말하면 충분이유의 원리는 비록 하나의 우주만이 존재할 수 있으리라고 단언하긴 하지만, 이 하나의 우주란 상상할 수 있는 최선의 것임에 틀림없다고—스피노자에게서는 찾아볼 수 없는 첨언이다—덧붙여 말하는 데 양자의 본질적인 차이가 있다. 그럼에도 만일 라이프니츠가 어떤 개별적인 사물의 존재나 혹은 현실의 우주 전체의 존재 근거라고 간주하는 "선"이 무엇인가를 우리가 고찰한다면 이러한 차이조차도 일견 그와 같이 생각되는 것보다도 작고 다른 것임을 파악하게 될 것이다. 동시에 우리는 충분이유의 원리가 명백히 충만의 원리로 이행하게 됨을 알게 될 것이다. 라이프니츠는 흔히 매우 솔직하게 왜 사물이 존재하는가 하는 궁극적 이유는 단지 하나밖에 있을 수 없다고 말한다. 즉, 그 본질이 실존을 요구하고 어떤 다른 본질의 비슷한 요구에 의해 방해되지 않는 한, 불가피하게 그 실존을 얻을 수 있는 궁극적 이유는 하나밖에 없다. 더욱이 추상적으로 생각할 수 있는 다른 모든 우주보다 현실의 우주가 더 우월하다는 것은 이 우

71. 항목 「충분이유」("Suffisante raison")의 전체.

주에서 실존하는 이러한 본질의 성향이 다른 어느 우주에서보다도 훨씬 더 크게 실현되고 있다는 사실에 있다. 〈실존에의 요구〉[72]는 모든 본질에 내재하고 있다. 〈본질의 이러한 성질 자체 속에 실존을 향하는 어떤 종류의 성향이 없다면 아무것도 존재하지 않을 것이다.〉 단순하고도 "가능한 것"은 무익하고 미완성의 것이며 그러므로 "가능한 것 모두는 존재를 향한 노력이라는 특징이 있으며" 그리고 "실지로 존재하고 있는 필연적인 것에 근거하고 있는 한, 존재할 운명이 주어졌다는 말을 들을 수 있을 것이다." 실로 우리가 고찰한 바와 같이 가능한 것 모두가 존재를 성취하는 것은 〈아니다〉. 왜냐하면 공가능성의 조건에 따라 그 중 어느 것은 배제되기 때문이다. 그러나 이러한 제한이 있다 해도 라이프니츠는 존재론적 논리의 원칙을 모든 본질에 적용시키려는 시도에 매우 접근하고 있다. 그는 스피노자보다도 훨씬 더 이런 시도에 접근해 있다. 비록 스피노자의 논리의 (유일한 것은 아니라 할지라도) 주요한 논리는 다음과 같이 상기되어야 할 것이다. 즉, 〈방점傍点〉으로서 〈직접〉 필연적인 하나의 존재의 〈이데아〉가 부여된다면 (가능성의 한계 내의) 모든 다른 〈이데아〉에 대응하는 존재물이 존재한다는 것은 마찬가지로 필연적이다.[73] 라이프니츠에게 방점은 쓸데없는 여분이라 생각된다. 그는 보통 다른 존재는 신의 존재에 논리적으로 의존한다고 주의 깊게 말하고 있는 한편, 각 본질 속의 〈존재에의 성향〉의 내재성을 흔히 무조건 강조하므로 어느 곳에 의존의 중심이 있는지를 알기 어렵게 하고 있다. 신이 존재한다는 필연성은 이러한 본질의 종류에 수반하는 속성의—극단적인 경우이기는 하나— 단지 하나의 예에 불과한 것 같이 생각될 수 있다. 신의 본질의 경우 성향이 실현되는 확실성은 아마도 신의 본질이 공가능성의 필수조건으로부터 제외된 것에 기인되고 있을 뿐이다. 신의 본질은 말하

72. 「철학 저작집」 VII, pp.303, 305, 310.
73. 유한한 본질은 그 자체로서 실재를 향해 가는 경향이 있다는 관념을 부정하는 데 관해서는 스피노자 저 「국가론」 II, sec.2를 참조할 것.

자면 〈경쟁권 외〉의 본질이며 현실 우주 속에서의 자신의 자리 때문에 다툴 필요는 없다.[74] 기타 다른 본질의 경우 이러한 다툼의 결과는 전적으로 〈그것들의〉 속성에 의해 결정되며 신의 속성에 의해서가 아니다. 라이프니츠는 가능한 우주 중에서 현실 우주의 출현을 거의 기계적 과정의 결과로 표현하기를 주저하지 않는데, 이 과정에서 가장 비중이 큰 잠재적 존재를 지니는 우주는 불가피하게 실현되지 않을 수 없게 되는 것이다.[75]

> 존재를 요하는 모든 가능한 사물의 대립에서 다음과 같은 결론이 즉각 나온다. 즉, 될 수 있는 한, 많은 사물이 존재하게 되는 사물의 계열이 존재한다. 바꾸어 말하면 가능한 사물의 최대한의 계열이다.……더욱이 마치 우리는 액체가 자연적으로 그 자체의 성질에 따라 구형球形이 되는 것을 보는 것과 같이 우주의 성질에서 최대한의 용적[능력]을 갖는 계열이 존재한다.[76]

라이프니츠가 이러한 "최대한의 용적[능력]"이라는 관념을 택하는 두 가지 가능한 방식 사이에서 동요하고 있음은 사실이다. 그는 필연적으로 여러

74. 17세기 초의 저술가인 Matthew Barker는 신의 필연적 실재로부터 〈존재의 연쇄〉를 도출하는 대신 차라리 충만된 〈존재의 연쇄〉로부터 신의 실재를 도출함으로써 실로 통상적인 추론을 전도시켰다. "자연 속의 이러한 단계들은 학식 있는 사람들에 의하여 〈자연의 사다리〉라 불리고 있다. 그리고 〈무한의 신〉인 무한성 속으로 우리는 올라가지 않으면 안 되는데, 이 〈사다리〉의 어디에선가 그 꼭대기에 도달하는 것이지 〈무한히〉 올라갈 수는 없다.……완전함의 단계들이 있는 데에는 반드시 어떤 가장 큰 완전함이 있으며 그 완전함이란 최선 최대이며 최우수의, 제일의 완전함 이외의 무엇일 수 있겠는가?"(「자연신학」, 1674, p.27) 실질적으로는 동일한 논의가 W.H. Sheldon 교수에 의해서 최근에 이와는 독자적으로 제출되었다[「철학 잡지」, 1923, p.355 이하].

75. 「철학 저작집」 Ⅶ, p.304; 또한 p.303 참조: "가능한 것의 무한한 결합과 무한한 계열 속에서 그것에 의해 최대한의 본질 또는 가능성이 실재에 이르는 것이 존재하는 것은 아주 분명하다." 역시 Couturat, 앞의 책 (1901), p.226 참조.

76. 「철학 저작집」 Ⅶ, p.290; 또한 p.304 및 Couturat, 앞의 책, pp.224~225를 참조할 것.

본질 간의 등급을 인정했으며 신을 사다리의 정점으로 하는 단자의 단계로 된 사다리가 그 표현이었다. 더욱이 흔히 각각 상이한 "완성의 정도" 때문에 어떤 본질은 다른 것에 비하여 실존에 대한 더 큰 권리 또는 더 강력한 성향을 가진다는 뜻으로 생각된다. 따라서 현실에 있는 우주의 충만은 외연적이라기보다는 오히려 내포적일 것이다. 그것은 단순히 수에 의한 것이 아니라 그 구성요소의 서열 혹은 완성도에 의해 평가될 것이다. 다음의 구절은 그 관념에 대한 이러한 방식의 해석을 예증하고 있다.

> 신의 선택을 위한 충분한 이유는 여러 우주가 소유한 적합성이나 완성도에서만 발견될 수 있다. 왜냐하면 모든 가능한 사물은 각각 그것이 싹[芽]에서 갖고 있는 완성의 양에 비례하여 실존을 바랄 권리를 갖기 때문이다.[77]

그러나 비록 라이프니츠가 대중적 저술에서는 18세기 독자에게는 아주 낯익은 이런 종류의 말투를 틀림없이 자주 쓰지만 그런 말투가 암시하는 견해는 논리적으로 그가 활용할 수 있었던 바는 아니며, 사실상 우주의 실제적 구성에 대한 그의 설명 속에서는 볼 수 없었다. 만일 인간이 "싹으로서는" 악어라는 본질에 귀착되는 것보다 몇 배 더 큰 "완성의 양"을 포함하고 있다면 더욱이 (라이프니츠가 가정했듯이) 공共가능성의 법칙에 의해 두 물체가 동일 공간을 점유하는 것을 금한다고 가정한다면, 인간만을 포함한 그리고 악어를 전혀 포함하지 않는 우주가 양자를 다 포함하는 우주보다 나은 것으로 생각될 것이다. 왜냐하면 전적으로 인간에게만 소용될지도 모르는 물질을 악어가 요구하거나 공간을 점유할 것이 확실하기 때문이다. 그러나 이것은 바로 라이프니츠가 도출해 낸 결론이 아니었다. 신정론神正論의

77. 「모나드론」 p.54; 「철학 저작집」 VI, p.616.

저자로서 그는 악어를 정당화하는 데 관심을 두었다. 그는 충분이유의 원리에 의해—또다시 공가능성의 한계 내에서—이러한 피조물 및 최하에 이르기까지의 〈존재의 연쇄〉의 모든 가능한 고리가 실지로 존재해야 할 것임을 입증해야 했다. 그렇다면 이 주제에 관해 현실적으로 적용이 되는 그의 이론이라 부를 수 있는 것은 실존을 요구하는 모든 본질 간에는 동등한 권리가 있다는 이론이다. "어떤 본질은 실존하려는 성향을 지니고 기타의 것은 지니지 않는다고 말하는 것은 이유 없는 무엇인가가 있음을 말하는 것이 된다. 왜냐하면 실존은 동일한 방식으로 모든 본질에 보편적으로 관계되고 있다고 생각되기 때문이다."[78] 그리고 이 현실 우주의 우월성은 그 속에 구현되고 있는 상이한 본질의 〈수〉—바꾸어 말하면, 종류의 다양성—에 있는 것이지 그 본질의 형이상학적 지위나 질적 우수성에 있는 것이 아니다. "완전함은 형태[즉, 문맥에 의하면 형태의 〈수〉] 혹은 다양성에 있어야 한다. 따라서 물질은 어느 곳에서나 균일하지 않으며 다른 여러 형태를 취함으로써 다양화된다. 그렇지 않으면 가능한 만큼의 다양성은 실현되지 않을 것이다.……마찬가지로 사물이 다른 것과 〈구별된다는 생각〉이 일어날 가능성이 매우 큰 계열이 우세를 차지하는 결과가 된다.[79] "현실 우주는 가장 풍요로운 구성을 이루는 가능한 사물의 집합체이다."[80] 라이프니츠는 말브랑슈*에게 편지를 쓰기를, "신이 가능한 최대한의 수의 사물을 만든다고 우리는 말하지 않을 수 없다"고 하였다. 더욱이 자연의 〈법칙〉이 가능한

78. 「철학 저작집」 VII, p.195.
79. 「철학 저작집」 VII, pp.290~291.
80. 같은 책 3권 p.573.
* Nicolas de Malebranche(1638~1715): 프랑스의 철학자이며 형이상학자. 데카르트 철학에 있어서의 이원론, 섭리와 자유의 이원론을 기회원인론으로 해결하려 하였다. Malebranche 주의로 알려진 그의 철학 체계는 사람이 신과의 관계를 통하지 않고서는 외적인 어떤 것도 알 수 없다는 원리를 구체화하였다. 그의 저서로는 *Recherche de la Vérité*(4권, 1674)를 비롯하여 *Traité de la Nature et de la Grâce, Traité de l'Amour de Dieu* 등이 있다.

한, 간단한 것은 바로 이런 이유 때문이다. 이와 같은 법칙에 의해서 신은 "함께 놓을 수 있는 것만큼의 사물을 놓기 위한 여지를 찾을 수 있었다. 만일 신이 다른 법칙을 적용했다면 그것은 마치 공간을 차지하기보다는 차지하지 않는 부분이 더 많은 둥근 돌로 건물을 세우는 것과 마찬가지일 것이다."[81] 따라서 가장 간단한 설명적인 가설이 항상 선택되어야 한다는 과학적 주장조차도—비록 그 연관은 이해하기 어려운 것이지만—라이프니츠에게는 충만의 원리의 계系라고 생각되었다.

그렇다면 그것을 위해서 또 그런 이유로 사물이 존재하게 되는 "선"이란 단지 실존 그 자체—본질의 실현—이다. 더욱이 사물의 영원한 본성에 따라 어쩔 수 없이 실존하게끔 되는 우주는 "존재의 양이 가능한 한 큰" 우주였다.[82] 그리하여 목적론에 관한 라이프니츠의 명목론적 주장과 스피노자의 부정과의 차이는 거의 사라지게 되었다. 물론 라이프니츠에게는 관습적인 방법으로 자연에는 계획이 있다는 증거, 만물이 다른 만물에 대한 "적합성", 그리고 특히 인간에게 이익이 된다는 데 대한 증거를 논하는 구절은 많다.[83] 그러나 그의 이론의 가장 계통적이며 포괄적인 요약에 표현된 기본적인 견해에 의하면 각 사물은 주로 기타의 사물을 위해 존재하는 것도 아니며, 궁극적 선을 위한 수단으로서 존재하는 것도 아니고, 단지 그 사물의 본질이 다른 모든 본질과 마찬가지로 실존에 대한 그 자체의 본연의 권리를 갖기 때문에 실존한다는 것이었다. 더욱이 이것이 (가능한 한) 논리적 필연성에 의해 실현되었기 때문에, 그리고 그 실현이 스피노자가 〈신의 본성의 필연성으로부터〉 유래한다고 말한 것과 단지 공존 불가능성의 법칙에 내재하는 한계에 의해서만 상이하기 때문에 이 두 논리의 형이상학적 결과는

81. 같은 책 I, p.331. Ⅷ, p.289 참조: "가능한 모든 것은 필연적인 존재에 입각하고 있는 것이 분명하다면 존재한다고 말할 수 있다."

82. 같은 책 Ⅶ, p.304.

83. 극단적인 예는 「우의적寓意的 해석의 시도」(「철학 저작집」 Ⅶ, p.270 이하)이다.

여전히 본질적으로 같다.

그럼에도 불구하고 논리적 내용에서 동일한 근본적으로 형이상학인 것을 기술하는 라이프니츠와 스피노자의 방식의 차이는 역사적으로 중요하였다. 스피노자가 충만의 원리의 실현이 필연적이므로 선하다거나 악하다고 마땅히 부를 수는 없다고 (표면상) 단언한 반면, 라이프니츠는 이 실현이 필연적이면서도 최고의 선이라고 주장하였다. 그렇게 함으로써 그는 (조건 없는) 이 원리에 현실적 구조에 관한 이론의 (조건부) 지위를 부여했을 뿐 아니라 가치에 관한 이론의 지위도 부여하였다. 우리가 살펴보았듯이 스피노자는 우주의 충만성 사상보다는 우주의 필연성 사상에 더 큰 관심을 가진 것으로 보인다. 라이프니츠는 이러한 논증의 양면에 다 같이 진정한 관심을 보였다. 그러나 라이프니츠는 우주의 "충만"이라는 관념에 대해서는 생생한 상상력과 감정에 의한 만족을 느끼고 이를 독자에게 전하려 한 경향이 있는 반면, 이 논리가 그를 결론으로 이끈 우주 결정론에 대해서는 어느 정도 우려하였다.

충만의 원리가 실재에 관한 일반론으로 이해될 경우 받지 않을 수 없는 제한은 라이프니츠의 형이상학이 자연과학의 범위 내에 속한 문제에 구체적으로 적용될 때 대단한 중요성을 지니지 못하는 것으로 판명되었다. 비록 그가 〈종의 진공眞空〉, 즉 있을 수 있는 가능한 사물의 비존재를 긍정하긴 했지만 그것은 전적으로 실제로 존재하는 우주를 결정하는 것 같은 특정 형태의 계열 밖에 있는 진공이었다. 이 우주 안에서는 어떤 종류의 틈도 인정될 수 없다는 것이다. 라이프니츠에게는 〈진공에 대한 공포〉가 있으며 이는 자연에게도 있다고 확신하였다. 그 내적 구조에서 우주는 〈충만〉이며, 연속의 법칙 및 "자연은 비약을 하지 않는다"는 가설은 기하학에서 생물학·심리학에 이르기까지 모든 학문에 대해 절대적 자신을 갖고 적용될 수 있었다. "만일 우리가 그것을 부정한다면 우주는 단절을 포함할 것이며 이는 또 충분이유라는 위대한 원리를 타도하고 현상의 설명에서 우리를 기적이나 순전한 우연에 의지하지 않을 수 없도록 할 것이다." 물론 이것이 뜻하는 것은 우주에 실제로 존재하는 실체의 일반적 종류가 명백히 가능하고 또 공가능해야 하기 때문에 그리고 (라이프니츠가 약간 무비판적으로 가정한 바와 같이) 이런 종류에 속한 모든 종은 똑같이 가능해야하기 때문에 이런 종이 현실에서 결핍되고 있다 함은 어떤 존재 가능한 것의 실존을 임의적으로, 즉 우연히 제외하는 것—그것은 라이프니츠에게는 생각될 수 없음은 더 이상의 설명을 필요로 하지 않는다—이다.[84]

충만의 원리와 그 특별한 형태로서 연속의 원리는 그가 물질의 존재와 물리적 진공의 가능성이라는 두 가지 문제를 고려하게 될 때 약간 그를 난처하게 만들었다. 후자의 문제는 그의 생존 중에 물리학자들 사이에서 대단히 많이 논란이 된 주제였다. 그는 어떤 구절에서 킹 대주교처럼 이 원리로부터 물리적 실재론에 대한 증거를 도출하려고 하기에 이르렀다.[85] 만일 신이 실제적 사물을 창조하지 않았다면 존재가 실현되지 않을 가능성이 있을 뿐 아니라 사물에서 일관성이 결여되기 때문에 신은 실제 물질을 창조했음에 〈틀림〉없을 것이다. "만일 단지 정신만이 존재한다면 정신은 〈서로〉 필연적인 관계가 없을 것이며 시간과 장소의 질서도 없이 존재할 것이다."

84. Russell이 다음과 같이 쓸 때에는 기묘하게도 요점을 놓치고 있다. "왜 라이프니츠는 물체가 연속적인 계열을 이루고 있다고 주장하는가는 말하기 어렵다. 내가 아는 한 그는 그러한 우주가 단절을 가진 우주보다도 자신에게는 더 기분 좋은 것이라는 생각 이외에 이유다운 이유를 일체 제시하고 있지 않다"(1901년판, p.65). 이미 지적한 바와 같이 그 근거는 어떠한 것에나 이유는 〈있다〉—즉, 그것에 대신하는 것은 우연의 우주일 것이다—라고 믿는 근거와 마찬가지이다. 이 후자를 상정한다는 데 대한 라이프니츠의 혐오는 이미 내가 시사한 바와 같이 근본적으로 실제적인 것인데 그것은 이해될 수 없거나 단순히 변덕에서 나온 것이 아니다. 〈존재의 연쇄〉 속에 단 하나의 틈이라도 있다고 가정해 본다면 그의 논리에 의해 우주는 다만 그것만으로써 비합리인 것이 증명될 것이며 그 결과 전혀 신뢰될 만한 것이 못된다고 증명될 것이다.

85. 킹의 저서에 관한 비평 가운데서 라이프니츠는 이 논의를 명백히 승인하고 있다(「철학 저작집」 VI, pp.172~173).

이 질서는 "물질과 운동 및 운동의 법칙을 요구한다." 더욱이 만일 물질이 존재한다면 그것은 연속적이어야 한다. 물질이 있었을지는 모르지만 현재 존재하지 않는 것 같은 빈 공간은 있을 수 없다. 그러므로 라이프니츠는 물리적 진공을 주장하는 자들을 심하게 공박하였다. 그러나 반면에 그는 공간이란 단지 "공존의 질서", 즉 실제로 길이가 없는 실체가 서로 간에 감각으로 감지되어 나타나는 형태에 불과하다고 결론짓기 위한 이유(여기에서 설명할 필요는 없지만)[86]를 발견하였다. 그리고 이것과 함께 통상적인 물리적 실재론에서 생각되는 바와 같은 물질적 우주는 존재하지 않으며 물체는 이미 언급한 모호한 지위로 환원되고 만다. 간단히 말하면 충만의 원리는 여기에서는 라이프니츠의 사상에서 중요한 역할을 한 다른 논리의 동기와 대립되며 이 각별한 점에서는 져 버리고 마는 것이다.[87] 이러한 관점에서 그가 진공을 믿는 자들을 여전히 계속 비난할 때 이는 그들이 어느 곳엔가 빈 공간이 존재한다고 주장했기 때문이 아니라 참다운 공간이 존재한다고 주장했기 때문이었다.[88] 반면 물질이 그 표현이라 할 실재에 관해서는 진공의 가능성을 부정하는 것이 문자 그대로 유효 타당하다. 자연은 어디에서나 생명으로 꽉 차 있으며 이 모든 생명은 어느 정도의 감각을 갖추고 있었다. 라이프니츠는 「모나드론」[單子論]에서 "우주에는 어느 것도 쉬지 않으며, 어느 것도 불모적인 것이 없고, 어느 것도 죽은 것이 없다"고 쓰고 또한 다른 곳에서는 다음과 같이 기술하였다. "만일 진공이 있다면 거기에는 다른 사물을 침해하지 않고 어떤 사물이 만들어졌을지도 모르는 불모의 빈 공간이

86. 실재 공간에 대한 반론 중 하나는 그 자체가 충분이유의 원리에서부터 나왔다. 클라크에게 보낸 라이프니츠의 제3서간 「철학 저작집」 Ⅶ, p.364) 참조.

87. 또 그는 식별될 수 없는 것은 동일한 것이라는 근거에서 진공을 반박하고 있다. 두 개의 빈 공간의 부분들에는 아무런 차이가 없을 것이며, 그러므로 구별될 수 있는 부분들이 〈아닐〉 것이다. 두 부분은 (진공을 믿는 사람들에 의해서) "하나의 수數"만이 다르다고 상정되고 있는데, "그것은 불합리하다"(Couturat 편 「소논문 등」, 1903, p.522).

88. 「철학 저작집」 Ⅵ, p.368; Ⅶ, p.363; [논문집] p.103.

남아 있으리라는 것은 명백하다. 그러나 그러한 장소가 남아 있다는 것은 지혜와 모순된다."[89] "우주의 모든 미립자마다 무한한 피조물로 구성된 세계가 포함되어 있다."[90]

그러나 이미 개략적으로 설명한 형이상학적 논리가 의미하는 바와 같이 자연이 이런 정도로 지치지 않고 탐욕적인 것은 단순한 양이나 수에 대한 것뿐만이 아니다. 자연이 추구하는 것은 본질적으로 다양성의 극대화이며 논리적 가능성의 한계점에 이르기까지 종과 아종亞種과 상이한 개체를 증식시키는 것이다. "물질적 세계의 다양성에는 진공이 없듯이 지적 피조물 중에도 이에 못지않은 다양성이 있다."[91] 우리는 다음 강연에서 18세기에 충만의 원리의 이러한 측면으로부터 도출된 주목할 만한 몇몇 결론을 고찰할 것이다.

89. Gerhardt 편 「수학 저작집」(*Math. Schriften*) III, p.565; Latta 역 「모나드론 등」(1925), p.257.

90. 「소논문 등」(1903), p.522.

VI. 18세기 사상에서의 존재의 연쇄와 자연 속의 인간의 위치와 역할

〈존재의 연쇄〉로서의 우주라는 관념과 이 관념에 근거를 부여한 원리—충만·연속·등급—가 가장 널리 전파되고 또한 수용된 것은 18세기였다. 이는 처음에는 약간 이상스럽게 생각된다. 플라톤과 아리스토텔레스에게 그 기원이 있으며 신플라톤주의자들에 의해 체계화된 한 집단의 관념이 이렇듯 뒤늦은 결실을 맺게 된 것이 놀랍게 생각됨은 당연하며—특히 (대체로) 18세기의 4분의 3이 지나는 동안 이러한 가설에 정반대되는 지적 유행이 대단히 많았기에 더욱 그러하다. 물론 아리스토텔레스의 권위는 잊혀진 지 오래였다. 자신의 "계몽"을 자랑한 사람들 사이에서 스콜라 철학과 그 방법은 대체로 모멸과 조롱의 대상이었다. 선험적 형이상학에 대한 사변적인 믿음은 쇠퇴 중에 있었고 (엄밀하게 베이컨적인 방법은 아니라 할지라도) 베이컨적인 기질, 즉 인내심 있는 경험적 탐구의 정신은 과학에서 그 승리의 행진을 계속했으며 교육받은 대부분의 일반 대중에게는 열렬한 열광의 대상이었다. 더욱이 〈존재의 연쇄〉의 관념은 그 근거가 된 가정과 더불어 경험으로부터 도출된 일반화가 아니었음이 명백하며, 사실상 그것은 자연에 관한 기지旣知의 사실과 쉽사리 조화되지 않은 것이었다.

그럼에도 불구하고 모든 저술가들—과학자와 철학자, 시인과 대중적 문필가, 이신론자理神論者와 정통적 성직자들—은 〈존재의 연쇄〉에 관해 그처럼 많이 이야기했으며, 그것과 관련되는 일반적인 관념 체계를 그만큼 은근히 수용하였거나 그러한 관념에서 잠재적 의미 혹은 명백한 의미를 이처럼 대담하게 이끌어낸 시대는 일찌기 없었다. 애디슨·킹·볼링브로우크* ·포우프·할러** ·톰슨·에이큰사이드*** ·뷰퐁·보네**** ·골드스미스***** ·디드로·칸트·람버트****** ·헤르더·쉴러—이러한 모든 사람들 및 그보다 덜 유명한 많은 저술가들이 이 주제를 상세히 설명했을 뿐 아니라 그로부터 새로운, 이전에는 회피된 결론을 도출하였다. 한편 볼테르와 존슨은 기묘한 한 쌍의 전우가 되어 이 관념 전체에 대한 공격을 주도하였다. '자연'이라는 단어 다음으로 '존재의 대연쇄'는 18세기의 성스러운 말이었으며 19세기 후기에 '진화'라

* Henry St. John Bolingbroke(1678~1751): 영국의 정치가. 이신론적理神論的 논문을 썼다. 정당에서 지도력을 발휘하여 위트레흐트 조약을 체결하였다. 한때 James 왕의 개인 비서로 봉사했으나 Stuart 왕조의 가톨릭교도에 대한 정책 때문에 결국 Stuart 왕조와 멀어졌다. 그는 Pope와 Swift의 친구가 되어 그들에게 영향을 주었으며, Pope의 「인간론」에 관한 철학서 및 「역사 연구에 관한 학문」(*Letters on Study of History*, 1752) 등의 저서가 있다.

** Albrecht von Harler(1708~1777): 스위스의 해부학자·생리학자·식물학자·의사·시인. 괴팅겐 대학의 의학·식물학·외과·생리학 교수(1736~53)였다. 시집 *Die Alpen*(1729), 철학 소설 *Usong*(1771), *Alfred*(1773) 그리고 과학 저술로는 *Elemmenta Physiologiae Corporis Humani*(8권, 1757~66)가 있다.

*** Mark Akenside(1721~1770): 영국의 시인·의사. 여왕의 주치의(1761)였다. 「상상의 기쁨」(*Pleasures of the Imagination*, 1744), 「네이애즈에 대한 찬송」(*Hymn to the Naiads*, 1746)과 다른 시가 있다.

**** Charles Bonnet(1720~1793): 스위스의 박물학자·철학자. 단성單性 생식에 대한 발견으로 공적을 인정받았다.

***** Oliver Goldsmith(1728~1774): 아일랜드 출신의 영국 시인·극작가·소설가. 의사로 런던에서 개업(1756) 했으나 실패하자 생계를 위해 문학에 몰두하였다. Johnson 박사를 알게 되고 그를 중심으로 한 유명한 클럽의 회원이 되었다. 저서로는 「품위 있는 학문에 관한 유럽의 현상태 조사」(*Enquiry into the Present State of Polite Learning in Europe*, 1759), 「세계 시민」(*The Citizen of the World*, 1762), 「여행자」(*The Traveller*, 1764), 소설 「웨이크필드의 교구목사」 (*The Vicar of Wakefield*, 1766), 희곡 「마음좋은 사람」(*The Goodnatured Man*, 1768), 「영국사」(*A History of England*, 1771), 「그리스사」(*The History of Greece*, 1774) 등이 있다.

****** Johann Heinrich Lambert(1728~1777): 스위스의 수학자·물리학자·천문학자·철학자. 지도의 투영법을 고안하고 원주율이 무리수임을 증명하였다.

는 축복받은 단어의 역할과 어느 정도 비슷한 역할을 하였다.

이 관념이 18세기에 유행하게 된 것은 아마도 주로 그리스 철학이나 중세 철학의 직접적인 영향에 의한 것이 아닐 것이다. 왜냐하면 그것은 그 명성과 영향력이 이후의 50년간 가장 큰 17세기 후기의 두 명의 철학자에 의해 주장되었기 때문이다. 로크는 이러한 예부터의 논제를 반복적으로 다루면서 라이프니츠만큼 웅변조는 아니지만 그에 못지않게 명확히 말하였다.

모든 가시적 물질계에서 우리는 어떤 간격이나 틈도 볼 수 없다. 우리에게서 멀리 아래로 내려가는 모든 하강은 완만한 단계에 의한 것이며, 연속적인 연쇄는 고리를 옮겨 봐도 앞의 것과 거의 변화가 없다. 날개가 달린 물고기가 있는데, 공중에서는 낯설지 않은 존재이다. 더욱이 물속에 사는 새가 있는데, 그 피는 물고기만큼이나 차다……새와 짐승 모두에게 매우 유사하면서도 양자의 중간에 해당하는 동물도 있다. 양서兩棲동물은 육상과 수중을 연결시키고 있다……인어 혹은 해인海人이라고 비밀스럽게 보고되는 것은 말할 필요도 없다. 이른바 인간과 같은 정도의 이성과 지식을 지니고 있는 것으로 보이는 짐승도 있다. 더욱이 동물의 왕국과 식물의 왕국은 극히 밀접하게 연결되어 있어서, 만일 동물계의 최하의 것과 식물계의 최상의 것을 비교하면 그들에게는 별다른 큰 차이가 없을 것이다. 그리하여 우리는 물질 중에서 최저이자 가장 비유기적 부분으로 내려가면 어디에서라도 여러 종이 서로 연결되어 있어 거의 인지할 수 없을 정도로밖에 다르지 않음을 알게 된다. 더욱이 우리가 〈조물주〉의 무한한 힘과 예지를 고려할 때 피조물의 종도 또한 서서히 우리로부터 아래의 단계로 내려가듯이, 건축가[조물주]가 이룩한 무한한 완성을 향하여 서서히 올라가는 것이 우주의 장엄한 조화와 이 건축가의 위

대한 계획과 무한한 선성善性에 합당하다고 생각할 이유가 있다.[1)]

애디슨은 「스펙테이터」지誌—예를 들면 519호—에서 반복하여 언급함으로써 플라톤주의적 형이상학의 이러한 면에 관해, 철학자들과 신학자들의 저술을 읽지 않은 대중까지도 잘 이해할 수 있게 하였다.

〈무한한 선성〉에는 매우 전파력이 큰 성질이 있으므로 그것은 모든 단계마다 〈지각 있는 존재〉에 실존을 부여하는 일에 대해 즐거워하는 듯이 생각된다. 이는 흔히 내가 스스로의 큰 즐거움을 위해 행한 〈사색〉이므로 나는 우리 〈지식〉으로 알 수 있게 된 〈존재의 사다리〉의 해당 부분을 고찰함으로써 이 사색을 더욱더 확대시켜 볼까 한다.……촉각과 미각 외에는 다른 감각이 전혀 없는 다른 많은 피조물이 있다.……생명의 세계가 굉장히 다양한 종을 통해 서서히 진보하여 스스로의 모든 감각을 완전히 갖춘 피조물이 출현하는 것을 고찰한다는 것은 신나는 일이다.……만일 이 다음으로 우리가 〈교활함〉이나 〈현명함〉이라는 몇 가지 내적 완성이나 혹은 우리가 일반적으로 본능이라고 부르는 것을 살펴본다면 그런 것 역시 마찬가지로 감지할 수 없을 정도로 차례차례로 올라가 그것이 위치하는 종에 따라 더욱더 개량되어 감을 알 수 있다. 대자연에서 이러한 진보는 대단히 점진적이기 때문에 열등한 종에 속한 것으로서 가장 완전한 것은 이 종보다 바로 위의 종 가운데 가장 불완전한 것과 매우 접근해있다.……또 [최고 존재의] 선성은 다수의 생물에 못지않게 다양성에서도 보인다. 만일 신이 단 한 종의 동물만을 만들었다면 다른 어떤 종은 존재의 즐거움을 맛보지 못했을 것이다. 그러므로 신은 천지

1. 「인간 이해력 논고」 III, chap. VI, §12. 로크는 라이프니츠와 달리 충만의 선험적인 필연성 및 연쇄의 선험적인 필연성을 주장하지 않고 있다. 이 설은 단지 "있음직한" 것에 불과하다(같은 책).

창조에서 모든 단계마다의 생물, 모든 자격을 갖춘 존재를 개별적으로 지정해 두었다. 식물에서 인간에 이르기까지 대자연 속의 모든 간격은 다양한 종류의 피조물로 가득 차 있으며, 그 상승은 차례로 대단히 완만하고 점진적인 것이기 때문에 한 종으로부터 다른 종으로의 작은 변이나 일탈은 거의 감지될 수 없다. 이러한 중간의 공간은 매우 잘 배려되고 관리되어 있음으로 생명계의 어떠한 부분에 있어서도 나타나지 않은 지각을 갖는 것은 거의 없다.[2)]

또 다른 저술가인 영국 국교회 성직자 에드먼드 로*는 창조의 '충만성'에 관한 이러한 묘사에도 만족하지 않고, 애디슨을 인용한 후 내부에서 공존할 수 있는 한, 될 수 있는 대로 많은 각종의 개체가 산출되었음이 틀림없다고 덧붙여 말하였다.

이러한 존재의 대연쇄에는 간격이나 빈 공간이 전혀 없으며 또는 결여된 고리가 전혀 없다고 고찰함으로써 그 이유를 생각해 볼 때, 존재의 모든 뚜렷한 계층, 모든 망이나 종은 그 성질이 허용하거나 혹은 신이 합당하다고 생각하는 만큼 충만해 있을 가능성은 극히 큰 것 같다. 서로 간에 어떤 〈불편함〉이나 〈거북함〉이 없이 공존할 수 있는 한, 아마도 각 망 안에는 많은 것이 있을 것이다. 단지 사물의 본성 안에 있는 〈불가능성〉 혹은 무엇인가 좀 더 큰 (원문 그대로) 불편만이 신의 능력 행사를 억제하거나 혹은 축복을 받을 수 있는 존재를 더욱더 많이 만들지 못하게 신을 방해할 수 있음을 우리는 확신한다.……우리는 만물이 그 자체의 종류 중 최대한 완벽하며 모든 체계는 그 자체로서 충만하고 완전하다고

2. 애디슨은 이것을 뒷받침하기 위해 "로크 씨"의 말을 인용하고 있다.

* Edmund Law(1703~1787): 영국의 국교회 성직자. Carlisle의 주교(1768~1787), 케임브리지 대학 철학교수(1764), 법무장관(1801), 국왕법정의 재판장과 추밀원 고문(1802)을 지냈다.

결론지을 최상의 이유를 갖고 있다.[3]

이러한 일반적 관념에 대해 부여된 많은 특별한 뜻 가운데서 우리는 인간에 관한 이런 관념에서 도출된 결론의 일부—즉, 사다리에 있어서의 인간의 지위, 그의 성질 그리고 그로부터 도출되는 윤리적 결론을 이 강연에서 검토하게 될 것이다.

A. 존재의 연쇄와 자연 속의 인간의 위치 우리는 우주의 무한과 생물이 사는 천체의 복수성에 대한 믿음—그 자체가 주로 충만의 원리로부터의 추론—이 우주 체계 내의 위치와 의의에 관해 인간이 갖는 관념에 미친 영향을 이미 고찰하였다. 우리가 살펴본 바와 같이 이 믿음은 예기된 것만큼이거나 상상된 것만큼 인류의 자존심을 깎아내리지는 않았다. 그러나 충만되고 무한히 세분된 계단으로 나뉜 〈존재의 사다리〉라는 개념에는 인간의 우주적 중요성과 독자성에 관한 자기 평가를 확실히 낮추는 경향이 있는 다른 4가지 의미가 있었다. 더욱이 이러한 의미는 18세기의 철학자들과 철학사상의 보급자들에 의해 많이 고찰되었다.

1. 충만의 원리가 의미하는 것은 〈존재의 연쇄〉의 모든 고리가 일차적으로 다른 고리를 위해서가 아니라 그 자체를 위해서, 혹은 더 정확히 말하면 그 형태의 연속이 완결되기 위해서 존재하는 것, 그리고 그 완결을 실현하는 것 등이 우주 창조에서의 신의 주목표였다는 것이다. 비록 여러 본질이 그 존엄성에 있어서는 불평등한 것으로 생각되긴 하지만, 우리가 이미 살펴본 바와 같이 그 본질은 모두 실존에 대한 동등한 권리를 합리적 가능성의 한계 내에서 갖고 있었다. 더욱이 그 결과로 한 종의 진정한 존재 이유는 그것이 다른 종에 대해 갖는 유효성에서 결코 찾아볼 수 없다. 그러나 이러한

3. 킹의 「악의 기원론」(1732, Law 판), p.143의 주.

의미는 17세기와 18세기에도 여전히 존속하였던, 사람을 기분 좋게 만드는 예로부터의 가설과 모순되었다. 교훈적 작품을 쓴 저술가들에 의해서 크게 사랑받은 '자연 신학'은 정통파의 것이든 이신론理神論파의 것이든 그 의도에 있어서는 신의 실존을 증명하는 것이었다. 그러나 그것은 실제로는 인간을 찬양하는 것이었다. 왜냐하면 그것은 다른 모든 피조물이 인간을 위해 존재한다는 가정에 주로 근거하기 때문이었다. 〈모든 것이 인간을 위해 창조되었다〉는 것은 18세기의 '철학적' 산물의 큰 부분을 이룬 장황한 목적론적 논리의 암묵적 전제이며 동시에 의기양양한 결론이었다—더욱이 그것은 인간의 멍청함을 나타내는 가장 이상한 기념물 중 하나이다. 이 점에 관해 이 시대는 중세에 흔히 들을 수 있던 한 경향을 반복한 데 불과하였다. 스콜라 철학의 으뜸가는 교과서에서는 다음과 같이 천명한 바 있다.

> 인간이 신을 위해 만들어졌듯이, 즉 인간이 신에게 봉사하도록 만들어졌듯이, 우주는 인간을 위해 만들어졌으며 따라서 인간에게 봉사하도록 만들어졌다.[4]

베이컨은 이 주제를 상세히 설명한 적이 있다.

> 만일 우리가 목적 원인을 살펴본다면 인간은 우주의 중심이라고 간주될 수 있을 것이다. 만일 인간이 우주에서 제거된다면, 나머지는 모두 목적이나 목표 없이 방황할 것이며……무無에 이르는 것처럼 보이기 때문이다. 왜냐하면 전 세계는 인간에게 봉사하기 위해 함께 작용하기 때문이다. 더욱이 인간은 효용이나 결실을 끌어 낼 수 있는 것은 아무것도 없다……왜냐하면 모든 사물은 스스로의 일을 위해서가 아니라 인간의

4. 「격언집」(Libri Sententiarum) II, 1, 8.

일을 위해 있는 것처럼 보이기 때문이다.[5]

18세기에 크게 찬양된 17세기 후반의 한 프로테스탄트의 신학 저술에는 다음과 같이 기술되고 있다.

> 만일 우리가 〈우주〉의 가장 아름다운 부분의 수월성을 이루고 있는 것이 무엇인가를 자세히 고찰한다면 그 부분은 우리와의 관계에서만 가치를 지닌다는 것, 또 우리의 영혼이 거기에 가치를 부여하는 한에 있어서만 가치를 지닌다는 것, 즉 인간 존중이야말로 바위나 금속의 중요한 가치를 이룬다는 것, 인간이 이용하고 즐거움을 느낄 때 식물·나무·열매에 그 가치가 부여된다는 것을 우리는 알 수 있을 것이다.[6]

페늘롱은 "대자연에는 식물뿐 아니라 동물도 우리의 소용에 닿도록 만들어져 있다"고 말하고 있다. 육식 동물은 예외로 생각될지 모른다. 그러나 "만일 모든 나라에 사람이 살고 있고, 당연히 그래야 하듯이 법과 질서를 따른다면 인간을 공격할 동물은 없을 것이다." 그러나 야생 동물도 역시 어느 모로는 사람의 몸단장이나 용기를 키우는 수단으로서 또한 어느 모로는 국제 평화의 유지를 위한 보조 수단으로서 인간에게 쓸모 있다. 왜냐하면 페늘롱 역시 "전쟁의 도덕적 대체물"에 대한 인간의 욕구를 어느 정도는 느꼈기 때문이다. 그는 호전적 성향의 배출구를 필요로 하는 그런 인간이 의존할 수 있는 "흉포한 동물" 구역을 외딴 먼 지역에 유지함으로써 이러한 욕구를 충족시키자고 제안하였다. 더욱이 인간이 서로 죽일 필요를 느끼지 않게 하기 위해 자연의 은혜는 이렇듯이 다른 종의 호전적인 피조물을 죽일

5. 「저작집」(Ellis와 Spedding 편) 속의 「고서古書의 지혜에 관하여」 VI, p.747.

6. Abbadie, *Traitedé la vérité de la religion chrétienne*(「그리스도교의 진리에 관한 논문」, 1684년 간행: 제7판, 1729) I, p.95.

수 있게 제공함으로써 충분히 증명되고 있다.[7] 이러한 장르의 걸작 중 하나로 간주된 「자연의 연구」(1784)의 저자 베르나르댕 드 상 피에르*는 창조주란 "단지 인간의 행복만을 목표로 했으며, 자연의 법칙은 모두 우리의 필요에 응하도록 착안되었다"[8]고 말하였다.

인간 이외의 나머지 피조물이 인간을 위한 수단이라는 가설에 대해서뿐 아니라—그만큼 분명하게는 아니지만—목적론적 논리 일반의 전제에 대하여 〈존재의 연쇄〉라는 관념이 갖는 논리는 강력하게 대응하였다. 물론 이런 형태의 인간의 허영에 대한 항의는 또한 기타 고찰에 의해서도 제기되긴 하였다. 갈릴레오는 다음과 같이 쓴 바 있었다. "우리에 대한 배려가 신에게 적합한 일이라 가정하여 그 이상으로는 신의 예지나 능력이 미치지 않는다고 생각한다면 우리는 지나치게 자만하는 것이 된다."[9] 헨리 모어는 명백히 충만의 원리의 영향을 받아서 다음과 같이 천명하였다.

> 우리는 경멸해야 될 것이라고 생각하는 〔저급한 동물〕과 같은 해로운 동물에게도 주의 깊은 배려가 베풀어져 있다는 것에 대해서……화내서는 안 된다. 왜냐하면 이는 자만과 무지에서 비롯된 것이기 때문이다. 혹은 어느 의미에서 그것은 만물이 인간을 위해 만들어졌다고 믿도록 장려되고 있다고 해서 만물은 그 자체를 위해 전적으로 만들어진 것이 아

7. "지금은 동떨어진 숲속에서만 맹수를 발견할 뿐이다. 그리고 그것을 보존하는 것은 국가 간의 참다운 전쟁의 필요 때문이 아니라 전쟁 대신이 되는 놀이에 의해서 인간의 용기·힘·기량을 훈련하기 위한 것이다"(「신의 존재에 관한 논문」, *Traité de l'existence de Dieu*) I, p.2.

* Jacques Henri Bernardin de Saint-Pierre(1737~1814): 프랑스의 저술가이며 로만주의 운동의 선구자. 저서로는 *Voyage à l'Ile de France*, *Études de la Nature*(1784~1788), *Paul et Virginie*(1788) 등이 있다.

8. D. Mornet, *Les Sciences de la nature en France au 18e siècle*(1911), p.149 ff.에 인용. 그리고 여기에서 이러한 잘못된 많은 좋은 예가 보인다.

9. 「두 개의 최선의 우주에 관한 대화」(Dialogo di due massimi systemi) III, p.400.

니라는 거만한 가정에서 비롯된 것이기 때문이다. 그러나 이를 공언하는 자는 신의 본성이나 사물의 지식에 대해 무지한 자이다. 왜냐하면 만일 선한 인간이 자기 짐승에게 자애롭다면 확실히 선한 신은 관대하고 자비로우며, 생명과 감각을 지니고 있는 피조물이 기뻐하며 조금이라도 기뻐할 수 있다는 것을 즐거워하기 때문이다.[10)]

그럼에도 데카르트는 인간중심적 목적론뿐만 아니라 과학에서 모든 형태의 목적론적 추론에 대한 17세기 최대의 반대자였다. 다른 점에 대한 이의는 차치하더라도 그는 이 이론이 명백한 사실과 상충됨을 알았다.

만물이 인간을 위해서 창조되었으므로 신은 창조에 즈음하여 아무런 다른 목적도 갖지 않았다는 것은 전혀 있음직한 일이 아니다.……내 생각에는 이러한 가정이 물리적 문제를 추론하는 일에는 대단히 부적당하다고 생각한다. 왜냐하면 인간에 의해 관찰된 바가 없거나 이해된 바도 없고 또 인간에게는 아무런 소용이 되지 않는 것들이 현재 무한히 존재하고, 혹은 지금은 존재하지 않지만 일찍이 존재했다는 것은 의심할 수 없기 때문이다.[11)]

실로 17세기의 위대한 철학자들은 대부분 이상과 같은 언급을 반복하였다. "모든 것이 인간을 위해 만들어지지는 않았다"는 정리에 관해서 라이프니츠는 명확히 스피노자에 동의한다.[12)] "우리는 우주가 우리를 위해서만 만들어져 있지 않음을 알고" 있기 때문에 "우주에는 우리에게 즐겁지 않은 것들이 있다"는 사실은 놀라운 일이 아니라고 그는 말한다. 킹 대주교는 "지구는

10. 「무신론에 대한 해독제」 II, ch.9, 8.
11. Principia Ⅲ, 3.
12. 라이프니츠의 「철학 저작집」 I, p.150.

우주가 아닌 인류를 위해 만들어졌다"고 상정하는 것은 사실상 "불합리하다"고 말하였다. "자만이나 무지로 눈 먼" 자가 아닌 이상, 그 누구도 결코 그렇게 생각할 수 없을 것이다. 킹을 제외한 모든 〈성직자〉를 상대로 한 볼링브로우크의 주요 과제는 「단상 및 수상」에서는 동일한 명제이며 아마도 포우프는 이로부터 '인간론'의 제1서간의 대부분을 위한 착상을 했을 것이다. 이신론자도 이 점에서 정통 호교론자와 완전히 의견의 일치를 본다. 사실 볼링브로우크는 모든 신지론神知論의 사변, 최고신의 신비스런 지혜에 접하고 있다는 신학자들의 모든 주장을 비웃는다고 공언하고 있다. 더욱이 플라톤과 고금의 플라톤의 추종자들에 대해서도 그는 특히 심하게 경멸하고 있다. 그러나 그 역시 궁극적으로는 "모든 자연에 대한 조물주의 계획"을 전적으로 모르고 있지는 않다고 조용히 가정하고 있다. 볼링브로우크는 하나의 전체로서의 우주 체계의 완전성이야말로 우주의 진정한 존재 이유라고 확신하고 있다. "무한한 예지자가 행복한 피조물을 창조하는 것 이외의 다른 목적을 가지고 인간—혹은 실로 연쇄 속의 다른 어떤 고리—을 창조하였다"고 믿을 이유가 우리에게는 없다.[13)]

이 지구에 사는 감수성이 예민한 거주자는 연극 속의 등장인물처럼 서로 다른 성격을 지니며, 각 장면마다 서로 다른 목적의 연기에 할당되고 있다. 물질계의 여러 부분은 극장의 기계처럼 연기자를 위해서가 아니라 연기를 위해서 착상된 것이었다. 더욱이 연극 전체의 질서와 체계는 만일 그중 어느 하나가 변경되면 질서를 잃고 망쳐버리게 될 것이다.[14)]

13. 「저작집」(1809)에 있는 「단상 기타」 Ⅷ, p.169.
14. 같은 책 p.232. 또한 같은 책 「단상」 LVI, pp.288~289. "만일 신의 속성이 자연적·도덕적 악이 존재하지 않은 것을 요구했다면 인간은 오직 자신의 소용 때문에 만들어진, 그리고 자신의 행복의 무대가 되어야 할 세계의 궁극원인이었음이 뻔할 것이다. 이 세계는 분명히 우주의 궁극원인이었을 것이다. 행성은 모두 지구에 예속·운행 되었을 것이며 항성 자체도 밤에 반짝이고 우리의 덮개를 장식한다는 역할 이외에는 아무런 다른

간단히 말하면 우주는 가능한 형태의 모든 존재가 자체의 성질에 따라 스스로를 드러내 보이게 만들어졌다. 따라서 현대의 한 저술가가 〈연극적 관점〉이라고 부르는 것—우주가 인간의 필요나 희망에 응한다는 신념에서가 아니라 하나의 구경거리로서 우주의 무한한 풍요로움과 다양성, 즉 우주가 드러내 보이는 복잡하고 흔히 비극적인 드라마의 장대한 규모로부터 생길 수 있는 그런 우주에 대한 로만주의적 기쁨이나 우주에 대한 경건함—은 18세기 초기에는 결코 낯선 것이 아니었다.[15] 대단히 많은 18세기 작가에게 사랑을 받은 이 논제는 괴테에 의하여 『잠언箴言』(1819)에서 극히 간결하게 요약되었다. 즉,

"모든 동물은 그 자체로서 목적이다."

2. 같은 종류의 두 번째 결론은 〈존재의 연쇄〉에서의 인간의 상대적 지위에 관한 정설로부터 흔히 도출되었다. 이것에 관해 습관적으로 말하는 것은 이미 살펴본 바와 같이 인간은 연쇄 속의 "중간 고리"라는 것이었다. 이것은 인간의 위의 종과 아래의 종의 수가 반드시 혹은 (내 생각으로는) 보통 같다는 것을 의미하지 않았다. 이와 정반대로 로크는 다음과 같이 생각하였다. "우리의 아래보다는 위에 훨씬 더 많은 종의 피조물이 있다고 확신할 만한 이유가 있다. 우리는 완성도에서 최저 상태보다 무한한 신의 존재로부터 훨씬 더 멀리 떨어져 있기 때문에 그리고 무無에 매우 가깝기 때문이다."[16] 애디슨은 이 논리를 더욱더 예리하게 표현하고 있다. 위로 향한 "공간

목적에도 소용되지 않았을 것이다. 이 구절은 포우프의 「인간론」 제I서간의 131~140행에서 확대되어 운문으로 적혀졌다. 18세기의 인간중심의 목적론에 대한 가장 기지에 넘친 공격은 볼테르의 「인간론」(*Essai sur l'homme*, 1738)의 제6강에 있다.

15. 또한 John Hawkesworth의 시 "The Death of Arachne"를 참조할 것(이 시는 Dodsley, *Collection of Poems*, 4 vols., 1783의 Pearch 편의 「보유補遺」 III, p.183에 수록되어 있다).

16. Locke, 같은 곳.

과 여지"는 무한하며 모두 충만된 것임에 틀림이 없으나, 아래의 단계의 수는 유한하다.[17] 이리하여 인간은 그 계열의 중간에 있는 것이 아니라 아래 끝에 더 가까이 있다. 인간은 단지 감각을 갖는 존재 형태로부터 지적인 존재 형태로 가는 과도적인 시점에 있다는 의미에서 "중간 고리"였다. 이는 인간의 자존심을 북돋아 주는 인간관을 시사하였던가, 아니면 인간을 비하하는 인간관을 시사하였던가? 중간적인 지위라는 관점을 문자 그대로 해석한 시인 영에게 그것은 인간 자신에 대해 차라리 높은 자기평가를 해도 좋을 듯이 생각되었다. 인간은,

> 존재의 끝없는 연쇄 속의,
> 무로부터 신에 이르는 중간의 뚜렷한 고리

이다. 그러나 이 이론이 부여한 우주 속에서의 인간의 지위를 숙고한 대부분의 사람에게는 그것은 겸허함을 촉구하기 위해 추가된 이유였다. 비록 인간이 천사보다 약간 낮게 만들어졌다 해도 인간은 천사나 기타 영적 존재 가운데 가장 낮은 것보다도 더 낮은 것이다. 더욱이 인간보다 위로 연속되는 계층은 매우 많으며, 인간 정신이 그것을 잘 생각한다면 당연히 일종의 인종적 열등감이 생기는 것이었다. 윌리엄 페티*는 1677년에 다음과 같이 기술하였다. "피조물의 사다리를 고려하는 주된 용도란 인간은 스스로를 신

17. Addison, *Spectator*, 같은 곳. 또한 볼링브로우크의 「저작집」(1809) Ⅷ의 「단상」 중 단상 44, p.186을 참조할 것.

* Sir William Petty(1623~1687): 영국의 정치경제학자이며 비교 통계학의 선구자 · 왕립협회원. 포우프의 친구였다. 1641년에 조작된 아일랜드 땅에 대한 〈실측〉을 새로이 13개월 동안 완성시켰다. 매우 중요한, 통제학에 관한 초기의 책을 저술한 사람들 중 하나였으며, 금은의 보유가 번영의 기준이라고 설정하는 중상주의적 입장이 잘못된 것임을 처음 지적한 사람이었다. 그는 돈의 해외유출을 금지시키는 것은 건전하지 못함을 보여주었고, 그의 「세금과 기부금에 관한 고찰」(*Treatises of Taxes and Contributions*, 1662, 1667, 1685)에서는 가격이 생산을 위해 필요한 노동에 따라 결정된다는 원리가 제시되었다.

다음가는 으뜸가는 존재라고 일반적으로 생각하지만, 신 밑으로는 자기보다 우수한 수백만의 피조물이 존재할지도 모른다는 것을 인간에게 알게 하는 데 있다." 왜냐하면 이는 "항성의 영역 내에서는……인간이 가장 더러운 벌레보다 낫다기보다도 존엄성과 병약함이란 의미에서 비교할 바 없는 훨씬 더 우수한 존재들이 있다"[18]는 것을 그에게 보여주기 때문이다. 1710년 한 귀부인은 다음과 같이 쓰고 있는데, 이러한 구절을 기술했다는 것은 그 당시에는 이런 사고방식이 완전히 흔했다는 것을 보여주고 있다.

> ……만일……제1원인에서 가장 인식하기 어려운 결과에 이르기까지 즉, 무한한 창조주에서 가장 미소한 그의 창조물에 이르기까지 존재의 계열이 있기 때문에 마치 우리 아래에는 무수한 존재가 있어서 나중에는 덜 완전한 각 종이 하나의 점, 즉 나눌 수 없는 입자에 이르게 되는 바와 같이, 마찬가지로 우리 위에도 무수한 존재가 있어서 우리가 가장 미소한 벌레나 식물보다 우월한 것과 같이 우리를 능가하고 있다. 더욱이 이러한 무수한 존재에 비교하면 최고의 천재, 최대의 이성을 소유한 대가, 그리고 가장 계발되고 꾸준한 지식의 탐구자도 예지의 학교에서는 최저 학급에도 들어갈 수 없는 어린이에 불과하다고 믿을 이유가 있다는 것을 더 고려한다면 우리는 자기 자신을 경멸하는 생각을 갖지 않을 수 없으며, 스스로의 거만함에 부끄러워하지 않을 수 없고, 우리의 어리석은 몇 가지 사례를 반성하지 않을 수 없다.
>
> 내 생각에는 자신의 본성의 존엄에 따라 숭고한 지위로 상승되고, 창조된 정신의 소유자가 최고선과 함께 소유할 수 있는 가장 긴밀한 융합

18. *The Petty Papers*, ed. the Marquis of Lansdowne(1927) II, pp.24; 32. 순수 철학으로 Petty가 발을 디딘 주요한 작품은 그가 발행하지 않고 남긴 "The Scale of Creatures"라는 에세이의 개요였다. 그는 이 생각에 독자적으로 도달했다고 믿었으나 그것은 극히 있음직하지 않은 일이다.

에까지 이르며 빛나는 천사들이 경멸하는 미소를 지으면서, 연민이 섞인 경멸과 함께 우리를 바라보고 있는 것 같이 생각된다.[19)]

애디슨은 단순히 이를 몇 년 후에 요약한 데 불과하였다. "만일 가장 비천한 것으로부터 가장 높은 것까지의 존재가 단계적으로 상승한다는 관념이 공허한 상상이 아니라면, 마치 인간이 이성적 본성에 가장 접근한 피조물을 낮추어 보듯이 천사가 인간을 낮추어 볼 수도 없지 않아 있을 것이다."[20)] 철학자 포르마이[*]는 처음으로 〈존재의 사다리〉라는 관념에 접했을 때 이와 비슷한 인상을 받았다고 보고하고 있다.

다른 것보다도 나를 드높여야 할 이유는 거의 없으며, 자만심의 동기는 어디서부터 끄집어내야 하는가? 지금까지 나는 내 자신을 신의 피조물 중 가장 탁월한 것 중 하나라고 자부하곤 했지만, 이제 나는 나의 허상이 얼마나 큰 것이었는지를 알게 되었다. 나는 자신이 그 〈사다리〉의 최하단 가까이에 있음을 알게 되고, 내가 자랑할 수 있는 것이란 단지 내가 비이성적 피조물보다 약간 우수하다는 것뿐이다. 더욱이 이것조차 언제나 그렇지는 못한데, 왜냐하면 내가 지니지 못한 여러 장점을 갖는 사물이 많이 있기 때문이다. 이와 반대로 나의 위에는 대단히 많은 우수한 천사가 있음을 나는 알 수 있다.[21)]

---

19. *Essays upon Several Subjects in Prose and Verse Written by the Lady Chudleigh*(1710), p.123.

20. Spectator, No.621, Nov. 17, 1714.

* Johann Heinrich Samuel Formey; 프랑스어로 Jean Henri Samuel Formey(1711~1797): 독일의 목사. 다방면에 걸친 저술가였다. 프랑스 출신 이민자 가정에서 태어나 프랑스어로 설교하고 저술하였다. 베를린 학술원의 창립 회원이었다.

21. 「철학잡기」 영역판(1759), pp.107 ff.

물론 인간보다 우월한 많은 계급의 "천사"를 믿는 이러한 신념에는 새로운 것이 전혀 없었다. 위에 인용된 구절은 이 신념의 존속, 〈존재의 연쇄〉라는 일반적 체계에서 갖는 이 신념의 공인된 철학적 근거, 그리고 자신에 대한 인간의 관념에 대한 이 신념의 영향 등을 지금까지는 단지 예증하고 있을 뿐이다. 그러나 18세기에 이르러 이 신념은 더 자연주의적인 형태를 취하기 시작하였다. 이것은 볼링브로우크의 일부 구절에서 예증될 수 있다. 즉, 그는 "거의 비실체[無]로부터 인간에 이르기까지의" 끊임없는 〈존재의 연쇄〉가 있다는 것은 관찰에 의해 입증되리라고 생각하였다. 더욱이 그가 조롱한 스콜라 철학자들과 마찬가지로 그도 다음과 같은 사실을 알아차렸다. 즉, 비록 여기서 경험적 증거가 우리에게 없다 해도 "신보다는 무한히 열등하지만 인간보다는 훨씬 우월한 것에까지 이 연쇄가 연결된다고 우리를 설득하는 가장 있음직한 이유를 갖고 있음"을 우리는 알았다. 그러나 그에게는 이러한 우월한 것이란 천사의 계층이 아니라 단지 우리의 태양계거나 혹은 다른 태양계에 속한 천체의 거주자였다. 연쇄 속에서 〔인간〕보다 고급한 고리가 존재한다는 믿음에 대해 그는 흥미로운 이유를 제시하고 있는데 그것은 충만의 일반적 원리를 보완하는 것이었다. 즉, 인간의 지력知力이 심지어 유한한 지성이 갖는 최대한의 가능성에도 훨씬 못 미치고 있음이 매우 명백하다는 사실이다.

> 우리는 무수한 우주 및 우주 체계가 이렇듯 놀라운 전체, 즉 우주를 구성한다는 것은 의심할 수 없다. 더욱이 태양 주위를 도는 행성이나 혹은 기타 수많은 다른 별의 주위를 돌고 있는 행성에는 거기에 적합한 생물이 거주하고 있다는 것도 이에 못지않게 의심할 수 없다고 나는 생각한다. 우리가 눈앞에 이러한 광경을 보면 우리만이 홀로 있다거나 이성을 갖춘 피조물 중에서 우리가 제일이라고 상상할 만큼 어리석거나 허망하

거나 건방질 수 있을 것인가? 우리가 미쳐서 이성을 사용할 수 없게 되지 않는 한, 우리는 자신의 이성의 불완전성을 의식해야 하지 않는가? 현미경의 도움 없이는 인지할 수 없거나 혹은 너무 작아 현미경으로도 보이지 않는 동물적인 존재로부터 시작하여 그 최고 단계이긴 하지만 대단히 불완전한 채로 있는 인간에 이르기까지, 감각과 지성의 단계가 인간에게까지 올라오듯이, 인간에서 시작하여 여러 형태의 감각·지력知力·이성을 통해 우리로부터 멀리 올라가는 단계가 있다고 우리는 확신하지 않을 수 있는가? 이러한 체계는 물질적 체계뿐 아니라……신이 그것을 존재하도록 하기 이전에 〈신의 마음〉에는 이미 똑같이 존재해 있었음에 틀림없었다.[22)]

간단히 말하면 볼링브로우크 역시 겉으로는 불가지론을 내세웠음에도 불구하고 우주에 대한 믿음을 갖기를 원하였다. 더욱이 이것은 그에게는 자연이 어디에선가 〈현생 인류〉보다 우수한 이성의 표본을 만들어 놓았을 것이라는 전제 없이는 불가능한 것으로 생각되었다. 그러나 인간이 자신의 지력의 결함에 관해 불평한다는 것은 비합리적이다. 지구상에는 존재의 사다리의 한 단편만이 존재할 뿐이며 인간이란 전적으로 비이성적인 존재가 아니라 해도 매우 어리석은 존재로서 전체적으로는 이 연쇄의 어떤 한 점—실로 그가 사는 지구상의 다른 어떤 것보다도 약간이나마 높긴 하지만 최고위의 것보다는 헤아릴 수 없이 낮은 점—을 차지하고 있다. 만일 이러한 한계에도 불구하고 인간이 존재하지 않는다면 그 체계는 미완성일 것이며 따라서 불완전할 것이다. 포우프는 이러한 똑같은 인간 비하를 신랄한 네 시행詩行으로 표현하고 있다.

22. 「저작집」 Ⅷ의 「단상 기타」, p.173. 같은 책 p.279 참조. 영의 같은 생각에 관해서는 같은 책 p.139를 볼 것. 이 강연 Ⅳ에서 주목되는 바와 같이 이 생각은 쿠사누스가 앞지른 것이었다.

최상의 존재[천사]는 죽음을 면할 수 없는 인간이
모든 자연의 법칙을 밝히는 것을 최근에 보았을 때
지구상 존재가 갖는 지혜를 경탄하여
우리가 원숭이를 바라보듯이 뉴턴을 바라보았다.[23]

마찬가지의 관념이 후에 칸트에 의해 더 명랑하게 상술되었다.

인간성은 양 극단으로부터 똑같이 떨어져 있는……말하자면 〈존재의 사다리〉의 중간단계를 차지하고 있다. 설사 천왕성과 토성에 거주하는 가장 고상한 계급의 이성적 존재에 대한 생각이 인간의 선망을 불러일으키거나 인간 자신의 열등감으로 스스로를 모욕한다 해도 인간은 인간성의 완성에 훨씬 못 미치는, 금성과 수성에 있는 낮은 등급의 사물에 눈길을 돌림으로써 다시 만족을 찾을 수 있을 것이다.[24]

그럼에도 칸트는 그가 생각한 것처럼 행성 중에 이와 같이 이성이 불균등하게 분배되고 있다는 데 대한 물리적 이유를 찾아냈다. 그는 자신의 철학적 발전의 이러한 초기 단계에서 정신적 기능이 그것과 관련 있는 물체의 구조에 의해 조절된다는 것을 의심하지 않았다. "인간이 자신의 육체를 통해 우주가 인간에게 부여한 인상으로부터 자신의 모든 관념과 표상表象을 이끌어낸다는 것은 확실하다." 심지어 "사고 능력이라 부르는" 이러한 인상을 "비교·결합하는 능력"조차도 〈창조주〉가 인간에게 결합시킨 물질의 구성에 전

23. 「인간론」 제2서간 31~34행.
24. 「천체의 일반 자연사 및 이론」(1755), p.133. 이 이론에 관한 암시가 볼링브로우크로부터 포우프를 거쳐 칸트에게 왔다는 것은 있음직한 일이다. 칸트는 포우프를 찬탄하면서 같은 지면에 인용하고 있다. 그리고 우주론에 관한 논문 3부 중 각 부의 서두에서 포우프로부터 인용한 모토를 붙이고 있다. 칸트의 우주론의 대부분은 「인간론」의 제1서간의 "철학"을 산문으로 확대·연장한 것이라고 말해도 과장이 아닐 것이다.

적으로 의존하고 있다."[25] 그런데 행성과 태양의 거리가 멀면 멀수록 행성은 태양열과 에너지를 덜 받게 된다. 더욱이 더 먼 행성 위에 생명과 지성이 존재하기 위해서는 그 위에서 생명체가 구성한 물질은 "더 가볍고 더 섬세해야" 하며, 동물이나 식물과 같은 유기체의 생리적 구조는 더 정교하고 복잡하게 조직되어 있음에 틀림없다. 따라서 칸트가 결론지은 바에 의하면 그 확률은 완전한 확실성과 거의 다름 없다는 것이다.

> 생각하는 성질을 갖는 존재[인간]의 탁월함, 인간 이해의 신속함, 외계의 인상으로부터 인간이 얻는 개념의 명확성과 생동감, 이러한 개념을 결합시키는 인간의 능력, 그리고 마지막으로 인간의 실제적 효용성, 간단히 말하면 인간의 전체 완성도는 모두 인간의 주거지가 태양과의 거리에 비례하여 더 고급하고 더 완전하게 된다.[26]

따라서 칸트 역시 볼링브로우크 못지않게 인지하는—"인간 지혜의 우둔함", 인간의 관념의 〈혼란〉, 인간의 실수에 대한 극단적인 가능성, 인간의 도덕성 타락—인간 정신이 "조야하고 무력한 물질"에 의존한 필연적 결과인 것이다. 그러나 지구 궤도보다 바깥쪽에 있는 행성의 좀 더 행복한 거주자는 정신적 활동에 대한 이러한 물리적 장애물로부터 비교적 해방되어 있다.

> 더 높은 천구층에 사는 이러한 행운을 누리는 존재가 성취한 통찰력이란 아무리 지식이 진보한들 도달할 수 없는 것인가! 그들의 지성이 이처럼 명석해도 도덕적 상태에 대해 훌륭한 영향도 전혀 미치지는 못할 것인가?……감정의 풍랑에 의한 격동이 없는 고요한 바다와 같이 신의

25. 같은 책.
26. 같은 책 pp.129~133.

모습을 받고 또 반사하는 그러한 사유하는 존재에 대해……신 자신이 그 성질의 고결한 흔적이라도 남겨 놓지 않을 것인가![27]

이와 같이 황당하긴 하지만 즐거운 사변에 대한 논평은 쓸데없는 일일지도 모른다. 그러나 우리가 그 역사를 조사하고 있는 플라톤주의적 전통의 원리가 18세기 최고의 지성인까지 얼마만큼 사로잡았는가를 이보다 더 잘 예증한 것은 찾기 힘들 것이다. 이미 우리가 살펴본 바와 같이 칸트는 모든 천체에 의식을 갖는 거주자가 있다고 주장할 자세가 되어 있지 않았다는 점에서 이 예는 한층 더 주목할 만하다. 그럼에도 불구하고 칸트는 합리적 질서가 있는 우주에는 대부분의 천체에 거주자가 있다는 것, 생명과 지성은 하나의 작은 행성에만 제한되어 있을 수 없다는 것, 〈존재의 사다리〉는 인간을 넘어 훨씬 더 위까지 확장되고 있음에 틀림없다는 것 등을 매우 확신하고 있었다. 그는 또한 인간처럼 가엾은 피조물은 자연이 만든 최선의 것과는 거리가 멀다는 생각을 하며 위안을 찾았다. 인간이 사는, 필연적으로 열등한 천체 위에서의 가장 자랑스러운 업적에 대해서도 목성인과 토성인은 연민의 동정심으로 경멸할 뿐이다. 칸트는 포우프의 시를 부연 설명하는 것으로 결론짓고 있다. 즉, 이러한 기타 천구층에 있는 고급 존재는 우리가 호텐토트나 원숭이를 바라보듯 "뉴턴 같은 인물을 바라봄"에 틀림이 없다.

1764년 보네*는 비슷한 방식으로 〈존재의 연쇄〉의 완전성이라는 전제로

27. 같은 책 p.134. 칸트는 또한 "같은 이유", 즉 그들의 신체 구조의 우수성이 이러한 행성인에게 인간보다 훨씬 더 장수하게 하는 일이 있음직하다고 생각하였다. 같은 책 pp.136~137.

* Charles Bonnet(1720~1793): 18세기 쥬네브 출신 박물학자·철학 저술가. 박물학 분야에서 생물의 발생에 관한 선구적 실험을 하였다. 그는 줄기 둘레에 규칙적으로 잎의 배열 순서를 '잎차례' 또는 '엽서(葉序; *phyllotaxis*)'라고 이름 붙인 학자이다. 그는 또한 진화(evolution)란 용어를 처음 사용하였다. 1743년 런던 왕립협회 회원으로 선출되었다. 1745년 곤충에 관한 발견을 기술한 최초의 저서 『곤충론(*Traité d'insectologie*)』을 출판하였다. 1754년에는 식물학 저서『식물에서의 잎사귀의 기능에 관한 연구(*Recherches sur l'usage*

부터 다른 천체에 사는 거주자에 관한 해명 자료를 도출하고 있다. 두 개의 잎이나 두 동물 혹은 두 인간도 완전히 똑같을 수 없는 것이 자연의 법칙이기 때문에 이는 행성이나 태양계에 대해서도 마찬가지로 진실일 것임에 틀림없다.

> 우리의 세계[지구]의 특징을 이루는 여러 존재의 배합은 아마도 다른 어느 세계에서도 발견될 수 없을 것이다. 각 천체는 그 독특한 경제, 법칙 및 산물을 갖고 있다. 우리 지구에 비하면 상대적으로 대단히 불완전한 세계가 있어서 그곳에만 존재하는……[생명 없는] 존재가 있을 것이다. 이에 반해 기타 세계는 매우 완전해서 거기에는 인간보다 우수한 종류의 존재만이 있을지도 모른다. 이 후자의 세계에서 바위는 유기체이며, 식물은 감각을 가지고, 동물은 이성을 지니며, 인간은 천사이다.[28)]

3. 그럼에도 이는 전통 신학에 의해 오래 전부터 고수되어 온 바 있는 겸손에 대한 동기였다. 교회는 언제나 인간 개인에게 신과 함께 겸허하게 걸어가야 하며 또한 우주의 계층 속에서 자기보다 위에 있는 수많은 피조물보다 열등함을 인식해야 한다고 명한 바 있다. 그러나 교회는 흔히 인간으로 하여금 그 사다리에서 자기보다 아래에 있는 피조물 가운데서 당당하게 걸어갈 것을 장려해 왔다. 인간은 〈신의 이성〉의 지적인 빛에 참여함으로써 최고급 동물이라 해도 존엄성에서는 무한히 떨어져 있지 않는가? 그러나—교회의 위대한 신학자들이 가르친 적이 있는—연속의 원리의 의미를 진지하게 고려하게 된다면, 인간은 가장 가까운 〔인간이 아닌〕 종과는 심리적으로나 육체적으로 단지 극히 미세하게 상이할 뿐이라고 생각된다는 결론이 나오

des feuilles dans les plantes)』를 출판하였다. 그 밖에 『자연의 관조』 등 철학적 저술도 있다.

28. 「자연의 관조」 2판(1769) I, pp.23~24. 가장 높은 행성계를 넘어서 그쪽에도 "천상의 계층"이 있다고 보네는 덧붙여 말하고 있다(같은 책 p.84).

는 것 같았다. 묘한 것은 이러한 결론이 대체로 너무 늦게 도출되었다는 것이다. 애디슨은 〈두 세계의 연결〉, 즉 동물과 지적인 것 사이를 맺는 고리로서 인간의 위치에 대한 자랑의 근거를 찾으면서도 그럼에도 불구하고 이 주제에 대한 그의 고찰을 다음과 같이 결론짓고 있다.

결과적으로 어느 한 관점에서는 천사 및 대천사와 관계가 있으며, 그리고 무한한 완성의 존재를 자신의 아버지로 간주하고, 최고 단계의 영혼을 자신의 형제로 간주할 수 있는 자도 또 다른 관점에서는 〈부패〉를 향해 〈당신은 나의 아버지요〉라고 말하고 또한 벌레를 향해 〈당신은 나의 자매요〉라고 말할 수 있을지 모른다.

각별히 연속의 원리로부터 논하면서 볼링브로우크 역시—비록 일부 사람은 인간을 지나치게 비하하는 데 골몰한다고 생각하긴 했지만—인간의 지나친 자만심을 억누르려 하는 노력에는 열심이었다. 실로 인간은 "이 행성[지구]의 주된 거주자로서 다른 나머지 모든 것보다 우월한 존재"이다. 그러나 인간의 우월성은 단지 정도의 차일 뿐이며 이마저 대단히 미세한 차이에 불과하다.

이신론理神論을 주장하는 철학자와 신학자는 모두 이구동성으로 그것[이성]이 인간을 다른 것과 구별하는 신의 선물, 즉 인간을 탁월하게 하거나 또는 다른 피조물에 명령을 내릴 수 있는 권한이 있다고 자랑한다……인간이란 신의 영혼의 일부라고 생각한 사람들이 있었다. 그 밖의 다른 사람들은 좀 더 겸허했으며, 인간이 창조된 존재임을 인정하였다……그러나 대단히 고급한 존재이므로 〈최고 존재〉를 제외하면 인간보다 우월한 것은 없다고 인정하였다……

이 두 극단 사이에는 중간 지점이 있는데 진리는 바로 거기에 있다. 그리고 그것을 구하는 자는 찾을 수 있을지도 모른다.……그는……인간의 지성과 갖가지 동물의 지성 간에는 이와 같은 많은 유사점이 있음을 알아차릴 것이다. 아마도 그는 같은 종류나 다른 종류의 지적 능력 혹은 육체적 감각이 모든 종류의 동물과 어느 정도의 비율로 전해지고 있다는 생각에 이르게 될지도 모른다.……[29]

인간은 자신의 본성에 의하여, 그러므로 〈대자연의 조물주〉의 계획에 의하여 모든 종류의 동물과 연결되어 있고, 그중의 일부와는 매우 밀접하게 연결되어 있으므로 인간의 지적 능력과 동물의 그것과의 차이는 비록 외관처럼 확실히 인식할 수는 없다 해도 실제로는 종과 종의 차이를 이루는데 이는 작은 차이로 생각될 것이며, 만일 우리가 동물의 행동을 관찰할 수 있는 것과 같이 동물의 동기를 알 수 있는 수단을 갖게 된다면 그 차이는 더욱더 작은 것으로 나타날 것이다.[30]

포우프는 이러한 성찰을 운문으로 옮겨 놓았을 때 볼링브로우크가 말한 〈중간 길〉이 갖는 좀 더 교훈적인 면을 강조하였다.

〈피조물〉의 넓은 범위가 크게 확대되는 한,
감각의 힘과 지력知力의 사다리는 올라가도다.
무성한 초록의 수많은 풀잎으로부터
인간이라는 장엄한 종족에 어떻게 올라가는가를 보라……
반半이성적인 코끼리여,
땅을 기는 돼지의 본능은 당신의 본능과 비교할 때 얼마나 다른가!

29. 「저작집」(1809) Ⅷ의 「단상 또는 논문 메모」 pp.168~169. 또한 p.346 참조: "다른 동물을 내려다 볼 때 우리와 동물과의 거리, 즉 잴 수 있는 거리를 정할 수 있다."
30. 「저작집」 Ⅷ의 「단상 기타」 p.231.

그것과 이성과의 사이에는 얼마나 미묘한 장벽이 있는가!
영원히 분리되어 있으면서도 영원히 가깝구나!
기억과 생각은 얼마나 연결되어 있는가!
감각을 사상에서부터 갈라놓는 것은 얼마나 얇은 분리대인가!
그리고 중간의 사물들은 결합되기를 바라면서도
결코 넘어설 수 없는 선을 넘지 못하는가!
이것들은 합당한 등급 없이 그것들에게,
모든 것이 당신에게 종속할 수 있는가!
모든 것의 힘은 당신에 의해서만 진압되리니
당신의 이성은 이 모든 능력을 모두 포함하는가?[31)]

마지막의 몇 행에서 포우프가 전통적인 성향으로 되돌아왔는데도 불구하고 그는 다른 데서는 인간이 "자연 상태", 즉 "신의 지배"로부터 벗어난 것을 자만이란 죄의 탓으로 돌리고 있다—그렇다고 해도 성서의 이야기에서 인간을 타락시킨 자만이 아니라 인간 자신을 부당하게 기타 동물과 떨어지게 만든 자만을 말하고 있다.

그때에는 거만도 없고 거만을 부축할 재주도 없었다.
인간은 짐승과 함께 걸으며 음지를 함께 공유하였다.
그의 식탁도 같고 침상도 같은 것.
어떤 살인도 그에게 옷을 제공하지 못하며 어떤 살인도 그를 먹이지 못하였다.
산울림 하는 삼림, 동일한 신전에서

31. 「인간론」 제1서간 207~210행, 221~233행.

소리 내는 존재는 모두 꼭 같은 그들의 신을 찬양하였도다.[32]

제닌스*는 인류 〈안〉에서 발견되는 지성의 많은 단계를 숙고함으로써 연속의 원리라는 결과를 경감시키려 하고 있다. 최고급의 동물과 최저급의 인간 사이의 심리적 차이는 거의 감지할 수 없는 반면, 이들 중 어느 하나와 가장 높은 재능을 부여 받은 개화된 인류 사이에는 그 등급이 많이 있고 거리는 벌어져 있다.

우리가 위대한 〈창조주〉의 작품을 더욱더 탐구하면 할수록 더 그의 무한한 예지와 권능의 명백한 증거를 발견할 것이며, 아마 그중에서도 이 지구에 마련된 훌륭한 존재의 연쇄에서보다 더 훌륭한 존재의 연쇄가 있다는 증거는 없을 것이다. 무감각한 흙으로부터 한 단 한 단 올라가 인류의 가장 빛나는 천재에 이르기까지 비록 연쇄 자체는 충분히 볼 수 있긴 하지만, 그것을 구성하는 고리는 대단히 미세하고 정교하게 만들어져 있어서 우리 눈에는 보이지 않는다. 이런 갖가지 존재가 갖추고 있는 온갖 성질은 어렵지 않게 우리가 인식할 수 있지만, 이러한 종속적인 연쇄를 이루는 그러한 성질의 경계선은 매우 뒤섞여 있어서 우리는 어디서 하나가 끝나고 다른 하나가 시작되는지 알 수 없다.……신적神的 기술자[조물주]의 완벽한 예지가 전체적으로는 너무 방대하고 부분적으로는 인식하기 어려운 이러한 단계를 형성한 방식은 다음과 같다—조물주는 중단 없이 그 다음의 종이 갖는 성질 가운데 최고급의 것을 한 단계 위의 종이 갖는 같은 성질의 최하급의 것과 연결시킨다. 이것으로써 숙련된 화가의 채색과 같이 그 성질은 서로 혼합되고 서로 약간의 차로 바뀌어

32. 같은 책 제3서간, 151~156행.

* Soame Jenyns(1704~1787): 영국 정치가이며 작가. 저작으로는 「시」(*Poems*, 1752), 「악의 본질과 기원에 관한 고찰」(*Free Enquiry into the Nature and Origin of Evil*, 1757) 등이 있다.

가므로 구분선이 어디서든지 전혀 발견될 수 없다.……동물의 생명은 조개와 같은 낮은 곳에서 출발하여 무수한 종류의 벌레·물고기·새·짐승이라는 단계를 거쳐 이성의 영역에 이르는데, 거기에서는 개·원숭이·침팬지의 경우 그 이성은 인간이 갖는 성질 중 가장 낮은 정도의 성질과 매우 밀접하게 연결되어 있어서 서로 간에 쉽사리 구분되기 어렵다. 야만적인 호텐토트라는 최저 단계부터 시작하여 이성은 학문과 과학의 도움으로 진보하여 인간 이해력의 여러 단계를 거쳐 상호 간에 상승하여 베이컨이나 뉴턴과 같은 인물에 이르러 그 정점에 도달한다.[33]

그러나 제닌스는 다음과 같이 덧붙이고 있다.

다른 지상 동물에 대한 인간의 우월성은, 보편적 존재의 거대한 계획과 비교할 때, 내가 지금 쓰고 있는 종이의 북쪽 끝과 남쪽 끝의 기후의 차가 태양으로부터의 열이나 거리에 관해 말하면 문제가 안 되는 것처럼 사소하다.[34]

이런 말은 18세기 전반에 그 말을 한 당사자나 당시의 독자층에게는 인간과 사다리 위의 인간 바로 다음 동물과의 혈연 관계를 통상적으로 의미한 것이 아니었다. 그러나 이러한 혈연 관계에 대한 믿음은, 단지 그 믿음이 인간 본질의 특질을 극소화하고 또한 인간과 다른 모든 지상 동물에 넓은 틈이 존재한다는 것을 부정하는 한, 인간의 자기 평가를 위해서는 중요하다. 더욱이 그러한 틈은 그 당시 이미 출현하기 시작한 종의 변태에 관한 가설을 받아들이지 않은 18세기의 많은 이들을 위해서는 연속의 원리가 다

33. Soame Jenyns, *Disquisitions on Several Subjects*, I, "On the Chain of Universal Being," in *Works*, 1790 ed., pp.179~185.

34. 같은 책.

리를 놓아 주었다. 따라서 흔히 생물학적 진화론의 영향 탓으로 돌린 결과 중 하나는 실제로 진화론이 확립되거나 일반적으로 유포되기 훨씬 이전에 또한 진화론과는 무관하게 초래되었다.

4. 그러나 인간이 자신보다 낮은 단계의 생물로부터 분리된 것이 거의 알 수 없을 정도의 차이로까지 축소되었다는 것만은 아니었다. 보통 생각되고 있는 의미의 "중간 고리"로서 인간이 정의된다는 것은 인간의 체질의 특이한 이중성을 강조하는 것이며 또한 이로부터 기인하는 인간 내부의 희비극적인 내적 불화를 각별히 강조하는 것이었다. 인간이 자신과 조화를 이룰 수 없는 피조물이라는 사실을 인식하는 것은 물론 〈존재의 연쇄〉라는 관념의 영향에 주로 기인하는 것은 아니다. 플라톤주의의 다른 요소, 그리고 그리스도교에서는 "육신"과 "영혼"의 근본적인 바우로식式 대립은 이러한 인간성에 관한 이원론을 서양 사상의 지배적인 개념 중 하나로 만든 적이 있었다. 더욱이 이를 머릿속에 주입한 무수한 세대의 도덕적 경험이 이 이론을 통렬히 확인하는 것같이 생각되었다. 그러나 우주를 구성하는 단계적인 사다리에서 인간에게 배당된 위치는 이 관념에 한층 더 뚜렷한 예리함을 느끼게 하고 또한 형이상학적 필연성을 풍기게 하였다. 그러한 사다리의 어디에선가에 단순히 동물의 연속이 끝나고 "지성"의 연속이 어렴풋하게나마 그리고 또한 원초적인 시작을 알리는 피조물이 있음에 〈틀림없다〉. 더욱이 인간이야말로 바로 그러한 피조물이다. 그러므로 인간은—우연한 사건으로 순진성을 잃었거나 어떤 악령의 사악한 조작의 결과로서가 아니라 보편적인 사물의 질서가 갖는 필연성 때문에—상충하는 욕망과 성향에 의해 분열되었다. 동시에 존재의 두 단계에 속함으로써 인간은 양자 사이를 왔다갔다하면서 어느 쪽에도 안주할 수 없다. 따라서 인간이란 결국 자연적으로 일종의 독자성을 갖지만 그것은 불행한 독자성이다. 인간이란 연쇄 속의 다

른 어떤 고리도 그렇지 못하다는 의미에서 기묘한 잡종 괴물이다. 더욱이 만일 이것이 인간에게 어떤 비장한 숭고함을 부여한다 해도 그것은 또한 감정의 갈등, 행동의 비일관성, 자신의 갈망과 능력 사이의 불일치를 초래하며, 그 때문에 인간은 우스꽝스럽게 된다. 인용하기에는 너무도 흔해빠질 정도의 시행詩行인 동시에 인용하지 않기에는 이 관념을 너무도 완벽하게 설명해 주는 시행—포우프의 시 중에서 최선의 스타일로서 완벽한 예이기도 한 시행—에서 포우프가 제시하는 척도의 사다리 중 두 개의 큰 부분을 연결하는 고리로서 인간의 위치라는 이러한 측면이 바로 그것이다.

중간 상태와 같은 이 지협地峽에 놓여 있어,
어렴풋이 현명하며 거칠게 큰 하나의 존재,
회의적이라 하기에는 너무도 많은 지식을 갖고 있으며,
금욕적인 자부를 느끼기에는 너무도 많은 약점을 갖고
그는 중간에 매달려 있도다; 행동할지 쉬어야 할지 의문하면서
자신을 신이라 할지 짐승이라 할지 의문하면서
정신을 택할지 육체를 택할지 의문하면서
단지 죽기 위해 태어나며 오판하기 위해 추론하면서……
사상과 정념의 혼란, 모두가 혼동되어
여전히 스스로 속거나 혹은 깨우치며,
반쯤은 일어서서 반쯤은 넘어지도록 창조되어
만물의 위대한 주主이면서 여전히 모든 것의 제물,
진리의 유일한 재판관으로서 무한한 오판에 빠져 있고
우주의 영광이며 조롱거리이자 수수께끼이노라.[35]

---

35. 「인간론」 제2서간, 3~10행; 13~18행.

할려는 인류를 "천사와 짐승 사이의 불행한 중간적 사물"이라고 부르며 인간을 꼭 같은 우주론적 모순으로 표시하고 있다.

당신은 이성을 자랑하나, 그것을 사용하지 않는다.
결국 지혜 높은 가르침은 당신에게 무슨 소용이 있는가?
그것을 이해하기에는 너무나 약하고 그것 없이 지내기에는 너무나 오만하도다.
당신의 쇠미한 지성은 잘못을 저지르도록 훈련받고
때로는 진리는 인정하지만, 그럼에도 불구하고 진리를 선택하지 않는다.……
당신은 모든 것에 판단을 내리나, 그 이유를 알지 못한다.
오류가 당신의 조언이며, 당신은 오류에 의해 사로잡혀 있도다.[36)]

그러나 이 스위스 출신의 시인은 우리가 이미 살펴보았듯이 18세기의 다른 저술가들이 상술한 두 가지의 상호 보충적이며 위안이 될 만한 고찰을 추가하고 있다. 우리가 사는 지구 이외에도 행복한 주민이 사는 천체가 있으며 어쨌든 인간의 불완전성은 존재의 위계질서의 완전성에는 필수 불가결하다.

한 알의 모래와 같이 광막한 창공을 떠도는
우리의 이 지구는 아마도 악의 조국일 것이다.
한편으로 별에는 아마도 훨씬 더 훌륭한 정신이 살고 있어
이곳을 악이 항상 지배하듯이 그곳에서 덕은 승리한다.
그러나 이 한 점, 그 가치가 매우 작아 보이는 이 세상은

36. 「이성, 미신, 무신앙에 관한 사상」.

전능의 전체를 완성시키려 그 역할을 다하도다.[37)]

18세기, 특히 중기 이후의 사상에는 우리가 다루는 현재의 주제와는 상관없는 다른 경향이 있었다. 즉, 이러한 형태의 인간은 자기 비하에 반대되는 작용을 하였으며 또한 연이은 다음 세기의 특징이 된 인간의 자기에 관한 참담한 환상에 이르는 길을 마련하고 또 그러한 환상에 대해 우리 자신의 시대가 못지않게 파멸적으로 반발한, 그러한 인간 자신에 대한 참담한 환상에 이르는 길을 마련해 놓은 다른 경향이었다. 그러나 〈존재의 연쇄〉라는 우주론적 개념에 요약되는 관념 복합체에 의한 막대한 영향은 우리가 현재 관심을 두고 있는 시대에서는 주로 인간에게 사물의 질서에서 자신의 왜소함을 합당하게 인식하도록 하였고 더욱이 전적으로 유해하다고 볼 수 없는 겸손과 자기 불신을 촉진하는 경향이 있었다.

B. 윤리적·정치적 결과 그 관념[존재의 연쇄의 관념]의 이러한 측면과 또 다른 측면으로부터 다양한 실제적 도덕률이 도출될 수 있었거나, 아니면 어쨌든 18세기에 있어서는 도출될 수 있었다.

1. 18세기 초에는 도덕률 중 가장 의미 깊고 동시에 특징적인 것이 불완전성의 지혜—신중한 평범함의 윤리—라고 설명될 수 있다. 사다리의 모든 단계는 제각기 채워져야만 하기 때문에, 또한 각 단계가 기타의 단계와 구분 짓는 특별한 한계에 의해 존재하기 때문에 인간의 의무란 〈자신의〉 분수를 지키며 한계를 뛰어넘지 않는 성향—그럼에도 불구하고 인간이 그 나름대로 한계를 뛰어넘으려는 성향—이었다. 특정 단계의 존재를 위한 선이란 그 자신의 부류에 순응하는 것, 즉 그 계열에서의 위치나 그 종의 위치를

37. 「악의 기원에 관하여」 III.

결정하는 바로 그러한 〈이데아〉를 표현하는 것은 분명하다고 생각되었다. 그러므로 그것을 달성하는 것이 인간의 직분으로서 성취해야 하는, 그만이 갖는 인간적인 탁월성—짐승의 우월성과 혼돈되지 않아야 하는 것과 같이 천사나 신의 우월성과도 혼돈되면 안 되는 우월성—이 있음에 틀림없다. 더욱이 우주의 질서에서 자기보다 상위의 존재의 속성을 탐내거나 특징적인 활동을 흉내 내는 것은 질서의 낮은 단계로 내려가는 것만큼이나 부도덕한 일이다. 이러한 윤리의 방법이란 인간의 현실적 체질—즉, 인간의 특징을 이루는 본능·욕망·타고난 능력—을 잘 고려하고 또한 인간의 선을 이상의 것과 균형 잡힌, 실현 가능한 실현이라는 관점에서 말하는 것이 된다. 더욱이 인간의 지위는 그다지 높은 것이 아니기 때문에, 그리고 또한 인간이란 동물적 요소와 지적 요소의 혼합물이기 때문에, 더욱이 인간에게 지적 요소는 대단히 빈약할 정도이며 최하 혹은 거의 최하의 형태로 존재하고 있기 때문에 인간으로서는 지혜의 시작이 자신의 한계를 기억하고 이를 고수하는 것이었다.

이러한 중간 고리[인간]의 윤리에 관해 포우프는, 다시 말하건대, 최초의 주창자는 아니라 해도 으뜸가는 주창자였다.

인간의 지복至福이란(그러한 축복을 자존심이 발견할 수만 있다면)
인류를 뛰어넘는 행위나 사고를 하는 것은 아니며
자신의 본성과 자신의 지위가 견딜 수 있는 것 이외의
육신의 힘이나 영혼의 힘이 나누어 갖지 못하는 것이다.[38]

루소는 「에밀」에서 포우프의 설교를 되뇌이고 있다.

---

38. 「인간론」 제1서간, 89~192행.

오, 인간이여! 그대의 존재를 그대 안에 한정시켜라. 그리하면 결코 더 이상 비참해지지 않으리. 존재의 연쇄에서 대자연이 그대에게 할당한 자리에 머물러 있으라. 그리하면 아무것도 그대에게 거기에서 떠나라고 강요하지 않으리라.……인간은 자신의 존재함에 만족할 때 강하며, 인간 이상의 것으로 자신을 격상시키려 할 때 약하다.

이러한 도덕적 기질은 포우프나 당시의 다른 많은 저술가의 특징인 "자만심"에 대한 끊임없는 매도에서 가장 흔히 표현되곤 하였다.[39] 자만은 "질서의 법칙에 위배되는", 즉 등급화에 위배되는 죄악이다. 그것은 "우주의 원인[신]에 거스르는" 시도로서 우주 체계 그 자체를 문란하게 한다.

자만에, 이치를 따지는 자만에, 우리의 잘못이 있다.
모든 것은 자신의 영역을 떠나 하늘로 몰려들도다.
자만은 여전히 지복의 주거지를 목표하고 있으며
인간은 천사가 되려 하고, 천사는 신이 되려 하도다.*

따라서 인간은 정신의 모든 방대한 모험을 피해야 한다. 인간은 그것을 하려고 생각지도 않으며 그러한 일을 할 재능을 갖추고 있지도 않다. "그렇다면 그대의 길잡이로서 겸양을 앞세우고 과학의 길을 따라가라." 모든 허영·

39. 이에 관한 이 이상의 예로서는 필자의 논문 "18세기 사상에 있어서의 자존심"(*Modern Language Notes*, 1921), p.31 ff를 참조할 것. 「레몽 스봉의 변명」에서 몽테뉴는 "자존심은 우리의 자연적이며 생래적인 병이다. 모든 피조물 속에서 가장 비참하고 나약한 것, 그것은 인간이며……가장 거만한 것이기도 하다"고 쓰고 있다. 이 주제는 La Bruyère와 La Rochefoucauld가 좋아하는 주제였다. 물론 그들이 주로 주장한 것은 인종이 아니라 차라리 자존심이 어디에든지 있다는 것이긴 하였다. 그리고 17·18세기의 "인간에 대한 풍자"에 관한 다수의 작품들은 인간의 자존심에서 최고의 바보스러움을 찾아내고 있다.

* 「인간론」 제1서간, 123~6행.

오류·학문의 쓸데없는 부분이 제거될 때에는

과거에 기여했고 다가올 미래에도 기여할
나머지 합合이 얼마나 작은가를 살펴보라!*

여기서 〈존재의 연쇄〉—또한 "중간 고리"로서의 인간—란 관념은 일종의 합리주의적 반지성주의를 초래하였다. 그러나 그것은 또한—윤리의 기초가 되었을 때에는—예를 들면 스토아 철학처럼, 건방지고 엄격한 도덕적 이상을 모두 비난하는 데까지 이르게 되었다. 무엇보다도 이러한 관념은 언제나 그리스도교적 전통과 플라톤주의적 전통의 특징인 그러한 내세성을 공개적이고 무조건적으로 거부하는 데까지 이르게 되었다. 포우프는 경멸조로 "가라, 불가사의한 생물[인간]이여!"라고 쓰고 있다.

가라, 플라톤과 함께 최고천으로 솟아올라라.
제일의 선으로, 제일의 완성으로, 제일의 미美로
아니면 그의 추종자가 밟은 미로를 밟아서,
감각을 잊는 것을 신의 모방이라 부르라.
동방의 성직자들이 어지럽게 원을 돌며,
태양을 모방코자 머리를 돌리듯.**

우리가 이 강연의 서두에서 구별한 플라톤주의의 두 가지 경향은 여기서 완전히 갈라서고 말았으며 그중 하나가 다른 하나를 극복하였다. "위로의 길", 〈창조의 사다리를 통하여 신에 이르는 정신적 상승〉이라는 관념은 포

* 「인간론」 제2서간, 51~2행.

** 같은 책, 23~8행.

기되고 말았다. 그러나 아마도 그것을 포기하게 된 가장 강력한 동기, 아니라 한다면 그것을 포기하게 된 중요한 철학적 이유는 충만의 원리에 있었는데, 이는 플라톤주의적 전통에서는 한결같이 나름대로의 특징이었다. 더욱이 내가 이미 시사한 바와 같이 그 원리로부터 도출한 이러한 연역은 적어도 일관성이 있으며 또 그럴듯하였다. 만일 연쇄 속의 있을 수 있는 모든 가능한 고리가 우주에서 항구적으로 표현되어야만 한다면, 그리고 만일 이러한 고찰이 우주론적 일반론에서부터 도덕적 명령으로 바뀌어야 한다면, 〈신의 모방〉은 인간의 일일 수 없으며 더욱이 그 사다리를 올라가려는 노력은 신의 목적에 대한 반역 행위―〈자연〉에 대한 범죄―임에 틀림없다는 것이 당연한 귀결인 듯이 생각되었다. 이런 식으로 추론하는 자들에게 당연히 일어났어야 했던―그러나 실지로 일어나지는 않은―의문은 우주의 완전함이 〈영구 원인〉[신]에 의해 십분 보증되고 있는가 아닌가―만일 필연적으로 우주가 단절 없는 존재의 연쇄이어야 한다면 그 연쇄의 어느 한 고리는 자기 자리를 〈떠날〉 가능성이 생겨, 그 결과

전체 창조 행위에 공백을 남겨 두어
거기서 한 계단이 끊어져 커다란 사다리는 파괴되었다.*

는 것이 있을 수 있겠는가 어떤가 하는 것이었다.

2. 우주에서의 인간의 지위가 평범하다는 가설은 인간의 정신적 능력에 적용되었을 때 당시의 좀 더 비관적인, 좀 더 강인한 정신의 소유자라면 반드시 파악했던 또 하나의 의미를 포함하고 있었거나 혹은 포함하고 있다고 생각되어도 당연하였다. 즉, 혈족 관계는 아니라 해도 종류에 있어서는 한

* 「인간론」 제1서간, 243~4행.

정된 수의, 기타 동물에 가까운 피조물은 매우 높은 수준의 정치적 지혜나 덕성을 획득하는 것이 필연적으로 될 수 없으리라는 것, 그리고 그 결과로 인간의 정치 행위나 사회 조직에서 큰 개선이 기대될 수 없으리라는 것이었다. 소움 제닌스는 "인간의 정치에는 모두 무수한 결함이 내재해 있다"라고 말하였다. 더욱이 이 결함이란 "단지 우주에서 인간 지위의 열등 탓으로 돌릴 수 있을 뿐인데, 그것은 필연적으로 인간을 생래적生來的인 도덕적 악에 노출시키고 똑같은 이유에서 정치적·종교적 악에도 노출되게 함에 틀림없다. 실로 후자는 전자의 결과에 불과하다. 우수한 존재는 아마도 폭정과 부패가 없는 정부를 스스로 조직하거나 〈창조주〉에게서 받을 지도 모른다……그러나 인간에게는 그것이 불가능하다. 실로 신은 인간을 매우 훌륭한 하나의 사회로 옮겨놓을 수도 있을지 모르나, 인간은 인간인 한, 무수한 악"—예컨대 "모든 나라 백성이 일찍이 정치 때문에 신음한 바 있는 폭정과 압제, 폭력과 부패, 전쟁과 황폐와 같은 비참한 부담을 면치 못하게 된다는 것이다……그러나 그 부담은 인간의 타락 때문에 모든 인간 정치의 본질에 침투되어 있으므로 그것 없이는 어떤 정치도 확립은커녕 유지되지 못하거나 운영되지 못할 것이며, 그 결과 이러한 타락을 완성으로 전환시키지 못하는 한, 즉 인간성이 완전히 바뀌지 않는 한 예방되지 못할 것이다."[40] 따라서 〈어떠한〉 선한 형태의 정부는 일찍이 있은 적이 없고 장차 있을 수도 없을 것이라고 제닌스는 결론짓고 있다. 의심할 바 없이 어떤 것은 다른 것보다 덜 악하다. 그러나 현존하는 질서를 신랄하게 규탄하고, 그것을 근본적으로 개혁하려는 꿈을 꾸는 자들은 이러한 기본적 진리를 망각하고 있다—즉, 모든 "이러한 악은 사물의 본성과 인간의 본성으로부터 생기는 것이지 특정 개인의 나약함이나 사악함 혹은 그러한 인간이 특정 정권에서 득세하는 것으로부터 생기는 것이 아니다. 악의 정도는 실로 개인에 달려 있

40. 「자연과 악의 기원」(1757), pp.124~126.

을지도 모르나 악의 존재는 불변한다"[41]는 것이 그 진리이다.

같은 저자는 종교에 관해서도 〈존재의 연쇄〉와 그 안에서 인간의 위치라는 개념으로부터 유사한 결론을 도출하였다. 자연의 빛에 의해서도, 혹은 계시에 의해서도 인간은 종교적 지식에서 크게 명석함이나 확실함을 얻을 수 있다고 기대할 수 없다.

> 피조물의 본질과 구성에 따라 이해할 수 없도록 신 자신이 배려한 지식을 신은 피조물에게 부여할 수는 없다. 신은 두더지에게 천문학을 가르칠 수 없고 굴에게 음악을 가르칠 수 없다. 왜냐하면 신은 이러한 지식의 획득에 필요한 기관이나 능력을 이들에게 부여하지 않았기 때문이다.……그러므로 신이 내린 종교는 무한한 〈능력〉·〈지혜〉·〈선〉으로부터 우리가 기대할 수 있을 만한 것이 결코 아니며, 인간의 무지와 결함에 맞게 겸허해야 한다. 우주의 가장 현명한 〈입법자〉가 유치원을 위한 법을 만들어야 한다면 그 법은 유치한 법임에 틀림없다. 마찬가지로 신이 인류에게 종교를 계시하려 한다면, 비록 〈계시자〉는 신적神的인 것이지만 〈종교〉는 인간적인 것이어야 하며,……그러므로 종교는 무수한 결함을 면하기가 어려울 것이다.[42]

충만의 원리와 등급화의 원리는 이러한 방식으로 여러 모로 활용되었으나 정치적 현상 유지와 기성 종교 등 양자를 위해 일종의 비관적이고 서툰 옹호론의 역할을 다하였다. 이 두 원리는 개혁자의 열망에 찬물을 끼얹는 것이었다. 인간은 천사가 아니며 또 천사가 되도록 의도된 것도 아니므로 인간이 마치 천사인 양 거동하기를 기대하지 말자. 그리고 정치의 형태나 기

41. 같은 책 p.137.
42. 같은 책 pp.165~167. 이 논의는 제닌스의 책(1757)의 서평에서 존슨 박사에 의해 비판되고 있다.

구를 바꿈으로써 근본적으로 변혁이 불가능한 인간성의 한계를 종식시킬 수 있으리라고 상상하는 과오를 피하자. 왜냐하면 우주를 "완성하기" 위하여 다른 종류의 피조물뿐 아니라 바로 이러한 생물[인간]을 필요로 하는 우주의 질서에 그 한계가 내재하는 것이기 때문이다.

그럼에도 제닌스의 비판자 중의 한 사람은 그 전제를 부정하지는 않았으나 그 결론에는 모순이 있음을 알아냈다고 생각하였다. 그가 언명한 바에 의하면 제닌스의 논리는 "단순한 말장난"이라는 것이었다. 의심할 바 없이 인간은 "제일급의 피조물을 위한 목적으로 생긴 정치나 종교"를 기대할 수는 없다. 더욱이 그러한 의미에서는 인간의 정치나 종교도 불완전한 것임에 틀림없다. 그러나 그 점에 관해서도 인간이 〈상대적인〉 완성—즉, "그 때문에 정치와 종교가 설립된 일단의 존재들의 목적에 가장 편리하게 된 바와 같은 그런 정치와 종교"[43]—을 실현하지 못할 이유는 없다.

이 비판자는 무의식 중에 여기서 이 원리를 이렇게 적용하는 것과 달리 적용하는 것을 의미 있는 암묵적 가정을 하고 있다는 급소를 찌른 것이 되었다. 이러한 논의가 뜻하는 바에 의하면 인간의 능력과 성취는 〈존재의 사다리〉에서 점유하는 인간의 위치에 의해 한정되는 반면 인간은 이러한 능력이나 성취의 한계에 집중할 수 있으며—좋든 나쁘든—능력과 성취에 대해 불만을 느끼며 결과적으로 자신에 대해 불만을 느낄 수 있다는 것이 인간의 특성이다. 인간은 구조적으로 자신의 본성에 대해 불만이며 우주의 본질에서 차지하는 자신의 위치에 대해 불만이다. 더욱이 이것에 관해서는 성자·신비론자·플라톤적 도덕가 혹은 스토아적 도덕가 및 종교 개혁자 모두가 여러 방식으로 증명하였다. 그러나 여기에서도 충만의 원리는 또다시 그 자체와 미묘하게 대립하게 된다. 인간 자신의 현재의 구조와 상황에 대한 이러한 영원한 불만은 결국 존재의 사다리에서 인간의 지위에 합당한

43. R. Shepherd, *Letters to Soame Jenyns Esq.* (1768), p.14.

특성인 인간 자신의 종의 차이 중 하나임에 틀림없다. 만일 인간의 그러한 지위에 불만이 따르지 않는다면 인간은 어떻게 불만을 갖게 되었단 말인가? 그러나 만일 불만이 따른다면 그것은 모순 없이 비난받을 수는 없다. 더욱이 가능한 우주 중 최선의 우주에서 바로 이 점에 불만이 존재한다는 것은 인간이 적어도 영원히 〈똑같은〉 지위를 차지하도록 의도된 것이 아니며, 이 사다리는 단지 상상에 의해서 뿐 아니라 사실에 있어서도 올라가야 할 문자 그대로의 사다리를 가리키는 지표로 간주될 수 있을지 모른다. 우리는 곧 이러한 방향으로 논리가 전개됨을 살피게 될 것이다. 그러나 충만의 원리에 대한 그다지 유쾌하지 못한 해석자라면 의심할 바 없이 인간에게 구체적이며 한정적인 결함은 그 자신이 소유할 수 없는 완전함과 그 자신이 결코 구조적으로 달성할 수 없는 덕성에 대한 비전을 운명적으로 지녀야 하는 피조물 이외에 아무것도 아니라고 대답할 수 있었을 것이다. 왜냐하면 이러한 인간도 가능한 종류의 피조물 중의 하나이기 때문이다. 그렇다면 충만된 우주는 이러한 비극적인 이카루스*의 종속도 포함하지 말아야 하는 것인가? 실로 이것은 인간—동시에 영혼과 육신의 존재, 즉 순수한 동물과 이성적인 종 사이의 중간 종—에게 전통적으로 할당되고 있는 바로 그러한 중간적 지위가 갖는 당연하고 불변하는 결과가 아닌가?

3. 그럼에도 불구하고 〈존재의 연쇄〉라는 우주론적 관념 속에 포함되고 있는 원리가 사회적 불만, 또한 특히 모든 평등주의적 운동에 반대하는 무기로 이용될 수 있는 방법은 하나만이 아니었다. 우주는 여러 체계 중에서 최선의 것이라고 가정되고 있었다. 다른 어떠한 체계도 동일한 원리 위에 입각하여 구성되고 있는 한에서만 선한 것이다. 더욱이 우주를 창조한 〈무한

* Icarus는 초로 붙인 날개로 날아 태양에 접근했기 때문에 초가 녹아 바다로 떨어졌다는 그리스 신화에 나오는 전설적 인물이다.

예지〉의 목적은 불평등이란 수단으로 최대한의 다양성을 획득하려는 것이었다. 그렇다면 인간 사회란 그 자체의 한계 내에서 동일한 결합을 실현하는 경향이 있어야만 비로소 잘 구성되고 있음이 명백하다. 물론 이것은 너무도 자주 오용되어 어린 소년·소녀를 성가시게 한 포우프의 유명한 금언의 요점이다.

> 질서는 하늘의 제일의 법이며 그리고 이것이 인정된다면
> 어떤 것은 다른 것보다 위대하고 또 위대해야 하며,
> 더 풍요롭고, 더 현명해야 한다.[44)]

이것은 결코 포우프에게서 보이는 토리주의*로 인한 우연한 말이 아니다. "질서", 즉 계층적 등급화가 신의 이성에 의해 어느 곳에서나 요구되고 있음은 「인간론」의 낙관주의를 위한 논리의 기본적인 전제이다. 이와 같이 〈존재의 연쇄〉의 이론은 영국 국교회의 교리 문답서의 명령을 형이상학적으로 승인하였다. 즉, 각자는 "신이 그 사람을 거기에 소명召命을 내린 인생의 지위—우주론적인 사다리에서든 사회적인 사다리에서든—에 있어서 자기의 의무를 다하도록 노력해야 한다"는 것이다. 사회에서 자신의 위치를 떠나려고 하는 것은 또한 "〈질서〉의 법칙을 뒤집는" 것이다. "그러므로 〈질서〉를 불완전이란 이름으로 부르는 것을 멈추라." 요컨대 평등을 요구하는 것은 "자연에 반대하는 것이다."

이러한 정치·사회적 도덕을 제시하는데 있어서 포우프 역시 결코 독창

---

44. 「인간론」 제4서간, 49행 이하.

* 토리주의는 조지 3세가 즉위한 후 교회와 국가에 있어서의 권위와 질서를 지키는 것을 목적으로 내세웠다. 이 주의의 신봉자들은 종교적으로는 자유와 관용에 반대하고 정치적으로는 선거권의 확대를 반대하였다. 토리(Tory)라는 말은 1830년경 「보수적」이란 말로 공식적으로 대치되었다.

적인 것은 아니었다. 라이프니츠도 마찬가지로 가능한 우주 중 최선의 것과 가능한 사회 중 최선의 것 사이의 유사성을 지적하였다.

> 조건의 불평등이 〈악〉으로 생각되어서는 안 된다. 더욱이 쟈클 씨가 올바르게 질문하는 바와 같이 왜 바위는 나뭇잎으로 장식되어 있지 않으며 왜 개미가 공작이 아닌가? 만일 평등이 어디서나 요구된다면 가난한 사람은 부유한 사람에게, 그리고 시종은 주인에게 평등에 대한 자신의 주장을 세우려 할 것이다.[45]

사실상 이 논리는 양측 어느 쪽에서도 이용될 수 있었다. 사회에는 지위의 높고 낮음이 있어야 한다고 설득하지 않아도 믿는 사람들에게 이러한 전제는 신의 창조 계획을 인간에게 정당화하기 위해 원용될 수 있었을 것이다. 에드먼드 로가 추론한 것은 이 후자의 방식에 의한 것이었다.

> 모두가 지배자가 되고 아무도 신하가 아니라 함은 불가능하다. 이러한 예로 볼 때 우리는 피조물이 서로 간에 지니는 관계가 무한한 〈힘〉[신]에 대해서조차 제약을 가하는 것임을 알 수 있으므로 이러한 피조물이 현재 지니고 있는 성질을 유지하는 반면, 어떤 면에서는 현재와는 다른 성질을 지닌다든가 하는 것은 피조물에게 모순이며, 또한 같은 단계의 모든 것이 똑같은 편리함에 만족할 수도 없다.[46]

대우주와 사회적 소우주 간의 비유는 소움 제닌스에 의하여 좀 더 충분히, 좀 더 소박하게 기술되었다.

---

45. 「신정론神正論」 p.246.
46. 킹 저 「악의 기원」(1732년판), p.153의 주.

> 우주는 질서가 잘 잡힌 대가족을 닮았는데, 이는 모든 관리인과 노예와 가축까지도 서로 간에 합당한 종속 관계에 복종하는, 대규모의 잘 통제된 하나의 가정이다. 각자는 자신의 지위에 상응한 독특한 특권과 급여를 향유하며, 동시에 바로 그 종속관계에 의하여 전체의 웅장함과 행복함에 기여한다.[47]

이러한 비유가 이와 같이 기존의 사회 질서에 안주하는 사람들의 만족감을 정당화하는 데 기여한 반면, 그것은 의심할 바 없이 18세기 정치 사상에서는 상대적으로 중요치 않은 요인이었다. 더욱이 이런 유형의 보수적 옹호론에 모순되지는 않는다 해도 이를 수정하는 또 다른 의미가 당시 공인된 우주론에 있었다는 점은 기억되어야 할 것이다. 실지로 종속은 필수 불가결한 것이었으나 그것은 예종이 아닌 종속이었다. 우리가 살펴보았듯이 어떠한 피조물의 존재도 단지 사다리에서 상위에 있는 존재의 복지를 위한 수단은 아니었다. 각자는 스스로의 독립적인 존재 이유를 갖고 있었다. 궁극적으로는 다른 것보다 더 중요한 것은 아무것도 없었다. 따라서 각자는 상위의 것보다 존경이나 배려를 받을 권리가 있었으며, 자기 자신의 삶을 살아가는 권리를 가졌으며, 그 자체의 기능을 완수하고, "특권과 급여"를 향유할 수 있기에 필요한 모든 것을 소유할 권리를 가졌다. 존재의 연쇄 관념의 이러한 이중적인 면은—높은 지위의 사람에게 만족을 주는 것이 낮은 사람을 위안하는 것보다 여전히 더 많다는 것이 인정되지 않으면 안 되지만—합당한 품위를 지닌 시행詩行으로 정당하게 서술되었다.

현명한 섭리는

47. *A Free Inquiry into the Nature and Origin of Evil*(1757).

다양한 사람들에게 다양한 역할을 부여한다.
매우 비천한 노예들이나 울타리를 치고 도랑을 파는 사람들은,
자신의 땀으로 부자들을 먹여 살리기에 유용하다.
부자들은 정당한 대가로 자신의 창고를 나누어,
노동하는 빈자들을 안락하게 먹여 살린다.
부자들은 최하의 노예라도 경멸하지 말지어다.
그도 자연의 연쇄의 동등한 고리이니,
같은 목적으로 노동하고 하나의 관점으로 합심하여
양자는 다같이 신의 뜻을 수행하고 있도다.[48)]

48. Richardson의 「파멜라」(*Pamela*, Everyman's Library 판) I, p.235. Richardson이 이 구절들을 창작하였는지 혹은 인용했는지는 분명하지 않다.

VII. 충만의 원리와 18세기 낙관주의

18세기 낙관주의자들의 악명 높은 공동 논제는 존재 가능한 세계 중 현세가 최선의 것이라는 명제였다. 더욱이 이 사실은 "낙관주의"라는 용어가 대중적 용법에서 갖게 된 의미와 함께, 이 이론의 신봉자들은 어리석게도 매우 들뜬 사람들이었음에 틀림없었으며 인간 경험이나 인간 본성의 현실을 전혀 모르거나, 혹은 모든 감각 있는 생물이 명백히 느끼는 고통과 좌절과 갈등을 느끼지 못하는 매우 들뜬 사람들이었음이 틀림없으리라는 신념을 낳게 하였다. 그러나 실지로 낙관주의자들의 신조에는 우리가 보통 악이라고 부르는 사실에 대하여 눈을 감거나 이를 경시하도록 논리적으로 요구하는 것은 아무것도 없었다. 18세기의 철학적 낙관주의자들은 악의 비현실성을 주장하기는커녕 대체로 그 필연성을 입증하는 데 몰두하였다. 존재 가능한 세계 중 현세가 최선의 것이라는 주장은 현세의 절대적인 선성에 관해서는 아무것도 의미하는 바가 없다. 그 주장은 단지 형이상학적으로 존재 가능한 어떤 다른 우주가 더 나쁘리라는 것을 의미하는 데 불과하다. 낙관주의자들의 추론은 현실 세계에서는 사람들이 보통 선이라 간주하는 것이 얼마나 많은가를 증명하는 것보다는 차라리 존재 가능한 세계—"창조 이전에" 신의 정신이 착상했다고 생각되고, 또 그 필연성에 의해 〈전능함〉

에도 불구하고 신의 창조력이 한정되고 있는, 가능하고 공가능共可能한 만물의 〈이데아〉를 포함한 저 영원한 논리적 질서—에 얼마나 선善이 적은가를 증명하는 방향으로 향하였다.

실로 낙관주의는 그 근저에 마니교적 이원론과 공통점이 많은데, 베일* 이 마니교를 옹호한 데 대해 많은 신정론자는 비난하였다. 라이프니츠가 인정한 바와 같이 낙관주의에도 역시 두 대립적 "원리"가 있었다. "악의 원리"의 역할은 단지 신의 의지에서 나온 호의적인 의도에 기묘한 장애물을 부과하는 신의 이성에 할당된 그런 역할이었다. 그 존재나 선에 대한 반발을 합리적으로 설명할 수 없는 일종의 외적 〈반신反神〉(Anti-God)의 간섭에서 유래함이 틀림없다고 베일이 논한 바로 그 악惡은 낙관주의자들에 의해서 사물의 본성에 내재하는 필연성의 탓으로 전가되었다. 더욱이 이것이 그 양자 가운데 더 낙관적인 관점인가, 아닌가 하는 것은 의심스러웠다. 왜냐하면 때가 차면 악마는 밟혀 짓눌릴 수 있으리라고 희망할 수 있기 때문이며 계시 종교 신자들은 그렇게 되리라고 확신했기 때문이다. 그러나 논리적 필연성은 영원하며 따라서 그로부터 생기는 악도 영원함에 틀림없다. 그리하여 18세기의 낙관주의는 그것과 전적으로 대립된다고 생각된 이원론과 유사성이 있을 뿐만 아니라 낙관주의 옹호자들의 논리는 때로는 비관주의자들—당시에는 전혀 알려지지 않았다고는 할 수 없는 유형인데[1]—의 논리와 이상스럽게도 비슷하였다. 교훈은 다르지만 경험의 구체적 사실에 대한 관점

* Pierre Bayle(1647~1706): 프랑스의 철학자 · 비평가이며 로테르담 대학 교수(1681)로 사상의 자유와 종교적 관용을 옹호한 사상가였다. 과학적 전기 및 종교 비판을 담은 「역사 · 비평 사전」(1697)을 편찬하였다.

1. 예를 들면 필자의 논문 "Rousseau's Pessimist," *Modern Laguage Notes* XXXVIII(1923), p.449를 참조할 것. 또 좀 더 낡은 예로서는 "인생의 쾌락은 우리의 비참함을 보상해 주지 않으며 나이는 모르는 사이에 다가온다. 우리의 병을 고치는 유일한 것으로서의 죽음은 두려워할 것이 아니라 기대되어야 할 것이다"라는 논제를 시로 상론한 Prior가 지은 *Solomon*(1718)을 보라.

은 때로는 매우 흡사하였다. 악—그리고 대부분의 악—은 사물의 일반적 구조에 포함되고 있다는 것이 낙관주의자들의 주장이었기 때문에, 때때로 악의 합산의 중요성에 관해 또한 인생에서의 깊고 넓은 악의 침투에 관해 설명하는 것이 자신의 목적에 부합됨을 낙관주의자들은 알고 있었다. 예를 들면 제닌스는 18세기 중기의 전형적인 신정론 중 하나에서 우주 구조가 지닌 찬탄할 만한 합리성에 대하여 다음과 같이 우리를 설득하려고 한다.

> 나는 고통이라는 추상적 성질 속에 쾌락에 도움이 되는 무엇인가가 있다고 믿는다. 개인의 고통이 우주의 행복에 절대적으로 필요하다고 나는 믿는다.……자신이나 남의 사전의 고통 혹은 사후의 고통을 치르지 않은 쾌락이나 편의가 피조물에게 획득되었다는 예는 한 번도 제시될 수 없다고 나는 믿는다. 모든 강대한 제국은 산더미같은 수많은 죽은 사람들을 넘어 번영과 영화의 정상으로 올라왔는가? 그 몰락에 즈음해서는 어떠한 새로운 황폐한 광경이 나타날 것인가? 번창하는 도시는 생활의 모든 편의와 즐거움을 위해 인간과 기타 동물의 무한한 고역에 얼마나 빚지고 있는가? 이러한 편의가 가져올 악과 비참은 어떤 것인가?……우리 자신의 보존에 관계되는 쾌락의 전후에는 무수한 고통이 따라다닌다. 향연을 준비하기 위하여 수많은 동물의 학살과 고통이 선행되며, 그들의 파괴자에 대한 복수심을 쏟아내기 위해 모든 접시마다 기다리고 있는 수많은 질병이 그 뒤를 따르는 것이었다.[2)]

---

2. 「악의 본질과 기원에 관한 자유로운 연구」(*A Free Inquiry into the Nature and Origin of Evil*, 1757), pp.60~62. 제닌스는 대부분 킹·라이프니츠·포우프의 논의를 명료하고 간결한 형식으로 기출하고 있는 데 불과하다. 그러나 도덕적 악의 문제에 대해서는 자유를 믿는 입장에서 해결하려는 것을 명백히 강하게 거부한다는 점에서 그는 이 세 사람과 다르다. 그의 책은 상당히 유행하였고 여러 차례 중판되었으며 프랑스어로 번역되었다.

이처럼 우울한 웅변은 원칙적으로 낙관주의와 완전히 일치하며 그것은 그 이론의 옹호자들이 나타낸 적어도 하나의 자연스러운 경향을 명시하였다. 왜냐하면 설명되어야 할 악은 수가 많을수록 또 기이奇異할수록, 신정론의 저자가 이를 설명할 때 그 승리감은 더욱 큰 것이었기 때문이다.

실로 이 논리는 좀 더 소박한 낙관주의의 일부 표현에 보이는데, 무한히 선의적이면서도 동시에 선한 세상을 만들려는 노력에서는 "사물의 본성 속의 필연성"에 의해 비극적으로 방해받는, 난처해진 창조주에 대한 일종의 동정심을 독자들에게 품게 하는 경향이 있다. 제닌스가 권위 있게 우리에게 알려 주듯이—전능한 신이 인류의 창조를 생각할 때 정해놓은 입장보다 더 비장한 것이 무엇이 있을 수 있는가?

> 우리의 어려움은 〈전능한 신〉이 얼마나 많은 난관과 싸워야 했는가를 잊는 데서 생긴다. 이 경우에 순진성을 손상시키는가, 혹은 악의 원인이 되는가의 어느 하나를 선택하지 않을 수밖에 없다; 명백히 아무런 다른 선택도 없다.[3]

요컨대 낙관주의자들의 저술은 볼테르의 외침, 즉

당신은 개탄하는 목소리로 "만사가 잘된다!"

고 소리치는 말에 대해 충분한 근거를 마련하였다. 「리스본 참사에 붙이는 시」에서 이러한 철학자들에 대한 볼테르의 주요 불만은 흔히 생각되고 있는 바와 같이 그들이 바보스러울 정도로 들떠 있었다거나 악의 실재에 관한

---

3. 같은 책 p.104. 여기에서 호기심 있는 독자는 마음먹기에 따라서는 왜 이 선택이 "필연적"이며 어떻게 "무한의 예지"가 그 선택을 최대로 활용하였는가를 알게 될 것이다.

그들의 견해가 피상적인 것은 아니었다. 그의 불만은 그들이 너무나도 상심하고 있었다는 것이며, 또한 그들은 우리가 경험하는 현실적 악이 불가피하며 또한 우주의 항구적 구조에 내재한다고 표현함으로써 더욱더 나쁜 것인 양 보이게 했다는 것이다.

아니오, 내 심란한 마음에 더 이상 불변의,
필연성의 법칙을 제시하지 마시오!

볼테르에게는 설명되지 않은 악이 설명되는 악보다 더 견디기 쉬운 것으로 생각되었는데, 이 경우 설명이란 바로 그 악의 회피나 이것과 같은 다른 악의 회피가 영원히 논리적으로 상상조차 할 수 없다는 것을 입증함과 다름없다.[4] 이 점에서 그 자신의 감정, 그리고 다른 사람들의 정서적 심리에 관해 내린 그의 가정은 스피노자의 그것과는 정반대였다. 스피노자는 사물이 무엇이든 결코 다른 식으로 존재할 수 없었다는 것을 일단 우리가 명백히 알고 있을 때 그것은 우리에게 견딜 만한 것으로 바뀐다고 믿고 있었다. 즉, 〈모든 것은 정신이 필연적인 것이라고 알면 알수록 가정에 의해 그만큼 적게 고통을 받는다.〉[5] 비록 18세기의 낙관주의 저술가 대다수가 그들의 우주 결정론에서 스피노자만큼 철저하지도 또 솔직하지도 못하지만 그들이 제시한 철학적 위안은 근본적으로 스피노자의 그것과 동일하였다. 그것은 본

4. 그러나 볼테르는 이 시에서 분명한 그리고 본질적으로 대립된 두 형태의 신정론을 반론하고 있다. 즉, 하나는 리스본 지진과 같은 것을,

자유로운, 선한 신이 행한 선택을
필연적인 것으로 하는 영원한 법칙의 결과

로 설명하려고 애쓴 철학적·필연주의적 형태 및 또 하나는 그와 같은 참사 속에서 인간이 악을 자유로이 선택했다는 데 대한 벌로서 신의 특별한 개입을 보는 신학적·비결정론적 형태이다. 이 두 대상을 겨냥한 추론들을 볼테르는 혼동하여 함께 묶어 놓고 있다.

5. 「윤리학」 V, 정리 6.

질적으로 지적知的 위안이었다. 그것이 보통 자아내게 되는 기분이란 불가피한 것에 대해서는 숙고한 후에 따른다는 기분이었는데, 이는 필연성이 절대적이라는 확신 또는 어떤 제멋대로의 변덕에 의한 것이 아니라는 확신에 바탕을 둔 기분이었다. 혹은 좀 더 정도를 높여 본다면 사물의 일반적 조직이 갖는 합리성을 더 잘 증명하기 위해서 기꺼이 지옥에라도 떨어지겠다는—말하자면, 이미 떨어져 있다고 보이는—자발적 태도에 바탕을 둔 기분이었다. 포우프는 물리적 악이든, 도덕적 악이든 악에 직면하는 경우 "잘 숙고하는 것은 감수하는 것"이라고 기술하였다. 그리고 그는 다시 한번 다음과 같이 말하고 있다.

> 그대 자신의 특성을 알라. 하늘이 그대에게 부여한
> 맹목성과 나약함의 종류와 합당한 정도를,
> 감수하라!*

물론 낙관주의적 저술가들은 선이 악으로부터 생긴다는 것을 열심히 증명하려 한 것은 사실이지만, 그들이 불가피하게 입증해야 한 것은 선이 그 외의 다른 방식으로는 생길 수 없다는 것이었다. 또한 논의가 최고조에 달했을 때 전체로서의 〈우주 체계〉의 완전함을 그들이 웅변으로 논하려 한 것도 사실이지만 그러나 이 완전함은 그 체계의 유한한 각 부분의 행복이나 우수함 중 어느 것도 의미하지는 않았다. 그와 반대로 낙관주의의 통상적 증거의 기본적이며 특징적인 전제는 전체의 완전함이란 가능한 모든 정도의 불완전함이 부분 속에 존재한다는 것에 달려있으며, 뿐만 아니라 실로 거기에 존재하고 있다는 명제였다. 다시 한번 볼테르는 다음과 같이 이 논의를 요약했는데 전혀 부당하다고는 할 수 없다.

* 「인간론」 제1서간 283~5행.

그대들은 개별 존재의 불행이 빚는
이 숙명적인 혼돈 속에서 전체 행복을 만든다.

낙관주의자들이 시도한 본질은 비철학적 정신의 소유자에게는 악으로 보이는 것이 없음에서가 아니라 차라리 악이 많음에서 우주의 "선성善性"의 증거를 발견하려 한 데 있었다.

이상의 모든 것은 18세기의 신정론 중 가장 초기에 발효되었으며 아마도 그 직·간접의 영향을 고려할 때 가장 영향력이 큰 것에서 제시된 바 있는 견해를 논리적 전개에 따라 분석함으로써 가장 잘 증명될 수 있다—즉, 그것은 데리의 주교이며 후에 더블린의 대주교가 된 윌리엄 킹의 「악의 근원에 대하여」(1702)였다. 라틴어 원본은 널리 유포되지 않은 듯하지만 1731년에는 영어판이 나타났다.[6] 이것은 후에 칼라일의 주교가 된 역자 에드먼드 로가 부분적으로는 킹의 유고遺稿의 발췌와 또한 부분적으로는 "베일이나, 〈인간 자유에 관한 철학적 탐구〉의 저자 라이프니츠 및 기타 학자들의 반론에 대해 저자 자신의 원리를 옹호하려던" 독창적인 주註를 풍부히 첨가한 것이었다. 이 번역은 로의 생애 중 5판을 거듭했으며 꽤 많이 읽히고 화제가 되었던 것으로 생각된다.[7] 로는 당시대의 중요 인물이었으며 당시 영국 국교회 신학에서 "가장 광교파적廣敎派的인 입장"의 대변자였다. 더욱이 1750년대 및 1760년대에 케임브리지 대학 피터하우스 대학장 및 도덕 철학

6. *An Essay on the Origin of Evil by Dr. William King, Translated from the Latin with Notes and a Dissertation concerning the Principle and Criterion of Virtue and the Origin of the Passions; By Edmund Law, M. A., Fellow of Christ College in Cambridge*. 여기서는 런던에서 1732년 발행된 제2판을 인용하며, 이하 *Essay*라 약기함.

7. 그 날짜는 1731년, 1732년, 1739년, 1758년, 1781년 등이다.

의 나이트브리지 석좌 교수로서의 그의 학문적 권위는 의심할 바 없이 그의 영향권의 범위를 확장하였다.[8] 직접적이든, 볼링브로우크를 통해서든 간에 포우프가 「인간론」의 제1서간에서 낙관주의 변호의 기초가 된, 그러나 묘하게 일관성을 결한 채로 재배열된 개념들을 대체로 킹의 독창적 저술로부터 끄집어냈다는 데는 거의 의심의 여지가 없을 것이다.[9] 왜냐하면 포우프가 그 개념들을 원천이라 할 수 있는 플로티노스의 「에니네아데스」로부터 끄집어냈으리라는 것은 있음직하지 않기 때문이다.

킹이 장미빛 안경을 끼고 이 문제에 대한 성찰을 시작했다고는 결코 말할 수 없다. 그는 시초부터 낙관주의적 관점과 매우 양립할 수 없는 것으로 보이는 모든 사실을 인식하였다. 즉, "원소들 간의, 동물들 간의, 사람들 간

8. Leslie Stephen, *English Thought in the 18th Century*, II, p.121.

9. 볼링브로우크는 「단상」에서 흔히 그리고 경의로써 킹을 인용하고 있다. 인쇄된 「단상」에서는 볼링브로우크가 주장하는 바와 같이 "저술이 진행됨에 따라 단편적으로 포우프 씨에게 보내져서," 포우프가 「인간론」을 쓸 때 이용한 메모가 좀 더 확장된 형식이었다는 것은 의심할 만한 충분한 근거가 없다. 「단상」과 「인간론」 간에 있는 수많은, 정확한 언어상의 대비는 다른 방법으로서는 가능한 설명이 발견될 수 없다(볼링브로우크의 「저작집」1809년판, VII, p.278 및 VIII, p.356 참조). 로는 「악의 기원론」의 1781년판의 서문에서 "킹 대주교에 의해 주장된 원리 그 자체가 「인간론」에서 포우프 씨에 의해 채택되고 있는 것을 보고 만족했다"고 쓰고 있다. 여기에 대해서 포우프의 신학상의 조악한 옹호자인 Warburton 주교가 이의를 내세웠을 때, 로는 "볼링브로우크 경 자신의 필적으로 된 바로 동일한 원리가 「인간론」 집필 중의 포우프 씨의 면전에 있음을 보았다"고 말한 Bathurst 경의 증언에 언급하면서 답변하였다. 그리고 "독자가 양자를 비교할 만하다고 생각할 때에는 언제나 서로 어떻게 정확하게 부합하는가를 본다면 문제는 효과적으로 해결될 것이다"(앞의 책, p.xvii)라고 첨언하였다. 그와 같은 비교를 한다면 포우프는 킹의 작품의 일부를 볼링브로우크가 차용한 것뿐 아니라 킹의 원작을 직접 이용한 것이라고 믿어도 좋다고 생각된다. 포우프와 볼링브로우크가 "형이상학에 깊이 몰두하고" 있던 것은 1730년의 일이었으며, 1731년까지는 최초의 세 서간이 완성되어 있은 것 같이 생각되기(Courthope, V, p.242 참조) 때문에 이 시인과 그의 철학 스승이 이용한 것은 로의 번역이 아니라 라틴어의 원전임에 틀림없다. 그러므로 본질적으로는 같은 신정론이 로의 영어 산문 번역과 포우프의 운문으로 거의 동시에 나왔다. 킹의 작품[악의 근원에 대하여]과 Haller의 「악의 기원에 관하여」(1734)와의 관계에 대해서는 L.M. Price의 글(*Publications of the Modern Language Association of America*, XLI, 1926, p.945~948)을 참조할 것.

의 끊임없는 전쟁"이나 "유년기로부터 인간 생활에 항상 따라"다니는 "과오·불행·악덕"이나 사악한 자들이 번영하고 올바른 사람들이 고통 받는 것 등이 그것이다. "인간 생활을 통해 행진하는 불행의 군대"가 있다. 그리하여 킹에게는 밀턴의 신정론에서 드러난 놀라울 정도의 천박함이 없다. 그도 역시 의지의 자유를 가정하고 있으나 그 반면에 그는 이러한 가정이 단지 문제의 한 단편에만 접하고 있는 것임을 명백히 알고 있다. 모든 악이 "외적인 것이 아니거나 우리의 선택으로 획득되지 않는다." 악의 대부분은 〈자연〉 그 자체의 구조로부터 생긴다.[10] 베일의 이원론적 설은 "신을 모든 형태의 비난으로부터 면하게 해준다"는 이점을 지니기도 하지만 한편 철학적으로는 "부조리한 가설"이다. 요컨대 킹은 악을—적어도 일차적으로나 혹은 주로—인간 의지의 불가해한 탈선이나 〈악마〉의 음모 탓으로 돌리려 하지 않는다. 그는 악의 필연성을 신 자신의 본질에 대한 고찰로부터 입증하려는 것이다. 그의 시도는 존재에 관한 모든 악에 직면하고, 동시에 그것이 "단순히 무한한 예지·선善·능력과 일치한다는 것뿐만 아니라 그로부터 필연적으로 초래된다"는 사실을 입증하려는 것과 다를 바 없다.[11]

악을 세 종류—즉, 한계나 불완전이라는 악, "생래적인" 악, 도덕적인 악—로 나누는 전통적인 구분은 이 논리의 일반적 도식을 제시하는데, 이 논리는 간단히 말해서 첫 번째 종류의 악이 없다면 창조는 전혀 있을 수 없다고 상정하며 그리고 적어도 두 번째 종류의 악 전체는 엄격한 논리적 필연성에 따라 첫 번째 악으로부터 결과한다는 것이다. 〈전능자〉라 할지라도 자기 자신과 같은 것을 창조할 수는 없었을 것이다. 만일 신 아닌 다른 어떤 존재가 실존해야 한다면 그 존재란 신과 "결함이란 악"에 의해 필연적으로 구분되지 않으면 안 되었을 것이며, 가정한 바와 같이 그 존재 상호 간에는

10. *Essay* I, p.208.

11. 같은 책 pp.109~113.

그 결함의 다양성에 따라 구분되지 않으면 안 된다. 요컨대 악은 일차적으로 결핍이다. 더욱이 결핍이란 하나의 존재를 제외한 모든 존재의 개념 그 자체에 내포되어 있다. 이 점에 관해 로는 킹의 "도식"을 요약하는 가운데서 아리스토텔레스와 스콜라 철학의 용어로 기술하고 있다.

> 모든 피조물은 필연적으로 불완전하며 따라서 신의 완전함과 무한히 먼 거리에 떨어져 있고 만일 소요학파[아리스토텔레스학파]가 말하는 결핍과 같은 부정적 원리가 인정된다면 모든 피조물은 존재와 비존재로 구성된다고 말할 수 있을 것이다. 왜냐하면 그것이 원하는 완전함이나 기타의 것들이 갖는 완전함을 고려할 때 그것은 무無이기 때문이다. 더욱이 이러한……피조물의 구조에 비실체非實体가 혼합되어 있다는 것은 모든 자연적 악 및 도덕적 악의 가능성에 관한 필연적 원리이다.[12)]

바꾸어 말하면 킹 자신의 표현대로 "피조물은 가장 완전한 아버지 신으로부터 유래하고 있으나 〈불완전〉이란 어머니로부터는 아무것도 유래하지 않는다." 더욱이 이 관념이 갖는 실질적으로 이원론적인 성격은 열등한 부모[즉, 불완전]가 그 이름이 의미하는 것으로 생각되는 순전히 부정적인 역할에도 불구하고 그 후손의 많은, 일견 대단히 긍정적인 속성의 원인이라고 생각되는 사실에 의해 입증된다. 그럼에도 이는 반대할 수 없는 이원론으로 느껴지는데, 왜냐하면 부분적으로 두 번째의 원리, 즉 악의 원리가 "무"라고 〈호칭〉하기 때문이며 또한 부분적으로 우주의 한 요인으로서의 그 존재와 그것의 결과가 불가해한 우연이 아닌 논리적 필연으로 간주될 수 있기 때문

12. 같은 책 xix. 이 논의는 그 후의 신정론의 수많은 계열의 통상적인 출발점이 되었으며 그러한 신정론의 일부는 문학에서도 자리를 차지하였다. 예를 들면 빅토르 위고는 *Les Contemplations*("그림자가 이야기한 것"Ce que dit la Bouche d'Ombre, 1905년판, p.417 이하) 속에서 이 논의를 설명하는 데 많은 말을 쓸 필요가 있다고 생각하였다.

이다.

그러나 중요한 문제는 이러한 단순하고 거의 동어 반복적인 추론에 있지 않았다. 의심할 바 없이 만일 절대 존재가 그 자체의 완전성이란 고독 속에 영원히 머물러 있지 않으려면 한계 또는 불완전이라는 주요 악은 절대 존재가 만드는 기타 존재에도 그것이 무엇이든 특화되어야만 한다. 그러나 그 악은 필연적으로 결함이 있는 그러한 기타 존재를 창조하는 것 자체가 선이라 함이 입증되거나 혹은 가정되지 않는다면 정당화될 수 없는 것이었다. 결코 자명한 것으로 보이지 않는 가정은 물론이거니와 이러한 단정적인 플로티노스적 가정을 킹은 주저하지 않고 제시하고 있다. 신이 아닌 다른 〈어떤〉 유한·불완전한 성질을 가진 것이 존재하는 것이 선이라고 인정된다 해도 (누군가가 묻기를) 최고급의 불완전성만이 생산되는 것이—그리스도교의 신학적 전통 속에서 상당한 비중의 권위로써 뒷받침되어 있고 동시에 비교적 최근에는 밀턴에 의해 부활된 천지창조의 한 설명에 의해 실제로 본래 그러했다고 이야기되고 있지만—덜 비합리적인 것이 아닌가?[13] 만일 신이 동료를 필요로 했다면—이를 인정하는 것은 철학적으로는 모순으로 보이고 신학적으로는 이단으로 생각되긴 하지만—그것은 적어도 좋은 동료, 순수한 천사들로만 구성된 〈신국神國〉이어야만 하지 않았겠는가? 킹은 이러한 후자의 질문이 (많은 고대와 중세 저술가의 지지를 받아) 부정적인 답을 받지 않는 한, 만족스런 신정론을 달성할 방법이 전혀 없다고 생각하였다. 단지 전반적인 불완전성뿐만 아니라 현실 세계의 관찰 가능한 구체적 불완전성 하나하나가 모두 창조되어야만 했다는 데 대한 입증이 필요하였다. 더욱이 (비록 가능성의 서열에서 아무리 하위에 있다 해도) 〈모든〉 종류의 사물

---

13. 밀턴의 「그리스도교 교리」의 번역의 p.187의 주4에서 역자 Sumner 에 의해 인용되고 있는 교부 철학의 전거를 보라. 그러나 밀턴이 채택한 견해의 정통성은 의심스럽다. 그것은 토마스 아퀴나스의 「신학대전」 1부 질문 61 항목 3에 의해 거부된 바 있다. 또 단테의 「천국편」 제29가歌 37행에 의해서도 거부된 바 있다.

은 그 존재가 논리적으로 상정 가능한 한, 즉 어떤 모순도 전혀 포함하지 않는 한, 현실적으로 존재한다는 것은 본질적으로 그리고 절대적으로 선하다는 전제 조건이 설정되지 않는다면 입증될 수 없었다.

그러므로—신학적 용어로 표현된—이 주장은 킹과 로가 제시한 낙관주의를 위한 논의에서 본질적인 명제였다. 신의 본질에는 신의 완성성의 한 요소로서 "선성"이라는 특별한 속성이 내재되어 있는데, 이는 가장 낮은 저급의 것에 이르기까지 모든 기타 열등한 본질이—단독으로나 합동으로 가능한 한—그 종류에 대응한 실존을 필연적인 것으로 하고 있다.

> 참으로 신은 창조를 삼가했을지도 모르며 홀로 자족하여 영원히 완전한 채로 있었을지 모른다. 그러나 그의 무한한 〈선성〉은 결코 그것을 허용하지 않을 것이다. 이는 그로 하여금 외적 사물을 산출하지 않을 수 없게 하였다. 이 사물들은 완전할 수 없는 것이었으므로 〈신의 선성〉은 전무全無보다는 불완전한 사물을 택하였다. 그러므로 불완전성은 무한한 〈신의 선성〉으로부터 생긴 것이었다.[14]

그리고 이렇듯이 자기 자신의 성질에 따라 어떤 불완전한 본질에 현실적 존재를 부여하도록 되어 있었으므로 신은 존재라는 은혜를 베푸는 일을 거부할 수 없었다.

> 만일 당신이 신은 불완전한 존재를 빠뜨렸을 수도 있다고 말한다면 나는 그것을 인정한다. 더욱이 그것이 최선의 것이었다면 신이 그렇게 했으리라는 것은 의심할 바 없다. 그러나 최선을 선택한다는 것은 무한한 〈선

14. King, 앞의 책, I, p.116 f. 〈존재의 사다리〉의 관념 및 그 질서 있는 우주에서 필연적으로 완전하다는 관념에 대해서는 볼링브로우크의 「단상」(「저작집」(1809), Ⅷ, pp.173, 183, 186, 192, 218 f; 232, 363, 364~365)을 참조할 것.

성善性〉의 할 일이다. 따라서 그로부터 불완전한 존재가 실존하게 된다는 사실이 나온다. 왜냐하면 생산될 수 있는 선은 아무리 작은 선이라도 빠뜨리지 않는다는 것은 이[무한한 선성]에 부합되기 때문이다. 유한한 선성은 좀 더 큰 존재를 창조하는 일을 위해 기진맥진했었을 수도 있겠으나 무한한 선성은 모두에게 확대 적용된다.……그렇다면 신의 작품에는 많은, 아마도 완성의 무한한 단계가 여럿 있을 것임에 틀림없다.……전체적으로 모든 종류의 존재가 우주에 결여되어 있느니보다는 그 존재의 성질이 받을지도 모를 그만한 커다란 행복을 일부 존재에게는 주지 않는 편이 더 좋았던 것이다.[15)]

모든 존재할 수 있는 종은 실존을 누려야 될 뿐만 아니라 킹의 편집자가 덧붙여 말하는 바에 의하면 "이 〈존재의 대연쇄〉에는 어떤 형태의 틈이나 빈 곳 혹은 부족한 고리도 없다고 관찰함으로써 모든 뚜렷한 질서, 혹은 모든 계층이나 종은 그 자체의 성질이 허용하는 만큼 혹은 〔로가 진지하게, 그러나 자신의 원리에 입각하여 동어 반복적으로 덧붙여 말하는 바와 같이〕 신이 합당하다고 보는 만큼 가득 차 있다는 것도 매우 있음직한 것으로 생각될 것이다."

그렇다면 18세기 낙관주의의 통상적인 근거는 충만의 원리였다. 이 원리가 킹 이전에 수백의 저술가로부터 표현되었고 또한 신플라톤주의적 신정론이나 스콜라 철학적 신정론 양자의 기반이었기 때문에 후의 낙관주의자들에게 이용된 것은 그들이 이 원리를 킹으로부터 원용했다는 증거가 될 수 없다. 그럼에도 불구하고 이미 지적된 이유로 포우프가 무엇이든 존재하는 것은 옳다는 논제를 위한 자기 나름의 논리에서 다음과 같은 전제에 기

15. 앞의 책, p.137 f., pp.129~131 f., p.156. 킹과 로는 묘한 동요를 보였으며 존재의 사다리에서의 계단의 수는 실제로 무한한 것인지 아닌지의 문제가 제기되었을 때에는 끝내 자기모순에 빠졌다. 이에 관해서는 여기서 언급할 필요가 없다.

본적인 위치를 부여한 것은 「악의 근원에 대하여」에서 이 원리가 반복·상론되었기 때문이라고 생각함직하다. 그 전제란 "있을 수 있는 가능한 우주 중의 최선의 우주"에서는

> 모든 것이 충만해 있지 않으면 모순이며
> 상승하는 모든 것은 합당한 단계를 거쳐 상승한다.*

신정론의 목적을 위해 충만의 원리는 극히 직접적으로 또 명백히 "결함이란 악"에 대한 "설명"으로 활용되었다. 자신의 위치를 존재의 사다리 속에 결정하는 모든 종의 피조물의 한계는 우주의 "충만"을 구성하는 사물의 무한한 분화에 불가결하며, 따라서 선한 것 중 최대의 선을 실현하는 데 필수적이다. 그러므로 인간이 그에게 부여되었을지 모른다고 생각되는 여러 재능과 즐거움의 수단이 결여되었다고 불평하는 것은 이성적인 일이 아니다. 로의 말에 의하면

> 완전성으로부터 비실체[무]까지 점진적으로 단계를 내려가면서 중간에 있는 모든 지위와 등급에 있어서 완전한 〈존재의 사다리〉가 있다고 생각해 본다면 왜 인간이 좀 더 완전하게 만들어지지 않았는가, 왜 인간의 능력이 천사의 능력과 동등하지 않은가의 의문이 바보스럽다는 것을 우리는 곧 알게 될 것이다. 이는 서로 다른 모든 종의 존재가 동시에 충만해 있다고 생각될 때에 왜 인간은 상이한 종의 존재 속에 배치되지 않았는가를 묻는 것에 불과하기 때문이다.[16)]

---

* 같은 책간 45~6행.

16. *Essay* I, p.131. 이 논의는 이미 플로티노스의 「에니네아데스」 III, 2장 11절에서 발견될 수 있다.

요컨대 "인간은 자신이 속했던 지위를 차지하기나, 아니면 아무 지위도 차지하지 못하거나 중 어느 하나임이 필연적"이었다. 만일 인간이 다른 곳에 있다면 동일한 실체일 수 없을 것이다. 더욱이 만일 인간이 전혀 존재하지 않는다면 계열 속에 빈틈이 생기며 그 때문에 창조의 완전성은 파괴될 것이다. 이러한 다른 것과 구별되는 결함은 "이렇듯이 불완전한 성질을 가진 피조물을 필요로 하는 우주의 부분을 가득 채우는 운명에 있는 사람들에게 많은 불편을 줄 것"임은 부정할 수 없다. 예를 들면 새에게 부여된 완전함, 즉 날개가 인간에게는 없다.

> 현 상태에서 인간은 날개를 가질 수 없으며 날개의 사용은 사회에 매우 유해하다는 것이 명백하다. 그러나 날개가 없다는 것은 확실히 우리에게 많은 불편을 준다.……불완전이란 악이 필연적으로 우리의 욕구를 충족하지 못하거나 여러 가지 당연한 기타의 악을 경험하게 하지만 그럼에도 불구하고 공동선을 위하여 그 전부가 필요한 경우의 예를 수천 가지 들 수 있다.[17]

이러한 각별한 형식의 순전히 논리적인 위안에 대해 포우프는 매우 분명하게 킹을 인용하면서 몇 번이고 언급하고 있다. "충만한" 우주에서는 "어디선가 〈인간〉과 같은 계급이 있음에 틀림없을 것이다." 더욱이 그 계급을 차지한 자가 사다리에서는 자신보다 위에 있는 자나 아래에 있는 자가 지닌 속성을 바라는 것은 합리적이라 할 수 없다.[18]

> 왜 인간은 현미경과 같은 눈을 갖지 않는가?

17. 앞의 책, p.137.
18. 볼링브로우크의 마찬가지 논의에 관해서는 「단상」(「저작집」 1809, Ⅷ, pp.233, 287,363, 364~365)을 참조할 것.

인간이 파리가 아니라는 분명한 이유 때문이다.
그리고 (이미 인용했던 시행詩行을 반복한다면)

더 훌륭한 힘을 가진 자를
우리가 누른다면, 열등한 힘을 가진 자가 우리를 누를지도 모른다.
그렇지 않다면 피조물 전체 속에 빈 곳이 남게 될지도 모른다.
거기서 한 단계가 무너지면 커다란 저 사다리는 무너진다.[19)]

그러나 만일 충만의 원리가 한계성 또는 특수성이라는 "형이상학적인" 악의 설명을 위해서만 적용되어 왔다면 낙관주의자는 이 원리로는 그의 목표에 그다지 가까이 접근하지 못했을 것이다. 우리가 악이라고 말하는 대부분의 것들은 단순한 결함이라고 말하기에는 적합하지 않은 것 같다. 치통을 앓는 플라톤주의적 철학자라 해도 자신의 고통이 전적으로 부정적인 것, 즉 생각할 수 있는 어떤 적극선이 없는 것에 불과한 형이상학적인 진공이라고 납득하기 힘들다는 것을 아마 알게 될 것이다. 따라서 킹은 수많은

---

19. 「인간론」 제1서간 48행, 193~194행, 241~244행. 극히 다양한 주제를 다루는 저술에서 이 논의가 확대된 예로서는 George Turnbull, *A Treatise on Ancient Painting*(London, 1740), xiii 참조할 것. "만일 우리의 질서와 계급을 낮추어 생각하는 사람이 있다면 그 사람은 우리의 탐구가 미치는 한, 자연 속에 나타난 풍부함과 충만함을 진지하게 고려해야 할 것이다. 그리고 우리가 관찰하는 바에 의하면 어떻게 생명의 사다리상의 모든 존재가 마땅한 단계에 따라 올라가는가를 진지하게 고려해야 할 것이다. 그리고 그 사람은 인간이라는 종의 존재가 상향하는 자연의 충만에 대해서 또 충실과 통일에 대해 얼마만큼 중요한가를 고려해야 할 것이다. 또 우리의 구조와 우리의 행복을 위해 마련된 것을 공평히 검토해야 할 것이다. 좋은 교육과 적절한 근면에 의해서 우리의 타고난 능력과 성질이 개선되고 제고되는 정도, 또 우리가 예지와 덕성을 공부함으로써 특히 잘 정돈이 된 사회에서 달성할 수 있는 권위와 행복을 고려해야 할 것이다. 왜냐하면 존재의 사다리에서는 여러 가지 이성적 존재가 있고 그 최저의 것이라 해도, 인간보다 낫다고 믿을 만한 충분한 이유가 있음에도 불구하고 인간은 영광과 명예로 장식되어 좋은 지위를 차지하고 자신에게 꽤 상당한 영역이 할당되고 있는 것을 분명히 알 것이다."

"자연적" 악의 행렬을 동일한 기본 원리로부터 나온 마찬가지의 필연적인 결과라고 드러내 보이게 하기 위해 약간의 재주—라기보다는 차라리 다수 선구자가 피운 재주—를 이용하지 않을 수 없었다. 첫째로 그는 실로 "충만한" 우주에는 반드시 대립이 있음에 틀림없다는 근거에서 이를 증명하려고 하였다. 피조물은 필연적으로 같은 곳에 몰려 있게 되고 서로를 방해하며 결과적으로 상호 대립하게 된다. 이러한 필연성은 물질의 운동에서 그 주요 형태가 나타난다. 물질이 "획일적으로 또 전체적으로 직선이나 원을 그리면서 운동하며 그러므로 운동의 대립이 일어나지 않게 예방 조치를 취해" 신이 물질을 만들었으리라는 것은 이론적으로 가능하였다. 그러나 그와 같이 단순하고 조화로운 물질 체계는 또 불모不毛·무익한 것임에 틀림없었다고 우리는 확신한다.

> 따라서 그(물질의 체계) 속에서 그것을 부분으로 나누고 유동적으로 하여 동물의 서식처가 되도록 하는 운동을 일으키도록 되어 있다. 그러나 사물을 생각하는 사람이라면 누구나 인식할 수 있듯이, 거기에는 운동의 대립이 필요하였다. 더욱이 만일 이상의 것이 물질에 관해 일단 인정된다면 부분과 부분의 분열과 불균형, 충돌과 대립, 분할, 응결과 반발 작용을 비롯해 우리가 생성과 부패에서 보는 모든 악이 필연적으로 그 결과로 나타난다.……그러므로 이렇게 응고된 것의 상호 충돌은 회피될 수 없으며, 상호 간에 충돌할 때 부분 부분의 충격과 상호 분리……(즉) 부패가 필연적으로 생길 것이다.[20]

더욱이 존재의 사다리에서 차지하는 인간의 위치란 부분적으로는 물질적

20. *Essay* I, pp.147~149; 「인간론」 제1서간 169~170행.
모든 것은 근원적인 싸움에서부터 존재하고,
그리고 정념은 생명의 근원적인 것.

이며 부분적으로는 정신적인 피조물이 차지하는 위치이기 때문에 인간은 필연적으로 물질의 이러한 충돌에 관련하게 되며 불행히도 그 영향을 받게 된다. 낙관주의자들은 유기물 세계의 "충만"이라는 선입관을 갖게 된 나머지, 때로는 생명을 얻으려고 갈망하는 것들로 가득 차 있는 대자연의 상像, 그 결과 도처에서 벌어지는 생존 경쟁과 관련된 자연의 상—거의 다윈주의적 혹은 맬서스주의적인 자연의 상—을(관념의 당연한 혼동으로 인해) 묘사하기에 이르렀다. 킹은 심지어 천국에도 주택 문제와 비슷한 것이 있다고 우리에게 확신시켜 주고 있다.

> 인간이 천국에서 좀 더 행복한 상태를 즐길 수 있음이 명백하기 때문에 왜 신은 인간을 즉시 천국으로 이주시키지 않는가 하고 당신이 묻는다면……혹은 왜 신은 인간을 어두운 감옥과 같은 지구에 그렇게 오래도록 가두어 놓고 있는가라고 당신이 묻는다면……천국은 이미 여러 거주자로 차 있어서 현거주자의 일부가 더 좋은 곳으로 떠나거나 혹은 어떻든 다른 방식으로 상태를 바꾸어 여유 있는 공간을 마련하기 전에는 새로운 입주자를 편안히 수용할 수 없기 때문이라고 나는 대답할 것이다.[21]

우리는 "고통·불안·죽음의 공포"의 기원 및 인간을 괴롭히는 다른 정념의 기원을 간접적으로 연역하려는 킹의 소박한 추론에 관해 더 이상 언급할 필요가 없다. 다만 이 우주가 있을 수 있는 가능한 우주 중의 최선의 것이라고 주장하는 그의 근거를 요약한 간결한 악의 계보를 인용하는 것으로 충분하다.

21. *Essay* I, p.134.

무한한 선성善性이 신에게 최선을 다하라고 늘 촉구하지만, 그 반면에 어떻게 악이 발생하고 상호 간에 증가하는지를 보라. 이 때문에 신은 불완전함과 불평등함이 없이 존재할 수 없는 피조물을 만들었다. 또 이 때문에 신은 물질을 창조하고 운동하게끔 했으며, 이 운동에는 분리와 붕괴, 발생과 소멸이 필연적으로 따른다. 이 때문에 신은 영혼을 신체에 결합시키고 그 상호 간에 애정을 주려고 생각하였다. 그로부터 고통과 슬픔, 증오와 공포 그리고 그 밖의 모든 정념이 발생했는데 이는 모두 다 ……필요하다.[22)]

이러한 낙관주의의 논리는 원시불교가 비관주의의 신조를 요약한 공식의 일부와 매우 유사하며 쉽사리 이것을 대체할 수 있을지도 모른다.

여러분 모두가 기억하는 바와 같이, 19세기 중기의 영국에서 가장 인기 있는 신정론의 저자는 "먹이의 피로 이와 발톱이 붉게 물든 대자연"의 광경에서—즉, 모든 들과 숲의 표면적인 아름다움 뒤에 숨어 있는 시시각각의 냉혹함과 작은 무언의 비극과 같은 보편적 투쟁에서—묘한 느낌을 받는 어려움을 느꼈다. 그러나 전형적인 18세기 신정론의 저술가[킹]에게는 대자연의 이러한 양상도 별문제가 되지 않았다. 그가 테니슨과 마찬가지로 이러한 양상을 보지 못한 것은 아니었다. 그러나 충만의 원리라는 보편적 해결책이 다른 경우와 마찬가지로 여기에서도 도움이 되었다. 의심할 바 없이 킹은 신이 단지 육식 동물의 창조를 삼가함으로써 우주를 이러한 공포로부터 면하게 할 수 있었다는 점을 인정하였다. 그러나 다시 말하거니와 이는 생명체가 덜 충만된 세상을 의미했었을 것이다.

22. 같은 책 I, p.176. 자연 악의 필연성에 관한 충만의 원리에 입각한 논의는 통일적인 일반법칙의 불가결성으로부터 도출되는 논의에 의해 보완되고 있다. 예를 들면 I, PP.150~153, pp.196~197. 「인간론」 제1서간 145행 이하를 참조할 것.

생명을 가진 존재는 갖지 못한 존재보다 더 바람직하다. 따라서 신은 상대적으로 더 완전한 동물에 양식을 제공하는 기계에 생명을 불어넣었다. 이는 자비롭고 선견지명이 있는 일이었다. 왜냐하면 이 방법으로 신은 다른 동물의 먹이가 되는 동물만큼이나 많은 생명을 이 세상에 살 수 있도록 했기 때문이다. 왜냐하면 이 방법으로 그들은 일정한 생명을 누리고 기타의 동물에게도 도움이 되기 때문이다……인간의 자양분이 되기에 알맞은 물질도 생명을 가질 수 있다. 그러므로 만일 신이 그것에 생명을 부여하지 않았다면 신은 자신의 주요 계획에 아무런 지장을 받지 않고 만들어 낼 수 있었을지 모를 만큼의 선善을 빠뜨리게 되는 것이며, 이것은 무한한 선성에 대해서는 매우 적당하지 않은 것으로 보인다. 따라서 비록 후에 먹힌다 할지라도 전혀 우둔하고 비활동적인 상태로 계속 있느니보다는 잠시라도 생명이 부여되는 편이 더 나을 것이다……그러므로 동물 상호 간에 있는 보편적인 투쟁이나 약육강식에 놀라지 않도록 하자.[23]

가축을 도살용으로 키우는 것과 같은 특별한 경우에 이 논리를 적용한 것도 역시 킹이 한 일이었는데, 이는 포우프다운 혐오에 찬 몇 줄의 시의 주제를 포우프에게 마련해 주었다. 즉, 인간은

자신의 먹이를 위해 동물에게 잘 먹여,
그 생존에 종지부를 찍기까지 동물에게 축복을 받게 한다.

고기를 먹는 종이 전례前例가 있는 피조물 종류에 속한다는 것은 부인할 수 없다. 더욱이 만일 〈대자연〉이나 그 〈조물주〉의 장점이 극히 단순히, 가

23. *Essay* I, pp.183~185.

능한 한 많은 종류를 만드는 데 있다면 이러한 동물의 생존을 정당화하기 위해서 더 이상 말할 필요가 없을 것이다. 로가 찬탄하면서 인용한 또 다른 당시대의 신학자 한 사람의 말에 따르면 "이 방법으로 더 완전한 종류의 피조물이 존재할 여지가 있고 동시에 창조의 다양성이 확대될 뿐 아니라 조물주의 선성이 증명될 것은 명백하다."[24] 단순한 다수가 축복받았다는 믿음을 촉구하는 신정론의 경향과 동시에 어떤 대가를 치러서라도 "서로 다른 성질"을 풍부히 갖는 중요성을 이보다 더 잘 예증한 적은 없다.

그러나 비록 우주의 선성의 기준이 단지 피조물의 다양성뿐 아니라 우주가 포함하고 있는 〈삶의 기쁨〉의 양에 달려 있다고 가정한다 하더라도, 킹의 또 다른 하나의 논리에 의하면 육식 동물의 창조는 여전히 합리화될 수 있다. 동물은 "행동이나 능력 행사를 즐거워하는 성질을 지니며, 우리는 신 자신에게도 이 이외의 다른 행복의 관념이 있다고 할 수 없다." 그러나 창조 이전에 생각할 수 있는 즐거운 활동 중에는 육식 동물이 먹이를 얻는 데 관련될지도 모를 활동이 있었다. 그렇다면 약한 종류가 쫓기고 먹히는 일시적인 고통을 피하기 위해서 왜 이러한 강렬하고 적극적인 즐거움이 없어야 한단 말인가? 〈신의 무한한 힘〉이 그러한 능력을 갖춘 동물을 만들어 낼 수 있었기 때문에 명백히 그의 "무한한 선성"으로 인해 "신이 부득이 그러한 동물에게 삶의 혜택을 거부하거나 시기하지 말도록 하지 않을 수 없었다고 생각될 수 있다." 이 대주교[킹]는 가상적 비평자에 대해 부드럽게 말한다. "사

24. J. Clark, *Discourse Concerning Natural Evil*(1719). 마찬가지의 논의가 플로티노스의 「에니네아데스」 III, 2장 15절에 있음. 18세기에 이르러서도 Goldsmith는 특히 이 논의를 여전히 반복하고 있었다. 그의 「평론집」(*Essays*, 1767), p.132 및 Crane 편의 *New Essays by Oliver Goldsmith*, p.34에 재수록 된 1760년의 에세이를 보라. 내가 알고 있는 이 논의의 가장 정교한 설명은 *A Philosophical Survey of the Animal Creation, wherein The general Devastation and Carnage that reign among the different Classes of Animals are Considered in a new Point of View; and the vast Increase of Life and Enjoyment derived to the whole from this Institution of Nature is clearly demonstrated. Translated from the French*, Dublin, 1770에 있다.

자가 발톱 없이 만들어지고 독사가 독 없이 만들어질 수 있었을 것이라고 당신이 주장한다면, 나는 당신의 주장이 칼날 없는 칼과 같다고 인정할 것이다. 그러나 그렇다면 그 동물은 아주 다른 종種에 속하게 되었을 것이며 〔즉, 〈존재의 연쇄〉에서 잃어버린 고리가 있는 것이 되며〕 그 동물이 현재 향유하고 있는 어떠한 성질도, 소용도, 적성도 지니지 못하게 되었을 것이다." 사자의 희생물(밥)에 관해서는 만일 그것이 이성적 동물이라면 자기가 사자의 "특별한 재능"이 기분 좋게 발휘되도록 하고 있다는 생각으로 〈조물주〉가 즐거워하는 것처럼 즐거워할 것이 틀림없으며 혹은 불문곡직 즐거워해야 할 것이다. 만일 그 희생물에게 이성이 부여되어있지 않거나 혹은 그 희생물이 너무 비천한 정신을 갖고 있으므로 커다란 철학적 물질관을 취할 수 없다면 그 고통을 위안하는 통찰력은 만사가 순조로운 사리에 따라 낙관주의적 대주교들에게 대신 발휘하도록 되어 있다.[25]

명백히 이 온후하고 독실한 성직자는 신이 인간에게 한 일을 정당화하려는 노력의 과정에서 그리스도교의 설교가로서는 보기 어려운 신의 관념뿐만 아니라 궁극적 가치에 대한 관념에 도달하고 말았다. 물론 킹은 자신의 신이 사랑의 신이라고 말하려고 했었지만, 이 용어는 그에게는 이상한

---

25. 킹 자신의 경험에 비추어 하기 쉬운 각별한 악, 예컨대 "우리에게 달라붙는 병 중에 가장 괴로운 것인 통풍"—그리고 사실상 이 단호한 낙관주의자는 근 반세기 동안이나 잔혹하게 괴로움을 받다가 그의 전기 작가에 의하면 통풍의 발작으로 죽었다(Sir C.S. King의 William King 전기, 1906년판, p.14와 그 밖의 각 면을 보라)—과 같은 개별적인 악을 킹은 똑같이 "필연적"이라고 간주하고 결과적으로 승인하고 정당화할 용의가 있다고 첨언하는 것만이 공평할 것이다. 대주교[킹]가 반드시 교훈적인 것은 아니라 해도 스포츠맨 같은 투로 말하기를, 통풍에는 대체로 그 고통을 눌러 이기는 만큼의 보상이 있다는 것이다. "누가 감각의 즐거움을 잃는 것보다는 오히려 그것을 견뎌 내지 않을 것인가? 대부분의 사람은 어떤 고기를 먹거나 여러 가지 음료를 마시는 데 몰두하면 그것에 걸린다고 알고 있다. 그렇지만 그렇다고 해서 그것을 만드는 사람은 없으며, 많이 먹고 마시는 것이 가져오는 즐거움을 잃기보다는 통풍을 견디는 편이 더 낫다고 우리는 생각하고 있다."(I, p.177) 그러한 대가를 지불해서만이 이러한 즐거움을 얻을 수 있다는 것이 왜 선험적으로 "필연적"인가는 결국 애매한 채로 남아 있다.

의미를 지니게 되었음에 틀림없다. 「악의 기원에 관하여」에서 신은 자신이 만든 피조물 간의 평화와 조화를 좋아했다기보다, 또는 그들이 고통을 면하기를 바랐다기보다는 생명의 풍부함과 다양함을 더 좋아하였다. 요컨대 양은 물론 사자도 그는 사랑하였다. 그리고 사자를 사랑하면서도 그는 사자가 그 "천성", 즉 사자의 플라톤적 이데아—그것은 양을 잡아먹는 것을 의미하지, 양과 함께 자는 것을 의미하지 않는데—에 어울리는 행동을 하기를 바랐다. 더욱이 이러한 선택에서 신의 "선성"은 가장 명백히 나타나는 것으로 가정하였다. 그러므로 "선성"은 이 경우 조화와 행복보다는 차라리 주로 유한한 존재의 충만과 다양성을 즐거워하는 것을 의미한다. 킹과 그의 편집자도 자신의 논리로 인해 그와 같은 근본적인 가치의 전도에 스스로가 얼마만큼 깊이 관련되는가에 관해서는 단지 때때로 또 막연하게나마 의식하고 있는 것 같다. 그들은 "신의 선성"에 관한 이상과 같은 관념과 상대적으로 더 인습적인 관념 사이에서 어느 쪽에 치우치지 않고 대체로 자신의 전제에 내포된 역설적인 의미에 대해 가볍게 언급했을 뿐이다. 그러나 그들은 때때로 이러한 전제와 그리스도교 신앙의 어떤 전통적 요소 사이의 모순에 대한 약간의 불안감을 드러내고 있다. 예를 들면 인간의 타락 이전의 지상낙원에서, 또한 선민選民을 기다리는 천국의 낙원에서도 이러한 신학자들이 "신의 선성"이란 필수 조건에 따라 "필연적"이라고 열심히 입증하려 한 악의 대부분이 사실상 존재하지 않았다는 것은 그리스도교 신앙의 일부였다. 그러므로 낙원의 상태는 선하지 않거나 그렇지 않다면 결국 선한 "우주 체계"란 신정론의 저술가들이 생각하는 만큼의 많은 악과 많은 불완전함을 필수 조건으로 하지 않거나, 아니면 그 어느 한 쪽이어야 한다는 어색한 딜레마를 회피하기 어려운 듯이 생각되었다. 킹은 이 난점을 불충분하게나마 해결하고 있다. 사실상 그는 에덴동산에서 인류 선조의 행복은 어느 정도 과장된 것이었으리라고 말하지 않을 수 없었다. "낙원에서 아담에게 고통이나 정욕이 전혀 없었다고는 생각되지 않으며" 오히려 "그는 죽음을 불러올 수도 있을 고통으로부터 면제되었을 뿐이며 더욱이 더 좋은 곳으로 옮길 때까지 잠시 동안만 그러하다고 생각된다."[26]

킹의 추론에서의 결론은 (일관성 있게 행해지고 있는 한) 놀라운 것이 아니다. 광범한 경험의 사실에 대해 먼저 자신의 눈을 감지 않고 신정론을 주장하는 자는 현재 있는 그대로의 사물의 신을 신앙의 대상으로 하지 않을 수 없다. 더욱이 있는 그대로의 사물이란 무수한 자연적 병폐 전체를 포함하고 있기 때문에 선의 관념을 바꾸어 이러한 병폐는—그 자체로서 고려될 경우 실로 선이 아니지만—그 실현이 신의 본질적인 성질을 아주 충실히 명시하는 어떤 최고선에 내포되어 있다고 논할 수 있도록 해야 한다는 것이다. 일종의 가치 이론으로서 취급할 때 충만의 원리는 이러한 선의 개념을 무리하게 수정한 필연적 결과는 아니라 해도 당연한 결과였다. 있는 그대로의 대자연의 조물주가 주로 소중히 여기는 것은 경험적 근거에서 볼 때 인간이 보통 희망하며 낙원의 꿈속에서 스스로 묘사한 바 있는 사물과 동일하다고 생각하는 것은 확실히 있을 수 없었다. 가장 일반적인 의미로 진술

26. *Essay* I, p.176. 또는 pp.148~149 참조할 것. 소움 제닌스는 「저작집」(1790) II, p.6의 〈자유논고 기타〉의 서문에서 같은 난점과 맞싸우고 있다. 그 논의에 대해서는 단지 하나의 실질적인 반론이 촉구되고 있다. 그 반론이란 다음과 같다. 즉, 악의 필연성을 용납할 여지를 두기 위해서 낙원의 상태가 정말로 존재한다는 것은 항상 있을 수 없는 일이라고 표현되고 있다는 것이다. 그리하여 결과적으로 낙원의 상태에 관한 모세의 이야기는 완전히 논파되었다. 제닌스의 답은 첫째로 "그러한 이야기를 문자 그대로 믿는 것이 그리스도 교도의 참다운 신앙에 필수적이다"라는 것인지 아닌지에 관해 약간의 의문을 제기하는 것이며, 둘째로 모세의 역사는 "모든 악이 결여된 절대적인 완성의 원조적 상태"를 묘사하고 있지 않다고 주장하는 것이다. 왜냐하면 모든 악의 부모[원천]가 이 역사의 주요 등장인물 중 하나이기 때문이다. 또 다른 곳에서 제닌스는 원시주의적인 가설 전체를 우리가 알고 있는 악 모두가 영원히 필연적이라는 설과 서로 맞지 않는다는 근거로 거부하고 있다. "인간이 창조주의 수중에서 완전한 상태로, 즉 가능한 모든 완전함을 갖추고 나왔다는 것은 잘못된 관념"이며 악의 기원을 알지 못하는 사람들, 즉 "존재의 사다리 속에서는" 항상 "인간과 같은 모든 결점을 갖춘 피조물이 없어서는 안 된다"는 것을 이해하지 못한 사람들에게만 가능한 관념이다(같은 책 p.71).

되는 경우에 이러한 낙관주의자들의 추론이 뜻한 특이한 의미를 함축하는 역설은 충만의 원리 자체의 본질에 관한 가정이라 할 것이다—즉, 〈한 사물의 존재가 바람직하다는 것은 그것이 빼어난 것이다라는 것과는 아무런 관계가 없다〉는 가정이다.

악의 문제에 관한 킹의 한층 더 높은 수준의 고찰은 그 안에 〈존재의 연쇄〉 관념이 그다지 크게 부각되어 있지 않으므로 여기서는 다루지 않기로 한다. 그 관념은 실로 그보다는 더 일관성 있게 크게 부각될 수도 있었을는지 모른다. 왜냐하면 이미 지적한 원칙에 따라 킹이 다루지 않은 종류의 악, 즉 도덕적 악은 "결함이란 악"의 특수한 경우로 당연히 간주될 수 있었을지 모르기 때문이다. 존재의 사다리에서 인간이 차지하는 위치에는 합당한, 각별한 맹목성과 나약성을 지니고 있는 동시에 킹이 우리의 심리적·생리적 구조와 필연적으로 불가분의 것이라고 제시한 정념을 따르지 않을 수 없는 피조물은 빈번히 "그릇된 선택"을 하지 않을 수 없는 것같이 생각된다. 실로 킹은 거기까지는 인정하지 않을 수 없었다. 우리의 무지함과 필연적인 불완전함에 기인하는 행동의 과오는 많고, 더욱이 그것은 "생래의 악"으로 분류되어야 하며, 동일 종류의 다른 악과 같은 방식으로 설명되어야 한다. 그러나 이런 식으로는 설명할 수 없는 "타락한 의지"에 기인하는 "도덕적 악"은 여전히 남는다. 이 주제에 관해 킹은 대체로 상투적인 논리를 반복하고 있다. 볼링브로우크는 이 점에서 대주교를 따르지 않았으나 도덕적 악의 필연성을 충만의 원리로부터 직접 끄집어냈다. 만일 윤리적인 "자연법"을 항상 따르도록 인간이 만들어졌다면 "인류의 도덕적 상태는 낙원의 상태였겠지만 인간적이진 않았을 것이다. 우리는 그렇게 계획된 피조물이 아니었을 것이며 창조된 지적 존재의 질서에는 빈틈이 남게 되었을 것이다."[27] 이율배반적인 함축된 의미가 충분하리만큼 명백한 충만의 원리를 이와 같이 적용

27. 「단상 또는 에세이 비망록」 §XVI.

하는 데 있어서 스피노자와 같은 성인다운 철학자는 볼링브로우크를 앞지르고 있었다.

> 왜 신은 모든 인간이 오직 이성의 인도에 따라 지배되도록 창조하지 않았는가라고 묻는 자들에 대한 나의 대답은 오로지 다음과 같은 것이다. 신은 가장 완전한 것에서 가장 불완전한 것에 이르기까지의 모든 사물을 창조할 재료를 갖추고 있었기 때문이다. 더 적절히 말하면 신의 본성에 관한 법칙은 무한한 예지를 통해 상상할 수 있는 모든 사물을 생산하기에 충분할 만큼 풍부했기 때문이다.[28)]

이것은 포우프가 후에 시로 쓴 논리를 한 걸음 더 나아가게 한 것이었다. 최상의 우주 체계는 가능한 한 "충만해" 있지 않으면 안 되기 때문에

> 이성을 갖춘 생명체의 사다리에는 어디엔가
> 다음과 같은 계단이 있음에 틀림없다.[*]

이 계단이란 인간뿐 아니라 사람들 중에서도 바보와 악행자까지를 말한다.

라이프니츠의 신정론에서 가장 본질적인 점은 그의 선구자[영국의 신정론자들]의 것과 동일하다.[29)] 또한 이 대주교[킹]의 "지식과 우아함이 가득 찬

28. 「윤리학」 1부의 끝.

* 같은 책 제1서간 47~48행.

29. 라이프니츠에 대한 킹의 영향 혹은 킹에 대한 라이프니츠의 영향에 관한 의문은 없다. 「신정론」은 1710년, 즉 「악의 기원에 관하여」의 8년 후에도 출판되지 않았지만 그 대부분은 1697년과 1705년 초 사이에 쓰였다. 그리고 거기에 쓰인 관념은 오랜 동안에 걸쳐 라이프니츠에게 잘 알려져 있었다. 라이프니츠의 「철학 저작집」 VI, pp.3~10의 Gerhardt의 서문 참조할 것.

아름다운 작품"을 인정·요약하면서 라이프니츠는 그 속에 포함된 신학적 역설을 의미 있게 강조하였다.

> 왜 신은 사물의 창조를 일체 삼가하지 않았는가?라고 어떤 사람은 묻는다. 신이 갖는 풍부한 선성이 그 이유라고 저자는 잘 대답한다. 불완전한 것은 신에게 충격을 줄 것이라고 우리가 가정할 때 신은 섬세하다고 상상하게 되는 셈인데, 그러한 섬세함을 희생해서까지 신은 자기 자신을 전파시키길 원하였다. 그러므로 신은 아무것도 존재하지 않는 것보다는 불완전한 것이라도 존재하는 쪽을 선택하였다.[30]

이러한 현실의 우주 〈창조주〉는 단지 완전성만을 배려하는 "섬세"거나 신경질적인 신이라고 생각될 수 없다—더욱이 사실상 자신의 창조행위에서 더 꼼꼼하게 선택적이었다면 신은 그것 때문에 신다운 점을 상실한 것을 스스로 드러냈으리라—는 의미를 이와 같이 강조함으로써 처음부터 충만의 원리의 잠재적인 결론은 이례적으로 선명하고 솔직하게 표현되고 있다. 또한 일반적으로 말해 이 독일 철학자[라이프니츠]는 낙관주의에 이런 방식으로 내재하고 있는 가치 이론을 전개함에 있어서 영국 국교 신학자[킹]보다 더 솔직하고 더 열렬하며 낙관적이었다. 낙관주의자들이 창조에서의 신의 목적이라 생각되는 것을 설명하는 경우 적용한 바 있는 가치 기준과 인간 생활과의 유사점에 관해서 라이프니츠는 현명하게 말하였다.

30. 「철학 저작집」 VI의 「신정론」 p.400 ff. 이하에 부록으로 된 "영국에 있어서 최근 발행된 악의 기원에 관한 책에 대한 논평." 라이프니츠는 〈주제의 절반에 대해서만〉 킹에 찬성한다고 말하고 있다. 불찬성은 주로 자유와 필연에 관한 킹의 장章에 관해서이다. 그 장에서는 (그의 낙관주의의 논거와 전혀 모순되는 것이지만) 신은 우주를 창조할 때에 자유롭게 마음 내키는 대로 판단을 행사했다고 주장하고 있다.

〈예지는 다양함을 요구한다.〉 동일한 사물만을 많이 만드는 것은 아무리 고귀한 일이라 해도 쓸데없는 일일 것이다. 그것은 일종의 빈곤일 것이다. 당신의 장서에 천 권의 잘 장정된 베르길리우스*의 책이 있다는 것, 카드무스와 헤르미오네**의 오페라의 아리아만을 부르는 것, 황금의 잔만을 소유하려고 도기를 모두 깨버리는 것, 모든 단추를 다이아몬드로 만드는 것, 메추라기만을 먹는 것, 헝거리와 쉬라즈***의 포도주만을 마시는 것—이런 것들을 어느 누가 합리적이라고 말하겠는가?[31]

사실상 이와 대단히 비슷한 것이 신고전주의적 미학이론가들과 다수의 영향력 있는 도덕가들에 의해 합리성의 본질이라고 다 같이 간주되어 왔다. 전자에 대해서는 베르길리우스의 작품 두 권이 역사상 최악의 서사시 두 권보다 더 가치가 떨어진다는 것이 분명하다고 생각되지 않을 것이며—더욱이 베르길리우스의 작품을 읽은 후에 그 좋지 않은 서사시를 읽는 편이 베르길리우스를 두 번 읽는 것보다 바람직하다고는 생각하지 않을 것이다. 더욱이 대부분의 윤리적 가르침이 애쓰는 명백한 노력의 목적은 인간의 성격과 행위에서의 획일성, 그리고 인간의 정치적·사회적 제도에서의 획일성에 가까이 접근하려는 것이었다. 다양성에 대한 욕구—혹은 그 시간적 형태로서의 변화에 대한 욕구—는 차라리 인간의 비합리적인, 실로 병적인 특성이라고 일반에게 생각된 적이 있었다. 그러나 라이프니츠는 이 욕구를 신 자신의 탓으로 돌림으로써 이 욕구에 일종의 우주적 존엄성을 부여했을 뿐만 아니라 그것이 바로 합리성의 절정이라고 표현하였다.

* Virgil(라틴명 Publius Vergilius Maro, 70~19 B.C.): 로마 시인, 라틴 문학의 걸작이라고 일컬어지는 「아에네이스」라는 서사시를 썼다.

** Hermione와 Cadmus에 관해서는 Thebes의 시조인 Cadmus가 Hermione를 부인으로 삼았다. 이 두 사람을 주제로 한 프랑스 최초의 가극을 Lully가 작곡하였다.(1673)

*** Shiraz는 이란 서남부의 도시.

31. 「신정론」 124장.

이상에서 라이프니츠가 극히 명백하게 도출해 낸, 윤리적으로 중요한 결론은 일반적으로 도덕적 선이라 부르는 것이나, 또는 쾌락이라 부르는 것이나 모두가 이 세상에서 가장 중요한 것이 아니라는 점이다. 요컨대 쾌락주의나 추상적인 도덕주의(예를 들면 칸트나 피히테가 후에 표현한 것과 같은 도덕주의)는 충만의 원리에 내재하고 있는 가치 이론과는 다 같이 상반되는 것이었다. 물론 미덕과 행복은 다 같이 가치 체계 속에서 각각 그 위치를 차지하고 있지만 만일 그것이 최고의 위치라면 신이 현재 그가 만들어 놓은 것과 같은 종류의 세상을 창조했으리라고는 상상할 수 없다.

> 이성적 피조물의 도덕적 선악이나 신체적인 선악은 순전히 형이상학적인, 말하자면 다른 피조물의 완성으로 이루어진 선을 무한히 초월하는 선·악은 아니다.……신의 눈에는 어떠한 것도 절대적으로 귀중하다거나 절대적으로 경멸할만한 것이 없다. 신이 사자보다 인간에게 더 큰 중요성을 부여한 것은 확실하지만, 신이 사자의 전 종속보다 한 사람의 인간을 택한다고 우리가 확신할 수 있을까 하는 것은 나로서는 알 수 없다.[32]

라이프니츠는 「신정론」에서 몇 번이고 이 주제로 되돌아간다.

> 이성을 갖춘 피조물의 행복이 신의 유일한 목적이라 하는 것은 그릇된 공리이다. 만일 그것이 사실이었다면, 아마도 죄나 불행은 심지어 부수물로서도 존재하지 않았을 것이다. 신은 모든 악이 배제된 한 세트의 가

32. 같은 책 118장. 본서의 III장(p.120)에서 인용된, 하나의 천사와 하나의 돌을 비교할 경우, 두 천사의 가치에 대한 토마스 아퀴나스의 말을 참조할 것. 칸트는 1755년에 비록 예는 다르지만 여전히 같은 원리를 설명하고 있었다. 이는 "우리의 눈으로는 무가치한 것일지 모르나 이것보다 우수한 종에 속하는 소수의 종을 보존하기보다는 이 종 전체를 보존하는 것이 자연에 대해서는 중요하다"(「천체의 일반 자연사」, p.127).

능한 존재를 선택했었을 것이다. 그러나 그 경우에 신은 우주에 대해 당연히 해야 할 일 , 즉 자기 자신에 대해 당연히 해야 할 것을 다하지 못했었을 것이다.……마치 유토피아나 세바람베스*에 관한 공상 소설을 창작해 낼 수 있듯이 죄 없고 고통도 없는 존재 가능한 세상을 상상할 수 있는 것은 사실이지만, 이러한 세상은 우리가 사는 세상보다 대단히 열등할 것이다. 나는 이를 상세히는 입증할 수 없다. 당신은 나처럼 결과로부터 추론해 내야만 한다. 왜냐하면 있는 그대로의 이 세상은 신이 선택한 세상이기 때문이다.……미덕은 피조물의 가장 고귀한 특질이지만 피조물의 유일한 선한 특질이 아니다. 신의 마음을 끄는 무한히 다양한 성향은 따로 있다. 그것은 이러한 모든 성향을 전체적으로 합쳐 놓은 데서 생긴 것으로 선한 결과를 최대한 합친 총계이다. 더욱이 만일 미덕밖에 아무것도 없다면, 만일 이성을 갖춘 피조물만이 존재한다면, 현재 있는 것보다는 훨씬 더 적은 선이 존재할 것이다.……미다스**는 황금만을 소유했을 때 덜 부유하였다.[33)]

라이프니츠는 예술 작품에서 미의 창조에 있어서의 비교, 실로 미각이라는 단순한 생리적 쾌감에 있어서의 비교는 반드시 필요하다는 진부한 미학적 논리를 다음과 같이 덧붙이고 있다.

단 것도 그것만 먹으면 맛이 없어진다. 맵고 시고 또한 쓴맛조차도 미

---

* Sévarambes: 프랑스 작가 Denis Vairasse d'Allais(1630~1672)가 저술한 유토피아 소설이며 1675년 *The History of the Servarites or Servarambi*로 출판되었다. 본래 영어로 출판되었으나 곧 프랑스어로 번역·확장되어 1677년 *L'Histoire des Sévarambes(The History of Servarambians)*의 제목으로 출판되었다. 완결된 형식으로 영어로 출판된 것은 1738년에 이르러서였다.

** Midas: 그리스 신화의 왕. 그의 손에 닿는 일체의 것을 황금으로 바꾸는 힘이 있었다.

33. 「신정론」 120장, 10장, 124장, 또는 213장도 참조할 것.

각을 자극하기 위해서는 다 함께 혼합하지 않으면 안 된다. 쓴 것을 맛보지 않은 자는 단 것을 먹을 가치가 없으며 실로 맛조차 모를 것이다.

그리하여 이러한 세밀한 철학자들과 진지한 신학자들 그리고 그들의 추론을 대중화한 포우프와 할러와 같은 시인들은 우주의 선성에 관한 그들의 주장을 궁극적으로 스티븐슨*이 그린 유치원에 있는 어린이와 같은 근거에 두었다:

이 세상은 무수한 사물로 가득 차 있네.

과연 이것이 그들을 반드시 "왕만큼이나 행복하게" 하지 않았다는 것은 사실이다. 그것은 개인적인 기질의 문제였다. 더욱이 실제로 그들 대부분은 사물의 단순한 다양성이나 복수성에 대해 어린이와 같은 강한 기쁨을 갖지 못하였다. 그들은 흔히 그 생래적 취향이나 훈련으로 다소 경박·단순하고 폐쇄적인 우주를 택하게 된 사람들이었다. 요컨대 낙관주의적 철학자들은 대체로 로만주의적 기질을 갖지 않았다. 더욱이 그들이 열심히 입증하려던 것은 실재란 철저히 합리적이라는 것, 즉 모든 존재의 사실은 아무리 기분 나쁘다 해도 수학의 공리만큼이나 명백하고 확실한 어떤 이유에 근거한다는 것 등이었다. 그러나 이러한 야심적인 결론에 이르는 그들의 논리가 갖는 긴급성에 비추어 보아, 그들은 인간 세계에서 가장 널리 통용되었고 철학자들 사이에서도 빈번히 널리 통용되었던 선의 관념과는 극단적으로 다른 선의 관념이 신의 이성의 탓으로 돌리지 않을 수 없음을 알게 되었다. 더욱이

* Robert Louis Stevenson(1850~1894): 스코틀랜드 에딘버러 출신의 소설가·시인. 단지 Stevenson이라 표기되기도 한다. 대표작으로 어린이용 해양 모험 소설 『보물섬』(1883, *Treasure Island*)을 비롯해 『어린이의 시원詩園』(1885, *A Child's Garden of Verses*), 『지킬 박사와 하이드 씨』(1886, *Strange Case of Dr Jekyll and Mr Hyde*) 등이 있다.

그들은 자주 자신들의 본래의 기질이나 의도에 반하여 그들 세대의 사람들에게 모든 가치 기준의 혁명적이고 역설적인 이론을 주입하게 되었다. 그것은 아마도 우리 자신의 시대에서 대단히 로만주의적이고 낙관주의적인 역설의 애호가가 내놓은 다음과 같은 표현으로 요약될 수 있을 것이다.

> 단 한 가지만이 필요하다. 즉, 모든 것.*
> 나머지는 허망 중의 허망일 뿐.

그 결과는 18세기를 마감하는 마지막 10년에 이르러 비로소 충분히 명백하게 되었다.[34] 우리는 그 결과를 살펴보기 전에 이 3대 원리의 역사에서 그 동안 일어나고 있던 다른 새로운 발전에 주목하지 않을 수 없다.

* 이것은 영어의 everything에 관한 패러독스. 이 단어는 형식상 단수이며 실제는 복수의 의미가 있다.

34. 이 계속에 대해서는 본서의 X장을 보라.

VIII. 존재의 연쇄와 18세기 생물학의 양상

18세기 전체를 통해 대부분의 과학자에게는 〈존재의 연쇄〉라는 관념에 내재된 정리定理가 과학적 가설을 수립함에 있어서 계속 본질적인 전제를 이루고 있었다는 사실을 고려하지 않는다면 18세기의 생물과학의 역사는 결코 적절히 파악할 수 없다. 그러나 기타의 다른 사상 영역과 마찬가지로 생명과학 영역에서도 이러한 예로부터의 가설 중에 항상 잠재하고 있는 특정한 함축적 의미는 이제야말로 더 명백히 인식되고 더 엄격히 적용되기에 이르렀다. 18세기의 생물학 이론이 연속의 원리와 충만의 원리를 일반적으로 수용함으로써 영향을 받았거나 혹은 거꾸로 그러한 원리에 대한 새로운 해석을 초래하는 경향이 있었던 세 가지 측면을 우리는 이 강연에서 간단히 살펴보려고 한다. 이 양자 사이의 더 중요한 관계에 대해서는 다음 강연에서 살펴보게 될 것이다.[1)]

1. 이 강연 및 다음 강연의 주제 중 몇몇은 A. Thienemann의 논문 "사물의 단계, 18세기 자연물의 자연적 체계에 관한 시론試論"("Die Stufenfolge der Dinge, der Versuch eines naturlichen Systems der Naturkorper aus dem achzehnten Jahrhundert," in *Zoologische Annalen* III, 1910, pp.185~275)에서 흥미 있게 논의되고 있다. 거기에는 1780년 독일에서 쓰인 무서명·미공간의 "추측된 계단에 따라 조직된 일반 자연사의 개관"이 포함되어 있으며 그 속에서는 당시의 광물학·식물학·신학이 동원되고 대지로부터 삼위일체에 이르기까지의 상세한 자연의 사다리가 구성되고 있다.

1. 우리는 아리스토텔레스 그리고 결과적으로는 중세의 논리학과 박물학에서 대립되는 두 사고방식이 존재했다는 것을 살펴보았다. 첫 번째 사고방식은 자연물, 특히 생물을 상호 간에 정확히 분류하고 명쾌하게 구분하려는 것이었다. (존재물의 영역에 관한 플라톤주의적 이원론은 여전히 영향력이 있었으므로) 〈영원한 이데아〉의 차별성에 대응하는 것으로 상정될 수 있는, 명확히 정의된 종에 따라 동물과 식물을 배열하는 것은 유기물 세계를 연구하는 자의 일차적인 임무였다. 두 번째 사고방식은 종에 관한 모든 관념이 자연 속에 대응물을 전혀 갖지 않은, 편리하기는 하지만 인위적인 구분을 설정하는 것같이 보이게 하는 경향이 있었다. 대체로 근세 초의 생물학에서 지배적인 것은 전자의 경향이었다. 아리스토텔레스의 경향에 반한 르네상스 시대의 천문학·물리학·형이상학의 격한 반동에도 불구하고 자연 종에 관한 이론이 생물학에서는 계속 강력하였다—주로 그것은 의심할 바 없이 그 이론이 관찰의 뒷받침을 받는 것으로 생각되기 때문이었다. 도댕*은 다음과 같이 말하고 있다. "르네상스 이래로 박물학이 적용하게 된 전통적 개념은 일차적으로 아리스토텔레스로부터 유래되었다.……그러므로 16세기 말부터 18세기 말에 이르기까지 하나씩 포개 포함시킨 집단적 단위로 이루어진 계층 조직 속에 동물이든, 식물이든 모든 생물을 분포하는 일은 박물학자들의 마음을 크게 사로잡았으므로 결국 이 일이 그들에게는 스스로의 과학적 과제를 공식화하는 것으로 생각될 정도였다. "최초의 위대한 근대 분류학자인 체잘피노**는 소요학파 철학[아리스토텔레스 철학]에 대한 16세기의 열성적 신봉자였으며 그가 자신의 「식물론」(1583)에서 수행한 일에 착수하도록 한 동기는 대체로 아리스토텔레스의 논리학적

* Francois Marie Daudin(1774~1804): 프랑스의 박물학자.

** Andrea Cesalpino(1519~1603): 이탈리아의 철학자·식물학자·의사. 그의 저서 「식물론」(1583)에서 린네의 분류 체계를 예견하였는데, 린네는 그의 업적에 힘입었다는 것을 인정하였다.

및 과학적 저술에 대한 새로운 연구였던 것으로 생각된다. 17세기 및 18세기 초의 생물학에서 최대의 기념비적 업적인 정교한 "체계"(라고 말한) 대부분이, 자신도 말하는 바와 같이, 대체로 인위적인 분류였다는 것은 사실이다. 그러나 "〈대자연의 조물주〉가 설정한 자연 종"이 실제로 존재한다는 가정은 계속해서 일반적으로 주장되었다. 그리고 자연 종이란 물론 고정된 종이었다. 더욱이 인위적인 체계라 할지라도 과학 사상에서 종의 개념에 독특한 높은 지위를 부여하여 유기체나 그 밖의 자연물을 질적으로 연속된 것의 한 성원으로 생각하기보다는 차라리 명확히 구분된 종류에 속하는 것으로 생각하는 습관을 조장하는 경향이 있었다.

그럼에도 불구하고 이 두 세기[16세기 말~18세기 말]의 사상에서는 종의 전체 개념을 점차 불신하게 되는 두 관념이 작용하고 있었다. 첫 번째는 우리의 일반적 주제와는 그다지 관련성이 밀접해보이지 않는, 로크의 철학에 있는 반유명론半唯名論적인 경향이다. 「인간 이해력 논고」 제3권 제6장에서 그는 "참다운 본질"이 있다고 인정하였다—그가 "참다운 본질"이란 말로 주로 뜻한 바는 "성질", 즉 그것에 대한 "관념"이 필연적으로 다른 속성에 대한 관념을 선험적으로 함축하고 있는 그런 속성이며, 그 결과 이러한 한 가지의 "성질"은 다른 성질과 본질적으로 분리할 수 없다. 사실 이것이 그렇다면 그 정의가 임의적이거나 우연한 것이 아니라 사물의 본성에 내재하는 유개념類概念이 생기는 것이다.[2] 로크는 이러한 참다운 본질에 관해 〈조물

2. 앞의 책, III, ch.6, §§3, 6. "이러한 참다운 본질이라고 말할 때 내가 의미하는 것은 명목적 본질 속에 결합되어 있으며 또한 그 본질과 공존한다는 것이 항상 알려져 있는 그러한 모든 성질의 기초가 되는 사물의 참다운 구조이다. 그리고 그것은 모든 것이 그 자체의 본질 안에 갖고 있는, 그 외부의 것과는 아무런 관계도 없는, 그러한 특별한 구조이다.……사물의 참다운 본질에 관해서, 우리는 그것이 무엇인가를 정확히 알지는 못하지만, 단지 그 존재를 상정할 뿐이다. 그러나 그것을 종에 결부시키는 것은 명목적 본질의 기반이며 근거라고 추정되고 있다"(§6). 이 구절은 철학사를 쓰는 사람들이 거의 보지 못한 로크에 관한 사실—즉, 인식론에서 그는 본질적으로 플라톤주의자라는 것—을 나타낸다. 그러나 물질적 사물의 경우 로크는 속성의 필연적인 공내속共內屬과 단지 우

주〉가 확실히 알고 있었으며 천사들도 아마 알고 있었을 것이라고 믿었다. 그러나 우리 인간에게는 (수학적인 수의 본질이나 도덕적 속성의 본질을 예외로 한다면) 이러한 본질에 대한 지식은 알려지지 않았다. 따라서 종에 대한 우리의 관념은 단순한 "명목적 본질", 즉 정신에 의해 조립되어 자연물 사이의, 아무런 결정된 목적과 내적인 구별에 대응하지 않는 속성에 대한 관념 결합체에 불과하다. "우리가 물질을 명칭에 따라 종으로 구분하는 것은 물질의 참다운 본질에 전혀 바탕을 두고 있지 않다. 더욱이 우리는 본질적인 내적 차이에 의거하여 물질을 정확하게 결정하고 종으로 분류한다고 할 수도 없다."[3] 로크는 말하기를 "자연은 개별적 존재물을 끊임없이 만들어 내지만 항상 새롭고 다양하게 만들지 않으며, 서로 간에 비슷하고 가까운 것으로 만든다는 것을 나는 부인하지 않는다. 그럼에도 불구하고 내 생각으로는 인간이 분류하는 종 상호 간의 경계선은 인간에 의해 만들어진 것이 사실이다"라고 하였다. 그리하여 생물학적 분류는 단지 말뿐이며 언어 사용상 편의에 관한 배려가 바뀜에 따라 상대적이다. 로크는 "왜 〔털이 많은 종의〕 푸들이나 사냥개가 스파니엘*과 코끼리만큼이나 명확히 구분되는 종이 아닌가"를 이해하지 못했으며 "동물 종의 경계가 우리에게는 이렇듯이 불확실하다"고 말하였다.[4] "인간"이라는 명목적 본질조차도 모호하고 변화하는 중요성을 가진 용어로서 "자연에 의해 설정된 정확하고 불변하는 경계"에 상응한다고 상정될 수는 없다. 사실상 "인간에게는 자연에 의해 만들어졌거나 확립된 것이 전혀 없음은 명백하다."[5] 그렇다면 "이것은 인간이다,

---

연적인 공간의 논리적 구별을 제1성질과 제2성질 간의 형이상학적 구별 및 지각 가능한 큰 물질과 지각 불능의 미소한 물질의 구성 요소간의 물리적 구별과 혼동하고 있다(같은 책 §2).

3. 같은 책 §20.

* 스페인 원산의 소형종 개로 귀가 길게 처지고 털은 비단결처럼 부드럽다.

4. 같은 책 §§38, 27.

5. 같은 책 §27.

이것은 개코원숭이이다라고 우리가 말할 수 있는 것"[6]은 단지 우리가 만들어 낸 어떤 임의적 정의에 의한 것으로서 "〈종〉이라든가, 〈속〉이라든가에 관한 일은 모두 이렇다고 나는 생각한다."

그러나 연속의 원리도 이와 비슷하게 직접 동일한 결론에 이른 경향이 있다는 것은 이미 위에서 논한 많은 것에 비추어 볼 때 명백하다. 더욱이 이 원리는 그 배후에 훨씬 더 큰 전통을 갖고 있었으며 또한 18세기 초기와 중기에 가장 큰 영향력을 행사한 두 철학자인 라이프니츠와 로크가 이 원리를 대단히 중시했기 때문에 그러한 경향은 더욱 강하였다. 그 결과 당시 최고의 박물학자 중 몇몇은 종의 개념을 부인하였다. 뷔퐁은 「박물지」(1749)의 서론에서 분류학자의 모든 시도를 공격하였다. 그는 말하기를 "자연에 근거한" 종의 정의를 찾으려 하고, 동시에 이에 따라 "자연에 근거한" 분류 체계에 도달하려는 모든 시도의 바탕에는 "형이상학적 오류"가 있다는 것이었다. "이 오류는 점차적 이행으로 언제나 생기는 자연 과정을 이해하지 못하는 것에 기인한다.……가장 완벽한 피조물로부터 가장 형체 없는 물질에 이르기까지 거의 감지할 수 없는 단계에 따라 내려가는 것은 가능하다.……이러한 감지할 수 없는 미묘한 변화가 자연의 위대한 작용이다. 이 변화는 모든 종의 형태와 크기에서만 나타나는 것이 아니라 운동·발생·계승에서도 보인다.……(그리하여) 자연은 알 수 없는 단계를 통해 진행되므로 이러한 분류[종과 속]에 전적으로 따르지는 않는다.……다수의 중간 종을 비롯해 반은 어느 한 강綱에, 다른 반은 또 다른 강에 속하는 물체가 무수히 많이 있을 것이다. 종류의 물체에게는 어떤 지위를 부여할 수 없으므로 필연적으로 보편적 체계를 향하는 시도를 헛되게 한다." 그러므로 뷔퐁은 종의 개념이 인위적이며 따라서 생물학자에게는 해로운 개념이라고 결론짓고 있다.

6. 같은 책 §36.

일반적으로 자연의 산물의 경우 분류 구분을 많이 늘리면 늘릴수록 진상에 가까워진다. 왜냐하면 실제로 자연에는 개체만이 존재하기 때문이다.[7]

물론 뷔퐁은 이 입장을 곧 포기하긴 하였다. 잡종의 불모성不毛性에서 그는 종이 객관적·기본적 실재라는 증거를 발견했다고 생각하였다. 즉, 실로 종은 "자연 자체만큼이나 오래되었고 영속적이며 〈자연의 유일한 존재〉"이고, 그 반면 "어느 종이든 개체는 우주에서는 무無이다." 종은 "수와 시간으로부터 독립된 통일체, 그리고 항상 살아 있는, 항상 같은 통일체이다. 그리고 피조물 속의 하나로 계산되고 그러므로 창조의 한 단위를 구성하는 통일체이다."[8] 비록 그는 후에 이 문제에 관해 동요하긴 했으나, "참다운" 종의 차이를 검토하는 과학적 시금석을 발견했다고 생각했는데 이 발견으로 그가 처음에는 강력하게 지지한 경향에 대해 한동안 매우 큰 반작용이 일어났다.[9] 그러나 보네는 뷔퐁이 포기한 경향을 택하였다. 보네는 연쇄의 연속성에 관한 관습적인 표현을 반복하면서 종과 같은 그런 것은 없다는 결론을 다음과 같이 명확히 이끌어 내고 있다.

만일 자연 속에 빈틈이 없다면 우리의 분류는 자연의 분류가 아님이 명백하다. 우리가 하는 분류는 순전히 명목뿐이며 우리는 그 분류를 우리 지식의 필요와 한계에 대응하는 상대적 수단으로 간주해야 한다. 우리의 지성보다 더 높은 지성[신]은 매우 멀리 벌어진 속屬의 두 개체 사이

7. 「박물지」 I(1749), pp.12, 13, 20, 38.

8. 같은 책 XIII(1765), p.1.

9. 잡종의 불모성에 관해서 뷔퐁은 이제 이렇게 쓰고 있다. "이 점은 박물학에서 우리가 소유하는 가장 고정된 점이다. 존재물을 서로 비교할 때에는 우리가 보는 유사점과 상이점 등은 그만큼 참다운 것도 아니며 또 확실한 것도 아니다. 그러므로 이러한 간격은 우리의 작업 속에서 보이는 경계선에 불과하다"(「박물지」 XIII, 같은 곳).

에서 우리가 발견하는 것보다 아마도 우리가 동일종에 분류하는 두 개체 사이에서 더 큰 다양성을 인식할 것이다. 그러므로 지성[신]은 우리가 살고 있는 세계의 사다리 속에서 개체의 수만큼이나 많은 단계를 보고 있는 것이다.[10]

박물학에 관한 통속적 개론의 저자 골드스미스가 종의 개념은 과학적으로 받아들이기 어렵다는 이 이론을 채택해 전파시키는 데 기여하였음은 기억되어야 할 것이다. 자연의 물체 간의 "구분"은 모두 "완전히 임의적이다. 한 종류의 존재와 다른 종류로 가는 차례의 단계는 알기 어려운 것이어서 각각의 경계에 확연히 선을 긋는 일은 불가능하다. 천문학자가 지구 표면에 그어놓은 선처럼 이 지구의 주민 사이에 만들어지는 모든 구분은 자연이 아닌 우리 자신의 짓이다."[11] 무수히 많은 다른 예를 들 수도 있겠으나 이렇게 예만을 열거하는 일은 지루할 것이다.

이와 같이 인간이 기타 동물과 분리되어 있다는 의식은 물론이거니와 종이라는 의미에서 생각하는 일반적 습관은 18세기에 무너지기 시작하였다. 그 이전의 어떤 다른 시대보다도 연속의 원리가 제일의 기본 진리로 간주된 시대에서 그것은 부득이한 일이기도 하였다. 더욱이 이 변화는 과학과 다른 사상 영역에서도 의미 있는 변화였다.

2. 자연 종에 대한 믿음을 명확히 부인하지 않은 그런 생물학자들에게도 연속의 원리는 의미 깊은 결과를 낳지 않는 것이 아니었다. 이 원리 때문에 박물학자들은 연쇄 속에서 "잃어버린 고리"로 보이는 것을 메울 종류를 탐구하게 되었다. 이러한 가설의 생물학적인 표현 형태에 대한 비판자들은 대체로 이 가설이 요하는 많은 고리가 빠져 〈있다〉는 근거로 이 가설을 공

10. 「자연의 관조」(2판, 1769), I, p.28.

11. R. Brookes, *A New and Accurate System of Natural History*에 대한 Goldsmith의 서평(*The Monthly Review* XXIX, October, 1763, pp.283~284)에서 인용.

격하였다. 그러나 이러한 고리 빠진 빈틈이란 단지 표면적인 것에 불과하다는 견해가 더 받아들여지고 있었다. 라이프니츠가 주장했던 바와 같이 이 빈틈은 단지 그 당시의 자연에 대한 지식의 불완전함이나 혹은 그 체계의 —아마도 저급의—많은 구성 요소가 미소微小하다는 점에 기인하는 데 불과하였다. 이리하여 형이상학적 가설은 과학적 연구를 위한 프로그램을 제공하였다. 따라서 이 가설은 18세기의 동물학자 및 식물학자 그리고 특히 현미경 사용 학자의 연구를 크게 자극하였다. 새로운 형식의 발견은 모두가 자연 속에서 서로 관계가 없는 고립된 또 다른 하나의 사실의 출현으로서가 아니라 그 전체 계획이 사전에 알려져 있는 체계적 구조의 완성을 향한 단계로서, 즉 사물에 대해 일반적으로 인정되어 있고 지녀 왔던 우주상宇宙像의 진실에 관한 경험적 증거의 또 다른 한 부분으로서 간주될 수 있었다. 그러므로 존재의 연쇄라는 이론은 비록 순전히 사변적이고 전통적인 것이긴 했지만 반세기 전에 원소의 주기율표 및 원자량표가 화학 연구에 대해 미쳤던 것과 비슷한 영향을 이 시기의 박물학에 미쳤던 것이다. 왕립 협회의 제1대 역사가(1667년)가 플라톤주의적 동기와 베이컨식의 동기가 어울린 흥미로운 구절에서 기술하고 있는 바에 의하면 왕립 협회의 일반적 목표는 〈존재의 연쇄〉 속에 합당하게 배열하기 위하여 자연계의 미지의 사실을 발견하고 동시에 이 지식을 인간에게 유용하게 하기 위한 것이었다.

> 모든 종류의 피조물—생명이 있는 것, 감각이 있는 것, 이성이 있는 것, 자연적인 것, 인공적인 것—간의 순서 서로 간의 상관성이란 그것들 중 하나에 대한 이해가 나머지 기타에 대한 이해에 이르는 좋은 단계와 같다. 더욱이 이는 인간 이성의 최고점이다. 즉, 이는 이러한 연쇄의 모든 연결의 비밀이 우리 마음에 열릴 때까지 그 연결을 모두 따라가는 것이며 인간에 의해 촉진되거나 모방된 그 연결의 작용이다. 진실로 이는 우

주를 지배한다는 것이다. 사물의 모든 종류와 단계를 순서대로 질서있게 배열함으로써 그 꼭대기에 서서 우리가 밑에 있는 것을 모두 볼 수 있고 그 사물이 모두 인간 생활의 평온·평화·풍요에 도움이 되게 하는 것이다. 더욱이 이러한 행복에는 더 이상 첨가될 것이 없다. 단지 우리는 천국을 더 가까이 보기 위하여 이 높은 지위를 다시금 이용하는 것을 제외한다면……[12)]

18세기 중기의 「백과전서」는 비록 이만큼 경건한 어조는 아니지만, 이를 지식 발전을 위한 프로그램으로 논하였다. "자연 속의 모든 사물은 서로 연결되어 있기" 때문에 "존재는 비록 많은 점에서 그 연속성이 우리에게 인식되고 있지 않지만 우리가 그 일부를 연속적인 것으로 인식하는 연쇄에 의해 상호 연결되어 있기" 때문에, "철학자의 재능으로써 분리된 부분에 새로운 고리를 추가하여 그 사이의 틈을 가능한 한 좁히는 것이었다. 그러나 우리는 빈틈이 여러 곳에 남아 있지 않으리라고 우쭐해서는 안 된다."[13)] (레벤후크[*]에 의해 이미 관찰된 바 있는) 담수淡水 폴립 〈히드라〉가 1739년 트럼블리[**]에 의해 재발견되었을 때 이것은 18세기 사람의 눈에는 과학사의 위대한 순간이었는데—이 피조물[히드라]은 아리스토텔레스가 말한 막연한 식충류로는 더 이상 충분치 않다고 생각된 바 있는—동물과 식물을 연결하는 오랜 동안 찾고 있던 잃어버린 고리라고 환영받았다. 이 발견을 비롯해 이와

12. Thomas Sprat, *The History of the Royal Society*(1667), p.110.

13. 「백과전서」 중의 항목 "우주론(cosmologie)".

* Anton van Leeuwenhoek(1632~1723): 네덜란드의 박물학자. 현미경을 만들어 그것으로 동식물을 관찰하였다. 먼저 적혈구에 관한 정확한 묘사를 했고, 혈액의 모세관을 설명하였으며, 정자, 근육 섬유질, 눈의 수정체를 설명하였다. 또한 히드라·박테리아·효모균 등을 관찰했으며, 가정된 자연발생론의 예들을 반증하였고 외떡잎식물의 줄기와 쌍떡잎식물의 줄기를 설명하였다.

** Abraham Trembley(1700~1784): 스위스의 박물학자. 네덜란드에서 활동하던 중 히드라가 잃어버린 부분들을 재생시킨다는 것을 발견하였다.

비슷한 여러 발견은 자연의 선험적·합리적 법칙으로서의 충만의 원리와 연속의 원리에 대한 믿음을 강화하는 데 기여하였다. 더욱이 본 적이 없으나 그럼에도 이 원리를 믿은 사람들의 공이 더 컸다고 때때로 언급되었다. 트럼블리의 업적에 관해 어떤 독일인 통속과학자는 다음과 같이 말하였다. 즉, 이 주된 영광은 "독일의 플라톤[라이프니츠]의 영광이다." 왜냐하면 그는 이러한 유기체에 대한 실제 관찰을 알 만큼 오래 살지도 않았지만 자연 자체로부터 배운 기본 원리에 대한 올바른 신념에 따라 그가 생전에 이를 예견했기 때문이었다."[14]

이상에서 언급된 빈 부분을 메울, 여태껏 실제로 관찰된 바 없는 유기체의 탐구가 존재의 사다리의 양 끝에 관해서는 특별한 열정으로 이루어졌다. 즉, 그 사다리의 바닥에 가까운 곳 및 인간과 고급 유인원 사이의 부분에서였다. 보네는 다음과 같이 논평하였다. "자연은 식물로부터 화석[즉, 바위]으로 변천하는 과정에서 커다란 비약을 한 것처럼 생각된다. 식물계와 광물계를 잇는 어떠한 연결도, 어떠한 고리도 우리에게 알려진 것은 없다. 그러나 우리는 우리의 현재 지식을 통해 존재의 연쇄를 판단할 수 있을까? 연쇄의 이곳저곳에서 중단과 빈틈이 발견된다고 해서 이러한 빈틈이 진짜라고 결론지을 수 있을까?……식물과 광물 사이에서 우리가 발견하는 빈틈은 언젠가는 분명히 메워질 것이다. 폴립이 이것을 메우고 모든 존재 사이에 있는 경탄할만한 점차적 이행을 입증하게 되었다."

그러나 연쇄 속에서 여태껏 관찰되지 못한 고리를 발견하려는 계획은 인류학의 출발과 함께 대단히 중요한 역할을 하였다. 원숭이와 인간 사이의 두개골 구조의 밀접한 유사성은 일찍부터 알려져 있었다. 그러나 꼼꼼한 동물학자들은 연쇄의 이 영역에서도 심리학은 물론 해부학적인 연속성을 인

14. Sander, *Über Natur und Religion*(1779) II, p.193. Thienemann, 같은 책, p.235에서 인용한 것임.

정하는 것으로 보이는 해결책을 인지하였다. 라이프니츠와 로크는 이 중요한 점에서 실증될 수 있는 것보다 그 이상으로 훨씬 더 밀접한 연속성을 주장하였다. 그러므로 적어도 인간과 원숭이 사이의 〈친근성〉을 증대시키는 것이 과학의 과제가 되었다. 18세기 인류학에 대한 독일사가가 지적한 바와 같이 "이러한 탐구의 첫 번째 국면에서 잃어버린 고리는 인류 그 자체의 하한下限에서 탐구되었다. 때때로 여행자의 기행문에서 묘사되어 왔던 것과 같은 반인半人적 존재가 외딴 곳에 사는 인종에서 발견되는 것은 불가능하지 않다고 주장되었다. 일부 항해자는 꼬리가 달린 인간을 자기 눈으로 보았다고 증언하였다. 또 다른 항해자는 말을 하지 못하는 부족을 만났다는 것이다."[15] 린네는 피그미에 더 가까운지, 오랑우탄에 더 가까운지 확실히 말할 수 없는 〈혈거인穴居人〉에 대해 언급하고 있다. 더욱이 그의 사후 오랜 동안 출간되지 않은 저작 중 하나는 인간의 사촌이라는 제목이 붙었는데 거기서 그는 "원숭이를 인류와 가장 가까운 친척"이라고 말하고 있다.[16] 이러한 인간과 유인원의 관계에 대한 관심은 17세기 후기와 18세기 초기에 걸쳐 호텐토트에 관한 항해자들의 많은 설명에 대해 특별히 "철학적"인 흥미를 불러일으켰다. 호텐토트는 아마도 그때까지 알려진 "최하의" 야만종이었을 것이다. 그리고 이 당시의 여러 저술가는 이들을 유인원과 인류 사이의 연결 고리로서 간주하였다. 관례에 따라 1713년 영국의 한 에세이스트는 "광물로부터 인간에 이르는 사다리 혹은 점진적인 상승"을 따지는 것은 "얼마나 놀랍고 즐거운 일인가"라고 말한 다음, 다음과 같이 덧붙였다.

한 종류의 최고에 이르러 그 바로 위의 종류의 최저에 달하기까지는

15. Günther, *Die Wissenschaft vom Menschen im achtzehnten Jahrhundert*, p.30.

16. Lönnberg가 그의 저서 『린네와 척추동물에 관한 학설』(1909)에서 공표하였다. 내가 이것을 알게 된 것은 Thienemann, 같은 책, p.227의 덕분이다. "인간의 친척"이라는 표현의 사용이 혈통의 동일성을 주장한 것이라고 확실하게 생각되지는 않으나 그것은 린네의 용어에서 가장 자연스러운 의미이다.

이러한 종류를 서로 구분하는 것은 쉬운 일이다. 그러나 그 후부터 차이점은 대단히 미묘해서 그 종의 한계나 경계는 자연에 의해 결정되어 있지 않으므로 호기심이 많은 자를 당혹케 하고 오만한 철학자의 콧대를 꺾어 놓는다……인간과 가장 큰 유사성을 지닌 원숭이는 인간 바로 아래 계층의 동물이다. 또한 인류 중 최저의 인간과 원숭이와의 차이점은 역시 그다지 큰 것은 아니지만, 원숭이라 할지라도 언어 능력이 부여된다면 원숭이가 야만적인 호텐토트나 노바 젬블라*의 어리석은 원주민과 같은 인류의 지위나 존엄성을 요구해도 아마 당연할 것이다……이 종류의 존재 가운데 가장 완벽한 것, 즉 앙골라의 원주민이 붙인 명칭인 오랑우탄은 야성인野性人 혹은 숲의 인간이란 뜻인데, 인간 본질과 가장 큰 유사성을 지니는 영예를 갖는다. 비록 이 종 전체는 얼굴형이 인간과 어느 정도 같아서 원숭이 얼굴을 한 인간이라는 예는 많이 있지만 이는 그 얼굴에서뿐만 아니라 신체의 구조를 비롯해 네 발로 걷는 것은 물론 직립하여 걷는 능력, 언어 기관, 예민한 이해력, 유인원류의 다른 것에서는 볼 수 없는 온화하고 부드러운 감정 및 그 밖의 여러 점에서도 인간과 가장 비슷하다.[17)]

---

* Novaya Zemlya라고도 하는 북극해의 섬으로 16세기에 처음으로 유럽의 탐험가들이 이곳에 도달하였다.

17. *The Lay Monastery* by Blackmore and Hughes(2nd ed. of *The Lay Monk*, 1714), p.27, R.W. Frantz가 *Modern Philology*(1931), pp.55~57에서 인용한 Sir John Ovington, *Voyage to Surat*(1696)의 말을 참조할 것. 즉, 호텐토트는 "인간의 정반대물이다……그러므로 만일 이성을 갖춘 동물과 야수와의 사이에 중간물이 있다면 호텐토트가 그 종이라는 것을 주장함이 가장 타당하다." Sir William Petty는 이보다 먼저 "피조물의 사다리"를 논함에 있어서 "인간 그 자체에도 몇몇 종이 있는 것 같이 생각된다"고 말하고 "희망봉 근처에 사는 흑인이 우리나라의 여행자들이 알고 있는 모든 인간 중에서 가장 야수적이다"라고 말하고 있다(*The Petty Papers*, 1927, II, p.31). 소움 제닌스는 18세기 중기에 〈존재의 연쇄〉의 연속의 증거의 하나로서 이성이라는 속성이 "개·원숭이·침팬지에 있어서 인간 이성의 최저 단계의 것—여기서도 "야만적인 호텐토트"에 의해 예시되고 있지만—과 매우 밀접하게 결부되므로 서로 구별되기 힘들다"는 점을 지적하고 있다.

후에 루소(1753)와 몬보도 경*(1770)은 한 걸음 더 나아가 인간과 고급 원숭이(오랑우탄이나 침팬지)는 동일종이며 언어란 본래 "인간에게 자연적으로 주어진 것"이 아니라 이 종 가운데 한 변종變種이 점진적으로 발달시켜 온 것이라고 주장하였다.[18] 이리하여 적어도 이 시점에서는 종류의 연속성은 이미 발생학적인 것이라고 해석되고 있었다. 보네는 위대한 박물학자일 뿐 아니라 신앙이 독실한 신학자이기도 했지만 그 역시 인간과 원숭이가 상이한 종인가 어떤가에 대한 의문을 제기하기를 주저하지 않았다.

> 인간과 진정한 네 발 동물을 분리하는 넓은 간격은 원숭이와 이에 가장 가까운 동물로 메워지고 있는데 이러한 동물의 종은 〈미세한 단계를 만들고〉 있다.……말하자면 대단히 많은 단계를 통하여 인간을 매우 닮아서 오랑우탄, 즉 야만인이라는 이름을 얻게 된 이러한 우수하고 주도적인 종에까지 이르게 되는 것이다. 무엇보다도 존재의 점차적인 이행 과정을 인정하지 않을 수 없는 것은 여기에서이다. 독일의 플라톤[라이프니츠]의 유명한 공리公理 〈자연은 비약을 하지 않는다〉는 것이 입증되는 곳이 바로 여기에서이다.……인간을 매우 닮아, 그 특징이 종의 특징이라기보다는 단순한 변종의 특징이라고 생각되는 정도의 존재에 이르러서는 자연을 관찰하는 학자는 놀랄 것이다.

왜냐하면 보네가 계속해서 고찰하고 있는 바와 같이 오랑우탄은 인간과 같

---

* James Burnett Monboddo(1714~1799): 스코틀랜드의 법관이며 인류학의 선구자. 그는 「언어의 기원과 진보」(1773~1792)를 썼는데 이 책에서 인간이 오랑우탄과 유사점을 갖고 있다는 것을 상기시키고, 인간이 자연 과정으로서의 사회적 상태로 올라간 것에 대해 추적하고 있다.

18. 저자의 논문 "루소의 불평등론의 이른바 원시주의에 관하여"(*Modern Philology*, 1923) 및 "Monboddo and Rousseau," *Modern Philology*(1933) 등 참조. 루소의 「제2논고」, 註 j, 및 Monboddo, *Origin and Progress of Language*, 2nd ed., I(1774), pp.269 ff.

은 크기·팔다리·걸음걸이·직립 자세를 갖고 있기 때문이다. 오랑우탄은 "꼬리가 전혀 없지만" "참한 얼굴"을 갖고 있다. 막대기와 돌을 무기로 사용하기에는 충분하리만큼 똑똑하다. 또한 "몸종의 기능을 믿을 만하게 해낼 수 있을 정도로 교육까지 가능하다." 또한 일종의 예절을 포함하여 인간에게만 고유한 것으로 생각되어 왔던 많은 다른 행위 양식을 습득할 수도 있다. 요컨대 우리가 그의 정신이나 육체를 우리와 비교한다면 "우리는 그 차이가 얼마나 사소하고 얼마나 적은가, 유사성은 얼마나 많고 두드러진 것인가를 알면 놀랄 것이다."[19)]

1760년에 이르면 잃어버린 고리를 탐색한 자들의 승리는 시 속에서 축복되고 있었다.

모든 것은 존재의 연쇄에 묶여 있도다.
자연은 도처에서 앞뒤로 연결되어 있도다.……
급격한 비약에 마음을 흩트리지 않고
자연의 유연한 발걸음은 불변의 질서 속에서 나아갈 뿐.
인간과 동물의 거리가 줄어들면서
숲의 사람이 인간과 동물의 삶을 연결 짓는 것을 보라.
식물이자 광물로 태어난 불안정한 산호로부터
식충植蟲인 폴립으로 되돌아가라.[20)]

19. 「자연의 관조」 III, ch.30. 이 구절은 1781년 판의 각주로서 붙여진 것으로, 보네는 루소나 몬보도를 읽었을지도 모른다. 후자는 오랑우탄에게도 마찬가지의 지적·도덕적 능력이 있다고 하였다.

20. Écouchard Le Brun 「자연에 관하여, 제3가歌」. 숲의 사람(*homme des bois*)이란 물론 오랑우탄인데, 이것은 말레이어 명칭으로 수용된 번역이다. 「과학시」에서 Fusil은 여기서 인용된 시행詩行에 "변화와 진화의 위대한 법칙"이란 표현을 보고 있다. 여기서 "비로소 시는 현대 과학이 생각하는 생명의 서사시를 노래하려고 하였다." 그러나 당시의 작품에 흔히 있는 일인데 시인이 이야기하는 것은 진화의 단계의 시간적 연속인지 아니면 단지 〈존재의 사다리〉의 연속적인 단계, 즉 지위인지 확신할 수 없다. 설사 이 프

적어도 18세기 중기부터 다윈 시대에 이르기까지 이 잃어버린 고리의 탐색은 박물학 전문가만의 관심뿐 아니라 일반 대중의 호기심까지도 계속 끌었다. 일반 대중의 호기심에 관해서는 하나의 포괄적 증거가 인용될 수 있다. 대중이 무엇을 원했는가에 관해서는 뛰어난 임상 심리학자 바넘*보다 더 잘 판단한 사람은 없었다. 1840년대의 초기—즉, 「종의 기원」의 출판보다 거의 20년이나 앞선 시기—에 대중이 원하던 사항 중 하나는 잃어버린 고리였던 것 같다. 왜냐하면 이 위대한 쇼맨[바넘]은 1842년에 자신의 박물관의 인기 전시물 중에 "피지 인어의 보존된 신체"에 더하여, "물개와 오리 사이의 연결 고리로서의 오리너구리, 분명히 새와 물고기를 결합시킨 두 종류의 날치, 파충류와 물고기 사이의 연결 고리로서의 세이렌, 즉 진흙 이구아나[양서류의 일종]와……생물계의 위대한 연쇄 속의 연결 고리를 이루는 기타 동물"[21]과 같은 과학적 표본을 선전했었다는 이야기가 전해 오고 있기 때문이다. 우리는 만일 아리스토텔레스가 1840년대의 세상으로 돌아올 수 있었다면 그는 바넘의 박물관을 서둘러 방문했으리라고 확신할 수 있다.

3. 이제 우리는 효율이 좋은 현미경의 발명과 함께 시작된 관찰 과학의 위대한 진보의 출발점으로 되돌아가야 한다. 우리는 이러한 장치의 발달사에는 관심이 없다. 우리의 목적을 위해서는 현미경이 17세기 후반에 특히 레벤후크의 업적을 통하여 생물학적 발견의 중요한 도구로 등장하기 시작했다는 것을 상기하는 것으로 충분하다. 그의 업적에 관한 이야기는 흔히

랑스 시인이 전자의 생각을 갖고 있다고 평가된다 하더라도 Akenside가 더 앞서고 있었다(본서 IX장 p.418을 보라).

* Phineas Taylor Barnum(1810~1871): 미국의 정치가·흥행사·전시관 경영자. 1842년 골동품을 전시한 〈아메리카 박물관〉을 개설하였고 미국과 영국에서 큰 성공을 거두며 난장이 Tom Thumb을 선보였다. 브루클린에서 〈지상 최대의 쇼〉를 열었고 Bailey와 함께 〈Barnum과 Bailey 서커스단〉을 조직해서 죽을 때까지 서커스 사업에 관계를 맺었다.

21. M.R. Werner, *Barnum*(1923), p.59.

언급되어 왔기 때문에[22] 그 세부 사실은 여기서 반복할 필요가 없다. 그러나 우리가 잊어서는 안 되는 것은 이러한 미생물학적 발견이—비생물학적 분야에서 현미경 사용학자들의 초기 발견과 마찬가지로—충만의 원리와 연속의 원리에 신선한 경험적 확증을 즉각 부여했던 것으로 생각되며, 또한 이와 반대로—이러한 두 원리가 여전히 실질적으로 자명한 공리로서 통용되고 있던 사람들에게—이 원리로부터 이론적 확인을 받은 것으로 생각되었다. 만일 그 원리들이 유효하다면 미생물 유기체의 세계란 결국 기대될 수 있었던 것 이상의 아무것도 아니었다. 그것은 결코 오관五官으로는 관찰될 수 없었다고 할지라도 선험적으로 연역될 수 있을 것이었다. 유기체든, 무기체든 현미경으로는 여태껏 발견되지 않은 아주 작은 단위의 물질의 존재는 실로 레벤후크 이전부터 선험적으로 추론되어 왔다. 1664년의 한 과학 논문에서 필자 헨리 파워는 다음과 같이 진술하고 있다.

> 우리는 육안으로 볼 수 있는 최소 물체가 모두 인간 감관感官의 한계를 넘어 존재하는 두 극단인, 자연 속의 최대 물체와 최소 물체 사이의 (말하자면) 중간 크기일 뿐이라고 생각한다는 것은 (이러한 상상이 아무리 역설적인 것으로 생각될지라도) 흔히 내게는 보통의 가능성을 넘어서는 일이며 제멋대로 한 상상 이상의 그 무엇인가로 생각되었다. 왜냐하면 한쪽에서는 어떤 물체라도 너무 크다든지 지나치게 방대하다고 생각하는 자는 〈철학자〉의 이름에 어울리지 않는 협량한 정신의 소유자인 것과 같이, 다른 쪽에서는 물질 입자가 너무 작다고 생각하고 자연은 원자 상태에 머물러 있으며 자연의 하향 구분에는 한계가 있다고 생각하는 자는 앞에서 말한 자와 마찬가지로 이해력이 부족하기 때문이다. 나는 우

22. Dobell, *Antony van Leeuwenhoek and his 'Little Animals'*(1932) 참조. 또한 P. de Kruif, *The Microbe Hunters*(1926); S. Wood, "Leeuwenhoek and his 'Little Beasties,'" *Quarterly Rev.*(1933) 등 참조.

리의 〈현대적 도구〉[현미경]가 그들의 눈으로 직접 증명하며, 그들의 견해를 다시 바꾸게 할 것임을 확신한다. 왜냐하면 자연이 얼마나 섬세한 물질의 분할자인가를 여기서 알 수 있을 것이기 때문이다.

그리하여 "만일 굴절광학屈折光學이 더 번성한다면" 그 분야의 과거 업적을 크게 능가하고 말 것이다. 그리고 이 저술가는 결국 속편에서 주로 비생물을 다루고 있긴 하지만 그의 추론은 명백히 유기물 세계를 무한히 작은 영역으로까지 이에 상응해서 연장하는 것을 뜻한다고 생각되며 이 영역에서는 "견줄 바 없는 〈섭리의 속기速記〉"가 "곤충의 자동 기계"[〈살아 있는〉 미생물]를 만들어 내었다.[23)]

동일한 논리가 "우주 수數의 무한함"에 관한 가설과 그 우주 내부에는 거주 가능한 천구의 수가 무한하다는 가설을 필요로 한, 동일한 논리는 생명의 영역이 이와 같이 아래쪽으로 확장할 것을 필요로 하였다. 무한대와 무한소라는 "두 무한"은 모두 동일한 전제에 함축된 것이었다. 퐁트넬이 「우주의 복수성에 관한 이론」에서 미생물학상 이미 알려진 사실로부터 자신이 증명하려고 하는—그 자체는 관찰에 의한 증거를 내놓을 수 없는—결론에 이르도록 논하는 것을 우리는 알고 있다. 모든 물방울 하나하나에는 "거기에 살고 있다고 꿈에도 생각하지도 않을 작은 물고기와 작은 뱀으로" 가득

23. 물리학박사 Henry Power의 *Experimental Philosophy, in Three Books*......(London, 1664). 나는 이 구절에 관해서 Smith College의 Marjorie Nicolson 박사의 신세를 졌다. 이 시대의 과학과 그것이 문학에 끼친 영향에 관한 박사의 종합연구가 곧 이 주제에 대한 모든 연구자에게 이용될 수 있기를 원하는 바이다. 아직도 이루어진 적이 없는 현미경에 의한 발견의 전조는 "우주 정신의 세 왕국"(식물계, 동물계, 광물계)에 있어서 Thomas Moufett 저 「곤충 또는 소동물의 무대」(1634)에 쓴 T. Mayerne의 서문 속에서 보인다. 육안으로 보이지 않는 피조물은 "모두 만물의 최고 창조자의 무한한 힘을 증명하는 것이다." 또 무한소無限小의 것에 관해서는 Pascal의 *Pensée*, 72장 참조.

차 있다. 그렇다면 "자연은 지구상에 이토록 동물을 아낌없이 전파시켜 놓았기" 때문에 "자연은 그 다산성多産性을 여기에서 지나치게 발휘하여 다른 행성에서는 어떤 생물도 생산하지 못할 정도로 불모이다."[24]라고 믿을 수 있겠는가? 더욱이 양쪽 두 결론의 공통 전제에서 교훈을 찾는 사람들에게는 이 양자 중 어느 것이든 확증하려는 경향을 보이는 어떤 구체적 증거도 형이상학적 진리를 증명한다고 생각되는 환영할 만한 것이었다. 그럼에도 관찰 과학은 일반 대중에게 새로운 우주관의 진리를 설득하는 것보다는 충만의 원리의 이러한 생물학적 의미를 이해시키는 데 훨씬 더 큰 역할을 하였다.

이러한 자연의 제2의 확장은 인간이 사는 세계에 대한 인간 자신의 상상력과 느낌에 상충되는 두 가지 영향력을 끼쳤다. 한쪽으로는 이 확장에 대해 무엇인가 매우 불길한 것이 있었다. 그것은 이것저것 모두가 서로 간에 기생하는 우울한 광경, 즉 어느 곳에서나 생물이 다른 생물을 뜯어먹고 살고, 인체 자체가 인체를 먹이로 하여, 그리고—곧 추측되기 시작하는 바와 같이—인체를 최종적인 제물로 만들어 버리는, 무수한 작은 육식 동물이 설치는 우울한 광경을 제시하였다.[25] 다른 한쪽으로 이 확장은 〈대자연〉의 막강한 다산성과 동시에 〈자연〉의 찬탄할 만한 절약성을 보이는 또 다른 극

24. 「제3야夜」. 이 논의는 King의 *Origin of Evil* I, p.157에서 반복되었다.

25. 물론 병이 세균에 의한 것이라는 설의 근대적 출발점 또는 재현과 발전에 대해 이러한 모든 것이 갖는 관련을 다루는 것은 본서의 범위를 벗어나는 것이다(이 설은 고대에서는 Varro의 「전원에 관하여」 I, 12, 2에서 말라리아의 설명으로 제시된 바 있었다). 그러나 이 이론이 Sir William Petty에 의해서 1677년에 페스트 전염의 방식을 설명하는 것으로 논해졌음을 주목하는 것은 약간의 관련이 있을 것이다. 즉, "역병이라 불리는 병에 의해서 한여름에 수천 명이 죽는 것을 설명하는 가설로는 한 나라에서 다른 나라로, 아프리카로부터 영국까지 여행하는 수백만의 눈에는 보이지 않는 동물에 의해 죽음이 발생한다는 데 대한 좀 더 나은 가설은 없는 것 같다."(*The Petty Papers* II, p.29) 이와 같은 가설에 대해서 마땅히 그는 "피조물"의 충만에 대한 그의 신념으로부터는 기울어지기가 쉬웠다.

히 놀라운 사례를 제공하는 것으로 보였다. 생명은 어디에서든지 있다고 생각되었다. 물질의 한 조각은 아무리 작은 것이라 할지라도 그것보다 더 작은 생물을 위해 머무를 곳과 영양을 제공할 수 있었다. 더욱이 생명체 자체도 역시 어느 곳에서나 더 생명력이 있는 생물을 유지시키기 위해 이용되며, 이는 뚜렷한 한계 없이 내내 계속되는 것이었다. 미생물학자는 〈대자연〉의 가장 인상적인 특성에 대한 포우프의 설명을 단지 확인하고 예증하는 데 불과하였다.

보라, 이 대기와 이 대양, 그리고 이 지구 도처에서
만물은 신속하게 탄생하도다.
위로는 얼마나 높이 생명의 전진이 계속되는가!
주위는 얼마나 널리! 밑으로는 얼마나 깊이 확장하는가!

우울한 마음의 소유자들이 말하고자 한 것은 상황의 기분 나쁜 측면이었다. 이 측면은 인간을 "낮추고" 겁주어서 인간으로 하여금 우주 체계 속에서 자신의 작은 위치와 지성의 한계를 생생하게 인식하도록 한다는 파스칼의 목적에 잘 부합되었다. 기생이 무한히 되풀이되는 데 대한 스위프트* 의 시는 너무도 유명하여 인용할 필요조차 없다. 의심할 바 없이 그의 생각으로는 이러한 자연의 특질이 그가 곧잘 말한 사물의 일반적 불결함에 대한 하나의 예증이었다. 에쿠샤르-르 부렁**이 시적으로 과장한 것은 주로 "두 무한"이라는 개념에서 경계해야 할 측면에 관한 것이었다.

---

* Jonathan Swift(1667~1745): Dublin 출신의 영국 풍자 시인. 아일랜드 문제에 관해 다수 저술이 있다. W. Temple의 비서를 지냈고 1713에는 성 패트릭 성당의 수석 사제가 되었다. 1726년에 그의 가장 유명한 「걸리버 여행기」를 써서 법정, 정당, 정치가의 위선적인 말투와 속임수를 신랄하게 비판하였다. 저서로는 「통 이야기」, 「서적의 싸움」 등 다수가 있다.

** Ponce Denis Écouchard Le Brun(1729~1807): 프랑스의 서정 시인. 풍자시로 잘 알려졌다.

인간은 두 무한 사이에서 태어나,
양쪽으로부터 꼭 같이 압박을 받는다.……
코끼리를 겁낸 인간의 눈을 당혹케 하려고,
허무의 심연 언저리에서 진드기는 인간을 기다린다.[26]

그러나 18세기 철학과 문학에서는 상상력에 의한 다른 반응이 훨씬 더 보편적이었던 것 같이 보인다. 현미경 사용 학자의 여러 발견, 그리고 실제로 발견된 것보다 훨씬 작고 수가 많은 미생물의 가상의 존재는 플라톤 철학의 모든 학파에서 각별히 "신의 선성"이 형성된다고 주장한 끝없는 생산력에 관한 새롭고 멋진 증거를 제공하였다. 그리하여 언제나 충만의 원리와 연관되어 생각되어온 종류의 우주적 정서와 신앙심에는 새로운 자극이 마련되었다. 예를 들면 19세기 후기 또는 20세기의 세균학자에 의해 미사여구로 쓰였다고 생각되는 다음 구절을 사실상 애디슨의 「스펙테이터」지(519호)에서 발견할 수 있다.

물질의 모든 부분마다 무엇인가 살고 있다. 모든 초록빛 잎 하나마다 거주자로 우글거린다. 인간이나 동물의 신체에 있는 한 방울의 체액에도 현미경으로 발견할 수 있는 무수한 생물이 있다. 동물의 표면에도 역시 다른 동물로 가득 차 있으며 이 동물도 마찬가지로 그 위에 사는 다른 동물의 기반이 되고 있다. 뿐만 아니라 대리석과 같은 아주 단단한 물체에서도 너무 작아서 육안으로는 찾아볼 수 없는 미소한 거주자로 가득 차 있는 무수한 세포와 구멍을 우리는 발견한다.

그리고 애디슨에게는 이러한 모든 것은 〈존재의 연쇄〉의 장관壯觀이 보여주

26. 같은 곳.

는 "훌륭한 경이로운 심사숙고"의 일부이며, "그 자비로움이 그의 모든 피조물에게 널리 퍼진 〈최고 존재〉의 풍요롭고 넘쳐흐르는 선성善性"의 또 다른 하나의 증거이다. 애디슨은 천사의 존재 및 존재의 사다리에서 인간보다 상위에 있는 다른 존재의 실존을 증명하기 위한 논리를 심지어 미생물에서 찾기까지 하였다. "왜냐하면 인간과 가장 경멸할 벌레 사이에서보다는 최고 존재와 인간의 사이에는 상이한 완성도를 위한 무한히 크고 넓은 공간과 여유가 있기 때문이다." 톰슨*의 느낌은 좀 더 복합적이었다. 한편으로 그는—"존재의 대연쇄"를 평소와 다름없이 언급하면서—미생물이 만물의 질서에 필요하고 "유용한" 위치를 차지한다고 확신하며 그러한 피조물의 존재가 증명하는 바와 같이 "충만한 자연이 생명으로 가득 차 있는" 데 대해 열정적으로 말하고 있다. 그에게는 역시 이것은

자기의 시중꾼인 태양이
우리의 미소 짓는 눈에 비추듯
그 예지가 우리의 마음에 아름답게 비추는 저 힘을

찬양하는 이유이다. 다른 한편으로 이 시인은 대부분의 작은 동물이,

천체 형성의
친절한 기술에 의해 숨겨져 있어, 인간의 조야한
눈을 피한다. 왜냐하면 만일 우주 위에 우주가 쌓여
인간의 감각에 갑자기 나타난다면
신의 진미와 감로주의 그릇으로부터

---

* James Thomson(c. 1700~1748): 영국의 시인·극작가. '사계'(*The Seasons*), '나태의 성'(*The Castle of Indolence*) 등 시가 있다.

인간은 싫어서 얼굴을 돌릴 것이다. 그리고 한밤중에
침묵이 만물 위에 고요히 내려앉을 때 소음으로 깜짝 놀랄 것이다.[27)]

[그러므로 인간이 더 작은 동물을 보지 않는다]는 것은 행운이라고 생각하지 않을 수 없다. 그리하여 자연의 합리성과 탁월함은 그 "충만"에 있다는 낙관주의자의 전제를 받아들인 사람들에게도, 만일 자연이 그처럼 충만해 있지 않다면 더 쾌적하리라는 감정이 때때로 일어났다.

비록 비판 철학에 함축되어 있는 그러한 포괄적 종합에 대해 우리가 그 세부에 걸쳐 완전히 이해할 수 없다는 결론이 갖는 특별하고 중요한 유보조건이 있긴 하지만, 18세기 말에 있어서조차 칸트는 충만의 원리와 특히 연속의 원리를 〈순수 이성 비판〉에서 생물학과 다른 과학의 유효한 지도적 원리로서 여전히 인식하였다. 전자의 원리는 "사물의 잡다雜多함과 다양성을 요하는……명세明細의 법칙"이라 부르며 "본질의 다양함은 거의 감소될 수 없다"는 말로 표현될 수 있을 것이다. 후자의 원리는 "모든 개념의 근친성近親性의 원리이며 이는 다양성을 점차 증가시킴으로써 하나의 종으로부터 다른 종으로 연속적으로 이행해 감을 요한다." 이 법칙으로부터 "종의 연속이 인정된다. 즉, 이로부터 종의 변화는 상호 간 밀접해 있어서 비약을 통한 이행移行의 여지가 없다는 결론이 즉각 나온다. 그러나 이것은 "경험적 근거

27. 마찬가지 뜻의 많은 구절이 후의 18세기의 저술에서 보인다. 예를 들면, Henry Baker, *The Microscope Made Easy...*(1742), pp.306~309(부분적으로는 애디슨과 로크로부터 차용된 것) 및 같은 저자의 *Employment for the Microscope*(1753); John Turberville Needham(?)의 *An Account of Some New Microscopical Discoveries...*(1745); George Adams, *Microscophia Illustrata...*, 2nd ed.(1747); John Hill, *Essays in Natural History and Philosophy. Containing a Series of Discoveries by the Assistance of Microscopes*(1752) 및 더 젊은 George Adams의 *Essays on the Microscope*(1798) 등. 나는 이상의 것들에 대해서는 Nicolson 박사 덕분에 관심을 갖게 되었다.

에 의존"하지 않으며 "이에 대응하는 어떠한 대상물도 경험 속에서는 지적될 수 없다." 왜냐하면 이러한 연속은 무한할 것이며 이 원리는 인접하는 종간의 "근친성의 기준"을 우리에게 말하고 있는 것이 아니라 단지 "우리가 근친성을 찾아야 할 뿐이다"라는 것을 말하고 있기 때문이다. 그렇다면 칸트가 모르는 가운데 "라이프니츠에 의해 유행되었다"고 무의식적으로 생각하는, "피조물의 〈연속적 사다리〉라는 유명한 법칙"에 관한 칸트 자신의 결론은 "자연의 구조에 관한 관찰이나 직관 어느 것도 이 법칙을 객관적으로 확인한다고 결코 입증될 수 없다." 그러나 그 반면에 "그러한 원리에 따라 자연 속에서 질서를 탐구하는 방법 또는 그러한 질서가 (비록 어느 곳에서, 그리고 어느 정도인지 확실치는 않겠지만) 자연 속에 존재하고 있다고 인정한다는 격언은 정통적이며 탁월한 이성에 관한 규제 원리를 확실히 이룬다." 그것은 "지식의 체계적 통일에 이르는 방법을 가리킨다." 요컨대 지식의 가능성에 대한 일반적 조건에 관한 칸트의 분석으로부터는 충만성과 엄밀한 연속성에서의 〈존재의 연쇄〉의 관념은, 비록 과학이 점차 진보함으로써 진리의 근사치에 대한 경험적 증거를 더욱더 제시하는 것을 희망하며 또 추구해야 하긴 하지만, 결코 현실적으로는 충족될 수 없는 규제적인 "이성理性의 이상理想"이라는 결론이 나오는 것이다.[29]

28. *The Seasons: Summer*(1727) (이 주註는 어느 곳에 붙여진 것인지 확실치 않음-역자).

29. 「순수 이성 비판」 A, pp.654~668.

IX. 존재의 연쇄의 시간화時間化

충만의 원리가 신의 선성善性에 대한 신념의 표현으로서 종교적으로 해석될 때나, 혹은 충분이유의 원리의 함축적 의미로서 철학적으로 해석될 때나, 모두 이 원리는 보통 이해되고 있는 바와 같이 어떠한 진보 개념 또는 실로 어떤 종류이건 우주 전체의 중요한 변화를 믿는 신념과도 조화되지 않았다. 〈존재의 연쇄〉는 그 연속성과 완전성이 관례적인 근거에서 확인되고 있는 한 절대적으로 고정되고 정태적인 사물 구조의 완벽한 표본이었다. 합리성이란 날짜와는 전혀 무관하다. 만일 연쇄 속의 고리들 중 하나가 실존하지 않는 것이 오늘날의 우주 구조의 임의성에 대한 증거라면 그것은 어제도 그러하였고 내일도 그러할 것이다. 18세기 초의 한 영국의 철학자가 그 점에 관해 기술한 바와 같이

> [신은] 언제나 어떤 근거나 이유에 입각하여 행동하며 그로부터 그는 창조에 대한 이유를 갖고 있었다고 귀결지을 것이며, 그렇지 않다면 그는 결코 창조를 하지 않았을 것이었다. 그리하여 만일 신에게 어떤 이유가 있었다면 그 이유는 확실히 영원한 옛날부터 동일했을 것이며, 이는 어떤 특수한 시기에도 동일했을 것이다. 예컨대 선성이 신의 창조의 근거였

다고 가정하고, 이 행위가 특정한 시기에 선했다면 그것은 영원한 예부터 그러했을 것이라는 결론이 나온다.[1]

당시의 한 인물이 지적했지만 만일 이것이 사실이라면 그것은 천지 창조 전반에 대해서 옳을 뿐만 아니라 모든 〈종류〉의 존재에 대해서도 해당될 것이다. 그것은 "〈천사〉나 〈인간〉뿐만 아니라 〈모든 다른 종류의 피조물〉과 〈거주자가 있는 행성〉 모두가 역시 영원할 것"이며, 더욱이 "신은 이 이후에 어떤 새로운 종의 존재물을 창조할 수 없다."[2]는 것을 의미한다. "왜냐하면 시간 속에서 신이 창조하는 것이 선한 것은 무엇이든 영원한 옛날부터 마찬가지로 선하기 때문이다."

이와 마찬가지의 낙관주의적 의미를 시인 헨리 브룩*은 「보편적 아름다움」(1735)의 산문으로 된 노트에서 언급하였다.

> 사물에는 현재의 절대적 적합성이 있든지, 아니라면 〈그 미래〉에 대한 적합성, 즉 전망과 경향에 대한 적합성 그리고 여기서는 장래에 절대로 됨에 틀림없는 것에만 관계되는 적합성이 있든지, 이 중의 그 어느 하나이다. 그러나 만일 사물의 현 상태에 절대적인 적합성이 있다면 어떤 사물에 대해서도 변화는 전혀 있을 수 없다. 왜냐하면 최선의 것은 상대적으로 더 이상 선한 것으로 바뀔 수 없기 때문이다.
>
> 그 안에서는 애초부터 어떠한 새로운 것의 출현도 가능하지 않았거나

1. John Clarke, *A Defence of Dr. [Samuel] Clarke's Demonstration of the Being and Attributes of God*(1722), p.56.
2. Joseph Clarke, *A Further Examination of Dr. Clarke's Notions of Space*, etc.(1734), p.166.

* Henry Brooke(1703?~1783): 아일랜드의 시인·소설가·극작가. 저서로는 철학적 시집인 *The Universal Beauty*(1735), *Gustavus Vasa*(1739)와 두 개의 소설 *Juliet Grenville*(1774), *The Fool of Quality*(1765~70)가 있다.

혹은 이후에도 그렇지 못할 것이라는 이러한 우주관은 많은 18세기 사람들에게는 전적으로 만족스러웠던 것으로 생각되었다. 예를 들면 플뤼쉬 수도원장*은 널리 읽혀진 당시의 천문학 지식의 대중 서적 속에서 자연의 본질적인 불변성을 철학의 결정적인 결론의 하나라고 기술하였다. 더욱이 그는 이것을 매우 교훈적인 결론이라고 간주한 것 같았다. 의심할 바 없이 그는 천지창조의 작업이란 인간이 만들어지기까지 어느 의미에서는 진행되었다고 인정한다. 그러나 인간과 함께 그 완성은 이루어졌고 그때까지의 모든 단계는 그 완성을 위한 것이었다.

> 따라서 앞으로 다가올 모든 시대에서도 더 이상 아무것도 만들어지지 않을 것이다. 모든 철학자는 이 점에 관해 숙고하여 여기에 동의하기에 이르렀다. 경험에서 오는 증거를 참조해 보라. 언제나 똑같은 원소들, 결코 변치 않은 종들, 모든 것을 영구보존하기 위해 사전에 준비된 종자와 씨앗들, 그리하여 〈태양 아래 새로운 것은 없고〉 새로이 만들어진 것도 없으며 태초 이래로 존재하지 않은 새로운 종이란 있을 수 없다고 말할 수 있다.[3)]

이러한 가설은 18세기 초기에 당시 성립 중인 고생물학에서 때때로 활용되었다. 화석은 이제는 소멸되고 있지만 실제로는 생존한 생물의 사체死體라는 관점은 잘 운행된 우주 속에서 종이란 모두 끊임없이 대표되는 개체가 있다는 근거에 따라 공격을 받았다. 1703년 영국의 위대한 식물학자인 레이**는 다음과 같이 기술하였다.

---

* Noël Antoine Pluche(1688~1761): 프랑스의 성직자·학자·저술가.

3. Pluche, *Histoire du Ciel*(1759 ed.) II, pp.391~392.

** John Ray(1627?~1705): 영국의 박물학자. 그는 흔히 영국 박물학의 아버지라는 칭호를 들었다. 철학에도 조예가 깊었다. 저서로는 *Methodus Plantarum Nova*(1682), *Historia*

어떤 종의 소멸도 우주를 해체하는 것으로 간주하고 우주를 불완전하게 한다고 믿는 철학자들이 지금까지 인정하기를 꺼려 왔지만 많은 종의 존재가 세상에서 소멸되었다는 말은 나올 수 있을 것이다. 반면 이 철학자들은 신의 섭리가 천지 창조의 업적을 확보하고 보존하는 데 특별히 관심을 두고 있다고 생각하고 있다.[4]

이 결론은 단지 모든 종뿐만 아니라 모든 개별 생물도 태초부터 존재해 왔었다고 주장하는 당시의 팽배한 전성설前成說적 발생학의 지지를 받고 확대되었다. 의심할 바 없이 개체는 종과는 달리 수가 증가하고 변화를 겪는 것으로 보이나 실재에 있어서는 겹 끼운 상자처럼 여러 겹으로 둘러싸여 있는, 원초적인 씨앗 속에서 이미 미소한 규모로 사전에 묘사된 구조와 성질의 단순한 연장 또는 전개에 불과하다. 브룩이 시로 표현하였듯이 전능한 창조주는

무한함을 가두어 놓고
최소의 묘廟 속에서 〈거대함〉을 깃들일 수 있었다:
순간에 영원한 종을 창조하고
무한한 우주를 원자와 같은 것 속에 넣고
식물이 식물 속에 있고, 씨앗이 씨앗을 감싸고 있다.[5]

그리하여 18세기 초의 중요한 지배적 관념 집합체—〈존재의 연쇄〉의 관

Generalis Plantarum(3권 1686, 1688, 1704) 등이 있다.

4. *Three Physico-Theological Discourses*(3rd ed., 1713), p.149. Ray는 이 철학적 견해는 성서에 의해서 지지된다고 덧붙여 말한다. 즉, "그러한 것은 하나님이 대홍수 때에 육상동물 전부를 노아의 방주에 실었다는 배려에서 나타난다."

5. *The Universal Beauty* III, p.98 ff.

념, 그 뒷받침이 되는 충만과 연속의 두 원리, 그것이 정당화하려 한 낙관주의, 일반적으로 받아들여지고 있던 생물학 등—는 모두 이른바 솔로몬의 금언*과 일치하는 것인데, 그것은 플뤼쉬 외에도 많은 사람이 철학과 과학의 결론에 대한 고무적인 확증으로 인용하려 한 말이었다. 태양 아래서는 새로운 것이 아무것도 있지 않을 뿐만 아니라 앞으로도 있지 않을 것이다. 시간의 진행은 우주의 다양성을 더 풍부하게 하지 않는다. 영원한 합리성의 표출인 우주에서 어떻게 생각하든 그것은 있을 수 없다. 그러나 예로부터의 관념들에 대한 이러한 함축된 의미가 가장 분명히 나타난 바로 그 시기에서 그 의미에 대한 반동은 시작되었다.

왜냐하면 18세기 사상사에서의 중요한 사건 중 하나는 〈존재의 연쇄〉의 시간화時間化였기 때문이다. 〈종의 충만〉은 자연의 자산 목록으로서가 아니라 우주 역사에서 서서히 그리고 극히 완만하게 수행된 자연의 계획으로서 일부 사람들에게 인식되었다. 모든 있을 수 있는 가능한 것은 실현되기를 요구하지만 그 요구가 단번에 이루어지지는 않는다. 어떤 것은 과거에 실현되었으며 또 그 후에는 실현 상태를 상실했던 것이 분명하다. 많은 것은 현존하는 피조물 중에서 구현되었다. 의심할 바 없이 무한히 더 많은 것들이 앞으로 다가올 시대에 실존이라는 선물을 받을 운명에 있다. 충만의 원리는 단지 시간 과정 전체 중 우주에 관해서만 유효할 뿐이다. 데미우르구스[조물주]는 서두르지 않는다. 더욱이 그의 선성은 조만간에 모든 〈이데아〉가 감각을 갖는 부류 속에서 표현된다면 충분히 예시될 것이다.

이러한 변화의 원인에는 여러 가지 종류가 있다. 그러나 우리의 주제에 가장 관련되는 원인은 전통적으로 해석되어 온 바와 같이 그 함축된 의미가 충분히 추출되어 진지하게 고려되었을 때 충만의 원리 그 자체가 제기하게 될 문제에 있었다. 한편으로 이러한 함축된 의미는 많은 사람의 종교적

* 솔로몬의 금언은 「전도서」 1장 9절에 있는 "태양 아래서는 새로운 것이 없다"에서 나옴.

감정과 병행할 수 없었다. 다른 한편으로는 자연에 관하여 이미 알려진 사실과 조화되기 어려웠다는 점이 더욱더 분명해졌다. 부동不動의 영원히 완전한 〈존재의 연쇄〉는 대체로 그 자체의 무게 때문에 붕괴하였다.

먼저 도덕적·종교적 문제에 대해 주목해 보자. 낙관주의—그리고 그 논리가 주로 의존하였던 충만의 원리—의 치명적 결함에 관해서는 우리가 본 바와 같이 볼테르가 지적하였다. 낙관주의에 의하면 적어도 우주 일반 혹은 인류 전체를 위한 희망의 여지를 남기지 않았다. 만일 모든 부분적 악이 보편 선 때문에 필수불가결하며 또한 만일 우주란 완전히 선하고 또 항상 그래 왔다면 우리는 부분적 악의 어느 하나라도 소멸하리라고 기대할 수 없다. 논리적으로 철저한 낙관주의는 형이상학적·도덕적·물리적인 〈악〉이 보존되어야 한다는 설과 같다. 부분의 불완전함의 합계는 일정불변이어야 하는데, 왜냐하면 전체의 완전함은 바로 그 합계의 실현에 있기 때문이다. 그러나 구체적인 존재의 악이 실제로 있다는 감각이 너무나 심각하여 삼단논법에 의해서도 완화될 수 없는 그러한 정신의 소유자들에게는 이러한 낙관주의적 역설이 터무니없는 웃음거리였다. 우주가 현재는 완전한 것이 아님을 인정하고 약간이나마 그 수정에 대한 희망을 갖고 있다는 것은 우주가 완전히 합리적이라고 생각하는 것—그리고 희망을 전혀 안 갖는 것보다도 나을 것이다.

물론 개인에 대해서는 충만의 원리가 내세에서의 존재의 높은 상태를 성취할 전망을 반드시 배제시킨 것은 아니었다. 비록 우주의 영원한 구조는 고정된 이상적인 분류 상자로 되어 있어서 모든 상자가 다 점유되어야만 하지만, 한 상자의 점유자가 더 좋은 상자로 옮기는 것이 불가능하지는 않았다. 그러나 이 가능성에 대해서는—가장 인정받는 설명자 중 일부가 이 원리를 해석한 바에 의하면—이상한 조건이 붙여져 있었다. 에드먼드 로의 지적에 따르면, 우주에서 "저급한 부류"에 속한 자는 "고급한 지위를 차지한

자를 해치지 않고는 높은 지위를 바랄 수 없다. 왜냐하면 고급한 자가 자리를 비우지 않는 한, 다른 자가 그곳에 올라설 수 없기 때문이다." 그러므로 비록 인간은 자신의 도덕적 자유를 정당하게 행사하여 "우월한 지위에 알맞은 자격을 얻을" 수도 있지만, 그의 상위에 있는 자 중 하나가 잘못된 행위의 결과로 "격하"되어 빈자리가 생기기 전에 그 지위로 승진할 수는 없을 것이다. 만일 차이가 있을 수 있는 각 단계에는 한 번에 단 하나의 대표자만이 있을 수 있다고 가정한다면 이것이야말로 충만의 원리로부터 나오는 확고하게 일관된 결론이었다. 더욱이 이러한 가정은 식별할 수 없는 자들을 가려내는 원리에 필요한 조건이었다. 존재의 사다리 속에서 정확히 동일한 지위를 차지하는 두 피조물은 동일한 피조물일 것이다. 그러나 누군가가 몰락하지 않는 한, 아무도 우주 속에서 결코 상승할 수 없다는 결론은 분명히 도덕적으로 터무니없다. 사물의 일반적 구조가 합리성을 띠고 있다는 낙관주의자의 증거는 그것이 본질적으로 비도덕성을 띠고 있다는 증거가 되어 버리고 말았다.

그렇다면 그 원리의 이러한 두 가지 함축된 의미가 충분히 명백해지자마자 거기에 대한 반발은 불가피하게 일어났다. 〈존재의 연쇄〉는 일반적인 진보, 그리고 다른 곳에서의 타락으로 상쇄되지 않도록 하는 개인의 진보를 인정하기 위하여 재해석되지 않으면 안 되었다. 더욱이 또 다른 편으로 이 전통적인 관념이 이와 같이 재해석되었을 때 그것은 새로운 종말론 혹은 차라리 낡은 종말론의 부활을 암시하였다. 존재의 사다리는 여전히 미세하게 단계화되어 있다고 가정되고 있었기 때문에, 또한 자연에는 비약이 없기 때문에 미래의 생활은—적어도 스스로의 자유를 올바르게 사용하는 사람들에게는—여기서 인간이 도달한 단계보다 위에 있는 모든 단계를 하나하나씩 점진적으로 올라갈 것이라고 생각되지 않으면 안 되었다. 더욱이 유일한 〈완전 존재〉와 인간 사이의 이러한 단계의 수는 무한한 것임이 틀림없기 때문에 이러한 상승에는 최종적인 완료가 있을 수 없다. 이와 같이 끝없는 진보로서의 인간의 운명이라는 관념은 충만과 연속의 원리에 대한 고찰의 결과로서 나타난다.

이러한 전통적 종말론의 수정은 17세기에 헨리 모어에 의해 일찍이 암시된 바 있었다. 자연은 비약을 하지 않으므로 죽은 자는 지상의 불완전으로부터 천상의 지복으로 즉각 도약하지는 않으며, 존재의 충만이 동시에 이루어질 것이라고 상정할 필요도 없다고 그는 추론하였다.

> 음악가는 모든 현을 한꺼번에 켜지 않는다. 마찬가지로 자연 속의 모든 것이 매번 움직인다고 기대될 수는 없다. 자기 차례가 되었을 때 그때 켜게 되면 소리를 낼 것이다. 그때까지는 조용히 있는 법이다.[6]

우리가 이미 살펴본 대로, 〈존재의 연쇄〉라는 관념을 일종의 시적 황홀감으로 노래한 애디슨은 그 관념의 탓으로 모어보다 한층 더 날카롭게 불변의 지복至福이나 불변의 비참 속에 영원히 고정되어 있는 것 같은 사후의 생에 대한 전통적인 프로테스탄트적 관념을 배격하기에 이르렀다. 그는 1711년 「스펙테이터」지에 다음과 같이 썼다.

> 영혼의 불멸성에 관한 여러 다른 훌륭한 논의 중에는……결코 완성에 도달할 가능성도 없으면서 완성을 향해 영원히 앞으로 나가는 영혼으로부터 끄집어 낸 것이 있다. 그것은 비록 내게는 대단한 비중을 지니는 것으로 생각되지만 이 주제에 관해 쓴 다른 저술가들이 시작하거나 촉진한 일이 있다고 생각되지 않는다.[7]

---

6. *The Immortality of the Soul* II, chap.17, 7. 또한 같은 책 III, chap.1, 3, 5 등 참조.
7. 「스펙테이터」지 No.III(1711년 7월 7일부).

애디슨은 우리가 다음과 같이 믿지 않으면 안 된다고 공언하고 있다. 즉,

> 매우 빠른 순서로 생기고 또 소멸하는 수세대의 이성적인 피조물은 이 세상에서는 단지 존재의 최초의 근원을 얻을 뿐이며 후에 좀 더 쾌적한 풍토 속에 이식되어 그곳에서 영원히 번식되고 융성할 것이다. 나의 의견에 의하면 종교에 있어서는 영혼이 그 본성의 완성을 목표로 영원히 전진하되 그 목표에 결코 도달하지 않는다고 생각하는 것처럼 유쾌하고 동시에 기세 떨치는 일은 없을 것이다. 영혼이 계속해서 더욱더 힘차게 되어가며, 새로운 영광을 얻어 영원히 빛날 것이며, 덕德에 덕을 더하고 지식에 지식을 더한다고 생각한다는 것에는 인간 정신에 자연스러운 야망에 훌륭하게 알맞은 무엇인가 있다. 더욱이 자신이 창조한 것이 더욱더 아름다워지고 더욱더 자신과 비슷해짐을 눈으로 보는 것은 신 자신에게도 즐거운 전망임에 틀림없다.

우주에서 자신의 지위를 향상시키는 무한한 전망이 있다는 관념, 즉 모든 이성적 존재물에 미래가 똑같이 개방되어 있다는 관념은 애디슨의 관심을 끌었던 것이 분명한데, 어떻게 보면 이 관념이 그 보통의 형태에서 지니는 고치기 어려운 불평등의 모습을 〈존재의 사다리〉의 그림에서 없애버렸기 때문이다.

> 내 생각으로는 유한 정신이 완성을 향해 앞으로 나아간다는 이러한 한결 같은 고려는 하위의 사물의 모든 선망과 상위의 사물의 모든 경멸을 꺼버리기에 충분할 것이다. 이제 인간의 혼에는 신과 같이 보이는 천사도 인간이 자신만큼이나 완전해질 때가 영원 속에서 올 것임을 잘 알고 있다. 뿐만 아니라 인간 영혼이 지금은 그것에 못 미치고 있는 만큼 완성도

를 낮춰 볼 때가 올 것임을 잘 알고 있다.

그리하여 〈존재의 사다리〉는 무한한 수의 가로대가 있는 문자 그대로의 사다리가 되며 그 위를 하나하나의 영혼이 영원히 올라가는 것이다. 모든 것이 똑같은 걸음걸이로 올라가는 한, 위계질서는 남아 있고 상대적 지위는 변하지 않는다. 다시 말해

> 사실상 고급의 성질을 갖는 것은 여전히 앞으로 나아가며 그것으로써 〈존재의 사다리〉 위에서 자신의 거리와 우위를 보존한다. 그러나 그는 자신이 보유하고 있는 지위가 아무리 높다 하더라도 하급의 성질을 갖는 것도 궁극적으로는 거기까지 올라가 똑같은 정도의 영광 속에 빛날 것임을 알고 있다.

몇 년 후에 라이프니츠는 「자연과 은총의 원리」(1718)에서 인간은 누구나 충분히 지복의 비전을 얻을 수 있는 운명에 있지 않다는 확신을 갖고 결론 짓고 있다.

> 우리의 행복은 더 이상 바랄 것이 없는, 또한 우리의 마음을 둔하게 만들 만큼의 완전한 즐거움이 아니라 오히려 새로운 기쁨과 새로운 완성을 향한 영원한 진보 속에 있으며 또 있지 않으면 안 된다.[8)]

영혼불멸설에 대한 이러한 재정립은 역시 낙관주의의 논리가 갖는 우울한 결론이 매우 솔직하게 추론되었던 바로 그 동일 저술에서도 분명히 나타나 있다. 자신이 〈존재의 사다리〉를 계속 올라가 주교직을 획득할 수 있

8. Gerhardt 편 「철학 저작집」(*Philosophische Schriften*) VI, p.606.

을 만큼 충분히 정통적인 신학자인 에드먼드 로는 킹 대주교의 논리와 자신의 논리가 요구하는 결론이 받아들여질 수 없음을 알았다. 왜냐하면 그는 이 논리가 갖는 일견 성공적인 결론—즉, "우주의 현재 상태가 가능한 최선의 것이다"—에 각주를 달았는데, 여기에서 "신이 존재의 계층 질서의 상승을 인정하지 않는 불변의 상태에서 그 질서를 고정시켜 두었다든지 또는 피조물의 본질이 허용하는 한, 피조물을 시초부터 완전하게 만들었다고 우리가 생각할 수 있는가, 어떤가" 하는 질문을 그는 제기하고 있기 때문이다. 로는 그 해답이 결코 쉽게 결정될 수 없다고 생각한다. 여기에 긍정적으로 대답하는 자는 "무한하거나 절대적인 선에 대한 우리 자신의 관념으로부터 논증하고 있다. 즉, 이 선은 신이 조금이라도 행복을 전하려고 하는 똑같은 이유에서 최고도의 모든 형태의 행복을 항상 전파하도록 신을 자극하지 않을 수 없다는 것이다. 그러나 그들이 말하기를, 신이 단지 애초에 어떤 피조물에게 될 수 있는 한 받을 수 있는 완전함을 부여하였고 모든 하위 부류의 존재에게 각자의 본성에 따라 가능한 최대의 행복을 부여했다는 것을 제외하면 신은 이러한 일을 행하지 않았다는 것이다." 그러나 로 자신은 그 반대의 견해로 기울어졌다. 즉, "비록 역설적으로 들릴지 모르지만 더 깊이 고려해 보면 이것은 있음직하지 않은 것으로 판단되지 않는다"라고 그는 생각한다.

> 피조물이……새로운 미지의 쾌락에 끊임없이 맞부딪치는 것……그리고 완성에 언제나 더 가까이 접근하는 것—이것은 확실히 피조물의 행복의 총량을 증진시킬 것이다. 즉, 그 상태가 진보를 (만일 어느 쪽에서는 끝이 있다면) 끝낼 것 같은 완성도에 이미 달하여, 결함이나 다양성 혹은 증가를 모르는 기타의 다른 피조물의 행복의 총량보다도 더 증진시킴에 틀림없다. 동일 상태로 고정된 유한한 존재는 아무리 우수하다할

지라도 우리의 생각에 의하면 (만일 우리의 현재의 능력으로 판단하는 것이 허용된다면 그리고 그 외의 것으로부터는 판단할 수 없다면) 일종의 나태함이나 무감각에 물들게 됨에 틀림없다.……그것은 변화와 다양성에 의해서만 치유될 수 있다. 그러므로 신이 어떤 피조물이라도 자신보다 다음가는 최고급의 완성도에 실지로 고정시켰으리라는 것은 있음직한 일이 아니다. 차라리 그런 최고의 완성을 생각한다는 것은 불가능하고 그 상정은 불합리하다. 왜냐하면 계속 더 첨가의 여지가 있는 것에는 최고도란 있을 수 없기 때문이다.……〔그러므로 신은〕 결코 아무것이나 지복 속에 계속 증가할, 그리고 영원히 새로운 행복과 새로운 완성을 얻을 여지가 없는 상태로는 결코 만들지 않을 것이라고 우리는 믿는 바이다.[9]

이러한 내세에 대한 믿음의 형태에 생긴 변화는—이 인용문이 예증하듯이—인간 본성의 일반론인 심리적 관찰과 밀접히 연관되어 있는데 그것은 충만의 원리를 매우 즐겨 사색한 철학자들에게 친숙한 일반론이었다. 인간은 단지 계속 변화함으로써만이 행복을 얻을 수 있다고 이야기되어 왔다. 1713년에 영역되고 18세기에 널리 읽히고 찬양되었던 브루노의 「승리한 짐승의 추방」의 서두에 "지혜"가 나타나 다음과 같이 말하였다.

만일 물체에 변화가 없고 물질에 다양성이 없으며 존재에 영고성쇠가 없다면, 쾌적한 것, 선한 것, 유쾌한 것은 아무것도 없을 것이다.……즐거움과 만족은 하나의 상태로부터 다른 상태로 가는 어떤 이행이나 진보,

9. 「악의 기원에 관한 에세이」(1732년판), pp.121~122. 같은 관념이 Law의 「우주의 상태에 관한 고찰」(*Considerations on the State of the World*, etc., 1745) 속에 보이는데 거기에 관해서는 R.S. Crane의 "Anglican Apologetics and the Idea of Progress," *Modern Philology* XXI(1934), p.349 ff. 참조할 것.

혹은 운동에만 있다. 우리는 지나간 것에 싫증이 나서야 비로소 현재의 것에도 즐거움을 느낀다.……정지기간이 있음에도 불구하고 이루어지는, 하나의 극에서 다른 극으로 가는 변화는 그 중간 단계를 모두 통과함으로써 극에서 극으로 바뀌면서 만족을 가져올 것이 확실하다.[10]

마찬가지의 심리적 견해가 라이프니츠에게서도 반복적으로 나타난다. 예를 들면 "쾌락은 평탄한 기조를 띠고 있지 않다는 것은 바로 즐거움의 법칙이다. 왜냐하면 이 기조는 혐오감을 낳고 더욱이 우리를 행복하게 만드는 것이 아니라 지루하게 만들기 때문이다."[11]

이러한 모든 것이 갖는 주요한 역사적 의미는, 우리가 살펴본 낙관주의의 논리에서 나오는 결론과 연결되는 선善의 성질에 관한 사고방식이 출현하고 또 확산한 것을 밝혀 주고 있다는 사실에 있다. 새로운 종말론은 두 번째의 새로운 가치관의 표출이었다. '자기 충족' 및 욕망의 소거와 최고선을 동일시한 플라톤적 태도—즉, "그것을 소유한 자는 언제나 가장 완벽한 자기 충족을 향유하며 결코 다른 어느 것도 부족한 것이 없다"—는 정반대의 사고방식, 즉 어떤 궁극성이나 최종적 완전성, 또는 의지의 추구를 정지할 일은 없다는 사고방식에 의해 밀려나고 있었다. 라이프니츠·애디슨·로 등으로부터 내가 인용한 이 구절은 명백히 파우스트적 이상의 전조였다. 인간은 만족을 모르는 존재로 태어났으며 인간이 그러한 존재임은 〈창조주〉의 뜻이다. 만일 인간이 자신의 본성과 직분에 충실하다면 자신이 경험하는 어떤 순간에 대해서도 그는 "자주 발걸음을 멈추시오. 당신은 그렇게도 아름다우니!" 하고 말할 수 없을 것이다. 〈끝없는 것에 대한 추구〉, 즉 달성할 수 없는 목표에 대한 부단한 추구라는 이상 대신에 완전성에 대한 관조에

10. 영어는 1713년의 Toland 판이다.
11. 「철학 저작집」 Ⅶ, p.309. 또한 방금 인용한 Law의 구절을 참조할 것.

서 영혼의 최종적 안식을 추구하려는 이상, 즉 단테의 천상의 낙원상像에서 천국의 "중심을 고요하게 유지하는 평화"와 동화同化하려는 시도로 대치하려는 경향—이러한 경향은 역사가들이 보통은 실제보다 나중에 일어났다고 기록해왔다. 그것은 괴테가 창조한 것도 아니며, 또 독일 로만주의자들이나 레싱*이 만들어 낸 것도 아니며, 18세기를 통하여 저명한 철학자들이나 널리 읽힌 문인들이 되풀이 표현한 것이었다. 더욱이 이 생각은 그들의 마음속에서는 〈존재의 사다리〉라는 일반에게 수용된 관념과 밀접하게 결부되어 있었다. 그리고 이 관념은 나무랄 데 없는 정통 사학자들에 의해 신을 향한 영혼의 상승 과정이라고 오랜 동안 모호하게 기술되어 왔다.

이러한 로만주의적 경향의 전주곡은 「도덕의 일차적 원리」(1772)에 관한 렌츠**의 에세이 속에서 약간 부드럽게 들릴 수도 있게 되었는데, 그 후 곧 큰 음으로 울려 퍼지게 되었다. 그는 "완전성을 향한 충동"이 인간성의 기본적 충동의 하나라고 천명하고 그 성질을 정의하려고 하였다. 이러한 완전성은 "자연이 우리에게 심어놓은 힘과 능력"의 모두를 충분히 발전시키는 데 있다. 그러나 렌츠의 마음속에서는 충만과 연속의 원리와 결부된 두 조건이 이러한 자기실현의 윤리적 이상에 붙는다. (1) "우리는 이 계몽사상 시대에서 우리의 능력 중 어떤 것—즉, 정신의 능력—은 우수하다는 것, 그리고 다른 능력은 이른바 영혼의 고급 능력에 종속되어야 한다는 것 등을 배워왔다. 그러므로 이 비례에 따라 우리는 이러한 능력을 배양하고 발전시키도

* Gotthold Ephraim Lessing(1729~1781): 독일의 희곡작가이며 비평가. 미학·연극·비평·신학·역사 등 많은 분야에서 활약을 하면서 국민문학 창조에 공헌하였다. 작품으로는 *Emilia Galotti*(1772), *Nathan der Weise*(1779). *Laokoon*(1766) 등 다수.

** Jakob Michael Reinhold Lenz(1751~1792): 독일의 서정시인·극작가. 괴테의 서클에 가입하였고 괴테를 따라 바이마르로 갔다. 그러나 태도가 좋지 않았고 재치가 없었기 때문에 떠나지 않을 수 없게 되었으며, 이로 인한 정신적 좌절로 방황하는 일생을 보내게 되었다. 저서로는 *Die Liebe auf dem Lande*, *Die Freunde Machen den Philosophen*(1776) 등이 있음. 이 에세이의 제목은 *Versuch über das Prinzipium der Moral*이다.

록 추구해야 한다. 그러나 모든 능력은 상호 불가분이며 무한히 미세한 관계에 있기 때문에[12] 다른 능력(즉, 저급한 능력)도 고급한 능력과 마찬가지로 경시될 수는 없다—그리고 이것은 각 개인의 다른 성향에 부합되는 것이다." (2) 그러나 종족에 대해서나 개인에 대해서나 다 같이 동일한 원리는 현상을 항구적으로 거부하는 것, 즉 〈존재의 사다리〉를 무한히 올라가는 것을 필요로 한다.

> 여기에서 내가 〈인간의〉 완성에 관해 이야기 하고 있음을 유의하라. 신이 최초의 인간을 선하게 만들었기 때문에 나의 의견에 의하면 최초의 인간은 도덕성, 즉 의식적인 도덕적 노력도 필요로 하지 않았음에 틀림없다는 비난이 여기서 나에게 행해지지 않기를 바라는 바이다. 최초의 인간의 경우에는 '선善'은 완전이 아니라 〈완전의 가능성〉을 의미하였다. 왜냐하면 그렇지 않다면 타락은 없었을 것이기 때문이다. 벌레로부터 천사에 이르기까지 모든 피조물은 스스로를 완성시킬 가능성이 있음에 틀림없다. 그렇지 않다면 그들은 유한한 피조물일 수 없을 것이며 플라톤적 관념에 따르면 무한하고 완전한 존재 속에서 스스로를 잃게 될 것이기 때문이다.[13]

다음은 에머슨*의 유명한 대구시對句詩를 예상케 하는 수많은 18세기의 표현 중의 하나이다.

> 인간이 되려고 애쓰면서, 벌레는

12. *In einem unauflöslichen unendlich feinen Bande.*

13. 「도덕의 제1원리에 관한 에세이」(1772).

* Ralph Waldo Emerson(1803~82): 미국의 시인·초월주의적 사상가. 인간의 영혼에는 우주의 영혼과 같은 신성神性이 있다는 생각을 갖고 합리주의에 반대하고 개성을 중시하고 물질에 대한 정신적 우위를 제창하였다. 19세기 전반의 미국 사상을 지배하였다.

형체의 탑을 끝까지 기어오른다.

많은 과학자가 동시에 신학자이기도 한 시대에서는 이 관념[존재의 사다리라는 관념]의 종교적·윤리적 적용에서 생긴 이러한 변화가 그 자체로서 과학 사상에서도 유사한 변화를 촉진시키는 경향이 있었던 반면에, 이러한 과학 사상의 변화는 그다지 사변적이라 할 수 없는 이유에 의해서도 촉진되었다. 그 이유 중 하나는 현존 생물의 형체에서 이 이론이 필요로 하는 만큼 연속성의 정도를 알아낸다는 것은 불가능하다고까지 하지는 않더라도 곤란한 것이었다. 현재 관찰할 수 있는 자연은 완전하고 연속된 연쇄의 한 단편조차도 제시되어 있다고는 보이지 〈않았다〉. 이러한 반론은 창조의 충만성의 가설 전체를 대담하게 공격하는 그러한 소수의 저술가에 의해 제기되었다. 18세기 후반에 있어서는 볼테르와 존슨 박사 및 선구적 인류학자인 블루멘바흐*가 이러한 비판자 가운데 가장 주목할 만한 인물이었다. 볼테르가 말하는 바에 의하면 실로 그는 한때 〈존재의 사다리〉라는 관념에 매혹되었다.

플라톤을 처음으로 읽고, 가장 가벼운 원자로부터 〈최고 존재〉에 이르는 존재의 이 점차적 이행에 접하게 되었을 때 나는 경탄하였다. 그러나 이것을 자세히 살펴보았을 때 커다란 망상은 일찍이 새벽닭 울음에 모든 유령이 사라지듯 사라져 버렸다. 처음에 무생물로부터 생물로, 식물로부터 식충류로, 그로부터 다시 동물로, 그로부터 정령으로, 이러한 정령으로부터 육체를 갖지 않는 존재물로 눈에 띄지 않게 이행하여, 마지막으로 천사에 이르며, 더욱이 여러 종류의 천사를 거쳐 아름다움과 완성도

* Johann Friedrich Blumenbach(1752~1840): 독일의 동물학자·해부학자·인류학자·괴팅겐 의과대학 교수(1776~1835). 근대 인류학의 창시자로 불리며, 두개학의 선구자이기도 하다.

에 있어서 신 자신에 이르게 됨을 보는 것은 상상하기에는 유쾌한 일이다. 이러한 위계질서는 그 속에 교황과 추기경, 그 뒤를 대주교와 주교가 뒤따르고 있는 장면을 상상하는 선량한 대중을 즐겁게 한다. 그리고 그 뒤에는 보좌신부·부제副祭·초임사제·조제助祭·부조제 등이 따르며 그 뒤로 수도성직자가 나타나고 그 행렬은 탁발수도성직자에서 끝난다.[14]

그러나 볼테르는 생물계에는 세 가지 근거에서 연속적 연쇄가 존재하지 않는다고 논한다. 첫째, 한때 존재했던 일부의 종은 소멸했으며 일부는 소멸 중에 있다. 그리고 또 다른 일부는, 인간이 마음먹기에 따라서는, 인간에 의해 절멸될지도 모를 일이다. "만일 지구상의 나머지 사람들이 영국인을 모방하려 했다면 지구상에는 늑대가 더 이상 있지도 않을 것이다. 또한 소멸해 버린 인종이 있었으리라는 것도 가능하다. 둘째, 실재하는 종 사이에 상상적인 중간종이 있다고 우리가 생각할 수 있다는 명백한 사실은 형체의 연쇄가 깨졌다는 것을 즉각 증명하고 있다.

원숭이와 인간 사이에 눈에 보이는 틈은 없는가? 지성을 소유하지만 언어도 없고 인간의 형체를 갖지 않으며 우리의 몸짓에 대답하고 우리에게 봉사하는 털 없는 두 발 짐승을 상상하기란 쉬운 일이 아닌가? 더욱이 이러한 새로운 종과 인간이란 종 사이에 우리는 다른 종을 상상할 수는 없는가?

마지막으로 연쇄의 완전성에 대한 가설은 인간보다 상위에 있는, 육체를 갖지 않는 존재의 방대한 위계질서가 있어야 함을 전제로 해야 한다. 의심할 바 없이 그리스도교인이라면 이런 존재 중 일부를 믿을 것이다. 〈왜냐하면

14. 「철학 사전」 1판(1764), 항목 "피조물의 연쇄".

신앙이 우리에게 그렇게 가르치기 때문이다.〉 그러나 계시를 문제 삼지 않는다면 이것을 믿을 이유가 달리 있는가? 바꾸어 말하면, 플라톤에게는 그렇게 믿을 만한 이유가 있었던가? 비생물계에 관해서는 그 구성 요소—예를 들면 행성이나 그 제도의 크기 등—에는 어떤 점진적 이행이 없음이 명백하다. 그렇다면 요컨대 볼테르의 비판은 이미 알려진 사실에 주의를 조금이라도 기울이는 사람이라면 "자연에는 비약이 없다"는 가설이 품는 오류를 즉각 간파하리라는 것이다. 그러므로 볼테르는 모든 오류의 근원이라고 생각하면서 플라톤의 이름으로 결론짓고 있다.

> 오! 그렇게 찬양받는 플라톤이여! 나는 당신이 우리에게 단지 만들어낸 이야기만을 말하고 궤변만을 논한 것이 아닌가 두렵도다. 오, 플라톤이여! 당신은 당신이 알고 있는 이상으로 큰 해를 끼쳤다. 나는 "어떻게"라는 질문을 받을 것이지만 이에 대해서는 대답하지 않으리라.[15]

또한 볼테르는 다른 곳에서, 그다지 세심한 일관성이 없긴 하지만, 우주론적 충만의 원리가 근거하고 있는 선험적 가정을 논박하였다. "왜 존재는 무한해야 하며 또 어떻게 무한할 수 있는가? 뉴턴은 진공의 실재를 입증하였다. 만일 자연계에서 자연의 저편에 빈 곳이 있을 수 있다면 물체가 무한히 연장되어야 할 필요가 어디 있다는 말인가? 무한한 연장이란 무엇인가?

15. 볼테르는 「리스본의 참사에 대한 시」(1775)의 주에서 더 짧게 마찬가지의 반론을 제기하고 있다. 그 안에서 그는—그보다 앞에 포우프가 그러한 바와 같이—인과율의 연쇄와 존재의 연쇄를 부분적으로 혼동하고 있다. 그러나 후자에 관해서는 1756년의 주에서 발하고 있다. 즉, "연쇄는 절대적인 충만이 아니다. 천체는 저항이 없는 공간 속에서 회전한다는 것이 증명되고 있다. 그러므로 원자부터 시작하여 가장 먼 별에 이르기까지 연속은 없다. 그러므로 감각이 없는 것들 사이에서뿐 아니라 감각이 있는 것들 사이에서도 거대한 간격이 있을지도 모른다. 그러므로 인간이 절단 없는 연속 속에서 서로 붙어 있는 고리들 중의 하나 속에 필연적으로 위치하고 있다는 확신이 우리에게는 있을 수 없다."

그것은 무한수와 마찬가지로 존재할 수 없다." 그러나 우주의 공간적 무한성을 부정하는 바로 그 문장 속에서 볼테르는 우주의 시간적 무한성을 주장하고 있으며 따라서 마찬가지로 전통적인 근거에서 전통적인 창조설을 공격하고 있다. "〈무는 무에서 생긴다〉는 위대한 원리는 둘에 둘을 더하면 넷이 된다는 것만큼이나 사실이다." 그러므로 우주는 "영원"한 것이 아니면 안 된다.

> 활동적 존재가 활동하지 않고 영원을 지나왔다거나 창조적 존재가 아무것도 창조하지 않고 무한한 시간동안 존재해왔다거나 필요한 존재가 영원히 무용한 존재였다고 말하는 것은 불합리한 모순이다.[16)]

이 이론에 대한 존슨 박사의 공격은 마찬가지의 근거를 두고 있었으나 놀랍게도 둘 중에서 더 심오하고 더 논리적이었다.[17)] 충만의 원리는 관찰 가능한 사실과 모순될 뿐 아니라 그에게는 자기 모순적인 것으로 생각되었다. 만일 이 원리가 어떤 타당성이라도 지닌다면 〈존재의 연쇄〉는 진정한 연속임에 틀림없을 것이다. 그러나 연속체에서는 임의의 두 요소가 아무리 서로 "가깝다"고 하더라도 그 사이에는 무한한 중간 요소들이 있지 않으면 안 된다. 이와 같이 존슨은 우주에 관한 기성 관념에 대해서, 계보상 엘레아의 제논*까지 거슬러 올라가는 오래된 추론 일부를 적용하였다.

16. 「결단을 내리지 않으면 안 된다」 4장.

17. 「악의 성질과 기원의 자유로운 고찰(즉, 소움 제닌스의 저술)에 관한 평」(1757). 이 평은 본래 *The Literary Magazine*에 게재된 것인데 소책자로 재쇄되었으나 출판소와 출판일은 기록되어 있지 않다. 존슨은 존재의 연쇄라는 관념의 역사를 모르고 있던 것이 분명한데, 그는 그것을 "아라비아식의 존재의 사다리"라고 부르고 있다.

* Zeno of Elea는 B.C. 5세기 이탈리아 엘레아 출신의 그리스 철학자로 그의 가르침은 플라톤의 *Parmenides*에 언급되어 있다. 「아킬레스는 거북이를 쫓아가지 못한다」는 것은 그의 역설이다.

무한으로부터 무無에 이르는 존재의 사다리는 존재할 수 없다. 흔히 이야기되어 온 바와 같이 무한하지 않은 최고 존재란 무한 아래로 무한한 거리에 떨어져 있음에 틀림없다.……더욱이 유한과 무한 사이의 이러한 거리에는 규정할 수 없는 무한의 계열이 영원히 존재할 여지가 있다. 최저의 실체적 존재와 무 사이에는 그 존재가 어디서 끝난다고 해도 무한히 깊은 또 다른 하나의 빈틈이 있다. 그리고 거기에는 또한 영원히 연속되긴 하지만 여전히 비존재보다는 무한히 우수한 종속적 성질을 가진, 무한한 종류가 들어갈 여지가 있다.……더욱이 이것뿐만이 아니다. 어디서 시작하든 끝나는 사다리 가운데에는 무한한 빈 곳이 있다. 인간보다 상위의 다음 종류의 존재를 고려할 때 아무리 먼 거리에 서로 떨어져 있다고 상상해도 양자 사이에는 중간 종류의 존재가 있을 여지가 있다. 그리고 만일 한 종류가 있을 여지가 있다면 무한한 종류가 있을 여지가 있다. 왜냐하면 수의 다소간의 여지가 있는 것은 모두 그리고 그 결과 그러한 여지가 있는 것의 부분 전체는 무한히 구분될 수 있기 때문이다. 그리하여 우리가 판단할 수 있는 한 존재의 사다리에서 임의의 두 단계 사이 또는 존재의 원추의 임의의 두 점 사이의 빈 곳에는 무한한 힘의 무한한 행사를 위한 여지가 있을 것이다.

더욱이 존슨의 말에 의하면 충만의 원리는 경험적 검증을 받을 수 있는 것이어야 하지만, 사실은 허위의 뜻을 함축하고 있다는 것이다.

모든 가능한 종류의 존재가 있다는 것을 입증하는 데 제시될 수 있는 모든 이유 하나하나는 모든 종류의 최다수의 존재가 있을 수 있음을 입증할 것이다. 그러나 우리가 아는 인간에 관해서는 이것이 진실이 아님을 우리는 알고 있다.

간단히 말해서 존슨의 결론에 의하면 "나는 이 〈존재의 사다리〉가 외람된 상상력에 의해 제기되고 그리고 그 바닥에서는 무에 입각해 있고 그 정상에서는 무에 의존해 있으며, 한 단계 한 단계가 비어 있어서 그 단계를 거쳐 어떠한 종류의 존재라도 우리가 판단할 수 있는 한, 그 존재의 바로 위나 바로 아래의 지위에 아무런 불편도 주지 않으면서 허무 속으로 떨어질 수도 있다는 것을 나는 입증했다"는 것이다. 그리하여

> 자신의 존재 이유를 〈존재의 사다리〉에서 찾는 자들은 또 다른 해결책에 의존하는 자들에게 승리하지 않으면 안 될 이유가 얼마나 있는가, 그리하여 외람된 결정을 내림으로써 생긴 반란을 진압하기 위하여 사방에서 어떤 어려운 문제가 생기는가를 알 수 있게 된다. 〈조금 생각하는 자는 쉽게 말을 한다.〉[18]

존슨의 비판은 문제의 근본에 매우 접근해 있다. 만일 그의 동시대인에게 올바르게 고찰되었더라면 18세기 후기는 연속의 원리의 붕괴 및 그 자신이 위의 글에서 역시 강하게 공격한 낙관주의의 전통적 논리의 붕괴라는 특성으로 기록되었을지도 모른다. 그러나 그의 비판이나 볼테르의 비판은 그다지 큰 영향을 끼친 것 같지 않다. 18세기를 통해 충만, 연속 및 점진적 이행의 가설은 지금까지 살펴본 바와 같이 특히 생물과학 분야에서 인간 정신에 계속 강력하게 작용하였다.

그럼에도 불구하고—중세의 일부 저술가에게 실제로 그러했던 것과 마찬가지로—존재 가능한 모든 것이 완전히 실현된다는 가정을, 구체적인 우주가 시간적인 것〈이다〉라는 사실과 부합시키기 위하여 무엇인가를 해야 한다는 것은 점차 더 명백하게 되었다. 여기에서 가정하고 있는 필연성이란

18. 같은 책.

〈영원한〉 필연성이었다. 그러나 말하자면 그 결과는 분명히 영원한 것이 〈아니었다〉. 만일 개개의 것들이 연쇄 속의 고리라고 해도 그 모두가 동시에 존재하지 않는 것은 분명하다. 더욱이 만일 고리가—연속의 원리의 엄격성을 벗어나서—종이라고 가정된다고 하더라도 이미 알려진 생물 계열 속에서 빈칸이 생긴다는 단순한 사실상의 문제는 천지창조의 "완전성"과 연속성을 믿는 사람들을 오랜 동안 괴롭혀왔었다. 이러한 곤란한 문제에 대한 한 가지 해결책, 즉 라이프니츠와 같은 위대한 인물조차 때때로 의존하곤 했던 방법은 우리가 이미 살펴보았듯이 종류의 연속적 계열에 속하는 것을 공간적으로 분포되어 있는 행성 혹은 태양계에 귀속시키는 것이었다. 여기 지상에 없는 고리를 찾으려면 화성이나 플레이아데스 성군星群으로 날아가야 할 필요가 있을지 모른다.[19] 자신의 시대에서 위대한 과학자로 손꼽혔던 모페르튀*는 형체의 계열이 원래 완전하였다는 설을 살리기 위하여 마찬가지로 무리한 또 하나의 억설臆說을 제창하였다. 그는 한때 존재했던 많은 종이 혜성의 접근과 같은 어떤 우연한 사건으로 소멸되었음에 틀림없다고 시사하였다. 우리가 현재 보고 있는 대자연은 벼락을 맞았지만 한때는 반듯한 건축물과 같은 것이다. "그것은 우리의 눈에 더 이상 각 부분의 균형이나 건축가의 의도를 식별할 수 없는 폐허만을 드러내 놓고 있다."[20] 그러나 우주의 충만과 연속에 대한 신념이 강한 자들에게는 그다지 불만스럽지 않고 덜 임의적인 가설이 당연하게나마 나타났다. 즉, 〈존재의 연쇄〉란 현재는 비록 관찰할 수 있을 정도로 완벽하지는 않지만, 만일 우리가 시간적으로 과

---

19. 「새 에세이」 III, vi, §12. 즉, "떨어진 피조물들 사이에 중간 피조물이 있다는 것은, 가령 그것이 반드시 동일한 지구나 태양계 속에 있지 않다고 해도 동일한 조화에 적합한 것이다"(「철학 저작집」 V, p.286).

* Pierre Louis Moreau de Maupertuis(1698~1759): 프랑스의 수학자 · 철학자 · 천문학자 · 문인. 루이15세가 경도를 측정하도록 Lapland로 보낸 탐험대 대장이었다. 그는 뉴턴 이론을 지지하였다. 프리드리히 대황의 초청으로 베를린 과학 학술원 초대 원장이 되었다.

20. 「모페르튀 저작집」 I(1752), pp.35~36.

거·현재·미래의 모든 형체의 계열을 할 수만 있다면 완전한 것으로 보일 것이라든지 또는 좀 더 완전한 것으로 되는 경향이 있다고 보이리라는 것이다.

이러한 해결책은 라이프니츠가 취한 것은 아니며 그가 여전히 정태적인 우주관을 고수했다는 것은 라이프니츠에 관한 최근의 몇몇 저술가에 의해 주장되었다. 이러한 해석을 뒷받침해 줄 경향이 있는 수많은 구절이 인용될 수 있으나 증거는 대체로 이와 반대되는 것이다.[21] 아마도 1707년에 쓰인 것으로 보이는 유명한 서간으로서 그 일부는 내가 이미 인용한 바 있는데, 이 서간에서 라이프니츠는 연속의 원리의 과학적 중요성에 대하여 보통 이상으로 더 열심히 설명한 후 다음과 같은 결론을 내리고 있다. 그 원리는

> 따라서 내게는 의문의 여지가 없다. 더욱이 그 원리는 참다운 철학에서의 많은 중요한 문제를 입증함에 기여할지도 모른다. 참다운 철학이란 감각이나 상상력을 넘어 지성의 영역 속에서 현상의 기원을 추구하는 철학이다. 나는 이러한 진리에 대해 어느 정도 알고 있다고 자부하지만 이 시대는 그것을 받아들일 준비가 되어 있지 않다.

그렇다면 너무 기발해서 라이프니츠가 설명하기를 주저한 이 원리의 또 다른 의미란 무엇인가? 적어도 그중의 하나는 우주란 아직도 불완전하다는 결론, 즉 〈존재의 연쇄〉란 모든 형체가 시간 질서 속에서 점진적으로 실현되어 가는 과정으로 해석되지 않으면 안 된다고 한 결론이라 생각할 이유가 있다. 「프로토게아」(1693) 속에서 라이프니츠는 지질학적 시대 구분상의

---

21. 라이프니츠에 의해서 "초보적 형식의" 생물변동설이 채택되었다는 것은 E. Rádl, *Geschichte der biologischen Theorien seit dem Ende des 17ten Jahrhunderts* I, p.72 및 Buchenau & Cassirer, *Leibniz: Hauptschriften zur Grundlegung der Philosophie* II(1906), p.26 그리고 Thienemann, *Zool. Annalen* III, p.187에서 인정되고 있다.

초기에 존재한 많은 종의 생물이 지금은 절멸했으며 우리에게 알려진 많은 종이 당시에는 존재하지 않았던 것 같다고 지적하고, 더욱이 이는 지각地殼 상태에 생긴 "광범한 변화 과정 속에서" "동물의 종조차도 여러 번 변형되었다고 믿을 만한 가치가 있는"[22] 가설이라고 덧붙여 말하고 있다. "예전의 어떤 시기에는 사자·호랑이·스라소니와 같은 고양이의 성질을 약간 지닌 많은 종이 동일한 종속이었을 수도 있으며 지금은 그것들이 본래의 고양이 종보다 새로운 하위 변종으로 간주할 수도 있다는 것"[23]은 가능하다고 또다시 기술하고 있다. 그는 또 다른 저술(1710년)에서 가장 초기의 동물은 수중동물이었으며 양서류와 육상동물은 그 자손임이 가능하다고 주장하였다.[24] 더욱이 다른 곳에서 라이프니츠는 형이상학적 근거에 따라 이러한 점진적 발달의 관념을 전 우주로 확대 적용하였다. 시간과 변화의 〈의미〉, 즉 왜 〈변화가 적절한 것인가〉 하는 이유는 그것에 의해 "비록 종류의 완전도가 동등하다 할지라도 완전한 종이나 형체의 수는 늘어나고 있을지 모르기 때문"[25]이라고 그는 단언한다. 그는 다른 곳에서 이 문제에 관한 두 가지의 가능한 가설이 있다고 말하고 있다. "첫째로 자연은 항상 동등하게 완전하다는 것이며, 둘째로……물론 자연에 완벽한 완성도를 일시에 부여할 수는 없다고 생각한다 해도 자연은 언제나 완성도를 증가시키고 있다는 것이다." 만일 후자가 옳다면 이 사실은 두 가지 방식 중의 어느 하나로 설명될 수 있

22. 앞의 책, *1749 ed.*, p.41. 즉, "그러한 격렬한 변동에 의해서 동물의 종은 크게 변했다고 믿어야 할 것이다."

23. Rádl, *Geschichte der biologischen Theorien* I, p.71에서 인용됨. 그러나 여기서 라이프니츠는 또한 "자연적인 종"의 가능성을 인정하는데, 그러한 종에 관한 우리의 결정은 "잠정적인 것에 지나지 않으며 우리의 [제한된] 지식과 일치할 수 있다"고 주장한다. 그럼에도 불구하고 그와 같은 종의 수가 크게 감소하는 것은 분명하며 상이한 종에 속한다고 보통 생각되고 있는 대부분의 종류가 대부분의 자손과는 크게 다른 공통의 선조로부터 나왔다는 것을 의미하고 있다.

24. 「베를린 잡보雜報」 I(1710), pp.111~112.

25. Bourget에게 보내는 서간(1715), 「철학 저작집」 III, p.593.

을지도 모른다. 즉, "시작은 없었으며 우주의 순간이나 상태는 유구한 과거로부터 그 완성도가 계속 증가해 왔다는 것, 아니면 이 과정에는 시작이 있었다는 것 등 중의 하나로 설명될 수 있다."[26] 더욱이 그의 좀 더 짧은 저술 가운데 가장 흥미 있는 것 중의 하나에서 그는 아주 명확히 연속적 진보의 가설에 찬성하고 있다. 가능성의 충만은 부분적으로 경작된 밭과 같으며 영원히 그러할 것으로서, 여기서부터 새롭고 더 훌륭한 산물이 끝없이 샘솟을 것이다. 왜냐하면 연속체란 결코 고갈될 수 없기 때문이다.

> 신의 작품의 아름다움과 보편적 완성도의 누적적 증가 및 우주 전체의 영원한 제약 없는 진보는 인정되지 않으면 안 된다. 그 결과 지구의 대부분이 이미 경작되었고 앞으로도 더욱더 개척되어 이후로 더욱더 그렇게 되는 것과 같이 우주는 고도의 세련된 상태를 향해 앞으로 나아간다는 것도 인식되지 않으면 안 된다.……만일 이것이 옳다면 우주는 지난날 어느 때 이미 낙원이 되어 있을 것이라는 식으로 제기될 수 있는 반론에 대하여 그 대답은 먼 데서 찾을 필요가 없다. 즉, 비록 많은 것들이 대단한 완성도에 달하긴 하였지만 연속체가 무한히 분할될 수 있음에 비추어 볼 때 사물의 심연 속에는 여태껏 동면해 온 부분이 남아있을 것이다. 그리고 그 부분은 더 위대하고 더 높은 상태로, 말하자면 더 세련된 상태로 제고提高되지 않으면 안 된다. 더욱이 이런 이유로 진보는 결코 끝이 없을 것이다.[27]

---

26. Bourget에게 보내는 서간(1715), 「철학 저작집」 III, p.582.
27. 「사물의 근본 기원에 관하여」(1697), 「철학 저작집」 VII, p.308.
"In cumulum etiam pulchritudinis perfectionisque universalis operum divinorum, progressus quidam perpetuus liberrimusque totius Universi est agnoscendus, ita ut ad majorem semper cultum procedat, quemadmodum nunc magna pars terrae nostrae cultum recepit et recipiet magis magisque.……Et quod objici posset : ita oportere ut Mundus dudum factus fuerit Paradisus, responsio praesto est: etsi multae jam substantiae

라이프니츠는 이러한 자연의 창조적 진보의 일반 이론과 또 종의 변형에 관한 특수하고 더 구체적인 주장을, 일견 모순으로 보이는 자신의 체계의 어떤 다른 특징과 조화시킬 필요가 있었다. 그의 모나드론과 전성설적前成說的 발생학의 주장에 의하면 모두 어떤 의미에서는 자연 속에 존재하는 것은 모두 언제나 자연 속에 존재해 왔다는 것이었다. 개별적인 "실체", 즉 모나드의 수는 일정불변이다. 천지 창조 이래로(1715년에 그는 썼지만) "모든 동물의 영혼이 사전에 존재하고 있었다"는 것뿐 아니라 그 자체의 "유기적 체내에" 사전에 존재해 왔다고 하는 것은 확실하게 천명될 수 있다. "동물의 모든 탄생은 이미 살아온 동물의 변형에 불과하다."[28] 오늘날 살고 있는 개별적 생물은 원시 조상의 생식질生殖質 속에서 극미동물極微動物로 존재하였다. 그러나 라이프니츠에게 이는 조상이 후손, 즉 (그 말의 보통 의미에서의) 동일종에 속한 피조물과 형태상 닮았다는 것을 반드시 뜻하는 것이 아니다. 또한 현재의 생물의 "전성前成된" 신체가 그 현재의 형태나 태아의 형태를 정확히 "미리 묘사해 놓은 것"도 아니다. 더욱이 그 사이에 내내 그 유기체의 영혼이 언제나 같은 "정도"에 머물러 있었고 그 신체가 같은 형태였다는 것

---

ad magnam perfectionem pervenerint, ob divisibilitatem continui in infinitum, semper in abysso rerum superesse partes sopitas adhuc excitandas et ad majus meliusque et, ut verba dicam, ad meliorem cultum provehendas. Nec proinde unquam ad terminum progressus perveniri."

이것은 Sophia 선제후 부인에게 보낸 서간(1696년 11월 4일부) 속에서 라이프니츠가 이미 더 짧게 말한 바 있었다. 즉, "우주 밖에서는 그것을 하지 못하게 막는 것이 없는 이상 우주는 끊임없이 발전하고 진보함에 틀림없을 것이다"(Kopp 편 「저작집」 1873, Ⅶ, p.16). 이러한 의견과 조화시키는 것이 불가능하지는 않다고 해도 곤란할 것 같은 구절이 라이프니츠에게 있는데, 이 문제에 관한 그의 의견은 동요 없는 것임을 덧붙여 말해야 하겠다. 「철학 저작집」 Ⅳ, p.344 및 「새 에세이」 Ⅲ, ⅳ 참조. 라이프니츠의 진화론에 관해 최근에 나온 비평에 대해서는 L. Davilé, *Leibniz historien*(1909); K. Ufermann, *Untersuchungen über das Gesetz der Kontinutät bei Leibniz*(1927), pp.75~92; A. Fischer, *'Sein' und 'Geschehen' bei Leibniz*(1929), p.132 ff.

28. Arnauld에게 보낸 서간(1686년 11월 28일~12월 8일)의 초고(「철학 저작집」 II, p.75에 수록됨). 또한 Montgomery, *Leibniz: Disc. on Metaphysics*, etc. p.155에 영역이 있음.

도 아니다. 원시의 극미동물이 "현재의 동물이 된 것"은 광범한 일련의 "변화·진화·퇴화,"[29] 즉 새로운 발전과 (어떤 경우에는) 퇴화를 통해서였다. 특히 개체의 임신에서는 근본적 변화가 생길 수도 있다. "생물의 신체뿐 아니라 이 신체 속의 영혼, 그리고 한마디로 동물 자체는 임신 이전에 이미 거기에 있었다. 그리고 임신에 의해서 동물은 별종의 동물이 되기 위하여 단지 큰 변화에 대비한 데 불과하였다. 생식은 차치하더라도 구더기는 파리가 되고 애벌레가 나비가 될 때 우리는 이것과 비슷한 것을 볼 수 있을 것이다."[30] 라이프니츠가 이 구절에서 말하는 바에 의하면 개별적 종자를 이와 같이 좀 더 높은 종으로 격상시키는 것은 통상적인 것이라기보다는 예외적인 것이다. "대부분의 배생동물胚生動物은 그 자신의 종으로 머물러 있으며 더욱이 더 큰 무대에 등장하는 것은 소수의 선택된 것에 불과하다."[31] 그러나 인간의 전성적 영혼은 엄밀히 말해서 인간의 영혼이 아니었다고 라이프니츠는 생각한다.

> 언제가 인간이 될 영혼은 다른 종의 영혼과 마찬가지로 종자 속에 있었으며 그리고 아담에게까지 이르는 선조의 대열에 존재하고 있었으며 따라서 언제나 만물의 시작 이래로 일종의 조직체 속에서 존재해 왔다고 나는 생각한다……그러나 이 영혼은 그 당시에는 단지 감각적인 또는 동물적인 영혼으로서만 존재해 왔다는 것……더욱이 영혼의 소유주가 될 인간이 태어나기 전까지는 그 상태로 머물러 있었다는 것, 그러나 그때 영혼은—(내가 믿기는 어렵지만) 감각적 영혼을 이성적 영혼의 단계로 격상시키는 자연적 방법이 있든 간에, 혹은 신이 특별 행위에 의해서나 (당신이 원한다면) 일종의 〈트랜스크리에이션〉[창조적 번역]를 통해 이

29. 「철학 저작집」 III, p.579.
30. 「모나드론」 §74.
31. 같은 책 §75.

영혼에 이성을 부여했든 간에—이성을 획득하였다는 것—이상은 여러 가지 이유로 타당하다고 생각되는 바이다.[32]

일단 발생한 이상 이성적 영혼은 저급으로 퇴보하지 않게 됨은 물론 (이미 설명된 라이프니츠의 점진적 종말론에 의하면) "이성적 영혼은 우주 그 자체를 닮아서 그리고 우주의 그림자에 불과하지만 부단히 진보하고 성숙해 간다."[33] 비록 다른 개별 동물의 영혼도 "세계가 지속되는 한" 마찬가지로 불멸이겠지만 라이프니츠가 때때로 그리고 분명히 통상적으로 생각했듯이 이 영혼은 더 높은 단계의 존재로 가는 제한 없는 부단한 향상이 그처럼 보장되어 있지 않다. 이러한 영혼을 가진 신체는 "진화"는 물론 "퇴화"도 모면할 수 없으며 영혼의 지위는 그것이 속한 신체에 상응하므로 영혼은 여러 가지 자연의 영고성쇠를 거쳐 그 사다리 속에서 내려가는 수도 있다.[34] 그러나 또한 "모든 것이 비록 〈미발달의 형태〉로 있긴 하지만, 가능한 그리고 이미 그 속에서 발견된 모든 완성에 도달하는 것은 확실한 진리"[35]라고 그는 말한다. 더욱이 그는 때때로 제한 없는 전진의 가능성이 모든 모나드의 앞길에 있다고 암시한다. 즉, "모든 영혼 혹은 차라리 모든 생물을 위해 유보되어 있는 영원성은 서서하게나마 우주에 최대의 완성도를 부여토록 착상된 거대한 장場이다."[36] 라이프니츠는 이러한 신념이 "물리적 관찰의 점진적 진보"에 의해 확인된 것이라고 주장했기 때문에 아마 무엇보다도 생물 진화에 관해 당시 입수 가능한 화석의 증거 또는 기타의 증거—그 자신이 「프로토게아」나 이미 언급된 다른 저술에서 인용한 증거—를 염두에 두고 있었

32. 「철학 저작집」 Ⅵ, p.152.
33. Kopp 편 「저작집」 Ⅷ, pp.15~16.
34. Arnauld에게 보낸 서간(1687년 4월 30일부. 「철학 저작집」 II, p.99 f.에 수록됨). Montgomery의 앞 책 p.195에 영역이 있음.
35. Kopp 편 앞 책.
36. J. Baruzzi, *Leibniz*(1909), p.296에 인용된 미발표의 단상斷想으로부터의 인용.

을 것이다. 계통발생적 진보는 그에게 있어서는 자신의 전성설적 발생학의 결과로서 언제나 개체발생적 진보를 표출한 것이었다. 더욱이 한쪽의 가능성을 가리키는 어떤 관찰될 수 있는 사실이라도 또한 다른 한쪽의 가능성까지 가리키는 것이다. 따라서 경험적 지식의 증가와 함께 "우리는 형이상학과 자연신학의 가장 숭고하고 중요한 진리에 도달한다"—여기에서 문제가 되고 있는 진리란 우주의 일반적 진보에 관한 것이다. 그러나 이러한 이론을 뒷받침하기 위하여 의존할 수 있는 "물리적 관찰"이 18세기 초에는 대단히 미흡했다는 것은 두말할 필요도 없다. 라이프니츠 및 그의 많은 동시대인 그리고 직접적인 후계자들에게 이러한 논리를 채택하게 만든 사고는 이미 지적한 바 있는 "형이상학과 자연신학의" 논의였는데, 한때 불변의 〈존재의 연쇄〉를 끝없는 〈생성〉의 계획으로 전화시키고 있던 것은 십분 이해될 수 있는 것이었다.

그러나 보편적 진보의 이론과 개체의 생물학적·우주적 진화 이론을 라이프니츠 철학에 도입시킨 것은 그의 체계를—철학사가들은 거의 주목하지 않지만—완전히 둘로 분열시켰다. 첫 번째로 이는 충분이유의 설과 상충되는데 그는 이 원리를 형이상학의 일차적 기본 진리라고 아주 흔한 듯이 주장하였다. 앞의 강연에서 우리가 이미 살펴본 바와 같이 그 원리는 창조된 우주 속에서 공가능共可能한 모든 이상적인 "가능한 것"들의 실현을 조건으로 필요하였다. 그러나 우리가 역시 살펴본 바와 같이 만일 이 원리가 이것을 한 번 조건으로 필요했다면 항상 그것을 필요로 하였던 것이다. '필연적이며 영원한 진리'가 점진적으로 진리에 접근해 가고 있다는 것은 있을 수 없다. 더욱이—같은 결론의 또 다른 측면인데—그 체계의 진화론적 형태는 충만의 원리의 논리 그 자체 및 모나드론[단자론單子論]을 크게 파괴시킨 것이었다. 실재 전체가 일정수의 불변의 개체들로 항상 구성되고 있다는 것은 모나드론의 본질적인 부분이었다. 그 수는 〈영원한 이성〉이 모나드의 특징적 기능—즉, 다소 명백하고 뚜렷하게 우주를 표현하거나 또는 "반영"하는 기능—에 관하여 모나드와 모나드 사이에 있을 수 있다고 인정하는 상이한 단계의 수에 따라 고정되어 있다. 이러한 미묘한 단계의 각각에 대응하는 하나의 사고하는 실체가 있을 것이다. 만일 그렇지 않다면 우주란 그 수의 범위를 결정하는, 근거를 갖지 〈않는〉 전혀 우연한 것이 될 것이다. 더 고도의 단계로 진보하는 모나드라는 관념은 앞에서 제시된 바와 같이 형식상으로는 모나드의 〈수〉가 일정불변하다는 가설과는 모순되지 않지만, 그 일정 수만으로 된 "실체"의 불변의 자기동일성에 관한 설과는 의미상 모순된다. 왜냐하면—식별할 수 없는 것들은 동일한 것이라는 원리에 의하면—모나드의 독자성을 결정하는 것은 모나드가 이러한 기능을 발휘할 독특한 정도, 즉 〈존재의 사다리〉에서의 위치 때문이다. 결국 라이프니츠에게 이 사다리는 서로 간에 이와 같이 미묘하게 차등 지어진 연속적인 모나드의 계열로 성립되고 있을 뿐이다. 그러나 만일 모나드가 우주의 기타의 것들을 더 적절하게 표현할 수 있게 됨으로써 이 사다리 속에서 자신의 위치를 바꾼다면 이 모나드는 그 자체의 자기동일성을 잃게 된다. 기억력을 갖춘 이성적 영혼의 경우에 라이프니츠는 〈개체화의 원리〉를 정의하는 또 다른 방식에 의존함으로써 이러한 어려운 문제를 회피할 수 있었다. 즉, 자신의 과거 경험을 자기 자신의 경험〈으로〉 상기하는 존재는 어떤 변화를 여러 번 되풀이해서도 존속할 수 있을지 모르는 계속적인 개인적 자기동일성의 감각을 지니고 있다는 것이다. 그러나 이성적 영혼뿐 아니라 "감각적" 영혼이나 "동물적" 영혼도 있으며, 후자에게는 이러한 개성의 심리적 바탕이 있지 않다는 것이다. 또한 사실상 인간 정신도 스스로의 과거를 많이 기억하는 것이 아니다. 우리는 자기 자신이 천지창조의 첫 아침에 이러이러한 종류의 극미동물이었다고 확인할 수 없다. 결과적으로 낮은 단계의 모든 모나드와 이제는 인간 영혼이 된 모나드가 그 초기단계에서 진보했다는 것은 우주가 항상 같은 개체만으로 성립되어 있지 않다는 것을 암시하고 있다. 더욱이 모나드 수의 불변은 단지 모나드들 중의 일부 혹은 전부가 진보하면 사다리의 어디에선가 빈 공간이 생긴다고 가정될 때에만 비로소 주장될 수 있을 것이다. 만일 그것들이 전부 진보한다면 사다리의 낮은 쪽의 가로대는 비어 있게 될 것이다. 그러나 이것은 충만의 원리—따라서 충분이유의 원리—와는 조화될 수 없는 일이었다. 존재하는 모나드의 수가 시간의 경과와 함께 증가하거나 혹은 그렇지 않다면—라이프니츠가 실질적으로 부정한 것인데—〈종의 공백〉이 있게 되며 더욱이 〈창조주〉는 진보하는 모나드들이 빈 단계를 채우지 못함으로써 언젠가는 계열에 속하는, 가능하고 또 공가능한 어떤 본질에 존재의 은총을 거부하면서, 그 〈실존에의 욕구〉를 충족시키지 않았다는 책임을 졌던 것이다. 마지막으로 라이프니츠의 보편적이고 항구적인 진보 이론은 명백히 개선설改善說을 위하여 그 대신 (적절한 철학적 의미에서 본) 낙관주의를 포기한 것이었다. 이 세계는 지금 "가능한 세계 중의 최선의 것"이 〈아니며〉 실제로 앞으로도 결코 아닐 것이다. 그것은 단지 개선되고 있는 과정에 있는 세계에 불과할 뿐이다. 그러나 라이프니츠에게는 이렇듯 영원히 완성에 이르지 않는 세계란 낙관주의자의 이른바 "최선의 세계"보다는 낫다는 것이 사실이다. 왜냐하면 초월될 수 없는 유한한 선善이란 가치의 일차적 필수조건을 결여하고 있기 때문이다.

그렇다면—라이프니츠 자신은 이 사실을 깨닫지 못한 것 같지만—그의 철학에는 서로 간에 쉽게 절충될 수 없는 두 체계가 있다. 몬타규* 교수가 제안한 바와 같이 만일 철학자들을 그들의 특징적인 우주"관"에 따라 우리가 분류한다면 라이프니츠는 두 우주관을 갖고 있었을 것이다. 그중의 하나는 제5장에서 우리가 개관한 것이며 다른 하나는 방금 살펴본 것이다. 첫

* William Pepperell Montague(1873~1953): 미국의 철학자. 저서로서 *The Ways of Knowing or the Methods of Philosophy*(1925); *The Chances of Surviving Death*(1934) 등이 있다.

번째의 것은 철저하게 이성적인 우주관으로서 창조된 우주의 성질이 허용하는 한, 완전하게 〈신의 이성〉 속의 〈이데아〉의 영원한 질서를 모델로 해서 형성된 것이었다. 그러므로 그것은 그 본질적 구조에 있어서 불변하는 우주였다. 시간적 변화가 그 특징이라는 것은 부인할 수 없지만 그것은 중요한 특징이 아니다. 이와 같은 우주관에서는—스피노자의 우주관과 대단히 유사한데—시간은 "진지하게 고려"되고 있지 않다. 또 다른 우주관에서는 시간 경과는 실현된 가치의 끊임없는 증가로 생각되고 있어서 이는 실재의 〈가장〉 중요한 양상이며—더욱이 변화는 우수성을 나타내는 가장 필수 불가결의 증표이다.[37)]

라이프니츠의 미궁과 같은 형이상학·우주론·발생학으로부터 18세기 전반의 진화론의 두 가지 시적 표현으로 이야기의 방향을 바꾸기로 한다. 「야상夜想」(1742~44)에서 영*은 진화론을 천문학에 적용하고 있다. 영의 생각에 의하면 각 행성이나 혹은 차라리 각 태양계는 현재 우리가 별의 진화라고 부르는 것의 오랜 점진적인 일련의 단계를 거쳐 왔다는 것이다. 이는

어두움으로부터 밝음으로
자연의 성스러운 법칙인 합당한 점차적 이행에 의해 상승하였도다.
……………………………………………………………모든 별들은
우상숭배로 빛나는 유혹은,
암흑과 혼돈으로부터 탄생하였도다.

37. 스피노자의 형이상학—충분이유의 원리와 충만의 원리에 관해서는 라이프니츠의 형이상학과는 본질적으로 다르지 않음을 우리가 보아왔는데—을 약간 비슷하게 시간화하려는 노력이 S. Alexander가 지은 「스피노자와 시간」에서 최근 시도되었다. 그러나 이것은 라이프니츠가 자기 자신의 설을 재구성한 데 대해서 스피노자의 설을 재구성한 것임이 인정되는 바이다.

* Edward Young(1683~1765): 영국의 시인·평론가·철학자·신학자.

일그러진 모양의 아들, 즉 지옥의 진득거리는 찌꺼기로부터
우선 조잡한 덩어리로 상승하였다.
그 뒤에는 어렴풋이 빛을 냈다.
그리고는 불투명한 천구층으로 상승하여
그 후에는 밝아지고 마침내 한낮에 온 빛을 작열시켰다.
자연은 진보를 기뻐하고 나쁜 것으로부터
더 좋은 것으로의 향상을 기뻐하도다.[38]

아마도 영은 별 하나의 평범한 역사를 주로 자신의 상상력에 따라 지어냈을 것이다. 그것은 우연히도 최근의 천문학적 가설과 그다지 크게 어긋나지 않지만 물론 대체로 요행의 덕분이었다. 또다시 이 구절에서 흥미를 끄는 것은 진화의 무대로서의 우리의 태양계와 다른 별의 체계에 관한 일반적 관념이 그러한 가설을 위한 과학적 증거의 대부분의 발견보다 훨씬 앞서 출현하였다는 사실, 그리고 18세기 중기 이전에 대단히 널리 읽힌 저술에서 그 관념이 익히 알려져 있었다는 사실, 또한 그 관념이 기성의 우주적 질서가 아닌, 연속 속에 표현된 것으로 생각되는 충만과 연속의 원리의 영향에 주로 기인하여 전개된 것으로 보인다는 사실 등을 재차 잘 나타내 주고 있다. 영은 이 관념을 그답게 도덕적 교훈의 용도에 맞게 바꾸어 놓았다. 그가 묘사하는 젊은 로렌조는 별을 모방하라는 명령을 받는다. 그러나 그것은 대단히 많은 다른 교훈 작가에 의하여 하늘에 관한 명상으로부터 끄집어 낸 보통 종류의 도덕적 가르침은 아니다. 인간이 자기 자신의 행동에 대한 모범을 찾는 것은 별들의 궤도상에서의 운동의 규칙성이나 불변성에서가 아니라 별들의 진보, 즉 "낮은 곳으로부터 높은 곳으로, 어두운 곳으로부터 밝은 곳으로"의 부단한 이행에서이다. 이 경우에 자연을 도덕적으로 모방한다

38. 「야상」 아홉째 밤.

는 것은 영속적인 자기 개선을 향한 의식적이고 치밀한 노력으로 성립된다.

정신이 상승할 때,
진보는 부분적으로 정신에 의존한다.……
오! 인간이 되어라. 그러면 당신은 신이 되리니!
더욱이 반은 스스로 만들어져지나니! 야망은 얼마나 신적神的인 것인가!

포우프가 얼마 전에 정태적인 〈존재의 연쇄〉의 관념으로부터 끄집어 낸 교훈과 이것이 정반대였다는 점은 주목된다.

거의 같은 시기에, 또 다른 더 훌륭한 영국 시인이 이 주제를 훨씬 더 충분히 다루었으며 그리고—의사이기도 하였기 때문에 당연한 일이었지만—천문학적 관계보다는 생물학적 관계를 강조하며 상론하고 있었다. 에이큰사이드*의 「상상의 즐거움」은 이 시기의 시의 한 권위자가 언급하듯이 "「인간론」과 「야상」을 제외한다면 그 세기의 가장 위대하고 찬양된 철학시"[39]였다. 더욱이 이 시의 가장 인상적인 구절은 「티마이오스」의 우주발생론을 18세기의 시적 스타일로 막연하게 진화론적으로 서술한 것이었다. 에이큰사이드는 라이프니츠의 「신정론」 및 그 당시 출판된 다른 그의 저술 중 일부도 알고 있었지만, 그의 시의 중요한 영감은 명백히 플라톤적인 것이다. 그도 역시 〈이데아의 세계〉로부터 시작하고 있다. 자연이 형성되기 이전에,

전능한 유일자는 그때 끝없이 깊은
본질 속에 깊숙이 은거하여
피조물의 영원한 형상을 보고 있었다.

* 6장 p.286 역주 참조.

39. R.D. Havens, *The Influence of Milton in the English Poetry of the Eighteenth Century*, p.386.

………………첫날부터
신은 신적神的 사랑을 형체 위에 쏟았다.
그의 찬탄을 쏟았다: 비로소 때가 와서
그가 찬탄하고 사랑한 것을, 그의 생명의 미소는
존재에로 전개하였다. 그러므로
생명이 있는 것을 살리는 생명의 입김, 푸른 대지,
포효하는 파도,
그 이래로 빛과 그늘이 교차하고;
따뜻함과 차가움이;
그리고 맑은 가을 하늘과 봄의 소나기가,
그리고 사물의 모든 훌륭한 다양함이 생겼도다.[40)]
…………………………………………………

세계의 최고 정신은
영원한 예부터 침착하여
자기 자신의 깊은 본질 속에
진정한 지복의 경계가 완전함을 보았지만
그러나 커다란 자애로움에 이끌려
스스로를 충족시키고 있던 저 원초의 기쁨을
자신의 주위에도 전파시키려고
자신의 성형成形된 팔을 올려들어
공간의 공허한 깊이를 통하여
창조의 강력한 명령을 울려 퍼지게 한다.[41)]

40. 「상상의 즐거움」 제1판, BK. I (1744).
41. 같은 책, BK. II.

이와 같이 하여 "공존하는 부류들의 대복합체로부터" "모든 것을 포함하고 완전한" 하나의 시간적인 우주가 생겨났다. 그러나 여기에서 이 시인은 그의 플라톤의 원전에서 떠난다. 그는 시간의 경과가 실제로 아무런 풍요함도 가져올 수 없으며 우주는 그 탄생 시에 그 이후의 어느 때만큼이나 마찬가지로 완전하고 완벽하고 믿을 수 없었다. 뿐만 아니라 우주의 창조주는

자신의 본질적 이성의
성스러운 빛 속에서 신속한 우연의
모든 형상과 가능한 존재의
합계를 통하여 펼쳐지는
모든 연속적 연결을 보며 그는 즉시
파란 많은 시간의 긴 계열에서
생성의 일시를 결정하고 모든 종류의
모든 살아 있는 영혼에
행동의 범위와 휴식의 시간을 주어,
모든 것은 그의 최고 계획,
보편 선에 일치하도록 하였다.
그가 선택한 강력한 모델에,
즉, 그의 관념에 영원한 옛날부터 저장되어 온
무수한 우주 속의 최선의 것,
가장 아름다운 것에 충분히 응하였도다.
스스로의 선을 전 시대에 창조력의
한 번의 행사에 만족하지 않으며
시간의 과정의 모든 순간마다 그의 부모 같은 손은
항상 새롭게 증가하는 행복과 미덕에 의해서

이 거대하고 조화된 틀을 장식해 왔다.
그의 부모 같은 손은
물가에서 숨 쉬는 묵묵한 조개로부터
인간·천사·천상의 영혼들에 이르기까지
영원히 살아 있는 것들을 주도하여
존재의 더 높은 무대로 이끌어간다…………
그리하여 생명을 지닌 모든 것은
존재의 태양, 무한하고 훼손되지 않은
영혼의 중심인 신을 갈구하도다.

각 피조물은 이러한 보편적 진보에 참여하는 수단을 자연으로부터 부여받으며, 그리하여

그 위치에 맞게 모든 것이 노력하여
존재의 계단을 오르려고 영원히 신적인 생명에
가까이 접근하려 한다.[42]

그러나 흥미 있는 것은 있을 가능성이 있는 형체의 계열이란 그것이 합리적이어야 한다면 "가득 차" 있어야 한다는 가설의 영향을 에이큰사이드는 받고 있었던 것 같다. 왜냐하면 그는 이러한 진보가 계속됨에 따라

하위의 종류는 차례로
비어 있는 공간을 채우려 상승한다

42. Akenside의 진화론에의 접근은 G.R. Potter, "Mark Akenside, Prophet of Evolution," *Modern Philology* XXIV(1926), pp.55~64.

고 우리에게 보증하고 있기 때문이다. 이에 반해서 이 시의 그 후의 수정판에서는 이 시행詩行을 여전히 남겨두고 있긴 하지만, 에이큰사이드는 무한한 시간 속에 있어서조차도 모든 〈이데아〉는 창조된 세계에서 실현되지 않을 것이라고 주장한다. 영원히 신의 "본질적 이성 속에 놓여진" 존재의 〈형체〉는

그가 끝없는 시대를 거쳐 행하는 모든 작업도
결코 나타나지 않을 거대한 수의 이데아의 군群[43]

을 구성한다.

그 뒤 후속 10년 동안에 칸트가 우주진화론을 주장했다는 것은 잘 알려져 있다. 그다지 잘 알려지지 않은 것은 그러함에 있어서 칸트 역시 단순히 충만의 원리를 시간화한 주장을 제시한 데 불과하다는 사실이다. 이 원리가 그에게는 철학적 우주론의 기본 공리라는 것은 이미 우리가 살펴보았다. 우주 근거의 창조적 잠재력은 무한하다. 더욱이 무한한 공간 속에 가득 차 있는 "우주 체계의 수와 우수성"은 "그 〈창조주〉의 무한성과 일치한다"[44]는 것임에 틀림없다. "〈대자연〉의 풍요란 신의 전능이 발휘된 것이기 때문에 한계가 없다."[45] 그러나 이러한 이데아의 무한한 가능성이 구체적인 실재로 바뀌는 변화는 단번에 일어나지 않았다. 우주는 상대적으로 단순한 상태에서 그 역사를 시작하였다. 그것은 시대의 경과와 함께 더욱더 커지고 다양해지고 복잡해졌다. 더욱이 그 근원의 무궁무진은 미래에도 계속 그러할 것이라고 우리가 확신하는 근거이다.

43. 「상상의 즐거움」 제2판, BK.II(1765).
44. 「일반 자연사」(1755) 제4판, p.7.
45. 같은 책 p.87.

이러한 전제를 「우주의 일반 자연사」에 적용시킬 때 칸트는 주로 전유기적前有機的 진화—즉, 태양계와 성운—의 형성에 관심을 두고 있다. 그의 우주론은 충만의 원리의 의미와 당시대의 천문학적 지식을 결부시키려는 시도였다. 그는 그 세부적 사실을 순전히 역학적 원리에 입각해서 해명했다고 공언하지만, 실제로는 이 원리가 우리에게 잘 알려진 형이상학적 가정에 의해 끊임없이 보완되었다. 물질의 존재는 전제되고 있었다. "자연의 원초적 상태"에서는 미래의 성운계를 구성할 모든 물질이 무한한 공간 속에 확산된 입자의 형태로 존재하였다. 그러나 우주 역사의 이러한 초기 국면의 가상적 성격을 결정함에 있어서 칸트는 충만의 원리와 역학적 고찰을 결부시킴으로써 영향을 받았다. 이러한 원초적 혼돈을 이루는 "원소의 본질적 속성에서도" "그 본성이 신의 〈지성〉이란 영원한 이데아의 결과에 불과하기 때문에 원소가 그 근원으로부터 얻고 있는 저 〈완전함〉의 표지를 추적할 수 있었을 것이다. 단순히 수동적이며 형체나 배열도 없는 것으로 보이는 물질도 그 가장 단순한 상태에 있어서조차 자연적 진화에 의해서 더 완전한 구조물로 스스로를 형성하려는 〈충동〉을 갖고 있다."[46] 칸트가 여기서 말하려는 것은 구체적으로 말해 원소를 이루는 입자는 전부가 동일한 것이 아니라 "이러한 기본 물질의 종류"는 "의심할 바 없이 자연이 모든 면에서 나타내는 무한성에 대응하여 끝없이 다양하다"는 것이다. 그러나 이것은 문자 그대로 이해되어서는 안 된다. 현재 문제가 되고 있는 차이란 질적인 것이라고 명확하게 주장되지도 않으며, 물질의 제1입자의 운동 법칙도 역시 다양하다고 주장된 것도 아니다. 칸트는 퍼스*의 우연주의를 예견하지 못하였다.

46. 같은 책 p.23.

* Benjamin Peirce(1809~1880): 미국의 수학자 · 천문학자 · 철학자 · 논리실증주의의 선구자 · 하버드대학 교수(1833~80)이며 〈영국 항해력航海曆〉 자문 천문학자 · 〈미국 해안측량국〉 국장. 천왕성과 해왕성의 일반적 섭동을 정확하게 계산하고, 토성환에 관한 연구를 하였다. *Linear Associative Algebra*(1870)라는 새로운 수학 분야에 관한 논문들로 유명해졌다. 저서로는 *A System of Analytic Mechanics*(1855)와 다수의 수학 교재가 있다.

그러나 제1입자는 적어도 특정의 밀도와 "인력"에서 "가능한 한 최대로" 차이가 지며—그 결과—공간 속에 불균등하게 확산되어 있었다. 칸트는 만일 이것이 그렇지 않다면 그가 기술할 과정의 출발점을 역학적으로 설명하는 것은 도저히 있을 수 없다고 추론하였던 것 같다. 즉, 밀도와 분포의 그러한 근원적인 불균등이 없다면 물질 전체는 영원히 평형 상태를 유지하고 있었을 것이다. 그러나 그러한 불균등이 있었다 해도 어느 시점에서는 가장 무거운 입자의 응축이 발생했을 것이 틀림없다. 이 중심으로부터 확산은 입자의 무게에 반비례하여 점차 희박해졌다.[47] 그러나 이러한 국부적 응축에 기인하는 자연의 "일차적 활성화"로 인해 거기에는 "우주", 즉 중심적 물체를 회전하는 행성과 위성의 체계가 형성되기에 이르렀다. 일반적으로 칸트는 이것을 중력과 관성의 작용으로 귀착시키고 있지만, 만일 내가 틀리지 않다면, 그 기능적 구조는 약간 여전히 모호하다. 이러한 핵심으로부터 "대자연의 창조라기보다 차라리 〈발전〉은 단계적으로 확대되어……무한한 공간이 영원이란 과정에서 여러 우주와 여러 우주 체계로 가득 차게 되도록 더욱더 대규모로 확대되는 것을 목표로 앞으로 나아간다." 태양계의 형성이란 수백만 년을 요하기 때문에 성운의 진화에서의 여러 상이한 단계들은 언제나 동시적으로 나타나며, 중심에 위치하는 지금까지 도달한 최고 단계로부터 주변 영역—그의 견해에 의하면 이 우주의 저편에는 단지 "혼란·혼돈의 상태"의 물질, 즉 이제 탄생을 기다리는 우주의 원료가 있다—에서 막 시작한데 불과한 것에까지 향한다. 이러한 과정에는 시작은 있어도 결코 끝은 없다. 창조는 결코 완료되지 않는다. "그것은 자연의 새로운 향상을 가져오며, 새로운 사물과 새로운 우주를 존재케 하는 일로 영원히 바쁘다."[48]

의심할 바 없이 이러한 분리된 우주의 하나하나와 우주의 집적체는 방

47. 「일반 자연사」(1755) 제4판, p.82.

48. 같은 책 p.84.

대한 긴 세월 끝에 "그 발전의 성숙의 정점"에 도달한 후에 분해 및 최종 파괴라는 역逆 과정을 밟지 않을 수 없게 될 것이다. 그러나 〈대자연〉의 무한한 풍요는 한 지역에서 우주가 입게 된 손실이 다른 곳에서의 새로운 우주의 산출에 의해 벌충될 것이며, 또 그 벌충 이상의 것이 되리라고 믿도록 우리에게 보증하고 있다.[49] 모든 부분이 그 차례가 오면 최종적으로는 분해할 운명을 맞게 되는 법칙 및 우주 전체가 부단히 더 큰 존재의 충만과 다양성을 향해 나간다는 법칙 사이에는 모순이 없다. 도리어 그 반대로 칸트는 전자의 법칙이 후자의 법칙의 계系라고 이해하고 있다. "대자연의 풍요함은 거기서 산출되는 모든 것의 변화무상함과 일치하지 않은 것은 아무것도 없다." "왜냐하면 만일 한 체계가 오랜 존재 기간을 거쳐 그 구성이 가질 수 있는 모든 다양성을 다 고갈시켜 그 결과 〈존재의 연쇄〉의 불필요한 구성원이 되었다면 그것이 항상 유전하는 변화라는 우주 무대에서 하는 최종 역할—즉, 모든 유한한 사물에 부합되는 역할, 죽을 운명에 경의를 표하는 역할—을 하는 것보다 더 합당한 것은 없기 때문이다."

그리하여 이 당시 칸트에게는 계속적인 발전과 점진적 다양화란 단지 우주 전체에 적용될 뿐 아니라 우주의 모든 구성물, 즉 여러 태양계로부터 개별 생물에 이르기까지의 존재에 적용되는 최고의 자연법칙이었다. 그러나 어느 부분에서도 발전의 잠재력에는 정해진 한계가 있으며 그 부분에 있을 수 있는 모든 "다양성"이 실현되었을 때 그 부분은 더 이상 우주의 조직에 적합하지 않는 것이다. 대자연은 성장을 멈춘 것을 더 이상 필요로 하지 않으며 때로는 서서히, 때로는 재빨리, 그리고 돌연히 그것을 제거한다. 전체적인 〈존재의 연쇄〉란 영원히 자기 확산적일 뿐만 아니라 동일 법칙에 부응하지 않는 어떤 고리도 용납하지 않을 것이다.

그러나 칸트는 우주의 사멸에 의해 생긴 빈 공간이라 해도 채워지지 않

49. 같은 책 pp.87~88.

고 남아 있다는 것은 대자연이 용납하지 않으리라고 가정하는 것이 합리적이라고 생각한다. 더욱이 이는 "신이 작업한 전체 계획에 부응하는 것만큼이나 있음직한 생각이다."[50] 태양계가 그 구성 부분의 운동이 완만해짐으로 인하여 붕괴되고 행성들이 중심 물체 속으로 떨어지면 전 과정은 다시 시작할 것이며 계속 반복될 것이다.

대체로 18세기의 3/4분기 동안 넓은 의미로 진화론적이라고 부를 수 있는 이론들이 급증하였다. 소수이거나 아마도 한 쌍의 최초의 선조로부터 현존하는 모든 종이 파생되었으리라는 일반적 가설은 베를린 과학 학술원 원장 모페르튀에 의해 1745년과 1751년에 주장되었으며, 「백과전서」의 주 편집자였던 디드로에 의해 1749년과 1754년에 주장되었다.[51]연속성의 가설은 「자연의 해석에 관한 고찰」(1754)에서 이 이론을 제창할 때 디드로의 논리 전개에서 어느 정도의 역할을 하였으나, 주로 생물변이설에 관한 이 두 가지 표현은 여기서 현재 우리가 관심을 두고 있는 관념들과는 무관하였다. 진화론적 경향은 상이한 사고의 영향을 받고 여러 부문에서 그 모습을 드러냈다. 그러나 충만과 연속의 원리, 그리고 심지어 불변하는 〈존재의 연쇄〉라는 관념을 주장함에 있어서의 어려움들이 이러한 경향을 촉진시키는 중요한 요인이 아닌 경우에도 그 결과는 내가 말하는 시간화된 형태로 그 원리들을 변형시키려는 방향으로 압력을 가중시키는 것이 되었다. 어떤 경우

---

50. 「일반 자연사」(1755) 제4판, pp.90~91. 칸트는 어떤 구절(p.91)에서 진화와 분해가 교대로 순환한다는 이 법칙이 우주 전체에도 들어맞는다고 제안하고 있는 것으로 생각되지만 이것은 모순되고 있다. "항성이 그 부분인 큰 체계조차도 마찬가지로 붕괴되고 혼돈 속에 빠지는 때가 마지막에는 올 것이다." 그러나 아마도 칸트는 이미 존재하고 우리에게 보이는 항성에 대해 언급하고 있을 것이다. 이러한 항성이 구성하고 있는 체계가 그 기한에 달하기 이전에 피조물계의 경계에서, 아직 형체가 없는 물질의 영역에서 "끊임없이 전진하는 자연은 신의 계시라는 계획을 더욱 확대하여 공간뿐 아니라 영원성을 기적으로써 채워간다."(같은 책).

51. 이 두 사람에 관해서는 저자의 "Some Eighteenth Century Evolutionists," *Popular Science Monthly*, 1904, p.238 ff. 및 p.323 ff. 를 참조할 것.

에는 변화의 철학이 더 발전함에 따라 당연한 결과로서 모든 종이 항상 존재하지 않으면 안 된다는 가설을 명백히 부인하게 되는 결과가 나왔다. 예컨대 돌바크의 「자연의 체계」(1770)의 다음과 같은 구절에서와 같이,

> 왜 자연은 새로운 존재를 산출하지 않는가라고 묻는 자들에 대하여 어떻게 자연이 그렇게 하지 않는 것을 아는가라고 우리는 도리어 묻게 된다. 자연의 불모성을 믿는 근거는 무엇인가? 자연은 각 순간마다 형성하는 결합을 통해서 이러한 관찰자들이 알지 못하는 가운데 새로운 존재를 생산함에 몰두하고 있지 않는가에 관해 그들은 알고 있는가? 자연은 이제 그 거대한 실험실에서 전적으로 새로운 산물을 생기게 하는 데 합당한 요소들을 취합하여 현재 존재하고 있는 종種과는 아무런 공통점도 없는 것들을 만들고 있지 않다고 누가 그들에게 말했는가? 그렇다면 인간·말·물고기·새들이 더 이상 존재하지 않게 되리라고 가정한다면 얼마나 어리석은 일인가? 이러한 동물은 대자연에 너무나도 불가결한 것이어서 이들이 없다면 자연은 그 영원한 과정을 계속하지 못할 것인가? 우리 주변에는 모두가 변화하지 않은가? 우리 자신은 변하지 않는가?…… 대자연은 일정불변의 형태도 전혀 포함하고 있지 않다.[52)]

그러나 이 시기에 〈존재의 연쇄〉의 관념이 겪고 있던 변형에 관한 가장 흥미롭고 기묘한 예는 18세기의 3/4분기에 프랑스 계몽철학자인 로비네*의 저술 속에서 발견될 것이다. 물론 그는 당시 대단한 명망을 얻지 못했으며

52. 앞의 책 제1부 제6장. 비슷한 구절에 관해서는 Delisle de Sales, *Philosophie de la Nature*, 3rd ed. 1777, I, p.215 참조. "자연이 커다란 사다리의 전 계단을 차례로 끝에서 끝까지를 다 겪었다(*parcouru Successivement tous les degrés de la grade échelle*)고 생각하는 것은 합리적이다."

* Jean Baptiste René Robinet(1735~1820): 프랑스의 철학자이며 문법학자.

18세기 사상을 연구하는 역사가들은 보통 그를 과소평가해 왔다. 이것은 주로 그가 박물학 분야에 손을 댈 때 좀 더 가치 있는 업적에 의해서보다도 약간의 바보스러운 일을 했기 때문에 후세 사람들에게 잘 알려지게 되었다는 사실에 기인하는 것이다. 그러나 이러한 바보스러운 일에 있어서조차 그는 우리가 관심을 두고 있는 역사 현상의 어떤 측면을 잘 설명하고 있다. 독자들이 이미 판단할 기회를 가졌으리라 생각되는데, 충만과 연속의 원리가 서양 사상에 대해 가중된 영향은 장엄한 것들로부터 우스꽝스러운 것에 이르기까지 그 범위가 넓다. 그리고 만일 우리가 로비네에게서 무엇보다도 이러한 역사의 희극적인 장章을 발견한다면 그의 사상의 검토는 바로 그런 이유 때문에 우리의 목적에 닿는다고 할 것이다. 그리고 다른 면으로 볼 때, 그는 때로는 낡은 가설의 새로운 의미 혹은 새로운 해석에 파고들어 감에 있어서 독창성뿐만 아니라 대단한 철학적 통찰력을 보여주고 있다. 그의 장점은 그림이 결점이라고 생각했던 바로 그 특징에 있었다. 그는 고도의 〈체계적 정신〉을 가졌으며, 선구자들이 발전시키지 않고 남겨두었던 전제들을 때로는 정당하게 자신이 그에 대한 충분한 결론이라고 생각하기까지 추구해 나갈 것을 주장하였다. 어쨌든 그는 다음 수십 년 동안 저명한 저술가들·시인들·철학자들의 주목을 받게 되었으며, 로만주의 시대에는 대단한 유행과 영향력을 지니게 되어 현대에 부활되기에 이른 개념들을 대변하는 초기의 대표자였다.

그의 〈대저大著〉「자연론」(1761~68)[53] 중의 앞부분 권卷에서 로비네는 〈존재의 연쇄〉 관념의 시간화된 형태보다는 차라리 정태적 형태에 관해 더 상

53. 「자연론」 제1권은 1761년에, 제2권은 1763년에, 제3권과 제4권은 최초의 2권의 신판과 함께 출판되었다. 제5권도 1768년에 출판되었는데 일반적으로 그 부제「존재의 형태의 자연적 점차이행에 관한 철학적 견해; 인간을 만드는 것을 배우는 자연에 관한 에세이」에서 여러 번 인용되고 있다. 「인간의 상태와 능력 및 동물의 상태와 능력과의 유사관계」와 같은 작은 저술이 1770년에 영어로부터의 번역·출판되었다. 영어의 원전이 있다고 하지만 나는 거기에 관해 아는 바가 없다.

론하였다. 제3권은 주로 충만의 원리 및 그로부터 많은 저술가가 대체로 각각 독자적으로 이끌어 낸 잘 알려진 모든 추론—과거와 미래 모두에 걸쳐 창조의 시간적 무한성, 창조의 공간적 무한성, 거주 세계의 무수성, 존재의 계열의 충만성 등—을 특히 충분히 질서정연하게 재구성하여 옹호하였다.

> 〈유일 원인〉의 활동은 완결되었다. 이러한 활동의 결과에는 존재할 수 있는 모든 것이 포함되어 있다.……창조주의 작업은 만일 거기에 무엇인가가 추가될 수 있다면 완결된 것이 아니다.……그는 화석계化石界를 가능한 한의 모든 결합—흙·소금·기름·암석 형성물·금속 등—으로 채웠다. 창조주는 존재할 수 있는 모든 식물의 종을 만들었다. 모든 동물마다 각각 미세한 점진적 단계는 거기에 포함될 수 있는 모든 존재로 가득 차 있다. 동물의 정신이란 이것을 수용하기에 적절한 모든 형체 속에 존재한다.[54]

더욱이 〈무한 원인〉은 결코 비활성적인 것이 아니라고 우리에게 생각하도록 하는 동일한 논리는 무한 원인의 활동이란 언제나 충실하게 행해져 왔다고 또한 우리에게 생각하도록 하기 때문에, 당연한 결론으로 여기서 우주에는 현재 존재하는 것만큼의 같은 수의 피조물이 항상 존재해 왔다는 말이 나온다. 로비네는 "그렇다면 신은 새로운 것을 더 이상 만들 수 없는가?" 하고 의문을 제기하고, 더 만들 수 없다고 잘라 대답한다. "왜냐하면 그는 이미 모든 것—즉, 모든 가능한 크기, 모든 가능한 물질, 모든 가능한 지적 존재, 모든 가능한 존재들—을 만들었기 때문이다."[55] 우리에게는 그렇게 생각되지 않을 것이지만, 그러나 우리가 잘 알고 있는 작은 표본에 따라 우

54. 「자연론」 III, p.182.
55. 「자연론」 III, p.183.

주의 체계를 판단하지 않도록 매우 주의해야 한다. 우리가 볼 수 있는 무수히 많은 생물 이외에도 "깊은 바다와 산꼭대기와 사막에는 얼마나 더 많은 생물이 숨어 있는가! 얼마나 많은 다른 생물이 가장 좋은 도구의 성능으로도 볼 수 없게 되는가!" 더욱이 이 지상에 없는 종류의 생물이 반드시 다른 천구에서 발견될 것임은 의심할 바 없으며 "그리고 전 우주를 구성하는 천구의 수는 누가 셀 수 있을 것인가?……그러나 가능한 한의 최다수의 천구가 있으며 그 각각에는 〈창조주〉가 어떤 종류에서는 더 이상 만들어 낼 수 없을 정도로 가능한 면에서 모든 것이 존재하고 있다고 우리는 확신한다. 그렇지 않다면 창조주는 불공평하게 행동했었으며 또 자신의 능력의 일부분만을 행사했던 것이 되는데 이는 모순 없이는 생각될 수 없다."[56)]

그의 명성에 비추어 볼 때 불행하게도 로비네는 자연의 충만에 대한 그의 신념을 약간 놀랄 만한 결론으로 밀고 갔다. 그의 명성은 아마도 생물학적 진화론의 역사에서 차지하는 그의 위치나 때때로 날카롭고 회의적인 철학적 추론 때문이 아니라 인어의 실재에 대한 믿음 때문에 가장 잘 알려져 있다. "(신체의 상반신이 인간인) 물고기 남자 혹은 물고기 여자의 존재에 대한 수많은 믿을 만한 증언이 있기 때문에 이를 의심하는 것은 완고한 짓일 것"이라고 그는 기술하고 있다. 예를 들면 토마스 바르톨린*이 기록한 바와 같이 "믿을 만한 몇몇 사람이 1669년 코펜하겐 항구에서 인어가 나타났다"고 증언하였다. 불행히도 증인들은 인어의 머리색에 관해 일치하고 있지 않지만 "수염이 없는 남자의 얼굴이라는 것과 두 갈래의 꼬리를 지니고 있다는 것에는 모두가 일치하였다." 「항해일반사」는 1560년에 몇몇의 스리랑카 어부가 어떻게 일곱 마리의 인어를 그물로 잡았는가를 전하고 있다. 살

56. 같은 책 pp.183~184.

* Thomas Bartholin(1616~1680): 코펜하겐 대학의 해부학 교수(1648년 이래). 그는 임파선에 관한 관찰로 유명해졌다. 아버지의 저서 *Institutiones Anatomicae*를 확대하고 Harvey의 혈액순환론을 옹호하였다.

아 있는 인어의 암컷은 의심의 여지없는 바님 씨의 어떤 재주 좋은 선구자에 의해서 1758년 파리에서 전시되었다. 또한 우리는 「네덜란드의 즐거움」 속에서 이 지방에 〈여성 인어〉가 해일 뒤에 육지에 남아 헤맨 것을 읽을 수 있는데, 이 인어는 에담*으로 옮겨져서 "옷이 입혀지고" 바느질을 배웠으나, 끝내 말을 배우지 못했고 "물로 향하는 본능을 언제나 지니고 있었다"는 것이다. 이러한 흥미로운 동물이 구세계에서만 독특하게 있었던 것은 아니다. 이상하게도, 〈국적은 영국〉이지만 〈슈미트〉라는 이름의 선장은 "1614년 뉴잉글랜드에서 가장 아름다운 여성에 결코 뒤지지 않을 매우 아름다운 인어를 보았다." 로비네는 이와 비슷한 특전을 누렸던 20명 이상의 증인을 인용하고 그의 「자연론」 제5권은 〈존재의 연쇄〉 속에서 이와 같이 별로 알려지지 못한 고리에 대한 몇몇 재미있는 그림으로 장식되어 있다. 이 따위를 쉽게 믿는 마음은 전적으로 로비네의 개인적인 불명예로 돌려서는 안 될 것이다. 이것은 자연에는 〈모든 것이 가능하다〉는 신앙이 가져온 극히 당연한 결과였다. 로크처럼 냉철한 정신의 소유자조차도 "인어 혹은 바다 인간이라고 자신 있게 보고된 것"을 자연계에 있는 형체의 계열의 무한한 다양성과 연속성의 가능한 예에 포함시켰다는 것은 상기되어야 한다.[57] 대부분의 잘 교육받은 사람들이 이 당시에 이론적으로 수용된 충만의 원리가 제시되었다면 수중의 유인원류는 존재하지 않는다는 사실보다 존재했다는 가능성을 더 믿었다고 볼 수 있다. 로비네 자신이 말한 바와 같이—데카르트가

* Edam: 네덜란드의 항구 도시.

57. 「인간 이해력 논고」 III, ch.6, §12. 근대의 기술記述 박물학의 최초의 위대한 책인 Gesner의 「동물의 역사」(1551~1587)는 그 제4권(독일어 역에서는 「물고기의 책」(1598), p.104 ff.)에서 바다의 인간(*homo marinus*)을 믿을 만한 관찰자의 증언에 근거하여 심해의 거주자라고 인정하고, 이러한 피조물의 목판화를 바다의 주교까지도 포함하여 제시하였다. 그리고 이러한 것들의 생존에 대한 신앙은 충만의 원리와 다수의 증인의 증언에 의해 뒷받침을 받는 것으로 생각되었기 때문에 18세기 후기에 이르기까지 어느 정도의 존경을 받고 있었다. De Maillet, *Telliamed*, 1748, Eng. tr., 1750, pp.230~244 참조. 또한 Delisle de Sales, *Philos. de la Nature*, 3rd ed., 1777, I 참조.

말한 것과 대단히 비슷한데—"나는 〈창조주〉의 작업에 관해서는 거대 관념을 형성했기 때문에 한 사물이 존재할 수 있다는 사실로부터 곧 그것이 실제로 존재한다는 것을 쉽사리 추론한다." 따라서 그와 같은 동물을 실제로 보았다고 보고한 훌륭한 어부나 기타 사람들에 대해 엄격한 회의적 태도를 취할 이유가 없었다. 몬보도 경은 ("꼬리 달린 인간"의 이야기에 관해서) 1774년에 다음과 같이 말하였다. "자연에 대한 겸허한 탐구자는, 아리스토텔레스가 유명한 격언으로 말하였고 내가 본 바로는 뷔퐁 씨에 의해 채택된 〈만들어질 수 있는 것은 무엇이든 만든다〉고 한 한계 외에는 자연적 산물의 다양성에 대해 설정하지 않을 것이다. 더욱이 모순을 포함하지 않는 것은 모두 존재할 수 있다. 그러므로 만일 우리가 아무리 이상한 동물이라 할지라도 그 존재에 관한 신뢰할 만한 증거에 대해서는 그러한 동물의 존재가 본질상 불가능하다고 단언할 만한 자신이 없는 한, 귀를 기울여야 한다."[58] 요컨대 〈존재의 연쇄〉의 개념은 그 다음 세기의 과학 사상에서 극도로 중요한 역할을 하는 운명에 있은 어떤 새로운 가설에 대해서는 유리한것이긴 했지만, 가설의 입증에 필요한 조심스럽고 회의적인 기질을 유도해 내지 못했음은 확실하다.

제1권에 있어서조차 로비네는 튀르고*와 루소의 완성가능성의 개념을 취하여 각 종의 예정된 잠재력으로 고정된 한계를 지니고 있다는 가설 아래 그 개념을 모든 생물체에 적용시켰다. "모든 존재는 그 자신의 실존을 소중

58. *Origin and Progress of Language*, 2nd ed., I, p.269. 이것은 우리가 살펴본 바와 같이 아리스토텔레스에 대한 잘못된 해석이었다.

* Anne Robert Jacques Turgot(1727~1781): 프랑스의 정치가·경제학자. 루이16세 치하의 해군성 장관(1774), 재정 총감(1774~76). 그는 개혁을 반대한 여러 계층의 사람들 때문에 은퇴하여 과학 및 문학 연구에 몰두하였다. 그의 가장 잘 알려진 저서로는 *Letters Sur la Tolérance*(1753~54), *Reflexions sur la Formation et la Distribution des Richesses*(1766), *Mémoire Sur les Prêts à Intérèt*(1767), *Les Six Édits*(1776) 등을 들 수 있다. 계몽사상 시대의 진보에 대한 낙관주의적 사관을 제시하였다.

히 여기고 그것을 확대하려고 하며 서서히 그 종의 완성에 달하는것이다."[59] 이와 같이 출발점으로부터 로비네는 아직도 영향력이 큰 원시주의의 반대자였다.

> 인간 정신은 일반법칙에 따르지 않으면 안 된다. 우리는 무엇이 정신에 대한 지식의 진보를 제지하거나 혹은 그 발전에 거역하며, 불같이 빛나는 영혼의 활동을 질식 시키는가를 알 수 없다. 이 정신은 확실히 운명을 짊어진다. 왜냐하면 어느 것도 헛되이 만들어진 것이 없기 때문이다. 그 운명이란 상상력을 구사하고 발명하고 완성시키는 것에 불과하다. 더욱이 인간이란 곰이나 호랑이처럼 숲속을 방황하도록 만들어진 것이 아니다.[60]

그렇다면 "진정한 〈자연 상태〉란, 존재들이 내적 에너지에 의해서 스스로에게 첨가할 수 있거나 혹은 외적 대상물의 행동에 의해 스스로에게 줄 수 있는 첨가물은 차치하고라도, 탄생시의 그대로 있는 상태가 아닌 것이다." "그러므로 사회는 〈대자연〉의 작품이다. 왜냐하면 악과 선이 동등하게 만들어내는 인간의 완성가능성의 당연한 산물이기 때문이다. 예술과 과학, 법률, 정부 형태의 다양성, 전쟁과 통상—요컨대 모든 것은 단지 하나의 발전에 불과하다. 모든 것의 씨는 대자연 속에 잠재하고 있다. 그 씨는 자신의 때가 오면 각각 싹튼다. 아마도 대자연은 그 자궁 속에 성장이 늦은, 미래의 인류가 결실을 거둘 다른 생식세포를 지니고 있을 것이다. 그렇다면 타고난 재주는 확장되어 더 위대한 형태를 취할 것이다. 과학의 나무는 새로운 가지를 뻗을 것이다. 예술의 목록이 늘어감에 따라 그 범위도 더욱 커질 것이다.

59. 앞의 책 I, p.25.
60. 같은 책.

이리하여 새로운 악덕과 또 다른 미덕이 모습을 나타낼 것이다." 그러나 어떤 피조물이라도 "자신의 타고난 상태를 초월하는 능력을 가진다고 생각해서는 안 된다. 피조물은 벗어날 수 없는 속박에 의해 그 안에 갇혀 있다. 만일 일부 피조물이 자신의 존재를 수정할 능력을 갖고 있다 하더라도 이러한 자유는 자신이 속한 종의 한계를 넘지 않을 것이다."[61)]

그러나 로비네는 그답게, 이 시점에서 곤란한 문제를 의식하게 된다. 만일 완성가능성이 인간의 속성이라면 왜 인류 대부분이 그것을 나타내지 못하였는가? 왜 많은 인종이 여전히 야만 상태에 머물러 있는가? 흥미롭게도 로비네는 그 설명을 만병통치약인 충만성의 원리에서 찾는다. 즉, "생산의 원인은 필연적으로 동물의 모든 종류를 매우 풍부하게 채워야 하기 때문이다—길들일 수 있는 동물과 길들일 수 없는 동물, 야만인과 사회생활이 가능한 인간 등 모두를 만들어야 하기 때문이다."[62)] 요컨대 충만된 우주란 진보된 피조물뿐 아니라 진보되지 않은 피조물도 포함하지 않으면 안 된다.

그러나 완성가능성은 곧 로비네에 의하여 특수 성격의 한계 내에서 진보하는 경향으로부터 보편적인 우주법칙으로 확대되었다. 라이프니츠와 보네가 주장한 바와 같이 만물의 "종자"가 언제나 존재해 왔음은 의심할 바 없다. 그러나 이 모두가 다 그 내부에 "우주의 사다리"를 올라가는 막대한 수의 일련의 변형을 차례로 거쳐 가도록 하는 내적 발전의 원리를 포함하고 있다. 더욱이 라이프니츠의 경우처럼 전 우주의 무한한 진보에 대한 보증은 연속체의 무한한 분할가능성이라는 수학 원리와 기묘하게 결부되어 있다.

---

61. 같은 책.

62. 같은 책. 로비네에게는 "완성가능성"이란 개량만을 포함하는 것이 아님을 알아야 할 것이다. 이 당시 그는 모든 선이란 보완적인 악을 수반하며, 그러므로 선의 합계와 악의 합계는 같고 일정하다는 설을 주장하였는데 이 설에 관해서는 그의 책의 제1권의 상당 부분이 그 설명으로 할당되었다.

모든 종자에는 개별적인 차이가 있다. 말하자면 그 생명·조직·동물성 등은 그 각각을 다른 모든 것들과 구별 짓는 미묘한 차이를 지니고 있다. 종자를 제외하면 어떤 다른 요소도 있을 수 없다. 그러므로 모든 요소는 그 질에 있어서 상이하다. 이 요소는 단순한 존재가 아니다. 단순함은 물질과 양립할 수 있는 속성이 아니다. 요소는 기타 다른 요소들로 구성되어 있거나 혹은 종자는 기타 다른 종자들로 구성되어 있다. 요소 혹은 종자를 가능한 분할의 최종 단계까지 이르게 할 수 있는 자연적 과정이나 인위적 과정이란 없다. 종자는 종자로서 파괴 불가능하다. 종자는 단지 그 발전의 완료 혹은 시작 후에만 기타 다른 종자로 분해될 수 있다. 종자의 상태에서는 어떤 분할의 여지도 없다. 발전된 종자가 기타 다른 다수의 종자들로 분해할 경우에는 사멸하는 물질이 없는 셈이 된다. 그 모든 것은 살아남아 있다. 단지 그 형체와 결합만이 변화한다. 형체 혹은 주형鑄型으로 생각되는 종자는 사멸한다. 조직화된 살아 있는 물질이라고 생각될 때 그것들은 사멸하지 않는다. 말하자면 자연 속에서는 아무것도 멸망하지 않으며, 단지 계속적으로 변형을 겪을 뿐이다. 계기繼起의 관념은 필연적으로 자연의 정의에 포함된다. 자연이란 종자의 발전에 기인하는 현상의 계기적인 합계이다……〔종자의〕 계열은 과거로 거슬러 올라가든 미래를 내다보든 무궁무진하다. 발전을 시작하고 이러한 발전의 계속에 대해 넘어설 수 없는 장애물에 부딪친 종자는 그 원상태로 후퇴하는 일이 없다. 그 종자는 이 장애물과 싸워, 마침내 그 완전한 발전이 또한 당연히 초래하는 것과 같이 헛된 노력이 그 해체를 초래하게 될 것이다.[63]

따라서 로비네는 약 20여 년 전에 디드로가 제시한 바 있는 명제를 자기

63. 「자연론」 III, pp.142~143.

자신의 명제로 만들고 있다.[64)]

〈대자연〉의 존재는 필연적으로 계기적이다.……항구적인 상태는 대자연에 적합하지 않다. 전부 한꺼번에 창조된 종자라 해서 모두 함께 발전하는 것은 아니다. 그 생성 혹은 표출의 법칙이란 이러한 발전을 하나씩 차례로 가져온다.……이러한 연속적인 변환 속에서 전체적이든 부분적이든 정확히 똑같은 두 점은 대자연의 존재에는 없다. 항상 같으면서도 항상 다르다. 그러므로 대자연이란 지금 내가 말하고 있는 순간의 〈대자연〉과 정확히 똑같은 적도 없었고 앞으로도 다시는 없을 것임이 사실이라고 나는 대답한다.……광물도 없고 또는 우리가 동물이라고 부르는 것도 전혀 존재하지 않았던 시대, 말하자면 이러한 모든 개체가 단지 종자로서만 존재하였고 그중 어느 것도 탄생하지 않았던 때가 있었다는 것을 나는 의심치 않는다.……적어도 〈대자연〉은 결코 정적인 상태 혹은 항구적인 상태에 있은 적이 없었고, 또 현재도 그러하며 또는 장차도 그러하리란 것은 확실해 보인다. 그 형체는 필연적으로 과도적인 것이다.……〈대자연〉은 언제나 새로운 발전과 새로운 생성을 하고 있다는 의미에서 항상 작업 중이고 항상 산고産苦를 겪고 있다.[65)]

충만의 원리에 대한, 일견 진화론적이라 생각되는 변형의 앞과 뒤에 다 같이 로비네는 마찬가지로 열심히 연속의 원리의 의미를 전개·설명하였다. 이 원리 자체는 변론의 필요가 없다고 그는 말한다. 그것은 "철학자들이 오랫동안 확인하고 반복해 왔던" 원리이다. "자연철학의 제1공리"는

64. 「자연의 해석에 관한 견해」(*Pensées sur l'interpretation de la Nature*) §LVIII.

65. 「자연론」 V, p.148.

〈존재의 사다리〉가 무한히 단계 지어져 있어서 참다운 경계선이 없는 전체를 구성한다. 단지 개체만이 존재하며 계系·강綱·속屬·종種 등이 모두 없다는 것이다.……이러한 위대하고 중요한 진리, 즉 우주 체계의 열쇠이자 모든 진정한 철학의 기반은 〈대자연〉의 연구가 진보함에 따라 날로 더 분명해질 것이다.[66]

그러나 로비네는 일반적 의미로서 "이 공리의 권위를 충분히 인정하지 않을 수 없음"에도 불구하고, 일부 박물학자는 이 법칙을 엄격하게 수행하지 않았다고 불평하고 있다. 그리하여 보네는 비록 "연속성의 원리의 위대한 애호자"이긴 했지만 "존재의 사다리를 구성하는 다른 종류들을 네 가지 일반적 부류, 즉 (1) 무기체, (2) 유기체이긴 하지만 비생명체(즉, 식물), (3) 유기체이며 생명체이긴 하지만 이성이 없는 것, (4) 유기체이며 생명체이며 이성적인 것 등으로 분류하는 것"이 가능하다고 여전히 생각하였다. 이러한 분류란 기타 다른 것들에 절대로 결여되어 있는 어떤 긍정적 속성을 어떤 종류의 존재에게 부여하는 것이 되기 때문에 연속을 명백히 부정하는 것이라고 로비네는 주장한다. "부정적인 것은 긍적적인 것으로부터 언제나 무한한 거리로 떨어져 있고" 따라서 연쇄의 구성체 간의 차이란 긍정이나 부정의 말로서가 아니라 공통 성질의 정도를 나타내는 말로 표현되어야 한다. 더욱이 이러한 고려를 유념할 때 연속의 원리는 통상적으로 간과되고 있는 전반적인 철학적 결과를 갖게 될 것으로 이해된다. 두 사물의 순수한 〈질적〉 차이는—위치든 양이든 혹은 정도의 차이든 간에—필연적으로 불연속인 것이다. 그러므로 연속의 원리를 구제할 유일한 방법은 모든 사물이 무엇인가 하나의 사물이 소유하는 성질을 어느 정도 소유하고 있다고 생각하는 것이다. 따라서 최상 부류의 존재에 현저한 속성의 근거가 최하 부류

66. 같은 책 IV, pp.1~2.

의 존재에도 어느 정도 있으며 최하 부류의 존재의 특징의 흔적이 최상의 부류에도 어느 정도 있다고 해야 할 것이다.

> 유기적인 것과 무기적인 것, 생명이 있는 것과 생명이 없는 것, 이성을 갖는 것과 이성을 갖지 않는 것 사이에는 어떤 연속이 있을 수 있는가? 긍정적인 것과 부정적인 것 사이에는 중간이 없음이 명백하며, 따라서 이 양자를 연결하는 중간의 존재도 없음이 명백하다. 만일 그런 존재가 있다면 그 구조는 서로 배타적인 두 상반된 성질을 동시에 갖는 것이 필연적일 것이다.……예를 들면 무기적인 것으로부터 유기적인 것으로 이르는 변화는 유기적인 동시에 무기적인 중간 종류의 존재로 채워져야만 한다. 그러나 그러한 존재는 자기모순적이다. 만일 우리가 연속의 원리가 유지되기를 바라고……만일 〈대자연〉이 도약하지 않아도 되고, 대자연으로 하여금 그 산물 중의 하나로부터 다른 하나로 모르는 사이에 변화하도록 허용하기를 바란다면 우리는 어떠한 무기적 존재이거나 생명이 없는 존재 혹은 이성을 갖지 않는 존재도 용납하면 안 된다.……일정수의 존재에만 특징적인, 그 이외의 것에는 배타적인 하나의 본질적 성질(내가 강조하거니와 하나의 〈본질적〉 성질)이 있는 경우,……연쇄는 파괴되고 연속의 법칙은 환상이 되며 전체라는 관념은 부조리한 것이 된다.[67]

이는 질적 연속의 관념에 관한 날카롭고 중요한 관찰이었다. 그것은 많은 후대의 철학자에 의해 더 막연하고 덜 일관성 있게 추구하게 될 논리를 명확하게 하고 일반화하였다. 예를 들면 오늘날의 철학에 있어서 범심론의 주요 동기의 하나는 의식 혹은 지각이란 물질의 통합의 어느 수준에서, 또

67. 같은 책 pp.4~5.

행성 진화의 어느 단계에서 돌연히 발생하는 "돌발적" 진화의 속성 혹은 기능이라고 가정함으로써 명백히 그 가정이 내포한 불연속성을 피하고자 하는 욕구이다. 이러한 모든 추론의 바탕에 깔려 있는 것은 "역급법逆及法"[68]이라고 부를 수 있는 것—즉, 더 복잡하고 고도로 진화된 자연물에서 경험적으로 발견될 수 있거나 혹은 그것과 관련해 연상되는 것은 무엇이든지 더 단순하고 초기의 것들에까지 소급하여 추론에 의해서 살펴보지 않으면 안 된다는 규칙—의 필연성을 가정하는 것이다. 그러나 후대의 저술가들이 대체로 이 방법을 단지 산발적으로만, 그리고 그 일반적 의미를 충분히 인식하지 않고 적용시켰던 반면, 이 방법이 보편적으로 적용되어야 하거나 그렇지 않으면 어떤 힘도 전혀 지닐 수 없음이 인정되지 않으면 안 된다는 것을 로비네는 이해하였다. 아마도 현명한 독자라면 그 결과가 연속의 원리를 단지 〈귀류법〉으로 부정하는 데 불과했다는 것을 깨달을 수 있을 것이다. 그러나 로비네에게는 그것이 한 뭉치의 중요한 철학적 결론을 논리의 일격으로 단번에 확립하는 것이었다—그중에는 물활론物活論, 범심론, 기묘한 종류의 범논리주의, 즉 모든 자연물에는 합리성의 근본이 편재해 있다는 이론 등이 있었다.

> 나로서는 화석의 구성을 부정하고 화석이 다른 것과 아무런 관계를 갖지 않는 고립된 존재로 만드는 것보다 차라리 물질의 최소의 원자에라도 지성을—그 원자에 합당한 종류의 지성을 합당한 정도로 부여하는 것을 말하지만—부여하고자 한다. 이것이 이상한 의견이라든가, 돌이 사고하는 것이 불가능하다고 내게 말하는 것은 소용이 없다. 나는 정확하게 도출된 결론에 대해서는 책임질 것이 없으며, 가능한 것의 범위를 측정

68. 나는 이 용어가 철학 용어로 추가되어야 할 필요가 있다고 생각되어 제6회 국제 철학 회의에서 제안하였다. *Journal of Philosophical Studies* II(1927)를 보라.

하지도 않았으며, 더욱이 만일 연속의 법칙이 인정된다면 이에 따라 거기서 파생되는 모든 것을 인정해야만 한다고 말하는 것이 충분한 대답이라고 우리는 생각해야만 한다. 그 반면에 충분한 이유 없이 이토록 일반적인 원리를 포기한다는 것은 용서 받을 수 없다.[69]

비록 단지 "무생물"의 존재하지 않는 것이 이렇듯 연속의 원리 하나로부터 추론될 수 있긴 하지만 로비네는 이 결론을 위한 또 다른 논리를 지루하게 제시하고 있는데, 나는 그 지루함을 되풀이하지 않겠다. 그러나 연속의 법칙의 논리적 의미에 관한 이와 같은 견해에 대한 또 하나의 (그에게는) 중요한 결론이 주목되지 않으면 안 된다. 왜냐하면 그 결과 연속의 원리가 충만의 원리의 범위를 한정해버리기 때문이다. 그럼에도 불구하고 전자는 후자의 계系라고 생각되었다. 비록 정도의 차이가 있다 해도 그 계열에 속한 〈모든〉 구성체가 공통적인 무엇인가를 지니고 있지 않다면 연속된 계열이란 있을 수 없기 때문에 로비네는 모든 생물체—즉, 모든 사물—에 공통적인 단일한 해부학적 기본형이 있음이 틀림없다고 귀결된다는 것을 알았다. 더욱이 물론 이것은 모든 기타의 가능한 형상과는 구별되는 특정한 형상임에 틀림없다. 그러므로 자연의 "충만"은 단일한 "원형"의 모든 가능한 변형을 실현시키는 데 제한되고 있다는 것이다.

유기적 내지 동물적 존재에는 단지 하나의 가능한 방식이 있지만, 이

69. 「자연론」 Ⅳ, pp.11~12. 여기에서 또다시 "화석·반금속·공기·불" 등을 "동물에 포함시킴에 있어서" 로비네는 자신이 인정(혹은 자랑)하는 바인데, 자기가 "앞선 어떠한 박물학자보다 훨씬 더 대담한 일을 했다"는 것이다. 그러나 그는 그러함에 있어서 자기가 다른 사람과 같은 원리를 좀 더 끝까지 추구한 데 불과하다고 반복하여 말하는데, 그것은 옳은 이야기이다. "그들은 전제를 확립하고 그로부터 나는 결론을 끄집어냈는데 그렇게도 놀라운 결론같이 보인다. 더욱이 그 결론이 올바르게 끄집어 낸 것이라면 사람들은 무엇으로 나를 비난할 수 있겠는가?"(같은 책 Ⅳ, p. 211).

방식은 무수히 변화될 수 있고 변화됨에 틀림없다. 그 형상이 굉장히 다양하면서도 그 가운데서 유지되고 있는 기본형이나 방식의 단일성은 존재의 연속 혹은 점차적 이행의 계열에서는 기초이다. 모든 것은 서로 간에 다르지만 이러한 모든 차이는 원형의 당연한 변종이며 이 원형은 모든 존재를 만들어내는 요소로 간주되어야 한다.……돌과 식물, 식물과 벌레, 벌레와 파충류, 파충류와 네발 동물을 서로 비교할 때 나는 그 각각의 것을 특징짓는 모든 차이를 통하여 유사 관계를 인지한다. 이 관계에서 돌이나 식물은 단일한 기본형에 따라 구상되고 형성되어 왔으며, 그것들은 이 기본형의 무한히 점차 변화하는 변종이라는 것을 확신한다. 그것들은 모두……이러한 원형의 현저한 특징을 나타내고 있는데, 이 원형은 스스로를 실현함에 있어서 무한히 많고 다양한 형상을 계속 취하여 그 형상에서 비로소 존재가 우리의 눈앞에 그 모습을 드러내는 것이다.[70]

그러나 그와 같이 다양한 형태에서 마찬가지로 예시되는 하나의 원형이란 명백히 그 자체로서 극도로 단순하고 빈약한 것임에 틀림없을 것이다. 그 원형이란 "본래 활성적인 긴 튜브이거나 또는 비어 있는 원통"에 불과하다. 그러나 이것이 모든 유기적 형상이 그 변형일 뿐인 "모델"이라고 주장하면서 빈번히 로비네는 실제로 이것이 모든 유기적 구조물의 통합 단위라고 의미한 것같이 생각하였다. 바꾸어 말하면 구체적인 그의 "원형"은 그가 말하는 "기관"과 동일한 것이며 이는 또한 원형질체와 동일한 것이다.[71] 요컨대 여기에서 연속성을 추구함으로써 그는 모든 생물이 동일한 일반적 형태를 갖는, 성질이 궁극적인 단위로 성립되어 있다는 결론에 이르게 되었다.

70. 같은 책 IV, p.17.

71. 예를 들면, 같은 책 IV, pp.78~79를 참조할 것.

그러나 연속성의 법칙에 호소해도, 왜 그러한 단위들이 결합하여 그와 같이 매우 다양한 형태의 구조를 산출하는가는 설명될 수 없었다. 더 거친 큰 구조물은 필수적 의미에서 연속적 계열이라는 것도 명백하지 않았다. 이와 같이 로비네는 여기에서 거친 큰 구조물 사이의 형상이 유사하다는 관념과 큰 거친 구조물의 구성단위들 사이의 형상(과 기능)이 유사하다는 관념을 제멋대로 혼동함으로써 자신의 논리가 갖는 여러 난점을 회피하였던 것같이 보인다.

로비네는 여기에서도 충만과 연속의 원리와 마찬가지로 관계가 있는 디드로의 생각을 단지 상세히 논하고 확대했을 뿐이다. 디드로는 1754년 다음과 같이 기술한 바 있다.

> 〈자연〉은 무수히 다른 여러 방식으로 동일 구조를 변화시키는 데 즐거움을 찾는 듯이 생각된다. 자연은 단지 개체를 모든 가능한 양식으로 증가시킨 후에만 비로소 한 종의 산물을 포기한다. 동물계를 고찰하고 네발동물에서는 그 기능과 부분, 특히 내장이 다른 네발동물과 완전히 유사하지 않은 동물은 하나도 없다고 볼 때, 〈대자연〉은 단지 어떤 기관을 길게 하거나 짧게 하거나 변형시키거나 증가시키거나 혹은 소멸시키는 것뿐이라고 쉽사리 믿지 않겠는가? 손가락이 모두 연이어 붙었고 손톱이 너무 길어, 불어나 퍼져 손 전체를 덮는다고 상상해 보라. 그러면 인간의 손이 아니라 그 대신에 말의 발굽이 될 것이다. 그 무엇이라 해도 원형을 싼 외피가 계속 변형하여 동물계에서 식물계라는 경계를 넘어 인식하기 어려운 정도로 서로 변형이 유사하거나 두 영역의 경계 구역에 (참다운 구분이 없는 데에서 경계 구역이란 말이 허용된다면) 한 종류의 형체·성질·기능의 대부분을 박탈당하고 다른 종류의 형체·성질·기능을 부여받은, 부정不定하고 양다리를 걸친 듯한 모호한 종의 존재로 두 영역

의 경계가 채워지고 있는 것을 볼 때—단지 한 가지의 근원적 존재, 즉 모든 존재물의 원형만이 존재하지 않았다고 믿도록 설득되리라고 그 누가 느끼지 않을 것인가? 그러나 이러한 철학적 추측이 바우만 박사[모페르튀]에 의해 인정되고 뷔퐁 씨에 의해 부인됨에도 불구하고, 이 추측을 실험자연과학의 진보 및 조직에 의존하는 현상의 발견과 설명에 불가결한 가설로 채택하지 않을 수 없음은 부인할 수 없을 것이다.[72]

그러나 로비네는 보통 "원형"이라고 말할 때 단순히 모든 유기체의 원초적 종자만을 뜻한 것이 아니라 무수한 상이한 개체 속에 표현되고 있는 이상적 모델이거나 혹은 표본을 뜻한 것이었다. 〈원형이란 재료 속에서 실현될 때 변질될 뿐인 지적 원리이다.〉[73] 그리하여 그것은 "최저의 조건으로 환원된" 생물을 나타내는 모델이며 "변형의 무궁무진한 근거이다. 실현된 각 변형은 한 존재를 구성하며, 원형의 변형 또는 차라리 원형을 최초로 실현시킨 원형의 본래 외피를 변형한 것이라고 부를 수 있다." 많은 축적된 변형은 "그 원형을 숨겨 놓고 있어 우리의 눈을 피할 정도이다." 그러나 모든 경우에 내재하는 통일성이 거기에 있다고 확신할 수 있을 것이다. 만일 로비네가 이 개념의 적용을 척추동물에 한정시켰더라면 그는 이미 당시대의 해부학적 지식으로 충분히 확립된 명확한 과학적 사실을 표현하고 있었다고 볼 수 있을 것이다. 그러나 그가 해석하고 있는 연속의 원리로 인해, 그는 모든 생물 및 생명이 없는 자연의 개체에 대해서까지 통용될 단일의 모델을 설정하지 않을 수 없었다.[74] 이리하여 로비네는 비록 창시자가 아니었지만 (내가 알고 있는 한), 〈원상原狀〉의 관념에 대한 최초의 대성자이자 열정적인 제창자였는데, 이 관념에 의하면 모든 유기적인 것과 아마도 모든 자연계의 형

72. 「자연의 해석에 관한 견해」 §XII.
73. 「자연론」 IV, pp.17~18.
74. 같은 책 V, p.6.

체는 변형이라는 것이며, 그 관념은 헤르더에 의해 채택되었고[75] 어느 한 시기에는 괴테의 고정 관념이기도 하였다.

> 모든 구성체는 영원한 법칙을 따라 형성되며
> 가장 희귀한 형체라도 비밀스럽게 원상을 유지한다.[76]

그러나 자연이 그 부단한 산고가 무엇 때문인가에 관해서 로비네는 두 가지 사고방식 사이에서 헤매고 있다. 때때로 그는 우리의 용어에 의하면 이른바 충만의 원리의 시간화된 형체의 예를 이 산고에서 보고 있음에 불과하다. 즉, 그것은 다양성을 가능한 최고로 증가시키려는 노력이다.

만일 〈대자연〉의 진행이 때때로 우리에게 불확실하고 자신이 없는 것

75. 「인류사 철학 논고」(1784~1791), BK. V, chap.1. 그러나 헤르더는 기본 형태의 동일성은 동물계에만 있을 뿐이라고 알고 있다. 동장同章은 "형체의 상승하는 계열"로서의 〈존재의 연쇄〉라는 관념으로 차 있다.

76. 시 「응집」(*Αθροισμοs*, 1819)으로부터 괴테는 이 관념을 상론한 데 관하여 「동물의 형체에 관한 에세이」(1790)와 「비교해부학에 대한 일반적 입문을 위한 제1초고」(1795)를 참조. 예를 들면 후자에서 괴테는 동물학자가 "모든 동물의 형체가 될 수 있는 한 그 속에 포함되고 거기에 따라 각 동물을 확실한 서열로 기술하는 것 같은 하나의 공통적인 상像"을 인정하는 것의 중요성을 주장하고 있다. "하나의 전형이라는 보편적 관념으로부터 어떠한 개별적 동물도 그와 같은 비교 형태로 제시될 수 없다는 결론이 나온다. 즉, 개별의 것은 전체의 전형이 될 수 없다.……거기에 따라 우선 가장 보편적인 정해진 전형 가운데는 우리가 포유동물이라 부르는 가장 완성된 것들의 다양한 부분을 관찰하면 우리는 자연의 형성 활동 범위는 한정되어 있다고는 하지만 부분의 다수와 복잡한 변형 가능성 때문에 그 형체의 변화는 무한히 가능하다는 것을 알게 된다. 이탈리아 여행 중에 이 생각을 발견하고서 괴테가 흥분한 것은 von Stein 부인에게 보낸 서간(1786년 7월 10일부)에서 볼 수 있다. 괴테는 자신의 "비전"과 기쁨을 "모든 사람에게 줄" 수 있게 되기를 바라지만 그것은 불가능하였다. 더욱이 그것은 꿈도 아니고 공상도 아니었다. "그것은 자연이 항상 활용하고 또 활용하는 가운데 생명의 다양성을 끄집어내는 본질적 형태의 발견이다. 만일 일생이라는 짧은 시기에 시간이 있다면 이것을 모든 자연계에 확대해 가는 일에 스스로를 헌신할 것인데", Elisabeth Rotten, *Goethes Urphänomen und die Platonische Idee*(1913) 참조.

으로 보일지라도, 그리고 만일 자연이 때때로 손더듬이로 우회적이며 모호한 방식으로 운행하는 것으로 보일지라도, 그것은 단지 우리의 무지와 선입관에 기인하는 그릇된 외관에 불과하다. 자연은 어떠한 차이도 어떠한 변형도 실현되지 않도록 놓아두지 않을 것이며 그렇게 하지도 못한다는 것을 우리는 잊고 있다. 인접한 형체의 매우 미묘한 차이를 우리는 보지 못한다.……자연은 무용한 것을 일체 행하지 않으며, 자연의 과정은 미세하게 점차적으로 이행하며, 그 미묘한 차이는 각각 전체적 계획에 대해서는 필요하다. 우리가 부당하게도 불규칙한 것들, 남아도는 것들, 무용한 것들이라고 생각되는 형체는 존재의 무한 질서에 속하고 어떤 위치를 차지하며, 그 위치는 그것들이 없다면 비어 있게 될 것이다.[77]

그러나 다른 구절에서 로비네는 보편적 원형이라는 관념의 영향을 받아서 새로운 종의 형성 역사에서 무차별한 변화를 향한 충동 이상의 무엇인가를 보고 있다. 하나의 일반적 방향으로 나가는 〈대자연〉의 운동은 식별될 수 있으며—비록 그 운동이 장애물이 있고, 우회해 가는 일이 있다 하더라도 우리가 현재 말하는 시행착오에 의한 진보—즉, 특정 목표를 향한 노력이라 할 것이다. 그리하여 형체의 복수성이란 부분적으로는 명백하게 예견할 수 없는, 완성을 향해 가는 자연의 추세가 낳은 결과이다. 자연의 작업장에는 많은 성공하지 못한, 폐기된 모델이 포함되어 있다.

인간보다 하위에 있는 동물의 대단히 다양한 계열 속에서 산고 중의 〈대자연〉이 자연의 작업을 성취시키는 우수한 존재를 목표로 비틀거리며 앞으로 나아가는 것을 나는 본다. 자연이 내딛는 한 발자국 속에서,

---

77. 자연이 "손더듬이로" 전진한다는 개념은 아마 디드로의 「자연의 해석에 관한 견해」 §§XII, XXXVII에서 나온다.

즉 새로운 각 작품 속에서, 바꾸어 말하면 자연이 성취한 원형에 입각한 각 변형 속에서, 자연이 성취하는 진보는 아무리 인식할 수 없는 것이라 해도, 그 진보는 일정수의 변형을 거친 후에는 명백히 인식할 수 있게 된다.……나는 원형과 인간 사이에 개재하는 모든 중간적 변형을, 최고의 완성을 목표로 하되 단지 이러한 연속된 무수한 습작을 통하지 않는다면 거기에 도달할 수 없는 자연의 노력이라고 간주한다. 나는 이 예비적 연구 전체를, 인간을 만드려고 공부하는 대자연의 견습생 과정이라고 부를 수 있다고 생각한다.[78]

이와 같은 창조의 현 단계까지 오는 완만한 과정의 목적으로 인간이 간주되는 경우, 연속되는 일련의 형체의 특징이 되는 통일성과 특수성은—이제 로비네의 제안에 의하면—출발점이 아니라 목표를 고려함으로써 더욱 더 잘 인식될 수 있다. 즉, 인간이나 다른 비교적 고급의 형체에서 원시적인 단순한 모델을 본다기보다는 인간 이외의 다른 형체에서 인간의 형체의 예시를 봄으로써 가능하리라는 것이다. 이것이 「평행」의 주제인데 (만일 이것이 그 자신의 저작이라면) 여기에서도 그의 열정은 또다시 분별력을 이기고 있다.

개체의 계열을 인간을 향한 존재의 진보의 많은 단계라고 생각하면서 우리는 이들 각자를 첫 번째로 인간의 고도의 능력인 이성이라는 점에서 인간과 비교할 것이다. 이러한 대자연과 그 산물을 보는 새로운 방식은 그것들을 모두 우주 발생의 단일 관념으로 귀착시키는 것인데, 그것은 이 거대한 전체의 모든 부분을 함께 연결시키는 연속의 법칙에 입각해 있다. 각 〔생물의〕 구조는 직접적으로 그 자체로서는 그것이 산출하

78. 앞의 책 V(1768).

는 것을 우리가 실제로 보고 있는 것만을 생산하려는 경향이 있지만, 그러나 이러한 구조의 합산은 최종적 결과를 낳는 경향이 있다. 그리고 우리는 여기에서 우리가 알고 있는 유일한 지상의 존재로 우리 자신을 한정시키기 위하여 인간을 그와 같은 최종적 소산으로 간주한다.

인간의 형체를 예시하는 낮은 종류의 피조물 속에서 찾으려는 노력에 있어서 로비네는 불행하게도 무[뿌리 채소] 및 기타 식물에서 수족手足은 물론 얼굴과 비슷한 것까지도 찾으려는 데까지 이르렀으며 나아가서 이러한 식물 유인원의 그림을 출판하기에 이르렀다.[79)]

그러나 로비네의 기묘하게 혼합된 역사적 역할은 그가 채택한 생물학적 진화론의 유형이 그에 의하여 본질적으로 '로만주의적'* 종류의 일반적 자연철학으로 발전되었다는 사실에서도 파악될 수 있다. 그것은 셸링의 「자연철학」과 현대에서의 베르그송의 자연철학의 가장 특징적인 개념의 일부를 선행하는 것이었다.[80)] 로비네는 〈삶의 도약〉의 초기 예언자 중의 하나였다. 그에게는 자연에서의 근본적 실재란 물질이 아니라 〈활동〉이었다. 그리고 진화의 화려한 행렬은 이러한 〈활동력〉의 확산적이고 자기분화적인 에너지, 즉 창조적 충동의 표출어다. 그러나 (그의 마지막 권에서 인정되고 있는 바와 같이) 비활성의 물질도 역시 어떤 의미에서는 인식되지 않으면 안 된다. 그리고 이것과 활동 원리 사이에는 장기長期의 투쟁이 있다. 시작에 있어서, 그리고 〈존재의 사다리〉의 낮은 단계에 있어서는 무생물이 지배적이다. 자발적 행동에의 경향은 그것에 의해 전적으로 방해받지만 생명을 향한 힘은 서서히 힘을 얻어 최종적으로는 인간에게서 그 지배권을 완전하게 확립하여, 물질은 장애물이라기보다는 차라리 그 힘이 그 목적을 달성하려는

79. 예를 들면 Ⅳ권의 도판 iv.

* 원어 Romantic에 대한 한국어 번역어. 이에 관해서는 X장 첫 페이지 역주를 참조할 것.

80. 저자의 「베르그송과 로만주의적 진화론」(1914)을 참조.

도구가 된다(여기에서 연속성의 원리는 사라지는 것으로 보인다).

광물이나 식물 같은 열등한 존재에 있어서 우리는 물질에 일어나는 모든 현상을 이러한 존재의 〈주요 구성 요소〉라고 간주한다.……사다리에서 좀 더 높이 올라가면 우리는 의심하기 시작하고 마음을 정하지 못한다. 우리는 활동 원리를 나타내는 운동과 작용의 자발성을 주목하게 되는데, 이 원리를 앞서의 운동과 작용에 귀착시킬 수밖에 없다. 그럼에도 불구하고 이 활동은 여전히 물질에 의해 질질 끌려가고 어쩔 수 없이 결정되는 것으로 보일 수도 있기 때문에 이러한 조직에서 물질과 활동이 상황에 따라 교대로 주主가 되거나 종이 되거나 하기 때문에 교대로 지배하는 것으로 보일 것이다. 이 활동력은 스스로가 거기에 묶여 있어서 자주 그 굴레에 예속되지 않을 수 없는 길이를 갖는 고체로서, 꿰뚫을 수 없는 물질을 이기려고 노력을 하는 것으로 보인다. 이에 반해서 인간에게 물질은 활동 원리가 그 능력을 작용케 하는 기관에 불과한 것이 확실하다. 전자는 후자의 활동을 제약하는 외피로서 그것이 없다면 후자는 더 자유롭게 활동할 수 있을지도 모르지만 그러나 아마도 그것이 없다면 전혀 활동할 수 없을지도 모르며 확실히 활동을 느끼게 하지는 못할 것이다. 활동력은 물질을 초월하면 그만큼 증대하고 그 존재는 완성에 가까워지는 것으로 또한 생각되지 않을 것인가?……이 가설에 의하면 이러한 것이 물질에 내재하는 활동력의 진행일 것이다. 최초에 그것은 존재의 최소 부분에 불과하다. 노력이 증가되고 점차적으로 진행하면 그것은 성공리에 중요 부분이 될 것이다. 힘이 존재의 가장 〈근본적이고 보편적인 속성〉이며—또 물질은 이 힘이 그 작용을 나타내는 도구라고 나는 강하게 믿는다. 만일 이러한 힘의 개념을 규정하라는 요구를 받는다면 나는 수많은 철학자들과 함께 그것은 더 선한 것을 향한 변화의 경향으로 묘사하겠다고 대답할 것이다. 왜냐하면 모든 변화는 또 다른 하나의 좀 더 선한 것으로 접근하려는 경향이기 때문이다.[81]

그리고 로비네는 이 과정의 종말이 아직 오지 않았다고 다음과 같이 덧붙여 말하고 있다.

〈이 진행은 끝나지 않았다.〉 인간을 형성하는 형체보다 더 섬세한 형체, 그리고 인간을 구성하는 힘보다 더 활발한 힘이 있을지도 모른다. 실로 활동력은 모든 물질성을 느낄 수 없을 정도로 조금씩 제거하여 새로운 세계를 시작할 수 있을지도 모른다.—그러나 우리는 가능한 것의 무한한 영역 속에 방황해서는 안 될 것이다.[82]

여기에서 명백히 〈창조적 진화〉의 철학의 개요가 있다. 더욱이 이 철학이 20세기의 철학과 유사한 것은 이것 역시 결국 일종의 현상론과 불가해하게 결합되어 있다는 사실에 의해 제고되고 있다. 그럼에도 활동 원리를 방해하는 물질은 활동 원리의 산물이며 단지 활동 원리 그 자체는 비공간적인 것이지만 물질은 외관으로서만 존재할 뿐이다.

우리는 사물의 실재를 우리의 감각에 작용하는 외관으로 판단함에 익숙해 있으며, 우리가 물질만을 보기 때문에 세상에는 물질 이외의 어떤

---

81. 「존재물의 형체의 자연적 점차이행에 관한 철학적 견해」(1768), pp.8~10.

82. 같은 책 p.12. 다른 곳에서는 로비네는 이 마지막 암시를 약간 수정하고 있다. "드디어 그것[자연의 힘]은, 감히 말하면 완전히 비물질화할 것이다. 그리고 최후의 변형으로서 순수지성으로 바뀌고 말 것이다." 그러나 이것은 "대담한 가설이며 그것 자체의 것으로 제출되는 것"이라고 그는 덧붙여 말한다. 이 관념은 몬보도 경에 의해서 「고대의 형이상학」(1779~99) 속에서 채택되었지만 베르그송의 철학 속에 유사점이 없지 않다. 「창조적 진화」(*L'Evolution créatrice*) 3장의 결론을 참조.

것도 존재하는 것을 인정하려고 하지 않는다. 더욱이 현대의 한 저술가의 말을 빌리면 우리의 감각이 대자연에서 관찰하는 모든 변화는 단지 길이의 한계적 변화이기 때문에 이 길이를 포기하지 않을 수 없게 되자마자 우리는 단순한 무無에 직면하게 된다. 우리는 마치 그 앞에는 아무것도 없는 것처럼 정지하게 된다. 우리는 물질계 혹은 가시적 세계란 현상의 집합체에 불과하다—즉, 가시적 세계의 기반이고 주체이며 대자연의 실제적이고 실질적인 모든 것을 그 안에서 해소해 버려야할 불가시적 세계가 필연적으로 있음에 틀림없다—라는 사실에 유의하지 않는다. 이러한 불가시적 세계란 스스로를 개선하려 하는 모든 힘의 집합이며, 각각 자기 자신에 적합한 정도로 끊임없이 그 활동을 확대하고 완성시킴으로써 실제로 스스로를 개선하는 모든 힘의 집합이다. 길이를 가진 세계, 즉 가시적 우주 속에 형태의 점진적 변화가 있듯이 불가시적 우주에는 힘의 점차적 증가가 있다.[83)]

「철학적 윤회, 즉 생물의 과거와 미래의 상태에 관한 사상」(1770)에서 보네는 과학이나 철학의 역사 속에서 발견될 수 있는 것 중 가장 특이한 이론적 합성물의 하나—지질학·발생학·심리학·종말론·형이상학 등을 결합시켜 지구 및 지구상의 생명체에 대한 과거와 미래의 역사 일반론으로 라이프니츠의 생각보다 더 복잡한 것—를 제시하였는데, 이는 다른 천체에도 그 대응물이 있다고 추측될 수 있는 역사였다. 그것은 세부적으로 약간의 차이는 있지만 본질적으로 무한히 자기 분화적이고 점진적인 우주라는 라이프니츠의 우주관을 더 구체적으로 그 당시의 과학 지식이나 혹은 일반적으로 수용된 가설을 이용함으로써 실제로 응용하려는 또 다른 하나의 시도였다. 그것이 '진화론'의 한 형태라고 부르는 것이 합당한가 아닌가는 용어상

83. 「윤회」(*Palingenésie*) I, p.22.

의 문제이다.

보네는 라이프니츠를 추종하며, 애당초 모든 사물이 창조되었다는 충만의 원리의 전통적 의미를 공식적으로 포기할 마음가짐이 되어 있지 않았다. "우주의 모든 〈구성 부분〉은 공시적共時的이다. 〈전능한 의지〉는 단 한 번의 행위로 창조될 수 있는 모든 것을 창조하였다."[84] 그러나 반면에 자연의 보편적 가변성이라는 사실은 너무도 명백하여 논란의 여지가 없다. 더욱이 지구상의 생물 형체의 점진적 분화와 증가의 징후는 보네에게 결정적인 것으로 생각되었다. 그러나 이것은 어떻게 최초의 창조로 모든 것이 완성되어 있었다는 설과 조화될 수 있는 것인가? 이 설이 문자 그대로 받아들여질 수 없음은 명백하다. 받아들여져야 할 의미란 보네가 그 기본 사항을 라이프니츠로부터 인계받은 발생학적·논리학적·형이상학적 이론 속에서 발견될 수 있다. 우주를 구성하는 모든 개체는 우주만큼이나 오래되었으며 파괴될 수 없다. 이러한 개체란 일차적으로 "영혼"이다. 모든 유기체는 각각 영혼을 지닌다. 보네는 덧붙여 말하기를 그것은 파괴될 수 없고 그 개체의 영혼과 영구히 결합되어 있는 신체·"종자"이거나 혹은 〈유기적 소체〉를 또한 갖고 있다고 한다. 그러나 어떤 특정한 때에 개별적 유기체는 이러한 다수의 미소한 유기적 소체로 구성되어 있으며, 이 소체는 이제 자기 자신의 조직된 신체가 동화·성장·생식의 기능이 가능하도록 발달되지 않으면 안 된다. 조직된 신체가 분해되면 포함되고 있던 소체들은 말하자면 자기 자신의 힘으로 일을 시작하도록 될 것이다. 예를 들면 폴립의 "영혼"이란 "분할될 수 없는 것이며 이 영혼은 폴립이 분해되어도 부분으로 쪼개지지 않는다. 오히려 이것을 통하여 어떤 종자—즉, 피조물의 신체 내에 이미 포함되어 있던 보조적이고 억압되어 있는 종자—에 발달 기회가 부여된다. 더욱이 이러한 종자 속에 살고 있다고 생각되는 영혼은 이제 그 개체 보존에 관계되는 감각을

84. 같은 책 I, p.212.

그때 경험하기 시작할 것이다. 이리하여 대단히 많은 새로운 인격, 즉 새로운 자아가 형성될 것이다."[85] 그러므로 그들의 대부분의 존재 기간 동안 다수의 영혼이거나 대부분의 영혼은 실제로 감각을 지니고 있다기보다는 단지 감각의 잠재 능력을 가진 것에 불과하다. 더욱이 그 종자도 개체로서의 활동적 생명이 시작하는 데 적합한 때가 오기까지는 생명을 가진 물체에 불과한 변하지 않은 소단위로 머물러 있다. 그럼에도 불구하고, 보네는 과거 경험의 영향을 받은 영원한 기록을 가지고 있는 일종의 유기적 혹은 무의식적 기억이 각 영혼에 있다고 귀착시키고, 종자는 그 기억의 물질적 매개체라는 것이다.

그런데 보네에 의하면 지질학과 천문학의 증거로 보아 지구가 오랜 일련의 기紀를 거쳐 왔고, 각 기는 "혁명", 즉 당시 존재하는 모든 유기적 구조물—종자나 물론 그에 따른 영혼은 제외하고—이 파괴되는 대격변에 의해 종식되었다는 것은 명백하다. 그러나 각 기의 외적 조건이 이전 시기의 조건과 물질적으로 다르고 각각의 종의 형태·기관·감각 등은 그 종이 살고 있는 기의 물리적 조건에 적응되지 않으면 안 되기 때문에 어떤 종자가 새로운 기에 또다시 생명을 얻을 때 취하는 조잡한 신체는 그 이전에 취했던 신체와는 상이할 것이다. 이와 같은 나중에 일어나는 변형은—문자 그대로 묘사되고 있는가 아닌가는 차치하고—천지창조시의 종자의 구조에 부여되어 있던 것이다. "모든 조직체의 종자는 지구가 장차 겪어야 했던 여러 혁명과 결정적인 상관관계를 갖고 본래 만들어지거나 혹은 계획되었던 것으로 생각한다"[86]고 보네는 말한다. 그러므로 천지창조의 첫 새벽에 결국 어떤 의미에서는 이후의 새벽에 일어날 것이 모두 기술되었던 것이지만, 단지 일종의 예언적 속기速記에 의한 것이었다.

85. 같은 책 I, p.89.
86. 같은 책 I, p.216.

종교적 근거는 말할 것도 없고 과학적 근거에 입각해서, 보네는 기의 연속과 이에 따른 유기적 형체의 연속은 낮은 것에서 높은 것으로 진보를 이룬다고 확신한다. 고체발생학적 단계는 지구 이전의 시기에 동물이 연속적으로 경과하였던 형태들을 보여 준다[이것은 발달반복 이론의 초기 징조 중의 하나이다]. 그러나 "지구의 혁명"에는 끝이 있다고 생각될 수 없다. 그러므로 과거에서와 마찬가지로 미래에서도 모든 종자는 차례로 더욱더 고급한 모습을 띠고 다시 나타날 것이다. 현재의 종은 전개하여 "다른 형체를 취할 것이지만, 그 형체는 지구가 현 상태와 다른 것이 될 만큼이나 현재의 형체와는 다르게 될 것이다. 만일 이러한 매혹적 변형의 광경을 우리가 보도록 허용된다면 아마 우리가 현재 잘 알고 있는 동물의 종 가운데 어느 것도 우리는 식별할 수 없을 것이다.……우리는 전혀 새로운 세상, 즉 우리가 전혀 알지 못하는 사물의 체계를 보게 될 것이다."[87] 그러나 보네에게는 이러한 형체의 점진적 발달이 한 세대로부터 다른 세대로 가는 진보라고는 생각되지 않았다. 굴과 같은 연체동물의 "완성가능성"은 굳이 현재의 기에서 유전하는 가운데서 서서히 변형하여 마침내 굴의 아주 먼 후손이 코끼리나 인간 혹은 천사가 될 것임을 의미하지는 않는다. 그 의미는 각 굴의 개별적 〈유기(소)체〉가 개체가 죽은 후에도 변화 없이 유지되어, 지구의 적당한 상태가 출현하여 유기체 다음의 더 고급한 전개를 초래하도록 하기까지는 보존되리라는 것이다. 우주의 현재 혹은 이 이전의 시대에 실지로 완전한 동물의 개체로 되어 버린 종자의 경우에는 또한 기억을 통해서 일종의 개체로서의 자기 동일성이 보존될 것이다. "우주의 현상에서"는 탄생하지 않은 종자에 관해서도 부활은 있을 것이나 기억은 없을 것이다. "다른 부류의 조직체에서는 우리가 오늘날 관찰하는 점차적 이행은 의심할 바 없이 지구의 미래 상태에서도 발견될 것이다[즉, 계열은 여전히 연속적일 것이다]. 그러나

87. 같은 책 I, p.158.

점차적 이행은 각 종의 완성가능성의 정도에 의해서 결정될 비율에 따라 일어날 것이다. 인간은—그때에는 자신의 능력이 우수해서 거기에 알맞은 다른 거주지로 이주해 있으며—지구상의 동물 사이에서 현재 점유하고 있는 우위를 원숭이나 코끼리에게 넘겨줄 것이다. 이와 같이 동물을 일제히 복권시킨다면 원숭이나 코끼리 중에서 라이프니츠나 뉴턴이 나타날지 모르며, 수달 중에서 페로*나 보방**이 나타날지도 모른다."[88] 보네가 생각하듯이 확실히 모든 현재의 종은 각각 "완성"을 향하여 전진할 것이다. 그러나 단지 그 이유는 그 종에 속하는 모든 개체가 각각 미래의 "지구의 혁명"을 통하여 개선된 형체로 또다시 생겨날 것이기 때문이다. 그러므로 때때로 보네가 그런 말을 듣는 바와 같이, 그가 "진화론의 선구자"라는 말을 듣는 것은 오히려 모호한 의미에 불과한 것으로 생각된다. 그가 주장한 생물의 진보적 연쇄는 우리의 현재, 또는 혁명에 의해 구분된 어떤 단일한 우주기宇宙紀의 범위 내에서 보통 발생하는 과정에 의해 야기되는 것으로 생각될 수는 없다. 그것은 단지 방대한 시간적 간격을 두고, 더욱이 개별적 동물의 파괴될 수 없는, 지각될 수 없는 "종자"를 제외하고는 지구상의 모든 생물이 파괴될 대격변 이후에만 일어나는 극단적이고 불연속적인 변화에 있는 것이었다. 모페르튀·디드로·로비네에 의해 이미 제기된 진화론적 가설과 비교할 때 보네의 이러한 사고는 명백히 조잡하고 퇴보적이었다.

이제 우리는 한 관념의 역사를 대체로 연대기적 순서에 따라 검토함으로

* Clande Perrault(1613~1688): 시인·비평가·의사·건축설계사·아카데미 회원. 해부학을 연구.

** Sebastien Le Prestre, Marquis de Vauban(1633~1707): 프랑스의 군사 기술자. 루이 14세에게 중용되어 1655년 이래 계속되는 전투에서 지휘를 맡았다. 방어공사 담당 병참 장군(1678), 프랑스 육군 원수(1703).

88. 같은 책 I, p.174, 보네는 어떠한 동물의 "완성가능성"에도 일체 한계가 없을 수 있다고 생각하고 있다. "좀 더 고도의 완성을 향한 모든 종의, 연속적이며 정도의 차는 있으나 완만한 진보가 있을 것이다. 그러므로 사다리의 단계는 모두 일정하고 정해진 비율로 연속적으로 변화할 것이다. 즉, 각 단계의 〈변화도〉는 직전의 단계에 항상 그 근거를 갖고 있을 것이다"(같은 책).

써, 약간 불행하게도 통상적으로는 로만주의라고 부르는 선입관이나 가치관의 중대하고 복잡하며 혼란스러운 변화의 출발점에 이미 도달하였다. 다음의 강연에서는 로만주의 시대의 사상에서 가장 특징적이고 중요한 경향 중의 두 가지가 우리가 다루는 일반적 주제와 어떻게 관계되는가를 다루게 될 것이다.

X. 로만주의와 충만의 원리

어느 한 세대가 그 세대에 알맞은 경향이나 철학적 분위기에 기여하기 위하여 도입된 원리가 뜻밖에 반대 경향의 씨앗을 포함하고 있어서—그 숨겨진 의미 때문에 이것이 섬기려고 했던 그러한 〈시대정신〉에 대한 파괴자로서—흔히 판명되고 있다는 것은 관념사에 대한 교훈적인 역설 중의 하나이다. 충만의 원리와 연속의 원리의 역사에서 발견되는 만큼 이 역설의 현저한 예는 별로 없을 것이다. 이미 살펴본 바와 같이 이 두 원리는 17세기와 18세기 초에 무엇보다도 세상이 본질적으로 논리적이라는 이론을 뒷받침하기 위하여 제기되었다. 그 두 원리는 실재의 합리성·완전함·정태적 완전성, 질서와 조화 등에 대한 믿음을 합리화하기 위하여 착상된 것이었다. 그러나 이 두 원리는 그 바닥에 있어서는 계몽주의의 단순한 이성에 심각하게 대립되는 관념이었다. 두 원리가 유행한 궁극적 결과는 18세기 말에 의식적이고 공격적인 사상혁명운동, 즉 보통 로만주의*라는 이름이 붙여져 있는 취향과 철학적 전제를 유럽인의 정신에 미묘하게 서서히 도입시킨 것이

* 로만주의: 'Romanticism'의 역어. 보통 낭만주의로 알려져 있으나 이것은 일본에서 '浪漫主義'라는 한자를 그대로 한국어로 음역한 것이다. 따라서 이 역서에서는 본래의 뜻을 살리는 '로만주의'로 번역하기로 하였다. 참고로 「국립국어원」의 공식 입장은 '낭만주의'와 '로만주의'를 같은 뜻으로 쓰는 방침이라 한다(2021. 12. 15. 전화 상담)

었다. 완전하고 연속적인 〈존재의 사다리〉라는 관념은 〈충분이유의 원리〉라는 존경받는 인물의 추천서를 가지고 권위 있는 18세기적 관념의 클럽에 가입하였다. 그러나 그것은 자신의 추천자를 포함하여 그 클럽에 적지 않은 회원을 지적 탈락자로 만드는 일에 협력하는 것으로 끝나고 말았다.

왜냐하면 계몽주의의 거의 모든 사상 영역에서 지배적인 가설은 〈이성〉—보통 몇 가지 단순하고 자명한 진리에 관한 지식으로 요약된다고 생각되고 있는 이성—이 모든 인간에게 동일하며 만인에게 동등하게 소유되고 있다는 것, 이 공통의 이성이 생활의 지침이 되어야 한다는 것, 따라서 시간·장소·인종·개인적 성향이나 재능에 관계없이 모든 인류의 정상적인 구성원에 대하여 보편적이고 동등하게 이해되고 있다는 것, 보편적으로 수용되고 있다는 것 그리고 보편적으로 알려져 있다는 것 등이 인간과 기본적으로 관계되는 모든 문제에 있어서 타당성 혹은 가치의 결정 기준을 이루고 있기 때문이다. 더욱이 (독일어는 오히려 이것을 정연하게 요약하는데) 〈타당성〉이란 〈보편타당성〉을 의미하며, 실지로 현실적 혹은 (가상의) 〈공통성〉에 의해 검증되어야 한다는 것이다. 어떤 신앙이 자신의 신앙으로 제시되거나 어떤 예술 작품이 자신의 찬탄이나 즐거움을 위해 제시된다면, 그 개인은 그 속에서 "독자적인 자연의 빛"만으로 혹은 어느 곳에서는 동일한 경험을 통하여 모든 이성 있는 인간에게 이해가능하고 명백하다고 생각될 수 없는 무엇인가가 있는지 생각해야 할 것이다. 만일 그러한 보편화될 수 없는 요소가 그 속에 있는 것이 발견된다면 그것은 경우에 따라 각각 거짓된 신앙 혹은 불건전한 도덕 혹은 나쁜 예술로서 거부되어야 할 것이다. 그리하여 이신론자理神論者는 주로 두 가지로 계시 종교에 보편성이 결여되어 있다는 이유로 이에 반대하였다. (a) 그것은 "역사적"이며, 따라서 그것이 계시되기 이전에 살았거나 혹은 신빙할 만한 역사적 증거에 접하지 못했던 사람들에게는 그 교리가 알려질 수는 없었다. (b) 그것은 교리에 구현된 바와 같이 복잡하고 "신비적"인 것이며, 따라서 야만인이든 문명인이든, 무학의 사람이든 학식이 있는 사람이든 모든 사람이 즉각 이해하고 직관적으로 진리라고 인식할 수 있는 그런 류의 것은 아니었다. 그것에 대한 볼테르의 정의 중 하나를 상기한다면, "자연 종교"는 단지 "인류 공통의 도덕 원리"만을 포함할 수 있는 것이었다.[1] 정통성의 완강한 수호자인 사무엘 클라크 박사는, "계시를 부정하는 사람들은 모두" "보편적으로 만인에게 알려지도록 되어 있지 않은 것은 누구에게도 필요하지 않다"는 전제에 동의하고 있다고 참으로 십분 주장하였다. 풍자적이지만 전혀 공평성을 잃지 않은 태도로 스위프트가 말한 바와 같이 이 명제는 "가장 우둔한 머리에 의해 즉각 이해될 수 없다면 종교의 일부가 아니다"라는 것을 가정하고 있다.

보편성, 모든 이성적 정신 그 자체에 대한 명료성, 그리고 내용의 단일성이라는 개념들이 똑같이 내포하는 의미는 윤리적으로 적용될 때—즉, 도덕 철학과 정치 철학에서 "자연의 법"이라는 관념 속에—매우 흔히 제시되었다. 키케로는 이미 "보편적으로 인정된 것"과 '자연법'이 공식적으로 동등하다는 것을 입증한 바 있었다.[2] 더욱이 로마법학자들은 이와 비슷하게 자연법을 만민법과 동일시하였다. 즉, 그것은 신의 어떤 섭리에 입각하여 모든 나라의 사람들에게 평등하게 지켜지고 항상 불변하고 흔들림이 없는[3] 정의의 원리였다. 더욱이 이것은 18세기 윤리학자 학파 대부분의 의견이 일치를 보았고 이들이 결코 논의를 끊지 않았던 것 중의 하나였다. 볼링브로우크의 말에 의하면 "자연법의 일람표는 너무도 명백한 것이어서 가장 단순한 문

1. 「뉴턴 철학의 요소」 I, ch.6.

2. *Tusculanarum disputationum* I, 30: "모든 사람들의 전면적인 동의는 자연의 법이라고 생각되어야 한다."

3. *Justiniani Institutiones*, I, 2, II. 같은 책의 §1: "자연의 이성이 모든 사람들 사이에서 정립되는 것은 모든 나라에 의해서 마찬가지로 지켜지고 그 법을 모든 사람들이 향유하기 때문에 제국민의 법이라고 불린다"를 참조할 것. 같은 조문의 〈만민법〉과 〈인간의〉 "자연법"은 분명히 동의어로 사용되고 있다.

자를 읽을 수 있는 사람이라면 누구든지 이것을 잘못 읽을 수 없을 것이며 따라서 어떠한 정치적 사회도 자연법과 직접적으로 명백한 모순을 지니는 법 체계를 만들어 낸 적이 없었다"는 것이다. "자연법은 너무나 명백하고 중요하므로 언제나 법 중의 법이다."[4] 볼테르가 인간의 모든 의무를 환원시킨 것은 다름 아닌 이 보편적이며 불변의—그 조항이 극히 단순한—법전이었다.

> 어느 시대, 어느 지역에서도 단일한 도덕……
> 그것은 플라톤과 소크라테스 그리고 당신들의 법칙이다.
> 이 영원한 의식儀式에 대해 자연은 그 사도이며,
> 유럽이나 일본에서도 지고의 이 법이
> 조로아스터에게 영감을 주고 솔론에게 빛을 던져 줄 것이다.

그러나 마찬가지의 가설은 그로부터 신고전주의적 비평의 대부분의 원리가 자라난 뿌리임이 명백하였다. 여기에서도 역시 높은 고대의 전거가 인용될 수 있었다. (그리고 인용되었다). 롱기누스*는 다음과 같이 기술한 바 있다.

> 당신은 언제나 모든 종류의 사람을 똑같이 즐겁게 하고 사로잡는 일이 숭고하고, 아름답고, 참다운 것이라고 말할 수 있을 것이다. 왜냐하면 서로 다른 기질·연령·직업·성향의 사람들이 어떤 연기에 관해 동일한 이유로 찬양하는 점에서 일치한다면, 많은 상이한 판단에 관한 이러한 일

4. 「단상, 기타」 xvi (「저작집」, 1809, Ⅶ, p.468에 수록됨).

* Dionysius Cassius Longinus(c.213~273): 그리스 플라톤학파 철학자·수사학가·문헌학자. 알렉산드리아에서 수학하고 아테네에서 가르쳤다. 한때 로마제국에서 분리 독립한 팔미라 제국(Imperium Palmyrenum)의 실질적 지배자 Zenobia의 부름을 받아 그녀의 자녀의 가정교사와 그녀의 정치 고문이 되었다. 제노비아의 몰락 이후 참수형을 당하였다.

치는 그 연기의 높고 논란의 여지가 없는 가치를 인가하는 것으로서, 그 것은 이러한 일반의 갈채에 어울리기 때문이다.[5)]

보편적 공감을 얻는 것에만 미적 가치를 국한시키는 데에 관한 18세기의 주요한 예는 상기할 필요조차 없을 것이다. 예를 들면 "자연"이란 단어가 실질적으로 명백한 것—즉, "자주 생각되었던 것"—과 동의어로 쓴 포우프의 「비평론」에서의 잘 알려진 구절이 있을 것이다. 그리고 명백한 것이라 함은

그 진실은 한눈에 보장되어 있다고 우리는 알고 있으며
우리의 마음의 심상을 우리에게 되돌려주는 어떤 것[6)]

이다. 미학 이론에 있어서의 이러한 보편주의와 균일주의에 대한 존슨 박사의 표현도 역시 잘 알려져 있다. 그러나 예술 작품이 갖는 호소력이 보편성을 요구한다는 것과 예술이 그 "자연의 모방"을 유형에 한정시키고 개별의 묘사를 삼가야 한다—그 결과 지방색을 의도적으로 배제하거나 시에 있어

---

5. 「숭고함에 관해서」 §Ⅶ(W. Smith의 번역, 1770). 나는 여기에서 18세기의 번역을 인용하고 거기에 Rhys Roberts 교수의 더 축자적인 번역인 마지막 문장을 덧붙이는 것이 더 적절하다고 생각하였다. 즉, "다른 일·생활·야망·연령·언어를 갖는 사람들이 동일 주제에 관한 동일 견해를 가질 때에, 말하자면 불화적인 요소의 조화에서 생기는 판단은 찬양 대상에 대한 우리의 신념을 강하게 그리고 지지 않는 것으로 만든다."〔「롱기누스의 숭고론」(1899, p.57)〕 롱기누스는 "같은 기준을 품위 있는 작품의 열등한 점에 대해 해당시켜도 여전히 잘못된 것이라고는 하지 않았을 것인데"라고 18세기 중기의 (평범한 그렇기 때문에) 전형적인 저술자가 말하고 있다(아들 W. Melmoth의 *Fitzosborne's Letter*, 1746, p.130).
6. 나의 생각으로는, Saintsbury 씨는 「비평에 관해서」에 대해 "[포우프]가 '자연을 따른다'라고 말할 때의 의미와 〈우리〉가 말할 때의 의미는 전혀 다른 두 개의 것이다. 그는 적어도 '보통의 것·흔한 것·평소에 눈에 띄는 것만을 상대로 하는 것'을 의미한다"고 말했는데, 이 경우 요점에서 조금 벗어난 것이었다(*History of Criticism* II, 1902, p.456). 물론 이 말에는 일리가 있으나 포우프가 "보통의 것만을 상대로 한다"는 것을 요구하는 것은 그렇지 않을 때 시인은 인류 전체에 영향을 끼칠 것으로 기대할 수 없기 때문이다.

서 관습적으로 일반적 형용사를 각별히 선호해야 한다—는 신고전주의적 인 요구 사이의 논리적 관계를 그가 어떻게 끄집어내는가를 고찰해 볼 필요가 있다. "모든 적절한 예술 용어가 일반적 표현 속에 숨어 있다는 것이 시의 일반법칙"으로 생각되는 정확한 이유는 "시란 보편적 언어로 말하는 것"[7]임을 상기해야 할 것이다. 존슨 박사는 이 원칙의 영향 아래에서 어떻게 셰익스피어를 터무니없이 잘못 평가했는가를 또한 상기해야 할 것이다. 그것은 그가 묘사하는 로마인들이 각별히 로마적인 것도 아니고 왕들도 특별히 왕답지 못했다는—요컨대 "그가 묘사하는 등장인물들이 단지 소수에게만 영향을 줄 수 있는 학문상의 특성이나 혹은 직업상의 특성에 의해 결정된 것이 아니라" "세상에는 언제나 있을 수 있고 관찰에 의해 반드시 발견될 수 있는 공통적 인간성"의 특징만을 제시하고 있을 뿐이라는—근거에 서였다. 존슨 박사는 이신론자들을 몹시 싫어하였다. 그러나 튤립의 줄무늬에 관한 「라셀라스」 속의 그의 유명한 금언에서, 그는 꽃이나 풍경화의 시적 묘사에서 바로 이신론자들이 종교에서 요구한 것을 요구하였다—더욱이 결국은 동일한 선입관의 영향을 받고 그러했던 것이다.[8] 이 당시에 미학적 정통성과 종교적 이단성은 동일한 뿌리로부터 나와 성장한 것이었다. 그러나 이런 모든 것에 대한 영어로 된 고전적 설명은 레이놀즈*의 「서설序說」 속에 있으나 여기에 관해 지금은 말할 시간도 필요성도 없다. 나는 다만 레이놀즈의 영향에 관한 결과의 한 가지 예를 상기시키는 데 그치고자 한다.

7. 「시인전傳: Dryden 편」(G.B. Hill 편 I, p.433).

8. "시인은 튤립의 줄의 수를 세거나 숲의 녹색의 여러 다른 색조를 묘사하지는 않는다. 자연을 묘사할 경우 그는 실물을 모든 사람의 마음속에 떠올리는 것 같은 또렷하고 두드러진 특징을 나타내 보이지 않으면 안 되며, 어떤 사람은 주목하고 어떤 사람은 간과하는 것 같은 사소한 구분은 도외시하고 주의 깊은 사람에게나 부주의한 사람에게나 다 같이 명백한 특징을 취하지 않으면 안 된다."

* Joshua Reynolds(1723~1792): 영국의 초상화가. 이탈리아에서 3년간 공부하고 런던으로 돌아온 그는 최고의 인기 있는 초상화가가 되었다. Dr. Johnson · Goldsimith · Burke · Boswell · Sheridan이 회원인 문학 클럽의 설립을 제의하였다.

1782년 토마스 와튼*이 청년 시절의 객기로 고딕 건축에 대한 취미를 갖게 된 것을 그만 두었을 때 그는 레이놀즈의 이름을 부르면서 이렇게 말하였다.

당신의 억센 손은 고딕의 사슬을 끊어 버리고
나의 가슴을 진리로 되돌려 놓았다.
어떤 특수한 취미에도 제한되지 않고
그 보편적 형태가 인류를 감동시키는 진리로.

이 시인에 의하면 이러한 미적 개종은 단지 옥스퍼드의 뉴컬리지 교회에 있는 레이놀즈 경이 그린 채색 유리를 바라보는 것만으로 일어났던 것이다. 그러나 예술에 있어서 "고전적"인 성질이라고 생각되고 있는 것의 이러한 예도 「서설」에 있는 추론 덕분이 아니었더라면 그러한 결과를 낳지 못했으리라고 확신해도 괜찮을 것이다.

고대인 및 고대인의 선례를 따른 예술이 우수하다는 설에 관하여 말하면 이것은 명백히 앞의 보편주의의 계系였다. 왜냐하면 고대인만이 말하자면 (가상적인) 보편적 수용이라는 시험을 받기 위한 시간을 가졌기 때문이다. 위대하지는 않지만 전형적인 한 저술가가 기술한 바와 같이

아리스토텔레스와 호라티우스**가 우리에게 비평의 기준을 제시했기 때문에 그 권위에 우리가 복종하는 것이 아니라, 그 기준은 작품이 생겨

* Thomas Warton(1728~1790): 옥스퍼드의 시학 교수·문학사가·비평가·계관시인·로만주의의 선구자인 그는 초기의 시에서도 고딕 건축과 폐허에 대한 취향을 보여주고 있다. 저서로는 「이시스의 승리」(1749) 등이 있다.

** Horace(라틴명: Quintus Horatius Flaccus, 65~8 B.C.)는 로마의 서정시인·풍자가. 로마와 아테네에서 수학하였다. 여기서는 「시론」을 가리킨다.

> 나면서부터 현재 시간에 이르기까지 인류의 향상된 부분이 부단한 찬탄을 받아 온 것 같은 작품으로부터 도출되어 왔기 때문이다. 왜냐하면 오랜 시대를 통해 아름답다고 보편적으로 존경받아 온 것은 무엇이든 우리의 정당하고 자연적인 미美의 관념과 일치할 수밖에 없기 때문이다.[9]

이리하여 무엇인가 새로운 일을 하는 사람은 불리하였다. 왜냐하면 이 경우에 그는 "오랜 시대를 통하여 보편적으로 존중되어" 왔다고 주장할 수 없었기 때문이다. 더욱이 고대 예술과 본질적으로 거리가 먼 어떤 성질이나 어떤 결과도 인정될 수 없었는데, 왜냐하면 고대 예술과 거리가 멀다는 것도 역시 보편성을 결여하고 있음에 틀림없기 때문이다. 따라서 일관성 있게 수행되기만 한다면 미적 보편주의나 혹은 기타 다른 보편주의란 이와 같이 일종의 원시주의와 명백한 친근성을 가지고 있었다—왜냐하면 최초의 인간이나 혹은 적어도 특정 예술의 최초 실행자의 손에 미치지 않은 것은 어떤 것이라도 그 인종에 대해서는 공통적인 것이 아니었기 때문이다. 비슷한 논리로서 이신론자들은 자기들의 신조를 "천지창조만큼이나 오래 되었다"고 선언하지 않을 수 없었다.

이리하여 2세기 동안 신앙·제도·예술의 향상이나 수정을 향한 노력은 대체로 인간 활동의 각 단계에서 인간이 모든 이성적 존재에 대하여 보편적이며 단순하고 부동의 것으로 생각되는 기준에 가능한 한 따라야 한다는 가설에 의해 주로 지배되었다. 요컨대 계몽주의란 적어도 그 지배적 경향에서는 사상과 생활의 단순화와 표준화—즉, 단순화를 통한 표준화—에 몰두한 시대였다. 스피노자는 그의 초기 전기 작가 중 하나에 의해 보고되고 있는 말 속에서 그것을 요약하였다. "대자연의 목적이란 공통의 어머니를

---

9. W. Melmoth, *Fitzosborne's Letter*, p.130.

가진 자식들과 같이 인간을 균일하게 만들려는 것이다."[10] 이렇게 가정된 자연의 목적을 실현하려는 노력, 인간과 인간 사이의 견해·평가·제도 등의 〈상이성〉에 대한 일반적인 공격—이 두 가지야말로 이것에 대한 저항과 궁극적인 반동과 함께 16세기 후기부터 18세기 후기에 이르는 유럽 지성사의 중심적·지배적인 사실이었다.[11]

사상의 역사 전체를 통해서 반대의 원리가 널리 퍼지기 시작하였을 때에 일어난 것보다 더 심각하고 중대한 가치관의 변화가 일어난 적은 없다. 반대의 원리가 널리 퍼지게 된 때란 인간 생활의 많은 국면이나 혹은 모든 국면에는 우수한 것들이 다양하게 있을 뿐 아니라 다양성 자체가 우수성의 본질이라는 것, 그리고 특히 예술에서는 목적이 고정된 소수의 〈장르〉에 있어서 형식의 단일한 이상적 완성을 달성하지 않고 모든 시대의 인간 전체가 갖는 미적 감수성이라는 최소 공통분모를 충족시키지 않고 차라리 자연과 인간성 속에 잠재적으로 또는 현실적으로 존재하는 차이의 풍부함을 최대한 표현하는 것,—대중에 대한 예술가의 기능에 관해서는—아직 대부분의 인간들에게는 잠재적이고 아마도 결코 보편화가 가능하지도 않은 이해, 공감, 감상의 능력을 불러일으키는 것이라고 믿게 될 때인 것이다. 더욱이 이러한 가설은 비록 유일하게 중요한 것이 아니지만, 비평가나 역사가에 의해 "로만주의적"이라고 지칭된 많은 다양한 경향 중 하나의 〈공통된〉 요인이다. 이 다양한 경향이란 장르와 시詩 형태의 극도의 수적 증가, 〈혼합 장르〉의 심미적 정통성의 승인, 〈뉘앙스에 대한 선호〉, 예술에 있어서 "그로테스크"한 것의 자연화, 지방색의 추구, 시간이나 공간 혹은 문화 조건에 있어서 멀리 떨어진 사람들의 특징을 이루는 내적 생활을 상상력으로 재구성하려는 노력, 〈자아의 과시〉, 풍경 묘사에서 개별적인 사실성의 요구, 단순성에

10. Lucas de la Haye, *La vie de M. Benort de Spinoza* (Brunschvicg, *Spinoza et ses conemporains*, p.333에서 인용).

11. 밀턴의 *Areopagitica*의 일부는 이 보편주의에 대한 17세기의 가장 두드러진 예이다.

대한 반항, 정치에 있어서의 보편적 공식에 대한 불신, 표준화에 대한 심미적 반감, 형이상학에서 절대자를 "구체적 보편"적인 것과 동일시하는 것, "불완전함에 대한 찬양"의 감정, 개인적·민족적·인종적 특성의 배양, 명백한 것에 대한 경시 및 (전체적으로는 이전 시기에는 전혀 낯선) 독창성에 대한 일반적인 높은 평가와 그와 같은 태도에 대한 보통 무익하면서 부조리한 자의식에 찬 추구 등이었다. 그러나 가치에 관한 당시의 전제가 이와 같이 변화한 데 대해 우리가 "로만주의"라는 명칭을 적용시켜야 하는가 아닌가 하는 것은 그다지 중요하지 않다. 반드시 기억해 두어야 할 점은 이러한 변화가 일어났다는 것, 그리고 아마도 다른 어떤 〈하나의〉 것보다도, 좋든 나쁘든, 19세기와 20세기의 시대정신의 일반적 전제를 서양 지성사의 이전 시대의 전제와 구별했다는 사실이다. 요컨대 그 변화란 사상의 규범적 영역의 대부분에 걸쳐 지배적인 관념으로서 균일주의를 대신하여 다양주의라고 부를 수 있는 것으로 대체해 놓았다.

우리가 그 역사적 영향과 변천을 검토하고 있는 관념들과 이러한 변화가 갖는 관계에 관해서 이제 나는 이 강연에서 주로 지적하고자 한다. 〈자연은 어디서나 똑같다〉는 것은 명시적이건 암묵적이건 신고전주의적 미학이론가들이 그로부터 예술이 모든 민족과 모든 시대에 걸쳐 동일하다는 결론을 끄집어냈던 전제였다.[12] 그러나 〈존재의 연쇄〉에 관한 저술가들은—많은 경우에 동일한 〔신고전주의적〕 저술가였는데—이 전제의 역逆을 무한히 반복하였다. 즉, "대자연은 가능한 한 많은 방법으로 그 예술을 다양화한다는 것이었다."[13] 우리가 살펴본 바와 같이 라이프니츠의 철학에 의하면 〈우주 근거〉의 합리성은 피조물의 최대한의 분화에서 그 스스로를 드러내 보

12. 이에 대한 많은 예에 관해서는 R. Bray, *La formation de la doctrine classique en France*, 1927, Pt. II, chaps. iv~vi 참조.

13. Formey 저 「철학잡론」의 1754년의 영역 *Philosophical Miscellanies* 중의 "존재의 사다리에 관한 에세이" 참조.

였다. 모든 모나드는 각각 그 자체의 독특한 관점에서 그리고 이에 따라 그 자체의 독특한 방식으로 세상을 반영하며, 우주의 완전성을 구성하는 충분한 다양성의 달성은 이러한 수단에 의한 것이다. "신의 영광은 대단히 많은 전혀 상이한 그의 우주상에 의해 증가되고 있다."14)

> 여러 면에서 바라본 도시가 전혀 다르게 보이고 이른바 도시상都市像이 증가한다. 마찬가지로 간단한 실체[모나드]의 무한 증가를 통해 이에 상응하는 다른 우주가 무수히 있다. 그러나 그럼에도 불구하고 이것은 각 모나드의 다른 관점에 의한 하나의 동일한 우주를 조망한 데 불과하다. 그리고 이것은 최대한의 가능한 다양성을 얻을 수 있는 수단이다. 말하자면 최대한의 가능한 완전성을 획득하는 수단인 것이다.15)

그러므로 이러한 상이성을 감소시키려는 인간의 어떠한 노력도 우주의 계획에 위배될 것이다. 애디슨이 "살아 있는 피조물이 다수라는 점에 못지않게 다양성"에 있어서도 "신의 선성善性"을 발견한 것을 우리는 이미 살펴 보았다. 즉, "신이 천지창조에 있어서 모든 종류의 생명과 모든 존재의 능력을 〈개별적으로 명시〉하였고" 그리고 "식물에서 인간에 이르기까지 자연의 모든 빈틈을 하나씩 차례로 다양한 종류의 피조물로 채웠다는 사실에서 신의 선성을 발견했던 것이다……중간의 공간은 대단히 잘 갈고 닦아 생물계의 어떤 부분에도 나타나지 않은 정도의 지각知覺은 없다."16) 할러*는 인간에

14. 「형이상학 서설」(*Disc. sur la métaphysique*) IX.

15. 「모나드론」 §57~58. 「철학 저작집」(*Philos. Schriften*) VI, p.616.

16. *Spectator*, 519(1712년 10월 25일부). 나는 아래(각주 19)에 나오는 쉴러로부터의 인용에 말투까지도 비슷하기 때문에 이 인용을 여기서 반복하는 바이다.

* Albrecht von Haller(1708~1777): 스위스의 생리학자 · 해부학자 · 의사 · 식물학자 · 시인. 인체생리학원론(Elementa physiologiae corporis humani, 8 vols., 1757~1766)에서 근육 수축과 신경계 이론을 구축하였다.

대한 교훈을 명확하게 끄집어냈다. 즉, "인간의 운명은 이상성을 욕구한다"는 것이다. 이것은 이러한 신앙의 18세기 초기의 일련의 표현 중 몇몇 예에 불과하며, 그 배후에는 플라톤으로부터 신플라톤주의자·스콜라 철학자·브루노와 기타 르네상스 저술가들에 이르는 연속적 전통이 있었다. 더욱이 인간은 신을 모방해야 하며 가능한 한 현세에 있어서조차 신의 속성을 반영하도록 노력해야 한다는 것도 마찬가지로 종교와 도덕의 정통적 전통의 일부였다는 것이 상기되어야 할 것이다. 더욱이 예술은 단지 자연적 대상을 복사한다거나 인간의 성격을 충실하게 묘사한다는 의미에서뿐 아니라 자연의 일반적 성질과 그 조물주의 작용 방식에 순응한다는 의미에서도, 자연을 모방하는 것도 그리고 이에 못지않게 미학의 고전적 전통의 일부라는 것도 상기되어야 할 것이다. 인간이라는 예술가는 조물주라는 대가의 산물일 뿐만 아니라 가능한 한, 방법까지도 모방하지 않으면 안 된다. 에이큰사이드는 조각가·음악가·화가의 천직이란 신의 정신에 존재하는 본질의 모든 영역을 "전 세계를 향해 형상·음·색채로 보이려고 노력하는 것"이라고 말하였다.

심지어 대자연의 틀(만일 이러한 말이,
이렇게 과감한 말이 인간의 입에서
나올 수 있다면)에 있어서 또 이러한
사물의 외적인 틀에서 위대한 조물주는
자신의 거대한 관념을 그리는 것과 같이……
…………………그러나 주된 자는
시인들과 웅변을 토하는 인간들로서 지구 위에 살고
영혼이 찬양하고 사랑하는 무엇이든
언어와 수數라는 옷으로 감싼다. 이리하여

그들에게 분야는 자연계처럼 넓게
아니, 더 넓을 것이다. 인간 지혜의
돌연한 움직임처럼 다양하며 인간 의지의
요구와 같이 광막하다. 시인은 길이도, 깊이도
장소도, 형상도 아무것도 다루지 않는다.[17)]

더욱이 18세기 후기에 이르면 우주의 질서는 무한한 정태적인 다양성으로서가 아니라 더욱더 다양화해 가는 과정으로 생각되기에 이르렀다는 것도 우리는 또한 상기해야 한다. 〈존재의 연쇄〉는 시간화되면서, 그 연쇄가 명시하는 속성을 가진 신은 적지 않은 위대한 저술가들에 의해 변화와 생성을 통해서 스스로를 현시하는 신이라고 주장되어 왔다. 자연의 부단한 경향은 새로운 종의 생산을 향한 것이었다. 더욱이 개체의 운명은 부단히 스스로를 초월하여 모든 형체의 탑을 올라가는 것이었다. 〈존재의 연쇄〉라는 이론에 요약된 서양 사상의 경향은 이와 같이 지치지 않고 창조적인 신의 관념을 더욱더 강조하는 데 있기 때문에 도덕적 행위자로서든 또는 예술자로서든 신을 모방하려는 인간은 스스로 "창조적"으로 됨으로써 모방하지 않으면 안 된다는 것으로 귀결되었다. 여러번 반복되었기 때문에 현대에는 일종의 지루한 상투어가 되어 버린 이 단어는 18세기 말에 여전히 대단히 흥미롭고, 예술에 관해서는 대단히 자극적인 관념을 표현할 수 있었다. 인간의 고상한 사명이란 천지창조에 자기 자신의 무엇인가를 보태서 사물 전체를 풍부하게 하고, 그리하여 유한한 방식으로는 〈보편적인 (천지의) 계획〉의 수행에 의식적으로 협력하는 것이었다.

다양성과 항구적인 혁신뿐 아니라 때로는 어느 정도의 불화, 특히 대립까지도 18세기 초 대부분의 존경받은 철학자들에 의해 선의 본질에 내재

17. 「상상력의 즐거움」(1770)의 미완의 제4부로부터.

하는 것으로 이해되었는데, 이는 선이 충만의 원리와 일치하는 것으로 해석될 때 그러했던 것이다. 더욱이 이 점에서도 그들은 단지 플로티노스와 스콜라 철학자들을 비롯해 르네상스 시대의 플라톤주의자들 및 17세기의 신학자들과 형이상학자들이 그들보다 앞서 이전에 말했던 것을 반복한 데 불과하였다. 이미 십분 명백히 되었듯이 모든 시대에서 낙관주의의 전통적 논리는 〈우주 예술가〉가 자신의 캔버스를 철저하게 한치라도 무한히 세분할 정도로 부분까지 다양화된 세기細技로서 메우고 있고, 형식의 단순성과 완전성보다는 내용의 충실함과 다양함에 훨씬 더 큰 관심을 두는 것으로 보고, 또한 부조화·불규칙성 그리고 우리에게는 혼돈으로 보이는 것을 대가로 치러서라도 채색의 풍부함과 대비의 다양함을 추구하고 있는 것으로 묘사되었다. 왜냐하면 라이프니츠에 의하면 "〈때로는 사물은 불규칙적인 것이 가장 규칙적인 것〉이라는 성聖 베르나르*의 훌륭한 원리"에는 다분히 진리가 있기 때문이라는 것이다. 18세기 초의 가장 상투적인 시 중의 하나에서 블랙모어**가 말했듯이 인간이라는 예술가가 아닌 창조주에 관하여 말할 때,

> 만일 모든 완전성이 만물에서 보이는 것이라면
> 모든 아름다움, 모든 다양성은 사라질 것이다.

그렇다면 만일 우리가 획일성에 대한 선입관으로부터 다양성에 대한 선입관으로 바꾸어 로만주의적 혁명의 가장 중요하고 독특한 하나의 특징을 인정한다면, 플라톤적 전통에는 언제나 로만주의에 기우는 경향이 존재해 있었다는 것, 더욱이 이는 소위 이성의 시대의 철학자들과 도덕론자들, 그

---

* St. Bernard(1091~1153): 프랑스의 위대한 전도자. 아벨라르에 반대하였다.

** Sir Richard Blackmore(1654~1729): 영국의 시인·의사.

리고 철학적 시인들에 의해 특히 명석하고 집요하게 설명되었다는 것은 명백하다. 그리고 이러한 철학자들과 시인들의 관념 속에서는 젊은이, 특히 독일의 젊은이가 양성되었는데, 그들은 18세기 후반의 몇십 년 동안 그러한 〔로만주의〕 혁명의 지도자가 되었다. 라이프니츠·로크·칸트에 의해서, 뷔퐁·보네에 의해서, 애디슨·포우프·에이큰사이드·할러에 의해서, 그리고 수백의 군소 저술가에 의해서, 가능한 우주 중 최선의 우주란 가장 변화무쌍한 우주라는 것, 존재의 가능성이 모두 실현되지 않은 채 남아 있다는 것이 신의 목적이라는 것 등을 그들은 배웠다. 특히 이러한 다양성에 대한 선입관은 낙관주의를 둘러싼 논쟁으로 18세기 사상에 각인되었다. 이 논쟁에는 당시대의 지적 에너지의 큰 부분이 소진되었다. 물론 이러한 전제는 보통 근본적으로 모순인 기타 다른 관념과 조화를 이룰 수 없는 기질과 관련이 있었다. 그러한 전제가 갖는 전체적인 의미는, 그 전제에 반작용하거나 부분적으로는 그것을 무력하게 만드는 경향이 있는 이상의 기타 관념과 더 날카롭게 구분될 때에만 명백해질 수 있다. 그러나 새로운 세대의 정신에서는 이 전제가 정당하게 인정되기에 이르렀다. 또한 신플라톤주의의 영향의 직접적 부활은 1790년대의 독일 사상에서 현저한 현상 중 하나였음을 상기해야 할 것이다. 이 시기에 관한 한 전문연구가는 다음과 같이 천명하기에 이르렀다.

> 만일 우리가 초기 로만주의에 이르는 '열쇠'에 관해 이야기 하려 한다면 그것은 고대 사상가 중 한 사람인 플로티노스에게서 찾을 수 있을 것이다. 왜냐하면 이 신플라톤주의적 철학자는 무수한 단편 가운데 흩어져 있는 노발리스*의 전 체계에 대한 영감의 근원이 되었을 뿐 아니라 셸링

* Novalis(Friedrich von Hardenberg의 필명, 1772~1801): 독일의 서정시인이며 독일의 초기 로만주의자들의 지도자. 저서로는 「밤의 찬가」가 잘 알려져 있고, 미완성 소설 *Heinrich von ofterdingen*이 있다.

의 중기 사상의 대부분에 대한 영감의 근원이 되었기 때문이다. 그의 영향권은 멀리까지 미쳤다. 노발리스와 셸링을 통하여 비록 간접적이긴 하지만 슐레겔 형제에게 영향을 끼쳤으며 이러한 사실을 전혀 모른다면 '시에 관한 대화'와 〔빌헬름 슐레겔의〕 베를린 강연의 많은 구절들은 수수께끼로 남게 될 것이다.[18)]

실제로 신선한 지적 흥분을 자아내는 데 기여하였고 어느 정도 동일한 결론을 시사하려는 경향이 있는 사람들의 정신에 작용하는 여러 다른 강력한 동인이 있었다. 그러나 충만의 원리의 압력은 1870년대와 1880년대 사이에 성숙해진 독일 작가들 세대의 종교관과 도덕적·심미적 이상 및 정열에서 가장 명백하게 드러났으며 (주로) 그들에 의하여 기타의 세상 사람들에게 전해진 전제의 대변화에 대한 일대 요인이라고 입증될 수 있다. 실로 이러한 관념들이란 인간성의 어떤 불변의 성향을 표현한 것일 뿐이며 어떤 이유로 특히 이 시기에 강력하게 되었으며 이러한 낡은 원리를 끄집어내는 것은 이전에는 억압되었던 "이성적" 욕망이나 미적 감수성을 "합리화하기" 위한 수단일 뿐이었다고 말해도 어느 정도 그럴듯하게 들릴 수 있을 것이다. 이러한 말에서 제기되는 일반적인 심리적 문제—즉, 사람들이 갖는 철학은 받아들여지고 있는 전제로부터 출발하는 논리적이거나 혹은 논리적이라고 생각되는 방법에 의한 것이 아니라 얼마만큼 정념의 욕구에 의해서, 또 개인의 기질의 특징에 의해서 혹은 특별한 역사상의 시대의 사회적인 또는 다른 실제적인 문제에 의해 야기되었는가 하는 문제—를 나는 이 강연

18. P. Reiff가 *Euphorion*(1912), p.591 ff.에서 말하고 있다. F. Schlegel에게 보내는 1798년의 서간에서 노발리스는 이렇게 썼다. "나는 좋아하는 플로티노스의 이야기를 이미 그대에게 했는지 모르겠다. Tiedemann을 통해서 나는 분명히 나를 위해 태어난 이 철학자를 소개 받았다. 그리고 이 철학자는 칸트와 피히테와 비슷한데 거의 겁날 정도였다. 그는 이 양자보다도 나의 마음에 들었다"(노발리스에 대한 플로티노스의 영향의 성질을 논한, Spenle, Novalis, p.188 ff.에서 재인용됨).

에서 논하려 하지 않겠다. 계몽주의 시대 전반에 걸쳐 획일성이라는 신조가 실제로 효과적으로 지배하였다는 것은 사실로 남아있으며—그 반면에 다양성의 이론적 전제는 같은 시대에 항상 그리고 더욱더 빈번하게 설명되었고 또한 이 전제가 갖는 실제적 의미는 궁극적으로 받아들여졌으며 또 적용되었다. 또한 나는 다음과 같은 것도 사실이라고 생각한다. 즉, 인간이 비록 자신의 신조·기준·취향의 이유로서 끄집어내는 근거가 자신의 욕구나 자연발생적인 호·불호不好를 "합리화" 한데 지나지 않는다고 가정한다 할지라도—그리고 내가 가정할 때에는 여러 가지로 유보 조건이 없지는 않지만—이유를 붙일 가능성이나 혹은 이유라고 보이는 것을 말할 가능성이 없지는 않다. 더욱이 우리가 여기에서 문제 삼고 있는 혁명[로만주의]의 주도자들이 두 가지의 가장 기본적이고 또 자기들의 세대를 위해 가장 효과적인 이유 중 하나를 찾은 것은 비로소 충만의 원리에 있어서였다.

「철학 서간」에서 나타나 있는 쉴러의 청년기의 철학에서는 충만의 원리의 이러한 반이성주의적이며 다양성을 중시하는 결론이 극히 과감하게 도출되었다. 플라톤과 라이프니츠의 전제로부터 〈질풍노도〉의 성향을 정당화하는 결론이 나오는 것이다.

> 모든 종류의 완전성은 우주의 충만 속에서 달성되지 않으면 안 된다……두뇌가 낳은 것은 모두, 즉 지력知力이 만들어 낼 수 있는 것은 모두 천지창조에 대해 이와 같이 넓게 이해할 때 요지부동의 시민권을 갖는다. 자연의 무한한 빈틈 속에서는 어떤 활동도 생략될 수 없고, 우주의 행복 속에서는 어떤 류의 즐거움도 부족할 수 없다……
>
> 지푸라기 하나라도 땅 위에서는 쓸모없이 떨어져 있지 않게 하려는, 생명이 향유될 수 있는 곳에서는, 어떠한 틈에라도 무엇인가를 살게 하지 않고서는 남겨두지 않는 광기에 뿌리를 둔 즐거움의 조그마한 개화까지

도 기꺼이 인정하는 그 우주의 위대한 〈가장家長〉……이러한 위대한 〈발명가〉는 자신의 위대한 계획 속에서 실수조차 없이 활용되지 않은 채로 남아 있는 것을 인정하지 않으며, 사고의 방대한 이 영역이 인간의 마음 속에서 공허하고 기쁨 없이 방치해 있는 것을 인정할 수 없었다.……잘못을 저지를 수도 있는 이성이 혼돈한 꿈의 나라에까지도 사람을 살게 하고 모순뿐인 황량한 땅까지도 경작하는 것은 우주의 완전성에 대한 진정한 소득이며 최고 예지의 소산이다.[19)]

이 젊은 철학자·시인이 로만주의적으로 결론지은 모든 것을 볼 때, 그가 때때로 "자신의 피가 끓어오르고 그의 심장이 바라며 욕구하는 것을 진지한 지혜로 잘못 알지 않도록" 그 자신이나 그의 사고를 전하는 그의 친구에 대단한 관심을 둘 필요는 없다. 아마도 그의 결론의 구조 전체가 단지 몽상의 근거 없는 구조일 뿐이다. 아무런 문제도 없다. 환상이 있다면 우주는 더욱 풍부해지고 〈창조주〉의 목적은 더욱더 충실히 실현되는 것이다.

〈신이라는 예술가〉의 작업에서는 각 부분의 독특한 가치가 존중되고 가장 비천한 피조물에서조차 모든 에너지의 불꽃을 각각 존중하는 그의 지속적인 시선은 측량할 수 없는 전체의 조화에 못지않게 그의 영광을

19. 앞의 책, Cotta ed. XII, pp.189, 188. 「서간집」은 1786년에 처음 출판되고 1789년에 최후의 것이 출판되었다. 그러나 여기에서의 인용의 대부분의 근원이 된 「율리우스의 신지론神知論」 중의 일부는 확실히 아마 전체까지도 1781년 또는 1782년에 씌었다. 「철학 서간」의 날짜와 기원에 관해서는 Ueberweg, *Schiller als Historiker und als Philosoph*(1884), pp.72~96 참조. 쉴러의 철학적 성장을 이해하기 위해서 이 초기 작품이 중요한 의미를 갖는다는 데 관해서는 *Journal of English and Germanic Philology*, XXIII(1924), pp.161~172의 J. Goebell의 논문을 보라. 쉴러가 이 시기에 라이프니츠의 저작을 직접 알고 있다는 것은 일견 있음직하지 않은데, 슈투트가르트의 칼 고등학교(Hoch Karlsschule, Stuttgart)의 학생으로서 그는 일찍이 라이프니츠-볼프 체계의 일반 원리를 알고 있었다. 이에 관해서는 W. Iffert, *Der junge Schiller*(1926), pp.34~57 참조.

나타낸다. 최대로 가능한 정도의 〈생명〉과 〈자유〉는 신의 창조의 영광이다. 이 창조는 그 이상으로부터 가장 멀리 떨어졌다고 생각되는 곳에서 가장 숭고한 것이다.

미학적 의미는 또한 명백하며 쉴러에 의해 표현된 것이었다. 신이라는 예술가와 마찬가지로 인간 예술가도 모든 가능한 양식의 존재와 경험의 표현에서는 충만을 자신의 활동 목적으로 삼아야 한다. 실제로 그에게 이것은 서서히 실현되어야 할 계획일 뿐이다. 왜냐하면 예술의 내용은 세대에서 세대를 거치면서 계속 진전하면서 더 좋아지고 다양화되기 때문이다.

이러한 고도의 완성은 한계를 갖는 현재의 우리에게는 이해될 수 없다. 우리의 시야는 우주의 아주 작은 부분만 바라볼 뿐이다. 더욱이 광대하고 다양한 불협화음의 조화로운 융합은 우리의 귀로는 들을 수 없다. 우리가 〈존재의 사다리〉를 오를 때마다 모든 단계는 우리에게 이러한 심미적 기쁨을 향유하는 힘을 더욱더 갖게 한다. 그러나 이러한 기쁨은 단지 이것이 우리에게 비슷한 활동으로 향하게 할 수 있는 한에서만 가치를 지니는 것이 확실하다. 우리 것이 아닌 위대성을 부질없이 경탄하는 것은 결코 우리에게 도움이 될 수 없다. 고상한 성격의 사람에게는 자기 자신의 분야에서 스스로 창조자가 될 능력이나 재료도 부족하지 않다.[20)]

그리고 이러한 계획을 자신의 것으로 삼는 인간 예술가는 만일 그가 "형식"에 관한 고려가 지나쳐서 내용의 풍부함을 희생하게 된다면 그는 자신의 작은 창조적 노력에 의해서 우주적 모델에 따르지 않을 것임을 상기해야 한다는 요구를 받게 된다. 즉, 〈형식에서의 노력은 때때로 내용의 무게 있는 진리

20. 「철학 서간」의 마지막 서간(같은 책 p.193).

를 잊게 할 수 있다.〉 여기에서 명백히 신고전주의 비평의 기본적 원리가 뒤집어 있는 것이다.

동일한 저술에서 이 젊은 신학자는 신의 자기충족성에 대한 관념, 즉 신은 "친구를 필요로 하지 않는다"는 아리스토텔레스적 원리를 공식적으로 부인한다. 이보다 얼마 전에 신앙심이 독실한 클로프슈토크*는 다시 한번 신의 이름을 부르면서 예전부터의 문제를 강조하였다.

> 당신 혼자서도 족한데 왜 조물주 당신은 창조하였는가?……
> 지복한 자여, 당신은 지복을 부여하려고 하였는가?[21)]

그러나 〈절대자〉는 어떤 대답도 하지 않았다. 클로프슈토크는 이 신비가 불가해한 것이라고 천명하였다. 유한 정신을 갖는 사람은 여기에서 그 한계에 도달한다. 쉴러는 아리스토텔레스 이래의 거의 대부분의 위대한 사변적 신학자들을 분개시킬 말로 이렇게 이 문제에 답하고 있다.

> 우주의 위대한 주인에게 친구가 없었고,
> 부족을 느껴, 이로 인해 스스로의 지복을
> 　　비추는 지복의 거울을 만들었다.
> 최고의 본질은 비슷한 것을 하나도
> 발견하지 못했으며
> 모든 본질의 영역이라는 잔으로부터

* Friedrich Gottlieb Klopstock(1724~1803): 독일 시인. 예나 대학에서 신학을 공부하였고 종교 서사시 *Messias*(4권 1751~73)의 서두를 산문으로 초안을 잡았다. 기타 저서로는 *Uden*(1771), *Geistliche Lieder*(2권 1757, 1769), *Die Deutsche Gelehrtenrepublik*(1774), *Der Tod Adams*(1757). *David*(1772), *Hermann und die Fursten*(1784), *Hermanns Tod*(1787) 등이 있다.

21. Ueberweg, 앞의 책, p.88.

무한함이 거품 일고 있었다.

여기서의 생각과 「티마이오스」 속의 생각과의 직접적인 관계는 명백하다. 비록 쉴러 자신이 모르고 있었다 할지라도 이 유명한 시구도 역시 「티마이오스」에 관한 일종의 주석이며 더욱이 매우 적절한 주석이었다. 왜냐하면 우리는 유럽 종교사상사의 대부분을 통하여 결합할 수 없는 것을 억지로 결합시켜 온, 신에 관한 두 가지 관념이 확실하게 갈라진 것을 여기에서 보기 때문이다. 플라톤의 데미우르고스는 플라톤의 〈절대자〉, 완전성이나 자기 충족으로서의 〈선의 이데아〉와 동일시된 신과는 모순되는 것으로 인식되어 왔다. 더욱이 후자는 전자가 유지되도록 하기 위하여 희생되었다. 유한 정신의 우주를 창조하는 신은 스스로 충족함이 〈없는〉 신임에 틀림없을 것이다.

1780년대 말기와 1790년대 초기의 젊은 독일 세대를 휩쓸었던 고전주의의 뒤늦은 파도의 결과로 쉴러의 청춘 시대의 이러한 풍요함은 실로 그에게 거짓이라고 생각되지는 않았다고 하더라도 일방적인 것으로 생각되기에 이르렀다. 이러한 풍요함에 필요한 보완물을 제공하려는 그의 시도는 여전히 플라톤주의적 전통의 두 가지 경향의 새로운 종합이라는 형태를 취하였다—이 종합이란 그에게는 최근에 칸트와 피히테로부터 배운 바 있는 일부 개념을 통해 용이하게 되었다. 그 결과는 「인류의 미학적 교육에 관한 서간」(1795)에서 표현되었는데, 이것은 제목이 시사하는 것보다 더 광범한 의미를 가진 것이었다. 서간의 본론 부분은 플라톤적 〈절대자〉거나 혹은 신플라톤적 〈절대자〉의 두 기본적 속성 및 인간 구조 속에서 거기에 대응하는 두 요소들 사이의 유추로 시작하고 있다. 한편으로 "신의 존재는 생성 작용에 따르는 것일 수 없다"는 것이다. 왜냐하면 신의 존재는 본질적으로 "무한"하기 때문이다. 즉, 그것은 영원히 완전하고 또한 시간적인 과정을 통해

서도 하등의 증가도 있을 수 없기 때문이다. 그러나 다른 한편으로는

> 그 무한한 계획으로서의 가장 뚜렷한 신의 속성—잠재력의 절대적 현시, 즉 가능한 모든 것의 현실성—이 현시의 절대적 단일성, 즉 현실적인 모든 것의 필연성을 갖는 경향은 신적神的이라고 이름 붙여져야 할 것이다.[22)]

쉴러는 이와 같이 플라톤의 두 신—불변하고 자족적인 〈완성〉과 가능한 모든 것을 시간 안에서 제한 없이 실현하려는 〈창조적 충동〉—을 다시 불러내는 것이다. 이러한 신의 두 특질을 인간도 함께 나누어 갖고 있다. 그러므로 인간에게는 두 가지의 영원히 상충하는 경향, 이성적이며 동시에 감각적인—칸트의 말로 하면 순수이성의 대상이 되는 자아와 시간적 자아 둘 다를 지니고 있는—존재의 "두 기본 법칙"이 있다. 전자는 순수한 단일성, 즉 추상적인 "형식"에 대한 욕구—쉴러는 〈형식충동〉이라고 부른다—가 있으며, 그것은 시간과 무관하기 때문에 변화에 반대된다. "그것은 영원에 걸쳐 요구하는 것 이외의 것을 어떤 때에는 일시적으로 요구할 수는 없다." 후자인 〈소재충동〉은 다양성, 즉 구체적이고 개별화된 내용의 충만성에 대한 요구이다. 더욱이 그것은 필연적으로 변화, 즉 혁신을 통해서 경험을 풍부하게 하는 것을 목표로 하는 항구적인 충동으로서, 불완전하고 시간적인 존재의 생명 속에서 스스로를 표현한다. 이러한 "감각적 충동"(약간 명칭이 비적절하지만 쉴러가 명칭을 붙인 바와 같이)—즉, 생성하는 자연 세계의 일부로 인간을 만드는 것—의 목적은 "말의 가장 넓은 의미에서 또 그것이 모든 물질적 존재와 감각에 즉각 지각될 수 있는 모든 것을 포괄한다는 의미

22. *Briefe über die aesthetische Erziehung*, 서간 XI.

에서의 생명이다."[23]

〈우주〉는 시간 속에 전개되어 있고 그것이 곧 변화이기 때문에 인간을 우주와 관계 짓는 잠재력의 완전한 실현은 최대한의 가변성과 외연外延이 아니면 안 된다. 〈사람〉이란 변화를 통하여 영속적인 것이기 때문에 변화에 반대되는 잠재력의 완전한 실현은 최대한의 자기 충족과 내연內延이 아니면 안 된다.[24]

비록 인간의 이러한 두 가지 요소는 영원히 서로 싸우고 있지만 양자는 성격이나 예술에서 탁월함을 달성하기 위해서는 마찬가지로 불가결하다. 예술의 목적인 아름다움은 언제나 형상의 〈명확성〉을 요구한다. 그러나 이러한 진리를 골돌하게 생각하는 미학자나 비평가들은 이 목적이 "어떤 현실을 배제하는 것"에 의해서가 아니라 "모든 것을 절대적으로 포괄하는 것"을 통하여 달성되어야 한다는 것을 잊기 쉽다.[25]

그리하여 시간화된 충만의 원리와 형식 완성이라는 불변의 법칙을 적용시킴으로써 내용을 한정한다는 대립되는 개념은 쉴러에 의하여 인생과 예술이란 프로그램의 공동 지도 원리가 되었다. 이 둘은 본질적으로 상호 대립적이기 때문에, 경험의 현실적 교차점에 있어서라도 둘 중의 하나는 다른 하나에 의해 어느 정도 희생되어야만 한다. 이 둘 사이에서 쉴러는 끊임없이 동요하였다. 때로는 우선권이 전자에 주어졌고 때로는 후자에 주어진 것처럼 보인다. 그러나 그는 인간의 제3의 경향인 〈유희충동〉에서 이 둘의 조화 있는 합일을 발견했다고 생각하였다. 우리는 궁극적으로 조화될 수 없는 것을 조화시키려는 이와 같은 쉴러의 혼란한 노력에 깊이 몰입할 필요는

23. 서간 XV.
24. 서간 XIII.
25. 서간 XVIII.

없다. 결국은 그 자신도 어떤 결정적 조화가 이루어질 수 없음을 인정하고 있다. "형식과 내용의 평형은 항상 하나의 관념에 불과하며" 현실에서는 결코 완성에 도달할 수 없다. "현실에는 항상 이 두 가지 요인 중 하나가 다른 하나보다 더 우세하도록 되어 있을 것이다. 더욱이 경험이 접근할 수 있는 최고점이란 두 원리 사이의 진동에 있는데" 여기에서 때로는 전자가 때로는 후자가 우세할 것이다.[26] 따라서 개인의 생활이나 인종의 발전 또는 예술의 역사에서는 상반되는 국면이 그침 없이 교대되지 않을 수 없다. 어떤 때는 더 많은 "생명", 즉 내용의 더 큰 다양성과 충만성에 대한 지치지 않는 추구는 예술이나 인간의 자기표현의 다른 양식에 부과되어 온 형식들을 타파할 것이며 어떤 때는 "형식"에 대한 요구나 교정 "원리" 및 안정된 질서의 요구가 생의 확산 과정을 억제할 것이다. 이리하여 인류는 그 모든 활동에 있어서 영원히 대립되는 상반된 두 극 사이에서 흔들릴 것이며—흔들려야만 할 것이다. 그러나 전체적으로—쉴러가 인정하지는 않았다 하더라도 암시하고 있는—충만의 원리가 최종적으로 이기는 것이다. 그는 모든 통합이 불완전한 것임이 틀림없으며 모든 미학적 형식과 도덕률이 최종적으로는 인간성의 가능성을 포괄하기에는 너무 협소함에 틀림없다고 생각하기 때문에 영원히 계속된 변화를 통해 더욱더 다양화되는 경향은 인간 존재에서의 지배적인 힘일 것이며 또한 지배적인 힘이어야 한다는 것이다.

"로만주의적"이라는 단어를 자신의 용도에 적용시켜 이를 문학사와 철학사의 어휘로 도입한 독일의 시인들·비평가들·도덕론자들이 쓴(1796년 이후의) 저술에서는 다양성을 중심으로 한 가설이 널리 퍼져 존재하고 있다. 더욱이 여기에서도 이 가설은 예술가의 과제란 단지 자연의 산물만이 아닌 대자연의 운용 방식을 모방하여 실로 끝없이 충만성과 다양성을 목표함으로써 우주의 정신 속으로 파고들어 가는 것이라는 관념과 밀접하게 연관되

26. 서간 XVI.

어 있다. 프리드리히 슐레겔의 말에 의하면 "예술의 모든 신성한 활동이란 영원히 자기를 형성하는 예술 작품인 우주의 무한한 활동을 멀리서 모방하는 것에 불과하다"[27]는 것이다. 최근에 독일 로만주의자에 관한 한 전문 연구자는 "마치 '만들어진 사물' 속에 깃든 신의 목적이 '신의 보이지 않는 어떤 것,……그의 영원한 권능과 신성神性'을 계시하는 것 같이 이와 비슷하게 로만주의적 시인의 목적이 그와 마찬가지로 객관적인 자기의 창조 속에서 그 자신의 예술적 능력·영광·지혜와 자신의 문학적 재능의 산물에 대한 사랑을 보여주는 것이라고 슐레겔은 생각하였다"라고 말하였다. 더욱이 이 연구자는 "종교 분야로부터 슐레겔의 동생*이 얻어낸 신과 창조의 관계는 예술가와 그 자신의 창조의 관계와 같다"[28]는 생각이 그의 미학적 관념의 발전의 역사에서 얼마나 결정적이었는가를 지적하였다. 그러나 이러한 예전부터의 비교에서 젊은 로만주의자에게 가장 중요한 요소는 그의 예술적 행위가 인간 예술가에 의해 모방되고 보충되어야 하는 신은 무엇보다도 다양성을 높이 평가하는 신이라는 것이었다.

그러나 이러한 가정에는 예술의 규범이나 행위의 규범으로서 적용되었을 때 근본적이며 위험한 애매함이 있었다. 그리고 그것은 두 가지로 해석될 수 있었다. 비록 본질에서 전적으로 그러한 것은 아니라 하여도 실제로는 대립하는 경향이 있었다. 한편으로는 그것은 개인에게 심미적 목적과 도덕적 목적으로서 타인의 사고와 감정의 엄청나게 다양한 범위 속으로 가능

27. 「시에 관한 담화」(1800).

* August Wilhelm von Schlegel(1767~1845): 독일의 문인. 그의 동생 Karl Wilhelm Friedrich von Schlegel(1772~1829)과 함께 문학잡지 *Athenaeum*을 창간하여다. 여기에서 슐레겔의 동생은 Friedrich Schlegel을 가리킨다. *Athenaeum*은 후에 독일 작가들의 로만주의학파 기관이 되었다. A.W. Schlegel은 동양의 언어와 문헌을 연구하였다. 그는 잡지 *Indische Bibliothek*를 출판하였으며, 라틴 역 *Bhagavad Gītā* 및 *Rāmāyana*를 편집하였고 *Shakespeare*(1798)란 시도 번역하였다. 비극 *Ion*(1903), *Spanisches Theater*(2권, 1803~09), *Über Dra- matische Kunst und Literatur*(1809~11) 등의 작품이 있다.

28. A.E Lussky, *Tieck's Romantic Irony*(1932), pp.78; pp.68~69.

한 한 충분히 들어가려는 노력을 제시하였다. 그리하여 단지 타인에 대한 관용뿐만 아니라 타인의 관점·가치관·취향·주관적 경험 등에 대한 상상력을 통한 통찰을 키우는 것을 조장하였다. 더욱이 이것은 개인 자신의 내적 생활을 풍부히 하는 수단으로서뿐 아니라 가치관의 다양성의 객관적 타당성을 인식하는 것으로서도 행해졌다. 이렇게 해석된다면 로만주의의 명령이란—칸트의 경우에서는 모든 사람이 균일하게 함께 갖는 보편적 이성인데, 그것만이 아니라—〈모든 사람 및 피조물이 서로 다르고 특히 당신과 다른 성질을 존경하고 기뻐하라〉는 것이었다. 프리드리히 슐레겔은 "인간에 대해서는 정신의 현명한 자기 한정과 중용은 모든 내적인, 끊임없는 거의 탐욕적인 생명에의 참여보다도 그리고 넘쳐흐르는 충만성이 갖는 〈신성한 느낌〉보다 더 필요한 것은 없다고 나는 거의 믿는 바이다"[29]라고 기술하였다. 더욱이 그 자신의 통상적인 경향, 그리고 그가 그 관념을 주로 진술하였던 학파의 경향은 그것을 더 필요하다고 간주하도록 하였다. 따라서 초기의 로만주의적 저술가들은 미적 감상에서 보편성을 열렬하게 제창하였다.

바켄로더*가 〈예술에서의 보편성, 관용과 인간애〉를 찬양한 것은 이런 점에서이다.

〈영원한 정신[신]〉은 신이 마련한 언어를 각자가 사용하는 것, 즉 모든 인간이 그의 내적인 것을 될 수 있는 대로 또 반드시 표현한다는 것을 알고 있다.……〔신은〕 각자와 모두를 만족스럽게 바라보며 다양한 혼합물에 기뻐한다.……그에게는 고딕식 교회가 그리스식 신전만큼이나 즐거운 것이다. 그리고 야만인의 거친 전쟁 음악은 기술을 다해 작곡한 종교 성

29. 「철학에 관해서-도로테아에게」(II, I, 15~16에 수록됨).

* Wilhelm Heinrich Wackenroder(1773~1778): 독일의 로만주의 시인. Ludwig Tieck와 함께 *Phantasien über die Kunst*(1799)를 저술하였다. 이 글은 *Allgemeinheit Toleranz und menschenliebe in der Kunst*이다.

가나 합창곡만큼이나 그에게는 친근한 음이다. 그러나 내가 〈무한존재〉인 신으로부터 시선을 돌려 지구상의 나의 형제를 볼 때—아! 형제가 천상의 위대한 모범을 따르려는 노력을 얼마나 하지 않는가에 대해 나는 큰 소리로 개탄하지 않을 수 없다. 인간은 자기가 서 있는 한 점을 우주의 중심으로 생각한다. 더욱이 마찬가지로 자기의 감정을 예술에 있어서의 아름다운 모든 것의 중심으로 간주하며, 어느 누구도 그들에게 재판관의 자격을 부여하지 않았다는 생각에는 못 미친 채, 마치 재판관의 자리에서 말하듯 만물에 대해 최종 판결을 선언한다.……왜 당신은 인디언이 우리의 언어가 아닌 그들의 언어를 쓴다고 비난하지 않는가? 그럼에도 여전히 당신은 중세가 그리스와 같은 신전을 짓지 않았다고 중세를 비난하려 할 것이다.……만일 당신이 당신과 다른 수많은 존재의 감정에 직접 침투하여 그들의 심장에 파고듦으로써 그들의 작품을 〈느낄〉 수는 없다 해도 적어도 지성을 연결대로 사용함으로써 그들에 대한 이해에 간접적으로라도 하도록 노력하라.[30]

10여 년 후 빌헬름 슐레겔은 마찬가지로 엄격하고 유익한 심미적인 자기 규율을 설교하였다.

정신의 보편성이 없이는 애호가가 될 수 없다. 즉, 우리에게 익숙한 개인적인 기호나 맹목적인 선호를 버림으로써 우리로 하여금 다른 국민과 다른 시대에 독특한 것 안으로 우리 자신을 이입시키고, 말하자면 이것을 그 중심으로부터 바깥을 향해 〈느끼도록〉 하는 탄력성이 없이는 애호가가 될 수 없다. 이리하여 좋은 취미의 전제專制는 이것에 의해 비평가가 자신이 설정한, 아마도 완전히 임의적인 규칙을 실행하려고 하지만, 언제나 근거 없는 외람된 일이다.

더욱이 빌헬름 슐레겔은 이전의 시대에 고딕 건축과 셰익스피어가 경시된 것을 상기하면서 신고전주의의 편협함을 이 원리에 입각해 다음과 같이 비난하였다.

> 판테온이 웨스트민스터 교회와 다름없는 것은 소포클레스*의 비극 구조가 셰익스피어의 비극 구조와 다름없는 것과 마찬가지이다.……그러나 이 중 하나를 찬양하기 위해서는 정말 다른 하나를 비방해야 하는가? 비록 한쪽이 다른 쪽과 전혀 다르다 할지라도 그것들은 각각 나름대로 위대하고 찬탄할 만하다는 것을 인정할 수는 없는가?……세계는 넓으며 그 속에는 많은 것들이 나란히 공존할 수 있다.[31]

예술 감상자와는 차별화되는 예술가에게 이러한 이상은 로만주의 시에 대한 프리드리히 슐레겔의 유명한 정의에서 표현되고 있는 프로그램으로 당도하게 되었다. "로만주의 시는 점진적인 보편 시詩이다." 그것은 규범의 획일성과 호소력의 보편성을 추구한다는 제한적인 의미에서가 아니라 인간 경험의 모든 형태의 이해와 표현을 목표로 한다는 확대된 의미에서 보편적이어야 한다. 이 시의 범위 안에 포함되는 데는 아무것도 기이하다거나 멀리 떨어져 있다거나 혹은 너무 높다거나 저속하다거나 한 것이 없다. 성격 또는 감정의 어떠한 〈뉘앙스〉도, 아무리 미묘하고 또 독특한 것이라 해도, 독자들에게 그 특유의 가치를 파악해 전달할 수 있도록 소설가나 시인은 노력해야 할 것이다. "로만주의적 관점에서 볼 때 문학의 〈변종〉은 비록 정

---

* Sophocles(496?~406 BC): 그리스의 비극작가. Aeschylus를 물리치고 비극상을 획득하였고(468 BC) 441년 Euripides에게 패배하였다. 그는 모두 18 내지 20번 승리하였다. 그는 120편 가량의 희곡을 썼으나 그중 남아 있는 것은 7편이다. *Oedipus Tyrannus*(또는 *Oedipus Rex*), *Antigone*, *Electra*, *Philoctetes*, *Ajax* 등이다.

31. 「연극 예술과 문학에 관한 강의」(1809, 「전집」 V, 5, pp.15~16에 수록됨).

도를 벗어나고 기괴한 것이라 하더라도 단지 그 내부에 〈무엇인가〉를 지니고 있고 참말로 독창적이기만 하다면 보편성의 재료와 준비 행위로서의 가치를 나름대로 가진다"[32]고 슐레겔은 기술하였다.

로만주의에서의 이러한 경향이야말로 앞의 강연에서 그 몇몇 예증을 본 로만주의의 성질—이미 도달된 것을 항상 넘어간다는 것 및 부단한 확장에 대한 요구—과 조화되는 것이었다. 로만주의 예술이 목표로 하는 이해의 보편성은 어떤 개인이나 어떤 세대에 의해서도 결코 완전하게 달성될 수 없다고 가정되기 때문에 보편적이며 동시에 진보적이어야 한다. 〈삶의 충만〉은 무궁무진하다. 어떤 시대에 어느 하나의 예술에 관해 매체를 통해 아무리 많은 그 부분이 표현되었다고 하더라도 항상 그 이상의 것은 남아 있다. 초기의 로만주의자들은 어느 정도 때늦은 사춘기의 고민 단계에서 젊은 존 스튜어트 밀을 사로잡은 걱정—그 자체로서 동일한 로만주의적 전제로부터 그 신랄함이 유래된 걱정, 예를 들면 음악에서 가능한 음계와 화음이 모두다 이미 실현되어 여기에는 더 이상 기대될 것이 없으리라는 걱정—으로 고민하지는 않았다(이 걱정은 19세기의 3/4 분기에 약간 희극적이긴 하지만 경각심을 일으킨 걱정이었는데 여기서는 따로 상기할 필요조차 없을 것이다). 로만주의자들에게 대자연과 인간은 예술가에게 항상 새로운 소재를 제공할 만큼 충분히 다양하였다. 더욱이 예술가의 과제는 마찬가지로 다양하고 변화하는 미적 형태로 이 소재를 자신의 것으로 표현하는 것이었다. 도덕적 결론도 마찬가지였다. 괴테의 신에 대해서와 마찬가지로 로만주의자에게는 선한 인간이란 항상 〈갈구하며 노력하는〉 인간이었다.

그러나 다양성의 이상화, 즉 자연의 충만을 의식적으로 본받으려 하고 이것을 더욱더 증폭시키려고까지 하는 프로그램이란 내가 말했던 바와 같이 전혀 다른 방식으로 해석될 수 있다. 더욱이 이러한 다른 해석은 동일 집

32. *Fragmente*(1798; *Athenaeum* 1,2,36에 수록됨).

단에 속한 저술가들과 심지어 동일한 개인들에게서도 보이는 명백한 것이었다. 이 세상에 다양성이 있으면 있을수록, 또 인간성에 있는 상이성에 대한 가능성을 더욱더 적절하게 현시하면 할수록, 이 세상은 더 선한 것이라 한다면 인간의 의무는 다른 사람과의 상이성을 간직하고 이것을 강화시키는 것에 있다고 생각될 것이다. 이리하여 다양성을 중히 여기는 입장은 개인적·인종적·민족적 또는 말하자면 시대적 특징에 대한 의식적인 추구로 발전되었다. 프리드리히 슐레겔은 잡지 「아테네움」[33]에서 정확히 "인간에게 독자적이며 영원한 것이란 바로 개성이다.……이러한 개성을 인간의 최고 사명으로 배양하고 발전시킨다는 것은 신의 이기주의일 것이다"라고 기술하였다. 노발리스는 천명하기를 "시詩가 개성적이고 지역적이며 〈독특하여〉 그 자신의 '시대적인' 것이 되면 될수록 그 시는 시의 핵심부에 더 접근한다"고 하였다.[34] 분명히 이것은 신고전주의의 미학론의 근본 원리와 정반대의 것이었다. 로만주의적 이상을 이와 같이 해석하면 위대한 제1계율은 '자기 자신이 되라. 말하자면 독특하게 되어라!'라는 것이다.

충만의 원리로부터 파생된 이러한 매우 상이한 교훈은 둘 다, 특히 슐라이어마허*에 의해 초기 독일 로만주의의 주요한 선언문 중 두 개, 즉 「담화」(1799)와 「독백록」(1800)에서 잘 예시되었다. 「담화」는 "로만주의적" 윤리를 분명하게 체계화하고 슐레겔 형제의 저술 중에서, 특히 「아테네움」에 기고한 글에서 미학적으로 응용된 바 있는 동일 원리를 도덕 철학 속으로 옮겨놓으려는 최초의 진지하고 계획적인 시도라고 말할 수 있을 것이다. 슐라이어마허는—낙관주의의 논리로 도출된 바 있는—우리가 앞의 강연에서

33. *Athenaeum* III, 15.

34 *Schriften*(1837) II, pp.224~225.

* Friedrich Ernst Daniel Schleiermacher(1768~1834): 독일의 신교 신학자·철학자. 저서로는 *Reden über die Religion*(1799), *Grundlinien einer Kritik der bisherigen Sittenlehre*(1803), *Kurze Darstellung des Theologischen Studiums*(1810), *Der Christliche Glaube nach den Grundsätzen der Evangelischen Kirche*(1821~22) 등이 있다.

이미 라이프니츠에 의해 도출된 것을 살펴본 바와 같은 충만과 연속의 원리로부터의 결론을 반복하고 있는 데 불과한 것임이 명백하다.

최고의 이상理想이라 하더라도 똑같이 반복한다면 어떻게 되겠는가? 인류는—시간과 외적 환경을 제외한다면—어디서든지 똑같아질 것이다. 인간은 상이한 계수係數를 가진 동일 공식이 될 것이다. 이것은 인간성이 〈현재〉 나타나 있는 무한한 다양성과 비교할 때 어떻게 될 것인가? 인류 중에서 아무 요소를 취해 보아도 그 요소는 거의 모든 가능한 상황에 있음을 발견할 것이다. 그 요소가 전혀 고립되어 있지 않으며……다른 모든 요소와 결합되어 있는 것이 아니라……그 중간의 모든 기묘하고 이상하게 결합한 모든 가능한 혼합물이 있음을 당신은 알 것이다. 더욱이 만일 당신이 보지 못하는 결합을 생각할 수 있다면, 이 빈틈은 우주의 부정적 계시, 즉 우주의 현재 기온에서 이러한 혼합물이 불가능함을 보여주고 있는 것이다.[35]

슐라이어마허는 이러한 가정이 "수천 개의 복사물과 같이 항상 변화하지 않고 반복하는 인간성의 가장 보편적 형태의, 흔히 슬프기까지 한 과잉 상태"에 의해서도 타파된다고는 생각하지 않았다. 그 설명은 연속의 원리에 있다. "〈영원한 정신〉은 그 안에서 개성을 매우 분간하기 어려운 형상이 서로 가장 밀접해 있어야 한다고 명한다." 그러나 "각자는 그 자신만의 무엇을 지니며 동일물 둘이 있을 수 없다"는 것은 여전히 진리이다.

「담화」와 「독백록」에서 슐라이어마허는 사상과 성격의 "획일성"이란 악이며 그것을 피하는 것이 인간의 제1의무라는 윤리계를 도출해 내고 있다.

35. *Reden* II.

최고의 인간 생활을 생명 없는 단일 공식의 틀 속에 밀어 넣으려 하는 이러한 가엾은 획일성이 왜 도덕의 영역에서 널리 만연되고 있는가? 도처에서 〈다양성과 개별성〉을 목표로 하는, 살아 있는 대자연의 기본 특성에 대한 감수성이 근본적으로 결여된 결과가 아니었다면 어떻게 이것이 유행될 수 있었겠는가?[36]

그러나 여기에서 교훈은 또 다시 두 형태를 취한다. 우선 개인의 목표는 자연 속의 다양성의 전 영역과 특히 역사의 모든 시대와 인간의 모든 부문을 통틀어 인류에게서 발견될 수 있는 성격과 문화의 형태와 경험 양식을 종합적으로 이해하고 공감하여 상상력을 통해 자신의 내부에 좀 더 깊이 흡수하여야 한다는 것이다.

내가 몰두해 있는 진리를 새롭게 그리고 항상 다른 방식으로 확인해 주는 참신함과 다양성에 대해 내가 어찌 즐거워하지 않을 수 있는가?……모든 것은 그 나름대로 이러한 목적에 기여하며, 내 자신의 성질이 갖는 관계들을 나에게 드러내 주고 있음을 보면서 기쁨과 슬픔, 참으로 세상이 행·불행이라 부르는 것을 동시에 환영하지 않을 만큼 나는 완전한가? 만일 이것이 달성될 수만 있다면 내가 행복하다는 것은 어느 만큼의 중요성이 있는가?……나의 능력은 오랜 동안 〈전체〉에 가까이 가려고 노력해 왔다. 언제 나는 행동과 사고에서 이것을 포괄하여 내 자신 속에 있는 전체와의 내적 결합을 할 수 있을 것인가? 그것에 관한 지식이 없이도 나의 세계관이 결코 완전할 수 없는 학문 분야가 있다. 또한 내가 평범한 사람들보다 더 잘 알지 못하는 많은 형체를 갖는 인류·시대·민족이 있다—즉, 그 성질이나 사고방식에 나의 상상력은 들어가지도 못

36. 같은 책.

하며, 이는 민족 발전에 관한 나의 관념 속에서 확실한 위치를 차지하지 못하는 것이다. 내 자신의 성질 속에는 없는 많은 활동을 나는 이해하지 못하며, 그러한 활동을 인류 전체 속에서 그 위대성과 아름다움을 표현하는 그러한 〈전체〉와의 관계에 관한 이해가 내 자신에게는 흔히 결여되어 있다. 그러한 〈전체〉에 대하여 서서히 부분적으로, 그리고 부분〈과〉 부분을 결합하듯이 나는 소유해 갈 것이다. 더없이 아름다운 미래의 전망이 내 앞에 펼쳐져 있다. 인간성이 그 요소로 형성되고 나의 성질과는 전혀 다른 얼마나 많은 고상한 성질이 내 가까이에 있는 것인가! 지식이 풍부한 얼마나 많은 사람이 생애의 황금 열매를 고귀한 그릇에 담아 너그러이 자랑스럽게 내게 주려고 하는 것인가! 얼마나 먼 시간대와 지역에 자라난 얼마나 많은 것들이 이러한 사람들의 성실한 노력을 통해 나의 조국으로 이식되어 왔는가! 내가 이러한 목표에 접근될 수 없도록 운명은 나를 매어둘 수 있는가? 운명은 내게 자기 발전의 수단을 거부하고 현재 인류의 활동과 과거 업적과의 연대에 내가 손쉽게 참가하는 것을 거부할 수 있는가. 내가 살고 있는 아름다운 세계로부터 나를 축출하여 다른 인류와의 친교를 추구하는 것은 헛되고 단지 대자연 속에 흔히 있는 것만이 영원한 획일성으로써 나를 사방에서 둘러싸고 있으며, 두껍고 축축한 대기 속에 어떤 훌륭한 것도, 어떤 두드러진 것도 일체 눈에 띄지 않은 황무지로 나를 추방할 수 있는가?[37]……현실이 보류하고 주지 않는 것을 상상력이 내게 제공하며, 나는 이 상상력을 통해 타인이 위치해야 하는 입장에 나를 둘 수 있다. 타인의 경험은 나의 정신 속에서 작용하며, 그 자신의 본질에 따라 정신을 변화시키고 그가 어떻게 행동하려 하는가 하는 것을 나의 정신 속에 제시한다. 타인의 존재와 활동에

37. Schiele 편 「독백록」(1914), pp.72~74. 번역의 어떤 어구는 H.L. Friess 편 영어판 *Schleiermacher's Soliloquies*(1926), pp.76~78에서 취하였다.

관한 인류의 공통적 판단—즉, 공허한 공식의 죽은 문자로부터 만들어진 판단—을 신뢰하는 것은 과연 있을 수 없다.……그러나 만일—〈생명〉이 참으로 존재하고 있는 곳에서 반드시 그러한데—내적 활동이 상상력의 작용에 수반하고 판단이 이러한 내적 활동의 명백한 자각이라면, 관찰자의 정신의 외부에 있다고 파악되는 것이란 마치 이것이 실로 그 자신의 것인 양, 마치 그가 보고 있는 외부의 행위를 그 자신이 수행했던 것인 양, 그의 정신을 형성한다. 이리하여 과거에서와 마찬가지로 미래에서도 이러한 내적 활동의 힘으로 나는 온 세상을 소유할 수 있을 것이며, 신속히 변화하는 우주상을, 어떤 외적 행위를 하지 않으면 안 되는 경우보다 조용한 사색 속에서 우주를 더욱 잘 이용할 수 있을 것이다.[38)]

에머슨이 마거릿 풀러*에 대해 말한 바와 같이 이 거대한 우주를 〈먹어 버리려〉는 그와 같은 단호한 결의!

그러나 다양성을 중시하는 이상의 또 다른 해석은 슐라이어마허에 의해 이에 못지않게—대체적으로 말해서 차라리 더욱더—열렬히 주장되었다. 그는 그것을 「독백록」에서 그가 새로운 윤리에 도달하게 된 사고 과정의 중요한 결과로서 표현하고 있다.

이리하여 이제 나의 최고의 통찰이라 할 것이 내게 왔다. 모든 사람은 하나하나가 그 나름대로 독특한 요소의 결합으로 인간성을 예증할 수

---

38. Schiele 편 「독백록」, pp.77~78.

* Sarah Margaret Fuller(1810~1850): 미국 비평가이며 사회개혁가. 일반 문화 교육의 수단으로 보스턴에서 일단의 여성 단체와 "대화"를 지도하였다. Emerson이나 George Ripley와 함께 초절주의자들의 기관지 *Dial*의 편집인(1840~42)을 지냈다. 뉴욕의 *Tribune* 지에서 문학비평가로서 가장 유능한 비평가 중 한 사람이라는 명성을 확고히 하였다. 저서로는 *Summer on the Lakes in 1843*(1843), *Woman in the Nineteenth Century*(1845). *Papers on Literature and Art*(1846) 등이 있다.

있도록 인간성은 〈모든〉 점에서 표현되도록 해야 하며 무한한 충만 속에서 그 자궁으로부터 나올 수 있는 만물은 실재하게 된다는 것이 내게는 명백해졌다.……그러나 인간은 자신의 독특함에 대한 충분한 자각을 서서히 어렵게 얻을 뿐이다. 흔히 그는 그것을 바라볼 용기를 잃어 차라리 시선을 인류의 공통 소유물, 즉 인간이 그토록 고마워하며 집착하고 있는 곳으로 돌린다. 그와 같은 공통 성질에서부터 특질 없는 존재로 분리되는가 아닌가 하는 의문을 흔히 지니고 있다.……대자연의 가장 특징적인 충동은 흔히 주목되지 않고 넘어가며, 자연의 윤곽이 가장 명백하게 나타나고 있는 곳에서조차 인간의 시선은 너무도 쉽게 이렇듯 명백한 구분을 간과하며 단지 보편적인 것에만 고정된다.[39)]

슐라이어마허는 다른 곳에서, 그가 "개체"라고 할 때에는 단순히 개인을 뜻하고 있지는 않다고 설명하였다. 인종·민족·가족·성과 같은 집합적 개체도 있다. 이것들도 역시 각각 그 특징적 성질을 가질지도 모르며 또 가져야 할 것이다. 「담화」에서—다양성을 중시하는 두 해석을 모두 적용시키며—그는 교회와 이신론자들에게 공통적인 기본 가정을 뒤집고, 다양성은 종교적 신앙에서도 바람직하며 불가결하다고 선언하고 있다.

종교의 상이한 표현은 단지 수와 크기에 있어서만 다르며 통합되기만 하면 획일적 전체를 형성하는 단순한 하위 구분이 될 수 없다. 그러한 경우에 모든 사람은 각각 자연적 과정에 의해 자신의 이웃과 비슷하게 될 것이다.……그러므로 나는 종교의 복수성이 종교의 본질에 근거하고 있다고 이해한다.……이러한 복수성은 종교의 완전한 표현을 위해 필수 불

39. 같은 책 pp.30~31. 보편성과 독자성을 발전시키는 것의 논리적 또는 실제적인 모순에 관해서 슐라이어마허는 의식하지 않은 것 같다. 그에게 양자는 하나의 목표의 두 측면이었다.

가결한 것이다. 종교는 개인뿐 아니라 사회에서도 차별적 성격을 추구하지 않으면 안 된다.

그는 인간의 획일적 이성을 표현하는 보편적 신조를 추구하는 자들을 특히 격렬하게 훈계한다. 그는 이신론자들에게 다음과 같이 말한다.

> 단지 한 가지 종교만이 있어야 한다는 허황되고 어리석은 소망을 당신들은 포기해야만 한다. 종교의 복수성에 대한 모든 혐오를 그만두어야 한다. 가능한 한 솔직하게 인간성의 다양한 형태를 취하면서, 항상 결실이 풍요한 영적 생명의 가슴으로부터 진보하는 과정 속에 전개되어 왔던 모든 것에 접근해야만 한다.……그러므로 태어날 때부터 지니고 있다고 생각되는 당신의 보편 종교가 모든 사람에게 있다고 말한다면 그릇된 것이다. 왜냐하면 만일 종교가 모든 사람에게 동일하다고 말한다면 어느 누구도 자기 자신의 진정하고 정당한 종교를 가질 수 없기 때문이다. 우리가 각각 개별적 위치를 차지하는 한, 인간의 우주에 대한 이러한 관계에는 더 가까운 것, 더 먼 것이 있음에 틀림없으며 그것이 다른 생명에 있어서 그러한 감정을 결정할 것이다. 〈그와 같은 가능한 형체들로 된 전체에 있어서만 완전한 종교는 진정하게 주어질 수 있다.〉[40]

실제로 슐라이어마허에게는 그리스도교란 형식 종교 중의 최고의 것이다. 그러나 그 우수성은 단지 배타성이 없다는 점에 있을 뿐이다. 그것은 "보편적이며 유일한 종교로서, 인류를 지배한다"고 주장하지 않는다. "그것은 그러한 전제를 경멸한다.……그것은 그 자체 내에서 다양성을 무한히 만들어 낼 뿐만 아니라 그 자체〈로부터〉 만들 수 없는 모든 것이 그 자체의 외부

40. *Reden* V.

에서도 만들어지고 있음을 기꺼이 이해하려 한다.……인류의 일반적 획일성을 요구하는 것보다 더 비종교적인 것이 없듯이 종교의 획일성을 요구하려는 것보다 더 비그리스도교적인 것은 없다."[41] 요컨대 슐라이어마허는 어떤 사람이라도 그 나름의 종교를 가질 수 있고 가져야 하는 것이 좋다고 결론지었다—즉, 그 자신의 개성의 독특한 것과 우주에서의 그의 유일한 지위에 대응하는 독특한 그 어떤 것을 갖는 종교를 말한다.

그 이후 이어진 역사에 비추어 볼 때 만일 우리가 로만주의적 이상의 두 경향에 대한 평가를 시도하려 한다면, 우리의 대부분은 이 양자가 다음 120년 동안 어떤 다행스럽거나 혹은 불행스런 결과를 초래한 데 기여했다고 의견의 일치를 볼 것이다. 첫 번째의 경향은—비록 언제나 훌륭한 것은 아니라하여도—대부분의 예술의 영역의 대폭 증가 그리고 에이큰사이드가 "사물의 아름다운 다양성"이라고 부른 것의 인식과 향유에 있어서 인간의 취향이 미증유로 확장하였음을 선포 내지 예언한 것이었다. 초기 로만주의파의 강령이란 19세기의 드라마·많은 시·소설·음악·회화 등의 계획적인 강령이 되는 것〈이었다〉. 그리고 이 가운데서 인생의 기쁨의 근원이 매우 풍부하게 되는 것을 보지 않으려 함은 단순한 맹목성에 불과하다. 더욱이 이는 단지 미적 이득만은 아니었다. 그것은—상반된 경향에 의해 상쇄되지 않는 한—인간성 그 자체의 확장을 지향한 것이며—동일 유형의 다수의 예로서가 아니라 당연하고 환영할 만한 문화의 다양성과 우리가 공유하고 있는 세상에 대한 개성적인 반응의 표현으로서 인간과 민족의 상호 이해와 평가의 증진을 지향했던 것이다. 그러나 이러한 모든 것에는 위험이 있었다. 〈소재素材 충동〉—쉴러의 이원론으로 되돌아가지만—이 〈형식形式 충동〉을 압도하는 경향이 있었다. 인생의 표준화에 대한 저항은 표준의 관념 전체에 대한 저항이 되기 쉬웠다. 합리성이라는 속성이 충만의 원리로 표현되고 있

41. 같은 책.

는 신은 선택적인 신은 아니었다. 그는 모든 본질에 실재를 부여하였다. 그러나 인간에게는 행위와 예술에서 선택·선호·부정을 요구하는 이성이 있다. 모든 것과 모든 사람에게 "예" 하고 대답한다는 것은 분명히 어떤 성격도 갖지 않음을 말한다. 인생이라는 섬세하고 어려운 기술은 새로운 경험을 겪을 적마다 두 극단 사이의 중도를 찾는 것이다. 즉, 무성격이 되지 〈않고〉 보편적이 되는 것, 기준을 갖고 적용시키지만 둔감하게 하거나 바보같이 하게 하는 그 기준의 영향을 경계하고 구체적 상황의 다양성과 이전에 인식하지 못했던 가치에 대해 우리의 눈을 감게 만드는 경향을 경계하는 것, 언제 관용하고 언제 포옹하고 언제 싸워야 할지를 아는 것 등이 그것이다. 더욱이 그러한 기술에서는 고정된 포괄적 규칙이 설정될 수 없기 때문에 우리는 의심할 바 없이 결코 완전함에 도달하지 못할 것이다. 이러한 모든 것은 이제 자명한 것이 되고 있지만, 대립물의 종합을 요구하기 때문에 역시 모순이다. 그리고 쉴러와 로만주의자 일부에 대해서 그 역설적 측면 때문에 그것이 도리어 명백하게 진실성이 많아졌지 줄지는 않았다.

이와 비슷한 경향의 이분법은 다음 세기의 영향력으로서, 로만주의적 이상의 두 요소 중의 다른 하나에서 보인다. 그것은 개인과 국민에게서는 주로 민주주의의 전파와 과학 기술의 진보에 기인하고 인간과 인간 집단을 서로 흥미 있고 따라서 가치 있는 것으로 만드는 상이성을 지워버리는 경향이 있는 세력에 대한 저항을 촉진시키는 데 기여하였다. 그것은 〈공통적인 것〉의 영원한 적이었다. 그러나 그것은 또한 다른(이 점에서는 로만주의적 경향의 다른 하나의 경향에 정반대 되는 것인데) 문학에서의 병적이고 무익한 내향성—즉, 개인의 〈자아自我〉의 특이성이 싫증날 정도로 노출됨을 말하는데, 그것을 크게 촉진시켰다. 이러한 특이성이란 지금은 잘 알려져 있지만, 단지 구습舊習을 억지로 뒤집어 놓은 것에 불과하다. 왜냐하면 인간은 아무리 생각해 보아도 〈대자연〉이 그를 만들어 놓은 것 이상으로 독창적이거나 '독특하게' 될 수는 없기 때문이다. 그것은 또 인간의 자기 중심주의와 특히—정치·사회 분야에서—내셔널리즘이나 인종차별인 집단적 자만심을 촉진시키는 데 너무나 쉽게 도움이 되었다. 개인의 특징의 존엄에 대한 신앙은—그 특징이 집단의 특질이어서 따라서 상호 간의 아첨에 의해 유지되고 강화될 때 특히—이 우월성에 대한 믿음으로 급히 바뀌고 말 것이다. 지난 1세기 반 동안에 자기 자신들의 특성을 선악에 관계없이 신으로 만들고는 이윽고 이외의 다른 신은 없다고 생각하기 시작한 위대한 일부 국민이 있다. 자기 자신들의 것이기 때문에, 그로부터 상이성을 보존하는 것이야말로 인류 전체를 위해서는 좋은 일이기 때문에, 그리고 최초로 존중된 일종의 국민 문화가 이윽고 다른 국민에게 밀어붙이거나 지구 표면에 가능한 한 넓게 확산시킬 사명이 있다고 생각되기에 이르렀다. 이리하여 수레바퀴는 완전한 원을 그려 제자리에 왔다. 개별주의적 획일주의라고 부를 수 있는 것, 즉 본래는 보편적이지 않기 때문에 존중되었던 것을 보편화시키려는 경향은 시, 일종의 철학, 대국의 정책 및 그 국민의 열망 속에서 표현되었다. 그 비극적 결과는 현대의 우리 모두가 관찰하였거나 경험하였다.

그러나—〈최선의 것의 부패는 최악이다〉. 다양성의 본질적 가치의 발견은 그 두 면에서 이에 잠재하는 모든 위험에도 불구하고 인간 정신에 의한 위대한 발견 중의 하나이다. 더욱이 인간의 많은 다른 발견과 마찬가지로 이 발견도 역시 인간에 의해 파멸적인 용도에 제공되어 왔었다는 사실은 발견 자체가 무가치하다는 증거가 아니다. 그 발견이 역사적으로는 18세기에 정점에 달한 충만의 원리의 영속적인 영향에 기인하는 한, 우리는 이 발견을 그 영향의 다양한 결과 중 가장 중요하고 잠재적으로는 가장 좋은 것이라고 평가할 수 있을 것이다. 나는 이 주제가 적어도 그 이름을 이 강연에 붙이고 있는 인물을 기억하는 데 부합되리라는 것을 덧붙여 말하지 않을 수 없다. 그의 전문적인 철학 논문의 일부에 대한 미래의 평가가 어떻든 간에, 윌리엄 제임스는 내가 말해 온, 이상理想에 있는 두 요소의 화신이며 그것도 합당하고 올바른 균형을 지닌 화신이었다. 우리의 시대 혹은 어떤 시대에도 그런 사람은 별로 없을 것이다. 그에게도 독특한 정신, 낯익은 사실과 예로부터의 문제를 신선하고 대단히 개성적인 방식으로 보는 천부의 자질, 로만주의자들이 즐거운 영감을 받은 말 속에서 찬탄한, 아주 희귀한 일종의 정신적 보편성이 융합되어 있었다. 기질상 자기 자신의 확신을 가볍게 생각하거나 혹은 안이한 절충주의를 주장하지 못했지만, 그럼에도 불구하고 그는 타인의 성격이나 정신적 과정—한계는 있었지만—타인의 의견의 다양성에서 즐거움을 찾았다. 이것은 대부분의 관용이 그런 것처럼 무관심에서 나온 피상적인 관용이 아니었다. 그는—가장 희귀한 성질 중 하나이지만—다른 사람들은 자기 자신과 상당히 다른, 이른바 "그들 자신의 내부"를 갖고 있다는 것을 항상 의식하고 있었다. 더욱이 그는 그 자신에게 각별한 것의 밖으로 넘어서려 하고 그의 동료들 중 누구에게서라도 특이한 것을 "중심으로부터 밖으로" 이해하려는 열렬한 바람과 비범한 능력을 지녔다. 실제로 이러한 상상력에 의한 공감은 무관용·인습의 고수·현학에 대해서는 적용되지 않았다. 그러나 그의 학생들이나 또는 전문적인 철학자들에 의해 아무리 무시된다 할지라도 어떤 사람이나 문헌에서 독창성이나 특이점의 불꽃 혹은 불꽃같이 보이기만 하는 것까지도 즉각적인 관심, 때로는 지나치게 관대한 찬탄, 그리고 여기에서야말로 철학이 무시할 수 없는, 다행스럽게도 매우 다양한 우주의 수많은 측면 중 하나의 계시가 있을지도 모른다는 희망을 일으켰다.

XI. 역사의 결과와 그 교훈

우리는 이 강연의 역사를 2천 년간의 서양 사상에서—비록 경쟁 상대가 없는 것은 아니지만—지배적인 요인으로 존속한 형이상학적 신학 관념의 형성, 즉 플라톤의 「국가론」과 「티마이오스」에서 처음으로 명백히 모습을 보였고 신플라톤주의자들에 의해 전개·조직화된 관념의 형성으로부터 이야기를 시작하였다. 그리고 우리는 형이상학적인 신학의 역사의 한 단계를 기술함으로써 끝맺을 수 있을지도 모른다. 플라톤주의의 지속적 영향의 가장 주목할 만한 결과는, 우리가 본 바와 같이, 서양 종교사의 대부분을 통해 철학적 형태에서는 서양의 종교가 두 신(철학적인 것이 아닌 형태에서는 둘 이상을 가졌지만)을 가지고 왔다는 것이었다. 실로 이 두 신은 두 면을 지닌 하나의 존재로 판명되었다. 그러나 이 두 '측면'에 대응하는 관념이란 두 대립되는 종류의 존재 관념이었다. 그 하나는 내세적인 〈절대자〉—즉, 자기충족적이며 시간 밖에 있으며 평범한 인간적 사고와 경험의 범주에 무관하며 자기충족적인 완전함을 보완하거나 증강하기 위하여 저급의 존재들로 이루어지는 우주를 필요로 하지 않는 절대자—였다. 다른 하나는 확실히 자기충족적인 것도 아니며 어떤 철학적 의미에서도 '절대적'이라 할 수 없는 신—즉, 그 본질적 속성이 다른 것의 존재, 더욱이 한 종류만이 아니라 실재 가능한 것들의 사다리의 내려가는 계단에서 자리가 발견될 수 있는 모든 종류의 존재물의 존재를 요구하는 신—그 제1차적 속성이 생성이며 그 현시가 다양한 피조물, 결과적으로는 시간의 질서와 자연의 운행의 다양성 속에 보이는 신—이었다. 수세기 동안 두 개념의 모순을 은폐하는 데 기여한 수단이란, 유출설의 기본 공리 속에서 정립된 「티마이오스」에 나오는 플라톤의 간단한 금언—즉, "선"한 존재란 "선망"하지 않으며 완전에 더 가까운 것은 필연적으로 덜 완전한 것을 낳거나 혹은 그 속에 흘러 들어가 "그 자체 안에 남아 있을 수가 없다"는 말—이었다. 이 방법은 비록 그 목적에 도움은 되었지만 사실상 두 관념의 모순을 극복하지는 못하였다. 그러나 아무리 독단적이라 하더라도 인간 정신에 대해서는 자연적이라고 생각되는 인과 관계에 관한 가설—즉, '저급의 것'은 '고급의 것'으로부터 파생되어야 하며 그 원인은 최소한 그 결과보다 적어서는 안 된다는 가설—에 일견 일치했기 때문에 그 효과는 증대하였다. 이와 같은 신학론상의 이원론과 함께—신의 관념은 또한 최고선의 정의와 같다고도 해석되었기 때문에—우리가 위에서 살펴보았듯이 그 하나는(비록 때로는 마음이 내키지 않는 것이라 하여도) 내세적인 것이었고, 다른 하나는 현세적인 것이라는 가치의 이원론이 행해졌다. 만일 인간을 위한 선이란 신을 관조하거나 모방하는 것이라면, 선은 한편으로는 단지 '자연적'인 관심과 욕망의 초월과 억제, 즉 영혼을 신의 완전에 대한 지복의 비전에 더 알맞도록 하기 위하여 '우주'로부터 영혼의 해탈을 필요로 했던 것이다. 또 다른 한편 선은, 있는 그대로의 사물의 신에 대한 경건함, 감각에 비추는 우주에 대한 모든 다양성을 찬미하는 기쁨, 우주를 항상 더욱더 충실하게 알고 이해하려는 인간의 노력 그리고 신의 창조 행위에 대한 의식적 참여 등을 필요로 하였다.

이러한 이원론의 두 요소의 분리에 관해서 우리는 이미 18세기의 몇 가지 사례를 고찰하였다. 충만의 원리의 논리 자체는 내세적 신의 모방이 비록 이러한 신을 가정해 본다 해도 인간이나 혹은 어떠한 피조물에 대해서도 선善일 수는 없다는 결론을 필연적으로 수반하는 것 같이 생각되었다. 왜냐하면 신의 이성이나 선성은 불완전한 존재 모두의 각 단계가 그 특징적 종류를 따라 실존해야 함을 요구하기 때문이다. 더욱이 한편으로 신의 관념 자체는 압도적으로 현세적인 것으로 되고 그 표현에서 무한히 다양하며 또한 여러 다른 종류의 존재들의 생산에서 무한히 활동적인 〈자연〉의 관념과 융합하는 경향으로 나갔다. 우리의 당장의 관심은 이러한 후자의 경향이 절정에 닿는 데 있다. 〈존재의 연쇄〉—바꾸어 말하면 창조된 우주 전체—가 단번에 완성되고 그 구성 요소도 영원히 동일하다는 것은 더 이상 있을 수 없으며 충만과 우월성의 좀 더 적은 단계로부터 좀 더 큰 단계로 점진적으로 진화해 가는 것이라고 명백히 생각하게 될 때 영원히 완전·불변의 신이 그러한 우주에 나타난다고 상정될 수 있는가 하는 의문이 불가피하게 생겼다. 이 의문이 반드시 또는 처음에는 부정적으로 대답되던 것은 아니었다. 언제나 동일하게 존재하고 언제나 동일한 절대 이성의 필연성에 따라 행동하기 때문에 어떤 한 시기와 또 다른 한 시기에 서로 상이한 피조물을 산출할 수 없는 〈창조주〉에 대한 확신을 다음과 같은 확신과 결합시키려는 시도가—그중 일부는 이미 우리가 살펴본 시도인데—18세기에는 상당히 많았다. 즉, 이 후자의 확신이란 우주는 확대되고 진보하는 것이기 때문에 시기에 따라 본질적으로 다르다는 것, 시간적인 사건의 질서 전체는 유한한 실존이 갖는 무시할 수 있는 특질이 아니며 또 형이상학이 취급하는 사물의 영원한 양상과 무관한 것이 아니라 심오한 철학적 의미를 지니는 실재의 한 양상이라는 것 등에 대한 확신이었다. 이 두 확신이 결합되는 한, 앞에서 언급한 공리 같은 것—즉, 인과 관계에서 선행하는 것은 결과보다 이하의 것을 포함할 수 없다거나 혹은 더 높은 형태의 존재는 더 낮은 형태의 것으로부터는 나오지 않는다는 것—은 여전히 위태롭게나마 유지될 수 있었다. 그러나 18세기가 끝나고 19세기가 시작되는 처음 수십 년간 전통적 신학과 형이상학의 이러한 가설은 뒤집어지기 시작하였다. 신 자신이 시간화되었고—실로 전체 피조계가 서서히 또 애써서 가능성의 사다리를 올라가는 그러한 과정과 동일시되었다. 혹은 만일 신이란 명칭이 사다리의 정점에 붙여져야 할 것이라면 신은 그 과정의 아직 실현되지 않은 최종 시기라고 생각되었다. 이리하여 근본적 내지 절대적 진화론이라고 가장 적절하게 표현될 수 있는 것이 유출설과 창조설을 대치하게 되었다. 즉, 그것은 베르그송의 〈창조적 진화〉의 대부분이 그 재구성에 불과한 것 같은, 전형적으로 로만주의적인 진화론을 말하는 것이다. 단지 유기체의 형태와 기능의 역사에서 그리고 보편적으로도 저급한 것은 고급한 것에 선행한다. 추상적이고 실현되지 않은 잠재 가능성을 차지한다면 원인에 포함된 것 이상의 것이 결과에 더 포함되어 있다.

이러한 발전은 셸링에게서 가장 잘 나타났다. 1800년에서 1812년 사이의 그의 철학적 사고의 대부분에서 그는 여전히 두 신을 섬겼으며 그러므로 두 종교를 갖고 있었다. 즉, 초시간적이며 영원히 완전한 〈절대자〉, "동일자 중의 동일자", 신플라톤주의의 〈유일자〉에 대한 종교와 그리고 투쟁적이고 시간적으로 제약을 받으며 점진적으로 자기실현을 하는 〈세계 정신〉이나 〈생명력〉에 대한 종교이다. 후자는 전자가 우리에게 스스로를 나타냄으로써 충만의 원리와 연속의 원리가 지배하는 측면이다. 시간적 질서란 말하자면 〈절대 지성〉의 투영이며 전개된 상像이며, 그 구체적 내용은 유기체 및 그 상태의 연속으로 이루어진다. 셸링에 의하면 다음과 같은 이유로 이러한 어떤 연속이라도 점진적으로 단계 지어진 계열을 구성함에 틀림없다.

> 연속 그 자체는 점진적이다. 즉, 그것은 어떤 단일한 순간에도 그 전체가 부여될 수는 없다. 그러나 그 연속이 앞으로 나가면 나갈수록 우주는

그만큼 더 충실히 전개된다. 결과적으로 유기적 세계란 연속이 진전함에 비례해서 더 충분한 확장에 달하고 우주의 더 큰 부분을 표현할 것이다. ……그리고 한편으로는 우리가 유기체의 세계 속으로 역행하면 할수록 유기체가 그 내부에 안고 있는 부분은 더욱더 작아진다. 식물계는 이 속에 수많은 자연 과정이 완전히 결여되어 있기 때문에 가장 한정적이다.[1)]

그러나 이 새로운 관념은 훨씬 더 대담하고 명백하게 그의 논문 「인간 자유의 본질에 관하여」(1809)에서 발표되었다. 여기에서도 신플라톤주의적인 〈절대자〉의 흔적은 남아 있다. 그러나 셸링은 신이 결코 존재하는 것이 아니라 단지 자연과 역사를 통하여 존재하게 되는 데 불과하다는 취향을 주장하였다.

창조에는 최종 목표가 있는가? 그리고 만일 그렇다면 왜 창조는 단번에 거기에 도달하지 않았는가? 왜 완성은 처음부터 실현되지 않았는가? 이러한 의문에 대하여 단지 하나의 답밖에 없다. 즉, 신은 〈생명〉이며 단순한 존재가 아니기 때문이다. 모든 생명은 〈운명〉을 지니고 있고 고통과 생성을 따르지 않을 수 없다. 그러므로 신은 스스로의 자유 의지에 의해서 자기 자신도 이 생성에 따르게 하였던 것이다.……존재는 생성에 있어서만이 〈지각知覺될〉 수 있다. 존재 그 자체에 생성이 없음은 사실이다. 오히려 생성 속에서 존재는 그 자체가 영원으로서 상정想定될 수 있다. 그러나 대립을 통한 (존재의) 실현에는 필연적으로 생성이 수반된다. 인간적으로 괴로워 하는 신의 관념—과거의 모든 신비적 교리와 영적 종교에

1. 「선험적 관념론의 체계」(1800, 「전집」 I, 3부 p.492에 수록됨). 또한 1802년 발표한 대화 「브루노」와 「해설」과 같이 〈동일 체계〉를 기술한 것도 참조할 것. 이들에게서도 뚜렷하게 강조된 것은 두 번째의 관념에 관해서였다.

공통적인 관념—없이는 역사는 전적으로 이해되지 못하게 될 것이다.[2)]

그러나 충만의 원리는 약간의 수정을 거쳐, 그리고 아벨라르·브루노·스피노자의 우주결정론과 함께 셸링에 의해 다시 한번 확인되었다. 셸링은—여전히 디오니시우스와 스콜라 철학자들의 말을 사용하면서 "신에게 자기 계시의 행위는 신의 〈선〉과 〈사랑〉에 관계되기 때문에" 필연적이라고 말한다. 그러나 그럼에도 불구하고 또는 오히려 그렇기 때문에 더욱더 "신의 본질로부터 모든 것이 절대적 필연성을 지니고 생겨나며, 가능한 것은 모두 필연적으로 실현되지 않으면 안 된다는 명제는 절대적으로 부인할 수 없으며, 현실적인 것이 아닌 것은 도덕적으로도 불가능하다. 스피노자주의의 잘못은 전적으로 신의 그러한 가차 없는 필연성을 주장하는 것이 아니라 단만이 필연성을 무엇인가 생명이 없고 비인격적인 것이라고 생각한다는 데 있다." 스피노자주의는 "맹목적이고 기계적인 필연성"만을 인정할 뿐이다. 그러나 "만일 신이 본질적으로 〈사랑〉과 〈선〉이라면 그의 내부에서의 도덕적으로, 필연적인 것은 진정한 형이상학적 필연성을 갖고 생기는 것이다." 한편으로 라이프니츠는 가능한 있을 수 있는 몇 개의 우주 중에서의 선택, 즉 그가 다수의 가능성 중에서 단지 하나만의 실현을 결정한다는 결론에서는 "신과 그 사이의 일종의 협의"를 신에게 귀착시켰다는 점에서 전적으로 잘못이었다.[3)] 이러한 자유 선택을 가정한다는 것은 "신이 모든 조건을 고려할 때 가능한 것보다도 완전함이 못 미치는 우주를 선택하였으며 그리고—실로 일부 사람들이 주장하듯이 어떤 부조리한 것이라도 반드시 대변자는 있는 법이기 때문에—신이 만일 원하기만 했다면 현재의 우주보다 더 좋은 우주를 창조할 수도 있었다"는 것을 의미하게 될 것이다. (이는 오래 전에 아

2. A. Weiss 편 *Schellings Werke*(1907) III, p.499에 수록된 앞의 책.
3. 셸링의 해석을 정당화하는 것 같이 생각되는 구절이 있음에도 불구하고, 이것은 라이프니츠의 진정한 입장이 아닌 것을 우리는 이미 보았다.

벨라르가 부조리한 것이라고 주장하였다는 점을 상기하게 할 것이다). 그러므로 존재 가능한 우주는 둘 이상 있지도 않으며 또 존재한 적도 없었다. 사실 우주 생성 과정의 출발점에는 혼돈의 상태가 있었고, 그 상태는 "아직 형성되지 않았지만 모든 형체를 받아들일 수 있는 소재"로서의 〈원초적 근거〉의 최초의 운동을 하고 있었다. 그러므로 아직 실현되지 않은 "무한한 가능성"이 있었다. 그러나 이런 〈원초적 근거〉는 신과 화합될 수 없었다. 더욱이 신은 자신의 완전함 때문에 단지 하나의 것만을 의도할 수 있을 뿐이었다. "오직 하나의 신 밖에 없기 때문에 단지 하나의 가능한 우주밖에 없다."[4] 그러나 이 하나의 가능한 우주는 실로 가능한, 모든 것보다 더 많이 포함할 수 있다.

이 구절에 있는 "신"조차도 여전히 내세적 속성을 유지하고 있다는 점은 이해될 것이며 더욱이 모든 존재 가능한 피조물이 창조되어야 한다는 필연성은 여전히 유출설의 논리와 매우 유사한 논의를 통해 연역되고 있다. 신은 〈궁극 원인〉이 아니며, 또한 그 〈궁극 원인〉이 더욱더 다양한 형태로 되어 마침내 최종적으로는 인간의 자의식까지 낳게 하는 과정의 최종적 성취도 아니다. 여기에서 신은 세상보다 앞서 있는 선행하는 완전한 것이면서도 자신의 본질적인 성질의 필연적인 논리적 결과로서 세상을 생성하는 완전한 것으로 존속한다. 그러나 이 생성은 점진적이고 연속적이다. 그리고 만일 셸링이 신은 "생명"이며 그러므로 "고통과 생성에 따르지 않을 수 없다"는 단호한 명제를 진지하게 주장하였다면, 그는 자기 계시인 우주 생성 과정에 순수하게 참여하지 않는 초월적 〈절대자〉라는 이러한 관념을 일관성 있게 유지할 수 없었다. 두 신학이 여전히 나란히 존속하고 있었다. 그러나 그중 하나는 잔존하는 관념이며 다른 하나는 전자를 막 타파하려고 하는 혁신적인 관념이었다.

4. Weiss 편 *Schellings Werke*, pp.493~494에 수록된 앞의 책.

셸링의 친구이자 제자인 자연 연구자 오켄*은 동시에 대체로 같은 생각을 1810년 「자연 철학 교과서」에서 약간 첨가하고 바꾸어서 발표하였다. "자연 철학은 신이 이 우주를 영원히 계속 전환하는 것에 관한 학문이다."

> 그것은 원초의 무로부터 발전된 우주 진화의 여러 양상을 보여주는 과제를 갖고 있다. 즉, 그것은 어떻게 천체와 원소가 발생하였고 어떻게 이것들이 더 고급한 형태로 발전했으며 어떻게 최종적으로 유기체가 생겨 인간에게서 이성에 도달하였는가를 보여주는 것이다. 이러한 양상은 우주 생성의 역사를 구성하고 있다.……자연 철학은 가장 포괄적 의미의 우주론 또는 모세가 말한 바와 같은 〈창세기〉인 것이다.[5]

여기에서 오켄이 어떤 의미에서 세계에 선행하는 신, 우주로 변형되어가는 절대자에 관해 말하고 있음을 이해할 것이다. 실제로 그의 형이상학적 용어에도 유출설의 용어가 남아 있는 흔적이 있다. 그러나 오켄에게는 이 흔적이란 셸링에게서보다 훨씬 더 후퇴하고 있다. 왜냐하면 이러한 선행하는 절대자는 가장 명확한 부정적 용어로 기술되고 있기 때문이다. 시간 속에서 자기를 전개하는 것을 제외한다면 신=제로(영零) 혹은 순수한 무라고 오켄은 말한다. 의심할 바 없이 모든 수는 제로 속에 포함된다고 할 수 있다. 왜냐하면 모든 수는 제로에 의해 결정되어 있다고 표현될 수 있을 것이기 때문이다. 더욱이 거기에서 모든 존재가 신 속에 미리 존재한다고 말할 수 있을 것이다. 그러나 그 존재는 "현실에서가 아니라 관념적인 방식으로, 즉

---

* Lorenz Oken(1779~1851): 독일의 박물학자 · 철학자. 그는 자연과학의 단일화를 추구하는 한편 유기체의 세포질 구조 이론과 생명의 원형질 근거 이론을 제창하였다.

5. Oken의 형이상학적 진화론이 그에게 자연적 유전에 의해서 종이 변화한다는 이론을 의미하였는지는 명백하지 않다.

〈실제로〉가 아니라 〈잠재적으로〉" 그렇게 존재한다.[6] 그러므로 신의 〈실현〉은 단지 점진적으로 우주의 역사를 통해 일어난다. 그 최초의 현시이며 또한 보편적 조건은 시간이다. "시간이란 단지 〈절대자〉 그 자체이다." "〈절대자〉는 시간 속에 있는 것도 아니며 시간 이전에 있는 것도 아니고 시간일 뿐 〈이다〉." 다시 말하거니와 "시간은 단지 신의 활성적 사고이다." 시간은 "모든 개별적인 것을 포함하는 보편인 것인데, 따라서 개별적인 것은 모두 시간 속에 있고 창조된 시간과 창조 행위는 하나이다."[7] 〈절대자〉의 이러한 시간적 〈실현〉은 자의식이 가능한 존재인 인간에게서 최고점에 도달한다. "인간은 신이 완전히 자기에게 하나의 대상이 되는 것 같은 피조물이다. 인간은 신에 〈의해서〉 표현된 신이다. 신은 자의식 속에서 신을 표현하고 있는 하나의 인간이다.……〈인간은 완전히 현시된 신이다〉."[8]

신학에서의 급진적 진화론에 근접한 주장에 대한 이러한 초기의 표현은 비판 없이는 허용되지 않았다. 더욱이 그 비판은 20년 전에 독일 로만주의 운동의 거의 모든 젊은 지도자들에 의해 각별한 찬탄을 받고 신앙심이 깊다고 존경받는 인물로부터 나왔다. 야코비*는 1812년에 「신적 사물과 그 계시에 관하여」란 논문을 출판했는데, 그것은 이러한 새로운 사고방식에 대한 격렬하고(후에 셸링이 설명한 바와 같이) 눈물겨운 공격에 주로 몰두한 것이었다. 셸링이 제기한 문제에서 야코비는 모든 종교 철학에 있는 가장 뿌리 깊은 대립 관계를 보았다. 그는 "단지 두 종류의 중요한 철학자들이 있을

---

6. 「자연 철학 교과서」 I, p.4.

7. 같은 책, p.22. 여기에는 베르그송의 〈창조적 시간〉의 원형이 의심할 바 없이 있다. 물론 나는 이렇게 말한다고 해서 베르그송이 직접 오켄으로부터 이 관념을 끌어왔다고 시사하는 것은 아니다.

8. 같은 책, p.26.

* Friedrich Heinrich Jacobi(1743~1819): 독일의 철학자·작가. 뮌헨 학술원 원장. 신념과 느낌의 철학을 주장하였다. 이 논문의 원명은 *Von den göttlichen Dingen und ihrer Offenbarung*.

뿐이다"라고 기술하였다. 즉, 이 두 종류의 철학자들이란 첫째로 "더 〈완전한 것〉이 덜 완전한 것으로부터 파생되고 그로부터 서서히 발전하는 것이라고 간주하는 철학자들과, 둘째로 가장 완전한 존재가 처음에 있었으며 만물이 그에게 근원을 가지며 만물의 제1원리는 도덕적 존재로 예지로써 행동하는 지성—〈창조주〉—즉, 신이라고 인정하는 철학자들이다." 야코비의 답은 산만하고 독단적이다. 그러나 그는 최종적으로 형이상학의 자명하고 근본적인 공리라고 그가 간주한 것, 즉 유有는 "무無로부터 나올" 수 없으며 더 우수한 것은 열등한 것에 "의해서 만들어질" 수 없다는 설에 의존하고 있다. 야코비의 주장에 따르면, 셸링의 철학과 같은 것은 사실상 형식 논리의 법칙에 대한 직접적인 모순이라는 것이다. 왜냐하면 야코비가 말한 바에 의하면—이러한 말은 플라톤주의적 신학에서 상투적인 이야기인데—우주에 대한 신의 관계는 무엇보다도 논리적으로 〈선행하는 것〉, 결론에 대한 〈논거〉 내지 추론, 논거로부터 연역될 수 있는 함의에 대한 관계라고 생각될 수 있을 것이기 때문이다. 그러나 "논거는 언제나 그리고 필연적으로 논거에 의해서 증명될 수 있는 것을 〈초월해〉 있지 않으면 안 되며 또한 그것을 포괄하지 않으면 안 된다. 진리와 확실성이 논거에 의해서 입증되는 사물에 부여되는 것은 논거에서부터이다. 이 논거에서부터 사물은 자체의 실존을 빌려온다."

이 공격에 대하여 셸링은, 적어도 그의 동시대인의 눈으로 보기에는 비판자의 철학적 명성에 끼친 훼손이나 격렬함 때문에 유명해진, 한 논쟁적 저술에서 응답하였다.[9] 여기에 관련된 것은 야코비의 공격이 셸링에게 자신의 신학적 진화론의 어조를 낮추게 하지 않으면서도 이전보다 더 과격하고 더 주저함이 없는 표현을 쓰게 했다는 사실이다. 그는 아마도 〈절대 동일자〉의 무한성·무시간성·자기 충족성을 인정한 자신의 이전 저술 속의 구

9. 「신성한 것에 대한 저술의 기념」(*Denkmal der Schrift von den göttlichen Dingen*, 1812).

절을 지적함으로써 비판에 충분히 대처할 수도 있었을 것이라고 생각된다. 그는 이런 것을 전혀 하지 않고 이제야 그러한 관념을 단호하게 반박하고 이러한 〈절대자〉가 종교의 신이 될 수 있다는 것을 명확히 부인하였다. 야코비가 한 〔셸링의〕 논점의 정리와 논점의 철학적 의의에 대한 그의 평가에 셸링은 이의를 제기하지 않는다. 또한 자기 이론의 핵심적 부분에 대한 비판자의 설명을 부인하지 않는다. 자기 이론이 적절하게 이해되려면 어느 정도 구별 짓는 것이 필요하다고 셸링은 말한다. 예를 들면 그의 이론을 주장한 자들은 "더 완전한 존재가 그것과는 〈독립적〉이고 상이한 덜 완전한 존재로부터 나왔다"고 주장한 것이 아니라 단지 "더 완전한 존재는 그 자체의 덜 완전한 상태로부터 생겨난 것"이라고 주장하였다. 따라서 그들은 어떤 의미에서는 "전적으로 완전한 존재—그 자체 내에 다른 사물의 모든 완전함을 포함하는 것—는 만물에 〈앞서 미리〉 존재하지 않으면 안 된다"는 것을 부인하지는 않았다. 그러나 단지 〈잠재적으로〉가 아닌 완전히 〈현실로〉 앞서 존재했다는 것은 부인하였다. "그와 같은 선재先在를 믿는 것은 많은 이유 때문에 어렵지만 무엇보다도 매우 단순한 이유 때문에 어려울 것이다. 만일 이러한 존재에 최고의 완성[혹은 완전함]을 현실로 갖는다면 그것을 통해 고도의 완성도에 달할 수 없기 때문에 더 낮은 완성도로 떨어질 수밖에 없는 많은 다른 사물을 창조하거나 만들어 낼 〈근거〉를 갖지 않았을 것이라는 점을 들 수 있을 뿐이다"[10]라고 셸링은 말한다. 여기에서 유출성의 논리에 내재하는 핵심적 모순—그러나 수세기를 통하여 완고하게 무시되어온 핵심적 모순—이 극히 날카롭게 지적되고 있다. 그렇다면 진화에 의해 전개되어야 하는 모든 것에 대한 희망과 잠재성은 만일 누가 이것을 강조하려고만 한다면 시초부터 선재했다고 이야기될 수 있겠지만, 충족되지 않은 희망이며 실현되지 않은 잠재성이었다.

10. 「전집」 I, 8부, p.64에 수록된 앞의 책.

〔셸링은 말하기를〕 나는 신을 최초이자 최후, 즉 〈알파〉이자 〈오메가〉라고 단정한다. 그러나 알파로서의 그는 오메가로서의 그가 아니다. 그가 유일자—즉, '더 탁월한 의미에서의' 신—인 한, 그는 그러한 의미에서의 또 다른 하나의 신일 수가 없으며 혹은 엄밀하게 말해서 신이라 불릴 수도 없다. 왜냐하면 그 경우에는 똑똑히 말해야겠는데, 〈진화되지 않은〉 신, 즉 〈함축된 신〉이 이미 〈오메가〉로서의 〈현시된 신〉이 될 것이기 때문이다.[11]

야코비의 반박에 대하여 셸링은 어떤 근거에서 이러한 진화론적 신학을 정당화하는가? 첫 번째 근거는 이 신학이 우리의 관찰과 자연과학의 포괄적 세계에 들어가서 우리가 경험하는 우주의 실존적 성질과 조화하는 것이다. 표면적으로는 정확히 우주는 고급의 것이 습관적으로 저급의 것으로부터 발전하고, 더 충실한 실존이 더 공허한 실존으로부터 발전하는 체계이다. 어린이는 어른으로 자라며 무지한 자는 배운 자로 변한다. "또한 이 주제에 관한 필요한 지식을 갖고 있는 자라면 모두 알고 있듯이, 자연 자체는 더 빈약하고 원초적인 피조물을 만드는 것으로부터 더 완전하고 더 정묘하게 형성된 것을 만드는 것으로 서서히 올라간다는 것은 언급할 필요도 없다."[12] 우리의 눈앞에서 항상 벌어지고 있는 과정이 야코비가 그러하다고 하는 불가해한 일일 수는 없었다. 새로운 철학은 우리가 알고 있는 개체 모두의 이미 알려져 있는 성질과 연속에 비추어 보아 사물의 일반적인 성질이나 '궁극적'인 성질과 사물의 존재 질서를 해석해 왔을 뿐이었다. 이와 반대로 야코비에 의해 변호된 "보통의 이신론"은 우리에게 〈자연에 관계 없는 신 및 신이 없는 자연〉을 부여하였다.[13]

11. 같은 책, p.81.
12. 같은 책, p.63.
13. 같은 책, p.70

다시 말하거니와 셸링은 악惡의 사실, 즉 세상의 불완전성은 우주가 〈처음부터〉 완전하고 예지적인 존재로부터 진행된다는 신념과 조화될 수 없다고 보고 있다. 이러한 신념을 갖는 사람들은 "그렇게도 명석하고 투철한 예지적 존재로부터 우주라 하는 (《약간의》 질서가 부여되어 있을 때조차도) 그렇게 특이하게 혼란된 전체가 어떻게 발생할 수 있는가 하는 질문에 대해서는 대답하지 못한다." 그렇다면 모든 면에서 사실과 부합되는 현실에 대한 관념은 더 완전하고 고급한 생명으로 향하는 다소 혼란되고 힘든 상승이라는 관념이며, 신에 대해 유일하게 인정되는 관념이란 이러한 관념과 조화를 이루는 관념이라고 셸링은 이해하고 있다. 또한 이에 상반되는 견해가 종교적으로는 교훈적이고 위안적인 성질을 지니고 있다고 주장하는데, 그는 그렇지 않다고 언명한다. 왜냐하면 그 견해는 "〈선〉으로부터 비선非善을 도출해 내며, 신을 선의 근원과 잠재 가능성이 아닌 비선의 근원과 잠재 가능성으로 만들기 때문이다." 절대 생성의 신학에서 생각되고 있는 바와 같이—〈형성 중의 선으로서〉—생각된다면, 선이나 불완전함 그 자체는 만일 선으로부터 무너져 사라지는 것, 이미 실현된 완전함으로부터의 후퇴로서 생각된다면 그럴 것임에 틀림없는 희망 없고 무의미한 현실의 단편이 아니다. 더욱이 셸링에 의하면 모든 낡은 신학의 신이란 영원히 완전하고 "단번에 완성된" 신이었다. 그러나 이것만큼 불모의 무익한 관념이란 있을 수 없다. 왜냐하면 이것은 실제로 "죽은 신"의 관념이며 자연과 인간 속에서 살며 또 노력하는 신의 관념이 아니다. 야코비가 언명한 바에 의하면 생명이 죽음으로부터 나오고, 존재는 비존재로부터 나오며, 높은 것은 낮은 것으로부터 나온다는 것은 상상할 수 없다는 것이다. 그렇다면 죽음이 삶으로부터 나온다는 것이 상상하기가 더 쉬운가 하고 셸링은 묻는다. "죽은 자의 신이 아닌, 살아 있는 자의 신으로 하여금 죽음을 만들도록 하는 동기는 무엇인가? 죽음은 절대적 죽음일 수는 없으며, 생명이 그 속에 감추고 있는 죽음에 불과한데, 죽음으로부터 생명이 생긴다고 생각하는 것은 생명이 죽음 속으로 이행하여 사라져 버린다고 생각하는 것보다 훨씬 더 상상하기 쉬운 것이다."[14]

그러나 야코비의 잘못은—셸링의 말에 의하면—그로부터 결코 충분히 자신을 해방시키지 못했던 낡은 철학이 갖는 논리적 원리의 당연한 결과이다. 실로 그 잘못은 볼프의 인식론을 수용한 형이상학에서의 나쁜 결과에 관한 최고의 사례인데, 이 인식론은 모든 사물을 논리적 동일성의 원리에 입각시키며 모든 확실한 판단을 "분석적"인 것으로 간주하였다. 이 견해에 의하면 "모든 논증은 단지 같은 명제의 전개일 뿐, 하나의 진리로부터 또 다른 하나의 진리에의 진전은 없으며 같은 진리로부터 같은 진리에의 진전이 있을 뿐이다. 지식의 나무는 결코 꽃이 피거나 열매를 맺지 않는다. 어디에도 발전은 없다"고—반드시 역사적으로는 옳지 않지만—셸링은 말한다. 진정한 철학이나 진정한 객관적 과학이란 동의어 반복을 되뇌는 것이 아니다. 철학과 과학의 목적은 항상 구체적이고 살아 있다. 더욱이 〈그〉 진보와 진화는 대상 자체의 진보와 진화이다. "철학의 올바른 방법이란 올라가는 방법이지 내려가는 방법이 아니다." 그리고 그 참다운 공리는 야코비가 설명한 바 있는 사이비 공리에 정반대되는 것이다.

> 항상 그리고 필연적으로 〈발전의 기반〉은 발전된 것보다 낮다. 전자는 후자의 발전을 위한 소재·기관·조건으로 이바지하기 때문에 후자를 격상시키고 또 후자에 따른다.

셸링의 역사적 의의가 주로 근거해 있는 것은—역사가들에 의해 거의 주목되어 오지 못했지만—급진적 진화론을 형이상학과 신학에 이와 같이

14. 같은 책, p.77

도입한 것 및 현실에 관한 진화론적 개념에 조화시키는 논리학적 원리를 수정하려던 시도 등이다. 실로 이러한 야코비와의 논쟁에서의 쟁점은, 그가 명백히 이해하고 단호히 선언하듯이, 많은 다른 이론적 문제와의 관련성이나 종교 의식을 위한 그 영향력으로 인하여 모든 철학적 문제 중 가장 기본적이며 매우 중요한 것 중의 하나이다. 셸링의 논제는 합리주의적 신학과 형이상학의 존경할 만한, 그리고 거의 보편적으로 인정된 공리를 폐기할 뿐만 아니라 종교적 감정의 새로운 분위기와 기질의 출현을 의미하였다.

그럼에도 셸링 자신에게는, 생성 중의 신이라는 이러한 이론의 의미가 아주 기분 좋은 진화론적 개선설뿐일 수는 없었다. 이는 우주의 진보나 신의 점진적 현시 혹은 자기 실현을 반대하는 것에 대한 투쟁이다. 왜냐하면 존재의 충분한 가능성은 한꺼번에 실현된 것이 아니었고 또 아직 실현되지도 않았기 때문에 사물의 근원적인 본질 속에는, 실로 극복될 운명에 있지만 고통이나 일시적인 패배가 없지 않은 어떤 장애 또는 지연의 원리가 있음에 틀림없다. 〈생명의 힘〉은—로비네가 말했듯이—암중모색으로 시행착오에 의해 전진한다. 우주와 인간의 역사에는 비극적 요소가 있다. 우주 과정이란 〈저지와 노력의 변동〉이다. 이 생각은 이미 셸링에 의하여 그의 젊은 시절의 시 「하인츠 비더포르스텐의 에피쿠로스적 신앙 고백」에서 표현되었는데, 그것은 「현대 철학의 정신」에서 로이스*에 의해 부분적으로 잘 번역되어 널리 알려졌다.[15)]

---

* Josiah Royce(1855~1916): 미국 철학자이며 하버드 대학 철학 교수(1882~1916). 뛰어난 형이상학자로서, 개별성을 강조하고 지성보다는 의지를 강조하는 관념 철학을 발전시켰다. 저서로는 *The Religious Aspects of Philosophy*(1885), *The Spirit of Modern Philosophy*(1892), *The Conception of God*(1890), *The World and Individual*(1900), *Sources of Religions*(1912), *The Problem of Christianity*(2권, 1913), *The Hope of Great Community*(1916) 등이 있다. 셸링의 시의 원제목은 *Das epikureische Glaubensbekenntnis Heinz Wiederportens.*

15. 앞의 책(1899), pp.187~189.

이리하여 마침내 플라톤주의적 우주관은 뒤집어졌다. 처음부터 완전하고 불변하는 〈존재의 연쇄〉는 그 속에서 모든 것의 참다운 가능물이 단계적이지만 단지 시간적으로 방대하고 완만한 전개를 통해서만 실현되는 운명을 가진 〈생성〉으로 전환되고 말았을 뿐이 아니었다. 이제 신 자신은 이 생성 속에 놓여 있거나 혹은 이것과 동일시되고 있다. 있을 수 있는 가능한 존재의 다양성의 범위를 한정하는 〈이데아의 세계〉도 실현을 기다리며 그 때까지 헛된 무가치한 단순한 가능성의 영역으로 전환되었으며 더욱이 〈이데아의 이데아〉조차도 더 이상 이러한 지위를 모면할 수 없었다. 우주 발생 과정은 정상이 아닌 밑바닥에서 시작한 것으로서 (단테의 표현에 의하면) 무한한 생산력이 그 한계에 도달한 것으로 생각되었던 〈궁극적 잠재력〉에서 시작한 것이다. 여기에는 더 이상 '아래로의 길'은 없으며 여전히 '위로의 길'만이 있다. 그러나 플라톤주의적 사물 체계, 특히 「티마이오스」 속에서 그리고 플로티노스에 의해 가정된 발생 질서의 전도는 〈존재의 사다리〉를 추상적인 관념의 도식으로 바꾸어 놓은 반면 그 본질적 성질은 변하지 않았다. 그 역사를 우리가 검토한 바 있는 낡은 사상의 복합적인 요소는 셸링의 진화론적 형이상학에서도 강력하게 남아 있다. 지치지 않는 생성성, 다양성을 낳는 경향, 존재의 가능한 한 최대 '충만'의 실현의 필연성—플라톤주의적 우주의 이러한 속성은 여전히 로만주의적 철학자들의 우주의 속성이었다. 그러나 생성성이란 이제는 더 풍요하고 더 다양한 존재를 무의식적으로 추구하는 불충분함의 생성성인 것이다. 더욱이 충만은 영원한 성질이 아니라 만물의 일시적인 목표이다.

우리가 고찰해 온 바 있는 오래 계속된 일련의 '플라톤에 대한 각주'의 역사적 결과란 그 진행 과정으로 보아 논리적으로 불가피한 결과였다. 셸링의 철학에서 이러한 국면을 볼 때 그의 추론에 관해 무엇인가를 더 이야기할 수 있다 할지라도 셸링은 적어도 플라톤주의에 있는 두 경향 중 하나를 선택하는 어려움을 입증하는 데 있어 그 두 경향이 근본적으로 병존할 수 있음을 명백히 하였다. 비록 그의 많은 후계자들이 강요된 선택을 인식하지 못했거나 혹은 영리하게 회피하려 했지만, 그럼에도 그는 다음 한 세기 동안의 형이상학에 하나의 피할 수 없는 선택권을 부여하였다. 플라톤과 플로티노스가 말한 두 신은 동시에 신앙의 대상이 될 수 없다. 더욱이 이러한 신학적 관념과 결부된 두 가치 체계는 이론상으로나 실재적으로나 양립할 수 없었다. 만일 시간적인 또 불완전한 피조물로 된 이 우주의 존재가 그 자체로서 진정한 선이라고 가정한다면 내세적 〈선의 이데아〉는 사이비 선의 이데아임에 틀림없을 것이다. 그리고 자기 충족적이며 영원히 완전하고 완벽한 〈절대자〉는 시간적 생성·변화·창조적 진전이 있는 우주와 관계가 있으며 여기에서 현시되는 신과 동일시될 수는 없다. 이러한 명제는 현대의 어떤 사람들에게는 명백하고 아마도 자명한 것으로 생각될 것이며 또 어떤 사람들에게는 역설적이며 근거가 없는 것으로 생각될 것이다. 이러한 명제가 받아들여지게 된 이유는 비록 부분적으로는 우리가 검토해 본 사상사의 단계 분석에서 여러 번 반복하여 제시되었다 하더라도 이 강연에서 완벽하게 설명된 것이 아님은 확실하다. 그러나 나는 여기에서 이러한 역사적 암시만으로도 만족해야 한다. 나는 내가 논하여 온 역사 이야기의 철학적 교훈 중의 하나는 그 이야기의 진행 과정 자체에서 확실하게 시사되었다고 생각한다.

그럼에도 그것은 한 관념이 겪은 역사를 이야기함으로써 시사된 유일한 교훈이 아니다. 전혀 표현되지 않은 채 남아 있을 수는 없는 또 다른 교훈이 있다. 그런 역사가 입증하듯이 충만의 원리와 연속의 원리는 우주 구조에는 임의적·우연적·우발적인 것이 전혀 없다는 의미에서 우주가 이성적 질서라는, 암시적이거나 혹은 명시적인 신념에 근본적으로 의존하고 있었던 것이 보통이다. 이 전자의 원리는(한 번 더 또 최종적으로 다시 설명한다면)

현 우주의 존재뿐만 아니라 그 모든 특성에 대해서도 또한 우주가 포함하는 모든 종류의 존재에 대해서도—엄밀히 말하면 실로 모든 각각의 존재에 대해서도—자명하고 '충분한' 궁극적 이유가 있지 않으면 안 된다는 것을 전제로 하였다. 더욱이 후자의 원리는 전자의 원리로부터 나오며 그것과 비슷하게 닮았다. 자연에는 갑작스러운 "비약"은 없다. 비록 사물은 무한히 다양하지만 절대적으로 원활한 연쇄를 이루며, 여기에는 모든 곳에서 연속성을 추구하는 인간 이성의 욕구를 저지할 어떠한 단절도 나타나지 않는다. 그렇다면 '왜?'라는 플라톤의 질문은 당연히 제기될 수 있었으며 또한 그에 대해 만족스럽게 대답될 수도 있었다. 왜냐하면 비록 인간의 지성에는 의심할 바 없이 한계가 있어서 존재의 모든 세부에 걸쳐서 그 의문에 개별적으로 대답을 제시할 수는 없으나, 인간의 지성은 일관성 있는 어떠한 해답에서도 불가결한 광범한 원리를 인식할 수 있기 때문이다. 우리가 사는 세계의 합리성에 관한 이런 류의 확신에 의해서—아마도 반복하여 출현한 강력한 반대 세력에도 불구하고—대부분의 서양 철학과 과학은 2천 년 동안 그러한 신앙의 의미가 충분히 이해된 적이 별로 없었고 단지 서서히 일반적으로 인식되기에 이르렀다고는 하지만, 활기를 얻었으며 인도되었다. 우리는 17세기의 두 위대한 합리주의적 존재론에서, 그리고 더 통속적인 형태로서는 18세기 낙관주의의 통상적 형식의 논리에서 이 확신의 절정을 관찰한 바 있다. 이런 존재론이 명백히 설명하듯이 엄격히 이성적인 우주란, 윌리엄 제임스의 용어에 의하면, 가장 엄밀한 의미에서의 "폐쇄 세계"임에 틀림없는데, 그것은 '필연적 진리'에 의해 도처에서 단번에 최종적으로 결정된 사물의 구조이다. 궁극적으로는 우연한 사실이란 없으며 자유로운 선택이란 현재 있지도 않고 또 일찍이 있었던 적도 없었다. 만물은 필연적으로 현실에 존재하는 〈존재〉의 실존과 너무도 엄밀히 얽혀 있어서 이번에는 그 〈존재〉가 모든 다른 사물의 실존에 엄밀히 포함하고 있기 때문에 전체는 어떠한 첨가나 생략 혹은 변경이 생각될 수 있는 여지를 전혀 남겨놓지 않고 있다.

우주가 이런 방식으로 구상되고 있는 한, 우주는 일관성 있으며 선명하고 지적으로 안정된 신뢰할 수 있는 우주로 생각되며, 그 속에서 인간 정신은 충분한 자신감을 갖고 사물의 이해를 추구한다는 임무를 다할 수 있다. 더욱이 경험과학이란 궁극적으로 사실이 부합되어야만 하는 근본 원리를 미리 알고 우주의 일반 형태에 관한 일종의 도식을 부여받았기 때문에, 무엇을 기대해야 할지 대체로 알 수 있으며 실제 관찰이 개별적으로 발견될 수 있는 것까지도 예상할 수 있었다. 그리고 존재하는 것의 완전한 합리성에 대한 신념은 이에 못지않게 광범위한 가설과 조화될 수 있었다. 충만의 원리와 연속의 원리는 그러한 신념의 정당한 결과였다. 만일 논리적으로 동등하게 가능하고 함께 가능한 두 종류의 피조물 중 하나가 제외되었다거나 혹은 자연의 공간적·수적 범위가 어떤 유한한 크기나 수數에서 결정되었다면, 명백히 존재의 궁극적 구조에는 약간의 임의적이고 우연적인 요인—비록 이 요인이 신의 의지라 해도 그러한 의지는 라이프니츠가 말했듯이 이성에 의해서 완전하게 지배되지 않는 의지이기 때문에—이 있었다. 더욱이 만일 그런 의지가 완전히 이성에 의해 지배되지 않는다고 인정된다면 그러한 임의성과 우연성의 정도는 예측될 수 없는 것이었다. 점진적 이행의 원리가 암시하는 바와 같이 어느 한 존재가 어떤 의미에서는 다른 존재보다 가치가 높다는 것은 의심할 바 없었다. 그러나 하나의 완전한 존재가 처한 단계의 하위의 어떤 특정한 점에서 연속이 단절된다는 것은 변덕스러운 행위일 것이다. 더욱이 〈종의 연속〉에 관해서도 마찬가지이다. 만일 자연이 "비약을 한다"면 그 비약은 근거 없는 비약임에 틀림없다. 만일 존재하는 형태의 계열 속에 빈틈, 즉 "참말로" 잃어버린 고리, 예를 들면 한 종류의 동물이 존재하지만 그것과 가장 유사한 현존의 종에서부터 중간 종이 실현되지 않을 가능성이라는 공백이 확대됨으로써 분리되었다고 하는 잃어버린 고리가 있다면, 우주는 질서정연함에 결함이 있으며 일종의 비일관성이나 변덕에 의해 특징지어져 있다고 인정되어야만 할 것이다.

그러나 〈존재의 연쇄〉라는 관념의 역사는—그 관념이 우주의 완전한 합리적 가해성可解性을 전제로 하는 한—실패의 역사이다. 더 정확하고 더 공평하게 말하면 그것은 많은 위대한 인물과 그리고 2급 인물들에 의해서 수세기 동안 수행되어 온 사고 실험의 기록이며, 이제는 교훈적인 부정적 결과를 초래했었음을 알 수 있다. 전체적으로 볼 때 이 실험은 인간 지성의 가장 웅장한 시도 중 하나이다. 그러나 이러한 가장 지속적이고 가장 포괄적인 가설의 결과가 더욱더 명백해짐에 따라 그 곤란한 문제점도 더욱더 분명해졌다. 그리고 그 곤란한 문제점이 충분이 제시되었을 때 우주의 절대적 합리성이라는 가설은 믿을 수 없는 것임이 입증되었다. 이 가설은 무엇보다도 자연 질서 속에서 많은 개별적 사실은 차치하더라도 하나의 막중한 사실—즉, 우리가 경험하는 존재는 시간적인 것이라는 사실—과 상충한다. 시간과 변화의 우주—적어도 우리의 역사 이야기가 이를 입증했는데—는 실재가 바로 존재의 논리 자체에 내재해 있는 '영원'하고 '필연'적인 진리 체계의 표현이며 결과라는 가정으로부터 연역할 수도 없거나 혹은 그 가정과도 조화될 수 없다. 왜냐하면 그러한 체계는 단지 정태적이며 불변하는 우주에서만 표현될 수 있기 때문에, 또한 경험적 실재는 정태적인 것도 불변적인 것도 아니기 때문에, (플라톤이 말하는 바와 같은) 그 '상像'은 '모델'이라 생각된 것과 일치하지 않으며 그것으로 설명될 수도 없다. 대자연이 그것에 의해 어떤 때에는 다른 때보다도 더 많은 것 또는 다른 것을 포함한다는 〈어떠한〉 변화도 충분이유의 원리에 대해서는 이 원리를 가장 잘 이해하고 가장 마음속으로 믿고 있는 철학자들에 대해 이 원리가 지니고 있는 것을 우리가 보아 온 의미에서는 치명적이라 할 것이다. 더욱이 시간적 연속은 시작이 있거나, 아니면 시작이 없거나 한 것이다. 만일 이 과정에 시작이 있다면 그 시작의 날짜나 그 날 이전의 시간적 범위는 임의적인 사실이다. 아무리 원시적 형상이라 해도 우주가 그 전날이 아니라 차라리 다음날 갑자기 존재하게 되었다든가, 그 계속되는 기간이 다른 때가 아니라 어느 특정의 한 때가 되기 위해서는 생각할 만한 합리적인 근거가 전혀 있을 수 없다. 그 신학적 형태에 있어서 이는 아우구스티누스를 비롯해 다른 많은 형이상학자와 신학자가 겪어야 했던 어려운 문제였다. 즉, 만일 생성하는 것 또는 우주를 창조한다는 것이 신의 본성 또는 본질이라면 그러한 영원한 본질은—그 날이 기원전 4004년이건 혹은 훨씬 더 이전이건—시간 속의 어느 확실한 날에 창조를 시작함으로써 존재하기 〈시작〉할 수는 없었다. 설령 그러한 본질이 시간적 연속 속에서 스스로를 나타낸다고 생각될 수 있다고 하더라도 단지 무한한 연속만이 그 본질의 시간적 대응물일 수 있었던 것이다. 교리상의 이유나 혹은 다른 이유에서 천지창조에 시작이 있다는 설을 믿게 된 합리주의 철학자들과 신학자들이 이 문제에 대처하려는 투쟁은 인간 정신의 창의성에 관한 특이한 사례를 제공하고 있다. 그러나 이 투쟁이란 분명히 조화될 수 없는 두 명제를 조화시키려는 투쟁이었다. 아마도 우주는 어느 갠 날 갑자기 존재하게 〈되었을지도 모른다.〉 그러나 만일 그렇다 하더라도 그러한 우주는 논리적으로는 존재하지 않았을지도 모르는 우주이며 더욱이 그런 의미에서 그 배후에는 필연적 이유가 없는 거대한 우연사인 것이다. 만일 또 다른 입장인 '우주의 영원성'이라는 아리스토텔레스의 이론, 즉 과거의 시간적 과정이 무한하다는 이론이 채택된다면 다른 종류의 문제점이 생겼을 것이다. 즉, 완결된, 구분될 수 있는 사건의 무한한 연속이라는 모순 및 그 사이에 아무런 변화도 없는 무한수의 순간이라는—분명히 경험에 반대되는—가정 혹은 그 사이에 거기에 맞먹는 가치의 실현이 달성될 수 없는 것으로 생각되는 무한수의 변화라는 가정 중 어느 하나가 된다. 이 후자의 문제점은 오래 전에 로이스에 의해 우화 속에서 정확히 또 재치 있게 표현되었다. "만일 당신이 해변에서 모래를 삽으로 퍼서 제방을 만들기 위해 이것을 싣고 가는 사람을 발견하고 또한 당신이 그가 얼마나 상당한 양의 모래를 실어갔는가 하는 것을 보고는 그의 근면을 칭찬하기 시작한다고 할지라도……당신은 스스로를 억제하여 그에게 물어보게 될지도 모른다. '여보시오, 당신은 얼마나 오랫동안 이 일을 하였는가?' 그리고 만일 그가 그곳에서 아주 먼 옛날부터 모래를 실어 나르고 있었고 실제로 우주의 필수불가결한 일거리였다고 대답한다면 당신은 그의 거짓말에 내심 놀랄 뿐만 아니라 다음과 같이 말하고 싶을 것이다. '여보시오, 그것은 그렇다 치고, 하지만 그렇다면 당신은 아주 먼 옛날부터 무한히 게으른 사람이었을 것임에 틀림없구려!'"[16] 그러므로 우리가 보아 온 바와 같이 〈존재의 연쇄〉라는 관념을 분명히 시간화하고 그것을 존재의 충만과 다양성의 점진적 증가를 통하여 우주 진화의 프로그램으로 바꾸어 놓으려 한 사람들은—이 문제점에 대해 의심할 바 없이 다소 의식하고 있었기 때문에—당연한 일이지만 보통 우주의 역사의 절대적인 시작을 가정했던 것이다. 그렇게 함으로써 그들은 그러한 역사가 다른 종류의 합리성을 갖는다고 생각할 수 있었다. 왜냐하면 그럴 경우에 현실은 합리적인 목표를 〈향하여〉 힘들게 싸우고 이미 그 목표에 꽤 접근하며 존재의 우월성 또는 가치의 전체를 풍부하게 한다고 생각될 수 있었다. 그러나 그들은 동시에 우주가 그러한 속성을 갖고 있다고 오랫동안 생각되어 온 그러한 의미의 우주의 본질적 논리성을 은근히 부인하였다. 우주가 단지 수세기 이전에 혹은 몇 십억 년 전에 시작되었다는 것이나 또는 우주의 진행이 되어 왔다고 생각되는 방향은, 비록 우연히 다행한 것이라고 간주된다하더라도, 함축된 의미로 보아 우연한 사건이란 것이었다.

---

16. *The Religious Aspects of Philosophy*(1885), pp.248~249.

그러나 이상은 이 역사 이야기가 시사하는 두 번째 교훈의 절반에 불과하다. 나머지 절반은 합리성이 완결되었다고 생각될 때 또는 모든 임의성이 배제되었다고 생각될 때 그 자체가 일종의 비합리성이라는 것이다. 왜냐하면 이러한 합리성은 가능한 것 모두를 공가능共可能한 한에 있어서는 완전하게 실현하는 것을 의미하므로 거기서는 한정되거나 선택적인 원리가 제외되기 때문이다. 존재 가능한 것의 영역은 무한하다. 더욱이 충분이유의 원리가 함축하는 것으로서 충만의 원리는 〈그〉 함축된 의미가 철저히 고찰되었을 때 그것이 적용된 모든 영역에서의 무한—즉, 무한한 공간, 무한한 시간, 무한한 수의 우주 속에 존재하는 무한한 종, 무한한 개체의 존재, 아무리 비슷하다 할지라도 임의의 두 종류 사이에 개재하는 무한히 많은 종류의 존재—등에까지 이른다. 이 원리의 결과가 이와 같이 충분히 확대될 경우에 인간 이성은 이성이 통하지 않을 뿐만 아니라 부정되고 마는 우주에 직면하게 되었다. 왜냐하면 이러한 우주는 있을 수 없는 모순으로 이루어진 우주이기 때문이었다. 그리하여—단지 한 사례만을 제시한다면—형상의 연속이라는 가설은 비록 합리주의적 전제 속에 암묵리에 내재하고 있긴 하지만, 그 자체와 모순된 것이었다. 현대 수학이 해결했다고 주장하는 것은 (나에게는 설득력이 부족한 것으로 생각되는데) 수학적 연속의 개념과 같은 역설은 차치한다 하더라도 질적 연속이란 어쨌든 말의 모순이다. 임의의 계열에서 새로운 〈성질을 가진 것〉, 상이한 〈종류〉의 것, 단지 계열 전체에 공통되는 무엇인가 상이한 크기나 상이한 정도가 아닌 것이 나타나면 이상의 이유에 따라 연속은 깨지고 만다. 따라서 비록 충만의 원리와 연속의 원리는—후자가 전자 속에 함축되어 있다고 생각되고 있음에도 불구하고—서로 상충된 결과가 나온다. 최대한 종류의 다양성을 보여준다는 의미에서 "충만"한 우주는 주로 "비약"으로 가득 차 있음에 틀림없다. 모든 점에서 무엇인가 다른 것으로의 돌발적인 이행이 있으며—무한히 다른 다양한 "가능"한 종류의 모든 상이성 중에서—무엇이 다음에 올 것인가를 결정할 수 있는 순순히 논리적인 원리란 없다.

그렇다면 구체적으로 존재하는 우주란 본질의 영역을 공평하게 복사한 것이 아니다. 그리고 그것은 순수 논리를 시간적 의미로 바꾸어 놓은 것이 아니며 그러한 의미 자체가 실로 순수 논리의 부정이다. 우주는 지금 우연히 지니게 된 성격·내용·다양성의 범위를 갖고 있는 데 불과하다. 우주가 어떤 종류이어야 하는가 혹은 가능성의 우주 중 어느 정도가 이 우주 속에 포함되어야 하는가에 대한 어떤 합리적 근거도 아주 먼 예부터 이미 결정된 것은 전혀 아니었다. 요컨대 우주는 우연적인 우주〈이다〉.[17] 그 크기와 그 모양, 그리고 우리가 법칙이라고 부르는 관습 등에는 무엇인가 임의적이고 특이한 것이 있다. 그러나 만일 그렇지 않다면 그것은 성격이 없는 무한한 가능성 중에서 선호 혹은 선택하는 능력이 없는 우주가 될 것이다. 만일 신학자들이 쓰는 전통적인 신인동형설神人同形說을 사용해도 좋다면 이 우주에서 〈의지〉가 〈지성〉에 선행한다고 말할 수 있을 것이다. 이 문제에 관하여 신학에서의 엄격한 합리주의자들에 대한 중세 후기의 반대자들, 즉 라이프니츠와 스피노자에 대한 17세기와 18세기의 반대자들 그리고 〈존재의 연쇄〉라는 관념 전체에 반대하는 논쟁을 한 볼테르와 존슨 박사는 결국 논쟁에서 승리했다고 인정되어야 할 것이다. 형이상학적 정리로서의 충만의 원리와 연속의 원리의 역사 및 이 두 원리가 그 설득력의 대부분의 근원인 충분이유의 원리의 역사는 이러한 결론에 이르게 되었다. 우리의 역사적 개관을 마무리 짓는 시점으로부터 한 세기 동안의 성찰 과정에 있어서 이 결론은 뚜렷하고 은근하게 더욱더 유포되기에 이르렀으며, 그 결과 이 문제의 중요성에 대한 의미를 비롯해, 반대 가설의 역사적 역할 및 동기 등에 대한

17. 나는 〈우연적〉이란 말을 스피노자가 정의한 절대적 의미에서 쓴다. 즉, "우리가 단지 개체의 본질만에 주의하는 경우는, 그 존재를 필연적으로 정립하는 아무것도 발견하지 않는 한 나는 그 개체를 우연적이라고 부른다"(Ethica IV, 정의 3).

의미는 거의 대부분 잊히고 말았다. 그 결과의 한 면은 화이트헤드 교수가 쓴 구절 속에서 잘 설명되었는데, 이는 의심할 바 없이 플로티노스·브루노·스피노자 그리고 라이프니츠까지도 경악케 했을 것이었다. 왜냐하면 그것은 화이트헤드가 신의 이름을 유출설이 갖는 〈무한한 풍요성〉에 대해서가 아니라 "한정성限定性의 원리"에 부여하고 있기 때문이다. 화이트헤드가 쓴 바에 따르면 "형이상학적 상황 속의 한 요소는 그러한 원리가 요구된다는 것이다." "무엇인가 개별적인 〈어떻게〉가 필요하며 그리고 사실의 〈무엇〉에 있어서의 개별화는 필요하다." 그렇지 않으면 현실 우주의 "명백한 비합리적 한정성"은 단지 우주가 순전히 환상이라는 증거로서만 이해될 수 있을 것이다. "만일 우리가 이러한 생각을 거부한다면……우리는 실질적 활동의 속성 속에 있는 한정성에 대해 그 근거를 부여해야 한다. 이러한 속성은 어떠한 이유도 있을 수 없는 한정성을 제공하는데, 왜냐하면 모든 이유는 여기서 흘러나오기 때문이다. 신은 궁극의 한정성이며 그의 존재는 궁극적 비합리성이다."[18] 이러한 비합리적인 것의 우위를 그처럼 주장하는 것과 대조하며 비록 의도하지 않은 그와 같은 주장을 확인하는 바이지만, 우리가 다루어온 관념 복합체의 역사는 철학 정신의 어떤 집요한 욕구의 표현으로서 한때 가장 감동적인 흥미를 불러일으켰으며 동시에 우리 시대 및 후대의 철학적 성찰에 대해서는 영속적인 교훈을 주는 것이다.

그러나—많은 역사적 사례가 입증하듯이—한 신념의 효용과 그 타당성은 서로 독립 변수라 할 수 있다. 더욱이 잘못된 가설은 흔히 진리에 이르는 길이다. 그러므로 나는 이 강연을 마무리함에 있어서 〈존재의 연쇄〉라는 관념이 그 전제와 함축된 의미 등과 함께 서양 사상사에서 수많은 기묘함 속에서도 다행스러운 결과를 낳게 되었다는 것을 상기시키려고 하는 바이다.

---

18. *Science and the Modern World*, p.249. 셸링의 「신성한 것에 관한 저술의 기념」, p.65에 같은 관념에 대한 약간 애매한 암시가 있는 것에 주의해야 할 것이다.

나는 적어도 그 관념이 사상사에서 수행한 역할에 대한 우리의 장시간에 걸친, 그럼에도 충분치 못한 검토에 비추어 볼 때 십분 명백한 것이기를 바라는 것이다.

A. O. 러브조이에 관하여

—관념사와 「존재의 대연쇄」를 중심으로—

아서 러브조이(Arthur Ocken Lovejoy, 1873~1965)가 타계했을 때 동료 철학 교수인 에델스타인(Ludwig Edelstein, 1902~1965)은 러브조이에 대한 추도사에서 그를 〈완벽주의자〉라고 지칭하고 있다. 러브조이는 논문이나 저서를 쓸 때 어느 누구보다도 한층 더 세심한 주의를 기울이는 학자였으므로 각주를 단 하나 붙이는 일에 대해서도 본문 한 페이지를 쓰는 일보다 더 신중하고 더 노력을 들인 조사 연구를 하였다. 예를 들면, 러브조이는 쿠사누스(Nicolaus von Cusanus, 1401~1464)에 관한 그다지 대단치 않은 부주附註를 위해서 쿠사누스의 전집뿐만 아니라 2차적 문헌 전부를 다시 읽을 정도였다. 이러한 그의 완벽주의가 가장 잘 표현된 것이 여기에 번역된 「존재의 대연쇄」가 아닌가 생각된다.

러브조이는 1873년 10월 10일 아버지가 의학 연구를 하던 독일 베를린에서 태어났다. 그 후 아버지 월리스 러브조이(Wallace William Lovejoy)는 목사가 되었다. 어머니는 독일 함부르크 출신의 사라 옹켄(Sara A. Oncken)이었다. 러브조이는 캘리포니아 대학(버클리)을 마친 후 1895년 하버드 대학 대학원으로 진학하여 2년 후 철학 석사(M.A.) 학위를 획득하고 1897년부터 2년간 파리 대학에 유학하였다.

러브조이는 스탠퍼드 대학의 조교수로서 철학을 가르치는 것으로 교편을 잡게 되었으며(1899~1901) 그 후 7년간 미주리주 세인트 루이스(St. Louis, Missouri) 소재 워싱턴 대학의 철학 교수로 재임하였다. 잠시 동안 컬럼비아 대학(1907~8)과 미주리 대학(1908~10)에서 가르친 후, 1910년부터 1938년 퇴직할 때까지 볼티모어의 존스홉킨스 대학의 철학 교수로 재직하고 그 이래로 24년간 이 대학의 명예교수로 있게 되었다.

1927년 미국철학회(American Philosophical Association)의 카러스 강연(Carus Lectures)을 맡아 그 결과를 『이원론에 대한 반란』(*The Revolt Against Dualism,* Open Court Publishing)으로 출판하였는데, 인식의 이원성을 변호하는 이 저술을 통하여 인식론자로서 널리 알려 지게 되었다. 다시 1933년에는 하버드 대학의 윌리엄 제임스 강연(William James Lectures)을 하였으며, 그 결과는 『존재의 대연쇄』(*The Great Chain of Being,* Harvard University Press)로 1936년 출판되었다. 그러므로 『존재의 대연쇄』는 그가 교수직에서 은퇴하기 2년 전에 발표된 것으로, 그의 생애를 통한 학문적 온축의 결실이라고 간주될 수 있다.

러브조이는 인식론자·철학평론가·지성사가 등으로 알려져 있으므로 그를 추상적 사고의 세계 속에 갇힌 사람으로 알기 쉽지만, 사실 그는 행동인으로서도 소신 있는 인물이었고 그 소신을 끝까지 관철하려고 하였다. 에덜스타인의 회상에 따르면 러브조이는 철학자로 알려지기보다는 차라리 소신에 입각하여 행동하는 공인으로 우선 평가해야 된다는 것이었다. 그의 말을 직접 인용하면 다음과 같다.

> 옳은 일은 실천에 옮겨져야 하고 또 실천되었다. 이 젊은 하버드 대학생 [러브조이]는 아무리 연구에 헌신하고 학문에 몰두한다 할지라도 시간

을 내어—왜냐하면 그것을 자신의 의무라고 생각했기 때문에—보스턴의 빈민가에서 자라나는 소집단의 어린이들을 한데 모아 그들의 교사가 되기를 자처하고 나섰다. 이 이야기는 그가 항상 취해야 했던 태도를 상징하고 있다. 작은 명분이든 큰 명분이든 간에 그것이 무엇이든, 대학 전반의 정책 문제이든 박사 학위 자격 시험이든, 전체 학계의 이해관계나 한 개인의 운명에 관해서든 또는 세계 평화 또는 전쟁의 문제이든, 미국의 인권 문제 혹은 지역 정책이나 신문 논설에 관한 것이든—일단 자신의 명분으로 삼으면 그는 일어섰다. 더욱이 그는 공개적이며 직접적인 방식으로 행동했으며, 가능한 한계 내에서 합의에 도달할 희망을 가지면서도 원칙을 어기는 경우에는 끝까지 타협하지 않는, 확고한 결의를 갖고 있었다. 그는 기꺼이 협력하는 이상으로 문제 해결을 자신의 방식대로 하기를 고집하거나 또 고집하기를 원치 않았다. 그러나 그는 무엇보다도 성실성을 중히 여겼으며 결코 부정을 용납하지 않았다. 그는 여론이나 어떠한 권력도 겁내지 않았으며 그의 행동이 그 자신에게, 그의 안락과 평안함에, 이른바 생활 안정에 끼친 어떠한 이익 또는 불이익도 그에게는 논란의 여지가 없었다.……

(Ludwig Edelstein, "In Memory of A.O. Lovejoy," *Journal of the History of Ideas* XXIV: 4, Oct.-Dec. 1963, p.452).

이와 같은 그의 정의감은 결국 그로 하여금 미국대학교수협의회(Association of American University Professors: AAUP)의 결성에 적극 참여하게 하였다. 그는 1919년(46세)에 이 협의회 회장에 취임했으며, 그 후로는 협의회 안의 분파인 〈학문적 자유의 침해에 대한 조사위원회〉의 위원장을 다년간 역임하였다. 이러한 관련에서 「사회과학 백과사전」(*The Encyclopedia of the Social Sciences*, 구판)의 "학문의 자유"란 항목을 집필하였다.

러브조이는 일생 결혼하지 않은 채 고고한 학문적 사색과 폭넓은 교우 관계를 즐기면서 1962년 12월 30일 볼티모어 자택에서 89세를 일기로 타계하였다.

철학

러브조이의 철학은 크게는 실재론의 범위에 속하며 대체로 실용주의(Pragmatism)나 행동주의(Behaviorism)에는 반대되는 것이었는데, 주로 인식론의 분야에서 주목될 수 있다. 그의 철학 논문은 다년간 반지성주의(anti-intellectualism)라고 이름 붙일 수 있고 여러 형태의 철학에 대한 비판을 담았다. 이에 속한 논문은 예를 들면 "*The Thirteen Pragma- tisms*"(1908), "*Some Antecedents of the Philosophy of Bergson*"(1913), "*The Paradox of the Thinking Behaviorist*"(1922) 등이다.

동료 철학자인 몽태규(Willam. P. Montague, 1873~1953)가 어느 때 러브조이에게 인간의 주목적이 무엇인가라고 물으니 그는 곧 〈자의식〉이라고 대답하였다. 대개의 철학자들이 사고의 출발점으로 극히 타당하다고 간주하는 이 평범한 관점은 그의 철학의 기조가 되었다. 러브조이는 우리의 모든 경험이 시간적인 것이라 보고 그의 이른바 〈시간화 실재론〉(temporalized realism) 또는 〈시간주의적 실재론〉(temporalistic realism)을 제창했으며 20세기 전환기의 철학 운동인 〈신실재론〉(New Realism)을 비판하였다. 예를 들면 "*Reflections of a Temporalist on the New Realism*" (1911), "*On Some Novelties of the New Realism*"(1913) 등 논문들이 이에 해당한다.

영국의 브래들리(Francis H. Bradley, 1846~1924), 그린(Thomes H. Green, 1836~82)과 같이 독일 관념론, 특히 칸트·헤겔의 영향을 받은 관념주의에 대한 반동으로서 러셀(Bertrand Russell, 1872~1970)을 대표로 한 신실재론이 일어났으며, 미국에서는 이에 보조를 맞추어 6명의 철학자들이 『신실재론』(1912)을 출판하면서 하나의 학파를 형성하였다. 좀 더 자세히 말하면 홀트(Edwin Bissel Holt, 1873~1946), 몽태규(William P. Montague)를 비롯해 미국 철학계의 거물급인 페리(Ralph B. Perry, 1876~1957) 및 마빈(Walter T. Marvin, 1872~1944), 핏킨(Walter B. Pitkin, 1878~1953), 스폴딩(Edward G. Spaulding, 1873~1940) 등은 〈철학 잡지〉(*Journal of Philosophy*)에 공동 연구를 발표하였다. 6명의 신실재론자는 각각 개인적인 차이는 있지만 그 공통점에 의하면 정신과 물질을 확연히 구분하는 이원론을 취하지 않고 감각적 여건을 정신적이거나 물질적인 것이 아닌 중성적인 것이라는 일원론을 취하였다. 의식의 작용은 환경에 대한 선택적 반응이며, 이 반응이 가능하기 위해서는 의식 속에 독립된 것이 존재하지 않으면 안 되며 그러나 동시에 외계의 독립성은 상실되지 않는다는 것이다. 신실재론자는 관념론이나 주관주의에 반대해 사물은 인식 주체를 떠나 독립적으로 존재한다는 것, 즉 객관적 세계는 의식에 의해서 직접 알려진다는 것, 따라서 주관과 객관의 관계는 그 사물의 독립성을 잃지 않는다는 입장을 취하였다.

이와 같이 신실재론은 객관적 세계의 인식으로부터의 독립성과 직접성이라는 일원론을 근본으로 하는데, 러브조이와 드레이크(Durant Drake, 1878~1933)는 비판적 실재론의 입장을 제시함으로써 이 점에 대해서 공격하였다. 그것은 신실재론이 객관주의 쪽으로 기울어진 데 대해 비판하는 것으로서, 이에 따르면 객관적 실재는 그것대로는 인식될 수 없고, 단지 인식되는 것은 지각 여건으로서의 성질 복합체에 불과하며 우리는 그러한 복합체를 실재의 성질이라고 믿는 데 불과하다는 것이었다.

1920년 드레이크를 비롯한 7명의 미국 철학자들은 공동 연구로 『비판적 실재론집』(*Essays in Critical Realism*)을 출판하였다. 드레이크, 러브조이 이외에 이 책의 공저자로서는 유명한 스페인 출신의 미국 철학자인 산타야나(George Santayana, 1863~1952)를 비롯하여 프래트(James B. Pratt, 1875~1944), 로저스(Arthur K. Rogers, 1868~1936), 스트롱(Charles A. Strong, 1862~1940), 셀라스(Roy W. Sellars, 1880~1973) 등이 있었다. 이 7명의 철학자들은 역시 각각 상이한 점이 없지는 않았으나 홀트 등이 제창한 신실재론의 자극을 받아 협동 연구를 발표한 것이었다.

그들의 입장은 객관적 세계가 주관과 독립하여 존재한다는 점에서는 신실재론과 다름없으나 그 인식 과정에 관해서는 상이하였다. 즉, 신실재론은 대상을 직접 인식할 수 있다고 주장하는 데 반해서 비판적 실재론은 이원론적 입장에서 지각의 직접적 여건이 정신적이거나 물질적인 것이 아닌 〈논리적 본질〉로서 존립한다고 주장하였다. 이러한 논리적 본질은 정신적으로 또는 물질적으로 존재하는 것과는 상이하며 그리고 인식 과정에서 매개·전달의 역할을 한다. 의식 문제에 관해서는 그것이 환경의 자극에 대응해서 신경중추로부터 생긴다는 점에서는 신실재론과 마찬가지로 생리적이지만, 신실재론이 행동주의적 심리학 쪽으로 크게 기울어져 있음과 대조적으로 비판적 실재론은 전통적 심리학의 입장에 접근하여 의식의 내부 구조에서의 주관적 영역을 인정하였다. 러브조이는 이 점에서도 실용주의에 대해 상당히 비판적이었다.

20년대의 일원론에 대한 러브조이의 결정적인 공격이며 자신의 인식론적 이원론을 변호한 주저인 「이원론에 대한 반란」은 1930년에 이르러 출판되었다. 그는 이 저술에서 이른바 그의 소박한 이원론을 개관하면서 서두를 시작하였다. 이 소박한 이원론은 첫째로 가능한 인식대상(*cognoscenda*)은 지각하는 자의 외부에 있다는 것, 둘째로 사람은 과거에 존재하였고 미래에 존재할 수 있는 사물과 실제 교섭을 하지 않을 수 없다는 것, 셋째로 사물이 직접적으로 알려지지 않는다 해도 마치 그런 것처럼 사람은 그것을 알 수 있다는 것, 넷째로 다른 사람의 정신이나 경험도 역시 존재한다는 것,

다섯째로 인식대상은 나 아닌 다른 인식자에 의해서도 인식될 수 있다는 것 등을 가정하고 있다. 「이원론에 대한 반란」은 이러한 이원론을 분석하고 그 수정을 제시하였다. 러브조이는 양적 이원성—예를 들면 연필 두 자루나 책 두 권과 같은 것—을 질적 이원성—예를 들면 빨강색과 파랑색 등—보다 더 실재적이라고 생각하였다. 왜냐하면 두 개의 물건의 이원성은 그 어느 하나의 시간적이거나 공간적 혹은 시·공간적 위치를 차지하고 있고 그 위치는 나머지 다른 하나가 경험적으로 입증하는 것과는 상이하기 때문에 나머지 다른 하나는 전자보다도 다른 위치를 차지한다는 것이 경험적으로 밝혀지고 있다는 사실로써 증명된다. 그러므로 이 양자는 동일하다고 믿어질 수 없다.

러브조이는 이원성에 대한 다른 기준도 사용하지만 이것이 대상과 지각 간에 있는 이원성을 충분히 입증한다고 생각하였다. 그에 의하면 이원성을 부인하는 것은 두 개별적 사물이 두 장소에 동시에 존재할 수 있다고 주장하는 것과 같다는 것이다. 또는 하나의 개별적 사물이 여러 형태 내지 상충하는 이질적 요소를 동시에 갖고 있어서 동일한 시간적 질서 안에서 동일 시간을 갖는다는 것, 그리하여 바꾸어 말하면 그것은 인과적 연속에 있어서 동시에 시작이며 동시에 끝일 수 있다고 주장하는 것과 같다는 것이다. 러브조이는 이러한 논제를 중심으로 당시의 영국과 미국의 신실재론이나 객관적 상대주의 등과 화이트헤드(A.N. Whitehead, 1861~1947)나 러셀의 인식론을 비판하였다.

지성사학

학자로서 러브조이의 명성은 철학의 영역보다 지성사(intellectual history) 내지 이른바 관념사(history of ideas)의 영역에서 더 길이 남을 것이다. 그리고 도리어 그의 철학조차 광범한 역사 지식에 바탕을 두고 있었다고 말해야 옳을 것 같다. 그는 인간을 어떻게 규정했는가? 그에 따르면 인간은 시행착오를 통해 사물의 원인을 구명하고자 하는 〈해석적 동물〉(interpretative animal)이라는 것이다. 그러므로 철학의 역사는 여러 관념들의 혼돈의 역사이다. 러브조이는 생애를 통해 이 관념의 혼돈에 질서와 체계를 부여하려는 작업에 헌신하였다. 그의 철학적 비판은 이러한 역사적 사고와 밀접히 관련되어 이른바 분야 간 협동인 지성사를 수립하는 데 기여하였다. 지성사에 대한 러브조이의 관심은 이미 브루노와 스피노자에 관한 초기의 논문(“*The Dialectic of Bruno and Spinoza*”, 1904)에서 나타났다. 그 후 반세기 동안 그는 저술이나 학회 활동 혹은 학술지의 발간 등을 통해서 일찍이 그 유례가 없는 고도의 정밀한 분석적 방법과 철학·문학·과학·예술 간의 협동 작업을 통한 관념의 〈내적 형성 과정〉을 추구하였다.

그리하여 그는 많은 동료 학자의 협력을 얻어 1923년에 존스홉킨스 대학에 「관념사학 동인회」(*The History of Ideas Club*)를 만들게 되었다. 러브조이와 함께 이 회합을 발기한 사람은 보애즈(George Boas, 1891~1980)와 치나드(Gilbert Chinard, 1881~1972) 교수였다. 여기에 참여한 학자 가운데 가장 두드러진 사람은 스미스 대학에 있다가 나중에 컬럼비아 대학으로 교수직을 옮긴 여류 사상사가 니콜슨(Marjorie Nicolson; 문학)이었다. 그 밖의 저명 참여 학자로서는 올브라이트(W.F. Albright; 고고학), 에델스타인(Lud- wig Edelstein; 고전학), 쳐니스(Harold Cherniss; 고전학), 글래스(Bentley Glass; 생물학), 템킨(Owsei Temkin; 의학사) 등이 있었다.

한 달에 한 번의 월례회를 가진 이 회합의 목적은 (1) 문학에서의 일반적인 철학 개념, 윤리 개념 및 심미 형식의 발전과 영향 (2) 과학 사상 및 정치·사회 운동의 여러 경향을 고찰하려는 데 있었다. 이 동인회는 계속 발전하여 1940년에는 러브조이의 제안에 따라 학술지 「관념사학 잡지」(*The Journal of the History of Ideas*)를 간행하였으며 그는 초대 편집인이 되고 위너(Philip P. Wiener, 1905~1992)가 주간이 되었다[위너는 후에 『관념사 사전』(*Dictionary of the History of Ideas*, 1974) 5권의 편집을 맡은 학자이다]. 어쨌든 러브조이는 이 학술지의 발간을 계기로 인문학 각 분야의 부문별 전문화의 지양과 아울러 분야 상호 간의 협동 연구를 통한 사상사의 종합적 발전을 제의하였다. 그는 니콜슨(Marjorie Nicolson, 1894~1981), 랜들(Herman Randall, Jr., 1899~1980)와 함께 타계하기까지 이 학술지의 명예 회장을 맡았다. 이 학술지는 오늘날 전 세계를 통해 유일한 지성사 전문 학술지라 평가될 수 있다.

러브조이가 말하는 관념사는, 예를 들면 로만주의·자연주의·진화론·원시주의(Primitivism) 등 주의主義를 비롯해 통일성·영원불변·변화·생명력 등과 같은 형이상학적 개념, 인민·민중·폭도 등 정치·사회적 학술 용어, 그밖에 신념·신앙·종교와 관련된 믿음이나 감정을 그 고찰 대상으로 포함시켰다. 그러므로 러브조이는 관념사란 "철학의 역사보다도 좀 더 구체적이며 동시에 좀 더 한정되지 않는 어떤 것"(*The Great Chain of Being*, p.3)이라고 규정하였으며, 보애즈는 "신념에 관한 역사(history of beliefs) 또는 사실이건 정책이건 주장(assertions)에 관한 역사"(*The History of Ideas*, 1969, p.20)라고 정의하였다. 그리하여 러브조이는 "만물에는 그 존재의 점차적 이행이 있다"(*The Great Chain of Being*)는 관념을 역사적으로 고찰하였으며 보애즈는 "민성民聲은 천성天聲이다"(Vox populi vox Dei)라는 예로부터의 속담을 연구하였다(*Vox Populi: Essays in the History of an Idea*, 1969). 특히 문학 연구는 관념사적 연구의 배경과 밀접한 관계가 있으므로 문학 평론은 관념사에 대한 관심을 깊이 해야 할 것이다. 예를 들면 셰익스피어의 작품은 중세의 도덕극과 같이 그 속에 담겨진 관념의 분석이 병행되어야 비로소 충분히 이해될 수 있다. 마찬가지로 셰익스피어나 포우프의 작품에서 존재·의지·이성 등의 관념의 역사를 알지 못하고는 그 참다운 뜻을 이해하기 어려울 것이다.

그러나 여기서 좀 더 관념사의 연구 내용에 관해 보충 설명할 필요가 있다. 러브조이가 「관념사학 잡지」의 창간호에서 또는 그의 논문집인 「관념사학 논집」(*Essays in the History of Ideas*, 1948)에서 밝힌 바에 의하면 관념사의 연구 범위를 다음과 같이 정의하고 있다. 첫째로 관념사는 고전적 사상이 현대 사상에 끼친 영향 및 유럽 전통이 미국의 문학·미술·철학·사회 운동에 끼친 영향을 연구한다. 둘째로 일반 통념으로 된 여러 개념이 취미·도덕·교육 방법 등 일반 생활에 끼친 영향과 나아가서는 철학적 사고가 문예·종교·사회 사상에 끼친 영향을 연구한다. 예를 들면 〈자연〉이란 말은 사람들이 흔히 쓰면서도 그 뜻이 애매한 것을 모르고 있는데 그럼에도 불구하고 상당한 기간에 걸쳐 그 의미가 새로이 첨가되곤 했으며 관념사가는 이 현상에 대한 분석을 한다. 셋째로 동일한 관념들이 매우 다양한 사상 분야 및 상이한 여러 시기에 나타나거나 영향을 끼치는 것을 연구한다. 예를 들면 논리학에서 시작된 한 관념이 생물학에 나타난다든지 또는 그 반대의 현상이 일어나는 것을 연구한다. 넷째로 자연과학의 발견 및 이론이 과학 사상 전반 및 철학에 끼친 영향 또는 과학적 응용이 갖는 문화적 효과를 연구하며 또한 진화·진보·자연계와 인간 사회에 관한 기계론적 관념이나 유기체적 관념·필연론·개인주의·내셔널리즘과 같은 관념과 그 파생적 관념을 연구한다. 간단히 말하면 러브조이의 방법론의 요점은 논리적 분석과 추상적 개념의 추적에 있었다. 그에 따르면 관념사가는 개념 복합체(idea-complexes)를 단위 관념(unit-ideas)으로 해체하여 그것의 시대적 변이를 추구하는 것이다. 단위 관념은 지성사의 다이나믹한 요소이며 반복하여 나타나는 연속적인 것이다. 그러므로 역사가는 이른바 철학 체계를 다루기보다는 차라리 인류 사상사의 기본 성분이 되는 단위 관념의 독특한 형성과 발전을 고찰하여야 한다.

러브조이의 가장 영향력 있고 대표적인 관념사적 저술은 『존재의 대연쇄』이다. 이 저술은 20세기 전반기에서 가장 영향력 있는 단일 저서로 평가되고 있다. 그것은 이른바 관념사의 방법론에 대한 가장 훌륭하면서도 가장 성공적인 사례가 될 것이다. 이 저서는 고대부터 19세기 로만주의 시대에 이르기까지 영속적으로 서양 사상사에 나타난 하나의 관념—'단위 관념'—즉, 존재의 〈편재성遍在性〉을 다루고 있다.

『존재의 대연쇄』보다 앞서 출판되었으며 두 번째로 중요한 대표적인 저술은 원시주의 내지 원시 감정(primitivism)에 관한 그의 연구이다. 그는 이 연구가 대상으로 할 넓은 범위에 비추어 3명의 관련 학자들과 협동으로 모두 4권으로 완성시키려고 하였다. 그는 먼저 보애즈와의 공저로 1935년 『고대의 원시 감정과 그 인접 관념』(*Primitivism and Related Ideas in Antiquity*)을 출판하였다. 그 후 두 번째 권에 해당하는 중세 편은 보애즈가 단독으로 저술하였으나 애당초 「원시 감정 및 그 인접 관념에 관한 사료적 역사」(*A Documentary History of Primitivism and Related Ideas*)라는 대기획은 끝내 완결되지 못하였다.

원시 감정은 두 가지 형태로 분류될 수 있다. 첫째, 시간적 형태, 즉 황금시대의 신화에서 예시되는 원시 감정, 둘째, 문화적 형태, 즉 반문명적 생활을 재발견 하려는 시도, 예를 들면 견유파의 시니시즘이나 이른바 자연적 생활을 찬양하는 모든 시도에서 예시되는 원시 감정 등이다. 이러한 두 형태의 원시 감정은 다시 구분되어 〈이상적 원시 감정의 추구('hard' primitivism)와 현실적 원시 감정의 추구('soft' primitivism)〉로 분류된다. 이상적 원시주의는 자연 상태(인간의 원시 생활 조건)가 전설적인 고상한 야만인(noble sauvage)의 상태에 매우 가까운, 조야하고 잉여물로 마음의 부담이 있을 수 없는 상태였다고 주장하며, 요컨대 인간의 적나라한 자연조건에서의 자유로운 생활을 희구하는 감정이다. 거기에 대해 현실적 원시주의는, 자연 상태는 기분 좋을 정도로 부드러운 것이었으며 자연은 노동 없이도 인간에게 그 소산물을 제공해 주었고 사유 재산·교역·시기·질투·전쟁 등이 없는 동시에 예술과 학문에서 파생된 복잡한 부작용도 없는 상태를 주장하였다.

러브조이의 단위 관념의 추구를 내세운 지성사는 그 후 광범한 영향을 끼쳤다고 평가될 수 있다. 그것은 정통적인 사상사뿐 아니라 문학사에도 적용되는 방법이었다. 그 중에 대표적인 예는 바커(Herschel Barker)의 *The Image of Man*(Harper Torchbooks, 1947)인데, 그 부제로 "고대·중세·르네상스에서 인간 존엄성이란 관념에 대한 연구"(A study of the ideal of human dignity in classical antiquity, the Middle Ages, and the Renaissance)라고 붙여져 있다. 바커는 러브조이의 『존재의 대연쇄』를 그의 저술에서도 인용하고 있는데, 이 저술은 한 마디로 러브조이의 방법에 의한 일종의 철학적 인류학이라고 말할 수 있다. 또한 문학사의 영역에서의 러브조이의 영향은 스미스(Henry Nash Smith, 1906~1986)에게서 찾을 수 있다. 그는 저서 *Virgin Land: The American West as Symbol and Myth*(Harvard University Press, 1950)를 통해 19세기 미국인의 마음속에 있었던 신화와 상징을 찾아내려고 하였다. 스미스가 규정한 신화 또는 상징은 동일한 관념과 정서를 하나의 이미지 속에 융합시키는 지적 구조의 한 단위임을 가리키는 것이었다.

관념사라는 말은 미국 이외의 지역에서는 드물게 쓰이는 것인데 점차 그 존재 이유가 알려지기 시작한 것 같다. 최근 독일에서 개념사(Begriffsgeschichte)라 하여 문제가 되고 있으며 거기에 대한 대사전(*Geschichtliche Grundbegriffe*)이 발간되기 시작하였는데, 이것은 미국의 위너 편의 『관념사 사전』과 유사할 뿐 아니라 그것이 독일 사학에 있어서도 정착되어 가는 증거라고 볼 수 있다. 이와 같이 볼 때 1980년대에 이르러서야 러브조이의 관념사는 점차 세계적인 정립 과정에 들어섰다고 할 수 있다.

「존재의 대연쇄」

「존재의 대연쇄」는 하나의 관념이 전 유럽의 사상사를 통해 어떻게 생성과 변화를 겪는가에 관한 대서사시라고 볼 수 있다. 러브조이는 「존재의 연쇄」라는 관념이 철학·과학·문학·예술·종교·사회·정치의 분야에 구애받지 않고 모든 인간 정신의 영역에 걸쳐서 편재해 있다는 것을 이 저서를 통해 실증하고자 하였다.

러브조이는 어학이나 학식에서 매우 다재다능한 학자이며, 그 점은 이 책에서 십분 예시되고 있다. 그는 라틴어는 물론 그리스어·이탈리아어·프랑스어·독일어를 마음대로 구사하고 문헌도 광범하게 섭렵하고 있다. 또한 분야를 넘어선 그의 박학다식도 역시 이 책에서 다루는 범위에서 충분히 드러나고 있는데, 그는 생물학과 의학을 언급하는가 하면 코페르니쿠스·티코 브라헤·케플러 등의 천문학을 비롯해 밀턴·포우프 등의 문학 작품과 그 밖에 일반적으로 잘 알려지지 않은 2급·3급의 문인·학자·사상가에 이르기까지 실로 방대한 범위에 걸쳐 종횡무진 고찰하고 있다. 이 책의 주제는 매우 간단하다. 그것은 이 우주 속에 있는 피조물에는 점차적인 이행과 변이가 있는 단계가 있다는 주제이다. 그는 이것을 〈존재의 사다리〉로 비유하고 있으며, 이 사다리는 두 원칙으로 이루어져 있는데 그 하나는 빈 공백이 없이 꽉 차 있다는 〈충만의 원리〉이며 다른 하나는 사다리의 단계마다 위·아래의 등급의 존재가 거의 알 수 없는 차이를 가진 상이한 것으로 되어 있다는 〈연속의 원리〉이다. 요컨대 존재의 연쇄 또는 피조물의 사다리란 우주는 이제 겨우 비존재를 벗어난 하잘것없는 존재물로부터 최고도로 발달된 존재, 즉 정점에 있는 〈최고신〉에 이르기까지 빈틈없는 계층적 질서에 따른 존재의 무수한 고리로 구성되어 있다는 것이다. 존재의 연쇄라는 관념은 우주 창조 신화로부터 시작하여 중세 그리스도교 신학과 신플라톤학파를 거쳐 케플러·쿠사누스·브루노 등의 무한우주론에 연결되고 나아가서는 스피노자의 범신론이나 라이프니츠의 충분이유의 원리로까지 발전하여 로만주의 시대까지 이르렀다.

이 관념이 역사적으로 뚜렷이 추적되기로는 플라톤에 있어서이다. 플라톤의 〈선善의 이데아〉(「국가론」 제7권)는 인식할 수 있는 것 중의 정점을 의미한 것이므로 결국 그것은 존재물의 성질상 여러 단계가 있음을 함축하는 개념이다. 그런데 이데아는 하나의 논리적 기초에 불과하며, 좀 더 구체적으로는 존재의 연쇄는 플라톤의 「티마이오스」에서 암시되고 있다. 「티마이오스」에서 나온 데미우르고스, 즉 조물주의 속성에 의하면 "그는 선하기 때문에 아무것도 질투·선망하지 않으며 그래서 만물을 자기 자신과 비슷하게 만들기를 원하였던" 것이다. 그리하여 만들어 낸다는 것—생산성—은 신의 완성에 관한 본질적 요소였다. 이리하여 우주는 여러 가지 존재들로서 가득 차게 되고 또 여러 상이한 것도 많이 나오게 된다. 이와 같이 그리스 철학에서 존재의 연쇄라는 관념의 단서가 나왔으며 그것은 아리스토텔레스 그리고 플로티노스를 통해 점차 그 내용이 풍부해졌다.

무궁무진한 신의 창조성이라는 고대 철학자들의 관념은 신플라톤학파를 거쳐 중세 그리스도교 신학 체계로 흘러 들어가는데, 그것은 주로 성 아우구스티누스 및 성 바울의 제자인 아레오파고스의 디오니시우스(Dionysios ho Areopagites; Dionysius the Areopagite)의 작품이라고 잘못 생각된 저작(디오니시우스 위서僞書)을 통해서였다. 그러나 중세의 그리스도교 사상에 내재하는 논리적 대립은 곧 표면화되었다. 단테·아벨라르·토마스 아퀴나스는 아우구스티누스 이래의 충만의 원리가 빚어내는 중세 사상의 내적 모순을 경험하였다. 그것은 신의 자기 초월성, 즉 신은 구조적으로 예외 없는 모든 가능한 것을 창조해 내지 않을 수 없다는 명제와 신의 자유라는 속성과의 충돌이라는 문제였다. 간단히 말하면 아벨라르가 지적한 것처럼 신의 선성善性은 만물을 창조하지 않을 수 없는 것인데, 그렇다면 신은 창조 행위를 자유 선택에 의해서라기보다는 필연에 의해 행하는 것이 되며, 결국 이것은 신의 자유를 부인하고 필연에 얽매인다는 모순에 빠지는 것이다.

토마스 아퀴나스도 마찬가지의 문제에 직면하지만 조화의 관념을 도입하여 해결하려고 하였다. 즉, 신의 선택은 완전성과의 조화를 선택하도록 하는 것이며, 그렇지만 신은 그 선택 행위에 의해 강요받지는 않는다. 신의 의지는 항상 선한 것을 선택하지만 그것을 "의지의 선성에 필연이기 때문이 아니라 의지 자체의 선성에 알맞기 때문에" 선택하는 것이다. 그러므로 토마스 아퀴나스는 충만의 원리가 신의 절대 의지의 자유와 모순되지 않도록 논리적으로 해결하였다.

그리하여 공간 속의 물질적 우주의 크기와 일반적 배열에 관한 관념은 중세 그리스도교 사상을 거쳐 새로운 근대적인 관념으로 이행되었다. 이러한 관념적 이행에 기여한 것은 새로운 우주관의 출현이었다. 16세기에 보급되고 17세기에 꽤 일반화된 우주관에 의하면, 첫째로 태양계의 다른 행성에도 이성적 존재가 있다는 가정, 둘째로 중세적 우주관의 확대, 셋째로 따라서 공간 속의 우주는 무한하며 태양의 수도 무한하다는 것이었다. 한마디로 '가주可住' 세계의 수는 무한하다는 것인데, 그것은 전통적인 그리스도교적 세계관에 대해 어려운 문제를 제기하였다.

이러한 새 우주관은 물론 코페르니쿠스나 케플러 등의 과학에 근거한 것은 아니며 단지 철학적 또는 신학적인 전제에 따라 도출된 것에 불과하였다. 러브조이에 의하면 이 새로운 우주관은 쿠사누스나 브루노에 의해 잘 대변되었다. 그는 이렇게 말하였다. "우주는 원주를 갖지 않는다. 왜냐하면, 만일 우주가 중심과 원주를 갖는다면 우주의 외부에 어떤 것과 공간이 존재하는 것이 되기 때문이다." 그리하여 쿠사누스는 "물질적이며 양적인 우주의 불가지성不可知性"을 확신하게 되었다는 것이다.

브루노는 쿠사누스보다도 더 명확히 새로운 우주관을 표현하였다.

1586년경에 쓴 「거대함에 관하여」라는 저술에서 브루노는 공간 속의 별의 체계의 수는 무한하다고 주장하였다. 왜냐하면 신의 본질은 무한하며 그 가능성의 정도는 존재의 정도에 응하며 결국 무한의 가능성은 무한이 가능하지 않으면 있을 수 없다는 것이 자명하기 때문이다. 브루노가 말하는 절대자는 본질적으로 생성적이며 조화의 다양한 풍부함에서 명시되는 동시에 초월적이며 자기 충족적이다.

17세기 후반에 우주가 〈복수적復數的〉이며 무한하다는 이론이 급속히 수용된 것은 브루노의 저술의 직접적인 영향 때문이 아니라 오히려 데카르트의 철학 이론의 유포에 의한 것이었다. 더욱이 데카르트의 영향은 퐁트넬에게서 뚜렷하여 그의 「우주의 복수성에 관한 대화」는 어떠한 다른 작품보다도 이 관념을 지식 계급에게 퍼지게 하는 데 큰 기여를 하였다.

그러나 18세기 사상에 있어서 존재의 연쇄라는 관념이 퍼지게 된 것은 결정적으로 라이프니츠에 의해서였다. 그는 충만과 연속의 원리에 대한 대변자이며 특히 충분이유의 원리를 그것과의 관련에서 제시하였다. 그에 의하면 최소의 입자라 하더라도 무한한 분할이 가능하며 그 안에는 생물이 생존하는 세계를 포함하고 있다는 것이다. 마찬가지로 만일 자연 속에 어떤 빈틈이 있다고 한다면 그것은 신이 아주 불완전하다는 것을 의미하며, 또한 그것은 충분이유의 필연성의 대원리를 어기는 것을 의미한다. 충분이유가 있음으로써 우주는 꽉 차게 되는데 한마디로 충분이유의 원리란 존재하지 않는 것보다 존재하는 이유가 선험적인 증거에 의해 자명하다는 것을 의미한다. 바꾸어 말하면 우주 안에 있는 모든 종류의 형체에는 빈틈이 없으며 또한 시간상으로나 공간상으로나 결코 빈 곳은 없다는 것은 충분이유—필연적인 충분이유가 있다는 것이다. 즉, 이 세상의 어느 하나의 개별적인 존재에서도 우리는 그 존재에 대한 충분이유를 발견할 수 있다.

라이프니츠에게 우주의 본질은 충만·연속·직선적인 등급이었다. 연쇄는 신으로부터 시작하여 최하급의 감각을 지닌 생명체에 이르기까지 계층적 서열로 배열되어 그중 어느 것도 똑같은 것은 없지만, 그 서열에서 직상直上과 직하直下의 것 사이의 최소의 차이로 이루어진 모나드[單子]의 총체로 성립되어 있다. 이리하여 18세기에서 존재의 연쇄 및 자연에서 인간의 지위에 관한 사상은 애디슨·킹·볼링브로크·포프·할러·에이큰사이드·뷰퐁·본네·디드로·칸트·헤르더·쉴러 등에서 계속적으로 고찰된다. 충만의 원리는 18세기의 인간 진보에 대한 낙관주의에 영향을 미치며 결국 로만주의 시대에까지 존재의 연쇄 관념은 계속되었다.

물론 존재의 연쇄의 관념에 대한 반대론이 없는 것은 아니었다. 존슨(Samuel Johnson)과 볼테르가 특히 대표적인 사람으로서 예거될 수 있다. 존슨은 충만의 원리는 바로 제논의 역설처럼 자기모순이라고 비판하였다. 충만이라 함은 하나의 계층과 또 다른 계층 사이의 무한한 분할가능성을 말하는 것인데, 그것은 두 계층 사이의 "끝없는 계층"을 말해야 할 것이므로 바로 제논의 역설과 마찬가지로 모순이다. 볼테르도 비슷하게 『철학 사전』에서 존재의 연쇄를 성직자의 계층 조직과 비교하면서 마치 성직 계급이 상호 간에 경직되어 있는 것 같이 존재의 연쇄에 있어서는 한 계층이 결코 다른 계층으로 올라갈 수 없는 정태적인 고정된 것이라야 할 것인데 그것은 충만의 원리에 어긋난다고 비판하였다. 더욱이 볼테르는 연속의 원리에 반대하여 우리의 경험적 증거에 의하면 동물이나 식물에는 더 이상 존재하지 않는 사멸된 종이 있다고 지적하였다. 뉴턴의 영향을 받은 볼테르는 뉴턴이 우주 공간 속의 진공을 인정하였던 사실을 추종하였다.

이러한 반론에도 불구하고 19세기의 로만주의 시대에 이르러서도 존재의 연쇄 관념은 더욱더 퍼져나갔다. 쉴러는 "신은 자신의 지복至福을 비추는 지복의 것을 창조하고" "본질의 영역 전체라는 잔으로부터 무한함이 거품을 일고 있는" 우주의 충만과 연속과 무한을 노래하였다.

러브조이는 『존재의 대연쇄』를 끝내는 마지막 장에서 이러한 관념의 역사가 우리에게 주는 교훈을 요약하였다. 그러나 그의 결론은 존재의 연쇄라는 관념이 우주의 완전한 합리적인 가지성可知性을 전제로 하는 한, 이 관념의 역사는 〈실패의 역사〉라는 것이다. 설사 이 관념의 역사가 서양 사상의 장기간에 걸친 사고 실험의 기록이긴 하지만, "우리가 경험하는 존재가 시간적인 것이라는 사실"과 대립하고 있는 점에서는 큰 난점을 노출하게 되었다는 것이다. 러브조이는 "시간화된 실재"를 주장하는 자신의 철학의 입장에서 존재의 연쇄 관념을 비판하고 있다. "시간과 변화의 우주는 실재가 존재의 논리 속에 내재하는 〈영원한〉 그리고 〈필연적인〉 진리의 표현이며, 결과라는 가설로부터 연역되지 않는" 우주인 것이다. 이러한 자기 반성에도 불구하고 "잘못된 가설이 흔히 진리에 이르는 길이기 때문에" "존재의 연쇄라는 관념은 그 전제나 함축된 의미와 함께 상호 결합하여 많은 기묘하게도 바람직한 결과를 서양 사상사에 남겨 놓았다"고 러브조이는 적극적으로 평가하는 것으로 결론지었다.

찾아보기

개역판

존재의 대연쇄

초판 발행 / 1994년 6월 30일
개정 1판 발행 / 2023년 1월 10일

지은이 / 아서 O. 러브조이
옮긴이 / 차하순

펴낸이 / 홍정수
펴낸곳 / 탐구당

등록/1950. 11. 1 서울 제 03-00993호
주소/서울특별시 용산구 한강대로 62 나길 6
대표전화/02-3785-2211
팩시밀리/02-3785-2272
홈페이지/www.tamgudang.co.kr
전자우편/tamgudang@paran.com

값 26,500원

ISBN 978-89-6499-066-7
ISBN 978-89-6499-018-6 (세트)